중세 초기 신학

원성현

장로회부산신학교, 장로회신학대학교신학대학원, 연세대학교("문학사": 철학·사회학·사학, "신학사"), 연세대학교대학원
(Th.M., Ph.D.: 교회사 전공) 등에서 공부했으며, 지금은 부산장신대학교 초빙교수로 있다. 논문으로는 "칼빈의
형평사상", "칼빈의 사회사상", "17세기 북미 로드아일랜드의 분리파 청교도의 대외관" 등이 있고 역서로는 「기독교와
신도국가주의의 대결」이 있다.

기독교고전총서 9

중세 초기 신학

옮긴이	원성현
초판인쇄	2011. 1. 17.
초판발행	2011. 2. 1.
표지디자인	송원철
펴낸곳	두란노아카데미
등록번호	제 302-2007-00008호
주소	서울시 용산구 서빙고동 95번지
영업부	02-2078-3333 FAX 080-749-3705
편집부	02-2078-3478
홈페이지	http://www.duranno.com
이메일	academy@duranno.com

ISBN 978-89-6491-009-2 04230
　　　978-89-6491-000-9 04230(세트)

두란노아카데미는 두란노의 '목회 전문' 브랜드입니다.

중세 초기 신학

원성현 옮김

Early Medieval Theology

두란노아카데미

먼저 두란노서원이 창립 30주년을 맞이하면서, '기독교고전총서' 20권을 발간할 수 있도록 허락하신 하나님께 감사드립니다.

실용 음악을 하기 위해서는 고전 음악부터 공부한다고 합니다. 운동선수들이 화려한 개인기를 발휘하기 위해서도 수천 혹은 수만 번 기본기를 먼저 연습해야 하지 않습니까? 목회나 신학도 마찬가지입니다. 현대를 풍미하는 최첨단의 신학은 기독교 고전에 대한 깊은 탐구로부터 시작되며, 21세기를 살아가는 성도의 마음을 이끄는 목회와 설교 역시 고전으로부터 중요한 통찰력을 얻을 수 있습니다. 바로 여기에 '기독교고전총서' 발간의 의미가 있습니다.

두란노서원은 지난 30년간, 크게 네 가지의 주제를 놓치지 않으며 기독교 출판에 앞장섰습니다. 첫째는 '성경적'입니다. 지난 30년 동안 두란노가 많은 책을 출판했지만, 성경의 정신에 입각한 출판을 목표로 했습니다. 둘째는 '복음적'입니다. 두란노는 지금까지 성경에 근거한 복음주의적 신학을 포기한 적이 없습니다. 셋째는 '초교파적'입니다. 한국 교회 안에 다양한 교단이 있지만, 두란노는 교단과 교파를 초월하여 교회가 하나님의 나라를 바라볼 수 있도록 돕기 위해 노력했습니다. 넷째는 '국제적'입니다. 두란노서원은 문화적이고 국제적인 측면에서 세상과의 접촉을 시도했습니다.

두란노서원이 창립 30주년을 맞이하면서 '기독교고전총서'를 발간하는 것은 위에서 언급한 네 가지 주제를 더욱 확고히 하는 기초 작업 가운데 하나입니다. 기독교 고전에는 교파가 있을 수 없고, 가장 성경적이면서도 가장 복음적인 신학을 우리는 기독교 고전에서 배울 수 있습니다. 또한 각 시대마다 교회가 어떻게 세상과 소통하려 노력했는지를 알게 되어, 우리 시대의 목회를 위한 귀한 통찰력을 얻을 수 있습니다. '기독교고전총서'의 발간이라는 기념비적인 사업이 가져다주는 이러한 유익은 단지 두란노 안에만 머무는 것이 아니라, 한국 교회 전반에 넓게 확산되리라 확신합니다.

'기독교고전총서'를 번역하기 위해 한국교회사학회 교수님들이 수고하셨습니다. 문장 하나하나, 단어 하나하나를 가장 적절한 우리말로 옮기기 위해 노력해 준 번역자들에게 이 자리를 빌려 감사를 전합니다.

두란노서원 원장

한국어판 서문 General Editor's Preface

중세 사상가인 베르나르 드 샤르트르는 "거인들의 어깨 위에 올라서서, 그들의 위대한 선조들보다 더 멀리까지 바라볼 수 있었다"고 말했다. 또한 피에르 드 블루아도 "우리는 거인들의 어깨 위에 올라앉은 난쟁이와 비슷한 처지에 있으며, 그들 덕분에 그들보다 더 멀리까지 바라볼 수 있다. 우리는 고대인들의 저작을 연구함으로써 그들의 세련된 사상을 되살리고, 그들을 시간에 의한 망각과 인간의 무관심으로부터 구출해 낼 수 있다"고 말했다. 우리는 고전들을 연구함으로써 거인들의 어깨 위에 있는 난쟁이처럼 더 멀리 바라볼 수 있을 것이다.

'기독교고전총서'는 오래 전부터 구상되었으나 이제야 결실을 보게 되었다. 처음에는 40권 정도의 기독교 고전 전집을 구상하였으며, 모두 그리스어나 라틴어 등 그 저작의 원문에서 번역하려고 구상하였다. 그러나 그것은 아직 힘에 겨운 일이어서 우선 'The Library of Christian Classics'을 대본으로 하여 번역하기로 결정하였다. 이는 초대 교회 시대로부터 종교 개혁 시대까지의 고전들을 모두 26권에 편집한 것이다.

우리는 이 중 여섯 권은 제외하기로 결정하였다. 우리가 제외시킨 것은 제4, 18, 20, 21, 23, 26권이다. 제4권의 제목은 *Cyril of Jerusalem and Nemesius of Emesa*로, 예루살렘의 키릴로스의 교리 문답과 에메사의 네메시오스의 '인간 본질론'을 담고 있다. 제18권의 제목은 *Luther: Letters of Spiritual Counsel*로, 루터의 영적 상담의 서신들을 담고 있다. 제26권의 제목은 *English Reformers*로, 영국 종교 개혁자들의 저작을 담고 있다. 이들 고전들은 그 저작들이 중요하지 않아서가 아니라 이미 단행본으로 널리 보급되어 있기 때문에 이번 전집에서는 제외시키기로 결정하였다. 제20권과 제21권은 칼뱅의 「기독교 강요」로, 매우 중요한 저작이긴 하지만 이미 우리말로 많이 번역 출판되어 있기 때문에 제외시키기로 결정하였다. 또한 제23권은 칼뱅의 「성경 주석」으로, 이 역시 소중한 저작이긴 하지만 이미 우리말로 번역 출판되어 있어서 제외시키기로 결정하였다. 영어 전집에서 아우구스티누스의 「신국론」이나 오리게네스의 「원리론」이나 루터의 「3대 논문」을 제외시킨 것도 마찬가지 이유다.

'기독교고전총서'의 제1권은 사도적 교부들의 저작들과 이레나이우스의 「이단 반박」을 담고 있다. 제2권은 알렉산드리아의 클레멘스와 오리게네스의 저서들을 담고 있다. 제3권은 아타나시오스와 나지안조스의 그레고리오스와 니사의 그레고리오스의 저작들과 함께, 아리우스와 네스토리오스의 서신들과 「칼케돈 신조」를 포함하여 초대 교회 총회들의 결정들을 담고 있다. 제4권은 테르툴리아누스, 키프리아누스, 암브로시우스, 히에로니무스 등 라틴 교부들의 저작들을 담고 있다. 제5권은 「독백」, 「자유 의지론」, 「선의 본성」 등 아우구스티누스의 초기 저서들을, 제6권은 아우구스티누스의 「고백록」과 「신앙 편람」을, 제7권은 「삼위일체론」과 「영과 문자」 등 아우구스티누스의 후기 저서들을 담고 있다. 제8권은 동방 교회의 금욕주의를 다루고 있는데, 사막 교부들의 말씀이 있다.

제9~13권까지는 중세 교회의 저작들을 담고 있다. 제9권은 초기 중세 신학들을 담고 있는데, 레렝스의 빈켄티우스의 저작, 라드베르와 라트랑의 성찬론 논생, 그레고리우스 대교황의 「욥기 주석」, 비드의 「영국 교회사」 등이 있다. 제10권은 스콜라 신학을 다루고 있으며, 캔터베리의 안셀름, 피에르 아벨라르, 피에트로 롬바르도, 보나벤투라, 던스 스코투스, 오컴의 윌리엄 등의 저작들을 담고 있다. 제11권은 중세 신학의 대표자라고 할 수 있는 아퀴나스의 「신학대전」을 담고 있다. 제12권은 중세 신비주의를 다루고 있는데, 클레르보의 베르나르, 생 빅토르의 위그, 아시시의 프란체스코, 에크하르트, 독일 신학, 쿠사의 니콜라우스 등등의 저작들이 있다. 제13권은 위클리프, 총회주의자들, 후스, 에라스무스 등 종교 개혁 선구자들의 저작들을 담고 있다.

　제14~20권까지는 종교 개혁자들의 저작들을 담고 있다. 제14권은 루터의 「로마서 강의」를 담고 있다. 제15권은 루터의 초기 저작들 중 「히브리서에 대한 강의」, 「스콜라 신학에 반대하는 논쟁」, 「하이델베르크 논제」, 「라토무스에 대한 대답」 등이 있다. 제16권은 자유 의지와 구원에 대한 루터와 에라스무스의 논쟁을 다루고 있는데, 에라스무스의 「자유 의지론」과 루터의 「의지의 속박론」이 있다. 제17권은 멜란히톤의 「신학총론」과 부처의 「그리스도 왕국론」을 담고 있다. 제18권은 칼뱅의 신학적 저작들을 담고 있는데, 「제네바 신앙 고백」, 「제네바 교회 교리 문답」, 「성만찬에 관한 신앙 고백」, 「예정에 관한 논제들」, 「사돌레토에 대한 대답」 등의 저작들이 있다. 제19권은 츠빙글리와 불링거의 저작들을 담고 있는데, 츠빙글리의 「하나님 말씀의 명료성과 확실성」, 「청소년 교육」, 「세례」, 「주의 만찬론」, 「신앙의 주해」와 불링거의 「거룩한 보편적 교회」가 게재되어 있다. 제20권은 급진적 종교 개혁자들의 저작들을 담고 있는데, 후터파의 연대기, 뮌처, 뎅크, 프랑크, 슈벵크펠트, 호프만, 메노 시몬스, 후안 데 발데의 저작들이 있다.

　이 전집은 기독교 고전들에서 가장 중요한 부분을 발췌하여 훌륭하게 번역한 것이다. 또한 세계적인 전문가들이 각 저작들에 대해 명료한 해설을 해 주고 있으며, 학문적 논의들도 심도 있게 다루고 있다. 독자들은 이 전집에서 기독교 사상의 진수들을 접하게 될 것이다. 이 전집이 신학도들과 뜻있는 평신도들의 신앙을 강화시키고 신학을 심화시키며 삶을 성숙시키는 데 크게 기여하리라 믿는다. 이 전집의 출판을 흔쾌히 허락해 준 하용조 목사님과 이 전집을 출판하기 위해 수고를 아끼지 않은 두란노서원의 관계자들과 번역에 참여해 준 모든 번역자들에게 심심한 감사를 드린다.

이양호
'기독교고전총서' 편집위원회 위원장

두란노아카데미가 두란노서원 창립 30주년을 맞아 총 20권의 '기독교고전총서'를 발간하는 실로 눈부신 일을 해냈다. 두란노가 주동이 되어 한국교회사학회 교수들이 전공에 따라 번역에 참여하여 이루어 놓은 결실인데, 한국교회사학회는 우리나라 신학대학교와 각 대학교 신학과 교수들이 대거 참여한 기관이기에 한국 교회 전체의 참여로 이루어졌다는 또 다른 하나의 의미가 있다.

'기독교고전총서'는 초대, 중세, 그리고 종교 개혁 시대까지의 저명한 신학 고전들을 망라한다. 각 시대의 신학적 특색들과, 그리스도의 교회가 시대마다 당면한 문제가 무엇이었으며, 어떻게 교회를 지키고 복음을 전파하며 정통을 수호하였는지에 대한 변증과 주장과 해석의 가장 기본적인 문제늘이 무엇이었는지를 확인하는 기회가 될 것이다.

두란노아카데미의 이번 '기독교고전총서' 간행은 그런 보화(寶貨)가 반드시 한국 교회 도처 서가에 꽂혀 그 신학적 수준을 세계 최선의 것으로 치솟게 하고자 한 사명감에서 착수한 것으로, 우리들로서는 그 고전들을 회자(膾炙)할 수 있음이 천행이 아닐 수 없다. 이는 한국 교회 역사에 또 다른 기념비를 세운 일이라 여겨 충심으로 찬하하여 마지아니한다.

민경배 백석대학교 석좌 교수

1962년부터 한 권 한 권 사기 시작해서 나는 'The Library of Christian Classics' 전집 (26권)을 다 소장하게 되었고 가장 애지중지한다.

26권을 살 때마다 나는 책 뒷면에 나의 이름과 책을 산 곳과 날짜와 가격을 적곤 했는데, *Augustine: Earlier Writings*과 *Christology of the Later Fathers*는 1962년 6월 21일 총신에서 각각 485원에, *Early Christian Fathers*는 1965년 미국 웨스트민스터 신학교에서 5달러에 사서, 평생 교회사를 연구하면서 그 어느 책들보다 자주 이 전집을 읽으면서 참고하곤 했다. 특히 제일 처음 사서 읽게 된 *Augustine: Earlier Writings*는 나의 학문적인 삶에 큰 영향을 미쳤다. 한철하 교수님의 가르침을 따라 영문으로 읽으면서 아우구스티누스의 진솔하고 처절한 고백과 기도에 매료되었고, 믿는 것을 이해하려는 신학 활동에 공감하게 되었고, 세상과 교회와 하나님 나라를 바라보는 폭넓은 우주적인 안목에 깊은 감동을 받았다. 그리고 아우구스티누스를 전공하기에 이르렀는데 그것이 나의 삶과 사역에 얼마나 큰 축복이 되었는지 모른다.

이번에 두란노서원이 'The Library of Christian Classics'의 26권 중 20권을 선별해서 번역한 '기독교고전총서'를 출간하게 됨을 진심으로 축하하며 많은 사람들이 이 고전을 읽고, 삶과 사역이 보다 건강하고 아름답고 풍요롭게 되기를 바란다.

김명혁 강변교회 원로 목사, 한국복음주의협의회 회장

옛것을 버리고 새것만 추구하는 세대에서 온고지신(溫故知新) 즉, 옛것을 연구하여 새로운 지식이나 도리를 찾아내는 일이 얼마나 중요한 것인지를, 학문을 사랑하고 진리를 탐구하는 이들이라면 누구나 이해할 것이다.

세기를 넘어 두고두고 읽히고 사랑받는 고전은 시간뿐 아니라 국경을 뛰어넘어 공간을 초월하여 읽히고 인용되는 책들로 영원한 진리의 진수를 맛보게 한다. '기독교고전총서'의 번역자들은 그 시대의 신학자나 신학의 맥을 바르게 이해하는 학자들로 구성되어 있어 그 책들의 질에 걸맞은 높은 수준의 용어 선택과 표현을 했다. 이것

은 우리에게 또 한 번 감격을 주는 것이다. 영어로 번역된 고전들을 다시 우리말로 번역함으로 원저자의 의도가 왜곡될 수도 있겠으나 'The Library of Christian Classics'과 같은 기독교 고전의 권위 있는 영역본을 번역함으로 오히려 그 이해의 폭을 더 넓게 했다 할 수 있을 것이다.

지금은 얕은 물에서 물장난이나 하듯 쉽고 재미있고 편리한 것만 찾는 시대이지만, 날마다 생수의 강물을 마시고 그 깊은 샘에서 길어온 물을 마시려는 목회자, 신학생, 평신도 리더, 그리고 그 누구라도 꼭 한 번 이 고전들을 읽어보도록 추천한다.

이종윤 서울교회 담임 목사, 한국장로교총연합회 대표 회장

'기독교 고전'이라 불리는 책들은 기독교의 2000년 역사와 함께해 왔다. 한국의 기독교 역사의 연수(年數)가 유럽의 연수와 비교할 수 없이 짧지만, 이미 세계 기독교 역사의 한 획을 그을 정도로 영향력이 강한 한국 기독교가 '고전'이라 일컬어지는 책들을 출간한다는 것은 큰 의미가 있다.

기독교는 가난한 자를 부하게 하고 묶이고 포로 된 자를 자유롭게 하는 '생명'인데, 지금 우리는 세상에서 오명을 뒤집어쓰고 있다. 이것은 우리의 잘못으로 책임이 우리에게 있다. 이 오명을 벗어버리기 위해서는, 우리 안에서 철저한 자성과 회개의 갱신이 일어나야 한다. 이것은 오직 주의 성령으로, 주의 말씀으로만 가능하다. 시간이 흘러도 여전히 깊은 고전의 메시지를, 하나님 앞과 교회 안에서, 개인의 삶의 터에서 깊게 묵상하고, 묵상한 그것을 삶의 영역에서 진실하게 드러낸다면 분명히 우리는 변할 것이고, 우리 기독교는 새로워져서 세상을 변화시킬 능력을 가진 생명이 될 것이다. 나는 분명 이렇게 소망하고 기대한다.

오늘의 교회를 갱신시키고, 오늘의 교인들을 영적으로 신학적으로 성숙시키는 일에 크게 기여하는 고전시리즈가 될 것을 필자는 분명히 확신한다.

김홍기 감리교신학대학교 총장

역사상 존재했던 다양한 배경의 성도들이 하나님과 관계를 맺고, 그 영혼의 깨달음과 하나님을 향한 갈망과 예배를 뭉뚱그려 놓은 것이 기독교 고전이다. '고전'이라는 칭호를 얻은 이유는 그만큼 통찰력이 깊고, 영성이 준수하며, 시대를 초월하는 내구성이 있기 때문인데, 예수 그리스도의 충만한 분량에 이르기 위해 지속적으로 영성을 계발해야 하는 목회자나 신학생이나 성도는 끊임없이 영성을 살찌울 수 있는 영양분을 공급받아야 한다. 영성 훈련이라면 보통 기도회나 성령 은사를 체험할 만한 집회 참석을 상상하지만 그것이 영성 훈련의 핵심이 아니다. 구름떼같이 허다한 증인들이 하나님과 관계를 맺어온 고전 문헌들을 살펴보면서 자신들의 신학과 예배와 경건 생활을 살펴보고 계발하는 것이다.

이에 '기독교고전총서' 우리말 번역을 진심으로 환영하는 바이다. 지금 시대에 최고의 실력을 갖춘 번역가들이 각고의 노력으로 번역한 이 글들이 한국 성도들의 영성 개발에 큰 공헌이 될 줄로 확신한다. 바라건대 목회자들뿐 아니라 일반 성도들도 더욱 고전에 쉽게 친근해질 수 있게 되기를 소망한다.

피영민 강남중앙침례교회 담임 목사

기독교는 2천 년 역사를 이어오면서 풍성한 영적 광맥을 축적하고 있다. 그 가운데 하나가 기독교 고전 문헌이다. 이는 시대가 변하고 사람이 바뀐다 해도, 각 세대가 캐내어 활용해야 할 값진 보물이요 유업이다.

그럼에도 이런 문헌이 대부분 그리스어나 라틴어 같은 고전어로 쓰였거나 외국어로만 번역되어 있는 것이 오늘의 우리 현실이어서 신학 대학에서 훈련받은 사람조차도 기독교 고전에 손쉽게 접근하기 어려운 형편이었다.

그런데 이 '기독교고전총서'는 초기 기독교 교부로부터 시작하여 16세기 종교 개혁자에 이르기까지 대표적인 기독교 저작들을 대부분 포함하고 있다는 점과, 두란노 아카데미 편집부와 한국교회사학회가 협력하여 이루어 낸 결실이라는 점에서 누구도 그 권위를 의심치 않으리라 여겨진다. 번역은 창작 이상의 산통과 노고가 필요한 작업이기에, 교회사 교수들이 합심하여 기독교 고전들을 한국어로 살려 낸 이 시리즈는 한국 교회사에 길이 기억될 역작이라 생각한다.

위대한 신앙 선배들의 그리스도의 복음을 향한 뜨거운 가슴과 깊은 이해가 독자들에게 전달되어 풍요로운 영성을 체험하는 가운데 놀라운 영적 부흥이 일어나기를 소망하며, 많은 분들에게 추천하고 싶다.

목창균 전 서울신학대학교 총장

고전의 가치를 인정하는 기독교가 중요하게 여기는 '고전 중의 고전'은 단연 성경이다. 기독교는 성경을 하나님의 말씀으로 믿는데, 하나님께서 교회에 선물로 주신 보물은 성경 외에 다양한 고전들 속에도 담겨 있다. 기독교 역사 2천 년 동안, 하나님의 일꾼으로 세움 받은 분들이 기록해 놓은 고전은 기독교의 보화다. 기독교 고전은 우리의 믿음과 경건이 한층 성숙해지는 계기를 제공하고 신학적 수준을 한 단계 높이며 신앙을 성숙하게 하는 좋은 자양분이 될 것이다. 기록된 하나님의 말씀인 성경이 기독교 역사를 거쳐 오면서 각 시대마다 어떻게 해석되고 적용되었는지를 이 고전에서 살펴볼 수 있다.

이번에 출판되는 '기독교고전총서'를 보다 많은 성도들이 읽음으로써, 성경을 각자의 삶에 어떻게 적용시킬 수 있는지를 배우게 되기를 바란다. 아무쪼록 '기독교고전총서'의 출판으로 말미암아, 한국 교회가 기독교 고전의 귀중함을 새롭게 깨달아 기독교의 근원으로 돌아가려는 움직임이 강하게 일어나기를 바라며, 기쁜 마음으로 이 책을 추천한다.

장영일 장로회신학대학교 총장

일러두기

'기독교고전총서'(전20권)는 미국 Westminster John Knox Press(Louisville·LONDON)에서 출간된 'Library of the Christian Classics'에서 19권, 그리스어에서 1권을 '한국교회사학회'의 각 분야 전문 교수들이 번역하였다.

1. 맞춤법 및 부호 사용 원칙

맞춤법의 경우, 기본적으로 '국립국어원'의 원칙을 따랐다.

본문의 성경 인용의 경우, '개역개정'을 기본으로 하고 그 외에는 인용 출처를 밝혔으며 사역에는 작은따옴표(' ')로 표시하였다.

국내 단행본, 정기간행물의 경우에는 낫표(「 」)를, 외서의 경우에는 이탤릭체를, 논문에는 큰따옴표(" ")를 하였다.

라틴어의 경우, 이탤릭체로 표시하였다.

강조 문구는 작은따옴표(' ')로 표시하였다.

원서에서 사용한 부호를 가능하면 그대로 사용하였다.

2. 주

원저의 각주 외에 옮긴이의 각주가 추가되었다. 이것을 *, ** 등으로 표시했으며 각주 란에 추가하였다.

각주 번호는 원서 그대로 따랐다.

3. 용어 통일

인명과 지명의 경우, '한국교회사학회 용어(인명·지명) 통일 원칙'을 따랐으며(다음 쪽 참고), 영문은 처음 1회에 한하여 병기하였다.

한국교회사학회 용어(인명·지명) 통일 원칙

1) 문교부가 1986년에 고시한 외래어 표기법을 따른다

현행 외래어 표기법은 다음과 같이 네 개의 장으로 구성되어 있다.

제1장 표기의 기본 원칙

제1항 외래어는 국어의 현용 24자모만으로 적는다.

제2항 외래어 1음운은 원칙적으로 1기호로 적는다.

제3항 받침에는 'ㄱ, ㄴ, ㄹ, ㅁ, ㅂ, ㅅ, ㅇ'만을 쓴다.

제4항 파열음 표기에는 된소리를 쓰지 않는 것을 원칙으로 한다.

제5항 이미 굳어진 외래어는 관용을 존중하되 그 범위와 용례는 따로 정한다.

제2장 표기 일람표(현재 19개 언어): 생략

제3장 표기 세칙(현재 21개 언어): 생략

제4장 인명, 지명 표기의 원칙: 생략

2) 〈외래어 표기법〉에 제시되어 있는 〈라틴어의 표기 원칙〉은 다음과 같다.

(1) y는 '이'로 적는다.

(2) ae, oe는 각각 '아이', '오이'로 적는다.

(3) j는 뒤의 모음과 함께 '야', '예' 등으로 적으며, 어두의 I+모음도 '야', '예' 등으로 적는다.

(4) s나 t 앞의 b와 어말의 b는 무성음이므로 [p]의 표기 방법에 따라 적는다.

(5) c와 ch는 [k]의 표기 방법에 따라 적는다.

(6) g나 c 앞의 n은 받침 'ㅇ'으로 적는다.

(7) v는 음가가 [w]인 경우에도 'ㅂ'으로 적는다.

3) 〈외래어 표기법〉에 제시되어 있는 〈고전 그리스어 표기 원칙〉은 다음과 같다.

(1) y는 '이'로 적는다.

(2) ae, oe는 각각 '아이', '오이'로 적는다.

(3) c와 ch는 [k]의 표기 방법에 따라 적는다.

(4) g, c, ch, h 앞의 n은 받침 'ㅇ'으로 적는다.

제3부 설교자의 음성

제1장 노장의 기베르: 설교작성법

제2장 마인츠의 라바누스 마우루스: 다섯 설교문

제3장 샤르트르의 이브: 두 설교문

제4부 이상적인 성직자상

제1장 익명의 저자: 성직자에 대한 연설

제2장 오를레앙의 데오둘프: 그의 주교 관구 사제들에게 주는 교훈

제3장 가경자 비드: 아당 주교에 대해

전체 서문 Editor's Preface

본서의 발췌(拔萃) 텍스트가 걸쳐 있는 약 7세기 동안이라는 기간은 일반적으로 흔히 말해 암흑시대로 추정되고 있다손 치더라도, 이러한 중세 시대를 피상적이 아니라 깊이 연구하려는 학자들은 이 시대의 그리스도의 교회가 소위 중세의 암흑이 정복하지 못한 하나의 높은 빛을 널리 비추려고 노력하고 있었던 사실을 발견할 수 있게 될 것이다.

물론 그 누구도 오늘의 현대 시대에 대단한 성취의 표징으로 여겨지는 온갖 [새롭고 기발한] 특성들이 초기 중세시대 가운데서 발견될 수 있을 것이라고 기대해서는 안 된다. 이러한 중세시대는, 사람들이 혼란한 시대의 와중에서, 어떤 새로운 것을 생산해내는 독창적인 재능보다는, 과거의 기독교에서 신비주의와 도덕성을 전수받아 이어 온 전통적인 가치 보존을 훨씬 더 중요하게 생각했던 것이다. 이러한 전통적 유산에 대한 중세인들의 태도는, 일반적으로 인정되듯이, 새롭고 기발한 방향으로 신앙을 발전시키도록 허락된 특권 그 자체에서 파생한 '자기–중심적'인 확고한 신념보다 훨씬 더 높은 수준의 전통에 대한 충성도를 명백히 보여주는 것이다. 중세 신학자들의 의무는 전통의 보존이었지, 새롭고 기발한 것을 개발하는 것과는 거리가 멀었다.

교회 속에 있었던 우리의 중세 선조들은, 그들이 직면해 있었던 악과 불행의 형태 및 강도의 빛에 비추어서 반드시 평가돼야만 한다. 그들이 직면했던 중세는 정치적으로 대단히 불안정한 시대였다. 당시의 유럽 여러 민족들은 서로 각축을 벌이면서 문명의 사각지대를 넘어서서, 고대가 몰락함으로써 물밀듯이 밀려 온 문화적이고 영적인 보배들을 흡수하려고 부단히 노력하고 있었다. 어떤 중심 세력도 그 자신의 힘을, 상대적으로 협소한 영토의 범위와 경계를 넘어 전격적으로 확장시킬 수가 없었다. 따라서 이러한 각축전의 와중에서 야만적인 군사행동과 폭력행위가 번져나가고, 또한 그러한 혼란한 소용돌이 가운데서 안전을 희구하는 사람들이 생기는 일은 당연지사였던 것이다. 그 시대 그곳의 사람들, 곧 중세 초기인들은, 어두컴컴한 밤마다 공중을 휘젓고 날아다니는 화살과, 또한 벌건 대낮에 벌어지는 온갖 파괴와 살육으로 얼룩진 황폐화된 가옥들과 초토화된 들판을 바라보면서, 문자 그대로 진정한 평화와 안전을 동경하고 갈망했던 것이다.

이러한 비참한 상황을 극복하기 위해, 교회는 자신이 속한 서구 세계 속에 문자 그대로의 안전과 평화를 심어주기 위해 가능한 한 자신의 모든 능력을 동원해 고군분투하였다. 그리고 교회의 이러한 노력은 교회의 뜻에 따라 대개 두 권능과 힘에 의해 실행되었다. 첫째, 쏟아 부은 힘은 목회적 차원에서 쓰여 졌다. 교회는 지속적으로 교황 대사와 교구 주교들을 통해 교리, 예전, 평신도를 위한 도덕성 등의 목회적 가르침을 혼란에 빠진 중세인들에게 제공했었다. 그러한 목회적 교훈과 관련된 텍스트가 본서에 가득 차 있으며, 특히 어떤 익명의 주교(아마도 아를의 카이사리우스[Caesarius of Arles]로 추정되고 있음)와 데오둘프(Theodulph), 그리고 비드(Bede) 등의 저술이 가장 생생하게 이러한 점을 잘 보여주고 있다.

둘째, 교회가 중세 초기 노탄에 빠져 있던 유럽인들을 회복시기기 위해 불어 넣었던 힘은 바로 수도원의 영적인 능력이었다. 교회는 학문과 신학을 전문적으로 연구하는 자들을 위해 수도원을 설립해 주었다. 수도원은 중세적 삶의 소동과 혼란에서 구제를 받을 수 있는 피난처 역할을 했으며, 레렝스(Lérins), 코르비(Corbie), 풀다(Fulda), 뚜르(Tours), 재로우(Jarrow) 등은 대수도원의 근거지였고, 이 모든 곳은 한때, 혹은 다른 때에, 본서가 소개하고 있는 중세 저술가들 대부분이 체류했던 곳이었다. 우리는 이 시기에, 영적인 내적 삶과 신앙적 문화에 크게 공헌한 수도원 운동에 관해서는 지면 관계상 더 이상 논의하지 않으려고 한다. 왜냐하면 LCC XII권이 이러한 주제에 관해 보다 더 철저하게 다룰 것이기 때문이다.

　　본서의 저자들이 끌어들였던 제일의 영감의 원천은 바로 성경과 교부들의 저술이었다. 그러나 그것은 거룩한 진리의 전승을 다르게 재현하는 사상이 아니라 바로 유일한 계시의 강력한 흐름에서 흘러들어오는 생각이었다. 아직까지 그 어떤 자도, 진리는 성경말씀이라는 기록된 형태 가운데서 상대적으로 변화되지 않고 보존될 수 있으며, 그와 동시에 교회 전통은 그것과는 다르다는 사고방식을 지니고 있지 않았다. 본서의 텍스트들이 빈번하게 성경말씀을 인용하는 것에서 우리는 당시에 신성한 기록물에 기대어 호소하는 것은 항구적인 효과를 지니고 있었다는 사실을 확인할 수 있다. 이 시기에, 성경말씀은 닫혀 있는 책이 아니었다. 물론 적어도 글을 모르는 사람이나 일반 민중은 하나님의 말씀을 읽을 수가 없었다. 이는 교육의 보편화가 이루어지지 않아, 당시에는 고위 주교를 제외하고 문자 해독능력을 지닌 자가 드물었기 때문이다. 물론 성경말씀을 읽는 일이 위험시 된다거나 또는 금지되었기 때문에 일반 서민들이 성경을 읽지 못한 것은 아니었다. 성경말씀은 깊고 심오하게 읽혀졌고, 또한 성경말씀은 항상 사람들의 뇌리에 기억되고 있었다. 위대한 그레고리우스(Gregory the Great)가 욥기 주석에서 "욥기의 저자가 성령 그 자신이었는가?" 라고 하는 중대한 질문을 던졌을 때, 과연 그러한 언급에 관한 주제가 어떻게 해서 당대 도처의 사람들이 인식할 수 있게 되었는가?*

　　지금과 마찬가지로 중세 사람들도 성경을 이해하기 위해서는 주석이 필요하다는 사실을 간과하지 않았다. 본서의 대부분의 저술가들과, 당대 동시대의 수많은 다른 저자들은 거룩한 책들에 대한 장편 시리즈의 주석서들을 만들어 냈다. 교부들의 성경 주석인 카테나**와 하나 혹은 여러 형태의 글로스(gloss; 책의 여백이나 행간의 주석) 등은 중세 학자들이 가장 좋아했던 저술 방법이다. 우리는 앨퀸(Alcuin)의 「디도서 주석」을 보다 공식적인 주석들 중 하나로 간주할 수 있다. 그러나 앨퀸의 「디도서 주석」은 중세에서 전형적으로 비 독창적인 주석으로 손꼽히고 있는데, 그 이유는 앨퀸의 「디도서 주석」이 그보다 앞선 히에로니무스의 「디도서 주석」을 축어적으로 거의 그 주석의 반 이상이나 되는 분량을 모방했기 때문이다. 그런데 비록 거의 독창적이지 못한 클라우

---

* 위대한 그레고리우스 당시에 성경 주석학이 널리 퍼졌다는 의미.

** catena; chain, 연쇄, 혹은 쇠사슬이라는 뜻으로서, 주석이 곧 장편의 시리즈로 사슬처럼 연결되어 발간되었다는 의미.

디오(Claudius)의 「갈라디아서 주석」은, 그 자신이 상세히 배워 자신의 고유의 지식으로 만들기에 충분했던 어떤 일종의 생기 넘치는 사상과 개념을 보여주었다. 그러나 우리가 번역한 클라우디오의 「갈라디아서 주석」 발췌본 안에, 루터(Luther)가 그렇게도 심오하게 감동을 받았던 그 유명한 구절은 경시되고 있음을 잘 관찰해 보라. 3세기 후에, 루페르트와 그의 시대는 강력한 개성의 흔적과 영향을 품고 있는 작품이 지닌 권위에 대해, 노예적인 비 독창성으로 달라붙는 관습에서 거의 만족스러울 만큼 해방되기에 이르렀다.

중세 시대 학자들은 교부들에게 전승받은 주석 방법론을 그들 나름대로 고유한 방식으로 보다 발전시켰다. 그들은 성경 해석을 네 가지 방식으로 확장시켰는데 문학적 해석, 역사적 해석, 영적 해석, 우의적 혹은 풍유적 해석(allegorical; 다른 사물에 빗대서 은연중 어떤 의미를 비춤) 등이 그것들이었다. 위대한 그레고리우스는 새롭게 세 가지 방식의 성경 해석법을 사용했는데, 역사적 해석, 우화적 혹은 풍유적 해석, 도덕적 해석 등이었다. 기베르(Guibert of Nogent) 저술의 발췌본에 가장 명확하게 표현된 것이 바로 카시아누스(John Cassian)의 해석 목록인데, 여기에는 역사적 해석, 우화적 혹은 풍유적 해석, 수사학적 해석, 신비적 혹은 영적 해석(anagogical) 등이 나열돼 있다. 카시아누스의 네 해석 방법 중 역사적 해석을 뺀 나머지 세 방식 사이의 차이점을 구별해내는 일은 아마도 현대 학자들이 간파하기에도 벅찰 정도로 어려운 문제일 것이다. 이러한 해석 방식들은 길게 순환하는 대구법을 통해 잘 볼 수 있다.*

> *"Littera gesta docet, quid credas allegoria,*
> (문자적 해석은 우화나 풍유석 해석이 신뢰하고 있는 것을 가르쳐 주고)
> *Moralis quid agas, quo tendas anagogia.*
> (도덕적 해석은 신비나 영적 해석을 확장시켜 준다.)"

문자적 의미는 계시의 역사적 자료를 제공해 준다. 우화적 혹은 풍유적 의미는

---

* 문자, 우화 혹은 풍유, 도덕, 신비 혹은 영적 해석이 서로 통하며 순환한다는 의미.

계시의 역사적 자료에 관해 믿도록 해준다. 수사학적 의미는 줄거리의 규칙을 제공해 준다. 신비적 혹은 영적 의미는 우리를 영적인 진보에로 인도해 준다. '예루살렘'이라는 단어를 그러한 방식으로 해석하면, 훌륭한 성경주석의 한 모범적 예를 제시해 주게 된다. 위대한 그레고리우스가 본서의 발췌본에 수록된 대로, 그러한 예를 보여주었다. 비록 여기서 사용된 용법이 오늘날의 경우와 그리 정확히 맞아 들어가지는 않지만, 해석학적인 방법은 현대에도 여전히 여러 학파의 주석들에서 발견되고 있다.

그러나 [중세에 있어서], 주어진 요점(교리나 신학사상)에 대한 다양한 해석과 주석들이 상호간에 충돌하면서 공존하고 있다는 사실이, 대단히 매력적이며 명민한 사상가인 레렝스의 빈켄티우스(Vincent of Lérins)가 저술했던 「콤모니토리」(Commonitory; 정통신앙 교훈집)에 의해 정확하고 예리하게 제시되었다. 우리는 그러한 콤모니토리를 통해 중세 기독교의 성격을 검토할 수 있는 출발선에 설 수 있게 된다. 레렝스의 빈켄티우스에게, 하나님의 거룩한 진리는 성경 가운데서 발견돼야만 하는 것이었다. 그러나 그의 사상이 진술하는 근본적인 사실은 종종 시야를 놓치곤 했다.* 왜냐하면 그는 때때로, 비록 겉으로는 성경적인 가르침과는 정반대가 되더라도, 교회가 가르치는 것이 반드시 진리가 돼야 한다고 언명하는 자들과 결국에 가서는 그 자신을 동일시한 것으로 여기기 때문이다. 만일 다양한 주석들이 다양한 사람들에 의해 존재하게 된다면, 물론, 그러한 것들이 존재하고 있고, 또한 존재했었는데, 그렇다면 그러한 다양한 해석들 중에서 과연 어떤 것이 기독교적인 해석인가를 구별해낼 수 있는 방법이 있겠는가 하는 점이 빈켄티우스의 의문에 찬 관심사였다. 빈켄티우스의 해결책은 교회의 가르침에 비추어 그러한 다양한 해석들을 검토하는 것이었다. 곧 추호도 의심할 나위 없이, 진리에 대해 있을 법한 해석적 관점들이 손으로 헤아릴 수 없을 정도로 다양하더라도, 교회가 세운 기준을 통과하게 되면 참된 진리가 밝게 드러날 것이라는 생각이 바로 빈켄티우스가 가진 지론이었다. 그리하여 빈켄티우스는 교회가 보편적인 공의회의 선언을 통해 아직 언급하지 않았던 문제에 대한 판단 기준을 세울 필요성을 느꼈던 것이다. 곧 신앙의 여러 문제들 가운데서, 진리를 세우기 위한 빈켄티우스의 판단 기준

---

* 빈켄티우스의 눈이 가끔씩 진리를 제대로 보지 못했다는 의미.

은 '보편성'(ecumenicity)과 '고대성'(antiquity)과 '일치성'(agreement) 등의 세 원칙이었다. 다시 말해, 빈켄티우스는 기독교 신앙을, '어디서든지'(everywhere), '항상'(always), 그리고 '모든 사람에 의해서'(by all men) 믿어지는 것이라고 정의했던 것이다. 이러한 정의로 말미암아, 빈켄티우스라는 이름은 지금까지 천추에 길이 남을 그토록 유명한 신학자들의 반열에 낄 수가 있었던 것이다. 이러한 공식적 신앙 명제는 즉시로 광범위한 인정을 획득하지는 못했으며, 아마도 그 이유는 아우구스티누스의 예정론에 대한 베일에 가려진 은밀한 공격과 연관되어 언명됐기 때문인 것으로 보인다.* 그리고 히포의 주교라는 거대한 특권은, 적어도 한때나마 그의 견해가[예정론] 승리를 거둘 수 있게 해준 원동력이 되었다. 그러나 종교개혁 시대와 또한 근대에 이르러, 특히 오늘날 우리 시대에 와서, 에큐메니칼 운동이 점점 강력하게 성장하고 있고, 역시 기독교 일치를 옹호하는 수많은 자들이 빈켄티우스를 증인으로 내세워 자신들의 견해와 운동을 정당화하고 있다. 바로 빈켄티우스의 위대한 신앙 공식은 대단히 중요한 위치를 차지하게 되었다.

본서의 두 번째와 세 번째 선집 발췌본은 주후 9세기에 벌어졌던 교리 논쟁들 중 하나를 다루고 있으며, 이는 오늘날에도 여전히 대단한 흥밋거리로 남아있다. 그것은 곧 그 유명한 성찬논쟁이다. 이는 상대적으로 성찬논쟁이 본격화되기 시작했던 주후 9세기에 이르기까지 호기심과 관심을 불러 일으켜왔던 신학적 주제로서, 그때까지 그 어떤 신학자도 아직 성찬에 관한 최상의 단일 논문을 저술하지 못하고 있는 상태였다. 이러한 진술에 대한 과세는 최초로, 높은 학식과 겸손을 겸비한 수도사이자 코르비(Corbie)의 대수도원장이었던 라드베르(파샤즈 라드베르)에게 주어지게 되었다. 그는 "주님의 몸과 피"(*The Lord's Body and Blood*)라는 제목을 지닌 한 논문을 저술했다. 본서는 그의 논문이 너무 장황하게 길기 때문에, 독자들이 충분히 이해할 수 있는 그의 성찬론의 핵심 부분을 번역하여 실어 놓았다. 그리고 그 부분은, 그보다 더 독창적인 동료 수사였던 라트랑(Ratramnus)의 성찬론과 정반대가 되는 성격을 지니고 있기에 이 둘을

비교해서 읽으면 매우 흥미로울 것이다. 라트랑의 논문 역시 라드베르의 논문 제목과 거의 똑같이 "그리스도의 몸과 피"(Christ's Body and Blood)라는 제목이 붙어 있었다. 그는 라트랑의 성찬론을 정중히 거절했는데, 라드베르에 의하면, 성찬 제단 위의 그리스도 의 몸은 성령으로 잉태되어 동정녀 마리아에게서 태어나, 고난당하시고 죽음을 겪고 부활 승천하신 바로 그 몸과 동일하다는 것이고, 라트랑은 이를 정면으로 부정했던 것이었다. 그리하여 라트랑은, 이후에 의심할 바 없이 화체설(transubstantiation)로 발전한 파샤즈의 성찬론을 부인하고 배격했다.

라트랑의 성찬에 관한 논문은 다른 유명한 저술들처럼 놀랄 만한 역사를 지녀왔 다. 현상(status quo) 유지를 위해 대개의 사람들이 헌신하던 그 시대에, 라트랑의 성찬론 과 그 밖의 다른 저술에 드러나 있는 견해는, 비록 상당히 놀랄 만한 독창성을 표출 한 것으로 여겨지지만, 비록 그가 지닌 원초적 위험성과 특히 그의 비주류적 성찬론 은 마땅히 기대한 대로 이단 사설로 정죄될 것 같았으나 곧 두 세기 이후에, 뚜르의 베렝가리우스(Berengarius of Tours)의 이름과 연관된 성찬논쟁이 발발하기까지* 여전히 라 트랑의 성찬론은 정죄 받지 않았던 것이다.

에리우게나(John Scotus Eriugena)**는 당대에 정도를 벗어난 괴상한 인물로 비쳐졌고, 또한 서구의 라틴 기질이 이해하기 힘든 그리스의 사변적 철학적 경향(신플라톤주의)을 지 녔으며, 그리하여 그는 보기 드문 진기한 정신으로 저술 작업을 했고 아주 잘못된 견 해를 보유하고 있었다.*** 종교개혁의 여명기에, 「베르트라무스」(Bertramus)라는 책이 처

---

* 베렝가리우스는 라드베르의 성찬론을 거부하고 라트랑을 지지함.

** 요하네스 스코투스 에리우게나(Johannes Scotus Eriugena, 주후 810~877년경)는 중세 유럽 초기의 신학자이자 철학자로서 스 콜라신학의 선구자다. 아일랜드 출생으로서 당시 이 지방에서 성숙된 고전문화의 교양을 갖추고 주후 847년 이전에 카를 2세의 초 빙으로 파리에서 교육과 연구 활동에 종사했으나, 카를 2세 사후의 행적은 분명하지 않다. 주후 851년 당시의 신학논쟁에 관계하여 아우구스티누스적 경향이 강한 "예정론"을 저술했다. 그는 보에티우스의 주해를 통해 신앙의 논리적 연구 방법을 명확히 했고, 위 (僞)디오니시우스 문서를 번역하여 라틴세계에 특이한 신플라톤주의적 사상을 도입했다. 저서 「자연의 구분에 관해서」는 신플라톤 주의적 경향이 뚜렷한 그리스도교 신학으로, 신에서 시작되어 신으로 돌아가는 모든 존재의 원환적(圓環的) 운동을 묘사하고 있으 며, 주후 8-10세기를 통틀어 유례가 없는 장대한 사변적 체계를 보여준다. 이 책은 이성에 대한 과대한 평가와 범신론적 경향으로 인해 교회에서는 여러 차례 이단으로 단죄되었지만, 서양 신비주의 사상의 중요한 원천이 되었다. 고트샬크의 이중예정설을 비판하 고, 인간에게 구제는 예정되어 있지만 죄는 예정되어 있지 않다고 주장함으로써 서방교회의 전통과 대립하여 이단시되었다.

*** 라트랑을 지지했던 베렝가리우스가 라드베르의 원조 화체설을 공격하면서, 라트랑의 성찬론을 에리우게나의 것으로 오인했던 것 으로 보아 에리우게나의 성찬론은 라트랑과 동일한 것으로 사료된다.

음으로 출판됐는데, 이는 라트랑과 동일한 이름으로 추정되었다. 이 책이 발행되자 화체설이 견고하게 확립돼 있었던 가톨릭계에는 지진과도 같은 큰 소동이 일어나, 화체설 지지자들은 대거 그 책에 대한 의심의 눈초리를 거두지 않았다. 그들은 그 책이 개찬된 텍스트이거나 아니면 종교개혁 당파의 일부 구성원들이 날조한 것으로 몰아갔던 것이다. 그와 반면에, 그 책은 앞으로 예견될 것처럼, 성찬론에 관한 초기 개신교의 다양한 견해가 출몰할 전조 역할을 한 것으로 보인다. 주후 9세기의 진정본으로 널리 인정된 그 작은 소책자는 오늘날 우리 시대에 최초로 조직신학의 중요한 논쟁 문서로 남아 있기도 하다.

같은 수도원에서, 그리고 같은 시대에 또 다른 예정론에 관한 논쟁이 발생했는데, 그것은 전적으로 다른 결과를 초래했다. 수도사 고트샬크(Gottschalk)는 아우구스티누스의 저술들을 읽음으로써 마음의 평화를 추구했는데, 그는 거기서 히포의 주교 자신이 주장했던 극단적인 예정론을 받아들이게 되었다. 그런데 그러한 이중예정론은 펠라기우스주의자와 또한 소위 세미-펠라기우스주의자들을 공격하기 위해 준비 중이었던 것이 약간 불려서 안출된 주장이었다. 물론 레렝스의 빈켄티우스의 「콤모니토리」가 지지했던 견해는 후자의 주장, 곧 세미-펠라기우스주의적 견해였던 것이다. 가련한 고트샬크가 펼쳤던 민감한 견해는 교계를 찬반양론의 진영으로 양분되게 만들었고, 그의 예정교리는 아우구스티누스와 종교개혁의 정 중앙인 주후 9세기에 보다 광범위한 주의를 끌게 되었다.

라트랑 또한 두 가지 다른 논생 – 서구교회의 지배적인 견해에 근거한 – 에 참여하게 되었다. 첫 번째 논쟁은 예배를 드릴 때의 성상 사용과 관련된 문제였다. 이러한 성상 논쟁은, 본서에 소개된 대로, 토리노의 클라우디오(Claudius of Turin)가 데오데미르(Theodemir) 대수도원장에게 내린 답변에 잘 드러나 있다. 또 다른 논쟁은 "성령의 이중 발출설"과 연관된 논쟁이었다. 서구 교회는 니케아-콘스탄티노플 신조에 *Filioque*(그리고 성자로부터)를 삽입하여, 성령이 성부뿐만 아니라 성자에게서도 발현되는 것임을 보여주고자 했던 것이다. 보편공의회의 재가나 동방교회와의 협의 없이 그렇게 만들어진 혁신안은 라틴교회가 처음부터 널리 옹호해왔던 것이었고, 종교 개혁자들은 서방교회의 전통을 따르게 되었다. 그리하여 오늘날에 와서, 동방교회와 로마교회 및 개신교회가 일치하는 데 주요한 장애물들 중 하나가 바로 성령의 발출 근원 문제라 하겠다.

빈켄티우스와 라트랑과 같은 저자들이 높은 사상적 수준의 신학적 함의 문제와 관련된 것들을 다룬 반면에, 또 다른 목회적 성격을 띤 교회 성직자들은 신자들에게 하나님의 말씀이 전하는 설교를 풍성하게 양산하고 있었다. 본서에 수록된 기베르(Guibert of Nogent)의 설교 발췌본은 그 제목이 말해주는 바와 같이, 설교라기보다는 차라리 설교자를 위한 지침서라고 보는 것이 더 적절할 것이다. 그리고 성직자들에게 나태함의 죄에 대해 저항하라는 권고와, 특별히 목회 사역을 마지못해 수동적으로 하지 말고 활동적으로 참여할 것을 권면하는 설교는 압권이라 하겠다. 설교를 지루하다고 생각하는 경향으로 기울어진 자들은, 의심의 여지 없이 일부 설교자들은 지루한 설교를 하긴 하는데, 기베르의 기지에 놀랄 것이며, 또한 역시 본서에 제시된 중세 설교 가운데서 발견되는 번뜩이는 재치에도 감탄할 것이다. 능력이 넘쳐나는 교회 목회자, 마우루스(Rabanus Maurus)가 풀다(Fulda)의 수도사들에게 전한 다섯 편의 설교가 본서에 수록됐는데, 이는 바로 재치와 기지가 넘치는 전형적인 설교의 예다. 그리고 성탄절, 주현절, 그리고 성령강림절(오순절) 등 중요한 절기에 전해진 설교 세 편도 소개되었다. 첫 번째 것은 고린도전서 13장을 강해한 것이고, 마지막 것은 중세에 가장 인기 있는 주제, 곧 이 세상에 대한 경멸과 다가 올 미래의 보상에 대한 소망에 관한 설교다. 교회법의 권위적인 대가로 더 잘 알려진 이브(Ivo of Chartres)의 설교들에서, 우리는 주기도문과 사도신경에 관한 개성 있는 설교를 선택했다. 아고바르(Agobard of Lyons)의 유일한 현존 설교는, 구원받은 자와 정죄된 자라는 두 공동체를 특별히 강조하는 광범위한 기독교 교리들로 산만하고 추론적으로 나열됐다. 그의 짧은 작품인 「거룩한 찬송에 대해」(On Divine Psalmody)는 본서에 포함됐는데, 이는 예전을 판단하는 표준으로서의 성경말씀에 대한 불굴의 충성을 보여주고 있다. 또한 그것은 함축적으로 신앙과 삶과 행위에 관한 모든 것을 제시하고 있다.

기독교적 목회의 또 다른 국면, 곧 교구 목회자의 사역이 큰 관심을 끌고 있다. 그리고 그것은 위대한 그레고리우스가 저술했던 「목회 규칙」(Pastoral Rule)이 포함되어 있는 분야와 같다. 그레고리우스의 「목회 규칙」은 초기 중세 시대 저술들 중 가장 인기 있는 작품들 중 하나이며, 이는 길이에서가 아니라 최근에 번역되어 훌륭한 유용성을 갖고 있다는 측면에서 그렇다.

잘 알려지지 않아서 더욱 환영받을 수 있는 목회 사역에 관한 두 작품이 본서에 소개되었다. 그 중 하나는 익명의 저자가 쓴 「성직자에게 주는 연설」(*Address to the Clergy*)인데, 이는 익명의 주교가 저술한 것으로, 다른 많은 주교들이 그 자신의 수하에 있는 하위 성직자들을 위한 안내서로 널리 애용하였다. 그 책의 진짜 저자가 누구든지 간에, 그는 어떤 문학적인 가장이나 허식을 배격한 인물이었으나, 전형적인 목회자가 맞닥뜨릴 수 있는 문제들을 예리하게 간파하고 있었다. 또한 그는 그 자신에게 위탁된 교구 내에서 사람들의 영혼을 치유하고 개선하기 위한 강한 열망으로 가득 차 있는 인물이었던 것으로 보아 이후에 나온 데오둘프(*Theodulph of Orléans*)의 작품은 같은 형식을 취하고 있으나, 그 어조나 정신은 앞의 것과 현저히 다르며, 특히 문체에서 그렇다. 마지막으로, 우리는 중세 시대에 잉글랜드에서 최초로 저술된 작품에서 발췌한 짤막한 글을 소개함으로써 이 책을 마무리 짓고자 한다. 그것은 곧 비드(*Bede*)가 저술했던 "잉글랜드 민족의 교회 역사"(*Ecclesiastical History of the English People*)로서, 그것은 거룩한 선교사이자 주교였던 아당(*Aidan*)의 감명 깊은 그림 같은 생애를 그려주고 있다.

역자 서문

기독교고전총서(*The Library of Christian Classics*)의 「중세 초기 신학」(*Early Medieval Theology*)을 번역 편집한 학자는 미국 아이오와 주 소재 드래이크대학교 고전학 교수인 맥클라켄(George E. McCracken) 박사이고, 미시시피대학교의 교회사 교수 카바니스(Allen Cabaniss) 박사가 그 번역 작업을 도왔다.

본서는 크게 네 부분으로 구성되었는데, '하나님에 관한 거룩한 진리의 본질', '성경 속의 하나님 말씀', '설교자의 음성', '사제직의 이상적 전형' 등이 그것이다. 또한 각 부분은 3~4장으로 구성되었고 각 장마다 서론을 달아서, 영어로 번역 게재한 텍스트들의 특성과 '삶의 자리'(Sitz im Lebens)를 밝혀주고 있다.

본서가 다루고 있는 학자와 텍스트의 연대는 다음과 같다. 레랭의 빈켄티우스가 저술한 「콤모니토리」(교훈집. 434년), 라드베르의 「주님의 몸과 피」(831년), 라트랑의 「그리스도의 몸과 피」(9세기경), 레미기우스의 「세 서신에 대한 하나의 답변」(9세기 중반경), 그레고리우스의 「욥기주석」(590년), 알퀸의 「디도서주석」(8세기 말경), 클라우디우스의 「갈라디아서주석」과 「대수도원장 테오에미르에게 보내는 답변」(9세기 초반경), 루퍼트의 「요한복음주석」과 「하나님 말씀의 승리에 대해」(12세기 초반 경), 길버트의 「설교작성법」(12세기 초반 경), 라바누스의 「다섯 설교」(9세기 초반 경), 이보의 「두 설교」(11세기 말경), 아고바르드의 「신앙의 진리와 모든 선의 확립에 대해: 사람들에 대한 권고적인 설교」와 「신적인 찬송가집에 대해」(9세기 초반 경), 익명의 「성직자에 대한 연설」(10세기 초반 경), 테오둘프의 「주교관구 사제들에게 주는 교훈」(9세기 초반 경), 베데의 「아당 주교에 대해」(8세기 초반 경).

상술한 바를 종합해보면, 본서가 다루는 작품의 연대는 주후 5~12세기이다. 곧 대략 서구 중세 전반기 700년 동안 하나님, 성경, 설교, 사제 등의 주제와 연관된 대표적인 저술들을 발췌하여 영어로 번역한 것이 본서의 개요이다.

본서가 다루는 시기 이전의 초대 교부 신학적 관심사는 그리스도론과 삼위일체와 연관된 신론에 집중되어 있었고, 그 직전의 관심사는 아우구스티누스와 펠라기우스 사이에서 벌어진 은총, 원죄 및 자유의지에 관한 논쟁이었다. 그리고 이를 이어 받아 중세 전반기에는 성찬, 예정, 성상, 성령발현(필리오케) 등에 관한 논쟁의 불길이 격렬하게 타올랐다. 이들 중에서 앞의 두 논쟁은 본서가 특별히 부각하고 있는 주제에 속한다.

본서의 흥미로운 부분은 특히 은총과 예정(원죄와 의지 문제)과 연루된 중세 신학의 스펙트럼(아우구스티누스주의, 펠라기우스주의, 반(半)펠라기우스주의 등), 격렬한 성찬논쟁(라드베르의 화체설과 라트랑의 반화체설)*, 케뤼그마적인 설교(예수의 일대기를 주제로 한 설교) 등에서 찾아볼 수 있다.

은총과 자유의지에 대한 논쟁

레랭의 빈켄티우스는 아우구스티누스의 급진적 견해, 곧 인간의 전적인 타락과 불가항력적인 하나님의 은총에 의한 구원(인간의 자유의지 거부) 및 구원받을 자와 저주받을 자에 대한 이중적 예정에 대해 강력한 공격을 가했다. 또한 그는 펠라기우스의 비원죄론과 자유의지론도 공박하면서, 이 둘을 송합한 반(半)펠라기우스주의를 옹호하는 입장을 선호하게 되었다.

그는 「교훈」(Commonitorium)이라는 저서를 통해서 아우구스티누스를 직접적으로 공격하지는 않고, 그와 그의 제자들을 무명의 '혁신자'라 규정하고 이들의 견해를 반박하는 전통적인 이론을 옹호했다. 빈켄티우스는 성경이 참된 교리의 근본적인 자료이지만 해석상의 문제가 다반사이기에 하나님께서 무엇을 믿을 만한 것인가를 확정할 수 있도록 그 수단으로서 전통을 주셨다는 것이다. 그는 이렇게 언급했다. "카톨릭

---

* 중세 초기부터 스콜라신학 내에 화체설과 반화체설 진영이 팽팽하게 대립되어 있었고, 반화체설이 이단으로 기각되었다.

교회 안에서 항상, 모든 사람에 의해, 모든 곳에서 믿어지는 사항(*quod ubique, quod semper, quod ab omnibus*)이 분명히 계속적으로 주장되도록 해야 한다." 곧 레랭의 빈켄티우스는 아프리카의 감독(아우구스티누스를 가리킴)이 예정에 관해 가르친 내용이 '항상, 모든 사람에 의해, 모든 곳에서' 가르쳐지지 않기 때문에 그의 가르침은 가톨릭교회의 신앙이 아닌 혁신에 해당하는 것이므로 마땅히 배격되어야 할 것임을 천명했다. 결국 아우구스티누스의 급진적 견해는 빈켄티우스 등의 논박에 의해 부각되지 못하다가 종교개혁기에 이르러 개혁신학의 핵심사항이 되었던 것이다.

성찬 논쟁

또 한 가지 본서의 흥밋거리는 성찬논쟁에 관한 것이다. 곧 중세 초기의 양대 논쟁을 손꼽으라면 은총/예정 논쟁과 성찬논쟁일 것이다. 특히 후자는 벌써 이 시기부터 라트랑에게서 연원된 이후 개혁파 성찬론의 씨앗을 배태하고 있었던 데서 그 특징을 찾아볼 수 있다. 물론 라트랑의 반화체설은 테르툴리아누스, 키프리아누스 등에게로 소급되며 아우구스티누스가 완성한 것으로서 상징설이라 칭할 수가 있다. 또한 대부분의 교부들과 중세 신학자들에 의해 수용되었던 반화체설은 성별된 떡과 포도주가 그리스도의 몸과 피로 실재적으로 받아들이는 실재론에 입각해 있었다. 곧 떡과 포도주 속에서의 실제적인 변화 혹은 화체로 인해 떡과 포도주가 그리스도의 몸과 피와 동일하게 된다는 것이다.

중세 초기에 들어와 라드베르는 「주님의 몸과 피에 대해」라는 논문을 써서 대머리 왕 샤를에게 헌정했다. 여기서 그는 대부분의 사람들이 지지하고 있던 전통에 입각하여 실재론적 성찬론 즉 화체설을 다시 한 번 강조했다. 성찬의 성물인 떡과 포도주는 그리스도의 피와 살로서 동정녀 마리아에게서 태어나서 고난당하시고 죽은 자 가운데서 다시 일어나신 그 살과 피와 동일하다는 것이었다. 또한 성찬은 그리스도의 희생을 반복하는 것으로서 성찬이 베풀어질 때마다 그리스도는 고난당하시고 또 다시 희생당해 죽는다고 했다. 이러한 라드베르의 성찬론은 당시 경건한 자들의 신앙을 대변하는 다수설이었다.

대머리 왕 샤를은 라드베르의 글을 읽고 라트랑에게 다음과 같은 두 질문을 했다. 첫째, 성찬에 임재하는 그리스도의 피와 살은 오로지 신앙의 눈으로만(*in mysterio*) 볼 수 있는가, 아니면 육체의 눈으로 보이는(*in veritate*) 실재적인 것인가 하는 의문이 바로 그것이었다. 둘째, 성찬에 임재하는 그리스도의 몸이 "마리아에게서 탄생하셔서 고난당하시고 죽으시며 묻히셨다가 하늘에 오르셔서 아버지의 오른편에 앉아 계시는" 그리스도와 같은 것인가 하는 문제였다. 라트랑은 라드베르와 정반대가 되는 답변을 제시했다. 라트랑은 아우구스티누스 전통에 서 있던 인물로서 그는 이렇게 응답했다. "그리스도는 사실적으로 임재하지 않고 상징적으로 임재하시며 오직 신앙의 눈으로만 인지할 수 있다." 또한 "성찬에 임재한 그리스도의 몸은 마리아에게서 잉태해서 십자가에 달리신 그리스도의 몸과 동일하지 않다. 왜냐하면 그 몸은 아버지 오른편에 앉아 계시므로 가시적이지만, 성찬에 임재하시는 그리스도의 몸은 보이지 않기 때문이다. 성찬에 임재한 몸은 오로지 영적일 뿐이며 신자들은 영적으로 그 몸에 참여할 뿐이다. 따라서 육체적 감각으로는 인지할 수 없다." 이는 성찬에 임재한 그리스도의 몸과 역사적 그리스도의 몸과 동일시하지 않는다는 의미였다. 이런 라트랑의 영적 임재설과 상징설은 고트샬크와 라바누스 마우루스 및 요한 스코투스 에리게나의 지지를 얻었고, 그 반대편의 화체설은 힝크마르와 하이모의 옹호를 받게 되었다.

주후 11세기에 와서 가장 중요한 신학적 논쟁은 역시 성찬논쟁이었다. 풀베르트가 화체설을 그대로 이어받은 반면, 그의 제자 베렝가르는 라트랑—에리게나의 계보를 이었으며, 이는 그가 정죄 받는 근거가 되었다. 한편 랑프랑은 라드베르—풀베르트 계보를 이어 실재론적 화체설을 주장하면서 베렝가르와 격렬한 논쟁을 벌였다. 결국 종교개혁자들은 라트랑 전통을 이어받아 영적 임재설 내지는 상징설을 옹호했던 것이다.

본서는 상술한 중세 초기 양대 논쟁에 대한 원전(Text)을 제공해주고 있다. 곧 실제로 논쟁가가 서술한 원전을 통해 과연 논쟁이 그러한 성격을 지녔는가에 대해 확인할 수 있는 장점을 지니고 있는 것이 본서가 지닌 가장 큰 특징이라고 하겠다.

중세 교회의 신앙 모습

한편 본서는 교리신학적 측면, 곧 은총과 예정: 빈켄티우스의 반(牛)펠라기우스주의 옹호와 반아우구스티누스주의, 성찬논쟁과 실천적 측면, 곧 주석과 설교 및 성직론을 균형 있게 다루고 있다는 특징을 또한 지니고 있다.

본서를 읽어보면 중세 초기 신앙인들이 어떤 관심사들을 지니고 있었는지를 한눈에 알아볼 수 있다. 오늘날의 가톨릭교인과 개혁파 신자들이 여전히 그렇게 여기고 있는 것처럼 당시에도 동일한 신학적 대결 구도가 배태되어 있었다. 따라서 우리는 중세를 사상적으로 획일화된 세상으로 보아서는 안 될 것이다. 바로 이 책은 그런 중세의 사상적 다양성을 원전을 통해 보여주고 있다. 그런 의미에서 현대는 한 치도 중세에서 벗어나지 못한 사회라고 보아도 무방할 것이다. 현대 신학사상계는 자유의지파인 '펠라기우스-아르미니우스' 대 은총파인 '아우구스티누스-칼뱅' 구도 하에서 벗어나지 못하고 있으며, 이는 고대 및 중세 초기에 이미 굳어져 있던 사상사적 구조를 반영하는 것이다.

우리는 본서를 읽음으로써, 믿음의 선현들의 생생한 신앙의식과 사고방식을 직접 피부로 접할 수 있다. 특히 예수 그리스도의 탄생과 현현 및 오순절과 종말에 관한 설교는 당시 신앙인들이 얼마나 정통한 신앙에 놓여 있었는지를 실감하게 해준다. 그리고 주기도문과 사도신경에 관한 설교는 과연 우리의 신앙전통이 얼마나 확고부동한 것인가를 일깨워준다. 이 책에서 우리는 중세 스콜라신학을 읽어낸다는 생각이 들지 않고, 개혁파 전통의 뿌리를 중세 초기 신학에서 발굴해낸다는 생각을 가질 수밖에 없다. 여기에는 개혁파가 지닌 신학사상이 그대로 용해되어 있으므로, 아우구스티누스에서 종교개혁가들로 도약하는 신학적 관습은 각하되어야 할 것이다.

끝으로, 우리는 이 원전의 선집과 발췌본에서 생생한 선현들의 음성과 사상을 충분히 감지할 수 있을 것이다. 특히 개혁파 전통의 근원을 철저하게 색출해낼 수 있다는 흥분이 우리의 무뎌진 감각을 일깨워주고 있다. 필자는 이 책을 번역하면서 「기독교고전총서」 전권이 아름답게 번역되어 출간될 날만을 손꼽아 기다리고 있다. 이 금자탑 같은 번역물들이 향후 메말라 있는 한국신학계의 텃밭을 촉촉이 적셔줄 수 있는 금비가 될 것을 기대하면서, 또한 특히 전문적으로 신학공부를 하는 후배와 동료 선배들의 눈을 크게 트이게 해 줄 것을 기대하면서, 그리고 수많은 교우들이 이렇게 멋들어진 역사적 원전을 읽음으로서 성경말씀과 함께 큰 하나님의 은혜를 만끽하기를 학수고대하는 바다.

원성현

약 어 표
LIST OF ABBREVIATIONS

ACW   *Ancient Christian Writers*: 고대 기독교 작가들

CE   *Catholic Encyclopaedia*: 가톨릭 백과사전

CSEL   *Corpus scriptorum ecclesiasticorum Latinorum*: 라틴교회 사본대전

DTC   *Dictionnaire de théologie catholique*: 가톨릭 신학사전

EC   *Enciclopedia Cattolica*: 가톨릭 백과사전

EpKA   *Epistulae Karolini Aevi*: 카롤링거 시대 서한집

KL   Wetzer and Welte's *Kirchenlexikon*: 베처와 벨테의 교회 어휘사전

LCC   Library of Christian Classics: 기독교 고전총서

LTK   *Lexikon der Theologie und Kirche*: 신학과 교회의 어휘사전

MGH   *Monumenta Germaniae Historica*: 독일 역사전집

MPG   Migne, *Patrologiae cursus completus*, Series Graeca: 교부 사본전집, 그리스 교부편

MPL   Migne, *Patrologiae cursus completus*, Series Latina: 교부 사본전집, 라틴 교부편

NPNF   *Nicene and Post-Nicene Fathers*: 니케아 그리고 니케아 이후 교부전집

NSH   *New Schaff-Herzog Encyclopaedia of Religious Knowledge*: 신 샤프−헤르초크 종교 지식 백과사전

OL   Old Latin: 옛 라틴역 성경

PLAC   *Poetae Latini Aevi Carolini*: 라틴 및 카롤링거 시대의 시집

RE   *Realenzyklopädie für protestantische Theologie und Kirche*: 개신교 신학과 교회를 위한 실용 백과사전

TU   *Texte und Untersuchungen*: 텍스트와 분석

V   Vulgate (in Scripture references only): 불가타(오직 성경 안에서만 인용 시)

제1부

하나님에 관한

거룩한 진리의 본질

PART I
THE NATURE
OF DIVINE TRUTH

제1장

레렝스*의 빈켄티우스**: 콤모니토리***

---

* 레렝스는 두 개의 섬으로 이루어져 있는 제도로서, 프랑스의 깐느에서 배로 15분 정도 걸리는 곳에 위치하고 있다.

** 레렝스의 성 빈켄티우스는 골 지방의 툴 출신이며 트로이 주교인 성 루포스의 형제로서, 오세레의 성 게르마노스의 친구였다. 군 제대 후 레렝스의 수도원에서 수도사 서원을 하고 얼마 후에 사제가 됐다. 그는 이교의 혼돈에서 교회의 참 가르침을 분간할 수 있게 한 보조 서적 「콤모니토리움」(Commonitorium)을 저술했다. 그의 저술의 핵심 사항은 그리스도인들은 "모든 곳에서 언제나 만인에 의해" 고백된 것을 믿어야 한다는 것이었다.("that faith which has been believed everywhere, always, by all.") 그의 서적은 제3차 세계 공의회가 에베소에서 개최된 지 3년 후에 저술됐다. 동정녀 마리아를 '하나님을 낳으신 분'(테오토코스)으로 가르쳤고 공의회에서 저주된 네스토리우스의 가르침을 저주했다. 그는 주후 445년에 평화로운 가운데 안식했다.

*** Commonitory는 라틴어 Commonitorium을 영역한 단어로서, 이는 '열정적으로 상기시켜 주는 사람'(one who earnestly reminds; remembrancer), '보조 회상록'(aide-memoire), '상기시켜주는 자료'(writing for reminding), '교훈서신'(letter of instructions), '상기시키는 수단'(means of reminding) 등의 의미를 지니고 있다. 따라서 레렝스의 빈켄티우스가 저술했던 콤모니토리움은, 당대에 편만했던 이단사설을 배격하려는 목적을 갖고 정통교회 교인들에게 로마 가톨릭 정통신앙을 상기시켜주기 위해 만들어진 교과서로 보면 큰 무리가 없을 것이다. 이 저술은 원래 The Nicene and Post-Nicene Fathers, Series II, Volume XI에 수록됐으며 LCC 9권에 재수록됐다. 그리고 이 저술의 부제는 다음과 같다. "모든 이단들의 신성모독적인 색다름에 대항하는 가톨릭 신앙의 고대성과 보편성을 위해" (For the Antiquity and Universality of the Catholic Faith against the Profane Novelties of All Heresies). 빈켄티우스는 아프리카의 감독(아우구스티누스를 가리킴)이 예정에 관해 가르친 내용이 '항상, 모든 사람에 의해, 모든 곳에서' 가르쳐지지 않기 때문에 그의 가르침은 가톨릭교회의 신앙이 아닌 혁신에 해당하는 것이므로 마땅히 배격돼야 한다고 천명했다. 이처럼 빈켄티우스는 펠라기우스주의나 아우구스티누스주의 모두 보편적인 가톨릭교회의 신학전통에서 위배된 '혁신적이고 진기하고 호기심 정도를 불러일으키는 견해'에 불과하다고 비판했다. 그래서 그는 그 두 견해의 중도 노선을 지향하면서 양극단을 피하려고 했다.

제1절. 서론

「콤모니토리」(*The Commonitory; Commonitorium*)의 저자인 레렝스의 빈켄티우스(Vincent of Lérins)는 자신에 관해 우리들에게 불충분한 정보를 제공해주고 있다. 그는 이방인(Peregrinus) 출신의 수사로서 도시에서 멀리 동떨어진 이름 없는 한 수도원에서 수도생활을 영위하고 있었다. 주후 431년에 개최됐던 에베소 공의회가 지난 지 3년이 되던 해(주후 434년), 그 해의 로마 주교는 식스투스(Sixtus)였고, 그는 로마 교황 식스투스 3세(Sixtus III, 재위. 주후 432-440년)와 동일시되고 있다. 한편 그 당시의 알렉산드리아 주교는 키릴로스(Cyril)였고, 그는 주후 412~444년까지 재위했다. 이러한 사실은 레렝스의 빈켄티우스가 저술한 「콤모니토리」의 저작 연대인 주후 434년에 대해 일말의 정보를 제공해주고 있다.

「콤모니토리」 저자의 생애와 작품에 관한 외적인 증거는 주로 「*On Famous Writers*[1](유명한 저술가들에 대해)」라는 책에 수록돼 있다. 이 책은 주후 5세기 말엽에 마씰리아의 겐나디우스(Gennadius of Massilia) 장로가 히에로니무스(Jerome)가 쓴 「*On Famous Men*[2](유명한 사람들에 대해)」이라는 저술을 보충하기 위해 후속편으로 편집한 것이었다.

"골(Gual) 지방에서 태어난 빈켄티우스는 레리나(Lerina)[3] 섬에 소재한 수도원의 장로였다. 그는 성경에 대해 박식했고 교회의 교리에 관해서도 정통했다. 그는 이단분파에 대처해서 그들의 영향력을 없애기 위해 매우 세련되고 알기 쉽게 명료한 문체로 글을 썼다. 그는 그 자신의 이름을 드러내지 않은 채, 이단 반박에 대한 가장 강력한 논문 중 하나인 「*Peregrinus Against Heretics*(페레그리누스의 이단 반박서)」를 저술했다. 그가 그 책의 제2권을 저술했을 때, 어떤 이름 모를 이단 일당이 미완성된 원고의 초고 대부분을 훔쳐갔고, 따라서 그는

---

1. *De illustribus scriptoribus*, ed. E. C. Richardson, TU 14 (1896) 83, tr. by Richardson, NPNF, 2d ser., 3,396. 콤모니토리의 저자인 레렝스의 빈켄티우스에 관해서는 이 책 65장에 수록됐다. 다른 편집본에는 64장에 기록돼 있기도 하다. 다음 자료를 참고하라. B. Czapla, *Gennadius als Literahistoriker* (Münster i. W., 1989); H. Koch, Tu, 31 pt. 2; J. Madoz, *Estud. Ecles.* 11 (1932) 484.

2. *De viris illustribus*, 때때로 *Catalogus Scriptorum*으로 불리기도 한다, tr. by Rkchardson, NPNF, 2d ser., 3·349-384.

3. 현재 성 호노라트(St. Honorat)로 불리는 레리나는 깐느에서 얼마 떨어져 있지 않은 두 개의 섬 중에서 깐느에서 더 멀리 바다 쪽에 떠 있는 보다 작은 섬이다. 거기에 있는 수도원은 여러 세기 동안 유명했다. 레리나보다 큰 섬은 오늘날 성 마거리트(Ste. Marguerite)로 불린다. 다음을 참고하라. A. G. Cooper-Marsdin, *The History of the Islands of the Lérins* (Cambridge, 1913).

소실된 부분을 간략히 요약해서 그 책의 초판에 첨부해두었으며, 결국 이는 한 권의 책으로 발행되기에 이르렀던 것이다. 그는 동로마제국의 황제 테오도시우스 2세(Theodosius II; 주후 408-450 재위)와 서로마제국의 황제 발렌티니아누스 3세(Valentinianus III; 주후 425-455 재위) 치세 때 영면했다.”[4]

빈켄티우스의 이름은 로마 순교자 열전에 나와 있으며, 그를 기념하는 축일은 5월 24일이지만, 그의 죽음에 대한 상세한 사항은 알려진 것이 없다. 훗날 리용의 주교가 됐던 그의 생전의 동료, 수사 유케리우스(Eucherius)[5]는 빈켄티우스에 대해 ‘탁월한 웅변력과 지혜를 소유한 자’, ‘속에서 광채를 발하는 빛나는 보석’ 등으로 묘사했다. 유케리우스에 의하면, 빈켄티우스의 동생은 루푸스(Lupus)였고, 그는 훗날 트로이의 주교였다고 추측되기도 한다. 대개 우리는 페레그리누스와 빈켄티우스를 동일 인물로 보고 있다. 그러므로 페레그리누스라는 이름은 수사와 동의어로 보기보다는 빈켄티우스의 필명으로 보는 것이 더 타당할 것이다. 겐나디우스는 자신의 책에서 빈켄티우스의 저작이 후대에 전승된 내력에 대해 적절히 기술해주고 있다. 그러나 쁘와렐(Poirel)이 빈켄티우스와 마리우스 메르카토로(Marius Mercator)를 동일시하는 것에 대해서는[6] 그 누구도 동의하지 못할 것이다.

빈켄티우스가 저술한 책은 단지 「콤모니토리」뿐만은 아니었지만, 그것이야말로 그의 명성을 대변해주는 주요한 저작이었다. 「콤모니토리」라는 제목에는 색다른 개념이 들어있지는 않지만, 서문에서 페레그리누스는 ‘콤모니토리’라는 개념을 사용해 독자들에게 자신의 견해를 상기주려는 의도를 드러냈다. 곧 그는 정통 신앙과 교리가 부족한 자들에게 그것을 불러일으키고 제공할 목적으로 그 책을 쓰게 된 것이었다.

「콤모니토리」는 첫 4세기 동안의 교리 논쟁과 성경에 대한 풍부하고도 해박한 저자의 지식을 함축하고 있다. 더욱이 그에 대한 겐나디우스의 호의적인 논평은 어떤

---

4. 두 황제의 통치가 겹치는 시기는 주후 425-450년이다.

5. MPL 50.711 = CSEL 31.193; MPL 50.773 = CSEL 31.66. 휴슨(Hewison)의 주장에 의하면 빈켄티우스는 에피로키우스(Epirochius)의 아들이며, 프리마 벨기카(Prima Belgica)에 소재한 툴리에 레우코룸(Tullie Leucorum)에서 태어났다.(Scottish Text Society 22.152) 그러나 그에 대한 증거는 불확실하다.

6. R. M. J. Poirel, De utroque commonitorio (Nancy, 1895, 1898): Koch는 이에 대해 논박했다. Theol. Quartalschr. 81[1899] 426-428.

측면에서는 거의 과장되어 있지 않다. 즉, 빈켄티우스는 항상 명쾌하고 생동력 있는 필치를 휘두르고 있으며, 종종 현명한 견해를 피력했고 결코 우둔하지 않았다. 페레그리누스가 평이하고 꾸밈이 없는 문체로 글을 썼다고 보는 주장은 판에 박힌 상투적인 견해에 불과한데, 그 이유는 그가 당대의 일반적 문체보다, 예를 들면 그와 동시대의 세베루스(Sulpicius Severus)가 사용한 문체보다 훨씬 더 훌륭한 글을 썼기 때문이다. 빈켄티우스가 대단히 훌륭한 수사법을 배운 것은 명백한 사실이다. 빈켄티우스가 빈번히 가장 탁월한 고전시대의 저술가들이 사용했던 수사학적 구절들을 인용한 것은 주지의 사실이다.[7]

원래 빈켄티우스는 정통 교리와 신앙이 부족한 자들을 교육할 목적으로 그에 관한 두 권의 책을 저술할 계획을 갖고 있었다. 첫 권은 서문과 결론적인 요약을 포함하고 있으며, 거기에는 다음과 같은 어떤 편집자의 언급이 실려 있다. "두 번째 콤모니토리가 첫 권에 끼어들었으나, 끝 부분만 살아남게 되었다. 즉, 오직 다음과 같은 요약 부분만 실리게 되었다." 그런데 그 요약 부분은 그 두 책들의 — 두 번째 책이 첫 번째 책보다 일곱 배나 더 긴 — 논의 요지를 반복만 하고 있을 뿐이다.* 결국 한 권의 전체 작품에 대한 또 하나의 결론이 존재하고 있는 셈이다.**

두 번째 책이 분실됐다는 겐나디우스의 주장은, 그가 읽었던 그 책의 사본이 보여주는 그대로 (우리가 지금 읽어도 그렇게 판단할 수밖에 없을 정도로), 그 사본이 이상한 상태였으므로 (첫 책에 두 번째 책을 요약하는 부분이 따로 첨가돼 있는 비정상적인 형태) 매우 번뜩이는 그럴 듯한 견해라고 하겠다. 그러나 그 경우 왜 두 번째 책이 분실됐는가 하는 복잡한 문제가 남게 되며, 지금까지 그에 대한 만족할 만한 답변이 전무한 상태다.

빈켄티우스가 논의하고 싶었던 것은 가톨릭의 진리가 무엇인가를 언급하는 방법에 관한 것이었다. 그는 모든 참된 교리의 근원인 성경에서 자신의 진술을 시작한다.[8] 그러나 성경은 다양한 사람들에 의해 다양하게 해석되기 때문에 다양한 해석들을 구

---

7. Terence, Cicero, Lucretius, Sallust, Harace, Ovid 등이 사용한 구절들이 빈켄티우스가 애용한 것들이었다. 이에 관해서는 다음 자료를 살펴보라. J. Madoz, *Rech. de Sc. Rel.* 39 (1951) 461–471.

8. 아래에 언급된 *Excerpta* (발췌선집)도 역시 이와 동일하다.

---

* 즉, 첫 권과 두 번째 권의 결론이 한 책에 실려 있다.

** 첫 권의 결론만 있으면 되는데, 두 번째 책의 결론도 동시에 실려 있어서 결론이 한 책에 두 개 있다는 의미.

별할 수 있는 지침과 길잡이가 필요하다. 여기서 유일한 해결책은 교회의 가르침의 빛 가운데서 다양한 해석들이 검증돼야 한다는 것이다. 그러나 만약 교회가 공의회의 결정을 통해 공포하지 않았던 사항이 있다면, 그때 모든 자들은 '레렝스의 성 빈켄티우스의 규칙' 가운데서 유명해진 '보편'(ecumenicity), '고대'(antiquity), '일치'(agreement) 등의 원칙을 따라야만 한다. 그것은 곧 가톨릭의 진리로서 *quod ubique, quod semper, et quod ab omnibus creditum est*(어디서나, 항상, 그리고 모든 사람들이 믿는 것)를 의미한다. 원래 가톨릭교회는 고대성(antiquitas 혹은 *vetustas*)과 보편성(*universitas*)을 표방해왔으나, 빈켄티우스는 거기에는 일탈과 상이성이 도출될 수 있으므로 일치 혹은 동의(*consensus*)를 추가시켰다. 그리하여 빈켄티우스의 원칙은 교회의 일치성, 고대성, 보편성 – 즉 가톨릭교회의 성격을 의미함 – 등으로 자리매김하게 되었다. 시간적 개념으로 볼 때 고대성을 결여한 견해들, 일인이나 혹은 소수의 견해들은 즉시 무시됐고, 오직 가톨릭교회에 속해서 신실하게 남아있는 자들의 견해만이 허용될 수 있었다.

그렇게 된다면 그리스도교의 진보나 혹은 발전이 저해되지 않겠는가? 빈켄티우스에 의하면, 그러한 원칙에 의해 참된 진보(*profectus*)는 방해받지 않고, 단지 변개(*alteratio*)만 저지될 뿐이다. 즉 그러한 변화는 새로운 어떤 것을 창출하겠지만, 그것이 고대성과 보편성에서 일탈하게 된다면 즉시 비난받게 된다. 그러나 명백히 고대성에서 도출된 것은 발전하게 될 것이다. 빈켄티우스는 그것을 설명하기 위해, 자연 세계 내의 유기적 성장에서 유비를 이끌어냈다. 개념상 유기체 내에 존재했던 것은 종종 외형적인 변화를 유발하면서 발전할 것이지만, 그러나 그 본질적인 성격은 결코 변화하지 않는다. 노인은 외형적으로는 더 이상 유아의 모습을 갖고 있지 않지만, 그러나 그 노인과 유아는 같은 사람인 것이다.

빈켄티우스는 비록 이단의 역사로부터는 아니라 해도, 이단으로부터 자신의 원칙을 설명하고 있다. 그는 일부 이단에 대해서는 주마간산(走馬看山) 격으로 스쳐지나가면서 언급했지만, 포티누스(Photinus), 아폴리나리스(Apollinaris), 네스토리우스(Nestorius) 등의 세 이단에 대해서는 각각 같은 분량의 페이지를 할애하여 비중 있게 다루었다. 왜냐하면 이들은 추호도 의심할 여지 없이 기독론 논쟁과 연루됐기 때문이며, 특히 네스토리우스는 그 당시 당대 최근의 것이었다. 비록 빈켄티우스가 그리스도교 교리 전반에 걸쳐 상술하려는 의도를 지니고 있지 않았더라도, 삼위일체와 성육신 교리에 관해 대단한 흥미를 갖고 있었던 것이 분명한 사실이다. 비록 그가 그러한 교리들이 본제에서 벗어나 지엽으로 흐르는 것에 불과하다고 언급했지만, 그 교리 항목들을 그 책에 삽입함으로써 그것들이 얼마나 중요한 교리인가를 우리들에게 일깨워주었다(12-16장). 여기서 그는 아타나시우스(Athanasius)의 이름을 지닌 신조(Quicumque Vult)의 입장에 자신의 원칙을 조화시켰다. 때때로 그가 사용했던 문체와 어투가 너무나도 생생하게 아타나시우스 신조를 상기시켜주었기 때문에, 일부 학자들은 그가 그 신조의 작성자라고 여기기도 했다.[9] 빈켄티우스의 「콤모니토리」와 ‘아타나시우스 신조’가 두드러지게 비슷하며, 또한 그 둘 사이에 모종의 유사한 관계성이 명백히 존재하더라도, 그 둘을 한 저자의 것으로 보는 것은 증거상 무리가 따른다. 따라서 ‘아타나시우스 신조’를 저술한 익명의 저자가 「콤모니토리」에 대해 정통했다고 보는 편이 가장 훌륭한 설명일 것이다. 어쨌든 성육신 교리 언급에서 ‘아타나시우스 신조’가 빈켄티우스의 저술에 비해 삼분의 일밖에 되지 않으므로, 그것은 빈켄티우스가 저술하기로 약속한 두 번째 책의 성육신 언급 부분보다 결코 더 길 수 없을 것이다.

‘콤모니토리’는 소위 오늘날에 와서 세미-펠라기우스(Semi-Pelagian) 논쟁으로 불리는 교리 논박에 대해 하나의 중요한 흔적을 남겼다.[10] 그러한 명칭은 오직 그러한 논쟁이 ‘펠라기우스의 잔재물’(reliquiae Pelagianorum)이라는 당대인들의 인식을 반영한 것이었고, 그 명칭은 아우구스티누스에게 보낸 한 편지 속에서 발견됐다.[11] 세미-펠라기우스 논쟁은 주로 골 남부 지방에서 발견되며, 원래 마실리아와 레린느의 성직자들 사이에서 일어났다. 그리고 그 논쟁의 주도적인 발의자들에는 빈켄티우스 외에 카시아누스(John Cassian)와 그 이후의 리스의 파우스두스(Faustus of Riez) 등이 포진해 있었다. 세미-펠라기우스주의자들은 그 자신들이 그렇게 불릴 운명이 됐다는 사실을 인식하고 나서 극심한 공포에 시달리게 됐다. 그 이유는, 그들 자신의 견해로 볼 때, 그들이 펠라기우스

---

9. Joseph Anthelmi, *Nova de symbolo Athanasiano disquisitio* (1693); G. D. W. Ommanney, *The Ahtanasian Creed* (London, 1880); G. D. W. Ommanney, *Dissertation on the Athanasian Creed* (London, 1897). 다음을 보라: G. Morin, *Revue Bénédictine* 44 (1932) 205-219.

10. 이 논쟁에 관해, 그리고 그것에 관한 빈켄티우스의 주장에 관해서는 다음 자료를 참고하라. Moxon의 편집본 (xxii-xxxii); F. Loofs (NSH 10.347-349); J. Pohle (CE 13.703-706); B. B. Warfield (NPNF, 첫째 시리즈 5.xxi); E. Amann (DTC 14.1796-1850); W. Koch (LTK 9.406f.); G. DEPlinval (EC 11.286-288); Miller (RE 14.94); R. Rainy, *The Ancient Catholic Church* (New York, 1902) 485-493; P. DeLetter (ACW 14.3-6 그리고 pp. 158~159의 각주 7-17).

11. Prosper to Augustine in the latter's letter 225 (MPL 33.1106).

(Pelagius)와 코일레스티우스(Coelestius)를 공격했던 모든 자들에 반한 강력한 호적수였기 때문이었다. 그들은 자신들의 견해가 전적으로 정통 교리라고 강력하게 확신했고, 그들이 반대했던 아우구스티누스의 극단적인 견해는 이단이 아니라면 오류일 것이라고 대담하게 주장했다. 그런데 빈켄티우스는 이미 아우구스티누스의 극단적인 견해가 이단이 아니라면 오류에 해당할 것이라고 언급한 바 있었다. 그 논쟁은 아우구스티누스가 죽던 해에 발발했고, 그리하여 그는 그들의 적대자들 중에서 유일하게 제외된 인물이 되었다. 비록 432년에 로마의 주교가 아우구스티누스를 대신해서 논쟁에 착수했더라도, 세미-펠라기우스주의는 어떤 교회 공의회에 의해 공식적으로 정죄된 바가 없었고, 그 이후도 역시 마찬가지였다.

간략히 언급하면, 펠라기우스의 가르침은 인간의 구원 효력과 결과에 하나님의 은총을 거부한 것으로 귀결되었다. 그에 의하면, 인간은 자유의지를 사용해 구원받기를 선택하며, 하나님의 은총은 협력수단에 불과하고 반드시 필수불가결한 요인은 아니었다. 구원 과정에 인간 역할의 중요성을 강조했던 펠라기우스의 견해는 아우구스티누스의 은총 및 자유의지에 관한 가르침과 정면으로 반대되는 것이었다. 아우구스티누스에 의하면, 인간이 구원을 희망할 수 있기 이전에 주어진 선행 은총은 절대적으로 필수불가결한 요소였다. 사실상 그러한 요소는 그의 예정론에 대단히 크고 중요한 역할을 했다. 이는 그의 예정 교리를 더욱 심화 확장시키는 요인이었고, 여기서 그는 하나님이 구원 받을 자(선택받은 자)와 구원 받지 못할 자(저주받은 자 혹은 유기된 자)를 미리 결정하신다고 주장했다.*

세미-펠라기우스주의자들은 그러한 아우구스티누스의 견해가 너무나도 완고하고 극단적이라고 생각한 나머지, 그와 논쟁했던 신학자들 사후에, 그러한 극단적인 아우구스티누스의 신학적 주장을 다소 완화시켰던 것이다.[12] 세미-펠라기우스주의자들의 요점은 다음과 같이 진술되었다. 첫째, 펠라기우스와 그의 동료들은 카르타고 공의회가 결정한 대로 절대적이고 명료한 이단이었다. 둘째, 인간이 구원을 요청하는

---

12. DeLetter(ACW 14.5)는 이에 관해 다음과 같이 언급했다. "*Capitula seu praeteritorum Sedis Apostolicae episcoporum auctoritates de gratia Dei* (하나님의 은총에 대한 과거 사도적 주교좌의 권위 있는 언급을 다룬 장; MPL 51.205-212) 내에서, 아우구스티누스주의자들은 일부 부분적으로 후퇴하는 표현을 사용했다."

---

* 아우구스티누스에 의하면, 구원 이전에 미리 베푸시는 하나님의 은총을 받은 자는 선택받은 자며, 그 반대의 경우는 유기된 자다.

신앙의 출발(*initium fidei*)은 인간의 자유의지의 능력의 결과이지만, 그러나 신앙 그 자체 및 신앙의 성장(*augmentum fidei*)은 절대적으로 하나님께 의존해 있다. 셋째, 비록 하나님의 은총이 선물이라고 보는 교리는 엄격히 모든 자연스러운 일반적인 공로를 배제하는 한도 내에서 펠라기우스의 견해를 적극적으로 공박하는 견해이기는 하지만*, 그러한 교리는 자연적 본성과 그 사역을 금하지는 않는다. 즉 인간 스스로가 (주어진 자연적 본성을 갖고) 어떤 하나님의 은총을 요구할 수 있음이 거부되지 않는 것이다.** 넷째, 견인, 즉 처음 행위 이후 신앙의 지속성은 특별한 은총의 선물이 아니다. 왜냐하면 칭의 받은 자는 끝까지 그 자신의 능력으로 지속적인 인내를 이루어야 하기 때문이다.

골(Gaul) 지방의 성직자, 빈켄티우스는 아마도 「은총과 자유의지에 대하여」(*On Grace and Free Will*) 및 「비난과 은총에 대하여」(*On Rebuke and Grace*)[13] 등의 작품을 통해 아우구스티누스의 예정에 관한 교리를 접했을 것이다. 그 저술들은 각각 426년과 427년에 발간됐으며, 비록 그것들이 세미-펠라기우스주의자들에게 전해지지는 않았지만, 의심할 나위 없이 당대에 널리 읽혀졌던 것이다. 잔존해 있는 가장 초기의 세미-펠라기우스주의 견해는 아마도 카시아누스(John Cassian)의 저술, *Conference XIII with the Abbot Chaeremon* (대수도원장 카이레몬이 주도한 8차 회의) 내에서 발견될 것이다.[14] 그러나 아우구스티누스는, 골 교회의 평신도 프로스페르(Prosper)와 힐라리우스(Hilary)가 그에게 보낸 두 서신의 내용으로 볼 때, 이미 세미-펠라기우스주의의 견해를 잘 알고 있었던 것

---

13. 아우구스티누스의 이 두 작품은 다음과 같은 자료들에서 찾을 수 있다. (a) Epist.(서신) 217 *ad Vitalem* (생명에 관하여) (MPL 33.978–990 = CSEL 57.403–425), NPNF에는 번역돼 있지 않음; (b) Epist. 194 *ad Sixtum* (식스투스에게 보내는 서신) (MPL 33.874–891 = CSEL 57.170–214), NPNF에는 번역돼 있지 않음. 식스투스는 후에 교황 식스투스 3세(Sixtus III)가 되었음; (c) *De gratia et libero arbitrio* (은총과 자유의지에 대하여; MPL 44.881–912, CSEL에는 없음), NPNF 1차 시리즈 5.425–465에 번역됐음; (d) *De correptione et gratia* (타락과 은총에 대하여; MPL 44.915–946, CSEL에는 없음), NPNF 1차 시리즈 5.467–491에 번역됐음; (e) Epist. 225 *Prosper ad Augustinum* (아우구스티누스에게 보내는 프로스페르의 서신), 그리고 Epist. 226 *Hilarius ad Augustinum* (아우구스티누스에게 보내는 힐라리우스의 서신; MPL 33.1102–1112 = 51.61–74 = CSEL 57.454–481), NPNF에는 번역돼 있지 않음; (f) *De praedestinatione sanctorum* (거룩한 예정에 대하여, MPL 45.959–992, CSEL에는 없음), NPNF 1차 시리즈 5.493–519에 번역됐음; (g) *De dono preseverantiae* (견인의 은사에 대하여; MPL 45.993–1034, CSEL에는 없음), NPNF 1차 시리즈 5.521–552에 번역됐음).

14. *Collatio XIII Abbatis Chaeremonis* (MPL 49.887–954 = CSEL 13.361–396), 이는 NPNF 2차 시리즈 11.422–425에 번역됐다. 다음의 자료들을 보라. Owen Chadwick, *John Cassian, a Study in Primitive Monasticism* (Cambridge, 1950) 111–120; L. Christiani, *Jean Cassien* (Paris, 1946).

---

* 펠라기우스는 하나님의 은총을 완전히 버리고 인간의 자연적 공로만을 주장함.

** 펠라기우스는 하나님의 은총(*gratia Dei*)을 완전히 거부했으나, 세미-펠라기우스주의자들은 인간의 본성(*natura Hominis*)이 하나님의 은총을 요구할 수 있다고 해 그 둘 모두를 버리지 않았음. 그러나 아우구스티누스주의는 그러한 자연적 인간 본성을 부인했음.

같다.[15] 아우구스티누스는 428년 혹은 429년에 쓰인 것으로 알려진 「성도의 예정」(On the Predestination of the Saints) 2장 및 38장에서 세미-펠라기우스주의자들의 견해가 헛되고 공허한 것임을 세차게 공박했다. 카시아누스가 자신의 저술 작업에 몰두하고 있었을 때, 빈켄티우스는 우리에게 알려진 작품 「빈켄티우스의 반박」(Objectiones Vincentianae)을 저술하느라 몹시도 바빴을 것이다. 그러나 빈켄티우스의 저술의 윤곽은 프로스페르가 빈켄티우스에 대해 반격을 가한 작품(Replies to the Sections of the Vincentian Objections on Behalf of Augustine's Teaching; '아우구스티누스의 가르침에 관한 빈켄티우스의 반박에 대한 답변')[16] 속에서 어렴풋이나마 짐작해볼 수 있을 따름이다. 「빈켄티우스의 반박」(Objectiones Vincentianae)이 빈켄티우스가 저술한 작품이라는 점에 대해 오랜 동안 의심을 사왔다. 그러나 그 작품 속의 다섯 번째 반박에 관한 내용은 현재 빈켄티우스가 썼던 것으로 믿고 있는 「콤모니토리」와 동일한 저자의 기술로 입증돼 있는 형편이다. 같은 시기의 또 다른 작품으로 동일한 교리적 관점을 지닌 저술인 「*Capitula Calumniantium Gallorum* ('골의 오류')」는 아직도 빈켄티우스의 것인지 정확히 판명되지 않았다. 그것은 같은 학파의 사상으로 여겨지기도 한다.[17]

결국 프로스페르는 골에서 가장 결정적인 아우구스티누스주의 옹호자가 됐다. 프로스페르는 힐라리우스와 함께 로마에 갔고, 거기서 그는 교황 셀레스틴 1세(Celestine I)의 관심을 불러일으키는 데 성공했다. 그 교황은 (세미-펠라기우스주의 문제와 관련해) 일단의 골 주교들에게 한 서신을 보냈었고, 빈켄티우스는 그 서신을 자신의 (이단 반박을 위한) 목적 아래 「콤모니토리」 32장에 인용했던 것이다. 프로스페르 역시 *Letter to Rufinus on Grace and Free Will Against the Conferencer*(John Cassian)('그 회의 참석자 존 카시아누스를 반박하기 위해 은총과 자유의지에 대해 루피누스에게 보낸 서신')를 저술했고,[18] 이 서신은 아우구스티누스가 오랫동안 그 주제에 관해 참고한 저술이 되었다. 프로스페르는 거기서 만족하지 않고, 심지어 운문 형태를 취하여 수천 개의 육보격 시행을 갖춘 하나의 시를 써서 그 주제에 관해 서술했던 것이다. 그는 그 시의 제목을 그리스어를 써서 *Peri*

---

15. Epist. 225-226.

16. *Pro Augustini doctrina responsiones ad capitula objectionum Vincentianarum* (MPL 45.1843-1850 = 51.177-186).

17. MPL 45.1835-1844 = 51.155-174. 다음을 보라. MPL 51.185.

18. *Epist. ad Rufinum de gratia et libero arbitrio contra collatorem* (MPL 45.1795-1802 = 51.213-276).

*Acharistõn*이라고 칭했다.[19] 또한 그는 같은 목적을 성취하기 위해 경구로 구성된 두 편의 시도 저술했는데 그 제목은 *Epigrams Against Augustine's Traducer* (아우구스티누스에 대한 비방을 반박하는 풍자시)라 붙였다.[20] 그는 이어서 그의 *Call to All Nations* (모든 민족을 부르심)[21]에서 이렇게 밝혔다. "나는 나의 스승의 거칠고 퉁명스러운 수많은 주장들을 부드럽게 완화시키기 위해 각고의 노력을 기울이는 데 헌신했다."[22] 그러나 비록 로마 감독에게 비난받았더라도, 세미-펠라기우스주의는 사라지지 않았고, 오렌지 공의회가 개최되기 이전까지 어떤 공의회에 의해서도 공식적으로 정죄받지 않았다. 오렌지 공의회는 아를(Arles)의 카이사리우스(Caesarius)가 주후 529년에 소집했던 회의로서, 25개 조 항을 들어 새롭게 생겨난 이단적인 견해들을 정죄했던 것이다.

상술한 바는, 「콤모니토리」 자체와 견주어보면 격렬한 논쟁을 불러일으키기에 충분한 소지가 있다 해도 과언이 아니다. 그 저술은 비록 익명으로 기록됐지만 여러 부분에서 아우구스티누스의 저작과의 연관성을 은밀히 암시하고 있다. 그리고 그 대부분은 거의 모든 사람들이 눈치 채지 못할 정도로 암암리에 제시됐다고 해도 과언이 아니다. 그리고 더욱이 「콤모니토리」 26장에는 아우구스티누스의 견해와 명백하게 동일시할 수 있는 익명의 이단에 대한 특별한 암시를 찾아볼 수가 없다. 게다가, 이미 언급한 그 서신은[23], 교황 켈레스티누스가 프로스페르와 힐라리우스의 제안으로 골 감독에게 보낸 편지인데, 골 남부지방의 세미-펠라기우스주의자들에게 나타나는 이단으로 의심될 수 있는 극소량의 그림자조차도 넘어설 것을 명령했다. 그리고 그러한 내용을 지닌 그 서신은 실제로 빈켄티우스가 인용했으며, 빈켄티우스는 여타 감독들이 그들 자신의 주교 관구 내에서 발호한 이단들을 척결하기 위해 그 서신에 기록된

---

19. MPL 51.91-148.

20. *Epigrammata in obtrectatorem Augustini* (MPL 41.149-202).

21. *De vocatione omnium gentium* (MPL 51.647). 이 글은 암브로시우스의 작품집에 들어 있는 MPL 초기판 속에 자리하고 있다. 그러나 1879년 판 (MPL 17.1167)에서는 이 글이 각주로 처리된 채 제외됐다. 이 글의 저작권 문제는 지금까지 논쟁이 되고 있다. 들레터(P. DeLetter)는 최근에 이 글을 번역했는데- ACW 14 (1952)-, 그는 여기서 이 글이 프로스페르의 것이라고 주장했다. 영(J. J. Young)은 이 글의 문체를 연구했는데- *Cath. Univ. Patr. Stud.* 87 (1952) 「가톨릭대학교 교부연구」-, 그는 그 글의 *clausulae* (결론부)를 보아 그것이 프로스페르의 저작이라는 결론을 내렸다.

22. Sopohle

23. 이 서신은 빈켄티우스가 그 자신의 「콤모니토리」 제32장에 인용했다. 또한 이 서신은 MPL 50.528-537에 「골 감독에게 보내는 서신」 21로 수록돼 있다. 그리고 이 서신의 날짜에 대해서는 이렇게 돼 있다. 주후 431년 6월과 주후 432년 7월 사이 마도즈(Madoz)에 의해. 다음 자료를 참고하라. D. M. Cappuyns, *Rech. de Théol. Anc. et Med.* 1 (1929) 319, n.

켈레스티누스 교황의 명령을 따를 것을 주문했고, 그는 이를 상찬 받을 만한 예로 여겼다. 그는 우리에게 이 이단의 정체성에 대해 언급하지 않는다. 어떤 사람은 그것을 빈켄티우스 자신이 반대했던 이단으로 간주하기도 한다. 그러나 그것은 실제로 그가 그 자신의 저술 「빈켄티우스의 반박」(*Objectiones Vincentianae*)에서 옹호했었던 바가 틀림없다. 그리고 명확히 적어도 한 번은 그의 「콤모니토리」에서 그 이단이 옹호됐던 것이다. 여기서 빈켄티우스의 태도는 다소 애매하며, 또한 에베소 공의회에 관한 카르타고의 카프레올루스(Capreolus)에게 보내는 서신에도 그러한 애매모호한 입장이 잘 드러나 있다. 물론 우리는 카프레올루스의 은총 교리에 대해 정확히 알 수는 없지만, 아마도 아우구스티누스의 견해에 영향을 받았을 것이라 짐작할 수 있을 것이다.

그러므로 「콤모니토리」의 원래 저술 목적이 아우구스티누스에 대한 공격을 가리기 위한 것이었는지, 아니면 이단 발생시 그것을 표면적으로 구별할 수 있는 원칙을 제공하기 위한 것이었는지 의문이 제기된다. 그리고 아우구스티누스에 대한 암시가 단지 주요 목적에 대한 부차적이었는지 아닌지도 제기될 수 있다. 이러한 풀리지 않는 문제는 최근의 발견에 의해 더욱 복잡하게 얽혀들어간다. 수년 전에 레만(Lehmann)은, 카시오도루스(Cassiodorus)의 저술에서 발견해 낸 익명의 중세 개략적 단편들 내에서 지금까지 알려지지 않았던 빈켄티우스의 작품에 대한 참고문헌이 포함돼 있음을 자신의 편집본에서 밝혔다.[24] "레렝스 섬의 사제인 빈켄티우스의 그 책은 아우구스티누스의 작품에서 저술돼 나온 것으로서, 교황 식스투스에게 보내졌으며, 유용한 책으로 정평이 나 있었다. 이러한 이유 때문에 나는 그것을 다시 읽게 되었다."

그런데 어떤 한 빈켄티우스 연구가가 1940년에[25] 빈켄티우스 자신이 기록한 한 사본을 발견하기까지는 그 내용을 자세히 알 수가 없었다. 즉 마도즈(Madoz) 신부가 아우구스티누스의 저술을 인용한 한 사화집을 스페인 리폴(Ripoll) 도서관에서 발견했는데, 바로 그 속에 빈켄티우스가 기록한 사본이 들어 있었다. 거기에는 빈켄티우스의 문체로 보이는 서문과 결론부가 들어 있었다. "거룩하게 기억될 레렝스 섬의 사제, 빈켄티우스에 의해, 영원히 축복으로 기억될 아우구스티누스의 모든 저술들을 수집한 발췌들"이라는 내용이 바로 이를 잘 입증해주는 것이었다. 따라서 「콤모니토리」의 저자와

---

24. P. Lehmann, *Philologus* 73 (1914–1916) 268.

25. J. Madoz, *Gregorianum* 21 (1940) 75–94.

그 발췌물들 수집본의 저자가 하나이며 동일 인물이라는 사실에 대해서는 조금도 의심의 여지가 없는 동시에 「콤모니토리」가 아우구스티누스에 대해 날카로운 공격을 퍼붓고 있는 반면, 그 발체물들 수집본은 오직 아우구스티누스를 칭송하고 있다는 점역시 부인할 수 없다.

그렇다면 상기한 맞부딪히는 두 대립적 측면은 어떻게 조화될 수 있을 것인가? 마도즈는 이렇게 복잡한 질문에 대해 다음과 같이 답변했다. 「콤모니토리」에서, 빈켄티우스는 히포의 감독의 견해와 현저히 다른 교리들(은총과 예정)에 대해 논의하고 있는 반면, 그 발췌물들의 수집본에서는 아우구스티누스의 주장에 전적으로 동의하는 교리들(삼위일체, 성육신)에 관해 논의하고 있다. 그렇기 때문에 그 두 저작의 어조가 다른 것이다.

여기서 「콤모니토리」가 빈켄티우스 이후 전체 신학사상의 흐름에 어떤 영향을 주었는지 설명하는 것은 이 책의 목적에 합치하지 않을 것이다. 「콤모니토리」처럼 훌륭한 형식을 갖춘 저작, 곧 새로 생겨난 교리들에 대응하는 중세 교회의 반응과 밀접히 연관된 원칙을 지닌 저작은, 중세 저자들에 의해 부지기수로 반복해서 읽혀지거나 인용되는 일은 다반사였다. 그러나 「콤모니토리」의 경우는 예외여서, 당대에는 무시되고 중세의 어떤 목록집에도 인용돼 있지 않았다. 그 이유는 「콤모니토리」의 저자가 주후 529년에 이단으로 정죄된 어떤 한 교리와 깊이 연루돼 있었기 때문이다.*

그러나 마도즈는 이를 '불일치의 사과열매'로 불렀음에도, 종교개혁 당시 교회 일치를 위한 그리스도교 저작들 중에서 「콤모니토리」의 영향력은 단연 으뜸이었다. 곧 「콤모니토리」의 요지는, 풍자 작가이자 에라스무스 학파의 일인이있던 카썬디(George Cassander; 1513-1566)의 작품 속에 뚜렷이 자리 잡게 되었다.[26] 일치를 갈망하는 그의 탄원은 성경 속에서 확인할 수 있는 「콤모니토리」 신앙의 '근본 항목들'에 근거해 있었고, 또한 교부들의 문헌과 사도신경이 본질적 측면에서 그것들과 연계돼 있었다. 빈켄

---

26. 다음을 보라. John McNeil, *Unitive Protestantism* (New York, 1930) 271. Ruth Rouse and S. C. Neill, *History of the Ecumenical Movement* 1517-1948 (Philadelphia, Westminster Press, 1954) 38; P. Tschackert (NSH 2.348~349).

---

* 이 이단은 주후 529년 오렌지 공의회에서 정죄된 '세미-펠라기우스주의'를 의미하는데, 이는 매우 급진적이었던 아우구스티누스주의가 점점 정통교리로 인정돼갔음을 보여주는 예다. 그러나 오렌지 공의회는 아우구스티누스주의를 그대로 수용하지 않았고, 하나님의 은총과 인간의 자유의지의 협력을 강조했다. 물론 전적인 타락을 수용했지만 결정론으로 생각된 이중 예정은 거부된 채, 예지 예정만 받아들였다. 따라서 급진적인 아우구스티누스주의가 교회사에서 전적으로 수용된 예는 결코 없었다.

티우스의 권위는, 교회 일치 문제와 필연적으로 연루됐기에, 그와 동시대 인물이었던 위첼(George Witzel)과 함께 처음 5세기 동안 정지돼 있었다.* 세월이 조금 흐른 뒤, 전통에 관해 빈켄티우스와 동일한 견해를 지녔던 마이덜린(Peter Meiderlin; 1582-1651)은 빈켄티우스의 주요 교리에 자신의 성령과 사랑에 관한 교리 등을 첨가했는데, 이는 지난 중요한 공의회들의 결정 사항을 반영한 것들이었다. 이런 것들은 빈켄티우스의 신앙 공식에 부합될 수 있다고 여겨 채택된 것이다.[27] 또한 그로티우스(Hugo Grotius; 1583-1645)는 루터와 칼뱅 같은 논쟁 대상이 되는 종교 개혁자들에 대해 논의하기를 포기하고 에라스무스와 멜란히톤 같은 풍자 작가들에 대해 관심 돌릴 것을 주장했다. 또한 그는 보다 초기의 저자인 「콤모니토리」와 빈켄티우스의 신앙 공식에 대해 특별히 관심을 가져야 할 것도 주장했다.[28]

영국교회에서, 빈켄티우스를 지지하는 자들이 많았는데, 특히 이들은 초기 교회에서 확고히 깊은 뿌리를 지닌 그의 주장을 확고부동하게 옹호했다고 해도 과언이 아니다. 예를 들면, 박스터(Richard Baxter; 1615-1691)는 그의 저작인 *Gildas Salvianus: The Reformed Pastor* (개혁파 목사)에서 이렇게 언급했다.

> "우리는 확실한 것들과 불확실한 것들, 필요한 것들과 불필요한 것들, 보편적인(catholic) 참된 진실 — *quae ab omnibus, ubique et semper sunt retentae*(모든 사람에게서, 모든 곳에서, 항상 받아들여지는 것) — 과 사적인 견해들 등의 차이점에 관해 항상 배워야만 한다. 그리고 전자들 위에 놓여 있고 후자들 위에는 놓여 있지 않은 교회의 평화를 강조하는 법도 배워야만 한다."[29]

상술된 바와 관련해, 특별히 뉴만(Newman)의 *Apologia pro Vita Sua*(그의 생애에 대한 변증)

---

27. 다음 자료를 참고하라. Martin Schmidt in Rouse and Neill, *op. cit.*, 82.

28. 다음을 보라. Schmidt, *op. cit.*, 94; Carl Bertheau in NSH 7,287에서 항목 'Meldenius, Rupertus'를 찾아보라. 이는 마이덜린의 필명이다.

29. 다음을 보라. John T. Wilkinson's edition (London, Epworth Press, 1939), p. 141. 물론 박스터는 기억을 더듬어 빈켄티우스의 신앙 공식을 인용했다.

---

* 빈켄티우스는 로마 가톨릭교회가 이단으로 정죄했던 '세미-펠라기우스주의'의 옹호자였기 때문에, 그에 대한 권위를 평가 절하했다는 의미.

와 *Essay on the Development of Christian Doctrine*(그리스도교 교리의 발전에 대한 논문)은 충분히 참고해야만 한다.[30]

종교개혁 이후로, 로마 가톨릭교회에서는, 빈켄티우스에 대한 다양한 평가가 공존하고 있었다. 바로니우스(Baronius)는 「콤모니토리」를 하나의 '명확하고도 조그만 황금 작'이라고 불렀다. 벨라민(Bellarmine) 추기경은 "비록 작은 크기지만, 대단히 큰 가치를 지닌 작품"이라고 평가했다. 베네틱트회 수사인 마빌론(Mabillon)은 "크지 않고 조그만 책이지만, 영원히 기억될 황금과도 같은 책"이라 높이 평가했다.[31] 교황 베네딕트 14세는 1748년에 이렇게 언급했다. 즉, 빈켄티우스와 힐라리우스에게서 인간적인 것(즉, 정통이 아닌)이 드러나 있다면, 그들의 시대에는 아직 가톨릭의 보편적인 교리에 관해 규정되었던 바가 없었기 때문에, 그들을 이단으로 보는 것은 가혹한 일이며, 따라서 그들은 가톨릭교회에서 용납돼야 한다는 것이었다.[32] 교황 레오 12세(1823-1829) 임기 동안, 뷔르츠부르크(Würzburg)의 주교 관구에서 만들어진 한 교리 문답서는, 빈켄티우스의 신앙 공식이 질문에 대한 답변으로 채택된 내용을 지니고 있었다. 그러나 역시 그 교리 문답서에는 그에 관한 로마 가톨릭교회 감찰관의 평가 부분도 들어 있었다. 곧 그에 따르면, 빈켄티우스의 신앙 공식이 유일한 교리의 표준도 아니며, 또한 특별한 것도 아니고, 더욱이 그것이 교회가 규정한 것도 아니라는 것이다.[33] 빈켄티우스의 신앙 공식은 1870년에 개최된 바티칸(Vatican) 공의회 때[34], 그리고 말린(Malines)의 담화에서[35] 그 자신의 역할을 감당하게 되었다. 그러나 최근에, 이에 관해서 프랑스 도미니크회 수사인 콩가르(Congar)는 그의 저명한 책인 *Divided Christendom*에서 다음과 같이

---

30. C. F. Harrold, ed., J. H. Newman, *Apologia pro Vita Sua* (New York, 1947), pp. 98, 178; *An Essay on the Development of Doctrine* (New York, 1949), 목록에서 Saint Vincent라는 단어를 찾아보라. 영국 저자들의 작품들 속에서 빈켄티우스의 공식을 찾아보려면 다음을 참고하라. R. S. Moxon, *Modernism and Otrhodoxy: An Attempt to Re-Assess the Value of the Vincentian Canon in Regard to Modern Tendencies of Thought* (London, 1924); Robert M. Grant, *The Bible in the Church, A Short History of Interpretation* (New York, Macmillan, 1948), 94-97.

31. C. Baronius, *Martyrologium Romanum* (Ambères, 1613) p. 220; R. Card. Bellarmine, *De Scriptoribus Ecclesiasticis* 440 (Naples, 1862) P. 56; J. Mabillon, *Tractatus de studiis monasticis* (Venice, 1770) 1.2, ch.4, p. 87; 또한 윈체트(Winzet)의 *The Commonitory* 번역본의 제목을 참고하라.

32. Benedict XIV, *Littera apostolica de nova martyrologii editione*, July 1, 1748, n. 31, 마도츠에 의해 인용됨(88).

33. H. Kihn, in KL 12.987 f.

34. 다음을 보라. J. B. Card. Franzelin, *De Divina Traditione et Scriptura* (Rome, 1st ed., 1870; 3d ed., 1882), thesis 24; T. Granderath, *Geschichte des vatikanischen Konzils* (Freiburg i. Br. 1906), 2.631 n.

35. Lord Halifax, *The Conversations at Malines* 1921-1925 (London, 1930) 281~282.

언급했다.

"하나의 완벽한 [로마] 가톨릭 정서 안에서 명확히 이해될 수 있는 이러한 '표준'(canon)은 이제 여기서 역사가들의 손에 놓이게 된다. 그래서 역사가들은 역사연구의 표준 선상에서 그 표준을 사용하게 된다. 그런데 그것을 내걸어서 교회신앙의 궁극적인 표준으로 해석했던 자들의 실수는, 권위의 사도적 승계가 아니라 교수들의 판단에 대한 최종적인 분석을 통해 교회신앙을 규정했다는 데 있다. 만약에 이러한 '표준'이 참으로 가톨릭주의의 표준이었다면, 최고의 권위는 역사가들에게 귀속됐을 것이다. 왜냐하면 역사가들의 '텍스트들에 대한 연구'에서 항상, 어디서나, 모든 사람들이 믿어온 것이 비롯되기 때문이다. 사도적 승계성과 성령의 도움이라는 이중적 원칙에 의해 교회 내에 항상 살아 있는 최고의 권위는 단순히 보편적인 교회신앙의 정체성이 무엇인지에 관해 선포하곤 한다. 과거는 현재 사실에 의해 알려진다. 현재는 과거라는 하나의 참고사항에 의해 결정되지는 않는다. 여기서 우리는 프로테스탄트 종교개혁과 가톨릭교회 사이에 내재하고 있는 결정적인 주제와 맞닥뜨리게 된다. 그것은 종교개혁 사상 그 자체에 포괄돼 있는 것이다. 근본적으로 정도에서 벗어나 있는 그러한 모습이 사도적 교회의 본성이란 말인가? 그러한 교회가 진리를 향해 다시 회귀할 수 있을 것인가? 교수들에 의한 비평적인 연구라는 미명 아래 교회가 개혁될 수 있을까? 프로테스탄티즘은 오직 빈켄티우스의 '표준'에 의해 정당화된 확고한 답변의 힘만으로 존재하는 것이다.*"[36]

스페인의 예수회 수사인 마도즈(Madoz)는 교부 연구에 관한 일류 학자인데, 특히 빈켄티우스에 관해 가장 철저히 집중적으로 연구했던 살아있는 저자로 정평이 나있

---

36. M. J. Congar, *Divided Christendom: A Catholic Study of the Problem of Reunion*, tr. from Chrétiens Désunis by M. A. Bousfield (London, 1939), p. 183. 이 작품의 정신은 상당히 기이하게 역설적인데, 여기서 저자는 로마와 제휴하지 않는 그리스도인들을 형제로 취급하고 있다.

* 콩가르는 여기서 종교개혁이 빈켄티우스의 교회신앙표준을 벗어나지 않는 한도 내에서 그 정당성을 확보할 수 있다는 점을 피력하고 있다. 곧 가톨릭교회 밖에서의 개혁은 타당하지 않다는 주장이다.

다. 그는 빈켄티우스가 지니고 있는 약점에 대해 잘 지적하고 있다. 그에 따르면 빈켄티우스의 견해는 부정적이며, 그가 제시한 해결책은 개인적인 것에 불과하다. 더욱이 로마가톨릭의 관점에서 볼 때, 사도적 전승 교리에 대한 언급을 생략했던 것은 잘못이다.

「콤모니토리」는 대단히 큰 인기를 누려왔다. 들라브뢸(DeLabriolle)이 언급한 대로, 「콤모니토리」는 150회 이상 발간됐고, 라틴어뿐만 아니라 다양한 언어로 번역되었다. 오늘날 가장 탁월한 번역 사본은 막슨(Reginald Stewart Moxon)이 편집한 「캠브리지 교부 텍스트」(Cambridge Patristic Texts, Cambridge, 1915)의 것으로 여겨진다. 이는 현존하는 네 개의 모든 사본과 아홉 개의 편집본을 총망라해서 대조한 것으로 정평이 나있다. 그리고 이것은 지금까지 가장 적절한 영어로 된 서론과 완벽한 주석을 지닌 유일한 판본으로 간주되고 있다.

참고문헌 모두를 수록하려면 수많은 지면을 할애해야 할 것이다. 여전히 가장 가치 있는 유일한 라틴어 텍스트들은 다음과 같다. Etienne de Baluze, three editions (Paris, 1663, 1669, 1684), 세 번째 것은 종종 재인쇄됐고, 특히 아래의 전집에 잘 수록돼 있다. J. P. Migne's *Patrologiae cursus completus*: Series Latina (Paris, 1844), Vol. 50; in H. Hürter's *SS Patrum Opuscula Selecta* 10 (Innsbruck, 1880). R. M. J. Poirel's *Vincentii Peregrini seu alio nomine Marii Mercatoris Lerinensis Commonitoria duo* (Nancy, 1898). 제싱(Joseph Jessing)은 1805년의 밀라노(Milan) 판으로부터 *usum scholarum* (Columbus, Ohio, 1898)에 들어 있게 된 라틴어본을 발간했다. 율리허(G. A. Jülicher)는 크뤼거(Krüger)의 *Sammlung ausgew. kirch. u. dogmengesch. Quellenschrifte* 10 (Leipzig, ist ed., 1906; Tübingen, 2d ed., 1925)에 들어 있는 시하르트(Sichard)의 *editio princeps* (Basle, 1528)의 개정판을 출판했다. 그리고 라우쉔(G. Rauschen)은 그의 *Florilegium Patristicum* (Bonn, 1906)에서 신선한 시험판 사본을 제공해주었다.

낙스(John Knox)의 적수였던 로마가톨릭 학자 윈게이트(Ninian Winzet alias Wingate; 1518–1592)는(Dict. of Nat. Biogr. 21.707–708을 참고하라) 1563년 안트베르프(Antwerp)에서 다음과 같은 저술을 출간했다. *A richt goldin buke written in Latin about XI C zeris passit and neulie translated in Scottis be Niniane Winzeit a catholik Preist.* 이는 휴이슨(James K. Hewison)이 "Certaine Tractates....and a Translation"이라는 제명으로 번역해 Scottish Text

Society (Edinburgh–London, 1887–1890), Vols. 15, 22에서 재출판했던 것이다. 이 저술은 스코틀랜드 메리 여왕에게 헌정되었다. 거기에 사용된 언어는 휴이슨의 각주의 도움을 받게 된다면 영어 독자에게 이해하기 쉬운 것이었다.

푸시(E. B. Pusey)는 그가 편집한 *Library of the Fathers* (London–Oxford, 1837; London–Belfast, 1874 재판) 속에 익명으로 번역된 1651년 개정판을 수록했고, 그것은 보들레이안(Bodleian) 사본(8vo D. 261 Linc.)에 원래 들어 있던 것이었다. 후대의 번역본들 중에 스톡(J. Stock, London, 1879)에 의한 것이 포함되어 있는데, 그것은 각주를 지니고 있다. 휴르틀레이(C. A. Heurtley)에 의한 또 다른 번역본이 있다.(NPNF, 2d ser., 11.123–159 [New York, 1894]); 세 번째로는 바인들리(T. H. Bindley)에 의한 것인데, 이는 *Early Christian Classics* (London–New York, 1914)에 수록돼 있다. 그리고 가장 최근에는 마르쿠스(Rudolph E. Marcus)의 것이 유명하며, 그것은 *Fathers of the Church* (New York, 1949) 7.255–332에 들어 있다. (라우쉔의 텍스트가 그의 각주들의 일부를 포함하고 있다.)

빈켄티우스의 생애와 작품에 대한 가장 유용한 논의들은 막슨의 서론을 포함해 다음과 같다. DTC 15.3045–3055 안에 수록된 바디(G. Bardy)의 논문; 들라브뢸(P. DeLabriolle), *Histoire de la littérature latine chrétienne* (Paris, 2d ed., 1924) 568–570, tr. by H. Wilson (New York, 1925) 425 f.; 2d ed. revised by G. Bardy (Paris, 1947) 2.649–655; G. A. Jülicher의 논문이 RE 20.670–675에 수록됨. 이는 NSH 12.192–194에 개정판이 초록돼 있다; KL 12.985–989에 수록된 킨(H. Kihn)의 논문; Hugo Koch, "Vincentius von Lerinum und Marius Mercator" (*Theol. Quartalschr.* 81 [1899] 396–434); Hugo Koch, "Vincenz von Lerin und Gennadius" (TU31 = 3d ser., 1[1907] 37–58); Jules Lebreton, "Saint Vincent de Lérins et saint Augustine" (*Rech. de Sc. Rel.* 30 [1940] 368 f.) 끝으로 마도즈(José Madoz S. J.)의 다음과 같은 저술들: "Contra quien escritio San Vicente de Lerins su Conmonitorio" (*Estudios Ecles.* 10 [1931] 534); "El testimonio de Gennadio sobre s. Vicente de Lerins" (*ibid.* 11 [1932] 484); "El concepto de la tradicion en S. Vicente de Lerins" (*Analecta Gregoriana* 5 [Rome, 1933]– 이것은 단연코 어떤 언어로도 토론이 가장 가능한 자료임; "El Conmonitorio de San Vicente de Lerins" (Madrid, 1935)은 스페인어 번역임; "Un tratado desconocido de San Vicente de Lerins" (*Gregorianum* 21 [1940] 75–94); "Cultura humanistica de San Vicente de Lerins su Conmonitorio" (*Rech. de Sc. Rel.* 39 [1951] 461–471).

제2절. 본문

—신성모독적인 모든 이단들의 날조된 견해들에 대항하여 보편(가톨릭) 신앙의 고대성(antiquity)과 일치성(ecumenicity)을 지키기 위한 페레그리누스의 논문

I. 서론

"옛날을 기억하라 역대의 연대를 생각하라 네 아버지에게 물으라 그가 네게 설명할 것이요 네 어른들에게 물으라 그들이 네게 말하리로다"(신 32:7).

"너는 귀를 기울여 지혜 있는 자의 말씀을 들으며 내 지식에 마음을 둘지어다"(잠 22: 17).

"내 아들아 나의 법을 잊어버리지 말고 네 마음으로 나의 명령을 지키라"(잠 3:1).

상술한 대로 그러한 성경말씀의 교훈을 회상하면서, 하나님의 종들 중 가장 지극히 낮은 자인 나, 페레그리누스는 비록 나약하나마 나 자신에게 맡겨진 의무, 즉 거룩한 교부들에게서 진지하고 성실하게 전수받은 것들을 저술로 남기는 사역이 확실히 적지 않은 가치를 지닌 일이라 여기고 있다.[37] 그런 까닭에 교부들이 남긴 것들을 부지런히 읽게 되며, 또한 그러한 녹서는 나의 빈약한 기억력이 지닌 단점과 한계를 극복하게 해주는 유효하고도 쓸모 있는 보충 수단이 되곤 한다. 나는 수고의 열매가 반드시 맺어질 것이라는 확신에 차 있기 때문에 그런 저술 작업에 정진할 용기를 지니게 된다. 그뿐만 아니라 시공간적인 제한과 한계로 인해서도 그러한 저술 작업의 당위성은 더욱 절실하다. 먼저 시간에 관해 생각해보라. 시간은 인간만사를 한시바삐 잡아채가고 있질 않은가! 그러므로 우리는 시간의 바다에서 우리를 영원한 생명으로 인도해주는 것, 특히 "임박하게 접근하면서 다가오고 있는 무서운 종말의 심판에 대한 두

---

37. Tertullian, *De praescript. haer.* 이에 대해서는 LCC 제5권을 참고하라.

려움"**38**이라는 물고기를 낚아채야만 한다. 하나님이 우리에게서 신앙과 헌신의 열정을 거두시고, 교활하고 간교한 신흥이단들은 엄청난 불안을 주면서 우리의 주의력을 요망하게 만드는 법이다. 그 다음에는 공간에 대해 살펴보자. 도시 군중이 가져다주는 혼잡함을 피해 수도원에 속해 있는 한 작은 시골집에서 거주하고 있기 때문에, 그리고 그곳은 비교적 외지고 한적한 곳이기 때문에, 우리는 정신이 흐트러지거나 주의 산만함에서 벗어날 수 있게 된다. 거기는 시편 기자가 "이르시기를 너희는 가만히 있어 내가 하나님 됨을 알지어다 내가 뭇 나라 중에서 높임을 받으리라 내가 세계 중에서 높임을 받으리라 하시도다"**39**라고 읊은 대로 조용한 평화가 깃들 수 있다.

거기에 덧붙여, 그러한 시공간적 제한성은 오히려 우리의 목적에 적합한 것임을 밝히고자 한다. 비록 우리가 제약된 적은 시간 안에서 수많은 이 세상 전쟁의 폭풍우에 내던져져 시달림을 받고 있다 하더라도, 그것은 그리스도께서 주시는 호의적인 질풍이기 때문에, 마침내 우리는 신앙의 안식처인 모든 인간이 정박할 수 있는 가장 안전한 항구로 인도함을 받을 수가 있게 된다. 왜냐하면 그리스도의 희생제물 되신 비하로 인해 인간의 덧없는 무상함과 교만의 돌풍이 가라앉게 되어 하나님과 화해할 수 있게 된 우리 인간은 이제 현세의 난파된 삶뿐만 아니라 종말의 불에서도 해방될 수 있게 되었기 때문이다.**40** 따라서 이러한 희망은 우리를 더욱 매진하게 할 뿐이다.

이제 나는 주님의 이름을 걸고 어쩔 수 없이 나에게 주어진 이러한 막중한 과업을 수행할 뿐이다. 그것은 곧 작가적인 상상력을 동원하기보다는 오히려 기록자의 충실성을 반영해 써내려가는 책무다. 그것은 이전 시대 믿음의 선조들이 전수해주었던 것을**41** 우리가 위탁 받아 지키고 보존하는 의무다. 내가 써내려 갈 것은 신앙원리에 관한 것인데, 그것은 곧 언급될 수 있는 모든 것에 관한 것이 아니라 나 자신의 관점으로 제한된 근본적인 신앙 요점에 대한 것이다. 또한 그것은 화려하고도 정확한 언어가 아니라 단순하고도 일상적인 언어를 구사해 분명하기보다는 함축적인 진리를

---

38. 히 10:27.

39. 시 46:10(라틴 고어역 불가타 45:10).

40. 다음을 참고하라. Salvian, *De gub. Dei* 8 (끝까지).

41. 구전 및 기록 전승을 모두 포함함.

통해 제시될 것이다. 능력에 대해 신뢰를 받고 또한 의무에 관해 충실함을 검증받은 자들은 우아하고 주의 깊은 문장력과 문체로 그러한 저술 작업을 하도록 내버려두라. 그러나 나는 차라리 나의 건망증 심한 기억력에 의존해서 일종의 교훈집을 제공하는 것에 만족할 것이다. 나는 이러한 교훈을 조금씩 내가 깨달은 만큼 매일 고치고 보충하는 일에 전력을 경주할 것이며, 주님은 나의 조력자가 되실 것이다. 내가 서두에 이렇게 나의 글이 세련된 문장력과 문체를 추구하지 않는다는 전제를 달았기 때문에, 거룩한 자들이 나의 글을 입수해 읽어 내려갈 때, 비록 거기서 덜 세련되고 거친 부분을 목격하더라도 섣불리 이를 비판하지는 않을 것으로 기대하는 바다.

II. 정통교리를 검증할 수 있는 표준

1.

때때로 나는 종종, 거룩함과 학식이 걸출하고 탁월한 인물들에게 가톨릭의 신앙 진리와 허위에 찬 왜곡된 이단 사상을 구별할 수 있는 확실한, 말하자면 일반적이고 보편적인 규범을 세울 수 있을지에 대해 열과 성의를 다해 진지하게 물어보곤 했다. 그 결과 나는 항상 거의 모든 사람들에게서 다음과 같은 답변을 들어오곤 했다. 나와 그 어떤 다른 자들도 홍기한 이단들이 자행한 사기 행위의 가면을 벗기고 그 정체를 폭로하기를 원한다는 사실이 그 첫째 답변이고, 둘째는 그들이 쳐둔 함정의 덫과 속임수 및 유혹의 올가미를 애써서 피하고 싶다는 것이며, 마지막으로는 건전하고도 온전한 신앙 가운데 남기를 원한다는 셋이었다. 그러므로 우리는 주님의 도움 을 받아, 우리 자신의 신앙을 이중적으로 강화시켜야만 한다. 물론 그 첫째는 하나님의 법의 권위에 의한 것이고, 둘째는 가톨릭교회 전통에 의한 신앙 강화다.

2.

어떤 이는 이렇게 질문할 수도 있다. 정경이 완벽하기 때문에, 그리고 모든 목적에 충분하므로, 교회의 해석적 권위가 그러한 성경에 보태어질 필요가 있는가? 거기에 대해 이렇게 답변하겠다. 성경에서 선포된 말씀의 심오한 의미는 모든 자들에게 한 가지나 혹은 동일한 것으로 받아들여지는 것이 아니라, 어떤 이는 이렇게 해석하고 또 어떤 이는 저렇게 해석하곤 한다. 그래서 성경을 읽는 사람 수만큼 다양한 성경 해석이 있을 수 있다.[42] 노바티아누스(Novatian)가 어떤 방식으로 성경을 해석했다면, 사벨리우스(Sabellius)는 다른 방식으로 설명했다. 도나투스(Donatus), 아리우스(Arius), 에우노미우스(Eunomius), 마케도니우스(Macedonius), 포티누스(Photinus), 아폴리나리스(Apollinaris), 프리스킬리안(Priscillian), 조비니안(Jovinian), 펠라기우스(Pelagius), 카일레스티우스(Caelestius), 네스토리우스(Nestorius) 등도 역시 또 다른 방식으로 성경을 설명했던 것이다.[43] 이렇게 다양한 자들에 의해 그토록 다양하고도 다채로운 성서해석상의 오류들이 복잡하게 얽히고설켜 있었기 때문에 예언과 사도의 말씀의 주석 방향은 교회의 보편적인 표준에 맞추어 설정되었다.

3.

가톨릭교회 자체 내에서 특별한 강조와 주의가 기울여진 바와 같이, 우리는 어디서든 모든 곳에서, 항상, 모든 사람들에 의해 신앙이 되는 것들을 붙들어야만 한다.[44] 이 규칙 공식은 진실로 또한 정당하게 '보편적'(catholic)이다.[45] 이 단어는 어원학적으로 볼 때, 보편적으로 거의 모두를 포함한다. 만약에 우리가 보편성(ecumenicity),[46] 고대성(antiquity), 일치성(consensus)을 따른다면, 그 결과 틀림없이 규칙 공식(*Quod ubique, quod semper, et quod ab omnibus*)에 도달할 것이다. 우리가 전 세계 모든 교회들이 고백하는 참된 하나의 신앙을 인식할 수 있다면, 우리는 보편성을 수용할 수 있을 것이다. 또한 우리가 우리의 거룩한 믿음의 조상들이 확신했던 신앙의 규칙에서 한 치도 물러서지 않는다면, 고대성을 따를 수 있을 것이다. 그리고 또한 우리가 그러한 고대성 안에서[47] 거

---

42. 참고. *quot homines, tot sententiae* (Terence, *Phorm.* 2.4.14; Cicero, *De fin.* 1.5.15).

43. 여기에 열거된 이름들은 소위 이단으로 잘 알려진 인물들이다. 특히 도나투스에 대해서는 다음 자료를 참고하라. G. G. Willis, *Saint Augustine and the Donatist Controversy* (London, 1950); W. H. C. Frend, *The Donatist Church: A Movement of Protest in North Africa* (Oxford, 1952). 네스토리우스에 대한 최근의 평가에 대해서는 다음을 참고하라. Aubrey R. Vine, *An Approach to Christology* (London, 1948).

44. 이것은 다음과 같은 유명한 규칙 공식으로 표현되었다. *Quod ubique, quod semper, et quod ab omnibus.*

45. 이것은 καθ' ὅλου (*on the whole*; 전체로 보아서)에서 왔음. 이 구절이 교회에 대해 가장 초기에 사용된 예는 이그나티우스에게서 찾아볼 수 있다. Ignatius, *Ad Smyrn.* 8.

46. *Universitas*는 이 규칙 공식에서는 *ubique*와 상응 일치한다.

47. *Vetustas*와 *antiquitas*는 일반적으로 보통 빈켄티우스가 사용한 용례 안에서는 동의어로 제시됐다.

의 모든 사제들[48]과 선생들이 선포했던 견해들을 진정을 다해 열심히 추종한다면, 일
치성을 따를 수가 있게 될 것이다.

III. 이견을 판단하는 규칙

4.

그렇다면, 만약 일부 소규모 집단이 보편적인 신앙의 교제에서 그 자신을 분리하
려고 한다면 보편적인 가톨릭 기독교는 무엇을 할 것인가? 질병에 걸려 상처 입은 부
분보다 전체 유기체의 건강을 확보하는 일을 빼고 무엇이 중요한가?[49] 어떤 새로운 감
염균이 이러한 하찮은 부분뿐만 아니라 전체 교회를 감염시키려고 획책한다면 어찌
되겠는가? 그때 교회는 고대성을 근거로, 어떤 새로운 미혹과 기만에 의해 더 이상
잘못된 방향으로 끌려가지 않게 될 것이다.

또한 고대성에 비추어볼 때, 두세 사람의 오류가, 심지어 한 도시나 어떤 지역에
서 횡행하는 잘못된 견해가 드러나게 된다면 교회는 어떻게 해야 하는가? 물론 그러
한 때, 교회는 확실하고도 조심스럽게 보편적인 공의회가 포고한 법령에 의거해 그러
한 집단들의 돌진과 무지를 제지해야만 한다. 고대 시대에 공의회들은 그런 집단이
생겨날 때마다 그들을 제거하기 위해 보편적인 규정을 세우곤 했다. 그러나 만일 어
떤 오류가 흥기하게 될 때, 비판하여 맞설 수 있는 타당한 원칙이 제시될 수 없다면
어찌 될 것인가? 그러한 때에, 교회는 믿음의 선조들의 견해를 검토하여 조사하고,
또한 시대와 공간이 서로 나른 그들 각각의 주장과 교리들을 비교 연구하여, 그들 모
두가 확고부동하게 하나의 보편적인 교회 안에서 같은 신앙과 교제를 누렸다는 점을
보여주어야 할 것이다. 그리하여 교회는 어떤 자들도 인정하기에 족한 교사 역할을
감당해야만 한다. 교회가 한두 사람이 아니라 모든 자들이 하나의 동일한 견해를 공
개적이며 지속적으로 이해하고 저술하며 가르쳐왔던 모든 것을 인식하게 되는 순간,

---

48. Sacerdos (복수; sacerdotes)는 빈켄티우스나 여타 다른 많은 저자들의 경우, 사제뿐만 아니라 주교라는 의미도 지닌다. 어떤 때
는 이 단어가 명확히 사제를 지칭하거나 혹은 주교를 가리킨 적도 있었으나, 또 다른 때는 이 둘이 명확히 구분되지 않기도 했다.
우리는 그 단어가 어디서 사용됐는지 주의를 기울여 접근해야 한다.

49. 참고. 마 18:8.

교회는 조금도 주저하지 않고 자신이 그 모든 사실을 믿어야만 한다는 점을 인지해야 할 것이다.

IV. 도나투스와 아리우스 이단들이 끼친 영향들

무엇보다, 우리가 언급하는 의미를 더욱 명확히 하기 위해, 우리는 개별적인 예를 통해 그것을 설명해야만 한다. 보다 완벽한 예증이 되기 위해서는 성급한 토론과 지나친 압축과 요약을 피해야만 하며, 그래야만 실제적인 중요한 문제점들이 상실되어 사라지지 않게 될 것이다.

5.

도나투스(Donatus)가 활동하던 시대에, 그를 추종하던 자들은 도나티스트(Donatists)라는 이름을 얻게 되었고, 주로 아프리카에서 대규모 집단을 이루었던 그들은 그들 자신들을 앞뒤 가리지 않고 무모하게 자신들이 만든 오류의 광기 속으로 집어던졌던 것이다. 또한 그들의 이름과 신앙과 고백이 어떠했든지 간에, 그들이 그리스도의 교회보다 한 인간의 대담무쌍한 신성모독을 더 높이 올려두었을 때, 그러한 신성모독적이고 불경스런 이단분파를 혐오했던 대부분의 아프리카 사람들은 이 세상의 모든 교회들과 확고한 교제 속에 들어 있었다. 그리하여 그들 모두는 고고하게 가톨릭 신앙의 거룩하고 신성한 교구 내에서 안전을 누릴 수가 있었다. 그들 아프리카 교인들은 후세에게 탁월하고도 귀중한 교훈의 예를 남겨주게 됐는데, 그것은 곧 도덕적으로 건전하고 건강한 다수가 어떻게 하나 혹은 소수의 이단적 광기를 압도할 수 있는가 하는 것이었다.

6.

상술한 바와 마찬가지로, 아리우스파가 퍼뜨린 독물이 사방에 퍼져나가 감염됐을 때, 감염된 곳은 적지 않은 지역을 차지하게 됐는데, 곧 거의 모든 라틴어 사용 주교구들이 거기에 속했던 것이다.[50] 그 주교들은 자신의 교구에 속한 신자들이 커다란

---

50. 주후 359년 10월 10일, 아리미눔(Ariminum)에서 400명 이상의 주교들이 모였다. 거기서 채택된 신조가 LCC, vol. 3, pp. 341–342에 수록됐다. 이에 관해서는 다음을 참고하라. Jerome, *Dial. adv. Lucif.* 19; Sulpicius Severus, *Chron* 2.43 (NPNE, 2d

혼란의 도가니 속으로 빠져들지 못하도록 안간힘을 써서 막았고, 또한 그리스도를 참으로 사랑하고 그에게 예배를 드리는 자는 이 새로운 종류의 무신앙이 아닌 선조들이 물려준 고대 신앙을 따라야 한다고 강력히 설득했다. 그들은 이 새로운 영적 감염원에 교구 신자들이 오염돼 물들지 않도록 노력했던 것이다.

이러한 시대의 위험성은 하나의 새로운 교리가 등장함으로써 얼마나 큰 재앙이 초래되는가를 잘 보여주었다. 정통교리가 지니고 있는 가장 작은 의미의 중요성뿐만 아니라 심지어 가장 중요한 것까지도 온통 파괴되었다.[51] 이러한 이단교리의 발호로 인해 혼인으로 맺은 관계, 혈연, 우정, 가족 관계뿐만 아니라 도시, 지방, 국가까지도, 심지어 로마제국 전체가 뿌리 채 그 근거가 뽑히고 흔들리게 되었다.

이러한 아리우스의 무신론적 혁신안이 벨로나(Bellona)와 푸리(Fury) 같은 아리우스파 무리들에게 파고들었을 때, 그들은 무엇보다 먼저 황제를 포로로 붙잡았다.[52] 그리고 나서 그들은 궁정 관료들이 새 법을 만들어 준수하도록 만들었으며, 이는 향후 도처에서 일어나게 된 혼란을 결코 잠재울 수 없게 만든 화근이 되었다. 공공 영역이든 혹은 사적 공간이든, 아니면 거룩한 영역이든 혹은 세속 공간이든, 그것은 참과 선과는 무관하게 모든 문제를 불러일으켰다. 거짓된 교리에 근거해 만들어진 새 법은, 마치 최고조의 권위를 점하여 즐기는 것처럼, 그 자신이 원하는 대로 모든 것을 후려쳐 나갔던 것이다. 그때 이 법에 반대하는 자들의 아내들은 모독과 폭행을 당했고[53], 미망인들의 상복들이 벗김을 당했으며, 처녀들이 성폭행을 당해 더럽혀졌고, 수도원들이 파괴됐으며, 성직자들이 추방되었고, 부제들이 징계와 채찍질을 당했으며, 주교들(sacerdos)이 쫓겨나게 되었다. 노역상과 감옥과 광산이 신자들로 넘쳐났으며, 그들 중 대부분은 도시에서 파문되고 저주를 받아 벌거벗겨진 채, 사막 한가운데나[54] 동굴, 혹은 야생동물이 들끓는 산악 광야지대로 내쳐짐을 당했다. 그들은 거기서 목말라

---

ser., 11.116–117.) 그 상황은 동방교회에서는 의심 할 바 없이 오류로 여겨졌다.

51. 다음을 참고하라. Sallust, *Bell. Iug.* 10.

52. 콘스탄티우스 2세 (Constantius II; 콘스탄티누스 대제의 아들)는 주후 337–350년에 재위한 동로마 황제였으며, 주후 350–361년에는 단독으로 로마황제 자리를 지켰다.

53. 이에 대한 것을 추정 가능하게 만드는 자료는 다음과 같다. Ambrose, *De fide*; 콘스탄티우스에 반대하는 힐라리우스(Hilary)의 저서 Jerome, *Dial. adv. Lucif.* 19. Athanasius, *Epist. Encycl.*, esp. 3.6.

54. 다음을 참고하라. 히 11:38.

굶주리며 메말라 파멸되어 죽어갔던 것이다. 이 모든 사태의 원인을, 영적인 교리 영역에서 인간의 사교 신앙이 시작되기에 이르렀다는 사실 외에 어디에서 찾을 것인가? 또한 그 원인을, 사악한 신흥이단 사상에 의해 뿌리가 튼튼한 고대성이 전복됐다는 점 외에, 또 어디서 찾아볼 수 있겠는가? 우리 믿음의 선조들이 굳건히 세웠던 교회 조직이 파괴됐다는 점, 믿음의 아버지들이 세운 법령이 폐지됐다는 점, 우리 조상들이 내렸던 결정사항들이 모두 무효화되어 망쳐졌다는 사실 외에 그 어떤 원인을 찾아볼 것인가? 신성하고 거룩하며 부패하지 않은 고대성의 가장 순수한 영역에서 사악하고 기발한 호기심들의 욕망이 그 자신을 가두어놓지 않았는가?

V. 고대 신앙에 대한 순교자들의 변증

7.

그런데 우리가 상술한 언급이, 고대에 대한 애호와 신흥이단에 대한 증오에서 아무런 반추 없이 무작정 나온 것인가? 만약 그렇게 생각하는 자들은 적어도 축복받은 암브로시우스의 말을 경청해야만 할 것이다. 그는 그라티안 황제에게 두 번째로 보낸 책에서 당시의 쓰라린 시대적 상황에 대해 아래와 같이 호소와 하소연을 늘어놓았던 것이다.

> "오! 전능하신 하나님! 우리는 충분히 지금, 추방과 피흘림을 자행하여 저들
> 이 경건한 신자들을 도살하고 주교들(sacerdos)을 사지로 내몰았던 대단히 사악
> 한 불경죄를 용서했습니다. 충분히 정통신앙을 범하고 모독한 자들이 안전하
> 게 구원받을 수 없음은 자명한 이치가 됐습니다."[55]

암브로시우스는 그의 세 번째 책에서 상술한 언급과 같은 성격의 주장을 다음과 같이 서술했다.

---

55. Ambrose, *De fide* 2.16.141 (NPNF, 2d ser., 10.242), 378에 수록됨.

"우리는 우리 믿음의 조상들의 가르침과 훈계를 보존해야만 합니다. 또한 우리는 그들에게서 전수받아 온 봉인들을[56] 분별없이 무례하게 깨부수는 일이 없도록 해야 합니다. 예언자들에[57] 의해 그 봉인된 책은 어떤 장로나[58] 권세나 천사나 천사장도 감히 열어볼 수가 없습니다. 오직 그리스도만이 그 책을 열어 설명할 권한이 있습니다. 우리 중 누가 감히 이미 수많은 순교자들에 의해 신성하여 순결하게 되고 또한 신앙고백자들에 의해 봉인된 성직자의 책의 봉인을 떼낼 수 있겠습니까? 그럼에도 그것을 강제로 개봉했던 자들은 후에 다시 그것을 닫았으나, 그들이 자행한 사기와 협잡은 크게 정죄를 당했던 것입니다. 그러나 그것을 감히 변경하여 조작하지 않은 자들은 신앙고백자들이 되었고 순교자의 반열에 오르게 됐습니다. 그런데 어떻게 우리가 저들이 쟁취한 승리의 신앙을 선포하기를 거부할 수 있겠습니까?"[59]

오, 존경스러운 가경자 암브로시우스여! 나는 과감히 이렇게 말한다. 우리는 암브로시우스가 말한 것들을 분명히 선포해야만 한다. 우리는 그것을 명확히 선포해야 한다. 우리는 그의 말에 경탄해마지 않으며, 그의 언급을 높이 찬양하는 바다. 비록 그럴 능력이 없다손 치더라도, 우리 믿음의 선조들의 신앙을 애써서 보호하는 일을 수행하지 않으려는 어리석고 미친 자들은 어떤 족속들인가? 어떤 권세나 협박이나 감언이설이나, 생명도 죽음도 왕궁도, 제국의 보호나 황제나 제국 자체나, 그 어떤 인간이나 심지어 마귀조차도 그러한 신앙 사수의 성업을 방해하거나 막아 설 수 없는 것이다. 나는 또다시 힘주어 말한다. 우리 주님은 우리 믿음의 조상들이 물려준 신실한 고대 정통신앙을 확고히 고수한 자들에 대해서는 분명코 보답해주시는 법이다. 우리 주님은 그러한 신앙을 대단히 높이 평가하여 상급을 줄 가치가 있다고 판단하신다. 주님은 정통신앙의 선현들을[60] 통해 죽어 넘어져 쓰러진 교회들을 회복시키시고, 영적으로 죽어 있는 자들의 생명을 다시 불러일으켜 세우신다. 또한 주교들(*sacerdos*)의

---

56. 참고. 계 5:2.

57. 참고. 계 5:1–5.

58. *presbyteri*가 아니고 *seniores*임.

59. Ambrose, *De fide* 3.15.128 (NPNF, 2d ser., 10.260).

60. 예를 들면, 아타나시우스(Athanasius), 힐라리우스(Hilary), 베르켈라이의 에우세비우스(Eusebius of Vercellae) 등이 이에 속한다.

탈취돼 벗겨진 머리 위에 왕관을 다시 씌워주신다.**61** 주님은 문자로 기록된 것이 아니라 불경과 신성모독에 의해 더럽혀진 사악한 오점들을,**62** 하늘에서 주교들에게 내려 쏟아 부으시는 신실한 눈물샘을 통해 말끔히 세척해버리신다. 거의 모든 전 세계가 갑작스럽게 몰아치는 허리케인과도 같은 강력한 이단사설에 의해 압도당할 때, 암브로시우스가 선포한 말씀은 새로운 종류의 불신앙에서 고대 정통신앙으로 돌이킬 것을 당부했던 것이다. 그것은 새로운 광기에서 제정신의 고대신앙으로, 새로운 눈멂에서 고대의 빛으로 돌아올 것을 선언했던 것이다.

8

신앙고백자들의 이러한 신적 능력을 힘입어, 특별히 우리가 주목해야 하는 점은, 고대교회가 자신의 일부분이 아니라 전체 공동체를 방어하고 지키기 위해 각고의 고통을 감내했었다는 사실이다. 어떤 한두 사람이 주장한 오류와 모순된 개념들을, 추종자들이 온 힘과 정성을 다해 지지한다고 해서 그것이 소중하거나 중요한 성격을 지녔다고 보는 것은 옳은 태도가 아니다. 혹은 자신의 작은 지역 내에서 일어난 음모를 성취하기 위해 부화뇌동하여 거드는 행위 역시 바람직하지 않다. 반면에, 보편적인 사도적 진리의 상속인들인 거룩한 교회의 모든 주교들(*sacerdos*)이 합의해 내린 신조와 신앙 규정들**63**을 애호하고 따르는 일은 가장 타당한 일이라 하겠다. 우리는 고대의 교회 일치 신앙을 포기하는 대신에 우리 자신을 포기하는 편이 훨씬 더 위대하다. 이러한 이유로 말미암아, 즉 정의롭고 가치 있는 신앙을 따랐다는 근거로 인해, 우리 믿음의 조상들인 정통신앙 고백자들과 그 우두머리는 대단히 큰 명성과 영예를 가슴에 안을 자격이 있다.

---

61. 주교들은 그 어떤 왕관도 착용하지 않았는데, 여기서 왕관이라는 단어는 때때로 수사법 중 환유(metonymy) 기법을 통해 교황이나 여타 주교들을 나타나는 개념으로 사용되곤 했다. 이러한 용례의 개념은 프리스킬리안(Priscillian)과 히에로니무스(Jerome)와 놀라의 파울리누스(Paulinus of Nola) 등에게서 나타났다. 그러한 용례의 내용은 *Thesaurus Linguae Latinae* 4.984에 인용되어 있다. 참고. 계 2:10.

62. *litteras*를 동음이어의 익살을 부리기 위해 *lituras*로 대신 사용함. 오비드(Ovid)의 한 연극에서 이런 수법이 사용되었다. Ovid, *Tristia* 3.1.15.

63. *Decreta*가 실천에 관한 결정이라면, *definitiones*는 (Moxon의 경우처럼) 교리에 관한 것이다.

VI. 재세례파 이단자들에게 던지는 질문

9

상술한 바와 동일한 일을 한 자들은 매우 복된 자들이며, 또한 모든 진실한 보편적 신자들의 지칠 줄 모르는 끈기 있는 명상을 통해 명확히 신봉되기에 합당한 신앙을 소유한 자는 거룩하다. 성령의 일곱 금촛대[64]에서 빛을 발하는 일곱 등잔대[65]처럼, 그들은 후손들에게 온갖 종류의 공허한 오류의 수다 목록을 보여줌으로써, 대단히 무모한 신성모독의 새로운 생각들이 신성한 고대성의 권위에 의해 반드시 짓뭉겨지게 된다는 사실을 분명하고도 명실상부하게 보여주었던 것이다. 물론 이러한 예는 전혀 새로운 사실이 아니다. 사실상 교회의 성격은 늘 매우 강력한 것이어서, 한 인간이 신앙에 매진하고 헌신하면 할수록 그에 비례해 더욱 더 새로운 신흥이단 사설들에 대한 반격 준비를 철저히 하는 법이다. 이에 관한 수많은 예가 존재하나, 본 논의를 지루하게 더 이상 끌고 가지 않기 위해서, 가장 합당한 단 하나의 예만을 제시하고자 하는데 그것은 곧 사도적 관구(Apostolic See)[66]에 관한 것이다. 모든 사람들은 로마주교좌가 얼마나 강력하고도 열정적으로 신명을 다 바쳐 복된 사도들의 복된 계승자들이 항상 그들이 전수 받은 신앙을 일치단결하여 지켜낼 수 있도록 힘써 왔는지 대낮보다 더 환히 알 수 있다.

존경할 만한 기념비적 인물들의 반열 속에 들어 있었던 가경자, 카르타고의 주교 아그리피누스(Agrippinus)는[67] 한때, 재세례를 받아야만 한다는 견해를 취한 자들 중 첫 주창자가 된 적이 있었는데,[68] 이는 교회법과 보편교회 규칙에 도전하는 논쟁으로 발

---

64. 참고. 출 25:31-40.

65. 참고. 계 1:12.

66. 이는 어떤 사도나 혹은 사도적 서신을 소유한 사실에 근거해 세워진 어떤 교구를 의미하는 데 적절한 용어이며 (Augustine, *De doctr. Christ.* 2.13), 반면에 이 용어를 빈켄티우스는 의심할 바 없이 로마 관구를 겨냥해 사용했다.

67. 아그리피누스는, 카르타고의 주교 키프리아누스의 전임자였던 (위대하지 않은) 도나투스(Donatus)보다 시간적으로 앞선 인물이었다. 그는 최초로 카르타고 공의회를 개최했고 (대략 주후 213-225년. 어떤 이는 그 연대를 더 앞당기기도 함), 거기에는 70명의 주교가 참석했다. 여기서 논의된 것은 재세례에 관한 문제였다.

68. 재세례 문제는 골치 아프면서도 매우 단순한 문제였다. 이단분파에 의해, 예를 들면 노바티아누스(Novatian) 파에게 세례를 받은 자들이 다시 회개하고 정통교회에 들어 올 때 세례를 받아야 하느냐 아니면 받지 않아도 되느냐 하는 단순한 양자택일의 문제가 심각하게 대두됐다. 로마교회는 다시 세례를 받지 않아도 된다는 주장을 펼친 반면, 아프리카와 아시아교회는 다시 세례를 받아야 한다고 강력히 천명했다. 이러한 재세례 문제는 주후 314년에 개최된 아를스(Arles) 공의회에서 다루어졌다.

전하게 됐고, 그의 주장은 다른 모든 동료 주교들의 견해에 정면으로 위배되는 결과를 초래하게 됐다.[69] 곧 그의 견해는 믿음의 조상들의 관례와 제도를 거스르는 논쟁적 양상을 띠게 되었다. 결국 이러한 견해는 모든 이단들에게 신성모독적인 표본을 제공해주었을 뿐만 아니라, 심지어 어떤 일부 가톨릭 신자들[70]이 오류를 범하게 하는 단초 역할을 하기도 했다. 급기야 종국에 가서, 각계각층의 사람들이 이 새로운 이단에 대해 한 목소리로 성토하게 됐을 때, 도처에서 각자 자신의 임무를 열심히 수행하고 있었던 사제들(sacerdos)은 열성을 다해 그들을 정죄했고, 특히 로마의 대주교[71]였던 가경자 교황 스테판(Stephen)은 실로 그의 다른 동료들과 더불어 앞장서서 그들을 비난하고 공격하게 됐던 것이다. 로마라는 장소의 명성[72]으로 비추어볼 때, 그들이 이러한 이단 공격에 대해 타의 추종을 불허하여, 전심전력으로 다른 모든 자들을 능가하는 반대 운동을 전개했다는 사실은 어쩌면 당연한 처사였을지도 모른다. 곧 보편적 교회의 중심이었던 로마교회와 그 수장 교황이 그러한 이단 척결운동에 앞장서지 않았다면 과연 누가 이 운동을 전개했을 것이고, 또한 과연 성공이나 했을 것인가! 그 당시 아프리카로 보내었던 한 서신에서 스테판 교황은 다음과 같이 천명했었다. "우리가 전수받은 것 외에는 그 어떤 것도 새로워져서는 안 될 것이다."[73] 그 거룩하고 현명한 자는, 모든 것들이, 우리 믿음의 조상들이 전해주었던 신앙 가운데서, 우리 후손들에게, 신앙 안에서, 전수돼야 한다는 사실 외에는 그 어떤 것도 경건의 섭리와 계획속에 용인될 수가 없다는 점을 인식하고 있었다. 곧 우리가 원하는 방향으로 신앙을 끌고 가는 것이 아니라 신앙이 인도하는 대로 우리가 좇아가는 것이 바로 그 계획의 의도라는 것이다. 그것이야말로 그리스도인의 겸손이자 매력이라는 특질 그 자체며,

---

69. *Consacerdotes.* 각주 48(p. 59)을 보라.

70. 예를 들면, 키프리아누스(Cyprian)가 이에 해당한다.

71. *Antistes*: 이교 출신의 라틴 사제였으나 라틴교회에서 특별한 가치를 지녔던 주교. 이 주교는 스테판 1세(254–257 재위)였고, 그는 특히 로마교회의 재세례파 논쟁에서 특별한 역할을 감당했다.

72. *Loci auctoritate.**

73. 다음 자료에 인용됨. Cyprian, *Epist.* 74.1.2 (*ad Pompeium*). 여기에는 다음과 같이 약간 다른 형태로 수록돼 있다. "어떤 이단이 우리에게 다가오더라도, 우리가 전수받았던 것 외에는 그 어떤 것도 새로워지게 내버려두어서는 안 될 것이다. 즉 전통교리를 전수를 받게 만든 그 손은 그 이단들을 참회시키는 데 사용돼야 한다. 왜냐하면 그 이단들 자신은 그들에게 다가오는 자들에게 세례를 베풀지 않고 오직 그들과 교제하기 때문이다."

---

* '권위적인 석좌'라는 뜻으로 로마교황좌를 의미하는 라틴어이다.

또한 그것은 우리 자신의 성취를 후손에게 전하는 것이 아니라 우리 선조들에게서 전수받은 것들을 보존하는 일이다. 그렇다면, 이 모든 것의 결과는 무엇으로 나타나는가? 오직 보편적이고 관습적인 것이란 무엇인가? 물론, 고대성이 존속돼 왔다. 새롭게 고안된 것은 야유를 받는 가운데 무대 뒤로 퇴장했다.

10

그렇다면 과연 자신들이 보기에 꽤 새로운 혁신안을 내놓았다고 자부하는 이단들을 옹호하는 자들이 없는가? 아니다. 그와 반대로, 그들 가까이에는 다양한 재능을 지닌 수많은 자들이 포진해 있었다. 그들은 거대한 능변의 강물을 지니고 있고, 또한 수많은 지지자들에게서 우러나오는 각양각색의 진리의 모습들을 구비하고 있으며, 그리고 하나님의 말씀에서 비롯된 수많은 신탁과 예언들을 인용하고 있었다. 물론 그것들은 대개가 전통과는 전혀 다른 새로운 방식과 오류로 가득 찬 형태로 해석되곤 한다. 내 생각에, 이러한 이단의 전반적인 음모는 그들의 눈에 새롭고 진기한 것으로 보이는 것들이 옹호되고 찬양을 받는 한 결코 분쇄될 수가 없다. 진정으로 이런 것들을 파쇄해 버리려는 노력을 경주하지 않는 한, 저들의 교묘한 음모는 결코 이 땅에서 사라지지 않게 될 것이다. 결국, 무슨 일이 일어났는가? 아프리카 공의회[74]에서 선포된 신조는 어떤 결과와 영향을 초래했는가? 그 어떤 것도 하나님의 은사로 인한 것이 아니다. 모든 일은 불필요하고 무익한 하나의 꿈이나 전설처럼 짓밟히고 억눌려 소멸되고 파괴되었다.

11

오! 참으로 불가사의한 역전 현상이로다! 일부 가톨릭 저자들[75]이 그러한 이단적 재세례파 교리를 따르고 있다고 판명됐다. 그러한 교사들은 사면되었던 반면, 그들의

---

74. 아프리카에서 이 시기 세 번의 공의회가 열렸는데, 주후 256년에 세 번째로 열린 아프리카 공의회는 키프리아누스가 주도했다. 이에 관해서는 다음의 저술에 기록돼 있다. Augustine, *De baptismo contra Donatistas*, Books 6-7. 다음을 참고하라. Cyprian, *Epist.* 69-75.

75. 키프리아누스와 아그리피누스(Agrippinus)가 재세례의 필요성을 주장하여 이단들을 옹호했으나 이에 관해서는 전혀 정죄 받지도 않았다.

제자들은 정죄되었다. 그 책들의 저자들은 '하나님 나라의 자녀들'이 될 것이지만,[76] 그들을 지지하는 자들은 지옥 형벌을 받게 될 것이다. 가장 복된 영생의 빛을 발하는 모든 성인들과 주교들, 그리고 순교자들과 키프리아누스, 또한 그를 따르는 동료와 후학들이 그리스도와 더불어 영원한 통치에 참여하게 될 것이라는 사실을 의심하는 자들은 과연 미친 자들이라는 비난을 받지 않겠는가? 반면, 공의회의 권위를 무시하고 재세례를 여전히 주장하고 있는 도나투스파와 그와 비슷한 여타 골칫거리들이 악마들과 함께 영원히 불타게 될 것이라는 사실을 부인하는 신성모독적인 자들은 누구인가?

VII. 이단들의 온갖 더러운 작태가 성경에 기록되어 있음

내 눈에 보기에, 특히 그러한 이단은 신적인 재가를 빙자하여 선전되고 파급된 것으로 여겨진다. 그들은 그들 자신의 이름을 숨긴 채 이단 사설의 음모와 협잡을 일삼았고, 종종 그들 자신의 입장과 영향력을 다소 저작권이 애매하나 유명한 고대 작품들 배후에 숨기곤 했다. 곧 그들은 자신들의 모호한 교리를 위장하고자 그러한 저술들의 동의를 받아내려 했으며, 또한 그들이 진전시킨 주장이 최초의 것이거나 혹은 유일무이한 것이 아님을 믿게 하기 위해 일부 애매모호하게 해석될 여지가 있던 고대 저술들에 의탁하기도 했다. 내 판단에, 그들의 사악함은 이중적인 증오를 양산할 공산이 크다. 첫째, 그들은 이단의 독배를 타인들 앞에 배설해 놓음에 두려움을 모른다는 점이다. 둘째, 그들은 무신론이라는 송풍기로 지금은 재로 남았으나 한때는 타다 남은 재에 다시 불을 지피기 위해 안간힘을 쓰고 있다는 사실이다. 그들은 성인이나 현인들의 이름을 도용해 그들의 명예를 널리 실추시켰고, 침묵 속에 아무런 하자나 오점 없이 고이 편안히 잠들어 묻혀 있던 그들에 대한 기억의 잿불들이 다시금 그들로 인해 잘못된 방향으로 지펴지기에 이르렀던 것이다. 그들은 함(Ham)의 선례[77]를 완벽하게 따랐다. 함은 적절한 예우와 존경심을 갖추어 노아의 벗은 몸을 덮어주지 않았을 뿐만 아니라, 심지어는 다른 사람들의 조롱거리가 되도록 떠벌리기까지 했던 것이다. 효성을 다하지 못한 연유로 함은 징계를 받았을 뿐만 아니라, 심지어는 그의 후손

---

76. 마 13:38.

77. 창 9:22.

들까지도 그들의 조상 함의 죄로 인해 저주 속에 놓이게 되었던 것이다.[78] 그러나 존경해마지 않았던 그들의 아버지의 벌거벗은 수치를 그들 자신의 눈으로 보아 모독하려고 하지 않았던 함의 복된 형제들의 운명은 그와는 훨씬 달랐다. 그들은 어떤 다른 자들이 아버지의 나체를 보지 못하도록 덮어주었으며, 성경에 기록된 대로 등을 돌린 채 벌거벗은 아버지께 다가갔던 것이다. 즉, 함 이외의 자손들은 그 거룩한 사람[79]의 죄를 인정하지도 않았고, 또한 세상에 드러내지도 않았던 것이다. 이러한 연유로, 그들은 함의 자손들에게 내린 저주와는 정반대로 축복으로 보상받게 되었다. 이제 그러한 논의를 그만두고 우리가 다루어야 할 주제로 돌아가자.

12

커다란 두려움을 지닌 채, 우리는 신앙을 변개시키고 오염물로 더럽히는 죄를 무서워해야만 할 것이다. 그러한 죄는 교회법의 가르침뿐만 아니라 사도적 권징의 권위에 의해 제거돼야만 한다. 축복받은 사도 바울이 불가사의하리만치 이상하고 놀랄 만한 변덕으로, "그리스도의 은혜 속으로 그들을 부르신" 그분에게서 "어떤 다르지 않은 바로 그 복음"을 제거해버리고, 너무나도 속히 그 복음에서 떠나 가버린 어떤 자들을 얼마나 심각하고도 엄하게, 그리고 통렬하게 비난했는지는 익히 모든 사람들에게 잘 알려진 바다.[80] "때가 이르리니 사람이 바른 교훈을 받지 아니하며 귀가 가려워서 자기의 사욕을 따를 스승을 많이 두고 또 그 귀를 진리에서 돌이켜 허탄한 이야기를 따르리라."[81] "처음 믿음을 저버렸으므로 정죄를 받느니라."[82] 사도 바울은 또한 그와 같은 방식으로 현혹을 낳고 있는 로마 형제들에게 이렇게 전했다. "형제들아 내가 너희를 권하노니 너희가 배운 교훈을 거슬러 분쟁을 일으키거나 거치게 하는 자들을 살피고 그들에게서 떠나라 이 같은 자들은 우리 주 그리스도를 섬기지 아니하

---

78. 함의 아들 가나안. 그는 가나안 족속의 조상이었다(창 9:18, 25).

79. 아마도 이 글의 저자인 레렝스(Lérins)의 빈켄티우스(Vincent)는 암시적으로 아우구스티누스를 노아에 빗대었을 것이다. 곧 그의 지론은, 그 자신이 아우구스티누스의 이단적 죄상을 온 천하에 폭로하지 않음으로써, 아버지의 벌거벗은 수치의 죄를 덮어 준 축복된 노아의 자녀처럼, 그렇게 하나님께 보상을 받게 될 것이라는 주장이었다.

80. 갈 1:6-7.

81. 딤후 4:3-4.

82. 딤전 5:12.

고 다만 자기들의 배만 섬기나니 교활한 말과 아첨하는 말로 순진한 자들의 마음을 미혹하느니라."[83] "그들 중에 남의 집에 가만히 들어가 어리석은 여자를 유인하는 자들이 있으니 그 여자는 죄를 중히 지고 여러 가지 욕심에 끌린 바 되어 항상 배우나 끝내 진리의 지식에 이를 수 없느니라."[84] "불순종하고 헛된 말을 하며 속이는 자가 많은 중 할례파 가운데 특히 그러하니 그들의 입을 막을 것이라 이런 자들이 더러운 이득을 취하려고 마땅하지 아니한 것을 가르쳐 가정들을 온통 무너뜨리는도다."[85] "이 사람들은 그 마음이 부패한 자요 믿음에 관하여는 버림 받은 자들이라."[86] "그는 교만하여 아무 것도 알지 못하고 변론과 언쟁을 좋아하는 자니 이로써 투기와 분쟁과 비방과 악한 생각이 나며 마음이 부패하여지고 진리를 잃어 버려 경건을 이익의 방도로 생각하는 자들의 다툼이 일어나느니라."[87] "또 그들은 게으름을 익혀 집집으로 돌아다니고 게으를 뿐 아니라 쓸데없는 말을 하며 일을 만들며 마땅히 아니할 말을 하나니"[88] "믿음과 착한 양심을 가지라 어떤 이들은 이 양심을 버렸고 그 믿음에 관하여는 파선하였느니라."[89] "망령되고 헛된 말을 버리라 그들은 경건하지 아니함에 점점 나아가나니 그들의 말은 악성 종양이 퍼져나감과 같은데…"[90] 이런 어리석은 자들에 대한 종합적인 적절한 교훈이 다음과 같이 주어졌다. "그러나 그들이 더 나아가지 못할 것은 저 두 사람이 된 것과 같이 그들의 어리석음이 드러날 것임이라."[91]

VIII. 갈라디아서 1:8 주석

그리하여 이러한 종류의 사람들이 그들 자신의 오류들을 선전하고 보급하러 저 지방 이 도시 사이를 휘젓고 다녔을 때, 그리고 급기야는 갈라디아 지방에 도착했을 때, 말하자면 갈라디아 사람들이 그들이 주절대는 말을 듣고 그들이 좇던 진리에 대

---

83. 롬 16:17-18.
84. 딤후 3:6-7.
85. 딛 1:10-11.
86. 딤후 3:8.
87. 딤후 6:4-5.
88. 딤후 5:13.
89. 딤전 1:19.
90. 딤후 2:16-17.
91. 딤후 3:9. 여기서 저 두 사람은 얀네와 얌브레를 가리킨다.

해 염증을 느끼게 됐을 때,[92] 그들은 사도적이며 보편적인 교리라는 만나를 토해내게 되었고 새로운 이단이라는 쓰레기 음식을 먹고 만족하며 즐거워했던 것이다. 이때 사도적인 권능의 권위가 저절로 발휘되어 바울은 가장 엄격한 목소리로 다음과 같이 선포했던 것이다. "그러나 우리나 혹은 하늘로부터 온 천사라도 우리가 너희에게 전한 복음 외에 다른 복음을 전하면 저주를 받을지어다."[93]

사도 바울은 위 성구에서 왜 '내가'가 아니라 '우리'라는 단어를 사용했을까? 그 이유는, 그러한 선언을 하는 주체는 사도 바울 자신뿐 아니라 사도 베드로, 안드레, 요한 등이 포함돼 있다는 것이며, 결국엔 모든 사도들[94]이 이렇게 외치고 있다는 사실을 의미하고 있다. "우리가 너희에게 전한 복음 외에 다른 복음을 전하면 저주를 받을지어다."

사도 바울은 대단히 엄중하게, 처음으로 전해진 신앙을 확고히 붙들기 위해서[95], 그 자신뿐만 아니라 자신의 동료 사도들의 수고를 아끼지 않았는가! 그러나 이러한 일은 그의 사역의 한 부분일 뿐이다. 다시 언급하지만 사도 바울은 이렇게 말씀할 정도가 아니었는가! "그러나 우리나 혹은 하늘로부터 온 천사라도 우리가 너희에게 전한 복음 외에 다른 복음을 전하면 저주를 받을지어다." 사도 바울은 한 번에 단숨에 전해진 복음과 신앙을 완벽히 보존하기 위해, 인간적인 상황에 견주어 언급하는 것도 모자라서 그보다도 훨씬 뛰어난 성격을 지닌 천사들을 동원하지 않았는가! "우리나 혹은 하늘로부터 온 천사라도." 그것은 하늘의 거룩한 천사들도 죄를 지을 수 있다는 의미가 아니라, 일어날 수 없는 일이 일어난다면, 즉 단숨에 전해진 믿음을 누구라도 변개시키려고 시도한다면, 그가 저수받을 것이라는 말이다.

13

그러나 만약에 사도 바울이 부주의하게 그렇게 말했다면, 또한 하나님의 인도라기보다는 인간적인 성급함과 격렬함으로 그러한 선언을 쏟아 부었다면 어쩔 것인가?

---

92. 참고. 민 21:5.

93. 갈 1:8.

94. 다음을 참고하라. Cyprian, *De mortal.* 26; 또한 *Te Deum.*

95. 참고. 유 3.

그러한 생각은 소멸시키고, 하지도 말아야 한다! 왜냐하면 그는 다음 구절에서 이렇게 반복하여 강력하게 외쳐대고 있기 때문이다. "우리가 전에도 말하였거니와 내가 지금 다시 말하노니 만일 누구든지 너희가 받은 것 외에 다른 복음을 전하면 저주를 받을지어다."[96] 그는 이렇게 말하지 않았다. "만약 어떤 자가 너희가 받은 것과 정반대로 전한다면 축복을 받을지어다, 찬양을 받을지어다, (천국에) 받아들일지어다!" 그러나 그대신 그는 이렇게 선포했다. "저주를 받을지어다!"[97] 즉 그 의미는, 비참한 전염병에 걸린 단 한 마리의 양으로 인해 흠 없고 순전한 그리스도의 양떼들이 그것에 섞여 독한 병균에 오염되지 않도록, 그 병든 한 마리의 양이 분리되고, 격리되고, 추방돼야 한다는 뜻이다.

IX. 갈라디아인들에 대한 경고: 우리 모두에게 해당됨

사도 바울의 이러한 가르침은 단지 갈라디아인들에게만 유효한 것인가? 만약 그렇다면 다음과 같이 성경에 진술된 구절들은 어떻게 해석할 것인가? "만일 우리가 성령으로 살면 또한 성령으로 행할지니 헛된 영광을 구하여 서로 노엽게 하거나 서로 투기하지 말지니라."[98] 만약 이 말씀이 부조리하거나 불합리하지 않다면, 그리고 그 위탁이 모두에게 동일하게 적용된다면, 그러한 행위를 규정하는 명령처럼 신앙과 관련된 규칙도 동일한 방식으로 모든 사람들에게 적용돼야만 한다.*

14

어떤 자가 모든 곳에서 보편 교회가 전하는 것에 반대되는 다른 어떤 복음을 받아들인다는 것은 불법적인 일이다. 이는 어떤 사람들이 서로 시기질투하며 서로 선동 자극하는 일이 불법적인 일과 대동소이한 일이다.

사도 바울이 전해진 것에 반대되는 것을 전하는 어떤 자들이 저주를 받을 것이라

---

96. 갈 1:9.

97. 영원한 죽음은 아니고 추방(출교)을 말한다.

98. 갈 5:25-26.

---

* 성령으로 살면 성령으로 행하는 것처럼, 다른 복음을 전하지 말아야 한다는 것이 저자의 요점이다. 즉, 저자는 어떤 행위를 지시하는 명령이나 신앙을 세우는 어떤 규정은 어떤 한정된 자들에게만 아니라 모든 자들에게 적용돼야 할 것을 역설하고 있다. 이는 "모든 지역, 모든 사람, 모든 때"를 표방하는 저자의 신앙 규칙이 역설된 부분이고, 그와 일맥상통한 점을 지니고 있다.

고 선언한 의미는, 그 효력이 그 서신이 기록된 당시에만 발휘되고 현재 오늘날과는 무관하다고 여기는 자들도 간혹 있다. 그러나 그런 어리석은 자들은 사도 바울의 다음과 같은 말씀을 귀 담아 들어야 한다. "내가 이르노니 너희는 성령을 따라 행하라 그리하면 육체의 욕심을 이루지 아니하리라."[99] 그러나 역시 그런 어리석은 자들은 이 말씀조차도 사도 바울 당대에나 해당되지 오늘날에는 적합하지 않다고 투덜거릴 것이다. 그러나 그러한 자들은 이 말씀이, 모든 시대에 신앙을 변개시키는 일을 금지시킨 명령처럼, 동일하게 모든 시대에 준수돼야 할 필연성이 존재함을 잊지 말아야 한다. 전해진 것에 반대되는 것을 보편적인 그리스도인들에게 전하는 일은 결코 정당했던 것도, 또한 정당한 것도[1], 정당할 것도 아니다. 그리고 일단 한 번 전해진 것과 다른 어떤 것을 전하는 자들을 파문하여 추방하는 일은 결코 불법적이었거나, 불법적이거나 앞으로도 불법적이지 않을 것이다.

그러하기에, 교회의 후원으로 전해진 것에 반대되는 것을 감히 전하려는 자가 있겠는가? 또한 교회에서 전해 받은 것에 반대되는 것을 전해 받을 만큼 변덕이 많은 자가 생기겠는가? '선택된 그릇'[2], '이방인들의 선생'[3], 사도들의 나팔수, 온 세상의 사자, 온갖 하늘에 관한 지식을 소유하고 있는 자[4]인 그 사도는 모든 사람들에게, 항상, 세계 도처를 향해, 그 자신의 서신들을 통해 이렇게 외치고 또 외쳤던 것이다. 새로운 복음을 전하는 자들은 반드시 저주를 받을 것이라고! 그와 반면에 죽어가는 개구리, 이, 파리 등은[5] 펠라기우스주의자들로서,[6] 심지어 보편 교회를 향해 이렇게 외치고 있다. "우리를 너희의 교회당국과 지도자들과 해설자들로 받아들여 달라. 너희가 지녀왔던 것들을 저주하라. 너희가 저주해왔던 것들을 소유하라. 너희 선조들이 맡긴 것들과 너희 조상들의 옛 신앙과 조직과 법을 포기하고 던져버려라. 이 모든 위탁

---

99. 갈 5:16.

1. 다음을 참고하라. Horace, *Ars Poetica* 58–59.

2. 행 9:15 ($\sigma\kappa\epsilon\hat{\upsilon}o\varsigma\ \dot{\epsilon}\kappa\lambda o\gamma\hat{\eta}\varsigma$ = *vas electionis*).

3. 딤후 1:11.

4. 참고. 고후 12:2.

5. 참고. 출 8:6, 16, 21; 전 10:1. 히에로니무스(Jerome), 아우구스티누스(Augustine), 오프타투스(Optatus), 풀겐티우스(Fulgentius), 겔라시우스(Gelasius) 등은 이 구절들을 도나티스파들을 반박하는 데 인용하면서, 이 파리를 '막 죽은' 파리가 아니라 '죽어가는' 파리로 묘사했다. 그러나 이 글의 저자 빈켄티우스는 그들과는 달리 '막 죽은' 파리로 언급하고 있다.

6. 빈켄티우스는 비록 그 자신이 아우구스티누스적 견해를 전적으로는 승인하지 않았더라도, 펠라기우스파도 역시 인정하지 않았다.

을 수용하라."- 그게 무슨 말인가? 나는 그런 말이 그들의 입 밖에 나오는 것에서조차 전율한다. 왜냐하면 그것은 너무나도 교만한 일련의 교리들로서, 사실로 진술될 수 없을 뿐 아니라 어떤 죄를 초래하지 않고서는 결코 유지될 수 없기 때문이다.

X. 무엇 때문에 때때로 새로운 교리들이 교회 속에 용납되었는가?

15

어떤 이들은 이렇게 말할 것이다. "교회 속에 존재하는 어떤 탁월한 인물들이 종종 새로운 교리들을 선포함에 신적인 허가를 받았던 일이 발생하지 않았는가?" 그러나 그런 류의 질문은 온당하지 못하다. 그것을 대신하는 보다 적절하고 온전하며 사려 깊은 질문이 제기돼야만 할 것이다. 그리고 그러한 질문에 대해서는 반드시 답변이 제시돼야만 한다. 그것은 곧 다음과 같을 것이다. "그러한 새로운 교리가 어떤 한 인물의 능력에 근거해서 발생했는가? 아니면 교회의 가르침의 양식과 교회법의 권위를 힘입어 나온 것인가?"

우리는 여기서 거룩한 모세의 가르침의 목소리에 귀를 기울여야 할 것이다. 그 사도에 의해[7] 배운 자들과 지식을 갖춘 자들이 예언자로 불렸는데, 우리는 무엇 때문에 때때로 그들이 구약성경이 하나의 비유적인 의미로, '다른 신들'이라고 부르기를 원하는 새로운 교리를 세우도록 방임됐는지 알아야만 한다. 물론 이는 그 이단들이 이교도가 그들의 신들을 숭배하는 일과 마찬가지로 그 숭배를 이끌어가는 예언자들의 견해를 존숭하여 따랐기 때문이다. 축복받은 모세는 신명기에서 이렇게 썼다. "너희 중에 선지자나 꿈 꾸는 자가 일어나서 이적과 기사를 네게 보이고 그가 네게 말한 그 이적과 기사가 이루어지고 너희가 알지 못하던 다른 신들을 우리가 따라 섬기자고 말할지라도."[8] 곧 한 선생이 교회에서 일어나 그를 따르는 제자들과 청중이 그가 받은 계시를 듣도록, 그래서 그 약속이 실현될 것으로 믿도록 부추겼다. 그리고 나서 그는 또 "이적과 기사를 보이고, 그가 말한 이적과 기사가 이루어질 것"이라고 말하기 마련이다. 그러한 지식, 즉 그 자신의 추종자들에게 어떻게든 그 자신이 알고 있는바 인간적

---

7. 고전 14:3, 37.
8. 신 13:1–2.

인 자연 및 초자연 계시를 갖고 뽐내고 자랑하는 자들에는 발렌티누스(Valentinus), 도나투스(Donatus), 포티누스(Photinus), 아폴리나리스(Apollinaris) 등이 있다. 그러고 나서 그들은 또 어떻게 전진시켜 가는가? "너희가 알지 못하던 다른 신들을 우리가 따라 섬기자"라고 반드시 말할 것이다. 이러한 '다른 신들'은 이상한 착오 외에 무엇이란 말인가? '너희가 알지 못하던 신들'은 들어보지 못한 새로운 것들이 아닌가? "우리가 따라 섬기자"는 그들을 믿고 그들을 따르자는 것이 아닌가? 결국 최종적으로 참된 예언자 모세가 당부하는 말은 무엇인가? "너는 그 선지자나 꿈꾸는 자의 말을 청종하지 말라"가 아닌가?

나는 독자들에게 질문한다. 무엇 때문에 하나님은 그 자신이 청종하기를 허락지 않으신 것이 가르쳐지도록 용인하셨는가? 모세는 이에 관해 다음과 같이 언급했다. "이는 너희의 하나님 여호와께서 너희가 마음을 다하고 뜻을 다하여 너희의 하나님 여호와를 사랑하는 여부를 알려 하사 너희를 시험하심이니라."[9] 때때로 교회 선생들이 새로운 교리를 전하는 고통을 받게 하시는 하나님의 섭리가 무엇인지는 이제 훤한 대낮처럼 명명백백히 드러나게 되었다. "여호와 하나님께서 너희를 시험하심이니라." 확실히 당신이 새로운 교리를 제시하는 그를 예언자, 예언자들의 제자, 진리의 수호자와 교사로 생각할 때, 그것은 커다란 시험이 된다. 당신은 가장 큰 존경심과 애정을 갖고 그를 신봉한다. 그때 그는 갑자기 그리고 비밀스럽게, 당신이 해로운 오류적인 교리들을 재빨리 간파하지 못하도록 은근히 그리고 넌지시 비추어 심어준다. 곧 그는 이전의 고대 권위의 명성을 빙자하여 자신의 견해를 빗대어 암시하므로 사람들은 대개 잘 알아차리지 못하고 속기 마련이다. 그래서 사람들은 일찍이 그를 징죄힐 수 없게 되고, 또한 옛 선생에 대한 애정과 연모라는 족쇄에 차여 꼼짝달싹할 수 없게 된다.

---

9. 신 13:3.

16

교회에서 발생한 예들을 거룩한 모세의 말씀에 비추어 설명할 수 있는 견해들이 주장될 수도 있다. 이러한 시도는 정당한 요구에 해당하며, 이는 더 이상 길게 간과되거나 무시되어선 안 된다.

나는 논쟁할 여지없이 명명백백한 가장 최근의 예들을 들면서 나의 논의를 시작하고자 한다. 우리 생각에, 최근에 아주 비열한 네스토리우스라는 자가 갑자기 양의 탈을 쓴 늑대로 변해 그리스도의 양무리들을 잘게 부수듯이 분열시키고 있는 것 같다. 그는 여전히 광범위한 지역에 걸쳐 더욱 더 날카로운 이빨을 드러내고 그들을 갉아먹고 있으면서도 여전히 양의 행세를 하고 있지 않은가? 과연 그 누가 쉽사리 감히, 황제[10]의 권위 있는 판단으로 선택된 네스토리우스가, 그리고 최대한의 열정으로 사제직[11]을 감당하고 있던 그가, 또한 민중에게서 최대의 호감을 받으면서, 동시에 성인들의 커다란 호의를 누리고 있다고 알려져 있었던 그가, 종국에 가서는 매일 거룩한 하나님의 말씀을 해석해 강론하면서 유대교도와 이교도의 해롭고 잘못된 오류들을 논박하던 바로 그 네스토리우스가 잘못된 길로 빠져나갈 수 있다고 생각조차 할 수나 있었겠는가? 그가 모든 종류의 이단들의 불경과 신성모독죄를 공격하면서 그 자신의 유일한 이단적 견해를 펼칠 호기를 장악하게 됐을 때, 과연 어떤 자가 그의 가르침과 설교와 신앙이 바르고 정확했다는 증거를 대지 못했겠는가?[12] 그러나 이는 모세가 언급한 상황과 무엇이 다를 바 있을 것인가? "너희의 하나님 여호와를 사랑하는 여부를 알려 하사 너희를 시험하심이니라."

네스토리우스의 심층을 통과해 들여다보면, 그 속에는 항상 어떤 이득보다는 사람을 흥분시키는 찬탄이 내재해 있다고 하겠다. 거기에는 실제적인 지식보다는 명성이, 또한 하나님의 은총이 아닌 타고난 인간의 자연적인 재능과 능력이 들어 있다. 한

---

10. 테오도시우스 2세 황제(Theodosius II).

11. *Sacerdotes*를 가리키는데, 여기서는 아마도 사제를 의미할 것이다.

12. 소크라테스(Socrates, *Hist. Eccl.* 7.29)는 그를 인용하여 황제에게 이렇게 언급했다. "이단들에게서 순수하고 깨끗한 세상을 저에게 주신다면, 저는 폐하에게 천국을 드리겠습니다."

때 그는 사람들 사이에서 매우 위대한 인물로 여겨지는 신화를 창조하기도 했었다. 대단히 탁월하고도 열정적인 재능을 부여받았으면서도 결국에는 보편 교회를 위해서는 그 어떤 시련도 받지 않았던 또 다른 자들에 대해 이제 언급해보도록 하자. 그런 부류의 사람들 중 판노니아(Pannonia)의 포티누스(Photinus)라는 이름을 지닌 자가 있었는데, 그는 우리 믿음의 교부들의 기억 속에 들어 있는 인물들 중 하나였다. 그런데 그는 시르미움(Sirmium)[13] 교회에 시련을 안겨다 준 인물로 기록되고 있다. 시르미움에서 모든 사람들의 인정을 받았던 그는 주교직[14]에까지 이르렀으며, 한동안 그 교회를 다스리기도 했으나, 갑자기 급변하여 모세가 언급했던 사악한 '선지자나 꿈꾸는 자'처럼 그에게 맡겨진 하나님의 백성들을 미혹하기 시작했던 것이다. 그래서 그는 그 자신을 따르는 신자들이 '다른 신들', 곧 이상한 오류들을 추종하도록 부추겼으며, 그러한 잘못과 오류에 찬 주장들은 이전에는 전혀 알지 못하던 것이었다. 그런데 이들의 주장 속에는 별로 이상하고 유별난 것이 발견되지 않았다. 그러나 한 가지 특이한 점은, 어떤 주교구의 도움도 무용하게 만드는 일이었으며, 이는 커다란 범죄가 유발되는 특별한 위험성 자체였다. 그는 대단한 재능을 지닌 인물로서 탁월한 학식을 보유했고, 누구를 막론하고 설득할 수 있는 달변과 웅변의 소지자였을 뿐 아니라, 저술하고 논박하는 일에 출중한 능력을 과시하기도 했다. 그는 유창하고도 강력하게 두 가지 언어를 구사할 수 있었고, 이는 그리스어와 라틴어를 능수능란하게 병행해 사용해서 저술했던 그의 기념비적 작품에서 잘 드러나고 있다.[15] 그러나 다행스럽게도 그에게 위탁된 그리스도의 양무리들은 그들의 보편적인 신앙을 잘 지켜냈다. 그들은 재빨리 모세의 교훈적인 말씀에 눈과 귀를 기울이게 되었다. 그들이 그들의 선지자와 목자이 달변에 감동됐더라도, 그들 자신이 시험을 받고 있다는 점을 모르지 않았다. 왜냐하면, 그 이후로 그때까지는 그들이 목자로 여기고 따랐던 그가 이제는 늑대로 탈바꿈했다는 사실을 알게 됐기 때문이며, 그리하여 그들은 늑대인 그에게서 도망하기 시작했던 것이다.

포티누스의 예뿐 아니라 아폴리나리스의 경우에도 교회에 놓인 커다란 시험의

---

13. 시르미움은 미트로비츠(Mitrovitz) 인근에 자리 잡고 있는 저지 판노니아(Lower Pannonia)에 속한 중요한 도시였다.

14. *Sacerdotium.* 앞의 각주 48번을 참고하라.

15. 그러나 그의 작품은 현존하지 않는다.

위험을 잘 인식할 수 있다. 마땅히 보존돼야 할 신앙을 대단히 큰 주의와 노력을 기울여 지켜낼 필연성이 아포리나리스의 예에서 입증됐다. 그는 그의 제자들 가운데 거대한 질문의 불꽃을 지펴 올렸고, 그로 인한 혼란과 당혹감은 하늘로 치솟게 되었다. 교회 당국은 그들을 한 길로 몰아갔고, 그들을 주도하는 교사 일동은 그들을 다른 길로 물러나게 만들었다. 그리하여 파도치고 흔들리는 가운데, 그들은 두 길 중 어느 것이 더 나은 방향인지 알 수 없었던 것이다.

그런 종류의 사람이 쉽게 무시되는 일은 다반사였다. 그러나 그와 반대로, 아폴리나리스는 그의 말을 재빨리 그리고 쉽게 믿게 하는 탁월하고도 강력한 재능을 지니고 있었다. 어떤 존재가 그의 날카로움과 명민함, 그의 기술, 그의 학식 등을 능가할 수 있었던가? 아폴리나리스가 얼마나 많은 책 속에서 얼마나 많은 이단들을 깔아 뭉개버렸는가! 그가 얼마나 많은 신앙에 적대적인 오류들을 논박해 물리쳤는가! 그가 저술했던 30권 이상의 책에서 그 증거가 나타났다. 그는 포르피리(Pprphyry)가 그에게 미친듯이 쏟아 붓는 중상모략과 비방을 무효화하기 위해 대단히 기념비적이고 유명한 저술 속에서 거대한 분량의 증거를 들었던 것이다. 그 모든 저술들을 언급하는 일[16]은 긴 시간을 요한다. 확실히 이러한 언급은 아폴리나리스를 위대한 교회 설립자들의 동료로 만들 수 있었다. 또한 이단에게 꼬치꼬치 캐물어 심문하는 그의 열정이 그를 한센병처럼 부패한 새로운 어떤 것을 고안하도록 해준 것도 아니다. 그의 모든 노력과 그로 인해 양산된 그의 가르침은 교회의 계몽이 아니라 교회의 유혹으로 불리게 됐다.

XII. 포티누스, 아폴리나리스, 그리고 네스토리우스의 오류들

이 지점에서, 나는 위에서 언급한 이단들, 즉 네스토리우스, 아폴리나리스, 그리고 포티누스 등에 관한 설명을 요구받고 있다는 점을 잘 알고 있다. 그런데 실로, 이러한 요구는 논쟁적이고 미해결된 문제로 적절한 질문이 배경에 없다. 그 대신 우리는 각 이단들의 오류를 완벽히 추적할 수 있다고 생각하지는 않았으며, 단지 앞에서 언급한 모세의 말씀처럼 명확히 드러난 자들 몇몇을 이단의 예로 들 수 있을 것이다.

---

16. 포르피리의 작품이 아닌, 아폴리나리스의 작품.

내가 여기서 모세의 언급을 예로 든 이유는 교회 내에 그런 타락한 어떤 교사가 있다는 뜻에서다. 거기서 일련의 예언자들의 신비한 지식들을 해설해주는 한 예언자는 하나님의 교회에게 새로운 어떤 것을 소개해야만 한다는 강박 관념에 사로잡혀 있다. 거기서 하나님의 신적인 섭리는 이러한 일이 우리가 받는 시험을 통해 일어나도록 만들었다.

17

그러므로 본제를 벗어난 것이지만,[17] 위에 언급된 이단들, 즉 포티누스, 아폴리나리스, 네스토리우스 등의 주장에 대해 간략한 해설을 다는 것은 매우 유용한 일일 것이다.

포티누스의 가르침은 다음과 같다. 그에 의하면, 하나님은 한 분이며[18], 단지 인간에 지나지 않고[19], 유대인들의 신관처럼 간주되는 존재다. 그는 삼위일체의 완전성을 부인하고, 또한 말씀 하나님(God the Word) 혹은 성령과 같은 그러한 인격(person)[20]이 존재한다고 생각지 않는다. 그래서 그는 그리스도를 하나의 단순한 인간으로[19] 여길 뿐이다. 그에 의하면 그리스도는 자신의 시초를 마리아에게 지니고 있는 존재에 불과하다. 그리고 그는 모든 방식을 동원해 그의 주장이 그리스도교의 가르침으로 자리 잡도록 안간힘을 썼던 것이다. 곧 사람은 누구나 하나님 아버지의 유일하신 인격[20]을 숭배해야 하며, 그리고 단지 그리스도는 오직 하나의 인간으로서 소중히 여김을 받아야 한다는 것이 그의 가르침의 핵심이었다. 포티누스의 주장은 겨우 그 정도에 불과하다.

그러나 아폴리나리스는 자신의 견해가 교회의 삼위일체론과 일치해 조화를 이루고 있다고 떠벌렸다. 비록 그의 신앙의 건전성에는 큰 무리가 없더라도, 그는 공개적인 방식으로 주의 성육신 교리에 관해서 대단히 불경스럽고 신성모독적인 오류를 범했다. 곧 그에 의하면, 우리의 구세주의 육신 속에는 어떤 인간의 영혼뿐 아니라 이성

---

17. 빈켄티우스의 삼위일체에 관한 주석은 이 책 16장의 끝부분에 확장됐다.

18. '하나(one)'라는 단어의 의미는 삼위일체 개념에 정반대되는 강력한 군주신론적 개념을 지니고 있다.

19. *Solitarius*.

20. 여기서 *person*이라는 단어는 연극무대에서 나올 수 있는 기술적인 의미를 갖고 있다. 즉, 그 단어는 보통의 영어 단어에서는 발견될 수 없는 '배우 역할'의(impersonation) 개념을 지니고 있다.

적인 영혼도 존재하지 않다는 것이다. 게다가 주님의 육신은 거룩한 동정녀 마리아의 육체에서 출생하게 된 것이 아니라, 하늘에서 동정녀 속으로 내려가게 된 몸이라는 것이 그의 지론이었다. 또한 그는 때때로, 주의 육신이 말씀이신 하나님과 영원히 공존하셨다는 사실을 선포함에 의심하여 망설이면서 흔들거리곤 했다. 또 다른 어떤 때는, 주의 몸이 말씀의 신성에서 피조됐다고 주장하기도 했다. 역시 그는 그리스도 안에 두 신성적 본질, 곧 하나님 아버지에게서 온 신성과 어머니에게서 온 인성이 존재한다고 주장하지도 않았다. 오히려 그는 바로 그 말씀의 본성이 쪼개져서, 그 일부가 하나님 안에 남았고, 또 다른 나머지 부분이 육신으로 변화됐다고 주장하기까지 했다. 그러나 참 진리는, 두 본성을 지닌 그리스도는 한 분이심을 강조하고 있다. 참 진리와는 정반대로, 아폴리나리스는 그리스도의 유일한 신성 안에 두 본성이 있는데, 바로 그것들이 피조됐다고 주장했다. 아폴리나리스의 견해는 바로 그런 종류의 것이었다.[21]

그와 반면에, 재난에 가까운 아폴리나리스의 공격을 받아 고통을 당했던 네스토리우스는 그리스도 안에 있는 두 본성을 구별하는 것처럼 주장하곤 했다. 그러고는 즉시로 두 위격을 끌어들였다. 듣도 보도 못한 사악함으로 무장한 채, 두 하나님의 아들들, 두 그리스도들이라는 개념을 만들어냈다. 그리고 그들 중 전자는 하나님이고 후자는 인간이다. 전자는 아버지에게서 유래했고, 후자는 어머니에게서 나왔다는 것이다.[22] 그리고 그는 거룩한 마리아가 *Theotokos*[23]가 아니라 *Christotokos*[24]로 불려야 한다고 주장하기도 했다. 물론 그 이유는, 그녀가 하나님이신 그리스도가 아니라 사람인 그리스도를 낳았다고 생각했기 때문이었다. 그러나 만약 어떤 사람이 그의 저술들[25] 속의 글을 읽고, 네스토리우스가 그리스도는 한 분이 존재하고, 그리스

---

21. 이러한 견해는 원래 아폴리나리스가 가르쳤던 것이 아니라 빈켄티우스가 그의 가르침에서 추론해낸 것이다. 그의 가르침도 직접적인 그의 저술에서 나온 것이 아니라 아우구스티누스와 에피파니우스(Epiphanius)의 기록에서 유래한 것이었다.

22. 네스토리우스의 가르침에서 파생된 적대적인 추론은 네스토리우스 자신에 의해 거부된 셈이다.

23. 하나님을 잉태한 자(*God-bearer*)라는 의미의 그리스어. 주후 431년 에베소 공의회 이후로 동정녀 마리아를 호칭하던 명칭이다. 다음을 참고하라. John Cassian, *De incarn. Christi* 2.2 (MPL 50.51–57).

24. 그리스도를 잉태한 자(*Christ-bearer*).

25. 그러한 자료는 대부분 단편들 속에 보존돼 있다. 그러나 1889년에, 네스토리우스파 교회의 기록물 보관소에서 시리아 사본 하나가 발견됐다. 이는 베드잔(Lazarist Paul Bedjan)에 의해 1910년에 책으로 출간됐고, 그 이후로 여러 언어들로 번역됐다. 그중에서 영어로 번역된 것은 다음과 같다. G. R. Driver and Leonard Hodgson, *Nestorius: The Bazaar of Heracleides*, 1925. 이것의 대본은 원래 네스토리우스가 직접 저술한 변증서로서 그리스 사본이었던 것을 시리아어로 번역한 것으로 추측된다.

도는 한 인격만을 지닌 것으로 주장했다고 생각한다면, 그는 네스토리우스의 견해를 성급히 믿어서는 안 될 것이다. 왜냐하면 그는 그러한 견해를 속이기 위한 영리한 책략과 계교로 삼았기 때문이다. 그리하여 그는 선한 것을 통해 보다 쉽게 사악한 것을 설득해 믿게 할 수 있었던 것이다. 이는 사도 바울이 말씀한 바와 같다. "선한 그것으로 나를 죽게 만들었으니."[26] 앞서 언급한 대로, 네스토리우스는 속이기 위해, 어떤 곳에서는 그의 저작들 속에서 한 분 그리스도와 그리스도의 한 인격이 존재함을 믿는다고 떠벌였던 것이다. 또한 그는 동정녀가 아이를 분만한 이후에 한 그리스도 안에서 두 인격이 결합됐다고 주장하기까지 했다. 물론 수태와 동시든, 혹은 분만 이후든 비록 약간의 시간차는 나지만, 아무튼 육신의 형태를 가진 이후에 두 그리스도가 존재하게 됐다고 주장했다. 물론 그가 보기에 어떻든 그리스도는 평범한 한 인간으로 태어났으나 유일한[19] 존재였다. 그러나 아직은 하나님의 말씀과 인격적인 연합을 통한 결합을 이루지 못했다. 그 후에 그의 속으로 말씀의 인격이 내려왔을 때 육신을 취하게 됐다는 것이다. 그리고 비록 하나님의 영광 속에 그 인격이 머무르는 것처럼 여겨지나, 때로는 그와 다른 인간들 사이에는 다른 점이 보이지 않는다고 주장했다.

XIII. 삼위일체와 성육신

18

이러한 것은 미친개들인 네스토리우스, 아폴리나리스, 그리고 포티누스 등이 보편 신앙에 저항해 짖어대는 방식에 불과한 것이다. 포티누스는 삼위일체를 인정하지 않았고, 아폴리나리스는 말씀의 본성이 변덕스럽다고 주장했으며[27], 또한 그리스도 안에 두 본성이 있음을 거부하면서, 전적으로 그리스도의 온전한 영혼과 적어도 그 영혼 속에 내포된 지성과 이성의 존재를 부인했다. 그러고는 하나님의 말씀을 사고하는 공간으로 보내버렸다. 네스토리우스는 항상 또한 한때 두 그리스도가 존재했다고 주장했다. 그러나 보편 교회는 하나님과 구세주에 관해 올바른 신앙을 지니고 있다. 삼위일체의 신비뿐 아니라 그리스도의 성육신에 관해서도 신성모독의 범죄를 저지르

---

26. 롬 7:13.
27. 변덕스럽다는 의미는 사망이나 혹은 도덕적 변질의 가능성을 내포하고 있다.

지 않는다. 왜냐하면 보편 교회는 삼위일체의 완전성 속에서 한 분 신성에게 예배를 드리기 때문이다. 그리고 그 교회는 동일한 영광과 한 분 가운데서 삼위일체의 동등성과, 두 분이 아닌 한 분 그리스도 예수를 섬기기 때문이다. 또한 그 교회는 그분이 동일하게 하나님이고 인간임을 고백하고 있다. 실로, 그분 안에 한 인격이 있으나 두 본질이 존재한다. 보편 교회는 두 본질과 한 인격을 믿고 있다. 하나님의 말씀은 육신으로 바꿀 수 있으나 변함이 없다는 뜻에서 두 본질을 지니고 있다. 그리하여 결국에 가서, 보편 교회는 두 아들을 고백함으로써 3위 1체(Trinity)가 아니라 4위 1체(quaternity) 개념을 품고 있다는 오해를 받지 않기 위해 한 인격을 주장했던 것이다.

19

그러나 만약 우리가, 다시금 반복해서, 진실의 중핵을 둘러싸고 있는 껍데기들을 벗겨버릴 수 있다면, 또한 그것을 보다 명백하게 검사할 수 있다면, 그것은 매우 가치 있는 일이 될 것이다. 하나님 안에 하나의 본체와 세 위격이 존재한다는 사실, 그리고 그리스도 안에 두 본성과 하나의 인격이 존재한다는 사실이 보편 교회의 진리다. 삼위일체 속에, 세 다른[28] 위격들이 다양한[29] 것이 아니라 한 본체라는 사실, 또한 구세주 속에, 다른[29] 두 본성이 다른[28] 인격이 아니라는 사실 역시 보편 교회의 진리다. 어떻게 삼위일체 속에 다른 세 위격들[28]과 다르지 않은 본체[29]가 존재할 수 있는가? 물론 그것은 아버지의 한 위격과, 아들의 다른 위격과, 성령의 또 다른 위격이 존재하기 때문이다. 그럼에도 성부와 성자와 성령은 다른 본질이 아니라 하나의 동일한 본질이다. 어떻게 해서 구세주 속에 다른 본성[29]과 다르지 않은 인격[28]이 존재할 수 있는가? 물론 그 이유는, 한 본성은 신성이고 또 다른 본성은 인성이기 때문이다. 그럼에도 신성과 인성은 다른 인격[30]이 아니라 하나의 동일한 그리스도, 하나의 동일한 하나님의 아들이시다. 그 두 성품은 하나 그리고 하나의 동일한 인격, 동일한 그리스도, 하나님의 아들이시다. 심지어 인간 안에서 그 육신과 영혼은 별개지만, 하나의 동일한 그 인간은 영혼과 육체이시다.

---

28. *Alius atque alius.*

29. *Aliud atque aliud.*

30. *Alter et alter.*

베드로와 바울은 영혼과 육신을 구별했다. 그러나 영혼과 육체를 각각 지닌 두 베드로는 존재하지 않는다. 영혼과, 그리고 그와 구별되는 육체를 지닌 하나의 바울이 존재한다. 오직 하나의 동일한 베드로와 하나의 동일한 바울이 있을 뿐이다. 거기서 영혼과 육체는 두 개의 구별된 성질로서 일치한다.[31]

그러므로 그처럼, 하나의 동일한 그리스도 안에는 두 본성이 존재하며, 그 중 하나는 신성이고 또 다른 하나는 인성이다. 신성은 하나님 아버지에게서, 인성은 동정녀 어머니에게서 유래했다. 신성은 영원 전부터 성부와 공존하고 있으며 그와 동일하다. 인성은 성부에 비해 일시적이며 열등하다.[32] 신성은 아버지와 동일한 본질이고, 인성은 어머니와 동일한 본질[33]이지만, 그 양 본질 속에는 하나의 동일한 그리스도가 존재한다.

그러므로 하나님이신 하나의 그리스도와, 별개의 인간은 존재하지 않는다. 신성은 창조되지 않은 것이 아니고, 인성은 창조됐다. 신성은 고통당하지 않을 수 없는 것이 아니고, 인성은 고통당할 수 있다.[34] 신성은 아버지와 동일하지 않고, 인성은 아버지에 대해 열등하다. 신성은 아버지에게서 나오지 않았고, 인성은 어머니에게서 나왔다. 그러나 하나이고 동일한 그리스도는 하나님이고 인간이며, 동시에 창조하지 않았고 창조했다. 동시에 변개될 수 없고 고통을 받을 수 있다. 동시에 아버지와 동등하며 열등하다. 동시에 창세 전에 아버지에게서 출생했고, 시간 속에서 어머니에게서 탄생했다. 완전한 하나님이시며 완전한 인간이시다. 하나님 속에 가장 높은 신성이 존재하고, 인간 속에 완전한 인간성이 존재한다. 영혼과 육체를 지녔기에 완벽한 인간성은 실제 육체, 우리가 가진 봄, 그 어머니의 육신이다. 마음과 이성 속에서 지성을 부여 받은 영혼은 매우 강력한 능력을 지녔다.

그러므로 그리스도 안에 말씀, 영혼, 육체가 존재하지만 그러나 이 모든 것은 하나의 그리스도, 하나님의 하나의 아들, 하나의 구세주, 우리 모두의 하나의 구속주이시다. 그러나 그러한 존재는 신성과 인성의 어떤 부패하기 쉬운 혼합물이 아닌 하나

---

31. 영혼(spirit)과 육체(body)는 'soul'과 'flesh'의 동의어다.

32. 빈켄티우스가 만일 '영원 전부터 공존한'과 '동일한'이라는 용어를 동의어로 사용했다고 한다면, 이 단어는 '열등한'이 아니라 '보다 젊은'으로 보아야 할 것이다.

33. *Consubstantialis* = ὁμοούσιος.

34. 다음을 참고하라. Ignatius, *Epist. ad Polycarp.* 3.

의 전적이고 유일한 인격의 결합에 의해 하나가 된다. 왜냐하면 그러한 결합은 어떤 하나가 다른 것으로 변화되거나 전환될 수 없는 성질이기 때문이다. 그와 반대되는 오류가 특별히 아리우스주의에서 드러났다. 그들은 변개와 전환이 가능한 결합에 대해 언급했었다. 그러나 그것보다는 차라리 그리스도 안에 항상 하나의 동일한 인격의 단일성을 남겨둔 것과는 반대로 하나의 인격 속에 두 본성을 함께 꾸려 넣는 것이 더 나을 것이다. 거기서 각각의 두 본성은 영원히 지탱될 것이고, 물론 그로 인해 하나님은 결코 육신을 입으시는 시도조차도 시작하지 못할 것이며, 또한 어느 때든지 그 육신은 육신이 되는 일을 멈추지 않을 것이다.

이러한 점은 인간 상태의 예를 통해 또한 잘 드러나게 될 것이다. 이생뿐 아니라 내생에서도 또한 모든 각 인간들은 영혼과 육신을 유지하게 될 것이다. 그러나 육신은 결코 영혼으로 변화될 수 없을 것이며, 그 반대의 경우도 동일할 것이다. 그러나 각 사람들이 영원히 생을 누리게 될 것처럼, 각 사람 안에는 영원히 그리고 필연적으로 그 두 본성의 차이가 남아 있게 될 것이다. 역시 그리스도 안에서 그 두 본성의 특징은 영원히 남아 있어야만 하며, 그것은 인격의 단일성과 함께 감소되지 않을 것이다.

XIV. 예수 그리스도, 유령이나 허깨비가 아닌 참 인간

20

그러나 우리가 종종 '인격(person)'이라는 용어를 사용할 때가 있는데, 또한 하나님이 그 인격을 통해 인간이 되셨다고 말하기도 하는데, 이는 하나님이 단지 인간의 행동을 모방하기 위해 말씀의 형태를 취하게 됐다고 여기지 않도록 이해해야 한다.[35] 그리고 이것이 어떤 인간적 교제라 하더라도, 제시된 것은 한 실제 인간이 행한 것이 아니라고 여겨선 안 된다. 곧 극장에서 한 배우 인간이 몇 가지 역할을 시시각각으로 바꾸어 가며 수행할 때, 실제로 그 배우 자신이 그 여러 역할들 중 어떤 인물에도 해당되지 않는다고 보는 일은 금지돼야 한다. 또 다른 역할(person)의 행동연기(action)를 모방

---

35. 원래 라틴어에서 *persona*는 연극에서 비롯된 '극중 역할' 개념을 의미했다. 그리하여 마니교는 우리 주님이 단지 하나의 역할을 하기 위해 등장했다고 주장했다.

하는 일을 떠맡을 때, 그 다른 인격(person)의 의무와 행위가 따라가기 마련이다. 그러나 그 역할을 수행하는 주체들은, 그 주체들이 연기하고 있는 그 역할들 자신이 아닌 것이다. 그리하여, 이 세상의 삶에서 [그리고 마니교에서]36 설명할 수 있는 하나의 유용한 예가 있다. 어떤 비극 배우가 사제37와 왕의 역할을 할 때, 그는 그 사제나 왕이 아니다. 그 연기가 중지될 때, 그가 취한 극중 역할 인물 역시 멈추게 되는 것과 마찬가지다. 우리가 그렇게 악질적이고도 사악한 가짜와 연관되는 일은 결코 없을 것이다! 마니교도의 어리석음은 그대로 내버려두자. 그들은 환상을 전하고38, 하나님의 아들과 하나님은 본질적인 의미가 아닌 인간의 역할(person)을 묘사하고 있을 뿐이라고 주장하고 있다. 곧 그것은 어떤 외양만의 행동과 인물 특징을 통해 가장하고 있을 뿐이라는 것이다.

그러나 보편 신앙은 이렇게 말한다. 즉, 하나님의 말씀은 그분이 우리의 본성을 취하도록 만드셨는데, 그것은 현혹적인 현현이 아니라 실제적이고 사실적인 것이며, 그분은 인간적인 행동을 수행하셨다. 그것은 다른 어떤 존재를 모방한 것도 아니며 그 자신의 행위를 취하셨고, 그는 자신이 행한 역할을 소유한 인격(person) 그 자체셨다. 또한 그렇게, 우리 자신이 말하고, 알고, 살고, 존재하는 가운데, 우리는 인간을 모방하지 않고, 그냥 그 자체 인간에 해당한다. 한 예로, 베드로와 요한을 들 수 있다. 그들은 인간을 모방하는 인간이 아니고 그냥 인간이었다. 바울은 사도로 가장하지도, 또한 바울인 체 하지도 않았다. 그러나 그는 사도였고, 실제적인 바울이었다. 그와 마찬가지로, 하나님은 말씀의 형태를 취함으로써 육체를 지니신 채 말하고, 행하고, 육체를 통해 고난 받으셨으나, 그 본성은 타락하거나 부패하지 않으면서도, 확실히 하나의 완전한 인간을 모방하거나 혹은 가장하지도 않으신다. 또한 하나님은 환상으로 나타나는 것처럼 행하지 않으시고, 하나의 참된 인간으로 생각되도록 행하시며, 실제로 그러한 존재시다.

---

36. 대괄호 안의 구절은 아마도 하나의 그럴 듯한 설명일 것이다.

37. *Sacerdos*, 이는 확실히 사제(priest)를 의미한다. 앞의 각주 48번을 참고하라.

38. 가현설(Docetism). 이는 그리스도가 단순한 인간으로 나타났다는 주장으로서, 마니교 그리스도론의 근거였다.

---

* 곧 극 중의 다양한 일인다역에서 그 배우 일인은 실제로 그 어떤 다양한 역할 인물들도 아니라는 주장은 이단사설이라는 의미로, 소위 '양태론'이다.

육신에 결합된 영혼이 그럼에도 불구하고 살로 변화되지 않는 것처럼, 곧 한 인간은 모방하지 않고 가장이 아니라 본질적으로, 또한 말씀이신 하나님은 그렇게- 그 자신의 어떤 개조와 변환과는 무관하게- 그 자신을 인간과 연합시켜 인간이 되셨고, 그것은 혼동이나 모방에 의한 것이 아니라 참으로 인간이 되심으로 이루어진 일이었다. 그렇다면 가장적인 모방으로 인격을 취했다고 하는 생각은 포기돼야만 한다. 그런 견해 속에는 한 존재만 항상 존재하게 되고, 다른 것은 가장하는 존재가 되고 만다. 거기서 행동하는 존재는 결코 그 자신이 행하는 존재가 아닌 것이 된다. 말씀이신 하나님이 이 같은 기만적인 방식으로 인격을 취했다고 믿는 신앙과 우리 사이의 거리는 매우 멀다. 차라리 그의 불변적인 본질이 남아 있다든가, 혹은 그가 그 자신으로 완전한 인간의 본성을 취하도록 했다든가 하는 견해를 취하는 한, 그는 실제로 육신을 지녔고, 실제 인간이었으며, 실로 가장하지 않은 참된 인격을 소유했고, 그것은 모방적이 아니라 본질적인 인격이었으며, 결국 그것은 인격을 취하는 행동으로 끝나는 것이 아니라 본질 속에 그 자체로 남아 있는 것이다.

XV. 그리스도의 잉태 가운데서 성육신적 결합이 발생함

그러므로 그리스도 안에서 이러한 인격적 결합은 그가 동정녀에게서 탄생된 이후가 아니라 동정녀의 모태 속에서 완벽하게 성취됐다.

21

우리는 그리스도는 한 분이실 뿐 아니라 항상 한 분이시라는 사실을 고백함에 특별한 주의를 기울여야 한다. 왜냐하면 자칫 잘못하면, 비록 그리스도가 지금은 한 분이나, 한때 하나가 아니라 둘이었다고 주장할 수 있기 때문이며, 그것은 참을 수 없는 엄청난 신성모독이 되고 만다. 즉 그리스도가 출생 시에는 둘이었다가, 세례를 받을 때는 한 분이 됐다는 것이 그 주장의 본말이다. 만약 우리가 그 사람이 하나님에 의해 제한됐다고 고백하지 않는다면 이러한 엄청난 신성모독을 피할 수 없게 될 것이다. 물론 그것은 그리스도의 두 본성의 연합에 관한 것이다. 그리스도의 신성과 인성의 결합은 승천이나 부활이나 수세시가 아니라 이미 그의 어머니 속에서, 이미 모태 속에서, 곧 바로 그 동정녀 수태 행위 가운데서 이루어진 것이다. 이러한 두 본성의 결합은 다음과 같은 결과를 초래한다. 즉, 인간의 것으로 여겨지는 하나님의 속성과 또한 하나님의 것으로 생각되는 육체의 속성이 아무 구별 없이 함께 결합되고 만다.[39] 그 때문에 하나님의 영감으로 기록된 성경에는 그에 관해 이렇게 언급하고 있지 않은 가? 인자로서는 하늘에서 내려오셨고, 영광의 주님으로서는 지상에서 십자가에 달리신 것이 그것이다.[40] 바로 그 때문에, 주의 육체가 만들어졌을 때 주의 육체는 피조됐고, 바로 그 하나님의 말씀이 이루어졌으며, 바로 그 지혜가 만들어져서 하나님의 계시가 완성됐으며, 바로 예언을 통해 그의 손과 발이 찔림을 받을 것이라고 기록되지 않았는가?[41]

나는 말하노라. 이러한 두 본성의 연합을 통해, 그와 같은 하나의 신비로 말미암아, 말씀의 육신이 온전하게 순결한 어머니에게서 탄생되셨다는 사실이 발생하게 됐다고. 곧 말씀이신 하나님 자신이 동정녀에게서 태어나셨다는 신앙은 가장 현저하게 보편적인 것이며[42], 그런 사실을 거부하는 일은 가장 사악한 행위가 된다. 하나님은 신적 은총의 특권이나 혹은 특별한[43] 영광을 소유한 거룩한 마리아가 기만이나 업신여김을 당하지 않도록 조처하셨다. 역시 동정녀 마리아 자신의 아들이신 주님과 우리 하나님이 하사하신 특이한 선물로 말미암아, 그녀는 가장 참되고 복되게 하나님의 어머니(Theotokos)가 되셨다는 사실은 반드시 인식돼야만 한다. 그러나 어떤 한 사악한 이단은[44] 그녀가 비록 하나님의 어머니라고 불린다손 치더라도, 탄생한 후에 하나님이 되었던 한 사람을 잉태했다는 망발을 서슴지 않고 있다. 이는 그 어머니가 '어떤 한 사제의 어머니' 혹은 '어떤 한 주교의 어머니'[45]로 불리는 것과 무엇이 다른가? 그녀는 어떤 한 사제나 주교를 낳았던 것이 아니라, 후에 그런 사제나 주교로 만들어졌던 그 한 사람에게 생명을 가져다주었던 것이다. 나는 말하노라. 거룩한 마리아는 그러한 의미에서 하나님의 어머니(Theotokos)가 아니라, 이미 신성하고 순결하게 된 그녀의 모태

---

39. *Communicatio idiomatum*(고유한 성질의 제휴).

40. 요 3:13, 고전 2:8. *Dominus gloriae* 대신에 *Dominus maiestatis*로 사용하는 것은 고대 라틴의 수법이다.

41. 시 22:16(불가타는 21:17).

42. *Catholicissime*, 라틴어 최상급 부사. *Thesaurus Linguae Latinae* 3:1618에는 오직 이런 경우에만 인용됐다. 이런 용법은 역시 빈켄티우스의 *excerpta*(서론을 보라)에서도 발견된다.

43. *Specialis*.

44. 어떤 이단인지 불명확함.

45. *Presbyter*와 *episcopus*.

속에서 가장 거룩하고 신성한 신비가 성취됐기 때문에 그러한 것이다. 그녀의 모태에서 이루어진 그리스도의 두 본성의 연합은 그 어떤 것에도 비교할 수 없는 유일무이하고 독특한 사건이다. 육체 속의 말씀이 육신이고, 또한 그와 마찬가지로 하나님 안의 그 사람이 하나님이시다.

XVI. 상술한 삼위일체론에 대한 요약

22

우리의 기억을 새롭게 하기 위해서 지금까지 논의한 것의 요점을 되풀이해 정리할 필요가 있다. 곧 보편 신앙과 연관되어 언급된 이단들의 주장을 압축하여 보다 간략히 정리하는 것은 그들의 주장을 잘 이해함으로써 그들을 차근차근 잘 타일러, 그들이 보다 확고한 보편 신앙으로 되돌아와 그 신앙을 잘 유지할 수 있도록 만들 수 있기 때문이다.

포티누스는 완전한 삼위일체를 받아들이지 않고, 그리스도가 단지 한 인간에 불과했다고 전했기 때문에 저주를 받을지어다.

아폴리나리스는 그리스도 안의 신성이 변화됐을 때 타락해 부패하게 되었다고 주장했고, 또한 그리스도의 완전한 인성이 제거됐다고 주장했기 때문에 저주를 받을지어다.

네스토리우스는 하나님이 동정녀에게서 탄생했다는 사실을 거부했고, 두 그리스도가 존재한다고 주장했으며, 삼위일체 신앙을 부인하고, '4위 1체'를 주장했기 때문에 저주를 받을지어다.

그러나 지금 완전한 한 분이신 삼위일체 하나님을 예배하며, 하나의 하나님 안에서 삼위가 동등하다는 점과 그리하여 각각 위격들의 개별적인 본질이 파괴되지 않고 서로 구별되며 그러한 구별은 하나님의 단일성을 분쇄하지 않는다고 고백하는 보편 교회는 반드시 축복을 받을지어다.

그리스도 안에 두 참되고 완전한 본성(신성과 인성)이 있으나 그분은 한 분이시며, 또한 서로 구별되는 두 본성이 그 한 사람의 단일성을 둘로 쪼개지도 않고, 그 두 본성의 다름을 파괴하지도 않는다는 신앙을 고수하고 있는 보편 교회에게 참으로 큰 축복이 있을지어다.

그리스도는 한 분이고 또한 항상 한 분이셨으며, 그분은 탄생 후가 아니라 바로 모태에서부터 하나님과 연합하셨다는 사실을 믿는 보편 교회는 축복을 받을지어다.

본성의 변화가 아니라 한 분이라는 이유로 하나님이 사람이 되셨다는 믿음, 그 인간도 가장하거나 일시적인 것이 아니라 실제성과 영원성을 지닌 성품을 소유했다는 사실을 신봉하는 보편 교회 역시 축복을 받을지어다.

이러한 본성의 연합은 불가사의하고 형언할 수 없는 신비에 의해 스스로 막강한 능력을 소유하고 있으며, 신성은 인성에서, 또한 인성은 신성에서 기인한다고 믿는 보편 교회에게 큰 축복이 있을지어다. 왜냐하면 보편 교회는 그 인간은 하나님을 따라서 하늘에서 내려오셨으며, 인간을 따라오신 하나님은 지상에서 고통을 당하시고 십자가에 못 박히셨음을 믿고 있기 때문이다. 결국 보편 교회는 그 인간은 하나님의 아들이며 또한 하나님은 동정녀의 아들이심을 모두 고백하기 때문이다.

'거룩'이란 단어를 세 번씩이나 반복해 한 분 야웨 하나님께 영광을 돌리기 위해 찬양하는 하늘 천사들의 합창[46]과 비교해 볼 때, 삼위일체 신앙고백은[47] 어느 모로 보나 큰 가치가 있고, 이를 신봉하고 축성하며 성별해 신성케 하는 보편 교회에게 큰 축복이 있을지어다. 이러한 이유로 말미암아, 보편 교회는 대단히 단호하고도 명확하게 삼위일체를 넘어 서지 않는 한에서[48] 그리스도와의 연합을 강조하고 있는 것이다.

지금까지* 본제를 벗어난 문제에 천착했다. 다른 기회가 있을 때, 만일 하나님이 기뻐하신다면, 그 주제는 좀 더 길게 설명될 수 있을 것이다.[49] 이제 다시 원래 우리가

---

46. The Sanctus: 사 6:3. 또 다른 형태는 계 4:8에 나온다. 이에 관해서는 보아 후기의 Te Deum을 참고하라.

47. 기록된 신조(creed)가 아니라 삼위일체에 대한 신앙고백(confession)을 말한다. 그 전체 구절을 레오(Leo the Great)의 저술인 'Tome'*과 비교해 보면 좋을 것이다. 이는 다음의 저술에 수록되어 있다. *Epist.* 28 (*ad Flavianum*), tr. NPNE, 2d ser., 12.38–43. 그것은 451년 칼케돈 공의회에 큰 영향을 주었다.

48. 4위 1체설을 주장하면 안 된다는 의미.

49. 1693년에, 안텔미(Joseph Anthelmi)는 그의 저술, *Nova de symbolo Athanasiano disquisitit*에서 빈켄티우스가 *Symbolum quicumque vult*의 저자라고 밝혔다. 그것은 소위 아타나시우스 신조(Athanasian Creed)다. 휴틀리(Heurtley)가 다음의 저술 속에 그것을 수록했다. NPNF, 2d ser. 11.157, 부록 1. 막슨(Moxon) 역시 마찬가지다. (앞의 책, pp. lxvi–lxxiii). 막슨의 것은 *Quicumque*의 저자가 빈켄티우스의 견해를 차용한 것을 포함하고 있다. 그 신조는 기약된 문서가 아니라 우발적인 것이었다.

---

* 방대한 하나의 큰 책.

다루던 주요 주제로 되돌아가자.

XVII. 교회에 대한 하나의 큰 시험거리였던 오리게네스(Origen)

23

위에서[50] 우리가 언급한 대로, 하나님의 교회에서 이단 교사가 저지르는 오류와 잘못은 하나님이 그 백성을 시험하기 위한 수단과 다를 바 없다. 그런데 그러한 시험은 오류와 잘못을 범하는 자의 학식에 비례해 더 커지기 마련이다. 이러한 점은 바로 성경이 첫째로 가르치고 있으며, 둘째로는 교회 역사에서 드러난 예들을 통해 잘 인식할 수 있다. 한때 건전한 신앙을 소유했던 자들이 결국엔 타자에게 받았든지, 아니면 혹은 스스로 고안해냈든지 간에[51], 잘못된 교리를 추종해 이단으로 전락했던 것이다. 물론 확실히, 그러한 것은 우리의 신앙 지식을 좌우하는 중요한 문제인 동시에 반드시 기억될 필요가 있는 항목이다. 우리는 다시금 반복하고 또 되풀이해서, 이전부터 교회 내에 쌓인 예들을 통해, 그 사실들을 드러내야만 할 것이다. 곧 그러한 이단들의 발상지와 논지 및 논거 등을 찾아내야만, 향후 참된 모든 보편 교인들이 저들 이단 신앙이 보편 교회에서 온 것이 아님을 알게 될 것이며, 또한 그로 인해 그러한 이단사설을 퍼트리는 교사들을 따르지 않아 그들로 하여금 보편 신앙을 저버리지 않게 할 수 있을 것이다.

내 생각에, 이러한 유형의 시험의 예증들을 우리가 수없이 많이 제시할 수가 있더라도, 그 중에서도 가장 적절한 것은 오리게네스(Origen)[52]의 경우일 것이다. 오리게네스는 대단히 탁월한 특징들을 소유했고, 그 누구에게도 필적될 수 없는 불가사의한 특성을 지녔다 해도 과언이 아니다. 첫눈에 그가 언급한 말들을 접하는 자마다 누구나 쉽게 그에게 매료돼 즉시 그를 신뢰하곤 한다. 그의 삶의 사실들이 신뢰를 얻을 수 있

---

50. 10장.

51. 아우구스티누스의 예다.

52. 히에로니무스는 그의 저술, *De vir. ill.* 54 (NPNF, 2d ser., 3.373–374)에서 오리게네스에 관해 길게 관찰한 자료들을 제공해주었다. 한편 빈켄티우스는 오리게네스의 중요성에 관해서는 거의 과장하지 않았다. 다음을 보라. J. Daniélou, *Origène* (Paris, 1948); R. Cadiou, *La jeunesse d'Origène* (Paris, 1935). 이 책은 다음과 같이 번역됐다. John A Southwell, tr., *Origen: His Life at Alexandria* (St. Louis–London, 1944).

다면, 그는 엄청난 열정과 대단한 고상함[53]과 가상한 인내심과 지구력을 발휘했을 것이다. 만약 그의 조상이나 혹은 그가 보유했던 학식이 그에게 어떤 가치와 의미를 준다면, 무엇보다 먼저, 오리게네스가 순교로 이름나게 된 어떤 한 가문에서 출생하게 됐다는 사실보다 더 고귀한 일이 어디 있을까?[54] 혹은 그 후에, 그의 아버지는 물론 그의 재산까지 모두 빼앗긴 뒤, 거룩한 가난의 역경과 불행 가운데서 그의 신앙과 인격이 얼마나 높은 경지에 이르렀는가는 침이 마르도록 칭찬해도 모자란다. 그는 종종 주님의 이름을 고백했다는 혐의로 박해를 당했다고 전해지고 있다.[55] 이러한 고귀하고 추앙받을 만한 자가 이 세상 그 어디에 또 존재하겠는가? 그러나 이것들은 그의 재능이 아니라 이후에 그가 시험을 당하게 만드는 요인들로 작용했다. 그러나 그의 비상한 소질과 천성적 재주는 매우 깊었고 날카로웠고 신중했으며, 따라서 그는 거의 모든 단계를 훨씬 능가하는 능력을 지니고 있었다. 그리하여 그의 교리는 대단히 탁월했고,[56] 그가 지닌 모든 학식은 위대했다. 그는 종교 철학과 인간학에 거의 타의 추종을 불허할 만큼 완벽한 선생이었다. 그리스어가 그의 지식에 굴복할 때 그는 히브리어로 저술 작업을 했다. 그의 호감 가고 즐겁고도 순수하며 우아한 웅변과 탁월한 문체에 대해 무슨 말로 찬사를 다할 수 있을까? 내 생각에 그의 입에서 흘러나오는 달변과 문체는 말이 아니라 마치 꿀 송이가 쏟아져 나오는 것 같았다. 그가 탁월한 추론 능력으로 매사에 조명해주지 않았다면 얼마나 혼란스러웠겠는가? 그가 매우 쉽게 생각되도록 만들지 않았다면 얼마나 매사에 이해하기가 어려웠겠는가? 그런데도 그의 주장이 단지 자신의 생각만으로 짜놓은 그물망에 그치고 마는 것일까? 아니다. 그와 정반대다. 어떤 선생노 ⌐처럼 박식하게 성경에서 증기를 뗄 수 는 없을 것이다.

[57]"말을 그렇게 잘했다면, 책은 거의 남기지 않았을 것이 아닌가?" 아니다. 그 누구도 그만큼 많은 작품들을 남기지 못했다. 그의 저술은 모두 다 읽혀질 수 없을 정

---

53. 오리게네스가 지닌 극단적인 열심은 아마도 마 19:12와 무관하지 않을 것이다("어머니의 태로부터 된 고자도 있고 사람이 만든 고자도 있고 천국을 위하여 스스로 된 고자도 있도다"). 곧 오리게네스는 복음을 위해 자신을 거세했기에 장로(*presbyter*)가 되지 못한 것으로 여겨지고 있다.

54. 그의 아버지, 레오니다스(Leonidas)는 주후 202년에 순교를 당했다.

55. 주후 250년에 일어난 데키우스 황제 박해 시, 그는 투옥되어 고문을 당했으나 죽음만은 면했다고 한다.

56. 빈켄티우스는 오리게네스의 신학적 지식과 일반적 세속 학문의 능력을 구분했다.

57. 독자들은 이렇게 말할지도 모른다.

도로 방대한 양을 자랑한다.[58] 아직도 오리게네스의 저술들 중 발견되지 않은 것들이 부지기수다. 게다가 그는 장수를 누리면서[59], 그의 지식을 활용할 수단들의 결핍을 느끼지 않으면서 학문적 작업에 매진했던 것이다. 그의 제자들은 불행하지 않았을까? 누가 더 행복했을까? 물론, 그의 깊은 가슴 속에서부터 헤아릴 수 없이 수많은 박사들[60], 사제들(sacerdos), 신앙 고백자와 순교자들이 배출됐다. 그가 모든 사람들의 마음속에 불러일으킨 감탄은 과연 어느 정도나 될까? 그가 누렸던 명성과 평판은 과연 얼마나 드높았을까? 누가 과연 지금 그 모든 것을 묘사할 수 있을까? 이 세상에서 학문적으로 가장 높은 곳에 있는 그에게로 누가 날아올라갈 수 있을까? 누가 그보다 더 신앙에 헌신할 수 있을까? 어떤 그리스도인들이 그를 예언자로 받들어 섬기지 않았을까? 어떤 철학자들이 그를 스승으로 모시지 않았는가? 어떻게 그는 일반적인 사람들뿐만 아니라 황제 가문의 존경을 받을 수가 있었을까? 역사 기록에 의하면[61], 그는 황제 알렉산더[62]의 어머니의 부름을 받았다고 한다. 그 황제 가문은 오리게네스의 드높은 천상의 지혜에 감동을 받았고, 오리게네스에 대한 그들의 애정은 불타올랐다고 한다. 오리게네스가 로마 황제들 중 최초로 그리스도인이 되었던 필립(Philip)[63] 황제에게 보낸 서신은 한 그리스도교 교사의 웅장한 권위와 그가 얼마나 많은 황제 가문의 신뢰와 애정을 획득하고 있었는지를 잘 드러내주고 있다. 오리게네스의 믿을 수 없이 엄청난 박학다식함에 관련하여, 우리가 앞에서 보고한 그리스도교적 증거를 받아들일 수 없다고 주장하는 사람들이 있다면, 그들은 적어도 그것에 관해 입증한 이교

---

58. 에피파니우스(Epiphanius)는 그의 저술, *Haer.* 64.63에서 일반적으로 그가 저술한 양은 대개 6천 개의 작품으로 알려져 있다고 기록하고 있다. 그러나 히에로니무스는 2천 개 정도로 보고 있다. 물론 고대 저술들은 오늘날의 논문에 해당된다.

59. 그는 69세까지 살았다.

60. 예를 들면, 다음과 같은 박사들이 그의 문하에서 배출됐다. 타우마투르구스(Gregory Thaumaturgus of Neo-Caesarea), 디오니시우스(Dionysius of Alexandria), 테오그노스투스(Theognostus), 피에리우스(Pierius), 피르밀리안(Firmilian of Caesarea in Cappadocia).

61. Eusebius, *Hist. Eccl.*, Book 6, (Rufinus의 라틴역 속에).

62. 알렉시아누스(Alexianus). 그는 마르키아누스(Gessius Marcianus)와 맘마이아(Julia Mammaea) 사이에서 태어난 아들이었으며, 황제 엘라가발루스(Elagabalus)에 의해 13세 때 양자로 입양됐다. 그가 바로 황제 세베루스(Alexander Severus)이며, 주후 221-222년 사이에 재위했고, 주후 235년에 죽었다. 그 황제와 오리게네스가 만난 때는 대략 주후 232년으로 추측되고, 그 연대에 관해서는 의견이 분분하다. 막슨은 주후 218년으로 보고 있다. 다음을 참고하라. Eusebius, *Hist. Eccl.* 6.21.3 (NPNF, 2d ser., 1.269).

63. Julius Verus Philippus. 아랍 인종(Arab)의 성을 지녔다. 주후 244-249년 사이에 재위했다. 그는 그의 아들과 함께 베로나(Verona)에서 살해됐다. 그가 그리스도인이었다는 주장은 빈켄티우스뿐 아니라 유세비우스에게서 나온 것이었다. (*Hist. Eccl.* 6:34; Jerome, *De vir. ill.* 54). 그러나 그런 주장은 사실 무근한 신빙성 없는 이야기였다. 그는 세례를 받지도 않았고, 더욱이 예비신자도 아니었다. 그는 공식적인 이교 행사에 참여했지만, 그러나 그리스도인들에 대해서도 관대하고 호의를 베풀었다고 한다.

철학자들의 주장들을 어떻게 해결할 것인가? 사악한 포르피리(Porphyry)는, 그 자신이 오리게네스의 명성에 자극을 받아 학문에 눈을 뜨기 시작한 소년 시절에, 황제 알렉산더를 만나고 있던 오리게네스를 보았다고 한다. 그때 이미 오리게네스는 노숙한 상태로 높은 학문의 경지에 올라 있었다. 또한 최고의 보편적인 학문의 요새를 구축했던 한 위대한 인물이 거기 있었다고 한다.[64] 이 위대한 사람의 탁월한 점들 중 한 부분에 관해 가장 짧게 서술한다고 해도 한밤을 금세 지새울 정도다. 그러나 그 모든 것은 신앙의 영광에 공헌했을 뿐만 아니라, 그가 받을 시련이 얼마나 많을지 예고해주는 것이기도 했다. 무엇 때문에 그렇게도 위대한 재능과 교리와 깊은 감화력을 지닌 자가 내침을 당했겠는가? 그리고 사람들은 왜 다른 자들이 옳다고 하기보다 오리게네스가 더 틀렸다고 하는 일반적인 비평을 택할 수밖에 없는가?[65] 그 이유는 그가 그렇게도 위대한 인물과 박사와 예언자 등의 인간적 미덕을 지닌 데서가 아니라, 그의 결말이 보여주는 대로, 그가 지닌 신앙의 통합을 미혹시키는 너무나도 위험한 시험의 씨앗들 때문이었다.

무례하고 교만하게도, 그렇게도 위대한 특징과 재능을 지녔던 오리게네스는 하나님의 영광과 하나님이 그에게 주신 가장 탁월한 명예와 재능을 남용했던 것이다. 그는 자신에게 있는 천부적 소질을 너무나도 뽐냈고, 자신을 지나치게 신뢰했으며, 단순성으로 대표되는 그리스도교 신앙의 고대성을 과소평가했다. 그는 세상 모든 사람들보다 더 많은 지식을 소유했다고 상상했고, 결국 교회의 전통과 옛 현인들의 가르침을 멸시했던 것이다.[66] 그는 성경의 어떤 구절들을 기발하고 참신한 방식으로 설명하곤 했다.[67] 그는 하나님의 교회를 향해 선포된 믿음을 그 자신을 위한 것으로 노략

---

64. 다음을 참고하라. Eusebius, *Hist. Eccl.* 6:19. 빈켄티우스는 이에 대해 과장했다. 실제로 오리게네스는 포르피리가 태어나기 이전에 알렉산더를 떠났고, 포리피리가 21세 때 죽었다.

65. Cicero, *Tusc. Dis.* 1.17.39: *Errare mehercule malo cum Platone … quam cum istis sentire.*＊

66. 그러나 이러한 주장은 오리게네스 그 자신의 입장과는 일치하지 않는다. 다음 자료를 참고하라. Origen, *Contra Celsum* 1.7, 6.6; *De princip. praef.* 2. 여기서 루피누스에 의해 번역된 오리게네스의 말은 다음과 같다. "단지 진리 그 자체는 아무리 생각해도 교회와 사도들의 전통과 일치해 나온 것이 아니라는 점을 반드시 믿어야만 한다."＊＊

67. 그것이 소위 오리게네스가 사용했던 그 유명한 알레고리(allegory: 유비) 해석 방식이다.

＊ 실로 그들의 생각 때문이기보다는 플라톤의 생각이 나빠서 오류가 범해졌다.

＊＊ 오리게네스는 진리가 그 어떤 것에서도 간섭을 받지 않는 고유의 그 무엇이라고 주장함.

질했다. "너희 중에 선지자나 꿈꾸는 자가 일어나서 이적과 기사를 네게 보이고"[68]. 이어서 모세는 이렇게 말했다. "너는 그 선지자나 꿈꾸는 자의 말을 청종하지 말라 이는 너희의 하나님 여호와께서 너희가 마음을 다하고 뜻을 다하여 너희의 하나님 여호와를 사랑하는 여부를 알려 하사 너희를 시험하심이니라."

그것은 한 마디 경고도 없이 떨어뜨리는 하나의 시험일뿐 아니라 커다란 시련이 었다. 그것은 점점 조금씩 옛 신앙에서 하나의 새로운 신성모독과 불경 속에 빠져드 는 것이었다. 그리하여 교회는 그에게 헌신하게 됐고, 그의 천부적 재능과 지식과 우 아함과 삶의 방식과 영향력을 입이 마르도록 칭송하고 찬탄하면서 그에게 대롱대롱 매달리게 됐다. 교회는 그를 조금도 의심하지 않았고, 또한 그에 대한 겁과 두려움도 전무했다.

어떤 자들은 오리게네스의 책이 타락했다고 말할 것이다. 나는 그런 주장을 거부 하지 않고 오히려 호의를 가진다.[69] 그런 견해는 보편 교회뿐만 아니라 또한 이단들에 의해서도 구두 전승이나 문헌으로 지금까지 전해져 내려왔다. 비록 그 자신이 우리에 게 커다란 시험이 되지 않는다 하더라도,[70] 우리는 그의 이름 하에서 수많은 책들이 발간됐다는 점에 대해 주의를 기울여야 한다. 그러한 책들은 이리저리 벌떼처럼 옮겨 다니며, 실제로 그러했던 것처럼, 수없이 많은 사람들에게 신성모독과 불경의 상처들 을 깊이 새겨 놓았다. 여느 다른 서적들과는 달리 그의 책들은 널리 애독됐고, 그리 하여 원래 오리게네스의 사고 개념 속에는 비록 어떤 오류가 제시돼 있지 않더라도, 그의 명성에는 인간이 지닐 수 있는 오류가 포함돼 있는 것으로 보인다.

XVIII. 교회의 커다란 시험이었던 테르툴리아누스(Tertullian)

24

테르툴리아누스도 오리게네스의 경우와 동일한 상황에 처해 있었다. 상술한 대

---

68. 신 13:1.

69. Jerome, *Epist. ad Pammach*, 84:10. 히에로니무스는 그런 견해를 어리석다고 생각한다. 그러나 루피누스는 거기에 동의했다.

70. 만일 여기서 오리게네스가 아우구스티누스와 동일 선상에 서 있는 것으로 여겨진다면, 그때 아우구스티누스는 이미 죽었기 때문에 더 이상 시험거리가 되지는 않았을 것이다. 그러나 그의 저술들은 여전히 세미-펠라기우스주의자들에게는 두통거리가 되었다.

로, 오리게네스가 그리스 언어권에서 최초로 교회의 시험이 됐던 것처럼, 테르툴리아누스도 라틴어권 세계에서 그러한 위치를 점하게 됐다. 테르툴리아누스보다 더 많이 배운 사람이 과연 누구인가? 과연 그 누가 그보다 신적이며 인간적인 문제에 더 많은 업적을 쌓았다고 장담할 수 있는가? 괄목할 만한 탁월한 지적 능력을 지녔던 테르툴리아누스는 모든 철학과 철학자들의 학파들, 그러한 학파들의 시조와 추종자들, 그 모든 철학적 가르침과 그들에 관한 다양한 역사와 연구 내용 등을 죽 꿰고 있었다. 지적 능력과 영향력에서 출중하고 탁월했기에, 그는 논적을 향해 약점을 정통으로 꿰뚫는 중압감 있는 공격을 감행할 수 없었던 상대가 거의 없었던 것이다. 그 누가 그의 탁월한 문체에 대해 적절한 칭송을 가할 수 있을 것인가? 그의 문장은 너무나도 탁월한 설득력을 갖고 잘 직조됐기에, 사람들은 비록 설득당하지 않을망정, 모두가 그 힘에 눌려 동의하기 마련이었다.[71] 그가 내뱉은 거의 모든 단어들은 풍자적 경구(epigram)였고, 그가 썼던 문장마다 항상 승리했다.[72] 마르시온주의자들, 아펠레스주의자들(Apelleses), 이교도, 영지주의자들(Gnostics)은 이러한 점을 인식하고 있었다.[73] 곧 테르툴리아누스는 수많은 논박서들을 통해 천둥벼락과 같은 큰 중압감을 갖고 각종 불경과 신성모독적인 주장들을 결판내 버렸던 것이다. 나는 감히 이렇게 말할 수 있노라. 상술한 이 모든 성취와 승리 후에, 테르툴리아누스는 보편 교리, 곧 일치(ecumenical) 및 고대 신앙에 너무 가볍게 부착돼 있었기 때문에, 또한 신실하기보다는 웅변에 훨씬 능했기 때문에, 마침내 그의 신앙은 변질되기에 이르렀고, 끝에 가서는 복된 신앙고백자 힐라리우스(Hilary)가 자신의 어떤 저술에서[74] 기록한 대로 귀결되고야 말았다. "후대의 오류로 말미암아, 그에게 큰 명성과 인기를 얻게 해준 그의 저술들과 동시에 그는 퇴출되고 말았다."

---

71. 설득은 테르툴리아누스가 사용한 방식이 아니었다. 그는 '강제'를 사용했다.

72. 어떤 훌륭한 경구나 명언은 히에로니무스에게서 온 것이었다. (*Epist.* 48.13). 히에로니무스 역시 플라톤, 테오프라스투스 (Theophrastus), 크세노폰(Xenophon), 아리스토텔레스 등의 것을 원용했다.

73. 테르툴리아누스는 마르시온, 아펠레스(Appelles), 프락세아스(Praxeas)− 에반스(Dr. E. Evans)는 프락세아스의 저술들을 편집해 만든 그의 책에서 프락세아스가 실제 인물이 아니라 필명에 불과하다는 주장을 함−, 헤르모게네스(Hermogenes) 등에 대한 논박서를 저술했다. 또한 그는 「유대인들에 대해」(*Adversus Iudaeos*), 「이교도에 대해」(*Ad nationes, Apologeticum*, 그리고 *De idololatria*), 「영지주의자들에 대해」(*Adversus gnosticos scorpiace, De carne Christi, De resurrectione carnis*) 역시 논박하는 글들을 저술했다.

74. Hilary of Poitiers (주후 367년 죽음), *Comm. in Matt.* 5:1 (MPL 9:943).

그는 교회의 큰 시험이었으나, 나는 그에 관해서 더 이상 언급하기를 원하지 않는다. 단지 한 가지 더 말하고 싶은 것은, 참된 예언 능력으로 일관된 모세의 가르침에 위배되는 자들이 교회 내에서 발생했는데 그들이 곧 몬타누스라는 새로운 광기 집단이었고, 그들은 미친 여자들이 꾼 미친 꿈들을 새로운 교리로 삼았다. 따라서 그들과 연관된 테르툴리아누스의 말과 작품들은 다음과 같은 모세의 예언에서 벗어날 수 없다. "너희 중에 선지자나 꿈꾸는 자가 일어나서… 너는 그 선지자나 꿈꾸는 자의 말을 청종하지 말라." 무엇 때문인가? "너희의 하나님 여호와를 사랑하는 여부를 알려 하사 너희를 시험하심이니라."

XIX. 상술한 예에서 얻을 수 있는 교훈

교회 안에 일어난 상술한 모든 이단들의 파급력과 영향력에 대해, 우리는 보다 더 세심한 주의를 기울여야 하는 동시에, 대낮보다 환하게 더 명확하게 이해해야만 한다. 신명기에 기록된 말씀에 따라, 언제든지 교회 안에 어떤 선생이 등장해 신앙을 어지럽히는 일은, 하나님의 섭리가 다음과 같이 우리를 시험하는 일로 받아들여야 한다. "이는 너희의 하나님 여호와께서 너희가 마음을 다하고 뜻을 다하여 너희의 하나님 여호와를 사랑하는 여부를 알려 하사 너희를 시험하심이니라."

XX. 참된 보편(catholic) 신앙의 표지

25

하나님의 진리를 사랑하고, 교회를 사랑하며, 그리스도의 몸을 사랑하고[75], 보편 신앙과 종교 앞에 아무것도 두지 않으며, 곧 인간의 명성이나 사랑, 특수한 재능이나 웅변 및 철학 등을 그 신앙과 대체하지 않고, 이 모든 것들을 멸시하는 자가 과연 참되고 온전한[76] 보편 신자다. 그리고 고대에 보편 교회에 의해 교회 일치 면에서 수립된 것들, 곧 그 신앙 안에 심겨져서 확고부동하게 흔들리지 않는 결정 사항들은 그것들이 무엇이든지 간에, 모두 다 보전되고 신앙되어야만 한다.

---

75. 참고. 엡 1:23.

76. *Germanus.* 이는 일반적으로 참 형제, 피의 형제를 의미하며, 타인과 약속으로 맺은 의형제나 배다른 의붓형제를 지칭하지 않는다.

모든 거룩한 자들 위에 또, 혹은 그들에게 저항해, 어떤 한 개인이 계속해서 새롭고 들어보지 못한 주장을 소개하는 경우, 그 어떤 경우에도 그것은 모두 보편 신앙이 아니라 시험에 해당한다는 점을 잘 이해해야만 한다. 특히 이점을 복된 사도 바울은 고린도 교인들에게 다음과 같이 힘주어 강조했던 것이 아닌가! "너희 중에 파당이 있어야 너희 중에 옳다 인정함을 받은 자들이 나타나게 되리라."[77] 그러한 사도 바울의 말씀에 다음과 같은 언급이 덧붙여졌다면 얼마나 좋겠는가! "그러나 이러한 이유로, 그러한 이단의 창시자들은 하나님에게서 나오지 않았음을 잘 알 수 있다. 즉, 보편 신앙을 사랑하는 모든 자들은 그 얼마나 신실하고 확고부동하며 일관적인가를 보여줌으로써 그 반대편에 서 있는 이단들의 허망함을 잘 드러내준다."

참으로 각 이단의 새로운 것들이 거품이 일어나듯 솟아오를 때, 즉시 무게 있는 알곡과 가벼운 가라지가 구별되기 마련이다.[78] 타작마당에서 무게가 나가지 않는 가라지는 즉시 까불려져서 빈껍데기로 추수하게 된다. 텅 빈 껍질은 바람에 의해 즉시 그리고 완전히 불려서 사라짐을 당하게 되고, 알이 꽉 차지 않은 어중간한 곡식 낟알은 버림을 받을까 두려워 할 것이며, 또한 부끄러워하며 앞날의 운명을 기다려야만 할 것이다. 물론 그것들은 죽지 않을 만큼의 독즙을 마셨기 때문에 사라지지도 않고, 또한 보편 신앙에 동화되지도 못하는 것이다. 그것은 곧 그들을 죽게 하지도 살게 하지도 못하는 비참하고 불쌍한 상태에 놓이게 하지 않는가! 그들은 얼마나 수많은 소용돌이를 만들며, 얼마나 엄청난 근심 걱정의 파도들을 만들어냈는가! 이제 그들이 그러한 추수의 바람이 불어 쫓겨남으로써, 그들이 만든 오류는 사라지고 있다. 다시 말하자면, 마치 파도가 바위에 부딪혀 반대 방향으로 되돌아 치듯이 그들은 그들 자신을 쳐서 물거품으로 사라지게 만드는 것이다. 이제 그들은 불확실한 것으로 여겨지는 분별없고 경솔한 가정을 받아들이고 있다. 다시 말해, 어떤 불합리하고 터무니없는 공포로 인해 심지어 확실한 것조차도 두려워하고 있는 것이다. 그들에게 가야 할 곳과 되돌아 갈 곳, 추구해야 할 것과 버릴 것, 그만 두어야 할 것과 계속 해야 할 것이 대단히 불확실한 상태에 놓여 있다.

실로, 그들에게 어떤 생각하는 마음이 있다면, 이러한 망설임과 주저함의 불행과

---

77. 고전 11:19.
78. 참고. 마 3:12; Tertullian, *De fuga*.

고통, 그리고 악성적인 우유부단한 마음이 만들어내는 재난과 공포는, 하나님의 동정심과 자비가 그들에게 부여하는 하나의 치료제에 해당한다. 비록 그들이 보편 신앙의 가장 안전한 항구 외부에 머물고 있더라도, 그리하여 거기 그 항구 밖에서 먼 바다에서 몰려오는 집채만한 커다란 파도에 의해 흔들리고, 얻어맞으며, 심지어는 엄청난 폭풍을 맞아 거의 죽게 됐을지라도, 그들은 그것으로 인해 그들이 보유한 사고방식의 돛을 감아 올려, 깊은 바다에서 일어나는 큰 놀로 인한 요동침을 면하게 될지도 모른다. 원래 그들이 지닌 이단적 견해는, 마치 배가 광풍과 파도로 인해 깊은 바다에서 흔들려 털림을 당하게 만드는 것처럼, 추종자들을 파멸시켜버리는 대단히 위험한 주장이었다. 곧 진기함이라는 바람이 불어 닥치는 깊은 바다는 그들 앞에 펼쳐져 있는 대단히 열악한 무대와 다를 바가 없었다. 풍전등화와 같은 상황에 놓인 그들은 어쩌면 가장 신뢰할 수 있는 안전하고도 고요한 어머니[79] 품속 같은 피난처인 항구로 다시 돌아와 거기서 평안을 누릴 수도 있을 것이다. 그리고 거기서 어쩌면 그들은 그들 자신이 처음에 꿀꺽 삼켜버렸던 소란스러운 다량의 오류라는 쓰디쓴 홍수들을 다시 토해낼 수도 있을지 모른다. 그렇게 되면 그들은 다시 생생하게 만들어주는 신선한 생명수를 단숨에 들이켜 마실 수도 있을 것이다.[80] 이제 우리는 그들에게 잘 배우지 못한 것들을 다시 잘 배우도록 만들어줘야 한다. 또한 우리는 모든 보편 교리를 그들이 이해할 수 있는 것을 이해하도록 만들 뿐 아니라, 이해할 수 없는 것조차도 믿을 수 있도록 해주어야만 할 것이다.

XXI. 디모데전서 6:20-21 주석

26

사태가 그 정도로 심각하기 때문에, 이 문제에 관해 아무리 여러 번 되풀이해서 반추한다고 해도 모자람이 없을 것이다. 곧 나는 결코 어떤 자들이 일어나 괴상망측한 광기를 발하고 있는 사실에 놀라움을 금할 수가 없고, 또한 그로 인해 겪는 황당함과 경악스러움을 어떻게 말로 다 충분히 표현할 수 있을지 걱정이 앞선다. 맹목적

---

79. 다음을 참고하라. Joseph C. Plumpe, *Mater Ecclesia*, in Cath. Univ. Stud. in Christ Ant. 5 (Washington, 1943).
80. 참고. 요 4:10.

인 정신세계에서 우러나온 그들의 거대한 불경건성과 타의 추종을 불허하는 오류를 위한 열정은, 결국엔 너무나도 강렬히 불타올라서, 그들로 하여금 고대로부터 단번에 전수된 신앙 규칙에 만족하지 못하게 만들었다. 그리하여 그들은 날이 가고 달이 갈수록 계속해서 진기하고 새로운 것을 찾아 헤매게 됐던 것이다. 또한 그들은 지속적으로 신앙에 어떤 새롭고 진기한 것들을 부착시키기를 갈망하고 또 갈망해왔다. 그들은 어떤 것은 변개시키고, 또 어떤 것은 제거해서, 단번에 충분히 계시된 교설들이 하늘의 기원이 아니라 땅의 가르침이 되게 했다. 그래서 그들은 끊임없는 개조와 변개, 심지어 정반대의 비판적 견해를 가하지 않고서는 완전한 교리에 도달하지 못할 것으로 생각하고 그러한 일에 천착했던 것이다. 그들은 하나님의 말씀이 이렇게 외쳐대고 있어도, 전혀 개전의 정이 없었던 것이다. "네 선조가 세운 옛 지계석을 옮기지 말지니라."[81] "너희가 미치지 못하는 판단으로 판단하지 말라."[82] "담을 허는 자는 뱀에게 물리리라."[83] 그리고 모든 이단들의 진기함에 강력하게 저주했던 사도의 교훈은 항상 영적인 검으로 그것들을 갈기갈기 찢어 토막내버리지 않는가! 그것들은 반드시 분쇄될 운명에 처해 있질 않은가! "디모데야 망령되고 헛된 말과 거짓된 지식의 반론을 피함으로 네게 부탁한 것을 지키라. 이것을 따르는 사람들이 있어 믿음에서 벗어났느니라."[84]

그러한 말씀이 선포된 이후로, 대장간에서 망치로 마구 되는 대로 쇠를 두들겨대는 듯한 천박한 경솔함과 견고무비한 철석같은 완고함이 그 머릿속에 깃들어 있다면, 도대체 하늘의 위대한 선포 앞에서 넘어지지 않을 만큼 견고한 것이 과연 어디에 존재할 수 있을까? 그러한 말씀의 무세에 의해 금이 가지 않을 것이 어디에 있으며, 과연 그러한 강력한 말씀의 쇠메 망치에 맞아 부서지지 않을 것이 어디에 있겠는가? 또한 과연 천둥번개와도 같이 막강한 힘을 지닌 말씀에 얻어맞아 가루가 되지 않을 것이 그 어디에 있겠는가? 바울 사도가 이렇게 말씀하지 않았는가? "망령된 말을 피하라." 이는 새롭고 진기하다고 여겨지는 불경한 지껄임을 의미하는 것이다. 사도 바

---

81. 잠 22:28.

82. Ecclesiasticus(구약외전) 8:14 (불가타 8:17).

83. 전 10:8.

84. 딤전 6:20–21.

울은 '고대의' 교훈을 피하라고 하지 않았다. 오히려 반대로 명백히 고대에서 전래된 말씀들을 따르라고 명령했다. 왜냐하면 새로운 이단 사설들이 득세하여 팽배하게 되면, 고대성이 사라지기 마련이다. 왜냐하면 새롭고 진기함이 불경과 신성모독 그 자체라면, 고대성은 신성함 그 자체이기 때문이다. 사도 바울은 '거짓된 지식의 반론'이라는 말을 언급했다. 여기서 '거짓된'은 이단이 가르치는 교훈을 의미한다. 거기서 무지는 지식이라는 이름으로 가장한다. 그것은 잠시 햇빛을 가리는 안개와 같고, 빛을 방해하는 그림자와 같다. 사도 바울은 이렇게 말했다. "이것을 따르는 사람들이 있어 믿음에서 벗어났느니라." 그들은 무엇을 믿고 따랐는가? 어디에서 벗어났는가? 오직 새롭고 알려지지 않은 교리 때문이 아닌가?

우리는 그들 일부가 이렇게 말하는 소리를 들을 수도 있을 것이다. "오! 지금 일반적으로 보편 교인이라는 별칭으로 불리고 있는 어리석고 가엾은 사람들아! 수세기 전에 숨기어 최근에 알려지고 계시된 참 신앙을 와서 배우라. 옛 신앙만을 배타적으로 사수하는 너희들 외에 어떤 자들이 그런 식으로 신앙을 이해하고 있는가? 비밀리에 우리 신앙을 배우라. 너도 그처럼 될 것이다! 또한 너희가 그것을 배우게 될 때, 세상이 듣지 못하게, 그리고 교회가 알지 못하게 은밀히 가만가만히 그것을 가르치라. 그렇게 신비스러운 큰 비밀은 소수에게만 주어지는 법이다!" 이러한 주장은 솔로몬의 잠언에 있는 바와 같이, 매춘부가 주절댈 수 있는 말과 무엇이 다른가? "미련한 여인이 떠들며 어리석어서 아무것도 알지 못하고 자기 집 문에 앉으며 성읍 높은 곳에 있는 자리에 앉아서 자기 길을 바로 가는 행인들을 불러 이르되 어리석은 자는 이리로 돌이키라[85] 또 지혜 없는 자에게 이르기를 도둑질한 물이 달고 몰래 먹는 떡이 맛이 있다 하는도다."[86] 그 다음은 어떻게 되는가? 다음과 같이 말씀하고 있지 않은가? "오직 그 어리석은 자는 죽은 자들이 거기 있는 것과 그의 객들이 스올 깊은 곳에 있는 것을 알지 못하느니라."[87] 그러한 지상의 짐승들은 과연 누구인가? 사도는 이렇게 설명해주고 있다. 그들은 '믿음에서 벗어난 자들'이다. 즉, 이는 신앙의 목표 지점을 놓친 자들을 의미하는 것이다.

---

85. 잠 9:15–18; 4, 13, 14.

86. 잠 9:5, 17.

87. 잠 9:18.

27

앞에서 사도에 의해 언급된 말씀을 좀 더 상세하고 길게 주석하는 것은 매우 가치 있는 일일 것이다. "오! 디모데야 망령되고 헛된 말과 거짓된 지식의 반론을 피함으로 네게 부탁한 것을 지키라." 여기서 '오!'라는 감탄사는 선견지명과 사랑의 외침이다. 왜냐하면 사도는 그 자신이 한탄하고 있는 미래에 나타날 오류에 관해 예견했기 때문이다. 곧 사도 바울은 아들 디모데가 훗날 나타나게 될 이단들에 의해 어려움을 당하게 될 것을 예견해서 조심토록 한 당부였고, 이는 지극한 사랑의 발로였던 것이다. 일반적인 의미에서, 오늘날의 디모데는 바로 보편 교회를 제외하면 누가 되겠는가? 혹은 특별한 뜻으로 접근할 때, 감독(episcoacy)[88]이 다스리는 건강하고 완전한 유기체를 빼고 어떤 존재가 디모데이겠는가? 감독은 독립적으로 권위를 지녀야 하며, 또한 사람들에게 순수한 하나님의 말씀에 관한 지식을 전해주어야만 한다. "네게 부탁한 것을 지키라"고 한 말씀의 의미는 무엇인가? 그렇게 '지키라'고 말한 이유는, 우리 편이 잠자고 있는 동안 도적떼나 적군들이 몰래 잠입해, 인자가 밭에 뿌린 양질의 곡식 씨들 위에 잡초와 가라지 씨를 뿌리고 도망갈 수 있기 때문이 아니겠는가?[89] 사도 바울은 이렇게 언급했다. "네게 부탁한 것을 지키라." 여기서 '부탁한'이라는 말의 뜻은 무엇인가? 그것은 그에게 위탁된 것이지, 그에게서 발견될 수 있는 것이 아니라는 의미다. 그것은 전해 받은 것을 의미하며, 그 자신이 고유로 생각한 것을 뜻하는 것이 아니다. 그것은 재능의 문제가 아니라 가르침을 진수하는 문제다. 그것은 개인적인 승인과 수용의 문제가 아니라 공적인 전승의 문제다. 그것은 나타난 것이 아니라 초래되어 발생한 문제다. 우리는 이 문제에서 창출자가 아니라 수호자로 등장해야만 한다. 우리는 여기서 발기자나 창시자가 아니라 지지자와 신봉자가 돼야 한다.[90] 곧 읽어서 해석하는 자가 아니라 무조건 따르는 자가 돼야 한다는 의미다. 바로 사도 바울이 이렇게 말씀하지 않았는가? "네게 부탁한 것을 지키라." 곧 이는 보편 신앙의 선물

---

88. *Praepositi = episcopi.*

89. 참고. 마 13:24-25, 37.

90. 즉 다음과 같은 의미다. "교사가 아니라 제자다."

이 줄어들거나 손상돼 더럽혀지지 않도록 하라는 뜻이 아니겠는가?[91] 이는 우리에게 전승되어 전해진 것을 변함 없이 그대로 남겨 두라는 의미일 것이다. 우리가 금덩어리를 전수받았으니 금을 전해주어야만 한다. 우리는 전수받은 그것을 다른 것으로 대체해서 전해서는 안 된다. 우리는 전수받은 금을 경솔하고 부정직하게 납이나 놋쇠로 위조해선 안 된다.[92] 우리는 금가루를 묻힌 것이 아니라 실질적인 금 그릇을 잘 준수해야만 한다.

사도는 이렇게 외치고 있다. 디모데야! 사제여!(sacrrdos), 해설자여![93] 박사여! 하나님의 영이 너희에게 넘쳐, 은사가 충만했던 브살렐처럼 지혜와 총명과 지식과 여러 가지 재주를 겸비하기를 원하노라![94] 이는 복음을 위탁받은 자들이 신령한 장막을 축조했던 브살렐과 같은 자가 되라는 명령이었다. 그들은 하나님의 말씀과 교리를 귀중한 돌비석에 조심스럽고 지혜롭게 새겨 넣어야 한다. 거기에는 하나님의 영광의 광채와 아름다움과 매력이 깃들일 것이다. 다소 애매한 부분이 있는 말씀에 대해서 우리는 지금까지 믿어왔던 것으로 해석해야만 한다. 그렇게 된다면, 희미한 뜻이 더욱 분명해질 것이다. 우리 믿음의 후손들은, 고대에 우리 믿음의 선조들에 의해 이해됨이 없이 존숭 받았던 것들을 이제 즐거워하며 기꺼이 이해함으로써 전수받아야 한다. 바로 이것이 배운 것을 가르칠 때에 어떤 새롭고 진기한 것이 아니라 부탁받은 것을 전하라는 의미가 아니겠는가?

XXIII. 그리스도교 가르침에서 진보의 의미

28

그렇다면 누군가는 이렇게 의문을 제기할지도 모른다. "그렇다면 그리스도의 교회가 신앙적 측면에서 진보를 이룰 수 있을 것인가?" 물론이다. 교회는 가능한 한 최대의 진보에 도달할 것이다. 진보를 차단해 금하는 자는, 인간에 대해서는 도량이 좁

---

91. 마 25:15.

92. 금, 납, 놋쇠 등은 화폐가 아니라 그릇을 의미하는 비유다.

93. 때때로 주석학자, 석의학자를 의미하나, 보다 종종 설교자라는 뜻으로 더 많이 사용된다.

94. 출 31:1-5.

고 인색하며, 하나님에 대해선 증오심으로 가득 차 있는 자가 아니면 누구겠는가? 그렇다고 해서 진보(*progress*)를 이룬다는 것이 신앙의 개조와 변개를 내포하는 것은 아니다.[95] 물론 여기에 포함된 진보의 개념은 신앙원리에서 주제 자체가 증가될 수 있음을 의미하는 것이며, 결코 신앙원칙이 한 형태에서 다른 모양으로 변화될 수 있다는 변개와 개조의 뜻을 포함하고 있지 않다. 그러므로 세월이 흘러갈수록 개인은 물론 전체 집단 내에서, 곧 전체 교회 내에서 지식과 지성과 지혜에서 다대한 증가와 생생하고 역동적인 진보가 형성될 수 있다. 그러나 그러한 증가와 진보는 전수받은 것과 동일하거나 같은 종류의 것이어야만 한다. 즉 그것은 같은 의미와 깨달음을 공유해야만 한다.

29

유비로 말하면, 영혼 내의 신앙은 육신 내의 이성과 같다. 그런데 세월이 여류함에 따라 그 두 요소는 진보하고 증가하여 성장하기 마련인데, 그럼에도 그들이 고유하게 지니고 있던 본성은 사라지지 않고 그대로 남아 있다. 그러나 유년기의 꽃피는 시절과 노년기의 열매 맺는 시절 사이에는 커다란 차이가 존재하는 법이다. 그러나 어렸던 그가 노인이 됐을 때 그 인간은 똑같은 인간인 것이다. 동일한 그 사람의 키와 외모가 변한다 할지라도, 여전히 그는 동일한 그 사람과 꼭 같이 동일한 본질을 여전히 소유하고 있다. 그가 변했더라도 여전히 그는 같은 사람인 것이다. 유아 시절의 몸은 좀 더 작고, 소년 시절의 몸은 좀 더 큰데, 그럼에도 그들은 동일한 사람이다. 성숙한 인간은 어렸을 때 그들이 지닌 것과 동일한 능력을 깆고 있다. 태어나서 싱숙하게 돼가는 과정에서 어떤 능력을 소유하게 됐다면, 이는 원래 이미 그 씨앗 근원 속에 존재해 들어 있던 것이다. 그리하여 노인에게는 아무것도 새로운 것이 나타나지 않는다. 그 모든 것은 소년 시절 훨씬 이전부터 잠재해 있던 것이다. 곧 이전부터 잠재하지 않았던 것이 새롭게 나타나는 법은 없다.[96]

---

95. 여기서 빈켄티우스는 결정적으로 중요한 진술을 하고 있다.

96. 빈켄티우스는 19세기 중반 이전의 모든 생물학적 이론과 조화를 이룬다. 19세기 중반 이후의 생물학적 이론은 그 이전의 개체 발생론의 전성설(前成說; preformation, 생물의 발생은 이전에 미리 형성된다고 하는 학설)을 포기하고 후성설(後成說; epigenesis, 생물의 발생은 점차적인 분화에 의한다고 하는 학설)을 채택했다. 그런데 나의 동료인 생물학 박사 존슨(L. P. Johson)은 나에게, 생물학자들이 갑자기 후생설이 발생한 이후에, 가능한 것으로 여기는 변화를 포함하는 수정된 전성설로 되돌아가게 됐다고 알려주

상술한 것이 적절하고 올바른 진보의 법칙이라는 점에는 추호도 의심의 여지가 없다. 그것은 곧 변개되지 않는 가장 훌륭한 성장 질서의 법칙이다. 그것은 창조주의 지혜가 어린 시절에 처음으로 베틀에 실을 묶어서 완전한 나이가 들 때까지 직물을 짜서 옷을 완성하는 이치와 같다.[97]

그러나 만일 인간의 외모가 시간이 더 지난 후에, 그 자신이 지닌 동일한 종류의 특질이 변하는 것이 아니라, 본질을 상실하면서 유사한 특질로 변화돼 간다면, 혹은 적어도 어떤 것이 유기체 전체나 또는 부분에서 가감된다면, 그것은 필수불가결하게 파멸의 나락으로 떨어지거나 아니면 기형이 되거나 어쨌든 약화될 것이다.[98]

그리스도교 신앙의 교리는 진보의 법칙을 따라야만 하며, 마찬가지로 세월이 흘러갈수록 강화되고 증강되며 더 성장해야 한다. 그러나 본질은 남아서 타락하여 변질되거나 손상되어선 안 되고, 또한 그 부분들도 완벽하고 온전하게 칼로 잘려지지 않은 채― 팔이나 다리 등이 잘려서 기형이 되지 않고― 그대로 남아서 완전한 진보와 성장을 이루어가야만 한다. 말하자면, 몸의 구성 요소들이나 그 뚜렷한 특징에 어떤 변화나 손상이 있어선 안 되며, 외적인 윤곽에도 변형이 있어선 안 된다. 다시 말해, 인간 몸 자체가 고스란히 그대로 성장과 발육을 이루어가야만 한다는 의미다.

30

한 예를 들면, 고대에 우리 믿음의 조상들은 교회라는 밭에 신앙의 알곡 씨를 뿌렸던 것이다. 그런데 만약 그들의 후손들인 우리가, 참된 진리의 알곡 대신에 오류의 쭉정이를 거두어들인다면, 그것은 매우 부조리하고 부조화된 일일 것이다. 반면에, 처음과 나중 행위 사이에, 곧 씨를 뿌림과 열매를 거둠에서, 불일치가 일어나지 않는다면, 그것은 대단히 올바르고 일치의 것이 될 것이다. 알곡의 성장이라는 예에서 우리는 알곡 교리의 추수라는 교훈을 얻을 수 있다. 그리하여 시간이 지남에 따라, 뿌려진 교리의 씨가 진보를 이루어나갈 때, 기쁨이 생겨나고, 조심스럽게 양육돼간다. 그러나 거기에는 그 씨에서 원천적으로 상속 받은 어떤 특질의 변개도 생겨나지 않는

였다.

97. 이러한 표현은 베를 짜는 최초 행위에서 온 것이다.

98. 이 구절은 외과 의사의 수술용 칼을 갖고 집도하는 수술을 염두에 둔 것이다.

다. 그 외모와 형태와 아름다움은 어떤 변화를 겪을지도 모르지만, 기본적인 본성은 결코 변하지 않고 남아있는 법이다. 나는 이렇게 말하고 싶다. 하나님은 보편 교리 주석이라고 하는 장미 넝쿨 재배 정원이 엉겅퀴와 가시나무 황무지로 변개되는 것을 금하신다.[99] 나는 또 이렇게 말하겠다. 하나님은, 영혼의 천국[1] 안에 계피와 침엽수, 독보리와 독미나리 등이 갑자기 생성되는 것을 금하신다.

교회 안에서 작동하는, 선조들의 신앙의 씨를 뿌려 거두시는 하나님의 경작법[2]은 그 씨와 동일한 본질의 것이 어린 시절의 원기에 의해 재배되고 양육됐음을 함축하고 있다. 세월이 흘러가도 동일한 것이 꽃 피고 열매 맺으며, 본질이 동일한 것이 진보하고 완성돼가는 것이다. 하늘의 철학이라는 고대 교리들은 시간이 흘러감에 따라 온전한 돌봄을 받아, 정제되고 윤이 나게 닦여져야만 한다.[3] 그러나 그것들이 변화되고, 절단되며, 손상되어 훼손되는 것은 잘못된 일이다. 누가 그것들이 원래 지닌 본질과 다르다는 증거를 대거나 해명할 수 있겠는가? 그것들은 여전히 원래 그 자신이 지녔던 완전성과 통합성 및 자연적 성질을 그대로 지니고 있는 것이다.

31

만약 일단 사악한 사기행각의 방종이 한번 용인되기 시작하면, 얼마나 큰 위험에 봉착하게 될지 생각만 해도 몸서리처질 정도다. 그 결과 신앙은 산산조각이 날 것이고 결국 붕괴돼버리고 말 것이다. 한번 보편 교리의 어떤 일부분이 포기되는 것을 그대로 내버려 둔다면, 그 때는 다른 부분도 포기될 것이고, 점차 나머지 부분들이 모두 포기를 당하게 되며, 결국 이선의 것들이 생겨난 사례대로 모두 버림을 당하게 될 것이다. 마침내 각 부분들이 개별적으로 거부될 때, 어느 누가 전체가 그와 동일한 방식으로 거부되는 일이 발생하지 않는다고 장담할 수 있을 것인가? 반면에, 만약 어떤 새로운 것이 옛 것과 혼합되기 시작하면, 다시 말해 친숙한 것과 진기한 것, 신성모독적인 것과 경건한 것 등이 서로 섞이게 된다면, 이러한 습성은 필연적으로 살금살금

---

99. 참고. 창 3:18.

1. 참고. Ecclesiasticus(구약외전) 24:15-16.

2. 참고. 고전 3:9.

3. 그러한 특성은 보석 세공 기술에서 유래한 것이다.

몰래 기어들어올 것이고, 그리하여 그 후에 교회 안에는 어떤 것도 본래대로 손상되지 않은 채 남아 있는 것은 아무것도 없게 될 것이다. 곧 줄어들지도 않고, 온전하며, 흠이 없는 것은 하나도 남지 않을 것이다. 이전에 거기에는 순수하고 타락하지 않은 진리의 지성소가 있었으나, 이제는 드디어 사악하고 수치스러운 오류투성이의 매음굴[4]만 남게 될 것이다. 오직 하나님의 자비만이 그의 백성의 마음에서 이러한 오류를 제거할 수가 있을 것이다. 그러나 하나님은 때가 이르기까지 사악한 광기에 빠져 있도록 내버려두신다.

32

그러나 그리스도의 교회, 곧 조심스럽고 방심하지 않는 교리의 수호자는, 결코 어떤 변개나 가감이 없는 교리 전승을 담당했다. 그 교회는 어떤 본질적인 것도, 또한 그것에 접붙어 있는 어떤 가지도 잘라내지 않는다. 결코 교회는 다른 존재에서 연유하지 않은 자신의 독특한 고유성을 잃지 않는다. 그러나 그 교회는 자신이 지닌 모든 힘을 쏟아 부어 한 가지 일에만 몰두한다. 곧 그것은 신실하고 지혜롭게 고대의 진리들을 해설하는 일이다. 만약 고대의 어떤 교리가 형태도 없이 엉성하게 존재하거나 혹은 단초만을 남겨두고 있다면, 교회는 그것들을 갈고 닦아 조심스럽게 보존할 수 있어야만 한다. 만일 이미 그 교리들의 본질이 세련되게 잘 드러나 규정돼 있다면, 교회는 그것들을 보다 강화하고 견고하게 고정시켜두어야만 할 것이다. 또한 만약에 이미 그 교리들이 규정되고 강화돼 있다면, 교회는 그것들을 잘 보존해야만 할 것이다. 끝으로 질문이 생겨난다. 곧 공의회들이 각 신조들을 제시하여 성취하려고 노력했던 것은 무엇 때문이었나? 이전에 단순하게 믿어왔던 것이 이후에는 보다 부지런히 믿도록 하기 위함이 아니었겠는가? 또한 이전에 무관심하게 전해졌던 것이 이후에 보다 절박하게 전하도록 하기 위함이 아니었겠는가? 그리고 이전에 자기 만족감에 도취되어 양육되고 장려됐던 것이 나중에는 큰 관심을 갖고 걱정하면서 성장하도록 만들기 위함이 아니겠는가? 나는 다음과 같이 단언한다. 그것은 오직 보편 교회가, 신흥 이단들의 발호로 각성해, 공의회 신조라는 수단을 통해서 얻은 열매다. 보다 일찍이 교

---

4. 불신앙을 묘사하기 위해 사용된 성적 불의(간통)에 대해서는 다음 성경구절을 참고하라. 렘 2:2; 3:14; 13:27; 31:32; 호 8:9; 마 12:34; 16:4; 막 8:38.

회가 오직 믿음의 조상들에게서 입으로 전승 받은 것들을, 이제 기록된 형태로 그들의 후손들에게 물려주었던 것이다. 거대한 양의 교리를 압축해 몇 마디 말로 남겨 주는 일, 또한 새롭지 않은 신앙 교리를 새로운 이름으로 다시 고안해 그 의미를 한층 더 밝고 명백하게 해주는 일[5] 등이 바로 보편 교회의 사명인 것이다.

XXIV. 디모데전서 6:20에 대한 추가 주석

33

다시 사도 바울이 이렇게 말씀한 곳으로 되돌아 가보자. "디모데야 망령되고 헛된 말과 거짓된 지식의 반론을 피함으로 네게 부탁한 것을 지키라."

여기서 사도 바울이 피하라고 한 대상은 마치 독사나, 전갈이나 바실리스크(basilisk) 도마뱀[6] 등과 같은 동물이었고, 이들에게 접촉하거나, 심지어 바라보거나, 그들의 입김에 쏘이게 되면 여지없이 죽음을 면키 어려웠으니, 그러한 권면은 지독한 그들의 공격을 받지 말라는 당부였던 것이다. 그렇다면 '피함'(to avoid)이라는 말 자체는 무엇을 뜻하는가? "그런 자와는 함께 먹지도 말라"[7]이다. 다시 '피하라'는 어떤 의미를 지니는가? 사도 바울은 이렇게 언급했다. "어떤 이가 너희에게 와서 이러한 가르침을 가져다주지 않는다면…." 그 가르침은 유일하면서도 항상 동일하게 남아 있는 보편 교리가 아니고 무엇이겠는가? 그것은 수세기 동안 진행됐던 진리에 관한 구두 전승에 의해서도 부패하거나 타락하지 않았고, 또한 앞으로도 영원히 그렇게 존재할 것이다. 그 다음에 사도 바울은 또 어떤 말씀을 언급했는가? 다음과 같이 언급했다. "누구든지 이 교훈을 가지지 않고 너희에게 나아가거든 그를 집에 들이지도 말고 인사도 하지 말라 그에게 인사하는 자는 그 악한 일에 참여하는 자이라."[8]

사도 바울은 또 이렇게 말씀한다. "망령되고 헛된 말과 거짓된 지식의 반론을 피

---

5. 빈켄티우스는 아마도 아타나시우스가 ὁμοούσιος라는 용어를 공표해 삼위일체를 보다 쉽게 설명하려고 했던 점을 암시한 것 같다.

6. 지독한 성품을 지닌 전설적인 동물이었다.*

7. 고전 5:11.

8. 요이 10–11.

---

* 전설상의 괴사(怪蛇)로서 한번 노려보거나, 입김을 쐬면 사람이 죽었다 함. 현재는 열대 아메리카산 도마뱀의 일종으로 분류됨.

함으로". 여기서 '망령된'(godless)이라는 단어의 의미가 무엇인가? 거기에는 거룩함도, 믿음도 포함돼 있지 않다는 뜻이며, 거룩함들 중 거룩함의 가장 깊숙한 곳에서 전적으로 가장 멀리 떨어져 있다는 의미다. 그곳은 바로 하나님의 거룩한 성전이다.[9] 망령되고 헛된 말이 무엇인가? 그것은 고대 신앙(ancient faith) 및 옛 신앙(faith of old)[10]과 정반대되는 진기한 것과 교리와 주제와 견해들에 대해 아무 생각 없이 수다를 떠는 것을 의미한다. 망령되고 헛되다는 뜻은, 복된 믿음의 조상들이 전해 준 참 신앙[11]을, 대부분의 영역에서 온전하지 않게, 거의 전부 위배한 것을 받아들였다는 의미를 지니고 있다. 모든 세대의 모든 신앙인들, 거룩한 모든 자들, 순수한 모든 자들, 정숙하고 순결한 모든 자들, 처녀들, 모든 성직자들, 모든 부제와 사제들(sacerdos), 수없이 많은 신앙 고백자들, 엄청난 수의 순교자들, 모든 도시와 국가들, 모든 섬과 지방들, 모든 왕과 부족과 왕국과 민족들, 거의 모든 전 세계가, 보편 신앙을 통해, 머리이신[12] 그리스도와 연합됐다는 사실은, 장기간 동안 그 사실을 몰랐던 자들에게, 오류를 범한 자들에게, 신성모독을 자행한 자들에게, 믿어야 할 것을 알지 못한 자들에게 반드시 전해져야만 할 것이다.

34

'망령되고 헛된 말과 거짓된 지식의 반론을 피함으로' 라고 하는 사도 바울의 말씀은 또 어떤 의미를 내포하고 있는가? 그것은 곧 보편 교리가 결코 아닌 항상 이단적인 것을 받아들이거나 따라서는 안 된다는 의미를 함축하고 있다. 그것은 곧 참으로, 명확한 장소와 시대와 이름을 항상 내걸지 않는 이단들은 아무런 내용이나 실체 없이, 부글부글 소리만 내고 들끓었다는 의미가 아닌가? 처음부터 보편 교회의 일치성과 고대성에서 그 자신을 분리시켜 나가지 않았던 이단이 과연 존재하는가? 그런 것이 있음을 아는 자는 나에게 그것을 알려 달라. 그러한 사실은 낮보다 더 밝게 수

---

9. 고전 3:16-17.

10. 빈켄티우스는 *vetustas*(ancient)와 *antiquitas*(old)를 동의어로 사용하고 있다. 그러나 굳이 구분하라고 한다면, 아마도 전자는 과거와 현재에 존재함을 의미할 것이고, 후자는 오직 과거에만 존재했음을 뜻할 것이다.

11. 여기서 *fides*는 '믿어지는 것'을 의미한다. 빈켄티우스는 여러 곳에서 이 단어를 그리스도교적 의미에서, 신뢰할 수 있는 확실함(trustworthiness), 확신 혹은 신념(conviction), 신뢰(trust), 신앙(faith) 등으로 사용했다.

12. 참고. 엡 4:15; 골 1:18.

많은 예들을 통해 드러날 수 있다. 망령되고 헛된 말을 지껄여댔던 펠라기우스(Pelagius)를 빼고 어떻게 그러한 예증을 할 수 있겠는가? 펠라기우스 이전에 누가 과연 망령되고 헛된 자유의지론을 내세웠는가? 펠라기우스는 최초로 망령되고 헛된 자유의지론을 주창했다. 그는 자유의지를 주장했고, 또한 하나님의 은총이 모든 각각의 행위를 통해 이루어지는 선행 가운데서, 선행을 하기 위해 자유의지가 지닌 능력을 돕기 위해 필요한 법이라고 생각하는 견해를 버렸던 것이다.[13] 또한 펠라기우스의 기괴한[14] 제자인 카일레스티우스(Caelestius) 이전에 누가 과연 아담의 원죄설을 부정했는가?[15] 그는 온 인류가 아담의 범죄로 원죄 상태에 놓이게 됐다는 사실을 부인했다. 한편 아리우스(Arius) 이전에 어떤 자가 감히 삼위일체설을 파괴하는 신성모독의 범죄를 저질렀는가? 과연 악한 불한당, 사벨리우스(Sabellius) 이전에 누가 감히 무모하게도 단일체적인 삼위(the Trinity of the Unity) 개념을 뒤죽박죽으로 만들 수가 있었겠는가? 가장 무자비하고 잔혹한 노바티아누스(Novatian) 이전에 누가 도대체 이런 망령되고 허탄한 말을 내뱉을 수가 있었는가? "하나님은 잔인하다. 그 이유는 하나님은 '회복과 생명'이 아니라 '죽을 운명을 가진 자들의 죽음'을 택했기 때문이었다."[16] 시몬 마구스(Simon Magus)[17]를 제외하면 구가 사도들에게서 그렇게 호된 꾸지람을 받을 수 있었을까? 고대에서 어떤 방해도 받지 않고 비밀리에 흘러왔던 혐오스러운 급류가[18] 프리스킬리안(Priscillian)에게까지 이르렀던 것이다.[19] 시몬 마구스를 놓아두고 과연 그 이전에 어떤 자가 감히 창조주 하나님이 악을 만들었다는 등, 죄와 사악함과 수치스러운 행위 등을 창조했다

---

13. 이러한 빈켄티우스의 주장은 펠라기우스주의자들에 대한 동정을 포기하는 처사다.

14. monstrous. 이는 괴물같다는 의미인데 아마도 빈켄티우스가 카일레스티우스가 거세된 환관이었기 때문에 그런 용어를 사용한 것으로 추측된다. 다음 자료를 참고하라. Marius Mercator, *Comm. super Cael. nom.* 11: *Caelestius quidam, eunuchus matris utero editus.* ("카일레스티우스는 모태에서부터 거세되어 태어났다.")

15. 참고. 롬 5:14.

16. 겔 18:32.*

17. 이 유명한 인물은 행 8:5-24에 언급된 자로서, 외경인 베드로행전에도 등장한다. 그는 마술사로서 여러 형태로 초기 그리스도교 문헌에 나타나 있기도 하다. 곧 사마리아인, 유대인, 이교도, 그리스도인, 그리스도교 철학자, 이교창시자, 가짜 사도, 가짜 메시아 등이 그것이다. 여기서 프리스킬리안(Priscillian)과의 연관성은 물론 그 둘 다 마법사란 점에서 찾을 수 있다.

18. 영지주의(Gnosticism).

19. 이 시기는 마술사 프리스킬리안이 활동했던 때로서, 시몬 마구스는 그때를 기점으로 반 세기 전에 이미 처형을 당했다.

---

* 빈켄티우스의 견해를 따르면, 노바티아누스는 하나님이 아담과 하와로 하여금 선악과를 따먹는 불순종을 저지르게 함으로써, 인간을 죽음의 저주 아래 놓이게 했으니, 그런 하나님은 잔인하다는 것이며, 따라서 그런 원죄설을 거부하게 되었다.

고 주장할 수 있었을까? 사실상, 시몬 마구스는 하나님이 그 자신의 손으로, 스스로 자진해서 또한 그 자신의 의지에 의해, 부득이하게 통제되는 인간 본성을 창조했다고 단언했다. 그리고 그에 의하면, 그러한 인간의 본성은 다른 일은 아무 것도 할 수 없을 뿐 아니라 죄를 짓는 일 외에는 하려고 의도할 수도 없다.[20] 그러나 죄는 사실적인 견지에서 볼 때, 저녁놀처럼 붉게 타오르는 모든 악의 광포의 불꽃 속으로 넘어갔다. 따라서 죄는 바로 그 자신이 지닌 고유의 끝없는 무제한적 욕망을 따라, 모든 죄의 급류들이 모이는 심해 가운데로 실려 온다.

상술한 바와 같은 예는 셀 수 없이 허다하다. 그러나 우리는 간결하게 하기 위해 넘어가기로 한다. 그러나 그들 모두는 분명하고도 반박할 수 없게, 다음과 같은 사실을 보여주고 있다. 곧 거의 모든 경우의 이단들 속에는 하나같이 항상 망령된 진기함을 즐거워하고 고대성이 결정한 내용을 혐오하는 공통점이 존재한다는 것이다. 그러면서도 그들은 교묘하게 일종의 합법적이고도 확립된 기정사실의 법과 원칙을 따르는 것처럼 위장하고 있다. 사도 바울은 이것을 이렇게 언급했다. "어떤 이들은 이 양심을 버렸고 그 믿음에 관하여는 파선하였느니라."[21]

그와 반면에, 거룩한 믿음의 조상들에게서 전해 받은 것과 부탁받은 것을 보존하는 보편 교회의 특성은 참으로 진실하다. 그것은 망령되고 헛된 진기한 말을 정죄하고 비난하며, 사도 바울이 한 번이 아니라 때때로 전하고 언급한 대로 이어져 왔다. "우리가 전에 말하였거니와 내가 지금 다시 말하노니 만일 누구든지 너희가 받은 것 외에 다른 복음을 전하면 저주를 받을지어다."[22]

XXV. 심지어 이단들은 성경을 빌어 호소하기도 함

35

여기서 아마도 누군가는 과연 이단들도 하나님의 성경말씀을 자신의 주장들의

---

20. 다음 자료를 참고하라. The fifth of the *Objectiones Vincentianae* (MPL 45.1843–1850): *Quae naturali motu nihil possit nisi peccare.* ("죄를 범하지 않고서는 아무것도 본성상 행할 수가 없는 존재")이에 관해 다음 자료를 보라. H. Koch, *Vincenz von Lérins und Gennadius* (Leipzig, 1907).

21. 딤전 1:19.

22. 갈 1:9.

증거로 사용하는가에 관해 질문할지도 모르겠다. 물론 그들은 확실히 성경을 인용하고 있으며, 그것도 원기왕성하게 활력적으로 사용하고 있다. 그들은 거룩한 하나님의 말씀 속을 밀림 속을 헤치고 다니듯이, 재빠르게 성경 각 권 속을 헤집고 달리고 있다. 모세오경과, 열왕기서와, 시편과, 서신서와, 복음서와, 예언서 등을 통틀어 관통하여 좌충우돌하며 이리저리 달린다. 그들 자신의 무리나 혹은 다른 자들에게나, 또는 개인이든 공동체든, 대화중이든 책 속에서든, 연회석이든 길거리든, 통틀어 그 어떤 시공을 통해서 그들이 제시한 것들 중에, 성경 말씀의 의미를 애매하고 흐리게 한 것 외에는 찾아 볼 수 없는 정도다.[23] 사모사타의 바울(Paul of Samosata)과 프리스킬리안과 유노미우스(Eunomius)와 조비니안(Jovinian)과 그 나머지 역병 보균자들의 소책자들을 읽어 보라. 그 속에는 산더미 같은 증거자료들이 들어 있음을 잘 알게 될 것이다. 또한 페이지마다 신구약성경 말씀에서 끌어 온 위장과 속임수가 잔뜩 들어 있음도 알아차릴 수 있을 것이다. 그러나 사람들이 이를 알아차리고 두려움을 느껴 그들에게서 벗어나려고 하면 할수록, 그만큼 그들은 더 큰 노력을 기울여 비밀리에 하나님 말씀의 그림자 아래로 더 많이 잠행하려고 할 것이다. 왜냐하면, 그들은 그들 자신이 내뿜는 악취가 아무도 유쾌하게 만들지 못할 것이라는 사실을 익히 잘 알고 있기 때문이다. 그들이 단지 숨을 내쉬기만 해도 더러운 냄새가 온 하늘을 오염시키기 마련이다. 그러므로 그들은 하늘의 말씀으로 위장한 일종의 향수를 뿌려 자신들에게서 나는 악취를 숨기려고 한다. 왜냐하면 오류나 잘못을 즉시 경멸하는 성품을 지닌 인간은 하나님이 위탁한 말씀을 쉽사리 멸시하지 않는다는 사실을 잘 간파했기 때문이다. 흔히 사람들은 처음 아이들에게 쓴 맛이 나는 약을 먹이려고 할 때 약 가상사리에 꿀을 발라 주곤 한다. 그 즉시 약의 쓴 맛을 의심할 수 없는 아이들은 약이 달콤하다고 여기고, 악이 쓸 것이라는 두려움이나 공포감을 전혀 갖지 않은 채, 쓴 약을 덥석 받아먹곤 한다.[24] 그들은 이와 똑같은 이치의 행위를 저지른다. 또한 그들이 저지르는 일은 마치 독살자가 자행하는 짓과 다를 바 없다. 그는 사전에 독즙이나 독약을 넣은 병에 해독제라고 쓴 라벨을 붙여 아무도 그것이 독극물이 든 병이라고 의심하

---

23. 다음을 보라. Tertullian, *De prescript.* 38-40.

24. 이와 동일한 생각이 다음의 자료에도 나타나 있다. Lucretius, *De rerum natura* 1:936-941; 4.11-16. 다음을 보라. M. Schuster, *Philologische Wochenschr.*, 1926, p. 157.

지 못하도록 한 뒤, 죽이고 싶은 사람이 먹도록 유인해서 죽이곤 한다. 그들은 그러한 독살자와 다를 바 없는 행동을 저지른다.

36

이러한 이유로 말미암아, 우리의 구세주는 이렇게 선포하곤 하셨던 것이 아닌가! "거짓 선지자들을 삼가라 양의 옷을 입고 너희에게 나아오나 속에는 노략질하는 이리라."[25] '양의 옷'이란 무엇을 말하는가? 그것은 순진무구한 양, 즉 '세상 죄를 지고 가는'[26] '오직 흠 없고 점 없는 어린 양'[27]의 탈을 쓴 선지자와 사도들이 전하는 말 외에 무엇을 의미하겠는가? '노략질하는 이리'는 누구를 지칭하는가? 계속해서 교회의 양우리를 괴롭히는[28] 이단들의 광포하고 미친 듯한 주장 외에 무엇이겠는가? 그들은 그들의 발길이 닿을 수 있는 모든 곳을 찾아다니며, 그리스도의 양떼들을 갈가리 찢어놓고 있지 않은가? 그들은 의심하지 않는 양에게 몰래 살금살금 기어가서, 잔인스러운 흉포함을 잠시 떼어 두고 굶주린 모습을 숨긴 채, 양의 옷과 같은 하나님의 말씀으로 변장하면, 사람들은 누구나 양모의 부드러움을 느끼고 뾰족한 이빨에 대한 공포심을 거두게 된다.

구세주는 무엇이라고 말씀하시는가? '그들의 열매로 그들을 알지니'[29]라고 하지 않았던가? 즉, 그들은 하나님의 말씀을 인용하기 시작했을 뿐만 아니라, 해설하기까지 했다. 그들은 지금에 이르기까지 하나님의 말씀을 과시해왔을 뿐만 아니라, 주석하기까지 했다. 그렇게 되고 나면, 그들이 지신 쓴 맛과 신 맛, 그리고 격정적인 광기는 드러나게 될 것이다. 그때 그들이 지닌 진기함의 독즙을 내뿜어 발산될 것이다. 그때 망령되고 허탄한 말들이 온 천하에 드러나게 될 것이다. 그때 우리는 처음으로 울타리가 구멍 나 뚫리는 것과 우리 믿음의 조상들이 세운 담이 헐리는 것을 목격할 수 있을 것이다. 이는 보편 신앙이 베어져 넘어가고, 교회 교리가 갈기갈기 찢겨 산산조각 나게 됨을 의미한다.

---

25. 마 7:15.
26. 요 1:29, 36.
27. 벧전 1:19.
28. 참고. 요 10:12.
29. 마 7:16.

상술한 바는 사도 바울이 고린도후서에서 직면한 것과 동일한 문제를 안고 있었다. 다음의 말씀은 그런 점을 잘 대변해주고 있다. "그런 사람들은 거짓 사도요 속이는 일꾼이니 자기를 그리스도의 사도로 가장하는 자들이니라."[30] 여기서 '자기를 그리스도의 사도로 가장하는 자'는 어떤 의미를 지니고 있는가? 시편에서 열매를 맺은 사도들은 그들이 받은 말씀대로 행했다. 그러나 거짓 선지자들에게서 열매 맺은 거짓 사도들은 더 이상 행하지 않았다. 그러나 그들이 그러한 방식으로 산출했던 것을 다른 방식으로 해석했을 때, 진실과 위선은 구별될 수가 없게 됐고, 역시 위장되지 않음과 위장됨, 왜곡되지 않음과 왜곡됨, 참 사도와 거짓 사도 사이도 분간할 수가 없었다. 바울 사도는 또다시 이렇게 선포했다. "이것은 이상한 일이 아니니라 사탄도 자기를 광명의 천사로 가장하나니 그러므로 사탄의 일꾼들도 자기를 의의 일꾼으로 가장하는 것이 또한 대단한 일이 아니니라 그들의 마지막은 그 행위대로 되리라."[31]

그러므로 사도 바울의 가르침에 따라, 거짓 사도들이나 거짓 선지자들이나 거짓 박사들은 종종 하나님의 말씀을 선포한다고는 하지만, 그들 자신의 오류를 보강하기 위해 시도하기 마련인 부적당하고 그릇된 주석들로 인해 낭패를 당하고 만다. 그들이 자신들을 만든 자[32]가 지닌 영리한 계획을 추종하고 있음은 전혀 의심의 여지가 없는 사실이다. 확실히 그것은 그가 고안한 것이 아니라 사탄의 발명품이었음이 추호도 틀림이 없다. 그는 하나님의 말씀이 지닌 위신과 명성으로 가장해 자신의 사악한 오류의 사기를 만 천하에 소개하는 것보다 더 속이기 쉬운 방법이 없다는 점을 일찌감치 깨닫고 있었던 것이다.

XXVI. 성경말씀을 인용함에 이단들은 악마와 우열을 다툴 정도다

그런데 누군가는 이렇게 말할지도 모른다. "일반적으로 마귀가 거룩한 법에서 증빙전의 권위를 가져온다고 보는 증거는 어디서 찾을 수 있는가?" 그렇다면 그는 다음과 같이 기록된 복음서를 읽어보아야 할 것이다. "이에 마귀가 예수를 거룩한 성으로

---

30. 고후 11:13.

31. 고후 11:14-15.

32. 악마.

데려다가 성전 꼭대기에 세우고 이르되 네가 만일 하나님의 아들이어든 뛰어내리라 기록되었으되 '그가 너를 위하여 그의 사자들을 명하시리니 그들이 손으로 너를 받들어 발이 돌에 부딪치지 않게 하리로다' 하였느니라."[33]

마귀는 불쌍하고 가련한 인간들을 괴롭힐 때와 마찬가지로, 영광의 주님을 공격할 때 성경말씀을 인용했음을 우리는 상술한 말씀을 통해 잘 알 수 있다. "네가 만일 하나님의 아들이어든 뛰어내리라." 무엇 때문인가? '기록되었으되'라는 말 때문이다. 즉, 성경에 뛰어내려도 사자들을 통해 다치지 않게 해준다고 기록돼 있기 때문에 뛰어내리라고 시험했던 것이다. 우리는 여기서 이 구절이 주는 교훈을 조심스럽게 살펴보고 그 의미를 잘 기억해야만 한다. 곧 어떤 자들이 보편 신앙에 정면으로 위배되는 거짓 사도와 선지자의 교훈을 만들어낼 때, 복음을 인용해 권위를 빙자하기 마련이다. 우리는 마귀가, 복음의 권위에 편승해 왜곡되게 전하는 거짓 사도와 선지자들의 선포를 통해 말하고 있다는 사실을 결코 잊지 말아야 한다. 왜냐하면 마귀의 우두머리(the head)가 교회의 머리(the Head)에게 시험하는 말을 걸어왔던 것처럼, 지금 마귀의 무리들이 그리스도를 따르는 신실한 자들에게 그와 동일한 수작을 걸어오고 있기 때문이다. 곧 믿음이 없는 이단자들이 신실한 믿음을 가진 자들에게, 신성모독을 밥 먹듯이 저지르는 자들이 신앙을 소유한 자들에게, 한 마디로, 이단들이 보편 교회에 대해 그런 엉터리 같은 말로 공격하고 있는 것이다.

결국 그들은 어떤 말로 수작을 붙이는가? "네가 만일 하나님의 아들이어든 뛰어내리라." 즉 이는 만일 네가 하나님의 아들이 되고 싶거든, 또한 네가 천국을 유업으로 물려받고 싶거든, 뛰어내리라. 곧 하나님의 성전[34]으로 여겨지는 웅대하고 숭고한 교회의 가르침과 전통에서 뛰어내리라는 의미일 것이다.* 그리고 누군가가 어떤 이단에게 이렇게 묻는다고 하자. "당신이 나에게 보편 교회가 지닌 일치적이고 고대적인 신앙을 던져버려야만 한다고 가르친 견해는 과연 어디서 그 증거를 확보할 수 있나요?" 그는 즉시로 이렇게 답변할 것이다. '기록되었으되'. 곧 성경에 기록돼 있기 때문

---

33. 마 4:5-6.

34. 고전 3:16-17.

---

* 이는 거룩함에서 벗어나라는 뜻과 다를 바가 없다.

에 그렇게 주장했다는 것이다.* 그리고 즉시 그는 하나님의 법과[35] 시편 말씀과 사도와 선지자들의 말씀에서 나온 수천 개의 증언과 증빙전과 선례 등을 제시하고 있다. 그러나 그것은 진기하고 오류로 가득 찬 방식으로 해석됐으며, 따라서 그들의 가련한 영혼은 보편 교회의 요새에서 이단의 심해로 깊숙이 던져질 것이다. 이제 이단들은 그들 자신의 기대를 따라 기괴한 방식으로, 방심하는 자들을 기만하는 수법으로 성장해나갔다. 그들은 그들의 교회 내에서, 즉 그들의 교제 동아리 내에서, 감히 기대하고 가르쳤다. 그들은 자기들에게만 베푸시는 위대하고도 특별한 전적인 하나님의 은총[36]이 존재한다고 감히 기대하고 경솔하게 가르쳤다. 그런데 거기에는 어떤 노력이나 열정이나 근면함도 부재했다. 그들은 구하지도, 찾지도, 두드리지도 않았다.[37] 그러나 하나님과 일종의 협정을 체결한 그러한 공동체에 속한 자들은 천사의 손 안에서 지탱하는 자, 즉 천사의 수호에 의해 보호를 받는 자들인데, 그들은 결코 높은 성벽에서 뛰어내리지 않는다. 곧 그들은 결코 마귀가 쳐놓은 올가미에 걸려 함정에 빠지지 않는 자들이다.[38]

---

35. 여기서 법은 *lex*, 즉 모세오경을 의미하는데, 빈켄티우스는 오직 여기서만 그런 용례를 사용했다.

36. 빈켄티우스는 여기서 당대에 주도적인 적대적 이단을 언급하고 있다. 그는 아우구스티누스였는데, 빈켄티우스가 이 글을 쓰기 약 4년 전에 타계했다. 이 구절은 확실히, 빈켄티우스가 속해 있던 골 학파(Gallic group)가 아우구스티누스의 특징적인 은총 및 예정 교리를 은밀히 암암리에 공격하는 구실을 하고 있다. 그 구절의 내용은 이러한 주장을 확증해주고 있다. '자기들에게만 베푸시는 위대하고도 특별한 전적인 하나님의 은총'이라는 구절이 바로 이를 대변해주고 있다.

37. 마 7:7; 눅 11:9. "구하라 그리하면 너희에게 주실 것이요 찾으라 그리하면 찾아낼 것이요 문을 두드리라 그리하면 너희에게 열릴 것이니." 이 구절은 세미 펠라기우스주의자들의 좌우명(motto)이 되었다.**

38. 빈켄티우스는 여기서 아우구스티누스를 한편으로는 두둔하고 있다. 곧 그는 보편 교인들이 아우구스티누스의 예정론(predestinarianism)을 숙명론(fatalism)으로 과장되게 해석한 것에 비판적인 경고를 가하고 있는 것이다.***

---

* 빈켄티우스는 여기서 '耳縣鈴 鼻縣鈴'(이현령 비현령; 귀에 걸면 귀걸이, 코에 걸면 코걸이) 및 아전인수(我田引水) 격의 이단적 성경 해석을 비판하고 있다.

** 빈켄티우스는 아우구스티누스주의자들이 은총과 예정만을 믿기 때문에 인간적인 노력을 하지 않는다고 비판했다.

*** 빈켄티우스는 아우구스티누스를 한편으로는 이단으로 정죄했지만, 다른 한편으로는 보호하기도 했는데, 이는 그의 교리가 모두 이단이 아니었기 때문이다. 곧 은총과 예정론에서만 견해를 달리 했을 뿐, 삼위일체론, 기독론, 교회론 등에서는 보편 교회와 동일했기 때문이다. 빈켄티우스가 아우구스티누스 일파를 상술한 대로 높은 성벽에서 뛰어내리지도, 또한 마귀가 쳐놓은 올무에 걸려 넘어진 자도 아니라고 한 언급에서 그 근거를 찾을 수 있다.

38

그런데 누군가는 이렇게 말할지도 모른다. "신적인 선포와 생각과 약속이 마귀와 그의 제자들에 의해 전유된다면, 그들 모두는 예외 없이 이단들인데, 그들 중 누가 거짓 사도들이고, 또한 어떤 이가 거짓 선지자와 교사인가? 그리고 어머니 교회의 아들들과 보편 교인들은 무엇을 할 수 있는가? 그들은 성경 속에서 참과 거짓을 어떻게 구별할 것인가?" 물론 그들이 이 「콤모니토리」(Commonitory) 초두에 언급돼 있는 거룩하고 학식을 지닌 자들[39]의 훈계를 따른다면 큰 고통을 당할지도 모른다. 그들은 일치적인 교회의 구두 전승들을 따라, 또한 보편 교리의 규칙들에 정확히 일치하는 가운데, 하나님의 말씀을 해석하는 방법을 우리에게 전수해주었던 것이다. 이러한 보편적이며 사도적인 교회 안에서, 그와 마찬가지로, 그들은 보편성(ecumenicity), 고대성(antiquity), 일치성(consensus) 등을 따라야만 한다. 그리고 만약에 때때로 일부 사람들이 전체에 대항해서 모반을 한다면, 혹은 고대성에 저항해서 진기함을, 혹은 거의 모두의 일치에 반항하여 일인 또는 소수가 오류를 일으켜 불일치를 만들어낸다면, 어떤 경우든, 모든 보편 교인들은 부패하고 타락한 부분에 비교해서 그보다 더 크고 넓은 보편성이 확보될 수 있도록 노력해야만 한다. 이러한 보편성을 추구하는 가운데, 그들은 망령되고 헛된 진기함이 아니라 고대성의 신앙을 선택해야만 한다. 마찬가지로, 바로 그 고대성을 추구하는 것을 통해서, 자신의 견해에 무엇인가 있다고 생각하는 일인 혹은 소수자의 경솔하고 성급한 무분별한 행위에 대해, 보편적 공의회의 일반적인 신조들은 격렬한 비판을 가해야만 한다. 그런 후에, 만일 그들이 자신들의 견해가 아무런 가치가 없다는 사실을 알게 됐다면, 이제 보편 교회는 그들이 다시금 가장 훌륭한 길을 따르도록 인도해야만 할 것이다. 곧 그 길은 대다수의 위대하고 훌륭한 교사들이 제시한 일치적 교훈들과 조화를 이루는 것이다. 주님의 도우심을 받아, 우리는 신실하고도 진지하게, 그리고 갈망하면서 이러한 권위들을 따라야만 할 것이다. 그렇게 되면, 우리는 어떤 큰 수고 없이도, 그들이 일으켰던 이단들의 해로운 오류들

---

[39]. 이레나이우스(Irenaeus), 테르툴리아누스(Tertullian), 키프리아누스, 아우구스티누스(Augustine) 등의 학자들뿐만 아니라 레렝스의 학자들까지도 포함된다.

의 가면을 벗겨 그 정체를 폭로할 수 있게 될 것이다.

XXVIII. 이단적 진기함을 간파하는 방법

39

이제 나는 여기서 하나의 필수불가결한 중요한 일에 봉착하게 된다. 그것은 곧 이단들의 망령되고 헛된 진기함이 그 옛날 교사들의 신앙에 비추어 폭로되어 정죄될 수 있는 방식을 예를 들어 입증해야만 하는 일이다. 그럼에도 이러한 거룩한 믿음의 조상들의 고대적 일치성은, 하나님의 법에 관한 사소한 모든 문제가[40] 아니라 적어도 특별하게 신앙 규칙에 속해 있는 주제들에 관해서, 가장 열정적으로 탐구되고 추종돼야만 할 것이다. 이러한 공격 방법은 항상 혹은 모든 이단들과 맞닥뜨릴 때 사용되어선 안 된다. 반면에 처음 새롭고 신선한 외양을 지닌 척 하는 이단들이 세상 전면에 등장할 경우, 즉 그들이 고대 신앙의 규칙들을 위조하고 왜곡하는 일이 시간 부족으로 잘 진행되지 못하고 있을 때, 바로 그러한 때에 그 방식이 사용돼야만 할 것이다.* 또한 그들이 믿음의 조상들이 물려준 저술들을, 오류의 독이 서서히 확산돼가고 있는 중에, 부패시켜 오염되도록 만들기 이전에 그런 방법이 사용돼야만 할 것이다. 이미 탄탄한 근거를 확보한 이단들, 곧 오래 지탱되어 나온 이단들은 그러한 방식으로 접근하면 안 된다. 왜냐하면 시간이 너무 많이 지나면, 그런 순진한 방식은 더 이상 통하지 않게 될 것이기 때문이다.** 마냥 흘러가버리는 시간이라는 존재는 바로 그들에게 진리를 훔칠 수 있는[41] 충분한 기회를 공급해주는 법이나. 그러므로 만일 분파와 이단들의 신성모독과 불경설이 존재한다면, 우리는 그것을 유일한 성경 말씀의 권

---

40. *Quaestiunculis* (little question; 사소한 질문). 만일 자그마한 문제가 전혀 힘을 발휘해 압력을 행사할 수 없다면, 이제 그 의미는 교리에 포함될 수 없는 사소한 주제로 보면 된다.

41. '훔친다'(pilfer)는 의미는 여기서 그 기회를 부적절하게 활용함을 의미한다. 참고. 요 10:1, 8.

---

* 빈켄티우스는 여기서 갓 싹을 피운 이단이 더 이상 자라지 못하도록 즉시 말씀의 칼을 들이 대어 잘라내는 전광석화(電光石火)와 같은 방식을 사용해야 할 것을 역설했다.

** 빈켄티우스는 시간이 지날수록 이단사설은 더욱 고착화돼 어떤 방식으로도 그들을 변개시킬 수 없음을 피력했다.

위[42]를 제쳐 두고 다른 어떤 방식을 수반해 논박하려고 해서는 안 된다. 좌우간, 이미 오래 전에, 주교들(*sacerdos*)이 모인 모든 공의회를 통해 논박되고 정죄 받은 이단들에게 그런 방식을 사용하는 일은 피해야 한다. 그리하여 사악한 오류의 부패가 진행되기 시작하는 초기에, 그들이 거룩한 말씀의 일부를 훔쳐가는 도둑질을 막기 위해서는, 곧 그들의 기만적이고 교활한 성경 해석을 금지시키기 위해서는, 즉시 말씀 해설에 관한 믿음의 선조들의 방식이 모아져야만 할 것이다. 어떤 종류의 진기함의 오류들이 발생하든지 간에, 그것들을 통해, 그러한 망령되고 헛된 것들이 추호도 의심의 여지없이 백일하에 명명백백히 드러나게 될 것이다. 그리고 어떤 주저함도 없이 그들은 단칼에 정죄되고 말 것이다. 그러나 그렇게 행하는 방식 에는, 보편 신앙과 교제 가운데서 공명정대하고 지혜롭게 지속적인 인내심을 갖고 살아가며 가르쳤던 저 유일한 믿음의 선조들의 교리가 깃들도록 해야만 한다. 오직 그러한 가르침만이 오류 투성이에 필적할 수 있기 때문이다. 그들이야말로 그리스도 안에서 죽음에 대한 보상을 받을 수가 있다. 그들은 그리스도를 위해 행복하게 죽음에 처해질 수 있는 믿음을 소유했던 것이다.[43] 만약 그들 모두 혹은 그들 중 다수에 의해 확정된 것이라면 무엇이든지 반드시 신앙의 내용과 대상이 돼야만 한다. 말하자면, 서로 일치와 조화를 이룬 교사들이 모인 공의회의 결정은 그대로 수용돼야만 한다. 그것은 하나의 동일한 생각 하에서, 명확하고 빈번하며 지속적으로 받아들여지고 유지되며 전해진 것들이다. 그러므로 이는 추호의 의심도 없이 확고하고 확실하게 받아들여져야만 한다. 반면에, 비록 그가 거룩하고 학식을 갖춘 자[44]라 하더라도, 혹은 순교 앞에서 신앙을 고백한 순교자라 하더라도, 곧 그가 어떤 좋은 점을 지닌 자라 하더라도, 그는 모두와 다른, 심지어 모두에게 정반대되는 믿음을 소유해선 안 된다. 공표되지 않은 개인의 사적인 사고의 특이성과 공통적이고 공적이며 일반적인 견해는 반드시 구별돼야만 하며, 우리는 우리의 영원한 구원을 이룸에 가장 큰 위험이 되는 이단과 분파들의 신

---

42. 성경은 보편 공의회에서 아직 정죄되지 않은 이단들을 논박할 수 있는 처음이자 마지막 호소처다. 그러나 테르툴리아누스의 견해는 매우 성경적이기 때문에 비록 그가 말년에 기성 교회에 염증을 느껴 몬타누스주의로 전회하는 결과를 낳았더라도, 그 경우에는 성경으로 정죄될 수가 없다.

43. 죽음을 각오하는 사고방식의 신앙은 끝까지 인내하는 것으로서 충분히 인정될 가치가 높다. 현세에서 권력을 휘두르며 불의하게 살다가 다음 생애에서 나락으로 떨어지는 일은 피해야만 할 것이다.

44. 아우구스티누스를 의미함.

성모독적이고 불경스러운 관행들, 그리고 보편 교리가 지니고 있는 고대의 진리를 포기하는 망동에서 멀리 떨어져 있어야 한다. 우리는 결코 한 인간이 지닌 진기한 오류에 현혹당하지 말아야 하며, 그것을 좇지도 말아야 한다.

40

그 누군가가 복된 믿음의 조상들의 거룩하고도 보편적인 일치가 그들에게 거의 가치가 없는 것이라고 생각하지 않도록 해야 한다. 그리하여 사도 바울은 고린도전서에서 다음과 같이 설파했던 것이다. "하나님이 교회 중에 몇을 세우셨으니 첫째는 사도요[45] 둘째는 선지자요 셋째는 교사요…." 여기서 사도는 첫째로 세우심을 받은 존재로 등장한다. '둘째는 선지자'로 부름을 받았다. 사도행전에서 우리는 아가보라는 이름의 선지자를 만날 수 있다.[46] '셋째는 교사(doctor)'다. 그는 지금 '논문 저술가'(tractator)로 불리고 있다. 때때로 사도 바울은 사도를 선지자로 호칭하기도 했다. 왜냐하면 사도들을 통해 선지자들이 예언한 비밀이 사람들에게 드러나기 때문이었다. 그들이 다른 시간과 공간 가운데 하나님의 교회 안에 존재했더라도, 보편 교리를 해석할 때 동일한 시각과 관점을 지녔기 때문에 일치를 이루었던 것이며, 따라서 그리스도와 연합해 일치한 그들을 업신여기는 자는 누구나 '사람이 아니라 하나님을 멸시하는'[47] 자가 된다. 또한 진리의 단일성이 변개되지 않도록, 사도 바울은 보다 열망적으로 그러한 일에 저항할 것을 부탁했다. "형제들아 내가 우리 주 예수 그리스도의 이름으로 너희를 권하노니 모두가 같은 말을 하고 너희 가운데 분쟁이 없이 같은 마음과 같은 뜻으로 온전히 합하라."[48] 그러나 만일 어떤 이가 다른 자들의 판단에 동의하지 못하는 불일치를 이루게 된다면, 그로 하여금 다음과 같은 사도 바울의 음성을 들을 수 있도록 해주어라. "하나님은 무질서(dissension)의 하나님이 아니시요 오직 화평의 하나님이시니라 모든 성도가 교회에서 함과 같이"[49] 다시 말해, 그는 신앙의 일치에서 이탈하는 자가 되어선 안 되고, 오히려 평화스러운 일치 속에 확고부동하게 남아 있어야 한다. 바

---

45. 고전 12:28.
46. 행 11:27-30; 21:10-12.
47. 살전 4:8.
48. 고전 1:10.
49. 고전 14:33.

울 사도는 '모든 성도가 교회에서 함과 같이'[50]라고 언급했다. 이는 보편 교회가 신앙의 합의와 일치를 통해 확고하게 서 있기 때문에 거룩하다는 의미와 다를 바가 없다.

그리고 어떤 자가, 타인을 멸시하면서, 그 자신만이 들었고, 믿었다는 주장을 하지 못하도록, 사도 바울은 또 다시 이렇게 설파했다. "하나님의 말씀이 너희로부터 난 것이냐 또는 너희에게만 임한 것이냐"[51] 그리고 또한 누군가가 그러한 당부를 가볍게 여기지 않도록 다음과 같은 말을 덧붙였던 것이다. "만일 누구든지 자기를 선지자나 혹은 신령한 자로 생각하거든 내가 너희에게 편지하는 이 글이 주의 명령인 줄 알라."[52] 만일 누군가가 선지자나 혹은 신령한 자가 아니라면, 곧 신령한 문제를 다루는 교사가 아니라면, 그가 주의 명령을 가장 큰 열심을 가지고 지키는 자, 공평과 일치를 따르는 자가 되도록 이끌어 주어야 한다. 또한 그가 타인의 생각보다 그 자신이 소유한 견해를 선호하지 않도록, 그리고 모든 자가 지닌 보편적 견해에서 분리돼 이탈하지 않도록 인도해야만 한다. 바로 바울은 이에 관해 이렇게 언급하지 않았는가? "만일 누구든지 (주의 명령을) 알지 못하면 그는 알지 못한 자니라."[53] 즉, 이는 알려진 것을 알지 못하는 자나 혹은 알려진 것을 중요하게 생각하지 않는 자는 알지 못하게 될 것이라는 의미다. 그런 자는 신앙의 일치를 이루고 겸손함으로 서로를 동등하게 만드는 자들 사이에서 신령하게 여겨질 가치가 없는 존재가 될 것이다. 그리고 나는 이러한 자보다 더 모질고 쓰게 여겨질 수 있는 어떤 악이 존재하는지 어떤지는 잘 모르겠다. 그러나 사도 바울의 경고의 말씀에 따르면, 우리가 알고 있는 펠라기우스주의자인 줄리안(Julian)[54]에게 일어났던 이러한 악이 바로 그런 것임을 잘 알 수 있다. 그는 그 자신과 그의 동료들의 신앙을 일치시키는 데 실패했을 뿐 아니라, 감히 불일치시키는 일에 대

---

50. 여기서 "모든 성도가 교회에서 함과 같이" (As in all the churches of the holy)는 그리스 사본에 있는 것이고, 라틴어 역본 (Vulgate)에는 그 구절 끝에 "내가 가르치노라" (I teach)라는 구절이 첨가됐다.

51. 고전 14:36.

52. 고전 14:37.

53. 고전 14:38.

54. 에클라눔의 줄리안(Julian of Eclanum)은 펠라기우스주의에서 최대의 수혜자이자 승리자였다. 그는 대략 주후 380-390년 사이에 태어나, 주후 425-455년 사이에 타계했던 것으로 추측된다. 그는 인노켄트 1세 (Innocent I, 주후 416-417년 재위)에 의해 이탈리아 에클라눔의 주교로 임명됐다. 그러나 그는 주후 418년에 17명의 다른 사제들과 함께 그 자리에서 해임되어 추방을 당했다. 그 이유는 펠라기우스와 그의 제자 카일레스티우스를 정죄하는 조시무스(Zosimus)의 회람서신에 서명하는 일을 거부했다는 혐의 때문이었다. 그는 또한 아우구스티누스에 대한 정력적인 호적수였고, 적과의 격렬한 논박을 통해 한 명 이상의 논객을 히포(Hippo)의 주교좌에게서 끌어내린 장본인이었다.

해 최선을 다했던 것이다.

이제 우리는 거룩한 믿음의 조상들의 가르침이 어디서 어떻게 모였는가에 대한 약속된 증거를 내놓을 시간이 왔다. 그 증거는 곧 공의회의 권위로 확립된 신조와 그 가르침들을 일치시켜 교회의 신앙 규칙을 수립하는 것이다.

그러나 편의상 여기서 이 「콤모니토리」(Commonitory)의 저술을 마치도록 하다. 또한 그 후속편을 다시 새롭게 시작하도록 하자.

[두 번째 「콤모니토리」(The Second Commonitory)는 이러한 간격을 두고 저술됐으나 마지막 부분을 제외하고 아무것도 남아 있지 않다. 곧 결론의 요약 부분만 남았던 것이다.][55]

XXIX. 요약(Summary)

41

두 번째 콤모니토리인 본서의 결론부에서, 이 두 콤모니토리들의 내용을 요약해야 할 시간이 이제 도래했다.

앞에서 우리는 항상 그리고 오늘날도 여전히, 이러한 두 수단에 의해, 보편적 신앙 관습이 참된 신앙이라는 사실을 입증할 수 있었다. 첫째 것은 하나님의 말씀의 권위고, 두 번째는 보편 교회의 전통이다. 이는, 물론 모든 면에서 말씀 하나만으로 충분치 않다는 것이 아니라, 대다수의 사람들이 그들 자신의 고유한 사고방식에 맞추어 하나님의 말씀을 해석하기에, 또한 그로 인해 다양한 신앙과 오류가 생성되므로, 이를 예방하기 위헌 유일한 교회의 성경 해석 기준이 세워져야 함을 의미하는 것이다. 곧 성경을 올바로 이해하기 위한 교회의 해석 표준이 필요하다는 것이다. 특히 전체 보편 교리의 토대와 기초에 관한 질문과 주제가 그런 교회의 해석 기준에 관한 문제에 의거해 있다고 하겠다.

반면에, 상술한 바에 이어, 우리는 또한 다음과 같은 말도 언급했었다. 즉, 그것은 교회 자체의 보편성과 고대성에 대한 동의와 합의를 반드시 검토해야 할 의무가 있

---

55. 이 문장은 사본 속에 기록됐다.

다는 말이다. 그렇게 해야만, 우리는 단일한 통합이 분파에 의해 깨어짐을 모면할 수가 있으며, 더욱이 이단의 망령되고 허탄한 진기함 속으로 찬란한 신앙의 고대성이 곤두박질치듯이 세차게 넘어져 빨려 들어가게 되지는 않을 것이다. 상술한 바와 마찬가지로, 우리는 역시 다음과 같은 말도 언급했었다. 곧, 그 교회의 고대성 속에는 다음과 같은 두 실천 사항이 내포돼 있어야만 하며, 이단이 되지 않기를 원하는 자마다 그것들을 원기왕성하고도 열정적으로 준수해야 함을 역설했던 것이다. 그 중 첫째는, 과거에 결정된 사항에 관한 것이다. 이는 보편 교회의 모든 주교들(*sacerdos*)이 모여 개최됐던 공의회의 권위와 결정 사항을 따라야 한다. 두 번째는, 현재 새롭게 등장하고 있는 문제다. 거기에는 공의회의 권위와 같은 선포가 없으므로, 각 시대와 공간 속에서 단일한 교제와 신앙 속에 확고히 남아서 하나의 표준이 됐던 거룩한 믿음의 조상들의 말씀에 의지해 해결해야만 한다. 또한 받아들일 만한 가치가 있는 선생을 따르면서, 하나의 생각과 일치 속에서 보존되고 간직되어져 왔던 것으로 판명되는 것마다 모두를 교회의 참된 보편 신앙에 의해 판단될 수 있도록 해야 한다. 그렇게 되면 모든 의심은, 마치 태양빛에 의해 모든 안개구름이 걷히듯, 달아나게 될 것이다.

교회의 권위가 아닌 우리 자신의 생각을 근거로 한 견해가 발전하는 모습을 방지하기 위해서, 우리는, 밧수스(Bassus)와 안디옥(Antiochus)의 원로원 의원들(Their Excellencies)[56]의 관할지 안에 아시아의 에베소(Ephesus)[57]에서 3년 전에 개최됐던 거룩한 공의회의 결정 사항들에게 호소해야만 할 것이다. 에베소에서 신앙 규칙의 비준에 관한 논쟁이 벌어졌을 때, 마치 아리미눔(Ariminum)이 그랬던 것처럼, 몰래 어떤 망령되고 헛된 진기한 것들이 기어 들어올 수 있는 가능성을 차단하려고 했다. 거기 에베소에 모였던 거의 2백 명[58]이나 됐던 모든 주교들(*sacerdos*)은 이에 동참해서 그 결정 사항을 승인했다.

---

56. *Viri clarissimi.* 즉 원로원 의원들(senators).

57. 제3차 에큐메니칼 공의회는 주후 431년 6월 22일, 에베소의 성 마리아 교회에서 개최됐다. 테오도시우스 2세(Theodosius II)가 소집했으나, 그 자신은 참석하지 않았다. 키릴로스(Cyril of Alexandria)가 의장석에 앉아 사회를 보았으나, 지각한 안디옥의 대주교 요한(Bishop John of Antioch)을 기다려주지 않았다. 요한이 그의 수하 주교들을 데리고 늦게 에베소에 도착했을 때, 그들은 오늘날 소위 '잔여 회기 중'(rump session)*이라 불리는 상황에 맞닥뜨리게 되었다. 3차 공의회에 관한 빈켄티우스가 그린 유쾌하고 밝은 분위기의 그림은 현대 공의회 연구에 의한 결과물이 아니다.

58. 네스토리우스(Nestorius) 파면 안이 198명의 주교들의 서명 하에 제출됐다. 그러나 다른 자들은 그 이후에 합류하게 됐다. 그리고 프로스페르(Prosper)는 200명 이상이 모였다고 말한다(*Chron. ad annum* 431).

---

* 일부 회원들만 모여 회의를 진행한다는 의미.

그런데 그러한 재가의 발인처는 바로 가장 보편적이고, 가장 신실하며, 최선의 행위가 우러나올 수 있는 원천이었다. 즉, 그것은 거룩한 믿음의 아버지들의 가르침이 발생한 곳에서 나온 것이었다. 그들 중 일부는 순교자들이었고, 또 다른 일부는 박해 치하에서도 당당하게 예수를 그리스도 구주로 고백한 자들이었다. 그 근거는 바로 이런 자들의 동의를 얻은 것이었다. 그리고 그것은 지속적으로 전승되어 보편 교회 주교들(sacerdos)에게까지 이어지게 되었다. 물론 그들의 동의와 결정으로, 고대 교리에 대한 마땅한 존숭이 정식으로 엄숙히 확립됐다. 그리고 망령되고 허탄한 진기함이 저지르는 신성모독과 불경은 즉시 정죄됐다.

이러한 일이 완수됐을 때, 사악한 네스토리우스(Nestorius)는 합법적이고도 정당하게 보편적인 고대성에 위배된다는 심판을 받을 수가 있었다. 그러나 그를 정죄한 복 받은 키릴로스(Cyril)[59]는 거룩한 고대성에 일치하는 인물이었다. 따라서 이 문제에 관한 의심을 없애기 위해, 우리는 신뢰할 수 있는 믿음의 선조들의 이름과 숫자를 - 비록 순서는 사라져 버려 잊혀졌어도 -[60] 기록했었다. 그들의 만장일치의 판단에 따라 거룩한 하나님의 법에 대한 예비적 해설과 신적 교리의 규칙이 수립됐다. 그리고 우리의 기억을 강화하기 위해, 여기서 다시 그 목록을 훑어보는 일은 반드시 필요할 것이다.

XXX. 에베소 공의회

42

아래에 열거된 인물들은, 에베소 공의회[61]가 어떤 사실을 판단하기 위해 참고하고 인용한 저술들의 저사들이며, 이들은 여기서 심판관일 뿐 이니라 증인 역할을 하

---

59. 키릴로스(Cyril of Alexandria)는 주후 412년에 대주교가 됐고, 주후 444년 6월 27일에 타계했다. 그는 그의 전임자 테오필루스(Theophilus)의 조카였고, 그 둘 모두 권력을 휘두르는 오만한 성격의 소유자였다.

60. 빈켄티우스가 기억하는 10명의 권위 있는 대가들의 원래 위계 순서는 - 그가 망각한 것은 둘이었음 - 다음과 같다. 페트로스(Peter), 아타나시우스(Athanasius), 줄리우스(Julius), 펠릭스(Felix), 테오필루스(Theophilus), 키프리아누스, 암브로시우스(Ambrose), 나지안조스의 그레고리우스(Gregory of Nazianzus), 바실레이오스(Basil), 니사의 그레고리우스(Gregory of Nyssa). 다음을 참고하라. MPL 50,680, n. 1.

61. 광범위하지만 다소 불완전한 의사록의 초록이 다음 자료에 들어 있다. NPNF, 2d ser., 14.191-242; 완전한 의사록은 다음 자료에 들어 있다. P. Labbe, *Sacrosancta Concilia* (Paris, 671) 3.1-1213.

기도 했다. 알렉산드리아의 주교로서 가장 탁월한 박사이자 가장 복된 순교자인 성 페트로스(the holy Peter)[62]; 알렉산드리아의 주교[63]로서, 가장 신실한 교사요 가장 유명한 신앙고백자인 성 아타나시우스(the holy Athanasius)[64]; 알렉산드리아의 주교로서, 그의 신앙과, 삶과, 지식으로 대단히 유명한 인물이었으며, 가경자 키릴로스(Cyril)에게 그 자리를 물려주었고, 지금 알렉산드리아 교회에 광채를 더하고 있는 성 테오필루스(the holy Theophilus)[65]; 그리고 만일 이것이 한 도시나 지역의 교리였다고 생각되면 안 되므로, 그것은 카파도키아의 저 광채들[66]에게 의지해야만 한다. 나지안조스의 주교이자 신앙고백자인 성 그레고리우스(the holy Gregory),[67] 카파도키아 카이사레아의 주교이자 신앙고백자인 성 바실레이오스(the holy Basil),[68] 니사(Nyssa)의 주교이며, 신앙과 인격과 통합 능력과 지혜 등에 그의 형 위대한 바실레이오스에 필적할 만한 또 다른 성 그레고리우스(the holy Gregory).[69] 공의회에서는, 그리스 혹은 동방 교회와 라틴 혹은 서방 교회가 항상

---

62. 페트로스(Peter of Alexandria)는 주후 약 300년에 주교가 됐고 주후 311년에 순교했다. 그의 책 속에 들어 있는 그리스도의 신성에 관한 세 개의 짧은 초록이 공의회에서 낭독됐다. 거기서 그는, 그분이 인간이 되셨을 때 말씀이 신성의 능력과 영광과 명예를 나누어가졌다고 여기는, 케노시스(κένωσις) 개념을 채택했던 것이다.

63. *Antistes* (주교 혹은 감독).

64. 아타나시우스(Ahtanasius)는 주후 293년에 태어나서, 주후 373년 5월 2일에 타계했다. 그리고 주후 326년에 알렉산드리아의 주교(혹은 감독)가 됐다. 그는 아리우스와 논쟁을 벌였던 긴 역사적 여정 가운데서 다섯 번씩이나 추방을 당하는 불운을 겪기도 했다. 에베소 공의회에서, 그의 두 저술이 낭독됐는데, 하나는 아리우스를 논박하는 '*Oratio* 4'이고, 다른 하나는 '에픽테누스(Eictetus)에게 보내는 서신'이었다.

65. 알렉산드리아의 테오필루스(Theophilus of Alexandria)는 키릴로스(Cyril)의 삼촌이었다. 그는 주후 385년에 티모테우스(Timotheus)를 계승해 22번째의 알렉산드리아 주교가 됐으며, 주후 412년에 타계했다. 크리소스토모스(Chrysostom)의 적수였던 테오필루스에 대한 빈켄티우스의 평가는 매우 호의적이었다. 그리스도의 몸의 실제성을 확언했던 그의 다섯 번째 및 여섯 번째 부활절 서신들 중의 발췌본이 그 공의회에서 낭독됐다.

66. 그 세 카파도키아 학자들은 아리우스주의(Arianism), 마케도니아주의(Macedonianism), 아폴리나리스주의(Apollinarianism) 등과 치열한 전투를 벌이는 전사들을 이끌어나가고 있었다.*

67. 카파도키아 나지안조스의 주교인 그레고리우스는 주후 약 329년에 태어나서 주후 약 390년에 타계했다. 그의 아버지 또한 나지안주스의 주교였다. 그 공의회에서 낭독됐던 그의 글은 *Epist. I ad Cledonium*에서 발췌한 것이었다.

68. 위대한 바실레이오스(Basil the Great)는 주후 약 330년에 태어나서 주후 379년 1월 1일에 타계했다. 그는 주후 370년 카파도키아 카이사레아의 주교가 됐다. 에베소 공의회에서 낭독됐던 그의 저술은 그의 *De spiritu sancto*에서 발췌된 것이었다.

69. 위대한 바실레이오스의 동생인 니사의 그레고리우스(Gregory of Nyssa)는 주후 375년부터 395년 사이에 카파도키아 니사의 주교좌를 감당했다. 에베소 공의회에서 그의 빌 2:5에 대한 주석이 낭독됐다.

---

* 아리우스주의는 그리스도가 피조물이라고 하여 신성을 부정함. 성자는 영원한 존재가 아닌 단지 인간일 뿐이고 성부에게 종속적인 개념이라는 종속론적 군주신론을 펼침. 가현설을 주장해 주후 325년 니케아 공의회 때 정죄됨. 마케도니아주의는 성령이 피조됐고, 또한 성부에게 종속됐다고 주장함. 제2차 콘스탄티노플 공의회에서 성령의 신성을 확정함. 아폴리나리스주의는 그리스도의 인성을 제한함. 즉 인성이 신성에 흡수됐다고 봄. 그리스도는 로고스를 지녀 하나님이었으나, 인간의 지성과 이성을 결합하여 완전한 인간이 아니라 주장함.

동일한 견해를 갖고 있음을 입증하기 위해, 어떤 자들에게 보내기 위한 순교자 성 펠릭스(the holy Felix)[70]와 로마 주교 성 율리우스(the holy Julius)[71]가 기록한 서신들이 읽혀졌다. 그리고 그러한 핵심부뿐만 아니라 주변에서의 측면 지원도 공의회의 판단과 결정에서 무시하지 못할 지지 세력이 됐다. 곧 남쪽에서는 카르타고(Carthage)의 주교이며 순교자였던 가장 복된 키프리아누스가[72], 북에서는 밀라노(Milan)의 주교 성 암브로시우스(the holy Ambrose)가[73] 그 역할을 감당했다.

십계명의 거룩한 숫자를 연상하게 만드는, 에베소 공의회에서 낭독된 열 명의 거룩한 자들의 이 모든 작품들은[74] 교사, 상담자, 증인, 재판관 등으로 불렸다. 그 어떤 악의나 원한도 품지 않았고, 그 어떤 가정과 상상도 지니지 않았으며, 그 어떤 편견도 드러내지 않은 채, 그 거룩한 자들의 작품들을 채택해서 심판과 결정의 근거로 삼았고,[75] 그들의 권면을 따랐으며, 그들의 증언을 믿고 받아들였고, 그들의 판단에 순종했던 가운데, 에베소 공의회는 신앙의 규칙에 관한 위대한 선언문을 엄숙하게 공포했던 것이다. 비로 여기에 헤아릴 수 없을 정도로 수많은 신앙 선조들의 가르침들을 덧붙일 수 있더라도, 그것은 불필요한 일이다. 에베소 공의회 회기의 한정된 시간은 다수의 증인들을 동원하는 그러한 일을 허락할 수가 없었다. 그리고 그 어느 누구도, 그 10명의 증인들이 다양한 집단에게서 왔기에 다른 생각과 가르침을 지니고 있다고 의심하지 않았다.

---

70. 주후 269-274년에 로마 주교였던 펠릭스 1세(Felix I)를 말한다. 그러나 그는 순교하지 않았다. 아마도 빈켄티우스가 펠릭스 2세(Felix II)와 그를 혼동한 것 같다. 펠릭스 2세는 주후 355-358년에 역시 로마 주교를 지냈다. 그는 포르토(Porto; Ostia)에서 주후 365년 11월 2일에 타계했다. 그 역시 자연사했다. 그런데 주후 6세기 이후부터, 펠릭스 2세는 순교자로 여겨지기 시작했다. 공의회에서 낭독된 것은 펠릭스 1세의 *Epist. ad Maximum de incarnatione Verbi* (말씀의 성육신에 대해 막시무스에게 보내는 서한)이었다. 그런데 그것은 주후 4세기의 아폴리나리스적 견해를 함부로 뜯어고친 것이었다.

71. 주후 337-352년 시이에 로마의 주교직을 감당했던 율리우스 1세(Julius I)는 아타나시우스를 변호한 자로 유명하다. 에베소 공의회에서 낭독된 그의 저술은 도키무스(Docimus)에게 보내는 서신이었는데, 이는 현전하지 않는다.

72. 주후 248-258년 사이에 카르타고의 주교좌를 지켰던 키프리아누스는 순교자였다. 공의회에서 낭독된 그의 논문은 *De eleemosyna* ('자선에 대하여')였다.

73. 주후 374-397년 사이에 밀라노의 주교였던 암브로시우스의 논문 *De fide*의 1.16과 2.4가 공의회에서 낭독됐다.

74. 10명이 아니라 12명의 거룩한 믿음의 선조들의 작품이 낭독됐다. 생략된 두 가지는 앗티쿠스(Atticus of Constantinople, 406-425~7)와 암필로쿠스(Amphilochus of Iconium, 374-400)의 것이었다. 라베(Labbe)는 하나의 사본을 발견했는데, 거기에는 기존의 사본과는 달리 그들의 이름이 다른 곳과 연루됐다. 아마도 빈켄티우스는 기존의 내용과 다른 내용을 지닌 그 사본을 참고한 것 같다.

75. 그 저자들은 당대에 거의 모두 신진 학자들이었다. 밀만(Milman)은 에베소 공의회에서 채택되어 낭독된 글들이 거의 대부분 그 공의회가 안고 있었던 당면 문제와 연관성이 없었다고 주장하고 있다.

XXXI. 에베소 공의회에서 신앙 선조들의 만장일치

에베소 공의회 말미에 즈음하여, 우리는 복된 키릴로스에 의해 의사 진행 과정에 포함되기에 이른 그의 견해를 살펴봄으로써, 우리의 신앙 선조들이 얼마나 신앙 일치에 안간 힘을 썼는가를 잘 알 수 있다. 카르타고(Catrhage)의 주교였던 성 카프레올루스(the holy Capreolus)[76]의 서신이 낭독되었다. 그 서신에는 망령되고 헛된 진기함이 축출되고 고대성이 보존돼야한다는 내용 외에 어떤 다른 목적이나 핑계가 없었다. 그리하여 의장 키릴로스는 결정 사항에 포함되기에 부적절하지 않을 항목과 내용들을 제안해 통과시켰던 것이다. 그리고 그 끝에 다음과 같은 말을 첨가했다. "존경하는 대단히 경건한 카르타고의 대주교 카프레올루스의 서신이 낭독되었습니다. 이제 우리는 확실한 결의 사항을[77] 거기에 삽입해야 할 것입니다. 그의 의도는 명확합니다. 그는 고대 신앙의 교리가 확정되기를 원하고 있습니다. 불필요하게 고안되고 사악한 의도로 선전되는 망령되고 헛된 진기한 이단 사설들은 정죄되고 퇴치돼야 한다는 것이 그의 일관된 주장입니다. 모든 주교들이 이렇게 고함치고 있습니다. '그것은 우리 모두의 말입니다. 우리 모두는 그렇게 말합니다. 이것은 우리 모두의 소원이자 바람입니다.'" '우리 모두의 말'과 '우리 모두의 소원'은, 고대에서 전승된 것이 지켜져야 하며, 최근에 고안된 것은 파괴돼야 한다는 의미가 아니고 무엇이겠는가?

수많은 주교들이[78] 참석했으며, 또한 그 참석자들 중 대부분이 대도시의 주교들이었으며, 그들의 학식은 하늘을 찌를 듯이 높았으며, 그리하여 참석한 거의 모든 인사들이 다루어진 교리에 관해 능수능란하게 토론을 할 수가 있었다. 모든 에베소 공

---

76. 카프레올루스(Capreolus, 주후 431–435년 사이 카프타고의 주교)는 기묘하게 에베소 공의회에 연루되기에 이르렀다. 테오도시우스 2세(Theodosius II)는 아우구스티누스에게 에베소 공의회 초대장을 보냈으나, 그것은 그의 사후에 히포(Hippo)에 도착했다. (주후 430년 8월 28일) 아우구스티누스의 손에 들어가지 못한 그 초대장은 그 대신 아프리카 대주교인 카프레올루스에게로 입수됐다. 그러나 당시 북아프리카에는 반달족이 침입한 터라 쉽사리 여행길을 나설 수가 없는 것이 그의 처지였다. 에베소로 가는 위험한 여행길이 곧 죽음을 향한 여로가 되기 십상이었다. 그리하여 그는 베술라(Besula)라는 이름을 지닌 한 사제를 대신 파송했고, 그의 품에 들어 있던 대주교의 서신은 그리스어와 라틴어로 기록됐다. (MPL 53,843; MPL 50,682) 그 일부를 번역하면 다음과 같다. "나는 추호의 의심도 없이, 성령께서 여러분들의 심령 속에 또한 여러분들이 수행하고 있는 모든 일 가운데 임재하실 줄로 믿습니다. 나는 또한 그러한 성령의 도우심으로, 여러분들의 거룩함이 계속적으로 시험대에 오르기를 희망합니다. 교회에 들려오고 있는 새로운 가르침들과 우리의 귀에 익숙지 않은 별나고 진기한 것들이 여러분의 손에 의해 추방당하기를 간절히 바랍니다. 그리하여 고대 권위의 힘이 그들을 가르쳐서, 그리고 여러분들이 저항함으로써 그 새로운 오류들이 깡그리 숙청되기를 소원합니다."

77. 의심할 나위 없이, 이것은 공식적인 의사록에서 취한 것이다. 다음을 보라. NPNF, 2d ser., 14,218.

78. *Sacerdotes*. 그 대신에 *priests*를 사용한다면 *metropolitani* 대신에 *bishops*으로 대체해야 한다. 초대된 인사들 중에서 아우구스티누스만 유일하게 대도시 주교가 아니라 그냥 주교였다.

의회의 겸손함과 존엄함을 기린 후에, 우리는 또 하나의 사실을 잊지 말아야 한다. 그
것은 곧, 공의회에 참석한 바로 그 목적이 무엇인지를 아는 인물들은, 어떤 무리가 감
히 그 자신에게서 시초한 그 어떤 주장을 갖고 어떤 새로운 교리를 수립하려 한다는
간교한 사실을 간파한 뒤, 그 사실에 자극을 받고 고무되어 분기탱천했다는 점이다.
그들은 결코 새로운 어떤 것을 고안하지도, 어떤 가정과 추측을 내세우지도, 절대로
권력을 남용하지도 않았다. 대신에 그들은 신앙의 선조들에게서 전해 받지 않은 그
어떤 것들도 후손들에게 물려주지 않도록 최선을 다해 노력했던 것이다. 그들은 당면
한 문제들이 함축하고 있는 주제를 적절한 방식으로 잘 다루었을 뿐만 아니라, 미래
의 계승자들에게 거룩한 고대 교리들을 소중히 간직하고 신성모독적인 진기한 것들
을 고안하는 일을 정죄할 수 있는 방법의 예들을 제시해주었다.

　우리는 앞에서 네스토리우스의 사악한 추론에 대항하는 공격에 대해 언급한 바
가 있다. 그는 그 자신이 성경 말씀을 최고로 잘 해석하는 유일무이한 자라고 떠벌리
고 다녔다. 그러면서 그는 그 자신 이전에 가르침의 은사를 위탁받았던 분들이 해설
하여 저술했던 거룩한 작품들을 깡그리 무시하기도 했다. 여러분은 다음과 같은 사
실을 잘 주목해야만 한다. 주교들(sacerdos)의 전체 조직체와 신앙 고백자와 순교자들의
전체 집단 중 어떤 인물이 하나님의 법에 관해 해설한 것이 있을 때, 그 나머지의 다
른 인물들은 그것에 동의하고 그것을 인정하고 또한 그것을 믿었다. 결국에 가서, 네
스토리우스는 다시는 되돌아오지 못할 정도로 멀리 나간 주장을 서슴지 않고 자행했
던 것이다. 그것은 곧 이제 전체 교회는 타락했고, 또한 항상 그럴 것이며, 그 이유는
교회가 무식하고 미혹된 교사들을 따랐고, 또한 여전히 따르고 있기 때문이라는 것
이다.[79]

XXXII. 새로운 교리에 대한 켈레스티누스(Celestine)와 식스투스(Sixtus)의 저항

43
물론 이 모든 것은 신성 모독적이고 불경스러운 망령되고 헛된 진기한 것들을 근

---

79. 네스토리우스의 방어와 저항에 관해서는 다음 자료를 보라. F. Loofs, *Nestorius and His Place in the History of Christian Doctrine* (Cambridge, 1914); Aubrey R. Vine, *An Approach to Christology* (London, 1948) 31-55.

절함에 충분하고 또 충분하다. 그러나 비록 그러한 일을 수행함에 부족하고 모자라는 부분이 없는 것처럼 보일지라도, 결국 우리는 이와 연관된 두 교황의 권위에 관해 언급하지 않을 수가 없다. 물론 주지하다시피, 먼저는 식스투스 교황(Pope Sixtus)[80]이다. 축복된 신앙의 아버지였던 그는 이제 로마 교회에 광채를 더해주고 있다. 다음은 영원한 축복을 받은 것으로 기념될 식스투스의 전임 교황 켈레스티누스다.[81] 우리는 그 두 황제에 관한 것을 이곳에 개재하기로 이미 결정했다.

거룩한 식스투스 교황은 안디옥의 주교에게[82] 보낸 서신에서, 네스토리우스에 관해 다음과 같이 선언했다. "그러므로 바울 사도가 믿음은 - 명백하게 의기양양하게 계시됐던 믿음은 - 하나라고[83] 말씀했기 때문에, 우리는 마땅히 언급돼야 할 것을 믿어야만 하고, 또한 우리는 당연히 지켜져야 할 것에 관해 언급해야 한다." 마땅히 믿어지고 언급돼야 할 것은 무엇인가? 식스투스 교황은 계속 이렇게 언급했다. "망령되고 헛된 진기한 것들은 그 어떤 것도 더 이상 인정되도록 해서는 아니 될 것이다. 왜냐하면 고대성에 그 어떤 것을 첨가시키는 일은 온당하지 못하기 때문이다. 우리는 우리의 믿음의 선조들이 물려준 명백한 신앙과 신뢰가 어떤 불명료하고 애매모호한 혼합의 구름에 가려지지 않도록 힘써야 한다." 그는 모든 방식에 사도처럼 말하지 않았는가! 그는 명료한 빛으로 선조들의 신앙을 밝혀주고 있다. 그러나 그는 망령되고 헛된 진기한 신성모독과 불경을 불명료하고 애매모호하게 만드는 혼합으로 묘사하고 있다.

거룩한 교황 켈레스티누스는 그와 비슷한 방식과 의미로, 골(Gauls)의 주교들에게 보낸 서신에서, 그러한 오류들을 묵인하는 처사에 대해 강력히 비난했다.* 즉 말하지

---

80. 식스투스 3세 (Sixtus III, 주후 432-440 재위)는 교회의 화평을 회복시키는 일에 연관됐다. 그는 물론 그리스도론이라는 문제에 관해 관심이 없었다. 물론 빈켄티우스가 그를 여기에 소개한 이유는, 그의 환심을 사서 빈켄티우스 그 자신이 아우구스티누스주의 (Augustinianism)를 공격할 때 도움을 얻으려 한 것이 아닌가 하는 짐작을 할 수 있다.

81. 켈레스티누스 1세 (Celestine I, 주후 422-432 재위)는 원래 정치적인 문제와 관련이 있었다. 그러나 에베소 공의회를 이끄는 사회자로 참여하기도 했다. 그리고 네스토리우스의 면직을 주도하기도 했다.

82. 안디옥의 주교 요한(John, 주후 429-448 재좌)은 에베소 공의회 진행에 참여했다. 그러나 그는 네스토리우스의 친구들 중 한 명이었고 키릴로스의 호적수였다. 언급된 교황의 서신은 MPL 50.609에 수록됐고, 그 날짜는 주후 433년 9월 15일자다. 그 서신은 요한과 키릴로스가 서로 화해하기를 종용하는 내용을 갖고 있다.

83. 참고. 엡 4:5.

---

* 골 지방은 빈켄티우스와 같은 세미-펠라기우스주의자들의 본거지에 대해 침묵하고 있는 처사를 비판했다.

않고 침묵하게 되면 고대 신앙을 지키는 일에 실패를 겪게 되며, 이는 신성모독과 불경이 발생하도록 허용하는 결과를 초래할 뿐이라는 것이었다. 그는 이에 관해 이렇게 언급했다. "만일 우리가 우리의 침묵으로 오류를 양육한다면, 즉시 그런 행위를 응징하는 고발장이 우리에게 발부될 것이다. 그러므로 이러한 종류의 인간들은 비난 받아 마땅하다. 따라서 그런 자들에게 마음대로 말할 자유를 허락해서는 안 될 것이다."[84] 이점에서, 아마도 누가 자기 마음대로 말할 자유를 갖는 일을 금지하는 사람들인지를 철저히 확신할 수 있을지 의문이다. 그는 고대성을 전하는 자일까? 아니면 진기한 것들을 창안하는 자일까? 켈레스티누스의 말을 들으면, 그런 의문은 제거되고야 만다. 그는 계속해서 이렇게 말한다. '만일 그것이 사실이라면'(즉 그것이 만일 사실이라면, 나 이전에 누군가가[85] 너희의 도시와 지역들을 고발했을 것이며, 너희의 해로운 태만이 그들로 하여금 어떤 진기한 가르침에 동의하도록 만들었을 것이다). "만일 그것이 하나의 사실이라면, 진기함은 고대성을 공격하는 일을 중지해야만 한다." 이러한 주장은 복 받은 켈레스티누스의 복된 견해였다. 곧 고대성이 진기함을 근절하는 일을 중지하는 것이 아니라, 오히려 진기함이 고대성을 공격하는 일을 멈추어야 한다는 견해였다.*

XXXIII. 두 콤모니토리의 내용을 요약함

무엇보다 먼저, 사도적이며 보편적인 신조에 저항하는 자마다 누구든지 거룩한 켈레스티누스 교황에 관한 기억을 반드시 모욕해야만 한다. 그 신조는 진기함은 고대성을 공격하는 일을 반드시 중지해야만 한다는 것이다. 또한 그러한 저항자는 진기함을 전혀 인정하지 않은 거룩한 식스투스 교황의 결정을 반드시 조롱해야만 한다. 왜

---

84. 이 서신은 MPL 50,528-537에 수록됐다. 또한 그 부분은 서신 선집. 530에 인용됐다. 켈레스티누스 교황의 서신을 받은 주교들은 다음과 같다. 베네리우스(Venerius of Massilia), 마리누스(Marinus), 레온티우스(Leontius), 아우크소니우스(Auxonius), 아르카디우스(Arcadius), 필루키우스(Filuccius) 등. 이 서신은 켈레스티누스 교황의 마지막 공적인 회람들 중 하나였다. 빈켄티우스는, 그러한 교황이 이단을 정죄하기 위해 기록한 서신의 권위에 호소해, 이단의 정체를 밝히려고 했으나– 교황의 서신은 이단을 공격하는 이단사설과 정반대되는 것임–, 결국은 실패하고 말았다. 왜냐하면 물론 그 이유는 그 자신이 세미–펠라기우스주의에 젖어 있었기 때문이었다. 다르게 말하면, 빈켄티우스는 세미–펠라기우스주의의 관점에서, 이단을 확정하는 기준을 제공하는 교황의 서신을 독점하여– 만약에 in toto 내에 인용됐다면–, 나름대로 이단 여부를 판단했기 때문이다.**

85. 프로스페르와 힐라리우스.

* 따라서 켈레스티누스의 견해에 따르면, 진기한 것들을 전하는 자들은 마음대로 말할 수 있는 자유를 박탈당해야만 한다.

** 곧 이 책의 편집자는 이단을 결정하는 기준이 세미–펠라기우스주의가 돼선 안 된다고 주장하고 있다. 이는 편집자가 아우구스티누스를 세미–펠라기우스주의 입장에서 비난하고 있는 빈켄티우스의 견해를 비판하고 있음을 보여주는 증거다.

냐하면 고대성에 그 어떤 것도 첨가되지 않는 것은 당연한 처사이기 때문이다. 게다가, 그러한 저항자는 또한 가경자 카프레올루스의 열정을 높이 평가한 복된 키릴로스의 신앙 규칙을 대수롭지 않게 여기는데, 그 이유는 키릴로스가 고대 신앙의 교리가 확립되고 진기한 헛된 것들이 정죄되도록 원했기 때문이다. 그렇기 때문에 키릴로스는 자신의 발자국을 에베소 공의회 위에, 곧 거의 모든 거룩한 동방의 주교들의 판단 위에 찍었던 것이다. 그들은 하나님의 가호 아래서, 그 신조를 채택하는 투표권을 행사했다. 그 신조는, 신성하고 또한 그리스도 안에서 조화를 이루는 거룩한 믿음의 선조들의 고대성이 가졌었던 것 이외에 믿을 만한 것이 없음을 선언한 것이었다. 누가 한 목소리로 크게 외치면서 이것은 모든 자의 목소리였다고 증언했던가? 모두가 이것을 원했고, 모두가 이렇게 생각했다고. 네스토리우스 이전의 거의 모든 이단들처럼, 그들은 고대성에 대해 그 어떤 가치도 거의 부여하지 않고, 또한 진기함만을 지지했었다. 그래서 그들은 네스토리우스가 정죄를 받았던 것처럼, 이러한 허망한 진기함의 창안자와 고대성을 격렬히 공격하는 가해자는 반드시 정죄 받아야만 한다.

만일 하늘에서 내려 온 거룩한 은총의 은사에 의해 영감을 받은 그들의 일치와 동의가 누군가를 노엽게 하거나 불쾌하게 만들었다면, 네스토리우스의 망령되고 헛됨을 정죄한 일이 부당하다고 주장하는 일을 제외하고 그 무엇이 여기서 불쾌함을 당한 그의 목적이 될 수 있을까? 결국 그는 폐물이나 쓰레기 찌꺼기처럼[86], 그리스도의 전체 교회와 교사와 사도와 선지자와 특히 복된 사도 바울을 얕보고 경멸하는 셈이다. 한번 전해진 신앙을 소중히 여기고 보존하는 의무를 교회는 결코 철회하지 않았기 때문에, 그는 교회를 멸시한다. 그래서 사도는 이렇게 썼다. "디모데야 망령되고 헛된 말과 거짓된 지식의 반론을 피함으로 네게 부탁한 것을 지키라."* "우리가 전에 말하였거니와 내가 지금 다시 말하노니 만일 누구든지 너희가 받은 것 외에 다른 복음을 전하면 저주를 받을지어다."** 그러나 만일 사도의 결정이나 교회의 신조가 그 이름을 더럽힘을 당하지 않았다면, 보편성과 고대성의 가장 거룩한 동의에 따라, 항

---

86. 참고. 고전 4:13.

---

* 딤전 6:20.

** 갈 1:9.

상 과거의 이단들이나 최근의 펠라기우스, 카일레스티우스, 네스토리우스 등과 같은 이단들은 공히 정당하고도 당연히 정죄 받았던 것이다. 그 자신을 어머니 교회의 적자라고 입증하기를 열망하는 모든 보편 교인들의 의무는 거룩한 믿음의 조상들의 거룩한 신앙을 고수하고 신봉하는 일이다. 또한 그 의무는 그러한 거룩한 신앙에 접착되는 일이며, 또한 그 안에서 죽는 것이다. 그러나 망령되고 헛된 진기함은 그러한 거룩한 신앙을 증오하고, 그것에 대해 몸서리치며, 그것을 근절하여 박멸하려 하며, 그것을 박해한다.

상술한 것들은 두 콤모니토리에서 보다 폭 넓게 다루어왔던 주제들이다. 그러나 지금 요약을 통해, 다소 보다 적은 영역은 제한될 수밖에 없다. 계속되는 콤모니토리 저술을 보충하고 돕는 일에 내 기억력은 크게 소용될 것이다. 따라서 이를 과도하게 확장해 서술하는 일은 시간 낭비일 뿐이다.

제2장

코르비의 라드베르: 주님의 몸과 피(발췌본)

제1절. 서론

본장의 발췌본과 다음 장의 텍스트는 "주님의 몸과 피"(The Lord's Body and Blood)라는 동일한 제목을 가진 필사본으로, 이들 둘 다 주후 9세기 전반기에 아미엥(Amiens) 근처에 소재한 코르비의 베네딕트 대수도원에서 저술된 것으로서, 정반대의 견해를 보여주고 있는 대표적 성찬론들이다.

그 시대의 성찬론에 관해 저술한 작가들 중 첫 선두주자는 다름 아닌 라드베르(파샤즈 라드베르)가 있었다.[1] 그는 스와송(Soissons) 지방의 토박이로서, 첫 대수도원장 아달하르트(Adalhard) − 샤를마뉴의 사촌 − 가 생존하고 있었던 시절에 새로이 설립된 코르비 수도원에 입문하게 됐다. 여기서 열심히 공부한 그는 실력을 두루 인정받아 교사의 직분을 부여 받게 됐고, 수년 간 열성을 다해 봉직했다. 그는 성경과 교부들의 저술

---

1. 다음을 보라. Jean Mabillon in MPL 120.9-24; 대수도원장 라드베르(Radbertus)에게 보내는 엥겔모두스(Engelmodus) 주교의 시편(MPL 120.25-28); 공적으로 대수도원장 라드베르에게 주후 846년에 개최된 파리 공의회가 부여한 코르비 대수도원의 특권(MPL 120.27-32: 866년은 오기).

들에 능통했을 뿐만 아니라 이교도적인 고전에도 해박했기 때문에 적어도 라틴어와 그리스어 모두에 정통했을 것으로 사료된다. 그러나 그러한 깊은 지식을 가졌음에도, 그는 대단히 겸손한 인물이었으며, 그 자신은 "모든 수사들 중의 찌꺼기"로 불리기를 좋아했다고 한다. 주후 844년, 세 번째 대수도원장 이삭(Isaac)이 타계하자, 그의 후임자로 발탁됐는데, 그는 이를 거절하고 말았다. 부제에서 사제 장로 직에 진급할 수 있는 기회를 포기했던 것이다.

그 직책은 한직이 아님이 판명됐는데, 그 이유는 그 수도원에 수많은 소동이 발생했기 때문이며, 그것들의 일반적인 성격은 흔히 발생할 수 있는 사건들로 추측할 수 있다. 수도사들 중에는 고트샬크(Gottschalk)[2]와 또한 라트랑(Ratramnus) 같은 불행한 사람도 있었다. 그 두 수도사는 두드러진 사상의 독립적 특성을 보여주었다. 라트랑과 더불어 파샤즈(Paschasius)는 격렬한 논쟁 – 여기서 우리의 관심사인 성례뿐만 아니라 동정녀 탄생에 관한 – 에 휩쓸릴 운명에 처해 있었다. 원인이 무엇이었든지 간에, 라드베르(Radbertus)는 대략 주후 853년경에 대수도원장직을 사임했고, 또한 연구생활에서도 은퇴를 선언했다.

성경주석 분야에 속하는 파샤즈의 몇 작품들은 다음과 같다. 12권으로 된 「마태복음 주석」,[3] 「시편 44편 주석」,[4] 다섯 권으로 된 「예레미야 애가 주석」[5] 보다 간략한 작품들 중에는 *On the Virgin Birth*(동정녀 탄생에 대해),[6] *On Faith, Hope, and Charity*(신앙, 희망과 자비에 대해),[7] 셋째 판 *The Passion of Saints Rufinus and Valerius*(성 루피누스와 발레리우스의 수난),[8] 두 개의 전기적 작품, 성 아달하르트(Adalhard)[9]의 생애와 아달하르트를 이어서 코르비(Corbie) 대수도원장으로 취임한 아달하르트의 형제 왈라(Wala)[10]를 기념하기 위해

---

2. 고트샬크(Gottschalk)에 관해서는 본서 제1부 제4장 *Reply to the Three Letters*를 보라.

3. *Expositio in evangelium Matthaei* (MPL 31.994): 이는 수도사 군트란트(Guntland)에게 보내졌다.

4. *Expositio in Psalmum* 45 [= 44 (R. S. V.)] (MPL 120.993–1060): 이는 라드베르가 가르치기 위한 목적을 갖고 어릴 적 가난한 수녀 스와송의 성 메리(St. Mary of Soissons)에게 보낸 것이다.

5. *In threnos sive lamentationes Ieremiae libriv* (MPL 120.1059–1256). 이 주석서는 세베루스(Odilmannus Severus)에게 보냄.

6. *Opussculum de partu Virginis* (MPL 120.1365–1386). 이는 스와송의 수녀에게 보냄.

7. *De fide, spe et charitate libri iii* (MPL 120.1387–1490). 이는 [새로운] 코르베이(Corvey)의 수도원장과 와린(Warin)의 대수도원장에게 보냄.

8. *De passione SS Rufini et valerii* (MPL 120.1489–1508).

9. *Vita Sancti Adalhardi Corbeiensis abbatis* (MPL 120.1507–1556).

10. *Epitaphium Arsenii seu vita venerabilis Walae abbatis Corbeiensis in Gallia* (MPL 120.1557–1650).

편찬된 평론집 등.

파샤즈가 죽은 연대는 불확실하며, 아마도 주후 865년 4월 26일에 별세한 것으로 추측되고 있다. 임종에 직면해, 그는 수도사로서 자신에 대한 전기를 남기지 말 것을 겸손하게 요청했다고 한다. 주후 1073년 7월 12일에 이르기까지 그의 시신은 코르비의 성 요한 교회에 안치됐다가, 그 후 성 베드로 교회로 옮겨져 매장되었다.

라드베르의 책, 「*The Lord's Body and Blood*(주님의 몸과 피)」는 그의 초기 작품군에 속할 뿐만 아니라, 성례전에 관한 저술 중 최초의 것이 되었다. 대략 주후 831년에 저술된 것으로 추측되는 이 책은 라드베르의 문하생인 플라키디우스(Placidius)에게 헌정된 것이었고, 베스티팔리아(Westphalia)의 뉴 코르비(New Corvey)에 소재한 와린 대수도원장에게 바쳐졌다. 원래 와린 수도원 설립은 라드베르가 주후 822년에 관여한 곳이었다. 플라키디우스에게 전하는 서문[11]은 현전하며, 그것은 이 작품에 대한 이합체(離合體; acrostic)* 시의 15개 육보격 시편으로 기능하는 것이다.[12] 그러나, 대략 주후 844년경에, 라드베르는 대머리 찰스 왕에게 보내는 하나의 개정판 논문을 보내기로 결심했다. 그는 그 서문 앞에 뮤즈(Muses)에게 호소하는 21개의 육보격 시[13]와, 그 책이 왕에게 바치는 성탄절 선물임을 분명히 밝히고 있는 한 편의 산문 서신[14] 등을 실었던 것이다. 그 시와 서문은, 그가 얼마나 겸손한 인물이었는지를 새삼 다시금 명백히 잘 보여주고 있다. 결국, 그가 나이가 많이 들었을 때, 프루데가르트(Frudegard)에게 보내는 한 서신에서 성례에 관한 그의 견해를 다시 한 번 옹호하고 있었다.[15]

이 책에 라드베르의 성찬론이 실린 것은 본시 라트랑이 제시한 다른 견해의 성찬론과 비교해 이 두 성찬론이 갖고 있는 특성을 살펴보려는 관심사에서 비롯된 일이라 하겠다. 라드베르 성찬론의 양이 너무 크므로, 보다 완벽한 번역을 시도하기 위해서, 라트랑의 고유한 특성과 비교될 수 있는 부분을 주로 발췌하여 싣게 되었다. 즉, 두 저자가 극명하게 대립되는 부분들을 중점적으로 번역하게 됐다. 다음 세기 동안, 라

---

11. MPL 120.1263-1268.

12. MPL 120.1261-1264.

13. MPL 120.1259-1260.

14. MPL 120. 1259-1260.

15. *Epistola de corpore et sanguine Domini ad Frudegardum* (MPL 120.1351-1366).

---

* 각 행의 처음과 끝 글자를 맞추면 하나의 어구가 되게 만든 시.

드베르의 성찬론이 이 분야에서 지배적인 견해가 됐으며, 특히 투르(Tours)의 베렝가리우스(Berengarius)와 연관된 논쟁에서 그러했던 것이다. 그리고 로마 가톨릭 저술가들이 라드베르에게서 기꺼이 결점을 찾아내려 하지 않고 있는 점을 보더라도, 그는 분명히 그들에게 정통교리를 남겨준 셈이었다.

그는 성경말씀을 종종 자연스럽게 인용했으나, 교부들의 작품들은 별로 인용하지 않았고 오직 위대한 그레고리우스(Gregory the Great)의 저술들만 인용하곤 했다. 그러나 그가 성찬론의 서문에서 다음과 같은 인물들의 저술을 인용하겠다고 약속한 것은, 과거 그의 특성에 비해 매우 놀랄 만한 일이다. 키프리아누스, 암브로시우스(Ambrose), [쁘와띠에(Poitiers)]의 힐라리우스(Hilary), 아우구스티누스(Augustine), 요한(John) [크리소스토모스(Chrysostom)], 히에로니무스(Jerome), 그레고리우스(Gregory), [세빌(Seville)의] 이시도르(Isidore), 이시키우스(Isicius) [헤시키우스(Hesychius)], 비드(Bede) 등. 그러나 학자들은 라드베르가 암브로시우스, 히에로니무스, 아우구스티누스 등의 저술에 힘입어 자신의 성찬론을 저술했다는 점을 발견하게 됐다. 또한 라드베르는 경건한 일화들을 좋아했고, 번역본에는 그에 관한 한 예화가 수록됐다.

성찬론에서 라드베르와 라트랑의 주요한 개념 차이는 다음과 같다. 라드베르에 의하면, 사제가 축성한 후에, 제대 위에 있는 빵과 포도주는 그리스도의 참된 몸과 피로 변화하게 된다. 반면에 라트랑에 의하면, 빵과 포도주는 그리스도의 몸과 피를 상징하는 것에 불과한 것이다. 라드베르는 또한 대단히 명시적으로 이렇게 주장했다. 그리스도의 참된 몸과 피는 눈에 보이는 일반적인 인간의 몸과 피와 동일하다. 곧 지상에서의 주님의 생애 동안, 그리고 지금은 하늘을 통치하는 동안 지니신 몸과 피와, 성찬식에서 변한 몸과 피는 정확히 동일하다. 그러나 라트랑은 라드베르의 주장을 정확히 정반대로 공박했다. 그런데 로마 가톨릭 신학자 폴(Puhle)[16]이 수용한 관점에 의하면, 라드베르는 오류를 범한 셈이 된다. 그는 라드베르가 '카파르나이투스파(Capharnaites)*와 같은 조악한 육체적 개념'에 기울어져 있다고 의심했다. 한 세기 이상이 더 지나서, 라드베르의 작품은 *Dicta de corpore et sanguine Domini*(주님의 살과 피에 대한 가

---

16. CE 11.518.

---

* 성찬의 살이 찢겨진 시신이나 고기, 지상에서 팔리는 살과 다를 바 없다고 주장하는 자들.

르침)에 언급되기에 이르렀다. 그것은 게르버트(Gerbert; 교황 실베스터 2세, 999-1003 재위)와 롭스(Lobbes)의 헤리거(Hérige, 1007년에 죽음)가 저술한 것이었다.

라드베르에게 *figura*는 '외적인 모습'을 의미하고 *veritas*는 '신앙이 가르치는 것'을 가리킨다. 그와는 정반대로, 라트랑에게 *veritas*는 '감각에 대해 지각할 수 있는 것'이고 *figura*는 '신앙이 가르치는 것'이다.

라드베르는 또한 예전에 포함된 여러 가지 흥미로운 주제에 관해 관심을 표명했다. 예를 들면 이렇다. 왜 빵과 포도주가 성례식에서 사용되는가? 왜 물과 포도주를 혼합하는가? 성찬식에서 사악한 사제가 베푼 성찬은 무효인가? 왜 빵과 포도주는 외형적으로 눈에 보이게 변하지 않는가? (위대한 신앙을 소유한 자들의 눈에는 변화되어 보였다는 기록의 예가 있더라도) 축성의 말씀은 어떠해야 하는가? 받아먹는 빵의 크기에 따라 성찬식에서 받는 은혜가 달라지는가? 왜 빵조각을 포도주에 담가야 하는가? 그리스도께서는 식후에 주의 만찬을 제정하셨는데, 현재 교회는 무엇 때문에 미사 전에 완벽한 단식을 주문하고 있는가?

파샤즈의 저술은 베로나(Verona)의 라티에르(Rathier)에 의해 인용됐고(MPL 136.444-450), 또한 토르토나(Tortona)의 게조(Gezo) 역시 이를 인용했다.(MPL 137.371-373)

그의 *Lord's Body and Blood*(주님의 피와 살)는 최초로 루터파 학자 가스트(Hiobus Gast)에 의해 1528년 하게나우(Hagenau)에서 편집 출판됐다. 이는 로마 가톨릭 신학자들에 의해 수없이 많은 혹평과 질책을 받았고, 특히 마메라누스(Nicolaus Mameranus)는 가스트가 자신의 신학적 견해와 맞지 않는 것은 삭제해버린 동시에, 루터파 신학에 맞도록 개찬과 삽입을 서슴지 않았다고 비난했던 것이다. 파샤즈의 그 작품은 로마 가톨릭의 후원으로 1540년 라투스(Guillaume Ratus)에 의해 최초로 출판됐다. 마메라누스의 판은 1550년 콜로뉴(Cologne)에서 나타났고, 블리메루스(John Blimmerus)의 것은 1561년 루뱅(Louvain)에서 출판됐다. 1618년 예수회 소속 서몬트(Jacques Sirmond)에 의해 편집된 라드베르의 현존 작품들의 완본집에서, 주교 미그네(Migne)는 *Patrologiae cursus completus*(Series Latina; 라틴교부전집)라는 제목으로 구성된 120권 전집을 거의 모두 이끌어냈다. 그러나 그는 라드베르의 *Lord's Body and Blood*(주님의 피와 살)는 미그네의 전집 대신 다음과 같은 전집을 사용했던 것이다. E. Martène and U. Durand, *Veterum Scriptorum et Monumentorum Amplissima Collectio*, vol. 9 (Paris, 1724-1733). 이 편집본[17]이 때때로 탁월한 본을 갖춘 비평적인 각주들을 지니고 있는 반면, 텍스트 자체는 대단히 많이 훼손됐고 따라서 그에 대한 번역 작업은 대단히 지난한 편에 속한다. 이 책에 대한 영어 번역본은 존재하지 않고, 유일한 번역본은 독일어로 된 것으로서 다음과 같다. P. M. Hausherr's *Der heilige Paschasius Radbertus: eine Stimme über die Eucharistie vor tausend Fahren*(Mainz, 1862). 그런데 이 번역본도 현존하지 않는다. 그 외에 다음과 같은 것들이 있다. Consult Eugène Choisy, *Paschase Radbert: Étude historique sur le IXe siècle et sur le dogme de la cène* (Paris, 1888); C. Gliozzo, *La dottrina in Paschasio Radberto e Ratramno, monaci di Corbia* (Palermo, 1945); Henri Peltier, *Pascase Radbert, abbé de Corbie: contribution à l'étude de la vie monastique* (Amiens, Duthoit, 1938); DTC 13.1628-1639; J. Pohle's article in CE 11.518.

---

17. MPL 120.1267-1350.(비평적인 각주를 달고 있음)

제2절. 본문

I, 2.

무엇이든지 하나님의 뜻 밖에 있거나 그에 반하는 일이 생겨난다는 것은 도저히 있을 수 없는 일이며, 이는 자명한 이치에 해당한다. 곧 하나님 밖에서는 아무것도 가능하지 않다는 것이다. 따라서 만사는 전적으로 하나님께 굴복하게 되는 법이다. 그러므로 어떤 인간도 그리스도의 몸과 피에서 이탈되게 해서는 안 된다. 그것은 하나의 신비로움 속에서 창조주 하나님이 그렇게 되기를 원하셨기 때문에 참된 살과 참된 피인 것이다. "오직 우리 하나님은 하늘에 계셔서 원하시는 모든 것을 행하셨나이다."[18] 하나님이 원하셨기 때문에 그리스도는 빵과 포도주의 형상 속에 남아 있으리라. 따라서 축성 후의 그리스도의 살과 피만이 오직 남게 된다는 사실은 철저히 믿어야만 한다. 왜냐하면 진리 자체이신 그분이 그의 제자들에게 보다 신비스러운 용어로 이렇게 말씀하셨기 때문이다. "나는 하늘에서 내려온 살아 있는 떡이니 사람이 이 떡을 먹으면 영생하리라 내가 줄 떡은 곧 세상의 생명을 위한 내 살이니라."[19] 그런데 그것은 물론 마리아에게서 태어나셨고 십자가에서 고난을 받으셨으며 무덤에서 부활하셨던… 그 몸과 전혀 다르지 않다. 만약에 이 말이 믿기지 않는 사람이 있다면, 그는 신구약 성경 속에 기록돼 있는 모든 기적들을 주목해야 할 것이다. 그것들은 확고한 신앙을 가진 자들에게 하나님이 직접 행하신 신비한 이적으로서 자연 질서를 거스르는 일이다. 확신을 지닌 자들은 대낮보다 더 명확히 하나님께는 불가능한 일이 없다는 사실을 인식하게 될 것이다. 왜냐하면 그것이 무엇이든지 간에 하나님이 일어나기를 원하시는 일이면, 실제로 반드시 성취되기 때문이다.

I, 4.

… 아무리 보아도 하나님의 의지는 전연 능력이 없이는 시행되지 않고, 또한 지혜

---

18. 시 115:3(불가타, 113:2).

19. 요 6:51.

를 빼놓고 능력이 발휘되는 법도 없다. 왜냐하면 하나님의 의지는 능력과 지혜 그 자체기 때문이다. 그러므로 하나님이 원하시는 것은 무엇이든지 그 뜻대로 실현된다. 그리고 아무리 보아도 하나님의 의지는 결함도 없고 불완전하지도 않다. 왜냐하면 하나님은 그의 지혜 안에서 모든 것을 원하시기 때문에 바로 그의 지혜는 그의 의지가 되며, 이러한 연유로 하나님은 어떤 악도 원하지 않으시며, 또한 어떤 불가능한 것도 없으시다. 하나님이 그렇게 원하셨기 때문에, 만약 당신이 하나님을 믿는다면 그것은 결코 의심할 나위 없이, 그의 살과 피가 이러한 신비가 되도록 하셨다. 그러므로 참된 신앙을 갖고 이것이 이 세상의 생명을 위해 제공된 참된 살이라는 점을 항상 기억해야 할 것이다. 누구든지 그것을 가치 있고 훌륭한 방식으로 먹는 자마다 세세무궁토록 영원히 죽음을 맛보지 않을 것이다. 왜냐하면 그리스도께서 그의 교회에 성령뿐만 아니라 그 어떤 것에 비교해도 뒤지지 않는 크고 위대한 성찬과 세례의 신비를 남겨주셨기 때문이다. 그 모든 것 안에서 역사하시는 이 성령은 전체 교회의 보증이 되시는데, 내적으로 우리 구원의 신비가 불멸성을 획득하도록 인치시는 것이다. 그러나 이 모든 신비한 것들이 불신자들에게는 전혀 제공되지 않으며, 믿는 자들에게는 이보다 더 이상 좋은 것이 없고, 이 세상 삶에서 이보다 더 신비하고 부요한 것은 없을 것이다. 그것들은 우리 눈에 보이도록 나타나는 것이 아니라 신앙과 오성(understanding)을 통해 하나님의 신비 속에서 달콤한 향기를 발하면서 등장한다. 그리고 그것들을 통해, 그리스도의 몸의 통일성 가운데, 인간들은 그리스도 안에 있는 영원불멸과 교제를 얻게 된다.

I, 5

그러므로 이러한 신비는 이 세상 삶 속에서 발생해온 모든 기적들과는 전혀 성격이 다른 법이다. 왜냐하면 모든 기적들은 이러한 유일한 신비가 믿어지도록 하기 위해 일어났던 것이다. 그리스도는 진리시며, 또한 진리는 하나님이시다. 그리고 만일 하나님이 진리시라면, 그리스도께서 이 신비 안에서 약속하신 모든 것은 그것이 무엇이든 간에 동일한 방식으로 진리가 된다.* 따라서 그리스도의 참된 몸과 피는 누구나

---

* 그리스도가 참이기에 그리스도에게서 나와 베풀어진 기적적 신비인 성찬 역시 참이며, 세상의 기적적 신비는 반드시 참이 아니라 성찬의 신비를 예비하기 위한 들러리에 불과하다는 의미.

먹고 마시기에 무한한 가치가 있으며, 그 안에 영속하는 영원한 생명을 소유하고 있다. 그러나 신앙이 의를 위해 활동되는 한, 그것은 실체 없는 비물질적인 외관과 맛을 지니고 있기 때문에 변하지 않는 법이다. 그리고 신앙의 공적 때문에 그 안에서 의에 대한 보상이 이루어진다. 그리스도께서 행하신 그 외의 모든 다른 기적들은 그의 수난과 고난을 통해 일어난 이러한 신비한 기적을 확실히 해주는 역할을 한다. 그리고 그리스도의 몸과 피는 기적 때문에 외형이 변하는 것이 아니라 내적으로 변화하므로 신앙은 영적으로 입증된다. 우리 대부분은 '오직 믿음으로 사는 사람'[20]이기 때문에 그분은 신비 속에서 신앙의 의를 지니고 있기 마련이라고 진실 되게 고백할 수 있다. 그리고 신앙을 통해 신비 안에서 영속하는 생명을 부여받을 수 있고, 그것을 통해 보다 확실히 죽을 운명의 인간은 불멸의 영생을 먹을 수가 있으며, 더 빨리 인간은 영생불멸을 향해 달려갈 수 있음도 고백할 수 있다. 그는 자신의 발걸음으로 불멸하는 곳에 도착하는 것이 아니라 선행과 더불어 신앙을 통해 도달할 수 있다.

I, 6

에덴동산에는 생명나무의 열매가 존재했으며,* 그것을 먹고 인간은 영생불멸을 누릴 수 있었다. 또한 그것은 인간이 선악을 알게 하는 나무의 열매를 먹지 말라고 하신 하나님의 명령**을 지킴으로써 가능했다. 어느 모로 보나 창세기의 이야기는 교회와 직접적으로 연관됐다는 것이 명백한 사실이다. 에덴동산에 영생의 열매가 주어진 것처럼 교회 내에 이러한 구원의 신비가 공급된다.*** 그런데 그것은 아담이 먹었던 사실상의 나무 열매와 같지 않고, 가시적인 어떤 물질을 거쳐 내적으로 작동하는 비가시적 능력과 관련됐다. 그러므로 이제 가시적인 성만찬 가운데서, 하나님의 권능은 성찬이 지닌 비가시적 능력을 효력 있게 만들어 우리로 하여금 영생하도록 기르시고

---

20. 롬 1:17.

---

* 참고. 창 2:9.

** 참고. 창 2:16-17.

*** 에덴동산에서 인간이 영생의 열매는 먹어 영생하게 된 것처럼, 교회에 속한 자들이 신비한 성찬의 떡과 포도주, 곧 예수 그리스도의 피와 살을 먹어 영생을 누릴 수 있게 됐다는 것이다. 곧 첫 아담은 나무 열매를, 그 후손들은 두 번째 아담의 몸의 열매를 먹음으로써 영생을 누리게 된다는 의미다.

부양시켜주신다. 이는 에덴동산에 있던 생명나무 열매가 영생을 허락해주는 것과 꼭 같은 이치다. 생명나무 열매와 성찬의 열매인 그리스도의 몸(살과 피) 둘 다 지혜와 능력의 맛을 지니고 있다. 성찬의 신비한 몸을 통해, 곧 정당하게 그 몸을 섭취하게 되면, 우리는 영적으로 영생하게 된다. 결국에 가서 우리는 더 나은 영생불멸의 상태로 옮겨가게 되는 것이다. 다음의 말씀은 이를 잘 입증해준다. "말씀이 육신이 되어 우리 가운데 거하시매"[21] 하나님에 의해 말씀이 육신이 되셨고, 그 육신은 말씀이신 하나님에게로 나아가고, 물론 말씀의 육신은 이러한 신비 속에서 음료와 양식이 된다. 충실한 신자들이 먹는 성찬의 음료와 양식이 이 세상을 살아가는 그들 생명을 위한 그리스도의 몸이라는 사실을 믿으면, 또한 그 음식이 오직 그들 속에 머무르고 있는 그리스도의 몸이라는 사실을 받아들이면, 그들은 그 음식을 먹음으로 말미암아 그리스도처럼 변할 것이다. 그분은 오직 우리 안에 거하시는 하나님의 몸으로 만들어지셨다.* 만일 그것이 우리 안에 거하게 되면, 우리는 그 안에서 그의 몸의 지체로 남아있게 된다. 우리가 그 안에 존재함으로써, 그것에서 말씀의 살을 먹고 그의 피를 마시게 되어 살아갈 수 있게 된다. 나는 말한다. 이것은 우리의 신앙을 강화시켜주는 일이라고! 그러나 이러한 성찬의 유일성과 생명의 나눔과 교제, 그리고 참여는 인간의 이성이 파악할 수 있는 대상이 아니며 그것은 이성 밖에 놓여 있는 사실적 진리다. 그리하여 신앙의 논증에 의해서만, 하나님의 권능과 능력이 다양한 방식을 통해 그 효력의 발생을 믿게 되는 것이다. 왜냐하면 의심의 구름이 잔뜩 낀 마음의 소유자는, 비록 행복하게 잘 살고 있더라도, 그러한 믿음을 배척하기 때문이다. 그리하여 그런 자는 이러한 성격을 지닌 성찬의 이해에 도달하지 못하게 된다.

II, 1

매일 교회를 통해서 개최되는 주님의 살과 피의 성찬식의 성격에 관해, 충실한 신

---

21. 요 1:14.**

---

* 이것은 '이중화체설'이라 이름 붙일 수 있다. 곧 성찬의 떡과 포도주가 그리스도의 피와 살로 변하고, 그것이 참되게 성찬에 참여한 자들의 몸속에 들어가 그들이 그리스도로 변화된다는 라드베르의 주장은 이중적 몸의 변화를 담고 있다.

** 보통 이 구절은 그리스도가 우리와 함께 하신다는 뜻으로 해석되지만, 라드베르는 성찬에서의 그리스도의 몸이 우리 체내로 들어간다는 의미로 이해하여 화체설의 근간으로 삼고 있다.

자라면 그 누구도 무지해서는 안 된다. 성찬식 자체 안에 들어 있는 신앙과 지식의 의미, 곧 성찬식의 의미는 무엇이며 이를 통해 얻을 수 있는 신앙적 요소와 특징이 무엇인가를 따져서 아는 일은 매우 중요하다. 그 이유는 신비한 성찬식 자체에 들어 있는 신앙이 성찬에 관한 지식 없이는 정당하게 방어되기 불가능하고, 또한 그러한 신앙 없이는 성찬에 관한 지식도 생겨날 수 없다. 신앙은 어떤 것은 수용하지 않고, 때로 어떤 것은 지각하기도 한다. 이러한 이유로, 그렇게 위대한 성찬식의 능력과 권능은 반드시 검토돼야 하는 것이다. 또한 적어도 만약 우리가 성찬에 관한 이 점을 충분히 인식하지 못한다면, 그리고 그리스도의 신비한 살과 피가 얼마나 엄청난 가치가 있다는 사실을 이해하지 못한다면, 또한 그것들이 얼마나 큰 능력을 발휘하며, 구약의 모든 희생 제물이 내는 물질적인 맛과 얼마나 큰 차이가 나는가 (성찬식은 그 모든 구약의 희생 제사를 단번에 능가함) 등의 사실을 인식하지 못한다면, 성찬에 대한 그리스도의 가르침은 오직 신앙에 의해 받아들여야만 하고, 그렇게 함으로써 우리는 무가치하고 하찮은 존재로 여겨지지 않을 것이다.

II, 2

이러한 성찬의 유익한 점을 잘 알지 못하는 사람은 누구든지 분별력이 없는 우둔한 자다. 그런 자는 우리의 구원을 위해 공급돼 온 것의 의미와 성격이 무엇인지를 모르게 됨으로써 결국은 그것을 받아들이는 자들과는 반대로 파멸하게 될 것이라는 사실을 염두에 두어야 한다. 주님은 레위기에서 이렇게 말씀하셨다. "만일 누가 부지중에 성물을 먹으면 그 성물에 그것의 오분의 일을 더하여 제사장에게 줄지니라 이스라엘 자손이 여호와께 드리는 성물을 그들은 속되게 말지니 그들이 성물을 먹으면 그 죄로 인하여 형벌을 받게 할 것이니라 나는 그 음식을 거룩하게 하는 여호와니라."[22] 주님은 이렇게 말씀하신다. "나는 그 음식을 거룩하게 하는 여호와니라." "그것들을 거룩하고 또 거룩하니라."[23] 여기서 분명한 사실은, 신비스러운 그리스도의 살과 피를 먹을 수 있는 권한이 이방인, 객, 고용인, 곧 성찬의 위대한 신비를 인식하지 못하는 자들에게는 결코 주어지지 않았다는 점이다. 무지로 인해 성찬식의 능력과

---

22. 레 22:14-16.
23. 어디서 인용됐는지 불분명하다.

가치와 성격을 전혀 모르는 자는, 참으로 주님의 살과 피의 의미가, 진리를 따라 성찬식이 거행되는 가운데서 신앙을 통해 이해될 수 있음을 결코 인식하지 못하는 자다. 실로 그런 자는 신비를 받아들이지만 신비의 능력은 모르고 있다. 솔로몬은 우리에게 이렇게 명령한다. 아니 솔로몬을 통해 오히려 성령께서 말씀하신다. "네가 관원과 함께 앉아 음식을 먹게 되거든 삼가 네 앞에 있는 자가 누구인지를 생각하며."[24] 즉 이는 매일 시행돼야 하는 성찬식을 통해 그리스도의 죽음을 전해야 한다는 의미다. 내적인 우리 영적 인간이 그리스도의 은총을 통해 오성과 그리스도 안에 이미 내포된 신앙의 권능으로 신성을 받아들일 때, 영혼의 미각과 신앙의 풍미로 영적인 성찬식을 조심스럽게 이해하고 또한 가치 있게 인식하는 것은, 과거 누군가가 그 모든 것을 알지 못하고 성찬의 음식을 먹었던 일에다 다섯 번째 감각인 촉각을 덧붙여주는 것과 다를 바 없다고 하겠다. 비록 지금은 더 이상 어떤 것을 더 보탤 수 있는 그 무엇인가가 존재하지 않더라도, 하나님의 법은 어떤 다른 방식으로 어떤 이가 마지못해 성찬의 음식을 먹었던 것에 촉각을 보태도록 명령하고 있다. 왜냐하면 어떤 것은 존재하지 않는 것에 보탤 수 없고, 이미 존재하고 있는 것에 덧붙여질 수 있기 때문이다. 70인역 성경은 그 자체에 촉각이 더해지도록 올바로 명령하고 있다.[25] 왜냐하면 만약에 우리 몸의 오감이 우리 내부에서 영적으로 이해될 수 있는 것으로 변화된다면, 그때 이전에 마지못해 받아들인 것에 그 촉각이 올바르게 덧붙여져 작동할 수 있기 때문이다. 우리는 올바로 알고 또한 정당하게 인식하기 때문에 우리 안에 있는 신적인 영은 그와 동일한 은총에 의해서, 역시 향상되는 법이다. 우리 내부에 임재하는 신성한 영이 그러한 사실을 인식할 수 있도록 우리의 감각을 가르치고 또한 승대시켜준다. 물론 또한 그렇게, 신비한 실체 안으로 미각뿐 아니라 시각, 청각, 후각, 촉각 등을 끌어들여, 어떤 방식으로 성찬의 음료와 양식 속에는 오직 신성과 하늘의 요소 외에는 아무것도 느껴질 수 없다는 사실이 드러나게 된다. 그리고 대단히 예사롭지 않은 놀라운 어떤 것이 교통되고 있음도 밝혀지게 된다. 그러므로 다음과 같은 명령은 매우 온당하다. "그 꼭대기에 다섯 번째 감각을 보태어라." 혹은 다른 사본에는 "그것은 사제들에게 주어질 것이다." 라는 말이 첨가되는 것도 합당한 처사다. 그리고

---

24. 잠 23:1. 라트랑이 인용함.

25. Vulgate; *cum eo* = Septuagint; *ἐν’ αὐτό*.

우리는 신비한 희생 제사에서 일어나는 모든 성화마다 어떤 방식으로 효험을 지니게 된다는 사실을 인식하기 때문에, 사물을 이해할 수 있는 지각이 감각을 통해 하나님의 능력으로 말미암아 신적으로 변화되는 것이다. 곧 그러한 변화는 그의 살과 피 안에서 그리스도의 말씀을 통해 일어나게 된다. 그리하여 그 안에서 참여하고 교통하는 자들은 이러한 사실을 통해 영적인 양육을 받기에 이른다. 실로 모든 것들은 보편적으로 그리스도에게서 기인하며, 참으로 그는 참되고 고결한 사제시다. 모든 것에는 그의 능력과 권능의 표가 찍혀 있다. 물론 그가 우리를 모든 무지에서 해방시켜주고 또한 이 세상 삶의 육체적 유혹을 우리에게서 제거해주었기 때문에, 그리고 또한 이 땅의 혐오스럽고 천한 그 어떤 것도 보이지 않도록 해주셨고, 또한 그 속에 들어 있는 영적이고 신비한 것들을 알도록 허용하셨기 때문에, 만일 어떤 방식을 통해 인간적 요소가 보다 우수하고 탁월한 것으로 불릴 수 있다면, 우리의 육신적 감각들은 보다 열망적으로 신성화될 것이다. "내 마음과 육체가 살아계시는 하나님께 부르짖나이다."**26**

II, 3

그리고 나서 즉시 모든 사람들은 살아계신 하나님께 부르짖는다. 그 이유는 모든 자마다 그리스도의 살과 피를 먹어야 하기 때문이다. 그런데 어린 양이신 예수 자신은 온전히 살아남아 계신다. 왜냐하면 그는 죽지 않았기 때문이다. "그리스도께서 죽은 자 가운데서 살아나셨으매 다시 죽지 아니하시고 사망이 다시 그를 주장하지 못할 줄을 앎이로라."**27** 그러나 그는 참으로 매일 신비 속에서 희생을 당하시고, 죄를 씻기 위해 소멸되신다. 그리하여 다음과 같은 말씀은 능력이 발휘된다. "… 나는 그 음식을 거룩하게 하는 여호와니라."**28** 그러므로 성찬에 필수불가결한 요소들을 통해 거룩하신 하나님께 온당하게 접근하고, 또한 마땅히 지켜야 할 방식에 따라, 간절한 신앙심으로 성찬의 음식을 받아들이는 자마다 신성하게 될 것이다. 오염과 더러움이 아닌 성화로 인해 우리는 그리스도 안에서 중생을 얻게 되었다. 이를 반대로 말하면 다

---

26. 시 84:2 (불가타 83:3).

27. 롬 6:9.

28. 레 22:16.

음과 같다. "… 그 죄로 인하여 형벌을 받게 할 것이니라…"[28] 하나님의 법은 또한 이렇게 말씀한다. "성물을 속되게 하는 자마다 부지중에 먹는 자며, 쓸모없는 방식으로 형벌을 받을지니라." 만일 어떤 자가 공교롭게도 게으르고 나태해 신앙의 건전한 가르침의 의미를 모른다면, 생명의 성찬을 받는 그들은 반드시 그들을 가르쳐 그들이 변화하도록 만들어야 한다. 그러한 가르침을 받는 자는 주님의 용서를 완전히 받을 수 있게 된다.

III, 1

성찬식은 하나의 구원의 약속으로서 어떤 신성한 의식으로 우리에게 전수된 것이다. 가시적으로 행해진 것이 내적으로 전혀 다른 것으로 이루어지는데, 그것은 하나의 거룩한 감각 안에서 받아들여진다. 가시적인 행위로 내적으로 신성이 외형을 지닌 물질을 통해 신비롭게 어떤 것을 이루는 일은 신비한 성격을 지니게 된다. 또한 그리스도의 몸 안에 성령이 현존하기 때문에 거룩하게 성별되고 축성된 성찬은 성령의 거룩함을 지니고 있다. 그리고 그것은 잠재적으로 눈에 보이지 않게 신실한 신자들의 구원을 이루게 된다. 이 모든 신비한 성찬의 요소들은 눈에 보이는 사물의 외형 아래서 작동하게 된다. 사람들은 상기한 이유로 그런 것을 성찬식이라고 부른다. 이러한 신적인 능력을 갖고, 그리스도는 그 자신이 구원에 효험이 있는 내적인 것을 가시적인 것으로 보였을지라도, 그러한 가시적인 것보다는 비가시적인 것으로 신자들의 영혼을 가르치신다. "이는 우리가 믿음으로 행하고 보는 것으로 행하지 아니함이로라."[29]

III, 2

교회 내의 그리스도의 성례에는 세례와 도유(塗油)[30]와 성찬(주님의 살과 피) 등이 있다.

---

29. 고후 5:7.

30. 도유는 세례 의식의 일부였다. 그런데 라드베르는 두 성례만을 인정했는데, 그것은 곧 세례와 성찬이었다. 그와 동시대 인물인 마우루스(Rabanus Maurus)도 매우 엄격하고 극단적인 도유를 성례에 포함시켰다. 7성사 목록은 피에트로 롬바르도(Peter Lombard, 주후 1164년에 타계함) 하의 스콜라주의에서나 받아들였다.

그것들은 성례전*이라 칭하는데, 그 이유는 가시적인 외형을 지닌 사물 아래서 능력을 통해 신적인 살이 신비스럽게 신성화되어 거룩해지기 때문이다. 그리하여 신앙의 권능에 의해, 외적으로 그리스도의 몸이라고 믿어지는 그것들은 내적으로 실제로 존재하게 된다. '성례전'(sacrament)이라는 용어의 법적 측면은 곧 서약의 개념이다. 곧 이는 각 사람들이 편을 짜서 갈라 선 후, 각자 자신이 동의하는 견해에 의해 결정한 것을 선서를 통해 서약하는 일이다. 이것은 하나의 성례전으로 불린다. 그 이유는 신비롭게 불가시적인 신앙이, 하나님께 드리는 기도로 성별되이 축성되어 거룩하게 되어서, 혹은 거룩한 어떤 것을 통해, 이해되고 파악될 수 있기 때문이다. 또한 그 이유는 외형적으로 어떤 자의 맹세의 목소리가 시각과 청각을 통해 들려오기 때문이다.** 그러므로 그리스도의 탄생과 인성을 분여받게 된 것은 하나의 성례가 된다. 왜냐하면 우리가 신성하게 되도록 신적인 위엄이 그의 권능으로 가시적인 인간 속에서 내적으로 불가시적으로 작용해 신비스러운 물질이 생기도록 만들었기 때문이다. 그렇기 때문에 하나님이 인간을 만드셨다***는 신비나 혹은 성례는, 그에 합당한 이름으로 그렇게 칭해지고 있다. 그러나 '*mystērion*'이라는 용어는 그리스 단어로서, 거기에는 숨겨진 신비한 특성이 들어 있다. 성경 어디를 보아도, 성령이 말씀을 통해 그들 안에서 내적으로 행하시는 모든 것들은 성례(sacrament)라는 이름으로 호칭되고 있다. 그러나 성경이 언급하는 성례는, 우리 내부에서 하나님이 공급하는 음식을 우리가 받아먹는

---

* Sacraments는 '성례전', '성찬식', '성사', '성체성사' 등으로 번역된다. '성례전'(聖禮典)이나 '성찬식'(聖餐式)은 개혁파가 사용하는 명칭이고, 가톨릭에서는 '성사'(聖事) 혹은 '성체성사'(聖體聖事)라는 용어를 사용하고 있다. 이는 그리스도의 살과 피라는 물질이 거룩하게 축성되고 신성화됐다는 점에서, '거룩한 예전', '거룩한 일', 곧 '성례전'이나 '성사' 등으로 명명된다. 물론 개혁파가 화체설에 근거해 떡과 포도주가 예수의 거룩한 몸, 곧 살과 피로 변했다는 점에서 '거룩한 예전' 개념을 사용한 것은 아니고, 그 예식 자체가 거룩하게 구별되어야 한다는 측면에서 그러한 것이다. 그러나 가톨릭의 경우는 문자 그대로 사제에 의해 축성된 떡과 포도주가 예수 그리스도의 거룩한 몸으로 변화됐기 때문에 '성사'라고 칭한다.

** 저자는 성례전을 통해 주님의 뜻대로 살겠다는 서약을 하며, 또한 그 성례전 자체에서 거룩하게 살아가라는 위탁을 받는다고 주장하는데, 그것이 소위 성례전이 지닌 법적 측면(서약)이라는 것이다.

*** 저자는 "하나님께서 인간을 만드셨다"는 창조 개념을 신비한 성례전적 행위 (곧 하나님의 인간 창조는 신비하고 성스러운 행위라는 개념)로 여기면서, 그와 동시에 이러한 인간 창조 개념을 떡과 포도주를 그리스도의 실제 살과 피로 만든 성스러운 하나님의 행위와 연관짓고 있다. 다시 말해, 하나님의 흙이라는 물질에 의한 인간창조와, 음식(떡과 포도주)이라는 물질에 의한 몸(피와 살)의 창조가 성례전이라는 한 선 상에 서게 된 것이다. 곧 저자는 성례에서 일어난 변화를 창조로 간주하여, 성례전에서 만들어진 그리스도의 몸을 제2의 창조(제1의 창조는 아담 창조)로 자리매김했다. 그런 면에서 본다면, 제2의 창조, 곧 재창조는 매일 성례식을 통해 일어나고 있는 셈이다.

것이라고 가르쳐준다.* 곧 그러한 점은 그리스도의 가르침의 성취이자 정수이며 대단
원이다. 그런데 그리스도가 몸을 입는 탄생과 인성을 지니게 된다는 성례 속에서, 우
리는 또한 죄 용서를 받아 구속되기에 이른다. 성경은 이를 이해할 수 있게 해준다.
곧 그러한 사실을 통해, 하나의 길이 우리에게 보이는데, 그것은 곧 우리에게 그렇게
될 수 있는 능력이 부여되어, 그로 인해 우리가 종의 신분에서 해방되어 양자된 자녀
가 되는 길로 나아갈 수 있게 되었다는 말이다. 게다가, 세례라는 성례 안에서 믿는
자들에게는 양자됨의 문으로 들어갈 수 있는 길이 열렸다. 연이어 그리스도의 지체
들 속에서, 악에서 해방된 중생으로 인해, 우리는 하나의 몸으로 만들어지게 되었다.
물론 세례 이후에, 성령은 중생하게 하는 하나의 영을 우리에게 쏟아 부어 주셔서, 그
리스도의 완전한 모든 교회는 유일한 성령을 받았을 때 소생하여 활기를 띠게 됐고,
그로 인해 한 몸이 된 것이다. 왜냐하면 우리 몸의 모든 지체가 한 영에 의해 인도되
어 활기를 띠고 되살아나는 것처럼, 각 지체들의 연합으로 한 몸이 만들어지기 때문
이다. 그리하여 온전한 모든 교회의 각 지체들은 한 성령의 인도와 살려주심을 받아
하나의 그리스도의 몸이 되는 것이다. "… 누구든지 그리스도의 영이 없으면 그리스
도의 사람이 아니라."[31]

III, 3

모태에서 신비스럽게 영을 받아, 결국 탄생됐을 때 살아있는 영을 가진 존재가
되었다는 사실에 대해서는 그 누구도 의심하지 못할 것이다. 그러는 동안 그 어머니
는 언제 그녀에게 생명이 잉태됐는지를 잘 모를 것이다. 물론 같은 이치로, 세례의 내
부, 즉 아기가 원천에서 생성돼 나오기 이전의 어머니의 태와 같은 세례의 모태 속으
로 성령께서 들어가셔서 한 중생을 발생하게 하신다. 물론 이런 일은 비가시적이다.
선견지명이 있고 효험이 있는 신적인 권능이, 한 인간에게 들러붙어 있는 지체들에

---

31. 롬 8:9.

---

* 떡과 포도주라는 음식이 그리스도의 살과 피로 변했고, 이것을 제대로 알고 먹는 자마다 영의 양식을 먹는 것이 된다는 의미다. 곧
  말씀만이 영의 양식이 아니라, 성찬 역시 영의 양식이 된다는 뜻이다. 따라서 화체된 것을 매일 먹어야 영적인 생명을 유지할 수 있다
  는 사실로 귀결된다. 여기서 화체설과 매일 개최되는 성체미사의 정당성이 확보된다. 곧 여기에는 하나님의 몸(그리스도의 피와 살)을
  먹어 영생하게 된다는 신앙이 들어 있다.

게 생기를 불어넣기 위해, 비록 죄 가운데서 잉태됐지만, 먼저 육신을 입고 태어나게 만든 것과 마찬가지로, 신적 권능은 거룩한 양자삼음의 중생을 위해서도, 그것과 동일한 효능과 특징을 지니고 있다. 그러므로 만물을 내려다보시고, 그 모든 것보다 강하신 하나님은, 그가 정하신 것들이 변하지 않도록 은총을 항상 부여하신다. 만일 아버지의 욕망과 어머니의 죄 안에서, 열정과 정욕의 씨앗이 살아 있는 한 인간의 지체들이 된다면, 온 땅에 편만한 성령이 존재하는 시공간 안에서, 성령은 신앙을 통해 중생한 모든 자에게 그 자신을 내어주신다. 그리하여 성령을 통해 그리스도의 지체들은 그들 스스로가 하나인 것을 느끼게 되고, 또한 한 몸이 됨도 인식하게 될 것이다.

III, 4

그러나 이 세상 삶을 통과하는 여정 가운데, 우리는 오직 성찬의 살과 피를 먹고 마심으로만 길러지고 성장될 수 있으며, 그리하여 그리스도 안에서 하나가 될 수 있다. 그리고 그러한 음료와 양식을 맛봄으로써 우리의 삶은 활기를 되찾는 동시에 영원불멸의 영생을 예비하게 된다. 우리가 지금 천사의 은총으로 공궤 받는 동안, 우리의 생기는 영적으로 북돋움을 받는다. 그러므로 성령은 이 모든 성례들 가운데서 우리를 위해 역사하신다. 사실상 성경에서 성령은 우리의 어두운 마음을 밝혀주시는데 그 이유는 다음과 같다. "그런즉 심는 이나 물주는 이는 아무 것도 아니로되 오직 자라게 하시는 이는 하나님뿐이니라."[32] "영이 어떤 쪽으로 가면 생물들도 영이 가려 하는 곳으로 가고 바퀴들도 그 곁에서 들리니 이는 생물의 영이 그 바퀴들 가운데에 있음이니라 그들이 가면 이들도 가고 그들이 서면 이들도 서고 그들이 땅에서 들릴 때에는 이들도 그 곁에서 들리니 이는 생물의 영이 그 바퀴들 가운데에 있음이더라."[33] "귀 있는 자는 성령이 교회들에게 하시는 말씀을 들을지어다…."[34] 그런데 그리스도 안에서 성령이 역사하신다고 하는 이유는, 그리스도가 성령과 동정녀 마리아에 의해

---

32. 고전 3:7.

33. 겔 1:20–21.

34. 계 2:7.

잉태된 것이 믿어지기 때문이다.[35] 동일한 방식으로, 세례에서 물을 통해 우리 모두는 중생하게 된다. 그리고 그 후에 우리는 매일 성령의 능력으로 말미암아 그리스도의 살을 먹고 그리스도의 피를 마시는 것이다. 인간의 씨 없이 동정녀의 모태에서 인간 그리스도를 창조하신 성령께서, 신성하게 하신 그의 성례전을 통해, 떡과 포도주라는 물질로부터, 또한 외적으로 보고 맛보아서는 결코 이해될 수 없는 비가시적인 권능을 발휘해, 매일 그리스도의 살과 피를 창조하시는 일은 더 이상 기이하고 놀라운 일이 아니다. 이 모든 것들은 영적인 것이기 때문에, 진리가 예언한 대로, 확신을 가지고 신앙과 이해에 의해 온전히 받아들여질 수 있다.

IV, 1

신성케 하시는 신비에 의해 창조된 참 살과 피 안에서 진리로 선포하신 거룩한 말씀을 믿는 자마다 의심하는 태도를 취하지 않는다. "내 살은 참된 양식이요 내 피는 참된 음료로다."[36] 그리고 사도 요한은 그의 제자들이 이것을 올바르게 이해하지 못할 때, 그는 분명히 이렇게 살과 피의 의미를 확정해주었던 것이다. "내 살을 먹고 내 피를 마시는 자는 내 안에 거하고 나도 그의 안에 거하나니."[37] 그러므로 만일 그것이 참된 양식이면 참된 살이고, 만일 그것이 참된 음료라면, 참된 피다. 어째서 그가 말한 것이 참이 될 것인가? "나는 하늘에서 내려온 살아 있는 떡이니 사람이 이 떡을 먹으면 영생하리라 내가 줄 떡은 곧 세상의 생명을 위한 내 살이니라."[38] 만일 "내가 줄 떡은 곧 세상의 생명을 위한 내 살"이라는 언급에서, 그 떡이 참된 살이 아니라고 한다면, "하늘에서 내려온 살아 있는 떡"은 과연 어떻게 되겠는가?* 그러나 그리스도를 이빨로 잘근잘근 씹어 게걸스럽게 먹어치우는 일은 온당치 못하기 때문에, 요한 사도는 신비한 예전 속에서 이 떡과 포도주가, 성령의 신성케 하심을 통해, 또한

---

35. MPL 120.1277에는 이렇게 됐다. '전에(ever) 동정녀였던'. 그러나 마르텡(Martène)은 대다수의 사본들이 '전에'라는 부사가 없다고 주장한다. 그러므로 마르텡의 주장에 의하면, 이는 어떤 한 사본의 방주**에서 온 것에 불과하다.

36. 요 6:55.

37. 요 6:56.

38. 요 6:51.

---

* 저자는 하늘에서 내려 온 떡이야말로 참이므로, 그 떡이 세상에 생명을 줄 떡이라는 그리스도의 말씀도 곧 참이라는 것이다.

** 본문 옆에 단 주석.

이 세상의 생명을 위해 신비스럽게 희생하신 사실을 매일 재창조하기 위한 예전으로 인해, 그리스도의 참된 살과 피로 창조된다는 점을 강조한 것이다. 그리하여 어떤 성적인 결합에 의지하지 않고 성령을 통해 동정녀에게서 참된 살이 창조된다. 또한 동일한 방식으로, 곧 성령을 통해, 떡과 포도주라는 물질에서 그리스도의 참된 살과 피가 신비하게 만들어져 신성하게 되는 것이다. 다음과 같은 언급은 이러한 살과 피를 명백히 설명해준다. "예수께서 이르시되 내가 진실로 진실로 너희에게 이르노니 인자의 살을 먹지 아니하고 인자의 피를 마시지 아니하면 너희 속에 생명이 없느니라."[39] 여기서 사도 요한이 확실히 언급하는 바는, 어떤 다른 살이 아니라, 참된 살과 참된 피 그 자체다. 그런데 그것은 곧 신비하고 신령한 의미를 지니고 있다. 그리고 이 성찬은 신비하기 때문에, 우리는 외형을 갖춘 물질을 부인할 수 없다. 그런데 그것이 만일 겉모습을 지닌 사물에 불과하다면, 우리는 어째서 그것이 참된 것인지 의문을 가져야만 한다. 모든 형상은 어떤 사물의 형상이기 때문에, 그것의 형상을 지닌 참된 사물이 되기 위해서는 항상 그와 연관된 외연을 지녀야만 한다. 그런데 구약성경에서의 그러한 형상들은 그림자에 불과했으며, 거룩한 말씀을 읽는 자들마다 아무도 그 사실을 의심하지 않는다. 그러나 성례의 신비는 실제적인 참이기도 하고 하나의 형상이기도 한데, 후자의 경우는 구약 성경에서 그림자의 의미를 내포하는 것이다. 따라서 우리는, 이런 종류의 신비는 비록 반드시 하나의 실제로 불리어져야 함에도 이러한 신비한 성례가 어떤 오류와 그릇됨의 그림자 없는 참된 것으로 불릴 수 있는지는 심사숙고해 보아야 한다. 그런데 그것은 '부서진' 것일 때 형상으로 여겨질 수 있을 것이다. 그것은 또한 시각과 미각에 의해서 살의 느낌이 감지되는 것과는 달리 가시적인 외형을 통해 이해될 때 형상으로 간주된다. 또한 잔에 담겨 있는 피가 물과 함께 섞일 때 형상으로 생각될 수 있다. 게다가 신앙의 성례는 정당하게 진리로 칭해진다. 그러므로 그리스도의 살과 피가, 그의 말씀 안에서, 떡과 포도주라는 물질에서 성령의 능력을 힘입어 창조될 때, 진리는 그렇게 합당하게 불려진다. 그런데 또 하나의 형상은 제단에 서 있는 사제의 중개를 통해 발생한다. 사제는 외적으로 또 다른 일을 수행하는데, 그것은 곧 그리스도의 거룩한 수난을 기념하는 일이다. 그 어린 양은 모두를 위

---

39. 요 6:53.

해 단번에 그랬던 것처럼 매일 희생을 당하신다.

IV, 2

만일 우리가 이 문제에 대해 신실하고도 진지하게 검토한다면, 이는 참된 실제 (truth)와 외형적 형상(figure)에 관한 것으로 보면 틀림없다. 외적으로 감각되는 것은 참된 실제의 형상이나 특징이다. 그러나 참된 실제는 그러한 신비에 관해 내적으로 혹은 영적으로 정당하게 믿어지거나 이해되는 어떤 존재다. 외형적 형상이라고 해서 모두 그림자나 허위는 아니다. 사도 바울은 히브리서에서 하나님의 독생자에 관해 언급할 때 이 점을 밝힌 적이 있었다. "이는 하나님의 영광의 광채시요 그 본체의 형상이시라 그의 능력의 말씀으로 만물을 붙드시며 죄를 정결하게 하는 일을 하시고…"[40] 이 말씀에서 그는 확실히 그리스도 안에 두 본질 혹은 실체(substance)가 있으며, 그것들은 모두 참된 것이라 했다. 그가 "그리스도는 하나님의 영광의 광채시다" 라고 했을 때, 이는 그리스도의 신성을 의미하는 것이었다. 그는 그리스도를 하나님과 동질 (consubstantial)로 선포했다. 그러나 그리스도의 본질 중 형상이나 인격 혹은 특질은 인성의 특징을 갖고 있으며, 신성의 완전함과 충만함이 육체적으로 거주함에도 하나의 참된 그리스도는 보편적으로 하나님으로 고백되는 것이다. 이러한 이유로 사도는 그 두 본질을 설명하기 위해 한 개념을 설정했는데, 그는 그것을 본질의 형상 혹은 특질이라 칭했다. 왜냐하면 문자의 형상이나 특징을 통해 어릴 때 우리가 처음 더듬거리며 어렵사리 글을 읽어도, 세월이 지나 점점 지성이 발달되어 독서력이 진보되면 글을 능숙하게 읽을 수 있는 것처럼, 성경의 영적인 의미와 이해에도 그와 같은 이치의 과정을 겪게 되는 것이다. 또한 역시 그와 같은 방식으로, 그리스도의 인성에서 성부 하나님의 신성으로 전이되는 과정도 마찬가지다. 그러므로 인성이 신성의 본질의 형상이나 혹은 특질로 불리는 것은 온당하다. 문자의 특질과 비교해볼 때 문자의 형상은 무엇을 의미하는가? 또한 그 형상을 통해 영의 힘과 능력과 발성이 눈에 보이는 것인가? 또한 말씀이 육신이 되고, 그 육신을 통해 우리는, 조그만 어린아이가 양육되는 것처럼, 신성의 이해에 도달할 수 있을 정도로 장성하게 되는 것이다. 그런데 문자

---

40. 히 1:3.

의 특질은 허위가 아니며, 또한 문자만도 아니다. 인간 그리스도는 가짜로 호칭될 수도 없고, 또한 단지 하나님만으로도 불릴 수 없다. 물론 그 결과, 그 형상은 신성의 본질의 특질이라 불릴 수 있는데, 이는 정당한 호칭이다. 왜냐하면 형상은 그 자신을 통해 우리 조그만 어린아이가 영적인 것에로 나아가게 만들기 때문이다. 형상은 반드시 내적으로 이해돼야만 한다. 그리고 우리의 감각에 의해, 그 형상은 우리가 그 형상 안에 있는 것을 받아들이는 동안 가시적인 형태로 그 자신을 드러내준다. 그러나 그 형상 때문에, 그 육신은 반드시 하늘을 관통해야만 하며, 그 후라야 신앙을 통해 그리스도 안에서 중생이 보다 과감히 추구될 수 있는 것이다. 그리스도는 이러한 성례를 우리에게 남겨주셨으며, 가시적인 살과 피의 형상과 특질을 통해 우리의 영혼과 육신은 풍성한 영양을 공급받아 장성하여, 신앙에 의해 비가시적이고 영적인 것들을 잘 파악하고 이해할 수 있게 된다. 그러므로 외적으로 감각되는 이것은 형상이나 특질이고, 또한 본질적으로 지각되는 것이기에 전적으로 참이지만, 그것은 그림자에 불과한 것은 아니다. 이러한 이유로 그것은 오직 진리일 뿐이고, 그리스도의 몸의 성례는 명백한 것이다.

IV, 3

그것이 십자가에 못 박혀서 장사된 그리스도의 참된 몸인 것처럼, 참으로 그것은 그의 몸의 성례이며, 또한 성령을 통해, 그리스도의 말씀 안에서, 사제의 중개로, 제단 위에서 하나님의 권능에 의해 신성하게 만들어진 것이다. 주님은 스스로 이렇게 선포하셨다. "이것은 나의 몸이니"[41] 오! 인간들아, 성례의 조화로운 질서에 대해 놀라지도 말고 묻지도 말라! 만약에 당신이 그 몸이 성령의 권능에 의해, 동정녀 마리아의 모태에서 씨 없이 잉태된 사실과 또한 말씀이 육신이 됐다는 진리를 참으로 믿는다면, 또한 성령을 통해, 그리스도의 말씀으로 제정된 것이 동정녀에게서 온 그의 몸이라는 사실도 참으로 믿게 되는 법이다. 만약에 당신이 그 방법을 묻는다면, 누가 과연 말로 설명하고 표현할 수 있겠는가? 제발 청컨대, 그러한 방법은 그리스도의 권능 속에, 신앙 안에 있는 지식 속에, 권능의 원인과 근거 속에 존재한다는 사실을 반드

---

41. 눅 22:10.

시 확신하라. 그러나 그것이 내는 효과는 의지 안에 있다. 왜냐하면, 신성의 권능이 본성에서 우리 인간 이성의 능력을 훨씬 능가해 효과적으로 작용하기 때문이다. 그러므로 구원의 가르침에는 신비한 것을 아는 지식이 보존돼야 하고, 참된 신비에는 그러한 신령한 것을 믿는 신앙이 내재돼 있어야 한다. 이 모든 진술은 다음의 말씀이 보증하고 있다. "우리는 믿음으로 행하고 보는 것으로 행하지 아니함이로라."*

V, 1

저 어린 양의 희생은 그리스도의 고난을 나타내주는 하나의 형상이고, 우리가 그 고난의 희생에 동참한다는 사실은, 신실한 신자라면 누구나 알고 있는 참 진리다. 내 생각에, 두 성체 사이의 차이점에 대해 주도면밀한 검토가 있어야만 할 것이다. 그것은 곧, 하늘에서부터 내려온 양식과 반석 아래에서 솟아 난 물 사이든, 혹은 영적인 측면과 신성한 교환 사이의 차이점에 대해서다. 이에 관해 복된 사도 바울은 특별히 이렇게 선언했다. "다 같은 신령한 음식을 먹으며 다 같은 신령한 음료를 마셨으니…."[42] 구약의 조상들이 같은 음식과 같은 음료를 받아먹었다면, 우리가 그것을 다른 것으로 바꾸거나 혹은 다른 모양을 지닌 것을 먹을 필요가 있을까? 다른 것으로 대체한다고 무슨 소용이 있겠는가? 이러한 사실에서 구약의 조상들이 먹었던 그 양식과 음료는 우리가 지금 받아먹는 것과 동일한 것이라는 점이 반드시 인정돼야만 한다.** 또한 물이 솟아나온 반석은 그리스도에 관한 사도의 말씀 가운데서 전해진 것과 동일하다. 물론, 구약과 성례의 음식은 동일하다. 그 이유는 각자 그것을 먹는 자들이 모두 그것을 신령한 섯으로 여겼기 때문이다. 곧 만나는 그리스도의 살이라는 양식에, 반석에서부터 솟아나온 물은 그리스도의 피라는 형상을 지닌 음료에 대응된다. 사실상 예표***의 측면에서 볼 때, 살이라는 그림자와 그것의 원형(original)은 동일하지만, 그러나 참의 성취와 완성에서는 동일하지 않다. 그 이유는 사물의 상징을 통해

---

42. 고전 10:3-4.

---

* 고후 5:7.

** 구약의 조상들이 광야에서 먹었던 하늘의 만나와 메추라기, 그리고 모세가 반석을 쳐서 솟아난 물은 모두 신령한 양식과 음료였고, 여기에는 성례의 양식과 음료, 즉 떡과 포도주(그리스도의 피와 살)에 들어 있는 신비한 하나님의 권능이 들어 있다. 그래서 저자는 구약의 신비하고 신령한 음식을 성례의 것과 직결시켰던 것으로 사료된다.

*** 豫表; prefiguration: 미리 드러내 보여줌.

향후 도래할 것에 대한 전조가 예시된 것은 참의 형상(image)에 불과하기 때문이다.* 이제 참된 진리의 신비는 성례에서 완성됐고 그리스도의 살인 성찬**은 부활에서 창조된 것이다. 그리스도의 살은 믿는 자들에게 예표된 구약시대의 희생양이나 혹은 하늘에서부터 내려온 신령한 양식과 동일하다. 다윗은 이러한 양식에 관해 속담을 통해 다음과 같이 표현했다. "사람이 힘센 자(angels)의 떡을 먹었으며…."[43] 하늘에서 내려온 그 양식과 음료는, 유형을 지닌 물질이기 때문에 천사의 음식에는 부적합하다. 그러나 추호도 의심할 나위 없이, 그리스도가 예시되어 전조가 됐던 광야의 양식과 음료는*** 천사들의 음식이었다. 그리고 이러한 성체는 사람이 영적으로 신령하게 먹고 마시는 그리스도의 참된 피와 살이다. 그러므로 인간은 천사들이 먹고 사는 것을 먹고 산다. 왜냐하면 인간이 받아들이는 모든 것은 신령하고 거룩하며 신성하기 때문이다.

V, 2

구약 희생 제사의 제물인 어린 양과 광야의 만나, 그리고 그리스도의 살과 피의 형상을 표상해주는 이런 종류의 모든 사물들은, 그리스도께서 단번에 고난을 당하셨기 때문에, 그리고 매일 아침저녁으로 제단 위에서 희생되기 때문에, 신비의 형상을 제외하고는 아무것도 지니고 있지 않다. 또한 만일 어떤 힘이 그러한 형상들 속에 숨어 있는 계획을 거룩하게 만든다면, 그러한 계획은 우리가 향유하는 신앙에서 완벽히 빛날 수 있을 것이다. 확실히 그 계획들은, 말하자면 약속을 위해 탄식하면서, 신앙을 통해, 이러한 양식과 음료를 나누어주는 것이다. 그리고 그 계획들은 그 형상들로부터 성례전의 진리를 이해했던 것이다. 우리는 조상들에게 약속됐던 이러한 은총을 오랫동안 입어왔다. 그리고 그 은총을 받아들임으로써 우리는 그 은총을 공경한다. 또한 그 은총을 공경함으로써 우리는 그 은총에서부터 양식과 음료를 먹고 마

---

43. 시 78:25(불가타, 77:25).

---

* 여기서 저자는 성례를 상징으로 해석하는 견해를 반박한 것으로 보인다.

** Eucharist; 성례의 떡과 포도주.

*** 신령한 광야의 양식과 음료는 신령한 그리스도의 피와 살의 예표(미리 드러내 보여줌)라는 의미인데, 이는 즉 구약의 광야 음식은 성찬이 미리 앞당겨 보여진 것이라는 뜻이다.

신다. 이러한 신비 가운데, 우리는 그리스도의 참된 살과 피를 섭취하는데, 그것은 실로, 하나님의 율법 속에 들어 있는 당혹스러운 난제에서 도출된 형상들에 의해서 전조되어 예표된 것이 아니다. 결국 그런 문제들이 해결되어 제거됐을 때 우리는 다만 진리를 향유할 수 있을 뿐이다. 그리하여 구세주는 이렇게 말씀하신다. "내 살을 먹고 내 피를 마시는 자는 영생을 가졌고 마지막 날에 내가 그를 다시 살리리니 내 살은 참된 양식이요 내 피는 참된 음료로다."[44] 그러나 주님은 유대인들에게 이렇게 말씀하셨다. "너희 조상들은 광야에서 만나를 먹었어도 죽었거니와"[45] 그것들을 먹는 우리는 그들처럼 과연 이 세상 삶 속에서 또한 죽지 않을 수 있을까? 우리는 죽을 것이다. 그러나 우리는 영 가운데서 그들처럼 죽지 않을 것이다. 왜냐하면 육욕적으로 먹었기 때문에 그들은 영원히 죽었던 것이다. 그러나 우리는 그 안에 육체적이며 육욕적인 어떤 것도 없음을 안다. 오직 모든 것을 영적으로 이해한다면, 그리스도 안에는 신령한 것들만 남게 될 것이다. 그러므로 이를 올바르게 인식하는 자들에 대해 요한 사도는 다음과 같이 선언했던 것이 아닌가? "… 사람이 이 떡을 먹으면 영생하리라…."[*] 우리는 이 세상의 생명을 위해 그리스도의 살과 피를 영적으로 취하지 않으므로 일시적으로 죽지 않고 영원한 생명을 위해 죽을 것이다. 물론, 이러한 생명에 관해서, 그들은 약속된 은총이 동일한 방식으로 우리와 그들에게 다가오기까지, 이 양식과 음료가 원래 형상을 통해 가치가 있다고 인식하는 자들과는 무관했던 것이다.

V, 3

그러브로 비록 사도가 전한 것이 동일한 양식과 음료리 히더라도, 그 둘 사이에는 엄청난 차이점이 존재한다는 점은 명확한 사실이다. 그 양식과 음료는 실제적으로 동일하지 않고, 본래 타고난 고유의 진리의 약속으로 말미암아, 그 외형과 형상 가운데서 동일하다. 이러한 사실에서, 그 음식에 대한 영적인 이해와 제정됐던 신앙의 성례는 그들의 몫이 되었다. 그리하여 그들이 희망 가운데 마신 것에는 영적으로 아무런 결핍도 존재하지 않았다. 또한 우리는 그들을 상기함으로써, 신앙을 강화하고 생

---

44. 요 6:54-55.

45. 요 6:49. 다음 장인 라트랑의 성찬론, 각주 96번을 참고하라.

---

* 요 6:51.

명을 붙드는데 적합한 것에 대해 결코 결핍감을 느끼지 않게 되었다. 그러나 우리뿐 아니라 그들 모두 신령하게 되기 위해 그것을 먹고 생기를 회복하게 되었다. 왜냐하면 신령한 바위에서 솟아나온 물을 마셨기 때문이다. 그들 뒤에 도래하신 그리스도의 피가 바로 그것을 이었다. 마찬가지로, 우리 역시 그 안에 영원한 생명이 들어 있다고 믿는 그리스도의 신령한 피와 살을 신령하게 마시고 먹는다. 우리가 알고 있는 것은 육체가 끝나면 죽음이 도래한다는 사실이지만, 그러나 그리스도의 신령한 살과 피를 신령하게 먹는 자마다 영원한 생명을 얻게 된다.

VI, 1

이에 관해 그리스도는 이렇게 말씀하셨다. "내 살을 먹고 내 피를 마시는 자는 내 안에 거하고 나도 그의 안에 거하나니."* 그 말씀은, 만일 어떤 자가 그리스도 안에 거하면, 그리고 그리스도가 그것을 정당하고 올바르게 먹는 자 안에 거할 수 있다면, 그는 그리스도의 살과 피를 먹는다는 의미다.[46] 그러므로 물과 성령으로 거듭나 그리스도 안에 거하는 그는 죽을 수밖에 없는 운명으로 이끄는 범죄에 붙들리지 않게 된다. 또한 그 안에 거하는 그리스도는 성령의 거룩하게 하심을 통해 신앙의 문이 그에게 활짝 열리도록 해주신다. 그리하여 그는 그의 몸이신 그리스도의 한 지체가 되고, 또한 성령의 전이 된다. 왜냐하면 "… 누구든지 그리스도의 영이 없으면 그리스도의 사람이 아니기"** 때문이다. 따라서 그리스도의 사람이 아닌 자는 참으로 그리스도 안에 거할 수도 없고, 또한 그리스도의 몸 안에 거할 수도 없다. 그리고 그리스도 안에 거하지 않는 자, 혹은 그리스도의 몸 안에서 영의 생명이 살아 있지 않는 자는, 그 안에 그리스도가 거하지 않을 뿐만 아니라 그 역시 그리스도 안에 거할 수 없게 된다. 왜냐하면 모든 측면에서 그리스도가 생명이기 때문이다. 그러나 죽을 수밖에 없는 운명의 죄를 지은 자는 생명과는 완전히 단절되고 분리됐다. 바로 그 때문에 요한 사도가 다음과 같이 선언한 것이 아닌가? "내 살을 먹고 내 피를 마시는 자는 내 안에 거

---

46. 다음 자료를 참고하라. Augustine, *In Ioann. ev. tract.* 26:18 (NPNF, 1st ser., 7, 173).

---

* 요 6:56.

** 롬 8:9.

하고 나도 그의 안에 거하나니"* 달리 말하면, 그 말씀은 그가 먼저 그리스도 안에 거하고 그리스도가 그 안에 거하지 않는다면, 그는 그리스도의 살과 피를 먹고 마실 수가 없다는 의미다.

VI, 2

사람들이 먹는 것은 무엇인가? 종종 거의 모든 사람들은 제단의 성찬을 구별 없이 받아먹곤 한다. 물론 어떤 자는 신령하게 그리스도의 살을 먹고 또한 그의 피를 마실 것이다. 그러나 다른 자는 사제가 주는 성체를 받아먹지만, 그것들을 신령하게 섭취하지 않는다. 만일 어떤 자가 그리스도의 살과 피에 관해 아무런 개념 없이, 사제의 축성**을 입은 성찬을 받아먹는 것은 도대체 무슨 일인가? 그렇기 때문에 바울 사도는 다음과 같이 설파했던 것이다. "주의 몸을 분별하지 못하고 먹고 마시는 자는 자기의 죄를 먹고 마시는 것이니라."[47] 죄인이 먹고 마시는 것을 보라. 그것은 그 자신에게 가치 있는 것이 아니라, 죄의 심판을 받게 만든다. 물론 그는 다른 자들과 더불어 제단의 성찬을 받아먹는 것처럼 보인다. 그것은 아무 소용이 없다. 그 이유가 무엇일까? 그가 먼저 자신을 살피지도, 또한 주의 몸을 분별하지도 못하고 먹고 마셨기 때문이다.*** 그가 신앙 없이도, 거룩하고 가치 있는 것을 취할 수 있다고 생각하도록 내버려두라. 아무리 그래도 그는 그것을 무가치하게 여기는 자다. 그는 눈에 보이는 것 외에는 어떤 것도 기대하지 않으며, 또한 입으로 느끼는 것 말고는 아무것도 이해할 수 없는 자다. 그리하여 그는 자신이 당할 심판이 얼마나 심각한 것인가를 믿지도 받아들이지도 않는다. 왜냐하면 그가 먹는 모든 것을 가시적으로만 보기 때문이나. 곧 그는 모든 물질에는 한 가지 본질만 존재한다고 여긴다. 그리고 그는 신령한 음식 안에 어떤 탁월한 권능이 역사하고 있음도 모르며, 믿음이 없기에 그것을 충분하고 완벽하게 맛보지 못하는 것이다. 이런 측면에서, 성례의 능력은 그에게서 물러나버리고, 또한 성례에 대한 그의 그릇된 예단과 가정 때문에 그는 가중처벌의 정죄를 받게

---

47. 고전 11:29.

---

* 요 6:56.

** 祝聖; consecration. 신성한 용도에 쓰기 위해 보통의 것과 차별을 두어 성화(聖化)하는 일.

*** 참고. 고전 11:27.

된다. 바울 사도는 이에 관해 다음과 같이 언급했다. "사람이 자기를 살피고 그 후에야 이 떡을 먹고 이 잔을 마실지니."[48] 만일 그가 이러한 두 원칙을 준수했다면, 그는 자신이 취한 음식이 중요하고 큰 가치가 있음을 알 수 있었을 텐데. 즉, 두 규칙은 주님의 몸을 분별하는 일, 곧 성찬의 의미와 성찬의 위대성, 곧 성찬이 지닌 엄청난 권능과 힘이다. 곧 누구나 성찬의 의미와 권능을 알고 성례에 임하는 것이 바로 성례의 원칙인 것이다. 왜냐하면 성찬은 신성하며 신령하기 때문이다. 곧, 하나님이 주신 것으로서 영적인 성격을 지니고 있기 때문이다. 이제 우리는 그로 하여금 그 자신이 그리스도의 몸 안에 거하는지, 또한 그리스도께서 그 안에 거하는지 스스로 살피도록 해주어야 한다. 그가 영적으로 그리스도의 몸을 분별하고 또한 자신이 그 몸을 먹기에 합당한지를 살피는 것 외에, 스스로 죄의 심판을 면하기 어렵다. 곧, 그리스도의 몸을 합당하게 분별하고 자신을 올바르게 살펴서 먹지 않으면, 그는 죄의 심판을 먹게 되는 것이다. 왜냐하면 그가 선한 것을 악용했기 때문이다. 그러한 경우 그는 생명을 위해 그것을 먹지 않고, 형벌의 정죄를 위해 먹게 된 결과를 초래하게 된다.

VI, 3

보다 확실한 증거들을 동원해 우리의 진술을 확정하기 위해서, 우리는 바울 사도의 말씀대로, 주님의 몸을 분별하지도 않을 뿐더러 그 자신을 살피지도 않고, 믿음 없이, 이 신비한 음식을 감히 무가치하게 먹어치우는 경망스러운 자들에게, 과연 그 대가로, 어떤 일이 일어날지를 진술할 의무가 있다. 파비아(Pavia)의 첫 번째 주교였던 복된 시루스(Syrus)[49]가 순교자 게르바시우스(Gervasius)와 프로타시우스(Protasius)[50] 교회에서 전심전력을 다해 미사를 집전하고 있었을 때, 그 교회 안에는, 바울 사도의 말씀을 따라[51], 그가 하나님을 위해 낳았던 수많은 믿음의 자녀들이 출석해 있었다. 그런데 경건하고 거룩한 예식이 거행되는 교회 속으로 어떤 뻔뻔스럽고 대담한 유대인이

---

48. 고전 11:28.

49. 그에 관한 연대에 대해서는 알려진 것이 없기 때문에, 그는 불분명한 인물에 속한다.

50. 네로 치하에서 밀라노에서 순교했다. 다음을 참고하라. Ambrose, *Epist.* 22; Augustine, *conf.* 9.7; *Acta Sanctorum*, June, 3.817-846; NSH 4.477. 그 교회는 파비아에 더 이상 존재하지 않는다.

51. 아마도 고전 4:15로 추측된다.

들어왔다.[52] 그는 악한 영의 꼬드김을 받아 주님의 몸을 입에 넣은 후 다시 그것을 분노 더미 위에 내뱉는 악행을 언제든지 장소를 불문하고 서슴지 않는 자였다. 여느 때와 다를 바 없이, 그 주교의 손에서 입안으로 떨어지는 거룩한 떡을 받아먹기 위해 모인 신실한 신자들 가운데, 그 역시 사악한 뻔뻔스러움으로 무장한 채 그들과 함께 앉아 있었다. 역시 그날도 그의 부정한 입술이 주님의 몸을 취하기 위해 그 거룩한 하나님의 손에 접근해서 입안 가득히 받아 넣은 후, 이내 다시 그것을 그 자리에서 뱉어 버렸다. 그러자 신성모독의 불경한 죄에 버금가는 형벌의 몽둥이가 그를 내리쳤다. 그가 큰소리로 외치기 시작했으나, 그 입에서 나오는 소리를 알아들을 수가 없었다. 함께 모였던 자들이 이 광경을 보고 들었다. 그는 자신의 입술을 닫으려고 했으나, 불가능했다. 그는 말을 하려고 노력했으나 굳어버린 혀가 제대로 움직이지 않았고, 그의 입안은 마치 불화살이 꽂힌 것처럼, 엄청난 고통으로 고문당하는 것 같았다. 온 교회 안에는 그가 외쳐대는 끔찍한 고통의 목소리로 가득 차게 됐고, 거기 모인 신실한 교우들은 자기들 눈앞에서 생생하게 펼쳐진 엄청난 그리스도의 권능의 기적을 목도하고, 그 광경으로 인해 기뻐하고 즐거워하면서 온 교회 안이 가득 차도록 이렇게 찬양했다. "하나님은 그 자신을 조롱하는 자들을 조롱하셨다!"[53] 그리고 바울 사도의 말씀은 바로 이를 두고 하신 언급이었다. "스스로 속이지 말라 하나님은 업신여김을 받지 아니하시나니 사람이 무엇으로 심든지 그대로 거두리라."[54] 진리 그 자체가 복음 안에서 선포되고 있다. "… 너희의 헤아리는 그 헤아림으로 너희가 헤아림을 받을 것이며 더 받으리니."[55] 믿음이 전혀 없었던 한 유대인은 틀림없이 그런 성경 말씀을 전혀 듣거나 알지도 못했을 것이다. 그는 그리스도와 성령께 장난을 지는 자신의 행위를 그다지 대수롭지 않게 여겼으나, 그 대가를 톡톡히 치렀다. 하나님의 사람, 곧 시루스 주교는 그 유대인을 사기 앞으로 오게 한 후 이렇게 말했다. "믿음이 없고 불신으로 가득 차 있는 불쌍한 영혼아! 어째서 그리스도의 몸을 그토록 싸구려로 취급하고, 무엇 때문에 그런 사악하고 불경스러운 일을 저질렀느냐? 이 불쌍한 사람아! 너

---

52. 이러한 종류의 이야기는 항상 라드베르가 전형적으로 활용하곤 했던 상투적인 교화적 담화였다.

53. 시 59:8(불가타, 58:9).

54. 갈 6:7.

55. 막 4:24.

를 비밀리에 부추긴 유혹자가 그런 더러운 짓을 하도록 만들었으나, 이는 모든 신실한 자들에게 과연 하나님의 권능이 얼마나 위대한지를 보여주기 위한 것이었다!" 그 유대인은 극심한 고통을 입고 완전 참패를 당했으며, 결코 이해될 수 없는 큰 목소리의 발언을 멈출 수가 없었다. 가장 거룩한 시므온[56]의 예언을 따르면, 그의 목 안이 당하는 불같이 극심한 고통은 마귀가 주는 것이었다. 그에 의하면, 불신하는 자들에게 하나님의 말씀은 위험과 파멸이고, 신실한 자들에게는 생명과 높음이다.* 주의 몸을 주의 깊게 보고 신중하게 여기는 자들에게 주의 몸이 그 유대인의 입 안에 가시처럼 걸려 있는 것처럼 보였다. 그것은 혀 아래나 입천장에 붙어서 녹아야 하는데 목에 걸려 숨쉬기조차 어렵게 만들었다. 성전에 모여 있었던 신자들 모두 시루스 주교에게 그 유대인에게 자비를 베풀어달라고 간청했다. 그러자 주의 사람 시루스는 그 불결하고 신성모독적인 그 유대인의 입 안에 걸려 있던 거룩한 성병(聖餠)**을 이렇게 말하면서 그의 손으로 꺼내주었다. "보라! 믿음이 없는 자여! 이제 너는 해방되어 자유를 얻었다. 오늘 이후로부터 다시는 너에게 나쁜 일이 일어나지 않도록 그런 경솔하고 발칙한 짓을 하지 말지어다!" 그 유대인은 시루스의 발 아래 엎드려 거룩한 세례의 생수가 자신의 몸에 끼얹어진다면 주 그리스도를 믿겠다고 말했다. 그는 그 거룩한 무리와 하나가 됐고, 분별없고 경솔하게 주의 몸을 먹은 뻔뻔함과 주제넘은 자신의 행동과 또한 이전의 불신앙의 죄에 대해 통렬히 자복하고 회개했다. 마지막으로 그는 그 거룩한 무리 앞에서 참된 신앙을 굳건히 잡을 것을 약속했다. 그러자 축복받은 주교 시루스는 이렇게 외쳤다. "오! 전능하신 하나님 아버지시여! 나는 당신께 진정으로 감사를 드리나이다. 당신께서는 이 유대인의 망동적인 반역을 경멸하지 않으시고 그를 고쳐주셨습니다. 당신의 독생자 안에서 온전히 경건한 신앙을 가질 수 있도록 돌려주셨습니다." 그 유대인이 세례를 받았을 때, 수많은 다른 유대인들도 그리스도를 믿게 되었다. 그들은 거룩한 세례를 받고 거듭났다. 그리고 그들은 신실하고 신령한 그리스

---

56. 눅 2:25.

---

* 라드베르는 이 문장과 시므온의 예언과의 관련성을 입증하지 못하고 있다. 그런데 눅 2:34의 그의 예언 내용을 보면 그 둘의 연관성이 가능하게 된다. "… 보라 이는 이스라엘 중 많은 사람을 패하거나 흥하게 하며 비방을 받는 표적이 되기 위하여 세움을 받았고." 여기서 한 유대인은 그리스도의 몸을 뱉음으로 인해 그리스도가 비방을 받는 표적이 됐음을 입증했고, 또한 그가 그리스도의 몸을 도로 뱉음으로 패배한 자가 됐으며, 그리고 그리스도의 몸을 알고 신령하고 먹는 자는 흥하게 됐음을 짐작할 수 있다.

** 거룩한 떡.

160

도의 회중 속에 들어왔다. 우리는 하나님의 징계에 관한 한 이야기를 이 작은 책에 실어서, 어떤 불신자도, 주님의 몸이나 혹은 죽을 운명의 치명적인 범죄가 무엇인지를 식별하기 이전에, 또한 그리스도와 화평의 화해를 이루기 이전에 참된 성례에 참여할 수 없음을 밝히게 되었다. 곧 그 어떤 불경한 자도 시험을 받아 참회를 하지 않는다면, 이러한 떡과 포도주를 무분별하고 부주의하게 받는 결과를 초래하게 될 것이다.

제3장

코르비의 라트랑: 그리스도의 몸과 피

제1절. 서론

주후 9세기에 코르비에서 저술된 성만찬에 대한 두 번째 저작은 라트랑(Ratramnus)에 의한 것이었다. 그는 사제이자 수도사였는데, 그에 관한 정보는 그리 많이 남아 있지 않다. 그에 관해 알 수 있는 것은, 주후 868년에 코르비에서 생존하고 있었다는 사실, 그리고 대머리 샤를 왕과 친밀한 대화를 주고받았다는 점 등이다. 라트랑이 지녔던 주요 특성은, 먼저 그가 성경과 교부들에 관해 탁월한 지식을 소유했다는 점이며, 둘째로는 명확하고 알기 쉬운 투명한 문체로 고전을 인용하지 않은 채 꾸밈없는 수사학을 전개했다는 점과, 마지막으로는 괄목할 만한 사상적 독립성을 지녔다는 점이다.[1]

라트랑의 몇 개 여타 저술들은 우리에게 전해지고 있으나, 그것들의 제작 연대는 불확실하다. 그의 최초의 작품은 *On the Nativity of Christ*(그리스도의 탄생에 관해)[2]로 추정되며, 이는 아마도 라드베르의 작품인 *De partu Virginis*(동정녀 탄생에 대해)에 대한 응답으

---

1. 바쿠이젠(Bakhuizen)이 편집한 보충자료들 속에 인용된 것들은 그 점에 관해 대단히 유용한 도움을 제공했음을 잘 알 수 있다.

2. *De nativitate Christi*, 그 외 *De eo quod Christus ex Virgine natus est* (MPL 121,81-102).

로 사료된다.[3] 두 번째 작품으로 보이는 *On the Predestination of God*(하나님의 예정에 대해)[4]은 두 권의 책으로 되어 있는데, 이는 구원에 대한 예정과 죄에 대한 정죄 및 거절을 옹호하는 내용으로 차 있다. 라트랑이 비록 성찬론을 저술해 명성을 획득하게 됐더라도, 그의 중요한 업적은 그의 성찬론과 동시대에 저술된 네 권의 책, *Against the Objections of the Greeks who Slandered the Roman Church*(로마교회를 중상 모략하는 그리스인들의 반박을 논박함)[5]에서 찾을 수 있다. 이는 두 번씩이나 콘스탄티노플의 총대주교(Patriarch of Constantinople; 858-867, 878-886)를 역임했던 포티우스(Photius)가 서방교회를 공박하자 그에 대한 응답으로 저술된 것이었으며, 그것은 곧 '필리오케 논쟁'(Filooque Controversy)과 연관된 것이었다. 이들 중 세 권의 책은 각각 성경과 공의회 및 교부들에 관한 것으로서, 소위 이중 발현 교리를 주창한 것들이었고, 마지막 네 번째 책은 서방과 동방교회가 극명하게 대립되는 부분을 다룬 것으로서, 사제의 독신주의와 삭발에 관한 문제를 포함하고 있다. 가장 흥미로운 그의 저술, *Letter on the Dog-headed Creatures*(개머리를 지닌 자들에게 보내는 서신)[6]에서, 라트랑은 다시 이러한 황당무계한 터무니없는 자들을 짐승으로 보는 보편적인 견해에서 이탈해, 대단히 독립적인 견해를 보여주었다. 공박을 받는 자들이 이성을 소유한 것으로 보였기 때문에, 그들을 아담의 후손으로 보는 견해를 반대하지 않았고, 또한 은총 입은 클레멘스(Clement)의 책 — 이는 의심할 나위 없이 「클레멘스의 인식(Clementine Recognitions)」이라는 책이 틀림없음 — 에 대해서도 경우에 따라 비판을 가했던 것이다. 비판의 이유는 클레멘스의 견해가 서방교회에 부합되지 않는다고 보았기 때문이다. 또한 두 개의 *On the Soul*(영혼에 대하여)이라는 작품이 있다. 어떤 스코투스(Mararius Scotus)라는 사에 내한 공박을 위한 것이 바로 그 첫째 작품으로서 최근에 출판됐다.[7] 두 번째 저술은 *On the Quantity of the Soul*(영혼의 양에 관해)로서, 이는 영혼이 공간적인 한계에 의해 경계가 정해지거나 제한된다는 이론을 논박하는

---

3. MPL 120.1365–1386.

4. *De praedestinatione Dei* (MPL 121.11–80).

5. *Contra Graecorum opposita Romanam ecclesiam infamantium* (*ibid.* 223–346)

6. *Epist. de cynocephalis ad Rimbertum presbyterum scripta* (*ibid.* 1153–1156).

7. A. Wilmart, "L'opuscule inédité de Ratramne sur la nature de l'âme" (Revue Bénédictine 43 [1931] 207–223). 스코투스(Macarius Scotus)에 대해서는 다음 자료를 보라. James Kenney, *Sources for the Ecclesiastical History of Ireland*, §356, pp. 549~550.

내용이다. 라트랑이 주고받은 여섯 개의 서신들[8]은 현존하고 있으나, 삼위일체설을 옹호하는 것은 소실돼 버렸다. 그것은 힝크마르(Hincmar)의 개정 찬송 가사, 'Sanctorum meritis inclyta gaudia'(영광스러운 기쁨을 위한 거룩한 공로여)를 공박하기 위해 저술됐다. 이는 te, trina Deitas unaque[9](유일한 삼위일체 하나님 당신이시여!)에서 te, summa Deitas(모든 것이신 하나님 당신이시여!)에 이르기까지 라트랑의 저술들의 변화상을 보여주는 것이었는데, 주목적은 바로 사벨리우스주의*를 반박하기 위함이었다. 라트랑은 자신의 확신을 표현하는 일을 결코 두려워하지 않았던 인물이었다.

우리가 여기서 다루는 작품은, 일반적으로 라드베르(파샤즈 라드베르)의 작품인 The Lord's Body and Blood(De corpore et sanguine Domini; 주님의 살과 피에 대하여)와 동일한 제목으로 잘 알려져 있다. 여기서 다루는 라트랑의 저술에는 '주님의 살과 피'라는 구절이 한 번 이상 등장하지만, '그리스도의 살과 피'(corpus et sanguis Christi)라는 용어는 그보다 빈번히 선호되고 있다. 따라서 우리는 라드베르의 작품과 라트랑의 것을 구별하기 위해, 후자의 제목을 원래의 「주님의 살과 피에 대하여」(The Lord's Body and Blood; De corpore et sanguine Domini)에서 「그리스도의 살과 피」(The Lord's Body and Blood; corpus et sanguis Christi)로 바꾸었던 것이다. 이 저술에는 비록 강력한 호적수에 대한 언급이 전혀 없었더라도, 적어도 부분적으로는 확실히, 파샤즈의 성찬설에 대한 평화적인 공격은 어떤 무명 인사의 성찬설에 대한 암시를 함축하고 있다.** 이 작품의 서론에서 결론에 이르기까지 샅샅이 훑어보면, 그 저술 동기는, 주후 840년 이후 서 프랑크 왕으로, 그리고 주후 875년부터 877년까지는 신성로마제국 황제로 군림했던 대머리 왕 샤를에 의한 요청이었다. 곧 샤를 왕은 저자에게 자신의 성찬에 대한 견해를 진술해 줄 것을 청탁했던 것이다. 이 작품의 저술 연대는 파샤즈가 주후 844년 샤를 왕에게 그의 개정판을 보냈던 직후로 보면 틀림없을 것이다.

라트랑의 견해는 다음과 같이 간략히 요약될 수 있다. 제단 위의 떡과 포도주는

---

8. MGH *Epist.* 6.149–158: 서신 10은 단지 *De corpore et sanguine Domini* ('주님의 살과 피에 대해')의 서한체 부분에 불과하다.

9. 다음 자료를 보라. Hincmar's *De una et non trina Deitate* (MPL 125.473–618).

---

* Sabellianism; 삼위일체설을 거부하는 군주신론.

** 라트랑이 라드베르의 화체설을 공격한 근거로서 상징설(혹은 영적 임재설이나 기념설) 속에는 라트랑 자신의 견해가 아닌 어떤 무명 인물의 주장이 함축돼 있다는 뜻. 곧 라트랑은 일부분, 어떤 자의 상징적 내지 영적 혹은 기념적 성찬설을 자신의 것으로 용해해, 그것으로 라드베르의 화체설을 공격하는 데 사용했다는 의미.

그리스도를 기념하기 위한 그리스도의 살과 피의 신비한 상징이다.* 사제의 축성을 거친 그것들은 그리스도의 구원의 죽음을 상징하고 기념할 뿐이며 따라서 외형을 상실하지 않는다. 여전히 떡과 포도주는 자신의 물질적 성격을 지니고 있으며, 감각으로 물질적으로 느끼고 감지될 수 있다. 그러나 그 떡과 포도주 안에는 오직 신앙만으로 인식될 수 있는 하나의 강력한 힘이 내재하고 있다.** 바로 그 힘이 그 음식을 효과적인 것으로 만든다. 그 음료와 양식은 '실제로' 그리스도의 살과 피는 아니다. 라드베르는 '실제로'를 '감각으로 지각할 수 있는'의 뜻으로 일정하게 사용했다.*** 또한 라트랑은 성례의 떡과 포도주가 동정녀에게서 태어나 고난당하시고, 십자가에 달리셔서 죽었다가 장사되어, 그 후 하늘로 부활 승천하시고, 지금은 하나님 아버지 우편에 앉아 계신 역사적인 그리스도의 살과 피가 아니라고 못 박았다. 그러므로 성례의 떡과 포도주는 '하나의 형상 안에서', 즉 상징적으로 그리스도의 살과 피다. 이러한 교리는 성경은 물론 암브로시우스(Ambrose), 히에로니무스(Jerome), 아우구스티누스(Augustine), 루스페의 풀겐티우스(Fulgentius of Ruspe), 세빌의 이시도레(Isidore of Seville), 라트랑 시대의 미사 기도서에서 발견되는 두 기도문 등의 지지를 받고 있다.

'실제'(true)와 '형상'(figurative; 비유적인 혹은 상징적인)의 의미를 비교 대조해보면, 전자는 '육체의 눈으로 보이는 것'이고, 후자는 '오직 신앙에 의해 인식되는 것'이다. 그러나 라트랑은 그러한 실제(veritas)와 형상(figura) 개념을 파샤즈 라드베르와는 정반대로 정의했다.**** 따라서 라트랑의 성찬설에 관한 저술은 당연히 파샤즈의 것과는 대부분 불화하여 일치하지 않는 견해를 대표하는 주장을 담고 있다. 라드베르가 코르비의 베네딕드 대수도원장의 자리에서 물러나게 된 소동이 그린 교리직 불화와 불일치의 원인들 중 하나였다고 보는 것도 무방할 것이다.***

---

* 여기서 라트랑의 성찬설이 기념설과 상징설을 결합한 것임을 알 수 있다.

** 여기서 라트랑의 성찬설은 영적 임재설과 연관돼 있음을 짐작할 수 있다.

*** 라드베르는 축성 이후의 떡과 포도주가, 실제 우리 감각으로 만져서 느낄 수 있는 살과 피로 변했다고 주장했다. 그것이 소위 화체설이다.

**** 라트랑에게서 '실제'는 성례에서 상징적인 의미만이 실제적으로 존재함을 뜻하고, '형상'은 성례에서 제단에 차려져 있는 떡과 포도주 자체다. 따라서 이는 라드베르와는 정반대의 발상이었다.

*** 앞장의 서론에 그런 상황이 잘 묘사돼 있다. 곧 어떤 알력에 의해 대수도원장이었던 라드베르가 사임했으며, 사임 소동의 이유들 중 하나가 바로 성찬설의 불일치와 불화였다는 것이 여기서 라트랑에 대해 언급하고 있는 편집자 - 그가 라트랑의 성찬설에 대한 서론을 써서 라트랑의 대략을 해설함 - 의 주장이다.

비록 라트랑과 동시대 사람이며 불행했던 고트샬크(Gottschalk)가 라드베르의 견해를 멀리했다는 혐의로 엄청난 고통을 겪었더라도, 우리는 라트랑의 저술이나 그 자신을 정죄하려는 움직임을 결코 감지할 수는 없다고 하겠다. 그런데도 라트랑이 저술했던 「그리스도의 살과 피」(Christ's Body and Blood)는 여러 시대를 관통하면서 다소 이상야릇한 역사를 지니게 되었다. 곧 라트랑의 역사성이 의심을 받았던 시대가 종종 있었던 것이다.

다음 세기인 주후 10세기에 레임의 플로도아르트(Flodoard of Reims, 주후 966년 사망)는 라트랑의 그러한 저술[10]에 대해 알고 있었고, 또한 그때부터 지금까지 현존하는 앵글로 색슨인들에게 주는 설교인 "유월절 어린 양과 성례전의 그리스도의 살과 피에 대하여" 속에 라트랑의 사상이 들어 있음이 판명됐다. 그런데 그 설교는 곧 대수도원장 앨프릭(Ælfric of Eynsham; Aelfricus Grammaticus)에 의해 작성된 것이었다.[11] 이 설교 중에 가장 조잡하고 엉성한 부분조차도 충분히 그가 알고 있었던 그 나름대로의 라트랑의 주장을 쉽사리 상세하게 보여준 것이었다. 그의 작품을 기록한 한 사본이 당연히 코르비에서 브리튼으로 보내졌음이 틀림없다.

오랫동안 켈로티누스(Anonymus Cellotianus)로 알려져 왔던 예수회 수사 켈로트(Louis Cellot)[12]에 의해 처음 출판된 성찬에 관한 모음집은 한때 게르버트(Gerbert of Aurillac) ― 교황 실베스터 2세(Silvester II, 주후 999-1003년 재위) 이후의 인물 ― 의 작품으로 여겨진 적이 있었다.[13] 그러나 여러 가지 타당한 이유로 지금은 모린(Dom Morin)의 연구에 의해 헤리거(Hériger of Lobbes, 주후 1107년에 타계함)가 편집한 것으로 간주되고 있다.[14] 헤리거는 파샤즈 라드베르의 성찬교리가 라바누스 마우루스와 또한 '어떤 라트랑'(샤를 왕을 위해 저술한 어떤 한

---

10. *Hist. Eccl. Rem.* 3.15 (MPL 135.181).

11. 원래의 앵글로 색슨어로 된 설교를 현대 영어로 번역한 사본은 다음 자료에 나타나 있다. B. Thorpe, *Homilies of the Anglo-Saxon Church* (London, 1844-1846) 2.262-283; "A Sermon on the Sacrifice on Easter Day"; 1623년의 번역본이 라트랑의 발티모어 판(pp. 89-105)에 수록됐다. 다음을 참고하라. S. Harvey Gem, *An Anglo-Saxon Abbot: Ælfric of Eynsham* (Edinburgh, 1912) 86-111. 여기에는 앨프릭이 라트랑에게 진 은혜, 곧 그가 라트랑에게서 받은 영향에 관해 기술돼 있다. 다음의 저술은 그 둘 모두를 이단으로 정죄했다. M. De la Taille, *Mysterium Fidei* (Paris, 3d ed., 1931).

12. L. Cellot, *Historia Gotteschalci* (Paris, 1655), pp. 539-540. = MPL 121.9.

13. 다음 자료를 참고하라. MPL 139.187 (게르버트의 작품들 중의 것); B. Pez, *Thesaurus anecdotorum novissimus* (Augsburg, 1721) 1.1, pt. 2, p. 133.

14. G. Morin, "Les dicta d'Hériger sur l'Eucharistie" (*Revue Bénédictine* 25.1 ff.).

책에 등장하는) 등에 의해 확대됐다고 주장했다. 그 두 저자 모두 성례 시 주님의 몸과 동정녀에게서 잉태된 육신을 구별했다. 헤리거는 자신의 모음집 후반부에 라트랑의 저술이 인용한 바(§71) 있는 히에로니무스의 텍스트를 수록했다. 이로 보건대, 헤리거는 라트랑의 저술을 틀림없이 읽었을 것이고, 우리 역시 헤리거가 읽었던 라트랑의 작품 사본을 알고 있다. 롭스(Lobbes) 도서관의 1049년 목록에는[15] 로비엔시스 사본(Codex Lobiensis)이라는 이름을 지닌 한 사본이 들어 있다. 바로 그것이 라트랑의 저술이 들어 있는 그 사본이다. 그것은 겐트(Ghent) 대학교의 도서관에 현존하여 소장돼 있다.

그와 같은 세기에, 즉 주후 11세기에, 베렝가리우스(Berengarius of Tours, 주후 1088년에 타계함)[16] 이단과 연루된 논쟁의 경험을 기술한 소책자가 발간됐다. 뚜르의 부주교였던 베렝가리우스는 성례에 관한 파샤즈의 입장의 정당성에 대해 의심의 눈초리로 쏘아보기 시작했다. 베렝가리우스가 벡(Bec)의 부수도원장으로서 세상에 알려진 유명한 랑프랑(Lanfranc, 주후 1089년에 죽음)에게 편지 한 장을 보냈다. 거기서 그는 그 자신이 파샤즈의 견해에 반대하고 우리가 바로 뒤에서 소개할 라트랑의 저술이 지닌 입장을 호의적으로 지지한다고 선언했다.* 그러나 베렝가리우스는 라트랑의 글을 에리우게나(John Scotus Eriugena)의 작품으로 오인했다. 에리우게나는 라트랑과 아일랜드 동시대인이었고, 그 둘 모두 샤를 왕의 궁정에서 함께 근무하기도 했다. 베렝가리우스가 랑프랑에게 보낸 그 서신은 교황 레오 9세(Leo IX) 이전에 기록된 것으로서, 그 결과 그 서신이 작성됐던 해에 베르켈리(Vercelli)에서 공의회가 개최되기에 이르렀다. 거기서 라트랑의 성찬설을 지지했던 베렝가리우스는 궐석 재판을 받아(in absentia) 정죄되었고, 라트랑의 서적은 없애도록 처결됐다. 의심할 바 없이 그 책의 사본은 압수낭했으나, 바로 그 책의 진본은 이러한 박해에서 살아남게 됐다. 그런데 그들은 또다시 주후 1059년, 라테란(Lateran)에서 개최된 공의회에서 베르켈리 공의회에서 겪은 동일한 박해를 받게 됐다. 라트랑의

---

15. 지금은 대영박물관에 있다.

16. M. Cappuyns, "Bérenger de Tours" (*Dict. d'Hist. et de Géogr. Ecclés.* 8.385–407); A. J. MacDonald, *Berengar and the Reform of Sacramental Doctrine* (London, 1930). 이 책의 내용 중, 위클리프(Wyclif)가 베렝가리우스를 정죄하고 비난하는 자들을 공격한 부분을 참고하라. 이 책은 배틀스(Ford Lewis Battles)가 영어로 번역했다(LCC 14.67 f.). 위클리프는 베렝가리우스의 것으로 여겨지는 신앙고백과 화체설이 부조화스럽다는 점을 보임으로써 그 자신이 라트랑의 견해에 가까이 있음을 인정했다.

---

* 앞에서도 밝혔듯이 파샤즈 라드베르는 화체설을, 라트랑은 상징설과 기념설 및 영적 임재설을 두루 섭렵한 성찬설을 주장했다.

책과 베렝가리우스 역시 라테란 공의회에서 정죄를 당했다. 그런데 라테란 공의회에서는, 과연 베르켈리 공의회에서 정죄를 당한 그 책이 라트랑이 에리우게나의 이름을 도용한 위조작인지, 아니면 에리우게나가 라트랑의 이름을 이용해 저술한 위조작인지, 혹은 라트랑과는 전혀 무관한지에 관한 열띤 논쟁이 벌어졌다. 그러나 그것은 아마도 우리가 위에서 밝힌 대로가 가장 진실에 가까울 것이다. 즉, 라트랑이 라드베르에 반대해, 이전의 교부들의 견해를 참고하여 저술했다는 점이다. 베렝가리우스는 시종일관 자신의 견해의 출처를 밝힘에 라트랑의 이름을 결코 언급한 적이 없었고, 또한 자신을 고발하는 어떤 자의 이름도 거론하지 않았다. 곧 그들 모두에게 그 책의 저자는 에리우게나였던 것이다.

시게베르(Sigebert of Gembloux, 주후 1112년 사망)는 대략적으로 주후 1111년에 탈고한 교회의 저자들에 대한 그의 책(96장)에서[17] 라트랑에 대해 언급했다. 그런데 시게베르의 저술을 최초로 편집한 페트리(Suffridus Petri)는[18] 시게베르가 저술한 여섯 개의 사본을 사용했는데, 그 중에서 두 개의 사본에는 라트랑(Ratramnus)이라는 이름이 '베르트람누스'(Bertramnus)로 오기되어 있다. 이는 라트랑의 저작권이 확실하다는 결정적인 증거에도, 그의 저작권을 부인한 사본이 채택된 결과였다. 이러한 오류는 매우 대담무쌍하고 철면피한 행위에서 비롯됐고, 그러한 현상은 주후 1880년대 후반까지 때때로 반복적으로 나타나곤 했다.[19]

멜크(Melk)에서 살았다고 생각되고, 그 지역 이름에서 유래한 것으로 보이는 소위 이전의 멜리켄시스(Anonymus Mellicensis)[20]라는 이름의 한 작가는, 지금은 볼프커(Wolfger of Prüfening)로 알려졌는데, 그가 교회 작가들의 이름 목록을 작성한 적이 있는데, 여기에는 라트랑의 작품과 이름이 올바르게 기재돼 있다. 그 이유는 그가 라트랑의 이름이 오기되어 나오는 어떤 사본도 본 적이 없기 때문일 것이다.

그로부터 4세기 동안 교리상의 문제로 기피 인물이 되다시피 한 라트랑의 이름이

---

17. MPL 160.569.

18. Suffridus Petri, *De illustr. eccles. scriptoribus*, part 5 (Cologne, 1580), p. 356.

19. W. F. Taylor's reprint of *The Book of Bertram* (Rouen, 1673).

20. MPL 213.961. 다음을 보라. E. Ettlinger, *Der sog. Anonymus Mellicensis, De script. eccles.* (Karlsruche, 1896) p. 72; 또한 다음의 자료도 보라. Fichtenau (*Mitteil. Oesterr. Inst. für Geschichtsforschung* 51 [1937], 313).

나 작품에 대해 어떤 언급도 등장하지 않았다. 작품상의 측면에서 어떤 약점이나 모순 혹은 결핍을 찾을 수 없는 라트랑의 성찬론이 만약 그 기간 동안 알려질 수만 있었다면 아마도 첨예한 논쟁이 전개됐을지도 모른다. 따라서 이 기간 동안 파샤즈의 성찬론이 그리스도교계를 지배하게 됐다. 비록 아퀴나스(Thomas Aquinas, 주후 1225-1274)가[21] 라트랑에 대해 언급한 바가 없었더라도, 둔스 스코투스(Duns Scotus, 주후 1308년에 죽음)는 그에 관해 약간 알고 있었다.[22] 15세기 말, 처음으로 그에 대한 전반적인 침묵이 깨어졌다. 그 이유는 조안네스 트리테미우스(Joannes Trithemius of Spanheim)의 두 작품 속에 그에 관한 간략한 언급이 들어있기 때문이었다.[23]

주후 1535년에 토마스 모어 경(Sir Thomas More)과 함께 순교 당하기로 운명 지어졌던 로체스터(Rochester)의 주교 피셔(John Fisher)는 주후 1527년에 성례에 관한 그의 저작에서 다음과 같이 언급했다. 곧 '바르트라무스 슈트라부스'(Bartramus Strabus)의 성찬설이 오이콜람파디우스(Oecolampadius)*의 성찬에 관한 논문인 「성찬에서 그리스도의 참된 살과 몸에 대하여」(De veritate corporis et sanguinis Christi in eucharistia, Cologne, 1527)와 맞닿아 있다는 것이다. 즉, 화체설을 반대하는 기조가 그 둘의 공통점이라는 의미다. 그리고 피셔는 바르트라무스를 7~8세기의 저자 군에 편재시켰다. 그런데 피셔가 언급한 바르트라무스는 월프리드 슈트라보(Walfrid Strabo)였다. 그는 혼동에 의해, 바르트라무스를 월프리드 슈트라보로 오인했던 것이다. 이 사실은 피셔가 그 저술에 대해 거의 직접적인 지식을 갖고 있지 않았다는 증거가 되지만, 또한 그에 관해 큰 흥미를 지니고 있었다는 반증이 되기도 한다. 게다가 피셔는, 대단히 탁월한 출판가였던 프라엘(Jonh Prael)보다 적어도 4년 먼저, 다음과 같은 제목을 지닌 초판 책을 저술하여 1531년 콜로뉴에서 출간히였다. *Bertrami Presbyteri de corpore et sanguine Domini Liber ad Carolum Magnum*

---

21. *Summa Theol.* 3, qu. 75, a. 1 *ad corpus.* 다음 주석에서 그것이 수정됨. Francisco Suarez, *Opera Omnia* (Paris, 1861) 21.4. 여기에 바로 라트랑에 대한 언급이 실림.

22. Duns Scotus, *Opera Omnia* (Paris, 1894) 17.155.

23. *De script. eccles.* (Cologne, 5th ed., 1546) p. 120 = MPL 160.74, first ed. printed at Mainz, 1494; *Annales Hirsaugienses,* ed. Mabillon (*Mon. Sacr. Galliae*, 1696) 1018.

---

* 그리스어, 히브리어, 라틴어에 능통했던 인문주의 교부학자로서, 스위스의 종교개혁가 울리히 츠빙글리의 절친한 동료이며, 바젤에서 종교개혁을 이끌었다. 그는 화체설(성찬식 때 빵과 포도주가 그리스도의 몸과 피로 변한다는 로마 가톨릭의 견해)을 배격하고 츠빙글리의 기념설에 동조했다. 곧 그는 특히 「주의 말씀의 정확한 해석에 관하여」(De genuina verborum domini expositione, 1526)에서 "성찬식은 그리스도의 십자가 희생에 대한 기념일 뿐 재연은 아니다"라는 츠빙글리의 견해를 지지했다.

Imperatorem, iam recens aeditus(베르트라미 주교가 샤를마뉴 대제에게 보내는 최근에 발간된 '주님의 살과 피에 대해'라는 이름의 논문). 다시 틀린 이름이 나오고 있고 또한 왕의 이름도 오기됐다. 그러나 그 소책자는 당대 학계에 큰 영향을 끼쳤다. 이 라틴어 텍스트는 다음 세기 중반까지 지속적으로 재인쇄됐다. 종교개혁자들이 그 책의 출판과 어떤 연관성을 지녔는지는 불분명하지만, 그 책의 초판이 발간된 이듬해인 주후 1532년에는, 그 소책자의 독일어 번역판이 출간됐다. 곧 주대(Leo Judä)가 취리히(Zurich)에서 발간한 책이 바로 그것이었다. 그리고 불링거(Bullinger)는 그 책의 한 사본을 서신과 함께 브란덴부르크(Brandenburg)의 마르그라베(Margrave)에게 발송했다.[24]

라트랑의 놀라운 주장에 접하게 된, 그와 반대 측의 인사들은, 즉시 그 책은 이미 공의회에서 정죄되어 절판됐고, 또한 지금 눈에 보이는 그 책은 종교개혁적 관점에서 흥미를 불러일으키기 위해 어떤 한 모종의 인물이 위조한 작품이라고 단언하기 시작했다. 그 다음 세대의 인물인 식스투스(Sixtus of Siena)[25]는 다음과 같이 주장한 몇 안 되는 인물들 중의 한 사람이었다. 곧 '베르트라무스'(Bertramus)는 단지 오이콜람파디우스(Oecolamadius)의 필명일 뿐이었거나, 혹은 소책자를 선전하는 자들이 자신들을 방어하기 위해 그 책의 발행처가 콜로뉴(Cologne)가 아니고 바슬레(Basle)였음에도 콜로뉴로 위조했다는 주장이다.* 그 소책자의 저작권을 오이콜람파디우스에게로 돌리는 일은 참으로 아전인수 격이었고, 종교개혁 신학과 이전 신학의 연결고리를 끊으려는 의도에서 비롯된 것이었다. 곧 이는 종교개혁자들을 비꼬고 풍자하기 위한 조처였다. 다시 말해 그것은 자신들의 관점에서 종교개혁 신학의 비역사성, 미성숙성, 미천함을 세상에 알리기 위한 하나의 교묘한 시도였던 것이다. 오이콜람파디우스가 라트랑의 책을 일단 한 번이라도 접한 적이 있었다면, 그것을 언급하는 일에 결코 고심하지 않았을 것이다. 그가 그 소책자를 언급하지 않은 이유는 그 책을 접한 적이 없었기 때문이었다. 따라서 한 번도 본 적이 없는 책을 오이콜람파디우스가 저술했다고 주장하

---

24. Bakhuizen, pp. 64-65.

25. Sixtus Senensis, *Bibliotheca Sancta* (Venice, 1566), pref. vi, n. 196.

* 아래의 각주 27, 28번을 보면 라트랑을 비판하는 자들의 자료가 모두 바슬레에서 발행된 것으로 보아 바슬레가 가톨릭 성향의 도시였음을 미루어 짐작할 수 있다. 곧 당시 바슬레는 가톨릭의 온상이고 콜로뉴(독일의 쾰른)는 개혁적 성향의 도시였는데, 베르트라무스는 그 소책자가 바슬레에서 나온 것임에도, 개혁적 성향을 지닌 자들이 라트랑을 자기편으로 끌어들이기 위해 그 발행처를 콜로뉴로 위장했다는 의미다.

는 것은 앞뒤가 맞지 않는 처사이며 일고의 가치도 없다.* 150년의 장구한 세월이 흐른 후 주후 1672년에 가서야, 그 소책자가 중세의 진본 문서에서 온 진짜 사료임이 판명됐고, 이윽고 의심의 구름은 일순간 안개 걷히듯이 저편 너머로 사라지게 되었다. 그때, 위대한 베네딕트 수도회 출신인 마빌론(Mabillon)은, 전술한 바대로, 롭스(Lobbes)를 방문해 로비엔시스 사본(Codex Lobiensis)을 번역하게 됐다. 결국 라트랑의 「그리스도의 몸과 피」(Christ's Body and Blood)는 16세기에 오이콜람파디우스에 의한 위작이 아니었음이 판명됐다.

바쿠이젠(Bakhuizen van den Brink)은 주후 1954년에 출판된 그 텍스트의 최종 편집 판에서 그 소책자에 관한 이후의 상세한 역사를 기록하고 있다. 차후에 일부 인사들은 라트랑의 저술에 칭찬을 아끼지 않았고, 또 다른 자들은 그것에 흠집을 내고 비난하기도 했다. 예를 들면, 골 지방의 종교개혁자 성 요아킴 바디안(St. Joachim Vadian)은 라트랑을 존경해마지 않았으나[26], 막데부르크 역사기록(Magdeburg Centuriators)은 라트랑의 저술에서 '화체설의 씨'를 보았다.[27] 플라키우스(Matthaeus Flacius)는 그의 유명한 목록(Catalogue)[28] 안에서 라트랑에 대한 어떤 이야기도 언급하지 않았다. 그러나 그러한 비판들이 제시한 결점들은 모두 시몬 굴라트(Simon Goulart)의 개정판에서[29] 바로 잡혀 삭제됐다. 하르덴베르크(Albert Rizaeus Hardenberg)가 보름스(Worms)에서 주후 1567년 10월 26일자로 멜란히톤(Melanchthon)에게 보낸 서신을 보면 그것을 잘 알 수 있다. 곧 "베르트라무스의 책"은 그리스도교계의 평화라는 천을 덕지덕지 기워서 맞추기 위한 하나의 필요악으로는 보이지 않는다는 것이 하르덴베르크의 요지였다. 그 책은 순교자 베르미글리(Peter Martyr Vermigli)와 윈체스터(Winchester)의 주교 스데펜 기르디너(Bishop Stephen Gardiner) 사이에서 벌어진 성찬논쟁에서 중요한 역할을 했다.[30]

---

26. Bakhuizen, p. 66.

27. *Nona centuria ecclesiasticae historiae* ("9세기 교회 역사"), Basle, 1565, 212장, 355장.

28. *Catalogus testium veritatis* ("참된 텍스트 목록"), Basle, 1556, 재인쇄판. 1562, 1672.

29. Lyons-Geneva, 1608.

30. Bakhuizen, pp. 86-88.

---

* 오이콜람파디우스가 라트랑의 성찬론을 읽었다면, 그는 분명히 그를 근거로 화체설을 비판했을 것인데, 전혀 그 점을 언급하지 않았다. 따라서 그는 라트랑을 몰랐던 것이 분명하고, 그가 화체설을 비판하고 츠빙글리의 기념설 성찬론을 지지한 것은 단지 그 자신이 함양하고 있던 종교개혁적 성향 때문이었다. 따라서 그가 그런 성향을 지니고 있다 해서, 라트랑의 작품을 그의 저작권으로 돌리는 것은 온당치 못한 처사라는 것이 편집자의 일관된 지론이다.

주후 1555년, 옥스퍼드(Oxford)에서 순교자 주교 리들리(Nicholas Ridley)*가 개혁파 이단 혐의로 재판 받을 때, 라트랑에 대해 이렇게 언급한 적이 있었다.

"이 사람은 최초로 내 귀를 끌어당긴 자였고, 이 문제에 관해** 내가 성경과 교회 저자들의 의견을 보다 부지런히 검토해 로마 가톨릭의 일반적인 오류를 검증하게 해준 분이었다…."[31]

그런데 니콜라스 리들리가 투옥돼 있는 동안 그 자신 스스로가 직접 저술했던 논저, 「주님의 만찬의 짧은 선언, 혹은 화체설의 오류에 관한 한 논문」(*Brief declaration of the*

---

31. Glocester Ridley, *Life of Dr. Nicholas Ridley* (London, 1763) 685; *Praefatio et Protestatio* (서론과 단언, p. 681)에서 '베르트람'은 리들레이의 입장을 지지하는 저자들 중 한 사람으로 기재됐다. 이에 관해서는 라트랑의 발티모어(Baltimore)판 p. xix를 참고하라.

---

* 니콜라스 리들리는 주후 1500년 잉글랜드 노섬벌랜드(Northumberland) 사우스 틴데일(South Tynedale)에서 출생했고, 뉴캐슬(Newcastle) 소재 왕립 문법학교(Royal Grammer School)에서 기본 교육을 받은 뒤, 케임브리지(Cambridge) 대학교의 펨브로크 홀 칼리지(Pembroke Hall College)에서 공부하고 석사학위를 수여 받았다. 그러고 나서 주후 1524년경 가톨릭 사제 서품을 받았으며, 그 이후 프랑스 파리(Paris)의 소르본느(Sorbonne) 대학교에 유학해 학문의 장을 넓혀갔다. 그는 주후 1534년경부터 개혁파 교리에 공감을 보이기 시작했고, 주후 1537년에는 탁월한 종교개혁자인 캔터베리 대주교 토마스 크랜머 경을 따르는 인물들 중 한 사람이 되었다. 주후 1540년, 펨브로크 칼리지 학장으로 선출돼 그 대학을 개혁파 신학교로 만드는 데 주도적인 역할을 했다. 따라서 그 대학은 향후 영국 개혁파의 지적인 교두보가 됐다. 헨리 8세(주후 1509–1547 재위) 통치 말기에 가톨릭의 반종교개혁 운동이 일어났을 때 리들리는 이단 혐의를 받기도 했다. 에드워드 6세(주후 1547–1553 재위)가 즉위한 후 개혁파 신앙이 급속히 확산되었을 때, 그는 로체스터(Rochester) 주교로 임명됐다. 주후 1550년에는 면직 당한 보수주의자 에드먼드 보너를 대신해 런던 주교가 됐다. 그가 런던 주교로 재임하는 동안 런던은 영국 종교개혁의 본보기가 됐고, 런던의 개혁파 신앙은 급속히 발전하게 됐다. 그는 성찬식의 웅장하고 화려한 제단 대신 평범한 식탁을 사용해 화제를 모으기도 했다. 또한 그는 성찬식에서 사제 축성 이후 떡과 포도주가 그리스도의 살과 피로 변한다는 화체설을 배격했다. 그리고 리들리는 개혁파 정치인 제인 그레이(Jane Grey)를 에드워드 6세의 후계자로 삼자는 파당을 지지했다가 가톨릭파 수장이었던 메리 튜더의 즉위 후 즉시 체포되어 수감됐다 (주후 1553년). 2년 후인 주후 1555년 10월 16일, 그는 저명한 개혁파 인물 휴 래티머(Hugh Latimer)와 그의 여성 정치인 지지자 제인 그레이와 함께 "개혁신앙을 철회하라"는 명령을 거부한 끝에 화형의 순교를 당했던 것이다. J. G. 리들리는 주후 1957년 그에 관한 전기 *Nicholas Ridley*를 출판했다. 그는 그 이후 영국에서 엘리자베스 여왕에 의한 수장령과 통일령이 발하여 영국 국교회(Anglican Church; 성공회로도 번역함)가 출발하기 이전, 가톨릭에 의해 순교당한 인물들 중 한 명이었다. 유럽 대륙에서는 후스 등의 급진 재세례파가 가톨릭에 의해 박해와 순교를 당한 반면, 영국에서는 개혁파가 가톨릭에 의해 박해와 순교를 당하는 대조적인 현상을 보여준다. 영국 국교회가 출범한 이후 개혁파는 분리파와 비분리파로 나뉘어 분리파는 아메리카 대륙으로 건너가 미국의 시조가 됐다.

** 성찬 문제.

Lord's Supper, or a Treatise Against the Error of Transubstantiation)[32]에는, 라트랑이 인용했던 구절인 아우구스티누스의 「그리스도론에 대하여」(*De doctrina Christiana*) 3장 16절이 인용됐음에도, 라트랑에 대한 직접적인 언급은 결여돼 있었다.

리들리나 여타 다른 비가톨릭 저자들은 라트랑의 성찬설을 채용함으로써, 추호의 의심도 없이, 로마 가톨릭교회 진영에 속해 있는 인사들에 대한 저항과 반대를 한층 더 강화할 수 있었던 것이다. 주후 1559년, 라트랑의 성찬론에 관한 소책자는 에리우게나(Scotus Eriugena)의 이단 저술로 여겨진 채, 트렌트 공의회의 정죄를 받았다. 피우스 4세(Pius IV) 치하의 앤트워프 목록(Antwerp Index, 1570)은 그 책을 리스트에 올렸고, 소위 두아이(Douai)에서 작성된 벨기에 목록(Belgian Index, 1571) 역시 그 책자를 리스트에 실었다. 그러나 두 목록은 책자를 수록할 때 단서를 달았다. 곧 수정하는 한 관용될 수 있고, 또한 수정을 위해 특별히 제안할 수 있다는 것이다. 주후 1685년 8월 23일, 파리 의회에서 다음과 같은 명칭을 지닌, 라트랑을 정죄하는 왕의 한 칙령이 반포됐다. "사제 라트랑 혹은 베트람에게 주는 성례에 관한 한 경고"(*Ratram ou Bertram, Prestre, de l'Eucharistie avec un avertissement*). 그런데 그것은 의심할 나위 없이, 주후 1672년, 루앙(Rouen)의 교외, 끄빌리(Quévilly)에서 인쇄됐던 익명의 불어판 문서와 동일한 것으로 판명됐다. 그리고 그것은 현재 바스티드(Bastide)의 마르크-안톤(Marc-Antoine de la Bastide)이 저술한 것으로 여겨진다.[33] 그러나 이러한 엄단과 금지에도, 라트랑의 소책자는 계속해서 읽혔고, 심지어 종종 로마 가톨릭의 후원 하에 인쇄되기도 했다. 그리고 그 책은 실질적으로 1900년판 도서목록에서 제거되지 않았던 것이다. 비록 초기의 수많은 작품들이 제거됐던 상황에서도, 여전히 라트랑의 소책자는 생명을 부지해나갔다. 이난 노서 금시 목록에 들어 있던 일반적인 것들에는, 고대나 중세의 이단 저술보다는 오히려 16세기 작

---

32. 리들리가 화형을 당해 순교하던 해인 주후 1955년에, 취리히(Zurich)에서 초판이 발행됐다. 크리스마스는 이를 재판으로 발행했다. H. Christmas, *Works of Nicholas Ridley, D.D.*, The Parker Society 39 (Cambridge, 1843), pp. 1-45. 또한 p. 159도 참고하라. 거기에는 리들리가 재판 받을 때 한 진술이 그대로 수록됐다. "존경하는 재판장님! 이 문제*에 관해서는 다른 자들이 먼저 기록했습니다. 곧 그 문제는 가장 오래된 저자들에 의해, 언술의 중간이나 말미에 다루어지지 않았고, 오직 신앙고백의 형태를 띠고 취급됐습니다. 곧 그것은 그들이 책 한 권 전체를 통해 탄원했던 중차대한 문제였습니다. 베트람은… 우리가 지금 진행하고 있는 논쟁에서 내가 가진 입장과 마찬가지로, 성찬의 떡 속에는 떡의 본질이 여전히 남아있다는 사실을 그 어떤 자도 의심할 수 없을 것이라고 확언했습니다."

33. Bakhuizen, 81.

---

* 성찬.

가의 작품들이 포진하고 있었다.

라트랑이 저술한 원본에 직접적인 관계없이, 그 원본의 한 라틴어 사본에서부터 유래한 초판본이 주후 1686년, 소르본느 대학교의 박사 자끄 봘로(Jacques Boileau)와 그의 형제 시인 니꼴라스 봘로-데스쁘로(Nicolas Boileau-Desréaux) 등에 의해 편집 발행됐다. 또한 자끄 봘로는 그 책을 저본으로 해 불어판을 발간했다. 또한 그는 라트랑의 성찬론을 둘러 싼 모든 논쟁을 밝히기 위해, 그리고 칼빈주의자들에게서 그들에 의해 왜곡된 라트랑을 탈취하기 위한 목적으로 방대한 분량의 주석을 저술하기도 했다. 여기서 봘로는 라트랑과 파샤즈 라드베르가 서로 완전히 일치하는 정통 신학자라는 점을 보여주려고 노력했다. 주후 1712년에 봘로가 재판으로 발간한 그 책은 미뉴(Migne)의 "라틴 교부"(Patrologia latina 121.125-170)에 재수록됐다. 최근에 다시 예수회 수사 하르뒹(Hardouin)은 그 책의 저작권을 에리우게나(Scotus Eriugena)에게로 돌려 이 책과 이 책이 다루는 주제와 이 책의 저자에 대한 사람들의 관심과 주목을 집중시켰다.[34] 봘로의 텍스트는 주후 1838년에 옥스퍼드와 런던에서 영역본으로 번역 출판됐고(편집자는 H.W.와 W.C.C.), 그것은 미뉴의 전집에 들어 있는 것보다 더 뛰어나다는 평가를 받았다. 특히 영역본 중, 주후 1843년에 발티모어에서 발행된 것이 탁월했다. 그것은 미국 매릴랜드(Maryland) 주교 화이팅햄(W. R. Whittingham)이 쓴 서문과 주후 1623년의 앨프릭(Ælfric)의 설교의 번역문을 함께 수록하고 있다. 바로 그 발티모어 판이 매우 유용하게 읽히고 있다.

그보다 별로 가치가 없는 번역본들은 미뉴 전집 중 봘로의 텍스트를 저본으로 하여, 발티모어 판과 비교해 번역 개정된 것이었다. 그보다 더 가치 있는 번역본은 이후에 더 나은 번역본들이 발견된 다음 개정 편집된 것이었다. 특히 비평적인 내용을 담은 편집본인 네덜란드 학자 바쿠이젠 교수(Prof. J. N. Bakhuizen van den Brink)의 것인 *Ratramnus: De corpore et sanguine Domini-texte établi d'apiés les manuscrits et notice bibliographique*이 눈에 띠게 드러난다. 그것의 출처는 다음과 같다. "Verhandelingen der koninklijke Nederlandse Akademic van Wetenschappen, Afd. Letterkunde", Nieuwe Reeks, Deel 71, No. 1 (Amsterdam: North-Holland Publishing Co.,

---

34. 봘로의 제2판에서 봘로는, 장 하르뒹(Jean Hardouin)의 "제단의 성찬에 대해"(De sacramento altaris, MPL 121.103)라는 논문이 친근하고 정직하면서도 문학적인 우수성을 지녔다는 평판을 받았다고 주장했다.

1954.). 바쿠이젠의 텍스트는 그리 무용할 것 같지 않으므로, 우리가 채택한 번역본은 그의 것을 따를 것이다.

또한 바쿠이젠의 편집판은 교회 역사상 라트랑의 중요성을 평가하는 논의에서 타의 추종을 불허할 만큼 대단히 높은 가치를 지니고 있다. 그러나 바쿠이젠은 조직 신학적 측면에서 라트랑의 교리에 접근하지는 않았다. 독자들은 라트랑에 대한 다음과 같은 탁월한 논문들을 읽을 수가 있을 것이다. John J. Fahey, *The Eucharistic Teaching of Ratramnus of Corbie* (St. Mary of the Lake Seminary, 1951); J. Geiselmann, *Die Eucharistielehre der Vorscholastik* (Paderborn, 1926); C. Gliozzo, *La dottrina in Paschasio Radberto e Ratramno, moaci di Corbia* (Palermo, 1945), 81–189; Joseph Martin, *Ratramne: une conception de la céne au IXe siècle* (Paris, 1891); A. Naegle, *Ratramnus und die hl. Eucharistie zugleich eine dogmatisch-historische Würdigung des Abendmahlstrettes* (in "Theol. Stud. der Leo-Gesellschaft" 5 [Wien, 1903]); Henri Peltier, *Pascase Radbert, abbé de Corbie: contribution à l'étude de la vie monastique* (Amien, 1938), 특히 pp. 268–272; 또한 다음의 소논문도 참고하라. L. Backes (LTK 8.642 f.); Michael Ott (CE 12.659 f.); Antonio Piolanti (EC 10.549 f.). 특히 그 연대가 오래됐음에도, 발로(Jacques Boileau)와 파브리쿠스(J. A. Fabrisius)의 초고가 MPL 121.9–12, 103–222 등에 수록됐으며, 그것들은 여전히 어떤 중요한 가치를 지니고 있다.

제2절. 본문

1

영광스러운 국왕 폐하께서 그리스도의 피와 몸의 신비에 관한 나의 견해를 존엄하신 그 자신께 알려줄 것을 명하셨다. 그러한 명령은 장엄한 권세를 가지신 국왕 폐하께 지극히 합당한 것이지만, 하지만 또한 나에게 주어진 이 문제는 지극히 나약한 힘을 지닌 나와 같은 자에게는 해결하기 가장 어려운 과제로 떠오른다. 독자들이여! 그리스도의 거룩한 신비에 관한 보편적인(catholic) 지혜를 소유하는 것보다 한 왕의 선견지명(providence)을 따르는 일이 왜 더 나은가? 독자들이여! 왕에게 왕관을 씌어 주신 그리스도는 그의 신하들이 다양한 그리스도의 몸에 관한 견해를 취하지 못하도록 움직일 수 없게 못 박으셨다는 점과, 그리고 전체 그리스도인의 구원이 그것에 달려 있다는 사실에 동의하는가?

2

어떤 독실한 신자가, 매일 교회에서 베풀어지고 있는 그리스도의 몸과 피의 신비 가운데서, 어떤 형상이나 숨겨진 상징을 통해 아무 일도 발생하지 않는다고 언급했다고 하자. 또한 오직 꾸밈없이 적나라하게 참된 사실(truth)[35]의 본질 자체만 현현하는 법이라고 주장했다고 치자. 그렇다면 다른 사람들은 이러한 증거를 들이댈 수 있을 것

---

35. 이 논문에서 *veritas*(truth)와 또한 그것과 동일한 어원의 말들은 완전히 물질적인 의미로서의 사실(truth)만을 항상 뜻한다. 곧 그것은 어떤 형상이나 상징 개념과 정반대의 의미를 지니며, 오류나 거짓 개념이 아니다.*

---

* 곧 원래의 '참'이나 '진리'의 개념인 '베리따스'는 플라톤의 이데아적인 본질에 해당하고, '거짓'은 플라톤의 감각이나 형상에 해당한다. '참 = 본질(이데아), 거짓 = 형상(감각, 물질)' 도식이 바로 전형적인 실재론의 공식이었다. 그러나 9세기의 라트랑은 이런 전통적인 철학 사상을 거부하고, 그의 성찬론에서 '참 = 사물의 형상(보이는 모습 그대로의 물질 자체), 거짓 = 본질(이데아)' 공식을 천명하여, 그 이전의 패러다임을 역전시켰다. 그리하여 사제의 축성 후에 떡과 포도주의 형상이 그리스도의 참 몸과 피라는 본질로 변화됐다고 하는 화체설을 정면 공격했다. 떡과 포도주는 눈에 보이는 그대로의 사물 형상으로서 참이며, 그것은 그 어떤 식으로든 변하지 않고, 다만 성찬의 떡과 포도주는 그리스도의 몸과 피를 상징하고 기념한다고 주장했다. 곧, 화체설이 축성된 떡 속에 그리스도의 몸의 본질이 남아 있다는 주장을 공략하기 위해, 그 본질 자체가 참이 아니라는 주장을 과감히 내세웠던 것이다. 이는 그 이전의 실재론을 공박한 유명론적 발상의 단초였다고 보아도 무방하다.

이다. 즉, 그것은 그리스도의 몸과 피가 신비한 상징* 속에 포함됐으며, 또한 육체적인 감각을 통해 물론 신앙의 눈에 보이고 드러날 수 있다는 입증이다. 그 둘 사이에는 어떤 조그만 상이점도 발견되지 않는다. 바울 사도는 이렇게 언급했다. "형제들아 내가 우리 주 예수 그리스도의 이름으로 너희를 권하노니 모두가 같은 말을 하고 너희 가운데 분쟁이 없이 같은 마음과 같은 뜻으로 온전히 합하라."[36] 이 말씀은 신실한 자들은 같은 견해를 갖고 같은 말을 하며 분파를 나누지 말라는 당부다. 그러나 그리스도의 몸과 피의 신비에 관한 견해에서 그들은 크게 두 분파로 나뉘어 서로 극단적으로 다른 견해들을 주장하고 있다.

3

그러므로 신앙의 열정에 의해 자극받은 당신의 충성된 고상함은 자기만족감에 도취되어 이러한 분열 상황을 바라보아선 안 될 것이며, 대신에 바울 사도의 가르침을 따라, 모든 자가 동일하게 생각하고 동일하게 말하며, 부지런히 숨은 진리를 탐구하기를 갈망해야만 한다. 그렇게 함으로써 길을 헤매고 있는 자들을 올바른 길로 인도할 수가 있게 된다. 이러한 이유로, 우리는 자신의 몸을 낮추어 가장 겸손한 자들에게서 이러한 문제의 진리를 파악해야만 할 것이다. 또한 우리는 하나님의 계시를 제외하고는 어떤 것으로도 심오하고 커다란 신비를 알 수 없다는 사실을 직시해야만 한다. 곧, 하나님의 계시는 그 자신이 선택한 것만을 가지고, 사람들을 고려하지 않은 채, 계시가 지닌 진리 자체의 빛을 보여주는 법이다.

4

왕의 선견지넹적인 명령과 섭리에 복종하는 일이 하찮은 우리에게는 비록 즐겁고 유쾌한 일이기는 하나, 인간의 감각과 가장 멀리 떨어져 있는 주제에 관해 토론하는 일은 그다지 쉽지 않은 일이다. 곧, 그것은 성령의 가르치심을 통하지 않고서는 결코 통찰될 수 없는 문제다. 그러므로 국왕 폐하께서 명령하신다면, 그리고 우리가 언급

---

36. 고전 1:10.

---

* figure; 형상 혹은 표상— 떡을 말함. 곧 떡은 희생의 상징이지 그 자체가 그리스도의 몸은 아니라는 의미.

할 분인 그리스도께서 허락해 주신다면, 그것들에 의지해 나는 내가 자유로이 쓸 수 있는 단어들을 총동원해 이 주제에 관한 나의 신념을 드러낼 것이다. 그것도 나 자신의 능력에 기대지 않고 거룩한 믿음의 선조들의 발걸음을 좇아갈 것이다.

5

국왕 폐하는 다음과 같이 물으신다. 교회에서 신자들의 입 속으로 들어가는 것이 하나의 신비 가운데(in a mystery), 혹은 실제로(in truth) 그리스도의 몸과 피가 되는가? 즉 그것은 신앙의 눈으로만 접근할 수 있는 어떤 숨겨진 요소를 포함하고 있는가? 아니면 어떤 신비를 숨기는 장소 없이 몸의 외형이, 내적으로 마음의 눈으로 보는 것 안에서, 외적으로 보이는 것인가? 그리하여 발생하게 되는 모든 만물이 명백하게 눈에 보이게 되는가? 그리고 그것은 마리아에게서 잉태하여 고난당하고, 죽어서 장사 지낸 바 되었다가 삼일 만에 다시 부활하여 하늘로 승천한 뒤 하나님 우편에 앉아 계신 그 몸인가?

6

먼저 우리는 그 두 질문에 대해 답변하도록 하자. 언어 자체가 지니고 있는 모호성에 의해 우리의 논의가 방해받거나 정지되는 일이 없도록 하기 위해, 우리는 '형상'(figure)과 '참 혹은 사실'(truth)의 의미를 정의해야만 한다. 그렇게 되면 우리의 시선이 매우 확실한 것에 고정돼, 우리의 발걸음을 인도해야 할 추론의 통로가 무엇인지를 깨달을 수 있게 된다.

7

'형상'은 일종의 가려서 어둡게 한다는 의미를 지니고 있다. 그것은 베일과 같은 그늘을 사용해 자신의 의도를 드러냄을 뜻한다. 예를 들어보자. 우리가 말씀(the Word)에 대해 말하고자 할 때, 우리는 주기도문에 들어 있는, 우리가 구하여 우리에게 주어지는[37] 일용한 양식인 '떡'을 언급한다. 혹은 그리스도가 복음서에서 말씀하신 그 떡

이기도 하다. "자기가 하늘에서 내려온 떡이라 하시므로…"[38] 혹은 그리스도가 그 자신을 포도나무로, 그의 제자들을 가지로 언급했을 때처럼,[39] 그 포도주이기도 하다. 이 모든 구절들은 한 가지를 말하며, 서로에게 힌트를 주고 있다.*

8

반면에, '참 혹은 사실'(truth)은 명확한 사실 혹은 진상(fact)을 표시 또는 표현한 것이다. 곧 'truth'(참. 사실. 진상)는 어떤 그림자 같은 형상(image)에 의해 애매모호한 것이 아니라, 순수하고 개방적으로 언급되는 것이다.** 보다 쉬운 예를 들어, 일반적인 의미로 설명해보자. 그리스도는 마리아에게서 잉태되고, 고난 받아 십자가에 달렸으며, 죽고 장사된 것으로 말한다. 그런데 사실은 숨겨진 은유에 의해 어떤 것들의 윤곽도 드러난 것이 전혀 없다. 그러나 그러한 사실의 실재는 평범한 말의 의미 가운데 표현된다. 거기에는 언급된 것 이상을 넘어서서 이해해야 할 것은 아무것도 없다. 즉, 상술한 예인 그리스도의 일대기에 관한 언급은 그 이상도 그 이하의 의미도 존재하지 않는다. 그것은 은유로 해석돼선 안 되고, 문자 그대로 역사적으로 이해돼야만 한다. 그러나 그러한 역사적인 그리스도의 몸과 연루된 성찬의 경우, 문자적이고 역사적이지 않은

---

38. 요 6:41.

39. 요 15:5.

---

* 상기한 복음서 세 군데에 나오는 떡과 포도주 모두 그리스도의 몸의 형상을 지칭하고, 이 셋 모두 그리스도의 몸을 상징한다는 뜻.

** 라트랑에게, 떡과 포도주는 그리스도의 몸의 형상(figure)이자 상징(symbol)이고, 그리스도의 몸은 참이자 사실 혹은 진상(truth)이다. 반면에 회체설은, 그리스도의 몸으로 변했다고 그들이 어기는 떡과 포도주(곧 그 자체가 그리스도의 살과 피)가 참(truth) 혹은 본질(substance)이라 여긴다. 다시 말해, 상징설은 떡과 포도주 = 형상, 그리스도의 역사적인 몸 = 실재, 화체설은 그리스도의 역사적인 몸 = 그리스도의 몸으로 변한 떡과 포도주 = 실재, 축성 이전의 떡과 포도주 = 형상 구도를 지닌다. 상술하면, 축성 이전의 떡과 포도주는 둘 다 형상이지만, 축성 이후는 정반대가 된다. 곧, 상징설은 축성 이후의 떡과 포도주를 형상(상징)이라 주장하고, 화체설은 실재라고 주장한다. 또한 둘 다 역사적인 그리스도의 몸이 실재라고 하는 것은 두말 할 필요 없이 상식적인 말이다. 그리고 상징설은 화체된 떡과 포도주, 곧 그리스도의 몸으로 변한 떡과 포도주를 부정한다. 곧 화체는 본질이나 실재가 아니라 허구라는 것이다. 곧, 역사적인 그리스도의 몸만이 실재며 화체라는 개념은 거부한 셈이다. 단순히 말하면, 상징설은 성례 전후의 떡과 포도주(상징적 형상, 물질 자체는 참이자 실재며 그것은 그리스도의 몸을 상징함, 형상 = 본질 = 실재 = 참)가 역사적인 그리스도의 몸(실재, 참)의 형상이나 상징에 불과하다는 것이고(그리스도의 몸으로 변했다고 하는 떡과 포도주– 화체설은 그것이 참이고 본질이라 함– 를 허구로 보고 거부함), 화체설은 자연적인 떡과 포도주(형상 = 비본질 = 그림자 = 허구)가 역사적인 그리스도의 몸(실재, 참)과 동일한 성례의 떡과 포도주(사제의 축성 이후의 것, 실재이자 본질)가 됐다는 의미다. 간단히 언급하면, 상징설은 "제단에서의 떡과 포도주는(형상 = 참) 그리스도의 살과 피를 상징하며, 그것은 살과 피로 변한 것이 아니다(화체는 거짓)"이고, 화체설은 "제단 밖의 떡과 포도주(형상 = 거짓)가 제단에서 그리스도의 살과 피로 변하며, 그리스도의 몸으로 변한 떡과 포도주가 참이고 실재며 본질이다(화체는 참)." 요약하면, "상징설의 형상은 참, 그 형상은 참인 그리스도의 상징, 화체는 거짓; 화체설의 축성 이전 형상은 거짓, 축성 이후의 형상은 그리스도의 몸 그 자체로서 참, 화체는 참".

은유와 상징적인 접근을 시도해야만 한다. 왜냐하면 본질적인 관점에서 볼 때, 그 떡은 그리스도가 아니며, 그 포도주도 역시 그리스도가 아니며, 그 가지들도 또한 그의 제자들이 아니다. 곧 전자는 후자를 은유하거나 상징할 뿐이다. 어찌 본질적으로 떡이 그리스도의 몸일 수 있겠는가? 그 나머지도 마찬가지다. 따라서 그리스도의 역사성을 다룰 때는 참된 본질(truth)을, 그리고 그리스도의 성례를 언급할 때는 형상(figure, 상징과 은유)을 통해 접근해야만 한다. 그럴 때 그 의미가 적나라하고 명백히 드러나게 될 것이다.

9

이제 본연의 문제인 그리스도의 몸과 피에 관한 주제로 돌아가자. 만일 성찬의 신비가 어떤 비유적이고 상징적인 의미에서 실행되지 않는다면, 그 신비스러운 명칭은 올바르게 주어지지 않은 셈이다. 그 안에 만일 숨겨진 어떤 것이 존재하지 않는다면, 또한 물질적인 의미에서부터 그 어떤 것도 제거될 수 없다면, 그리고 아무것도 베일에 가려질 수 없다면, 그것은 신비로 불릴 수 없다. 그러나 사제의 축성을 통해 그리스도의 몸이 된 그 떡은 외부적으로 인간의 감각에 단일한 것으로 드러난다. 그리고 그것은 내적으로는 신자들의 마음속을 향해 다른 것을 선포하게 된다. 외적으로 그것은 과거에 자신이 갖고 있었던 떡의 모양을 갖고 있으며, 고유의 색깔과 맛을 드러낸다. 그러나 내적으로는 완연히 다른 어떤 것, 즉 보다 귀중하고 탁월한 것이라는 사실을 알게 된다. 왜냐하면 천상의 거룩하고 신적인 그리스도의 몸이 계시되고, 그것은 육체적 감각에 의해 보이거나 받아들여지거나 섭취되는 것이 아니기 때문이다. 이제 그것은 곧 믿는 영혼의 응시 속에서 드러난다.

10

또한 사제의 축성을 통해 그리스도의 피의 성례로 된 그 포도주는, 외양을 지니고 있는 한, 동일한 사물로 보인다. 그런데 그것은 내적으로는 어떤 것을 포함하고 있다. 포도주의 본질이 아닌 외면적으로 보이는 것은 무엇인가? 그것을 맛보라.[40] 그러

---

40. Cyril of Jerusalem, *Catech*. 4.

면 포도주의 맛을 지니고 있을 것이다. 그것의 냄새를 맡아보라. 그러면 포도주의 향
내를 발할 것이다. 그것을 바라보라. 그러면 포도주 색깔이 눈에 보일 것이다. 그러나
만약 당신이 내적으로 그것을 생각하더라도, 이제 그것은 신자들의 마음에 그리스도
의 혈액으로 다가오지 않는다. 여전히 맛을 보면 고유의 떡 맛을 갖고 있고, 바라보면
고유의 형체를 보이고 있고, 냄새를 맡으면 그 고유의 향내를 지니고 있다. 아무도 이
러한 사실을 거부할 수 없으며, 떡과 포도주는 비유적이고 상징적인 의미에서 그리스
도의 몸과 피인 것이 명확하다. 곧, 떡과 포도주는 그리스도의 몸과 피로 변한 것이
아니라, 그것들을 상징한다. 곧 그것들은 그리스도를 기억하고 기념하게 해주는 상징
역할을 할 뿐이다. 외형적인 측면에서 볼 때도, 살의 양상은 떡 안에서 포착되지 않으
며, 또한 포도주 안에서 혈액이 붙잡히지도 않는다. 즉, 그 떡은 살이 아니고, 또한 그
포도주 역시 피가 아니다. 곧, 떡 안에 살이 들어 있지 않고, 또한 포도주 안에 피가
들어 있지도 않다는 말이다. 그러나 신비의 축성 이후에, 그것들은 더 이상 떡과 포
도주로 불리지 않고 그리스도의 몸과 피로 칭한다.

11

누군가가 떡을 먹을 때, 만일 상징적인 의미가 전혀 없다고 여긴다면, 즉 상징적
으로 그 떡을 받아먹지 않는다면, 그래서 눈에 보이는 모든 것이 실재와 참이라고 한
다면, 여기서 신앙은 더 이상 작동할 수 없게 된다. 왜냐하면 거기서는 영적인 일이
전혀 발생하지 않으며, 그것이 무엇이든지 간에 그것은 전적으로 물질적인 감각만을
좇아 받아들이는 것이기 때문이다. 왜냐하면 사도의 말씀에 따르면 신앙은 "보이지
않는 것들의 증거"[41]이기 때문이다. 그것은 눈에 보이는 것이 아니라 눈에 보이지 않
는 것이다. 우리가 육신의 감각만을 따라 그 의미를 인식한다면 그때 우리는 전혀 신
앙을 좇아 받아들이지 않는 결과를 초래하게 된다. 떡을 살로 받아들이고, 포도주를
피라고 말하는 것보다 더 불합리하고 어리석은 언급은 없다. 비밀과 숨김이 내포돼있
지 않은 어떤 것도 더 이상 신비가 되지 못한다.

---

41. 히 11:1.

12

어떤 변화도 일어나지 않는다고 확신할 때, 그리스도의 몸과 피는 어떻게 불리는 것이 마땅한가? 모든 변화는 비존재(that which it is not)에서 존재(that which it is)로, 혹은 존재에서 비존재로, 혹은 존재에서 존재로 나아갈 때 생기는 법이다.[42] 그러나 성례의 경우, 그것이 오직 순전한 진리의 관점에서 숙고될 수 있다면, 또한 눈앞에 보이는 것 이상의 것이 믿어지지 않는다면, 어떤 변화도 일어나지 않는다는 사실을 인식해야만 한다. 왜냐하면 성찬은 비존재에서 어떤 존재로 넘어가지 않았기 때문이다. 사물이 생길 때, 곧 실로 이전에 존재하지 않던 것이 이제 존재하기 시작할 때, 그 존재 방식은 필연코 비존재에서 존재로의 변이 과정을 반드시 겪기 마련인데, 그러나 성례에서는 그 방식을 따르지 않는다.* 그러나 여기서 떡과 포도주는 그리스도의 몸과 피라는 성찬으로 변이 과정을 겪기 이전에 이미 존재했다. 그러나 여기서는 존재에서 비존재로의 변이도 발생하지 않았다. 그 이유는 사물이 겪는 변이는 소멸이라는 파괴를 경험하기 때문이다.** 왜냐하면, 이전에 존재했던 것이 소멸하는 것, 그리고 결코 존재하지 않았던 것은 소멸을 겪을 수 없기 때문이다.*** 역시 여기서는 그러한 종류로 인식되는 변이가 발생하지 않는다. 왜냐하면 진리를 따른다면, 이전에 존재했던 피조물의 외양은 남아 있게 된다고 인식되기 때문이다.[43]

13

상술한 바와 마찬가지로, 어떤 존재 안에 존재하는 어떤 존재에게서 일어나는 변화, 곧 성질의 변화(변질)를 경험하는 사물에게서 관측될 수 있는 변화, 예를 들면, 과거에는 검은 빛을 띠었던 것이 현재는 흰 빛깔로 변질됐다는 식의 변화는 일어날 수 없다고 인식된다. 왜냐하면 어떤 것도 촉각이나 색이나 냄새에서 변화될 수 없다고

---

42. 다음을 참고하라. Ps.– Augustine, *Categoriae decem ex Aristotele decerptae* 21 (MPL 32.1439A).

43. Ambrose, *De sacram.* 2.5, p. 66. 보테(Botte)는 비둘기 같은 성령(*Spiritus Sanctus quasi columba*)이 우리 속에 임재하는 것과 같다고 묘사했다.

---

* 왜냐하면 떡과 포도주는 이미 존재하고 있는 존재이기 때문이다.

** 떡과 포도주가 소멸적인 변이를 겪지 않았기에 화체설은 허위라는 의미.

*** 떡과 포도주만 존재하며, 그리스도의 몸과 피가 존재하지 않기에 변이의 과정도 불가능하다는 의미.

인식되기 때문이다. 그러므로 여기서 어떤 것도 아무런 변화를 겪지 않는다고 한다면, 이제 그것은 단지 이전의 존재일 뿐이다. 한편 그것은 그와는 다른 성질의 것이다. 왜냐하면 그리스도의 몸에 의해 떡이 만들어지고, 그리스도의 피에 의해 포도주가 제정됐기 때문이다. 왜냐하면 주님이 직접 이렇게 말씀하셨기 때문이다. "… 받아서 먹으라 이것은 내 몸이니라."[44] "이것을 마시라 이것은 죄 사함을 얻게 하려고 많은 사람을 위하여 흘리는바 나의 피 곧 언약의 피니라."[45]

14

여기서 아무것도 비유적이고 상징적인 의미로 받아들이려 하지 않으면서, 오직 모든 것은 단순한 실재 안에 존재한다고 주장하는 자들은, 도대체 어떤 변화가 일어났는지에 대한 답변을 반드시 제시해야만 할 것이다. 그리하여 현재 변화되어 성찬 속에 존재할 것이라고 생각하는 요소들이, 이전에 존재했던 것들, 곧 떡과 포도주가 아니라 그리스도의 몸과 피라고 여기는 주장은 참으로 입증돼야 한다.* 그것들의 외모와 실제 성질과 눈에 보이는 상태가 지속되는 한, 즉 떡과 포도주 형태를 지니고 있는 한, 본질적으로 어떤 변화도 겪지 않는다. 그리고 만일 그것들이 어떤 변화도 경험하지 않는다면, 현재의 것들은 과거와 다르게 존재하지도 않는다.

15

영광스러운 국왕 폐하의 고상하신 눈은 지금까지 이러한 것들을 믿는 자들이 지닌 관점과 사고의 이해 방식에 대해 면밀히 보고 계신다. 그들은 자신이 주장할 법한 것과 그들이 믿고 있는 것을 부인하고 있다. 그들은 멸망하고 있는 모습을 보여주고 있다. 그 이유는 그들은 그리스도의 몸과 피를 신실하게 신봉하기는 하지만, 성례를 행할 때 떡과 포도주가 과거의 것들이 아니라 그리스도의 몸과 피로 변한(change)[46] 것

---

44. 마 26:26.

45. 마 26:28; 막 14:24.

46. 막데부르크 역사기록(Magdeburg Centuriators, *Cens. 9 de doctrina*)은 이렇게 언급하고 있다. "라트랑은 화체설의 씨앗을 갖고 있다. 왜냐하면 그가 'commutation'(교환)과 'conversion'(변환 혹은 전환)이라는 용어를 사용했기 때문이다."

---

* 사제의 축성 후에도 역시 그리스도의 몸과 피로 변한 것이 아니라 여전히 떡과 포도주만 눈에 보인다는 의미.

이라고 주장하기 때문이다. 이러한 주장이 부인될 수 없기 때문에, 그들의 입에서는 어떤 점에서 떡과 포도주가 변화됐다는 말이 튀어나오게 될 것이다. 그렇게 되면, 변화된 것들 속에는 육체적인 감각으로는 아무것도 볼 수 없게 된다. 따라서 그들은 다음과 같은 점을 필연적으로 수락할 수밖에 없다. 떡과 포도주는 어떤 점에서 육체적인 성질의 것과 다르게 변화됐다. 이 때문에 그것들은 실재로(in truth) 존재하는 것으로 보이지 않고, 단지 본질적인 측면에서(essence) 그들 자신(떡과 포도주의 본질 자체)이 아니면서 그와 다른 것으로 보이게 될 것이라는 말이다. 만약 그들이 그러한 변화를 기꺼이 수락하지 않는다면, 그 떡과 포도주가 그리스도의 몸과 피라는 점이 그들에 의해 강력히 부인돼야만 할 것이다. 그러한 변화는 언급되거나 생각하는 데 있어 둘 다 모순된 사실이다.

16

그들은 떡과 포도주가 그리스도의 몸과 피며, 또한 그것들은 보다 나은 것으로 만들어지기 위한 어떤 변화를 겪지 않고서는 그리스도의 몸과 피가 될 수 없다고 믿는다. 그리고 그들은 이러한 변화가 육체가 아니라 영적인 의미 가운데 발생했다고 주장한다. 따라서 이러한 변화는, 그리스도의 영적인 몸과 피가 물질적인 떡과 포도주의 덮개 아래 존재하기 때문에, 비유 혹은 상징적으로 일어나게 됐다고 언급돼야만 한다. 그것들, 곧 몸과 영은, 본질상 실제로 서로 다른 두 개의 개별적인 본질이 아니라 하나다. 또한 하나인 그것들은(몸과 영은) 몸의 관점에서 볼 때, 떡과 포도주의 모습을 갖고 있고, 영의 관점에서 볼 때, 그리스도의 몸과 피의 모습을 보유하고 있다. 그 둘 다 물질적인 외형에 관한 한, 그것들이 지닌 외형들은 물질적인 감각 내에서 창조된 것들이다. 그러나 그들이 지닌 능력에 관한 한, 그것들이 영적으로 만들어진 까닭에, 그것들은 그리스도의 몸과 피의 신비인 것이다.

17

거룩한 세례의 샘의 원천에 대해 숙고해보자. 그것은 당연한 삶의 샘이라고 부를 수 없다. 왜냐하면 그 샘 안에 들어간 자들이 보다 나은 삶의 새로움으로 개조되도록 만들기 때문이다. 또한 그들이 죄에 대해서는 죽고, 의 안에서 그들에게 생명의 은혜가 수여되기 때문이다.[47] 어떤 측면에서, 물속에 들어 있는 어떤 요소가 세례가 지닌 갱생의 능력을 획득하는 것일까? 그러나 물의 어떤 요소가 성화의 능력을 획득하지 못한다면, 그것은 결코 죽은 자에게 생명을 부여할 수가 없을 것이다. 물론 그것은 육적으로 죽은 자가 아니라 영적으로 죽은 자를 의미한다. 그럼에도, 그 샘 안에서 오직 육체적인 감각이 인지하는 것만을 고려한다면, 마침내 거기에는 썩어버리게 될 물의 요소만 보이게 될 뿐이고, 거기서는 몸을 씻어주는 것 외에 아무런 능력도 획득할 수 없게 될 것이다. 사제의 축성 후, 그 물은 성령의 능력을 덧입게 되며, 따라서 성수는 몸뿐 아니라 영혼을 정화시킬 수 있게 된다. 그리고 성수는 온갖 영적 오물과 쓰레기를 영적인 힘으로 제거한다.

18

하나의 동일한 요소 안에서 우리는 두 상반된 요소를 본다. 바로 그런 것이 하나의 동일한 요소 안에 있다. 썩을 운명에 놓인 것은 썩지 않을 것에 생명을 수여하고, 또한 생명은 생명을 갖지 못한 것에 생명을 부여한다. 그러한 샘 안에 육체적 감각이 닿는 것과 또한 그리하여 변화되고 썩을 수 있는 것이 들어 있다. 반면에 샘 안에는 역시 '홀로 고독하게 보이는 신앙'이 존재한다. 그럼으로써 생명이 손실되는 위험을 무릅쓸 수 없게 된다. 만약 외적으로 씻는 일이 무엇이냐고 묻는다면, 그것은 그 요소의 성격이 그렇기 때문이다. 그러나 만약 내적으로 씻는 것이 무엇인가 하고 숙고한다면, 그것은 생명의 능력, 성화의 능력, 불멸의 능력이다. 그러므로 자신의 특성 가운데서, 물은 썩게 될 것이나 신비 안에서는 치유의 능력이 된다.

19

그와 마찬가지로, 외적으로 보이는 그리스도의 몸과 피는 창조된 어떤 사물이고, 또한 변하고 썩고 부패된다. 그러나 신비의 능력을 숙고해본다면, 그것은 생명이고, 그 생명에 참여하는 자는 불멸을 수여받게 된다. 그러므로 보이는 것과 믿게 되는 것은 같지 않은 별개의 것이다. 보이는 것에 대해서는, 스스로 썩어질 그것들은 썩을 몸

---

47. 참고. 롬 6:11, 13.

을 먹는다고 말할 수 있다. 그러나 그들이 존재하기로 믿는 것에 관해서는, 스스로 썩지 않고 불멸하는 그들은 영원히 사는 영혼을 먹는다.

20

바울 사도는 고린도교회 교우들에게 이렇게 전했다. "형제들아 나는 너희가 알지 못하기를 원하지 아니하노니 우리 조상들이 다 구름 아래에 있고 바다 가운데로 지나며 모세에게 속하여 다 구름과 바다에서 세례를 받고 다 같은 신령한 음식을 먹으며 다 같은 신령한 음료를 마셨으니 이는 그들을 따르는 신령한 반석으로부터 마셨으매 그 반석은 곧 그리스도시라."[48] 우리는 이 말씀에서 바다와 구름이 세례의 양상을 품고 있음을 알아차릴 수 있다. 그리고 그 구름이나 바다 속에서 보다 옛날 언약의 조상들이 세례 받았음도 알 수 있다. 바다가 능력을 간직한 세례의 한 요소가 되기에 세례의 능력을 가질 수 있었던가? 혹은 구름 안에서 구름이 공기가 응축되도록 만들 수 있기에 구름이 사람들을 거룩하게 만드는가? 그러나 우리는 사도 바울이 우리 조상들이 구름과 바다에서 세례를 받았다고 언급했을 때, 그리스도 안에서 참되지 않다고 감히 주장할 수 없다.

21

사도 바울의 표현에 따라, 비록 구약의 조상들이 받았다는 세례가 오늘날 교회에서 실행되는 그리스도의 세례 형태를 취하지 않았더라도, 그것은 진실로 하나의 세례였다. 그리고 그러한 세례를 통해 우리 조상들은 세례를 받았다. 그런데 미쳐서 날뛰지 않는 다음에야 사도의 말씀을 반박하고 거부하는 자는 결코 없을 것이다. 올바른 정신을 갖고 있는 자는 누구나 감히 사도의 말씀을 퇴박 놓지는 못할 것이다. 그러므로 바다와 구름이, 그것들이 물질로서 존재했다는 점에서 성화의 순수함을 부여하게 된 것은 아니다. 오히려 바다와 구름은, 그것들이 불가시적으로 존재했다는 점에서, 성령의 성화를 함축했던 것이다. 육체적인 감각으로 감지되는 가시적인 구름과 바다

---

48. 고전 10:1-4.

의 형태는 묘사나 표현으로 존재하지 않고, 실재 그대로 존재한다.* 그리고 영적인 능력 안에서 구름과 바다는 빛을 발한다. 곧 그 능력은 육체의 눈앞이 아닌 영적인 빛 가운데서 드러나게 된다.

22

또한 하늘에서 이스라엘 백성들에게 내려 온 만나와 반석에서 흘러나온 생수는 실재하는 물질이었다. 이스라엘 백성들은 물질적인 의미에서 그것들을 먹고 마셨다. 그런데 사도 바울은 그러한 만나와 생수를 영적인 양식과 음료라고 칭한다. 왜 사도는 그런 언급을 했을까? 왜냐하면 믿는 자들의 몸이 아니라 영혼이 먹고 마시는 이러한 물질적인 실체 속에 영적인 말씀의 능력이 본래부터 내재됐기 때문이다. 그리고 이스라엘 백성들이 그 옛날 광야에서 먹고 마셨던 양식과 음료는 그리스도의 몸과 피의 신비를 예시했기 때문에, 교회는 그 일을 기리고 거행하는 것이다. 그래서 성 바울은 우리의 조상들이 우리의 것과 동일한 영적 양식을 먹었고, 또한 우리의 것과 동일한 음료를 마셨다고 언급했던 것이다.

23

누군가 아마도 이렇게 물을 수 있을 것이다. 무엇이 동일한가? 물론 바로 광야의 식탁의 양식과 음료는 오늘날 믿는 자들이 교회에서 먹고 마시는 성찬의 떡과 포도주와 확실히 동일하다. 왜냐하면 옛날 광야의 구름과 바다에서 세례(정화)를 받았던 이스라엘 백성들이 먹었던 것은 하나이자 동일하신 그분 그리스도의 몸이있다는 사실 외에 달리 생각할 수가 없기 때문이다. 하나이자 동일하신 그리스도는 그 옛날 광야를 유리방황하며 정화의 언단을 쌓던 이스라엘 백성들에게 그의 피를 마실 것으로 주셨다. 그리고 지금은 교회에서, 그 몸의 떡을 믿는 자들을 먹이시고, 또한 그들에게 그에게서 흘러나오는 보혈의 피를 음료로 주시는 것이다.

---

* 구름과 바다가 성수로 변하여 세례의 능력을 갖는 이 아니라, 실재인 구름과 바다가 세례를 상징한다는 의미. 이는 성찬에서 실재인 떡과 포도주가 그리스도의 몸과 피를 상징한다는 개념과 일맥상통함.

24

이것은 바로 사도 바울이 우리 조상들이 같은 영적 양식을 먹었고, 또한 같은 영적 음료를 마셨다고 언급한 이후에 다시 말하고 싶었던 것이다. 그리고 사도는 이렇게 덧붙였다. "다 같은 신령한 음료를 마셨으니 이는 그들을 따르는 신령한 반석으로부터 마셨으매 그 반석은 곧 그리스도시라."[49] 사도 바울은 우리가 광야에 있는 영적인 반석 안에 그리스도께서 임재하셨다고 이해하기를 바랐다. 그리고 그리스도께서 이스라엘 백성들에게 영적인 반석에서 흘러나오는 피를 마시도록 허락하셨다는 점 또한 마찬가지였다. 세월이 지나 그리스도는 우리 시대에 와서 동정녀에게서 몸을 취해 세상에 드러내 보이셨고, 이제 그 몸은 믿는 자들의 구원을 이루기 위해 십자가에 달리셨으며, 그로 인해 그의 피가 흐르고 뿌려졌다. 그로 써 구원을 받을 뿐만 아니라 심지어 그것을 마시기까지 한다.

25

확실히, 불가해하고 헤아릴 수 없기 때문에 불가사의하고 놀랍도다! 아직 그분이 인간의 형태를 취하시기도 전에, 또한 세상을 구원하기 위한 죽음을 맛보기도 전에, 그리고 그의 피로 우리를 구원하시기도 전에, 이미 광야에서 우리 조상들은 영적인 양식과 불가시적인 음료를 통해 그분의 몸을 먹고 그분의 피를 마셨던 것이다. 사도 바울이 증언한대로, 사도는 우리 조상들이 같은 영적 양식을 먹었고, 또한 같은 영적 음료를 마셨다고 선언했다. 우리는 여기서 어떤 수단과 방법으로 이러한 일이 이루어질 수 있는가를 물을 것이 아니라, 그러한 일이 이루었던 신앙을 배우고 실천해야 할 것이다. 지금 교회 안에 계시면서 전능하신 능력을 지니신 바로 유일하신 분이 떡과 포도주를 영적으로 그의 몸의 살과 그의 흐르는 피로 변화시키신다. 바로 그분은 비가시적으로 하늘에서 주어진 만나가 그의 몸이 되도록 만드시고, 또한 반석에서 흘러나오는 생수가 바로 그의 피가 되도록 하신다.

---

49. 고전 10:4.

26

이것은 일찍이 다윗이 성령 안에서 선포했을 때 이해했던 것이다. "사람이 힘센자(angels)의 떡을 먹었으며 그가 음식을 그들에게 충족히 주셨도다."[50] 혹시 어리석은 자들은 이렇게 상상할지도 모른다. 곧, 하늘의 주인이 우리 조상들에게 물질적인 만나를 먹이시고, 말씀이신 하나님의 연회에 초청받아 그 식탁에서 대접을 받는 자들은 그에 걸맞은 종류의 음식을 배부르게 먹고 만족을 누리게 되는 법이라고. 그러나 시편 기자에게는 확실히 보였던 것이다. (차라리 그것은 성령께서 시편 기자에게 말씀해주셨다는 편이 나을 것이다.) 그것은 우리 조상들이 하늘에서 내려 온 만나를 받아먹은 일이나 그리스도의 몸의 신비 가운데서 신실한 자들이 믿어야만 했던 것 두 가지 모두였다. 그 둘 모두에게 드러나는 확실한 의미는, 그리스도가 믿는 자들의 영혼을 먹이시는 동시에 실제로 천사들의 양식이라는 사실이다. 그리고 그 둘의 경우, 양식과 음료는 육신적이며 물질적인 맛을 가진 것도, 육신적인 양육을 함축하는 것도 아니며, 영적인 말씀(Word)의 권능을 내포하는 것이다.

27

그리고 우리는 복음서에서 우리 주 예수 그리스도가 고난당하시기 이전에 제자들에게 당부하신 말씀을 잘 읽어 알 수 있다. "또 떡을 가져 감사 기도하시고 떼어 그들에게 주시며 이르시되 이것은 너희를 위하여 주는 내 몸이라 너희가 이를 행하여 나를 기념하라 하시고 저녁 먹은 후에 잔도 그와 같이 하여 이르시되 이 잔은 내 피로 세우는 새 언약이니 곧 너희를 위하여 붓는 것이라."[51] 우리는 여기서 그리스노가 아직 고난당하시기 전에 이미 그의 몸과 피의 신비가 효력을 발휘했다는 사실을 알 수 있다.

28

우리는 신실한 자들 중 그 어떤 사람도 그 떡이 그리스도의 몸으로 만들어졌다는

---

50. 시 78:25(불가타, 77:25).

51. 눅 22:19-20(불가타의 마 26:28); 막 14:24("이것은 많은 사람을 위하여 흘리는 나의 피 곧 언약의 피니라.")은 누가복음의 일부분만 수록됨.

사실을 의심할 수 있다고 생각하지 않는다. 왜냐하면 그리스도가 그의 제자들에게 이렇게 말씀했기 때문이다. "이것은 너희를 위하여 주는 내 몸이라." 또한 아무도 그리스도의 피가 그 잔에 들어 있음을 의심해선 안 된다. 왜냐하면 그리스도가 그의 제자들에게 이렇게 말씀했기 때문이다. "이 잔은 내 피로 세우는 새 언약이니 곧 너희를 위하여 붓는 것이라." 그리스도가 고난당하시기 얼마의 시간 이전에, 떡과 주조된 포도주의 실체(substance)를 잠시 후에 고난당하실 그 자신의 몸으로, 또한 잠시 후에 못과 창에 찔려 쏟아 부어질 그의 피로 변화시킬 수 있었다.* 그리스도가 수난 당하시기 직전에 떡과 포도주를 자신의 몸과 피로 변화시킨 것처럼, 옛날 이스라엘 광야에서도 그리스도는 자신의 능력으로 하늘에서 비 오듯이 내려오는 만나와 반석에서 강물처럼 흘러나오는 생수를 자신의 살과 피로 변화시킬 수 있었다. 그리고 그의 살은 그 후 장구한 세월이 흐르기까지 살아남아 우리를 위해 십자가에 달리시게 됐고, 그의 피는 우리를 씻기 위해 흘리신 것이다.

29

여기서 우리는 다음과 같은 말씀에 대한 온당한 해석을 가해야만 할 것이다. "… 인자의 살을 먹지 아니하고 인자의 피를 마시지 아니하면 너희 속에 생명이 없느니라."[52] 이것은 십자가에 달린 그의 몸을 한 조각씩 떼어서 그의 제자들이 먹어야 한다는 의미가 아니다. 또한 세상의 구원을 위해 십자가 위에서 흘리고 계신 그 피를 그의 제자들이 마셔야 한다는 뜻도 아니다. 이 말씀의 의미는, 신앙 밖에 있는 자들이 이해했던 방식을 따라[53] 그의 제자들이 그의 피를 마시고 또한 그의 살을 먹는다면 죄를 짓게 된다는 뜻을 지니고 있다.

---

52. 요 6:53.

53. 요 6:52.

---

* 여기서 우리는 라트랑에게도 화체설의 단초가 보인다고 할 수 있다. 그러나 그러한 변화를 상징적인 변화로 보면, 즉 그리스도가 제정한 것이 자신의 살과 피를 상징한 것으로 여긴다면, 라트랑에게서 일관된 상징설을 찾을 수 있을 것이다. 그러나 여기서 언급된 부분을 상징설로 해석한다는 것은 무리가 간다. 하여간 여기서 언급된 변화가 화체설을 담고 있다고 볼 수는 없지만, 또한 그것이 상징설을 함의한다고 온전히 볼 수도 없을 것이다. 변화라는 개념 속에는 화체의 의미가 들어 있기 때문이다.

30

그리스도는 자신의 살과 피에 대한 말씀이 사람들에게 잘 이해되지 않음을 아시고, 그러한 말씀에 연이어서, 제자들에게 믿음 없는 자처럼 말씀을 버리지 말고, 믿음 있는 자처럼 말씀을 잘 받아들일 것을 당부하셨다. 그러나 지금까지 살과 피에 대한 말씀은 제자들의 생각에서조차 들어가지 않았고, 또한 이해도 되지 않았던 것이다. 이는 다음과 같은 그리스도의 말씀에서 잘 드러난다. "예수께서 스스로 제자들이 이 말씀에 대하여 수군거리는 줄 아시고 이르시되 이 말이 너희에게 걸림이 되느냐 그러면 너희는 인자가 이전에 있던 곳으로 올라가는 것을 본다면 어떻게 하겠느냐."[54] 이것은 마치 그리스도가 다음과 같이 말씀하신 것과 동일하다. "너희는 물질적인 의미로, 한 조각씩 잘라져 너희에게 분배된 나의 살을 먹어야 한다든지 혹은 나의 피를 마셔야만 한다고 생각하지 말라. 너희는 내가 부활한 후, 하늘로 승천할 때 나의 온전한 몸을 보게 될 것이다. 그때 너희는, 신앙 없는 자의 사고방식처럼 나의 살이 먹혀선 안 될 것이며, 신비스러운 방식으로 실제 나의 살과 피로 변한 떡과 포도주를 올바로 믿는 자들이 먹고 마셔야 한다는 사실을 이해할 수 있게 된다."

31

그리고 그리스도는 다음과 같이 계속해서 말씀하셨다. "살리는 것은 영이니 육은 무익하니라 내가 너희에게 이른 말은 영이요 생명이라."[55] 그리스도에게 육이 무익하다는 의미는 믿음 없이 이해되는 것은 아무 쓸모가 없다는 뜻이다. 달리 말하면, 그리스도의 살은 신앙을 가진 자들이 신비를 통해 취할 때 생명을 가져다준다는 의미다. 그리스도는 이를 다음과 같이 말씀하셔서 그 의미를 명쾌히 밝히셨다. "살리는 것은 영이니." 이러한 신비 속에서 살과 피의 효과는 영적인 것이다. 살리는 것은 영이다. 즉 영은 생명을 살린다. 그런 영의 능력과 효과 없이는 신비는 무익하다. 왜냐하면 실로 그들은 몸만 먹고 영은 먹을 수 없기 때문이다.

---

54. 요 6:61-62.

55. 요 6:63.

32

그런데 많은 사람들이 생명을 살리는 신비한 일이 형상을 통해서가 아니라 실제로 일어난다고 주장하곤 하는데, 이에 대해서는 의문이 제기될 수밖에 없다. 그들이 그렇게 말하는 이유는, 그들의 주장이 거룩한 믿음의 선조들의 저술들과 조화를 이루지 못했기 때문이다.

33

교회의 위대한 박사였던 성 아우구스티누스는 그의 저술 「그리스도교 교리에 관하여」(*On Christian Doctrine*)[56] 제3권에서 다음과 같이 언급했다.

"구세주께서 말씀하셨다. '인자의 살을 먹지 아니하고, 인자의 피를 마시지 아니하면, 너희 속에 생명이 없느니라.' 이 말씀은 그리스도께서 부끄럽고 수치스러운 하나의 죄를 가리키신 것처럼 보인다.* 그러므로 그 살과 피는 하나의 형상, 곧 상징이다. 그 말씀은 우리가 주님의 고난**에 동참해야만 할 것을 명령하고 있다. 그리고 그 말씀은 우리가 성실하게[57] 다음과 같은 사실을 기억해야 할 것도 명하고 있다. 곧 그리스도의 몸은 우리를 위해 십자가에 달리셔서 찢기셨다는 사실이다."

34

아우구스티누스가 언급한 바는, 그리스도의 몸과 피의 신비한 성례는 신실한 자들에 의해 하나의 상징적인 의미 가운데 거행돼야 한다는 것이다. 위의 인용문을 따르면, 상징적이 아니라 실제 육체적인 의미로 그리스도의 살과 피를 취하는 것은 믿음이 아니라 죄와 연루된다. 이는 요한복음에 언급된 주님의 말씀을 영적인 의미가 아니라 물질적인 의미로 이해하는 자들이 지닌 소견이었다. 그런 자들은 주님에게서

---

56. Augustine, *De doctr. chr.* 3.16.24 (MPL 34.74–75, tr. NPNF, 1st ser., 2.563).
57. 아우구스티누스의 표현은 "제대로 그리고 적절하게"다.

---

* 그것은 그리스도의 고난에 동참하지 않는 죄다. 혹은 육체적 의미로 그것을 먹으면 죄가 된다.
** 살과 피.

이탈하는 자며, 이미 그런 자들이 주님을 떠났던 것이다.[58]

35

아우구스티누스는 주교 보니페이스(Boniface)에게 보내는 서신[59]에서 다음과 같이 언급하기도 했다.

"물론 우리는 종종 부활절(Pascha)이 접근하는 방식대로* 다음과 같이 말할 때가 있다. '비록 그리스도가 오래 전에 고난을 당하셨다 하더라도 내일이나 혹은 모레가 그리스도의 수난절(Lord's Passion)이다' 라고. 그런데 그리스도의 수난은 단 한번 외에는 일어난 적이 없었다. 그런데 우리는 주님의 날(Lord's Day)에 대해서도 똑같은 언급을 하고 있다. 비록 그리스도가 지나간 오랜 과거에 부활하셨더라도, 우리는 '오늘 주님이 부활하셨다'는 말을 서슴없이 한다. 그런데 무엇 때문에 그런 식의 모순적인 언급을 해대는 우리의 어리석음이 비난을 받지 않는가? 그 이유는 우리가 그 날들에 일어났던 사건들과의 어떤 '유사성' 때문에 그 날들에게 그 이름들을 부여하기 때문인가? 그 결과, 비록 그날이 사건이 발생한 바로 그날이 아니더라도, 그리고 시간의 회전 속에서 그날이 그 날과 비슷한 날이더라도, 그 날이 바로 그 날로 불릴 수 있는가? 또한 비록 그리스도의 수난 사건이 성례전을 거행하기로 한 어떤 날이 아니라 오래 전에 지나갔던 유일회적인 사건이었더라도, 성례전을 위해 그리스도의 수난 사건이 바로 성례전을 거행하는 그 날 일어났다고 말해도 되는 것인가? 그리스도의 몸은 단번에 모든 인간을 위해 희생당하지 않았던가? 또한 부활절의 장엄한 예배 속에서만 아니라 내일 모이는 집회 직진에 성례를 통해서 그리스도는 매일 희생당하지 않는가? 거기 제단에서 누가 희생을 당하는가 하는 집례자의 질문에 그리스도가 그렇게 되신다는 답변을 하는 자는 거짓말

---

58. 요 6:66.

59. Augustine, *Epist.* 98.9 (원래는 23.9) *ad Bonifatium episcopum* (MPL 33.359–364, 다음 안에 인용됨. coll. 363~364. = CSEL 34.520–533, pp. 530 f.에 인용됨, tr. NPNF, 1st ser., 1. 409). 연대는 주후 408년.

---

* 오랜 세월 이전에 주님이 부활하셨지만 매년 부활절을 지키는 것처럼.

하는 것 아닌가? 만일 성례의 떡과 포도주인 성체가 신비한 사물인 그것들(그리스도의 몸과 피)과 어떤 유사성*을 갖고 있지 않았다면, 그것들은 결코 성체가 되지 못했을 것이다. 그러나 이러한 유사성으로, 대부분의 경우 (믿는 자들에게), 그리스도의 몸과 피로부터 떡과 포도주라는 그들의 이름이 도출되기에 이른 것이다. 그러므로 어떤 방식을 통해,** 그리스도의 몸의 성체가*** 그리스도의 몸이고,**** 그리스도의 피의 성체가** 그리스도의 피며, 마찬가지로 신앙의 성체는 신앙이 된다.***

36

성 아우구스티누스는 두 성체를 언급하는데, 하나는 성체들(떡과 포도주)이고 다른 하나는 신비한 사물인 그것들(몸과 피)이다. 그리스도가 고난당하시며 그 몸과 허리에서 흘리신 피가 그 사물들이다. 그에 의하면, 이것들의 신비는, 매년 부활절의 모든 장엄함 속에서 뿐만 아니라 일 년 내내 매일 주님의 고난을 기념하기 위한 예식 가운데서 거행되는 그리스도의 몸과 피의 성례와 동일하다.

37

한 번 고난당하신 주님의 몸이 하나의 성체이고, 또한 이 세상을 구원하시기 위해 흘리신 피도 하나의 성체라면, 이 두 사물의 성체는 그들의 이름을 취해 그리스도의 몸과 피로 호칭되었다. 그 이유는 그것들이 묘사하는 사물들과 유사성을 지녔기 때문이다.**** 그리스도가 몸소 고난을 당하시고 단번에(바로 그날에) 부활하셨는데, 세월이 흘러갔기 때문에, 바로 그날 외에는 그리스도가 부활하신 날이라고 말할 수 없다.

---

* 아우구스티누스가 언급한 이 '유사성'은 '형상', '비유', '상징' 등과 동일한 의미일 것이다.

** 상징적으로.

*** 축성 이후의 떡.

**** 그리스도의 몸을 상징하고.

** 축성 이후의 포도주.

*** 신앙을 상징한다.

**** 곧 성경 말씀에서 유추해 떡은 그리스도의 몸을, 포도주는 그리스도의 피에 비유되거나 상징됨.

그런데도 매년 부활절을 정해놓고 기념하고 있다. 왜 그러한가? 이는 주님의 고난과 부활과 유사한 날을 택해 부활절이나 주일이라 부르며 기념하는 것이다. 왜냐하면 그 날이 구세주가 단 한 번 모든 인간을 위해 고난당하시고 단 한번 부활하신 그날과 유사함을 지니고 있기 때문이다.

38

비록 그리스도의 부활사건이 일어난 그날 이후 수없이 많은 세월의 수레바퀴가 굴러 현재에 이르렀어도 "오늘이나 내일 혹은 모레가 주님의 부활을 기념하는 부활절이다" 라고 말할 수 있는 이유가 바로 성 아우구스티누스가 언급한 그 유사성 때문이다. 그 유사성으로 인해 우리는 다음과 같이 언급할 수 있다. 비록 그리스도가, 베드로 사도가 "그리스도도 너희를 위하여 고난을 받으사 너희에게 본을 끼쳐 그 자취를 따라오게 하려 하셨느니라"[60]고 언급한 대로, 이 세상을 구원하시기 위해 단 한번 모든 인간을 위해 몸소 희생을 당하셨더라도, 그리스도의 수난(Passion)을 기리기 위해 거룩한 예식이 거행될 때마다, 주님은 희생을 당하시고 계신다. 그것은 단 한번 모든 인간을 위해 희생당하신 그리스도의 몸이 매일 고난과 희생을 당한다는 의미가 아니다. 그리하여 그리스도는 우리에게 전례를 남겨놓으셨다. 곧 주님의 몸과 피의 신비를 통해 신자들의 목전에서 재연되는 것이다. 그리하여 그러한 신비 가운데 인도되는 자마다 모두 그리스도의 고난에 동참해야 한다는 사실을 잘 알게 된다. 또한 그는 지혜(Wisdom) 속에 들어 있는 말씀에 따라, 거룩한 신비 안에서 그 신비의 형상을 대망하는 것이다. "네가 관원과 함께 앉아 음식을 먹게 되거든 삼가 네 앞에 있는 자가 누구인지를 생각하며."[61] 힘센 관원의 식탁에 함께 앉는 것은 거룩한 희생 제물에 초청되어 참여하는 것이다. 너희 눈앞에 배설되는 것에 대해 진지하게 숙고해야 할 일은 주님의 몸과 피의 진정한 의미를 이해해야만 한다는 것이다. 그러한 주님의 몸과 피에 참여하는 자마다 모두 그 몸과 피를 받기에 합당한 준비를 해야 함을 잘 인식하고 있다. 그리하여 그는 믿음뿐만 아니라 성찬을 맛보는 것을 통해서도, 그리스도의 희생

---

60. 벧전 2:21.

61. 잠 23:1. 라트랑이 인용한 이 구절은 라틴어역 성경인 불가타보다는 그리스어역 성경인 셉투아진트(Septuagint; 소위 70인역 성경)에 더 가깝다. 파샤즈 (MPL 120.1273) 또한 이 구절을 인용했으나 그와는 다른 의미로 해석했다.

적 죽음을 모방하는 자가 될 것이며, 또한 그리스도의 죽음을 기억하고 그의 신앙을 고백할 수 있게 될 것이다.

39

마찬가지로 축복받은 사도는 히브리서에서 다음과 같이 설파했다.

"이러한 대제사장은 우리에게 합당하니 거룩하고 악이 없고 더러움이 업고 죄인에게서 떠나 계시고 하늘보다 높이 되신 이라 그는 저 대제사장들이 먼저 자기 죄를 위하고 다음에 백성의 죄를 위하여 날마다 제사 드리는 것과 같이 할 필요가 없으니 이는 [주 예수 그리스도께서][62] 단번에 자기를 드려 이루셨음이라."[63]

그리스도가 단번에 모든 인간을 위해 행하신 일을 이제 동일하신 분이 매일 반복하신다. 왜냐하면 그리스도는 온 백성의 죄를 대신해 그 자신을 희생 제물로 바치셨기 때문이다. 이제 신비 가운데서, 신자들에 의해 매일 그와 동일한 희생제의를 기리게 된다. 그리하여 주 예수 그리스도가 단번에 모든 인류를 위해 그 자신을 희생 제물로 바침으로 성취하신 그 일은, 그리스도의 고난을 기억하는 가운데, 매일 신비한 예식의 참여를 통해 법제화된 것이다.

40

성찬(떡과 포도주)이 그리스도의 죽음과 수난의 모습을 품고 있기에, 성찬식의 신비 가운데 주님이 희생당하실 뿐만 아니라 고난당하신다고 언급하는 것은 잘못된 생각이 아니다. 이러한 연유로, 성찬(떡과 포도주)은 주님의 몸과 피로 불린다. 왜냐하면 떡과 포도주는 성찬인 떡과 포도주의 이름을 그리스도의 몸과 피로 명명하기 때문이다. 이러한 점에 축복받은 이시도레(Isidore)는 자신의 저술, 「어원들」(*Etymologies*)[64]에서 다음

---

62. 대괄호 안의 구절은 라트랑이 임의로 그 구절의 끝마무리를 멋있게 하기 위해 덧붙인 것이다.

63. 히 7:26-27.

64. Isidore of Seville, *Etymologiae sive origines* 6.19.48 (Lindsay) = MPL 82.255~256.

과 같이 언급했다.

> "Sacrifice(희생)은 *sacra*와 *fieri*에서 온 것이다. 이는 '거룩하게 만들어진 것'이라는 의미다. 왜냐하면 그것은 우리를 위한 주님의 고난을 기념하는 신비한 기도에 의해 거룩하고 신성하게 되기 때문이다. 이러한 연유로, 우리는 그의 뜻대로, 그리스도의 몸과 피는, 비록 땅의 열매로 만들어진 것이라 해도[65] 거룩하고 신성하게 되어, 결국 하나님의 영의 비가시적인 행위를 통해 성례가 된다. 이러한 떡과 잔의 성례는 그리스어로 유카리스티아(*Eucharistia*)[66] 그것은 아마도 라틴어로는 *bona gratia*[67]가 될 것이다. 그런데 그리스도의 피와 몸보다 더 좋은 은총이 어디 있겠는가?"

떡과 포도주는 몸과 피에 비유되는데, 그 이유는 이러한 가시적인 떡과 포도주가 육체를 지닌 인간 외형을 양육하고 성장 촉진시키기 때문이다. 그리하여 생명의 떡인 하나님의 말씀(Word of God)은 그 떡을 먹는 신실한 영혼들을 새롭게 하신다.[68]

41

그 가톨릭 박사 이시도레는 또한 주님의 고난의 이러한 거룩한 신비의 성례는 우리를 위한 주님의 고난을 기념하기 위해 시행돼야 한다고 주장한다. 그가 이렇게 말할 때는, 다음과 같이 주장하고 싶은 의도가 그의 심중에 내재됐을 것이다. 즉, 주님의 고난은 단번에 모두를 위해 일어난 것이시만, 그를 기념하는 행사는 거룩한 예전을 통해 재연되는 것이다.

42

거룩한 예전을 통해 그리스도의 고난이 재연되어 기념되기 때문에, 비록 땅의 열

---

65. 이시도레는 '비록' 다음에 '그것은'(It is)이라는 어구를 포함하고 있다.

66. 다음 성구를 참고하라. 마 26:17; 막 14:23; 눅 22:17, 19.

67. 'Good grace'(좋은 은총).

68. 뷜로(Boileau)와 바쿠이젠(Bakhuizen) 둘 다 이 문장을 이시도레의 것으로 돌리고 있으나, 그것은 이시도레의 텍스트에는 결여됐다. 다소 유사한 구절을 찾아보기 위해서는 다음 자료를 참고하라. Isdore, *De eccl. off.* 1.18.3 (MPL 83. 755).

매에서 난 것이지만, 성례에서 받아먹는 떡은 그것이 축성되어 있는 한에서, 그리스도의 몸으로 변화(transfer; 변형, 이전)된다. 또한 포도주 역시, 그것이 포도나무에서 생성된 것일지라도, 신적인 거룩한 신비의 축성을 통해 그리스도의 몸으로 만들어(make) 진다.* 물론 이시도레 박사가 말한 대로, 그것은 가시적이 아니라, 하나님의 영을 통해 비가시적으로 역사하는 것이다.

43

역시 거룩한 예전을 통해 그리스도의 고난이 재연되어 기념되기 때문에, 떡과 포도주는 그리스도의 몸과 피로 불린다. 왜냐하면 그것들은 외적으로 보이는 대로 받아들여지지 않고, 내적으로, 곧 성령의 중재를 통해 영적으로 거룩하게 된 것을 취하기 때문이다. 또한 비가시적인 권능의 중재를 통해, 떡과 포도주는, 가시적으로 존재하는 떡과 포도주의 모양과는 전혀 다른 것으로 존재하게 된다. 이시도레가 떡과 포도주가 주님의 몸과 피와 연계돼 있다고 언급했을 때, 그는 바로 그 둘 사이의 차이점을 구별한 셈이었다. 그 이유는[69] 이러한 눈앞에 빤히 보이는 가시적인 떡과 포도주의 물질 성분이 인간 육체에 영양을 공급해주고 성장 촉진시켜주는 것처럼, 동일한 이치로, 살아 있는 생명의 떡(Bread)이신 하나님의 말씀(Word of God)이 그것을 받아먹는 신자들의 영혼을 새롭게 하시기 때문이다.**

44

이시도레는 이에 관해 다음과 같이 평이하게 고백했다. 주님의 몸과 피의 성례전 가운데서, 외적으로 취한 것은 모두 그것을 먹는 사람의 몸을 증진시킬 뿐만 아니라 적절히 회복시켜주기도 한다. 그러나 성례전이 거행되는 가운데 비가시적으로 존재하는 떡이신 하나님의 말씀은 거룩한 신자들이 그것을 비가시적으로 떼어 나누어 먹

---

69. 앞의 40절에 그 이유에 관한 근거가 수록됐다.***

---

* 물론 여기서도 라트랑의 화체설적 경향을 읽을 수 있다.

** 이 문장은 이시도레에게서 직접 따온 것이 아니다.

*** 즉, 땅의 열매인 떡과 포도주가 성례 시 '거룩하게 축성됨으로 인해'(바로 이것이 근거임), 그리스도의 몸과 피가 됐다는 의미. 곧 이시도레는 이 둘을 구별하는 근거를 성령의 개입으로 보게 됨.

을 때, 그들에게 생명을 공급하심으로써 그들의 마음을 살찌게 하신다.

45

그러한 사실에서 이시도레 박사는 다음과 같은 말을 이어가고 있다.[70]

"어떤 방식을 통해, 이미 이루어진 일이 또다시 일어날 때, 어떤 종류의 예전
을 통해 하나의 성례전이 존재하게 된다. 그것은 곧 거룩한 의미로 받아들여
야만 하는 어떤 것을 의미한다고 이해된다."

그가 상기와 같이 말했을 때 그가 드러내고 싶었던 것은, 모든 성례전은 신성함
속에 숨어 있는 어떤 것을 내포한다는 점이다. 그리고 또 하나는, 성찬의 한 요소는 가
시적으로 드러난 것이고, 다른 한 요소는 불가시적으로 취해야만 한다는 주장이었다.

46

앞의 인용문에 이어서, 이시도레는 신자가 참여해 기념해야 할 성찬의 종류에 관
해 다음과 같이 보여주었다.

"성례전은 세례와 도유, 그리고 몸과 피다. 그들은 성례전으로 칭해지는데, 그
이유는 어떤 물질의 덮개 아래, 거룩한 권능이 신비스럽게 역사하여 성도의
구원을 이루기 때문이다. 이러한 구원을 가져다주는 싱례진은 모두 동일한
권능을 지니고 있다. 그리하여 그것들은 신비하고 거룩한 권능에 의거하기
때문에 성례전이라 불린다."

그리고 위의 인용문에 이어진 구절에서 그는 다음과 같이 언급했다. "그리스어로
그것은 *mystērion*으로 표기되는데, 그것이 신비롭고 숨겨진 특성을 지니고 있기 때문
이다."[71]

---

70. Isidore, *Etym.* 6.19.39 f.
71. Isidore, *Etym.* 6.19.42. 이 문장은 후에 삭제함

47

주님의 몸과 피에 신비하고 숨겨진 특성이 있기 때문에, 즉 어떤 점에서 그것들은 외형적으로 표시하는(signify) 것이고, 다른 점에서 내적으로 그리고 불가시적으로 효력을 발생하는 것이기 때문에, 주님의 몸과 피가 신비한 성례전이라 칭한다는 사실 외에 우리가 이러한 주제에서 어떤 다른 것을 배울 수 있단 말인가?

48

그러므로 또한 그것들은 일반적으로 물질적인 사물의 덮개를 쓰고 신적인 권능이 신비스럽게 신앙으로 떡과 포도주를 받는 자들에게 구원을 베풀어 주기 때문에 성례전이라 칭한다.

49

지금까지 언급됐던 모든 것에서부터, 교회에서 신자들의 입 속에 받아들이는 그리스도의 몸과 피는, 그 가시적인 형태를 따라 형상(figure; 상징, 비유)이라 할 것이고, 또한 비가시적인 본질(substance; 본체, 실체), 곧 거룩하고 신성한 말씀(Word)의 능력을 따르면, 실제로(truly) 그리스도의 몸과 피로 존재한다.* 그러므로 가시적인 피조물의 측면에서, 그것들은 몸을 양육해주고, 보다 강력한 본질(substance)에 관해서, 신자들의 영혼을 먹이고 또한 거룩하게 만들어준다.

---

* 우리는, 라트랑이 "떡과 포도주가 그리스도의 몸과 피가 아니라 그것들을 상징한다"는 주장을 했다는 것을 기정사실로 여겨왔다. 즉, 우리가 알기로 라트랑은 떡과 포도주가 그리스도의 몸과 피로 바뀐 것이 아니라 그저 떡과 포도주일 뿐이고, 그리스도의 몸과 피를 상징하거나 은유 혹은 비유할 뿐이라고 주장했다. 그래서 그는 떡과 포도주의 본질이 몸과 피의 본질로 변한다는 화체설을 공격했다. 곧, 그러한 본질의 변화는 불가능한 일이기에 그것은 허위라는 주장이었다. 오직 성찬에서는 상징만이 남아 있을 뿐, 본질의 변화는 없다는 것이다. 그러나 앞의 몇 부분과 특히 이 부분은 라드베르의 화체설과 혼동을 일으키고 있다. 곧 "비가시적인 본질을 따라, 실제로 떡과 포도주는 그리스도의 몸과 피로 존재한다"는 라트랑의 언급은 주후 9세기의 성찬론이 완전히 확립되지 못하고, 비록 적지만 일정 부분이나마 혼란을 겪고 있다는 반증을 제공해준다. 이것은 무엇을 함축하는가? 후대의 상징설주의자들이 자신들의 견해를 굳히기 위해 양쪽의 특성을 공유하고 있는 라트랑(물론 상징설에 더 큰 비중이 가지만)을 상징설 주창자로 몰고 갔다는 점이 바로 그것이다. 물론 라드베르에게서 상징설의 특징을 찾을 수 있을까 하는 점은 별개의 문제지만, 그가 형상(figure)을 라트랑처럼 전적으로 사용하지 않고 부차적으로 사용해 그 개념을 격하시키지 않았던 점으로 미루어보아 상징 개념을 완전히 버린 것은 아닌 것으로 추측된다. 결국 종교개혁기에 개혁자들의 성찬논쟁에서 비로소 각 성찬설이 굳어지게 된 것으로 사료된다. 그렇다고 해서 우리가 라트랑을 상징주의자로 보지 말자는 것은 아니며, 9세기의 성찬론이 완전히 굳어진 것이 아니라 각 성찬설의 특징을 혼동해 공유한 부분이 있다는 의미다. 곧, 그 시기의 성찬론은 완성된 것이 아니라 진행중이라 해도 과언이 아니다. 라트랑의 생각 속에 미소하나마 화체설적 특징이 보인다 해서 그를 화체주의자로 보는 일부 가톨릭 전통은 무리가 있는 주장이다. 따라서 우리는 결론적으로 라트랑을 완벽한 상징론자로 보아서는 안 될 것이며, 이런 평가는 츠빙글리에게 해당된다.

50

이제 두 번째 주제에 대해 검토해야 할 때다. 그것은 곧 마리아에게서 태어나, 고난 받아, 죽은 후 장사되어 하나님 아버지 우편에 앉아 계신 바로 그리스도의 몸이, 성례의 신비를 통해 매일 교회에서 신자들의 입 속에 들어가는 것인가 하는 문제다.

51

우리는 이것을 언급한 바 있는 성 암브로시우스(Saint Ambrose)의 견해를 살펴보도록 하자. 그는 성례전(Sacraments) 첫 책에서 다음과 같이 언급했다.

"참으로 하나님이 우리 조상들에게 만나의 비를 내려주신 일은 놀랍고도 주목할 만한 일이었다. 그들은 매일 이러한 하늘의 양식을 공급받았다. 그리하여 '사람이 힘센 자의 떡을 먹었으며'*라는 말씀이 전해졌다. 그럼에도 그 음식을 먹었던 자들은 모두 광야에서 죽어 사라졌다. 그러나 당신이 받아먹는 음식, 곧 하늘에서 내려온 살아 있는 떡(Bread)은 영원한 생명의 물질(substance)을 공급해주며, 그것을 먹는 자마다 영원히 죽지 않을 것이다. 그것은 그리스도의 몸이다."**72**

52

암브로시우스가 그리스도의 몸은 교회에서 신자들이 취하는 양식이라고 언급했는데, 바로 그 점을 살펴보도록 하자. 그는 이렇게 말했다. "하늘에서 내려온 살이 있는 떡이 영원한 생명의 물질을 공급해준다." 이 말씀에 따르면, 육신의 형태를 취해 육신의 모습을 한 것, 이로 씹어서 목과 식도를 통해 삼킨 것, 위장 속으로 들어간 것은 영원한 생명의 물질을 공급해주지 않는다. 그렇지 않은가? 그러한 방식으로 그것

---

72. 라트랑은 이제 암브로시우스(Ambrose)의 두 작품을 사용한다. Ambrose, *De sacramentis* (MPL 16.435–482); *De mysteriis* (*ibid.* 405–426). 보테가 이 두 작품을 최근에 출판했는데 상당히 탁월한 책으로 정평이 나 있다. Bernard Botte, *Sources Chrétiennes* (Paris, 1949). 바로 여기에 인용된 문장은 *De myst.* 8.47, p. 123 = MPL 16.421C에서 왔다. 곧 그것은 라트랑의 말대로 *De sacram.*에서 온 것이 아니다.

---

* 시 78:25(불가타 77:25).

은 죽을 육신에게 자양분을 제공해준다. 그리고 어떤 썩지 않을 불멸의 것도 공급해주지 않으며, 또한 다음과 같은 말씀대로 해주지도 않는다. "이는 하늘에서 내려오는 떡이니 사람으로 하여금 먹고 죽지 아니하게 하는 것이니라."[73] 그 몸이 취하는 것은 썩을 것이고, 육신에게 결코 죽지 않을 은혜를 부여할 수도 없다. 왜냐하면 썩을 것에게 긴밀히 기대고 있는 것은 영생을 부여할 수 있는 능력을 갖고 있지 못하기 때문이다. 그러므로 그 떡 안에 들어 있는 생명은 육신의 눈으로는 명백히 드러나지 않고, 신앙의 시각으로만 보이는 법이다. 그래서 이것은 또한 "하늘에서 내려온 살아 있는 떡"이 되는 것이다. 그리고 이어지는 그리스도의 말씀은 실로 참이며 그 떡은 바로 그리스도의 몸이다. "사람이 이 떡을 먹으면 영생하리라."[74]

53

아래에 인용된 구절은 암브로시우스가 그리스도의 전능하신 능력에 관해 언급한 내용이었다.

"존재하지 않았던 무에서 존재하게 만들 수 있는 그리스도의 입에서 나온 말씀[75]이, '존재하지 않았던 것'*이 '존재하게 된 것'**으로 변화시킬 수 없는가? 그것의 본성을 변화시키는 것보다 새로운 것을 만드는 창조 행위가 더 위대하지 않은가?"[76]

54

성인 암브로시우스는 그리스도의 몸과 피의 신비한 성례가 거행되는 동안, 거룩

---

73. 요 6:50.

74. 요 6:51.

75. 다음의 자료는 그리스도의 입에서 나온 말씀을 *verbum*(단어; word)이라 표기하지 않고 *sermo*(설교; speech)로 표기했다. Ambrose, *De myst.* 9.52, p. 125 Botte = MPL 16.424A.

76. 암브로시우스는 이렇게 표기했다. "그것들의 사물의 본성을 변화시키는 것은 그것들에게 새로운 사물의 본성을 부여하는 것에 못지않다."

---

* 축성 이전 그리스도의 몸과 피가 내재하지 않는 순수한 물질의 떡과 포도주.

** 떡과 포도주 안의 실제 그리스도의 몸과 피, 곧 떡과 포도주가 축성 이후 그리스도의 몸과 피로 변한 것, 간단히 말해 그리스도의 몸과 피.

하기 때문에 기적적이고, 또한 불가사의하기 때문에 말로 형언할 수 없는 방식으로 어떤 변화가 일어난다고 주장했다. 여기서 내적으로 숨어 있는 능력을 따라서는 아무것도 받아들이려고 하지 않으면서, 곧 존재하는 모든 것은 가시적으로만 드러난다고 생각하는 자는, 어떤 점에서 이러한 요소(떡과 포도주)의 변화가 이루어졌는지를 언급할 수 있어야 한다고 항변했다. 창조된 사물의 본질(substance)에 관해서, 곧 축성 이전과 이후의 존재에 대해 답변해보라는 것이다. 그것들은 축성 이전에는 떡과 포도주였다. 물론 축성 이후에도 축성 이전과 동일한 모습이다. 그러나 신앙의 눈으로 보는 것, 영혼을 먹이는 것, 영원한 생명의 물질(subatance)을 공급하는 것은 내적으로 성령의 전능하신 권능에 의해 변화되었다.

55

다음 구절도 상술한 바와 마찬가지로 내적인 측면을 간과하는 자를 비난하는 언급이다.

"주 예수 자신이 자연 법칙(nature)을 위반하는 방식으로 태어나셨는데, 왜 당신은 그리스도의 몸에서 자연 질서를 찾고 있는가?"[77]

56

여기서 이제 나의 청취자들 중 한 사람이 일어나 이렇게 말하고 있다. 그것은 보이는 그리스도의 몸이고, 섭취되는 그리스도의 피며, 누구든지 그것들이 어떻게 만들어지게 됐는지를 묻지 말고, 그렇게 만들어진 것들을 붙들어야만 한다고. 당신은 참으로 올바른 생각을 하는 것처럼 보인다. 그러므로 만약 당신이 그 말의 능력을 주의 깊게 검토한다면, 실로 당신은 신앙에 의해 그것들이 그리스도의 몸과 피라는 사실을 믿게 된다. 그러나 만일 당신이 믿는 것을 당신 스스로가 아직 보지 못한다는 사실을, 당신이 알았더라면, – 만일 당신이 그것을 보았다면, 당신은 "나는 본다"라고 말했을 것이다 – "나는 그것이 그리스도의 몸과 피라는 것을 믿는다"고 말할 수

---

77. *De myst.* 9.53–54., p. 126 Botte = MPL 16.424B: "우리가 찾고 있는가?"로 돼 있다.

는 없을 것이다. 그러므로 이제 신앙이 모든 것을 보기 때문에, 그리고 육적인 눈은 아무것도 감지할 수 없기 때문에, 우리 눈앞에 보이는 그것이, 외모가 아니라 능력 가운데서, 그리스도의 몸과 피라고 이해하게 되는 것이다. 그 때문에 그는 다음과 같이 언급했다. "여기서는 자연의 질서가 고려돼선 안 되고, 그리스도의 능력이 공경되어야만 한다. 그리스도의 능력을 신뢰하면, 그리스도는 대상과 방법을 불문하고 무엇이든지 원하는 대로, 과거에 존재하지 않았던 것을 창조하시고, 또한 창조된 것을 이전에 존재한 적이 없었던 것으로 변화시키신다."[78] 암브로시우스는 이렇게 다음과 같은 단락을 덧붙였다.[79] "그것은 십자가에 달리시고 장사된 그리스도의 참된 몸이다. 그러므로 그것은 실로 그의 몸의 성례다." 주 예수 그리스도 자신은 이렇게 선포하셨다. "이것은 내 몸이니라."[80]

57

이러한 구별은 얼마나 조심스럽게, 그리고 얼마나 지성적인 판단력을 갖고 시도됐던가! 십자가에 달리셔서, 장사되셨던 그리스도의 몸에 대하, 즉 그리스도께서 십자가에 달리셔서 장사된 사실에 관해, 암브로시우스는 다음과 같이 말했다. "그것은 그리스도의 참된 몸이다." 그러나 성례전에서 취한 것에 대해서는 다음과 같이 언급했다. "그러므로 참으로 그것은 그리스도의 살의 '성찬'(sacrament)이다." 이는 실제의 살과 그 살의 성찬을 구분하는 말이다. 이는 동정녀에게서 취하신 그리스도의 실제 육체적 몸이 십자가에 달리시고 장사되셨다는 사실을 인식하는 증거다. 그는 교회에서 현재 법제화돼 있는 신비한 성례전이 그리스도의 실제(true) 육신의 성찬임을 주장하고 있는 것이다. 교회는 공개적으로 신자들에게 다음과 같이 가르친다. 그리스도가 십자가에 달리시고 장사되셨다는 측면에서 볼 때, 그 살은 하나의 신비가 아니라 본성적인 진리(truth of nature)라고. 그러나 성례가 행해질 바로 그때, 그러한 신비한 성찬 속에 그것과의 유사성을 포함하는 살은, 외형적인 측면의 살이 아니라 성례 속의 살인 것이

---

78. 원래 이 구절은 암브로시우스에게서 찾을 수 없는 것이다. 그러나 MPL 121.150에 수록돼 있는 발티모어판에는 그가 언급한 구절로 간주되고 있다.

79. 바로 다음에 이어지는 인용 단락은 바로 위의 각주 78번에 수록됐다.

80. 마 26:26.

다. 만일 그것이 외형적인 측면에서, 눈앞에 보이는 물질적인 떡이라면, 성례전을 행하는 시공간 안에서, 그것은 그리스도의 참된 몸이다. 그래서 그리스도께서 이렇게 말씀하신 것이 아닌가? "이것은 내 몸이니라."[81]

58

또한 상술한 바와 마찬가지 의미로 암브로시우스는 다음과 같은 구절[82]을 언급했다. "우리가 먹는 것, 우리가 마시는 것 등을 성령은 다른 곳에서는 선지자들을 통해 이렇게 표현했다. "너희는 여호와의 선하심을 맛보아 알지어다 그에게 피하는 자는 복이 있도다."[83] 그 물질인 떡과 포도주를 먹고 마셨을 때, 주님이 얼마나 선하신지 보이지 않았는가? 맛에 영향을 주는 것은 그것이 무엇이든 간에 물질의 특성이고 그것은 혀에 즐거움을 선사한다. 주님을 맛보아 안다는 것은 물질적인 어떤 음식을 감각적으로 경험해 얻는다는 의미인가? 그렇지 않다. 주님은 영적인 맛을 보도록 우리를 초청하신다. 그리고는 그 음료와 떡은 그 어떤 것도 물질적으로 생각되는 것이 없으며, 오직 영적으로만 느껴질 뿐이다. 그 이유는 다음과 같다. 곧 하나님은 영이시며, "그에게 피하는 자는 복이 있도다."

59

상술한 바와 같은 의미로 그는 계속해서 이렇게 언급했다. "그것은 그리스도의 몸이기 때문에 성례 안에 그리스도가 존재한다. 그러므로 그것은 물질적인 음식이 아니라 영적인 음식이다."[84] 무엇이 보다 분명하며, 보다 확실하고, 보나 서룩한가? 그는 이렇게 말한다. "그리스도는 성례 안에 존재한다." 그는 "그리스도가 떡과 포도주다." 라고 언급하지 않는다. 만약에 그가 그렇게 말했다면, 그는 다음과 같이 전했을 것이다. "그리스도는 썩을 존재다"(하나님은 그렇게 하시지 않을 것이지만). 그리고 그리스도는 죽을 운명을 면할 수 없으며, 그 이유는 물질적인 감각 안에서, 그 음식이 주는 맛과

---

81. 마 26:26; 눅 22:19.

82. *De myst*. 9.58, p. 127 Botte = MPL 16.426A, 부정확하게 인용함.

83. 시 34:8(불가타, 33:9).

84. 각주 82번의 자료에서 인용됨.

보여주는 모습은 무엇이든지, 분명히, 썩어질 것으로 됐기 때문이다.

60

암브로시우스는 또한 이렇게 덧붙인다. "그 이유는 그것은 그리스도의 몸이기 때문이다." 당신은 일어나서 이렇게 말한다. "좀 들어보라. 그는 분명히 그 떡과 그 음료는 그리스도의 몸이라고 인정했다. 그러나 그가 덧붙인 말을 살펴보라." 그러므로 그것은 물질적인 음식이 아니라 영적인 양식이다. "육체적 의미로 사용하지 않고, 여기에는 어떤 그런 제안도 하지 않았다. 그것이 비록 물질적인 것이 아니라 영적인 것이라 해도, 그리스도의 몸이다. 그것이 비록 물질적인 것이 아니라 영적인 것이라 해도, 그리스도의 피다. 그러므로 여기서는 아무것도 물질로 취하지 않고, 영적인 의미에서만 섭취되는 것이다. 그것은 그리스도의 몸이지만 물질적인 의미가 아니다. 그리고 그것은 그리스도의 피지만 역시 물질적인 의미가 아니다."

61

그는 이어서 계속 이렇게 언급한다.[85] "사도 바울은 이러한 이유로 그리스도에 관한 상징으로 언급했던 것이다. '우리의 조상들은 신령한 음식과 음료를 먹고 마셨다.'[86] 하나님의 몸은 영적이다. 그리스도의 몸은 거룩한 영의 몸이다. 그 이유는 우리가 읽은 대로,[87] 그리스도는 영이기 때문이다. '주 그리스도는 우리 앞에서 영이시다.'"

---

85. 앞에서 진술한 것에 바로 이어서 서술함.

86. 고전 10:3-4.

87. 암브로시우스와 라트랑 둘 다 애 4:20("… 여호와께서 기름 부으신 자가 그들의 함정에 빠졌음이여…")을 읽었다. 그런데 이 구절은 라틴어 구약성경과 현대 개신교 구약성경과 일치하지 않는다. 형용사 *christos*는 기름부음 받은 사람을 언급하는데, 즉 그는 유다를 마지막으로 통치한 왕이며 그리스도는 아니다. 그러나 암브로시우스는 단지 교부 전통의 규칙을 따라 그 단어를 그리스도를 예표하는 것으로 해석했다. 그 교부들을 예를 들면 다음과 같다. Justin Martyr, *Apol.* 1.55.5; Irenaeus, *Demonstr. Apost. Teaching* 71 (ACW 16.93, 또한 p. 202, 각주 302 f.); *Adv. Haer.* 3.10.3; Tertullian, *Adv. Prax.* 14, *Adv. Marc.* 3.6; Origen, *Hom. in Cant. Cant.* 1.6; *Dial. c. Heracl.* 172 (LCC 2.454), *De princip.* 2.6.7, 4.1.25; Cyril of Jerusalem, *Catech.* 13.7, 17.34; Augustine, *De civ. Dei* 18.33. 또한 다음 자료도 참고하라. Paschasius Radbertus (MPL 120.1229 f.).

62

그는 우리가 그리스도의 피와 몸의 신비를 이해해야만 하는 방법을 가장 근사하게 가르쳤다. 곧 그는 우리의 조상들이 영적인 양식을 먹었고 또한 영적인 음료를 마셨다고 언급했으며, 또한 아무도 그들이 먹었던 만나와 그들이 마셨던 생수가 물질이었다는 사실을 의심하지 않는다고도 말했다. 거기에다 교회가 현재 법제화한 신비한 성례전에 관해서는 이렇게 규정했다. 성찬식이 거행될 때 떡과 포도주는 그리스도의 몸과 피라고. 그는 이렇게 말한다. "하나님의 몸은 영적인 몸이다." 하나님은 물론 그리스도시다. 그리고 마리아에게서 잉태되었고, 고난당하셨으며, 장사된 후, 부활하신 몸은 확실히 실제 인간의 몸이었다. 즉, 눈으로 보고 손으로 만질 수 있는 그런 몸이었다. 그러나 하나님의 신비로 불리는 그 몸은 물질적인 몸이 아니라 영적인 몸이다. 그것이 영적인 몸이라면, 이제 눈에 보이지도 않고, 또한 만질 수도 없다. 그러하기에 축복 받은 암브로시우스는 이렇게 덧붙였다. "그리스도의 몸은 거룩한 영의 몸이다." 왜냐하면 거룩한 영은 육체로 존재하지 않고, 썩지도 않으며, 만져지지도 않기 때문이다. 교회에서 기념되는 그 몸은, 가시적인 외형적 측면은 썩기도 하고 만질 수도 있다.

63

그런데, 그것을 어째서 성령의 몸이라 칭할 수 있는가? 그 사실은 확실히 영적인 것이다. 즉, 그것은 확실히 비가시적이며, 촉각으로 감지될 수도 없으며, 이러한 측면에서 썩지 않는 불후의 것이다.

64

그러한 까닭에 그는 다음과 같이 언급한다. "우리가 읽은 대로, 그 이유는 그리스도는 영이시기 때문이다. "주 그리스도는 우리 앞에서 영이시다." 그는 명확히 그리스도의 몸이라고 여겨지는 것을, 즉 그 안에 그리스도의 영이 존재한다는 사실을, 곧 거룩한 말씀(Word)의 권능이 영혼을 먹일 뿐만 아니라 심지어 순결하게 정화시켜 주시기까지 한다는 사실을 잘 보여주고 있다.

65

그는 이러한 점을 힘주어 다음과 같이 이어나갔다.* "결국, '사람의 마음을 힘 있게 하는 양식'과 '사람의 마음을 기쁘게 하는 포도주'에 대해 선지자는 말했다."[88] 먹어서 소화되는 양식은 우리의 마음을 힘 있게 해주지 못하고, 마찬가지로 음료는 사람의 마음을 기쁘게 해주지 못한다. 그렇지 않은가? 선지자는 자신이 언급하고 있는 양식과 음료가 어떤 성질의 것인지를 보여주기 위해서 '그 양식'과 '그 음료' 라는 표현을 사용했다. 그가 언급한 '그'는 도대체 무슨 의미를 지니고 있는가? 물론 그 단어는 그리스도의 몸, 성령의 몸을 의미한다. 그리고 선지자가 언급하고 있는 그리스도가 영이라는 사실은 우리에게 보다 명확한 감명을 선사한다.** "주 그리스도는 우리 앞에서 영이시다." 이 모든 것에 의해, 그는 공개적으로 다음과 같은 점을 명확히 해준다. 그 양식과 그 음료에서 어떤 것도 물질적인 의미에서 취해선 안 되고, 반드시 영적으로 숙고돼야만 한다.

66

앞의 시편에서 언급된 '사람의 마음'이라는 구절에서, 우리는 그것이 영혼에 대한 언급을 의도하고 있다고 볼 것이다. 곧 영혼은 물질적인 양식이나 음료를 먹고 마시는 것으로 자라나지 않으며 하나님의 말씀을 먹고 양육 받아 성장한다. 이러한 점은 암브로시우스가 그의 다섯 번째 책인 성례전(The Sacraments)에서 다음과 같이 공공연히 확언하곤 했다. "그것은 몸 속에 들어가는 떡이 아니라 우리의 영혼의 본질을 지탱하게 해주는 영원한 생명의 떡이다."[89]

67

그리고 그 성인 암브로시우스는 일상적으로 먹는 평범한 떡이 아니라 그리스도의

88. 시 104:14-15 (불가타는 103:15) 암브로시우스는 매우 산만한 언급을 이어서 진행해나가는데 이는 그리스어역 성경이나 라틴어역 성경에서 온 것도 아니다. 시편은 "선지자가 말씀하신다"는 관용어구를 동반한 채, 광범위하게 종교개혁 말까지 인용됐다.

89. Ambrose, De sacram. 5.24, p. 95 Botte = MPL 16.471B, MPL에서는 암브로시우스의 언급이 부정확하게 인용되어 있음.

* 앞에서 진술한 것에 바로 이어서 서술함.

** 시편의 선지자는 사람의 마음을 기쁘게 하고 힘 있게 하는 음료와 양식에 관해 언급했는데, 암브로시우스는 이를 그리스도의 영적인 몸으로 비유했던 것이다.

몸의 떡을 그런 식으로 언급했다. 다음의 그의 담화 내용은 그 점을 아주 명확히 밝혀줄 것이다. 암브로시우스는 믿는 자가 받기를 간구하는 일용할 양식인 떡을 언급하고 있다.

68

그리하여 그는 이렇게 덧붙인다. "만일 그것이 일용한 양식인 떡이라면, 왜 당신은 그것을 다시 받아먹기 위해 일 년씩 기다리는가? 마치 동방의 그리스인들이 관습적으로 그렇게 하는 것처럼. 그러므로 당신에게 유익한 일용할 양식을 매일 받아먹으라. 매일 먹어 생명을 유지하므로, 당신은 그것을 매일 섭취할 가치가 있다." 그러므로 그가 언급하고 있는 떡의 의미는 명확하다. 즉, 그것은 그리스도의 몸으로서, 몸 안에 들어가는 것이 아니라 우리의 영혼의 본질을 지탱하는 영원한 생명의 떡이 존재하는 것에서 비롯된 것이다.

69

가장 박식한 암브로시우스의 권위에 편승해, 우리는 고난당하신 그리스도의 몸과 십자가에 달리실 때 창에 찔린 옆구리에서 흘러나온 피 등, 그리스도의 수난의 신비를 체험하는 가운데 신자들이 매일 기념하는 몸과 온 세상에 구원을 준 피의 성찬이 되어 신자들의 입 속으로 흘러들어가는 피를 구분하는 커다란 차이점을 가르치고 있다. 저 떡과 저 음료는 그리스도의 몸과 피며, 그것은 눈에 보이는 점이 아니라, 영적으로 생명의 본질을 지탱시킨다는 사실에서 그러하다. 단번에 모두를 위해 고난당하신 그리스도의 몸은 원래 태어날 때 갖고 나왔던 실제의 몸과 차이를 보이지 않는다. 왜냐하면 그것은 실제 보이는 대로의 그것이기 때문이다. 그것은 만져지고 십자가에 달리셨고 장사된 몸이었다. 마찬가지로, 그의 뚫린 옆구리 창 자국에서 뚝뚝 흘러내린 피는 외형의 것만 드러낸 것이 아니라, 내적으로도 다른 한 가지가 숨겨 있었다. 그리고 그 피는 실제로 창에 찔려 뚫린 옆구리에서 흘러나왔던 것이다. 그러나 이제 믿는 자들이 마시는 그리스도의 피와, 그들이 먹는 몸은 외형적인 한 가지와 의미적인 다른 한 가지를 소유하게 됐다. 즉, 전자는 육의 양식으로 몸을 지탱하게 해주는 것이며, 후자는 영원한 생명의 본질(substance)로 영혼(mind)을 양육하는 것이다.

70

이러한 점에서 축복 받은 히에로니무스(Jerome)[90]는 사도 바울의 서신인 에베소서 주석에서 다음과 같이 언급했다.

"그리스도의 피와 살은 이중적인 의미로 이해된다. 주님 자신이 '내 살은 참된 양식이요 내 피는 참된 음료로다'[91]라고 말씀하신 대로 영적이며 거룩한 의미가 그 하나며, 다른 하나는 십자가에 달리신 육체와 로마 군병의 창에 찔려 쏟아 부으신 피다."[92]

71

히에로니무스는 작지 않은 차이점을 갖고 그리스도의 몸과 피를 구별하고 있다. 왜냐하면 신자들이 매일 받아먹는 살과 피는 영적인 것인 반면에, 십자가에 달리신 살과 로마 군병의 창에 찔려 흘리신 피는 영적이지도 거룩하지도 않기 때문이다. 그는 분명 이렇게 언급했다. 물질적인 것과 영적인 것, 가시적인 것과 비가시적인 것, 신적인 것과 인간적인 것 등이 서로 다른 만큼, 십자가에 달리신 몸과 매일 신자들의 입에 들어가는 것 또한 서로 다른 것이다. 그것들은 서로 다르기 때문에, 또한 같지 않다. 게다가, 신자의 입으로 받아들이는 영적인 살과 매일 믿는 자들에게 마시도록 제공되는 영적인 피는, 십자가에 달리신 살과 로마 군병의 창에 찔려 흘리신 피와 서로 다르다. 히에로니무스는 권위를 갖고 그 점을 검토하고 있다.

72

그러므로 그것들은 동일하지 않다. 왜냐하면 십자가에 달리신 그 몸은 동정녀의 몸에서 만들어졌고, 뼈와 힘줄이 서로 결합해 인간의 용모를 지녔으며, 그 육신과 이성적인 정신의 영이 조화로운 운동을 통해 생명에 활기를 불어넣게 되는 것이다. 그러나 떡과 포도주라는 외형의 모습을 품고 있으면서 믿는 사람들을 먹여서 양육하는

---

90. Jerome, *In Eph*. 1:7 (MPL 26. 481).

91. 요 6:55.

92. 요 19:34.

영적인 몸은, 숙련된 자의 손으로 곡식 가루가 반죽돼서 만들어진 것이다. 그것은 힘줄이나 뼈와 결합되지도 않고, 또한 다양한 몸의 특징도 나누어 갖지 않으며, 어떤 이성적인 본질에 의해 생기를 공급받지도 않고, 자발적으로 움직일 수도 없다. 그 안에 어떤 생명의 본질(substance)이 들어있더라도, 그것은 영적인 힘이고 불가시적인 효험이며 신적인 권능이다. 그 외적인 모습을 언급한다면, 그것은 신비하게 존재한다고 믿는 측면과는 성질상 전혀 다른 것이다. 그러나 십자가에 달리신 그리스도의 몸은 내적으로 존재하는 것과 외형적으로 보이는 것 사이의 어떤 차이점도 계시하지 않았다. 왜냐하면 그것은 실제 인간의 육체로 존재했기 때문이며, 그 몸은 실제적인 몸의 외형을 가진 것이다.

73

우리는 다음과 같은 사실을 반드시 깊이 새겨야만 한다. 곧 저 떡 안에서 그리스도의 몸뿐 아니라 그를 믿는 자들의 몸도 저 떡의 구성 요소인 수많은 곡식 가루에 의해 상징화돼야 한다는 점이다. 왜냐하면 그를 믿는 사람들의 몸은 그리스도의 말씀으로 수많은 신실한 것들에 의해 성장하기 때문이다.

74

그래서 신비한 성례가 거행되는 동안, 저 떡이 그리스도의 몸으로 여겨지는 것처럼, 또한 저 떡이 그리스도를 믿는 백성의 지체들로 암시된다. 그리고 저 떡이 물질적인 뜻에서가 아니라 영적인 측면에서 믿는 자들의 몸으로 불리듯이, 또한 그리스도의 몸의 필연성은 물질적이 아니라 영적으로 이해돼야만 한다.

75

또한 물과 혼합된 그리스도의 피로 불리는 포도주에 관해 묘사되는 것처럼,[93] 다른 요소를 결여하고 한 요소만 제시되는 것은 허락되지 않는다. 왜냐하면 주를 믿는 백성은 그리스도 없이는, 또한 그리스도는 신실한 백성 없이는 존재하지 못하기 때문

---

93. 포도주와 물의 혼합에 관해서는 다음을 참고하라. F. J. Dölger, *Der heilige Tisch in den antiken Religionen und im Christentum* (Müster i. W., 2d ed., 1928), 2.491–496; Ambrose, De vigr. 3.5.22.

이다. 그와 마찬가지로 머리는 몸 없이 존재하지 못하고, 몸은 머리 없이 존재할 수 없다. 신비한 성례전이 거행되는 동안, 물은 그 백성을 묘사한다. 그러므로 만일 사제들이 거행하는 예전을 통해 축성된 저 포도주가 물질적인 의미로 그리스도의 피로 변화된다면, 그와 마찬가지로 잔 속 포도주에 섞여 있는 물은 당연히 물질적인 측면에서 믿는 자들의 피로 변해야만 한다. 왜냐하면 하나의 축성이 있는 곳에, 하나의 중요한 행위가 존재하기 때문이다.* 일종의 교류(transaction)가 있는 곳에 일종의 신비가 존재하기 때문이다.** 그러나 우리는, 몸의 측면에서, 물 속에서 아무런 변화가 일어나지도 않았고, 또한 그와 동일하게 포도주에도 어떤 변화의 조짐도 물질적인 측면에서 드러나지 않는다는 사실을 잘 알 수 있게 된다. 그 백성의 몸과 관련된 물의 의미가 어떤 것으로 묘사되든지, 그것은 영적인 뜻만을 내포한다. 따라서 그리스도의 몸과 관련되어 제시되는 포도주의 의미는 그것이 어떤 식으로 표현되든지 간에 영적으로만 받아들여져야 한다는 점이 반드시 필요한 법이다.

76

게다가 서로 다른 것들은 동일하지 않다. 돌아가셨고, 죽음에서 다시 부활하셨으며, 불멸의 옷을 입으신 ("이는 그리스도께서 죽은 자 가운데서 살아나셨으매 다시 죽지 아니하시고 사망이 다시 그를 주장하지 못할 줄을 앎이로라.")[94] 그리스도의 몸은 영원하며 또한 더 이상 고난을 당치 않으신다. 그런데 교회에서 성대하게 기념되어 거행되는 것은 일시적이며 영원하지 않다. 그것은 썩어질 것이며, 후패할 것이다. 그것은 도상의 존재이며 본향에 있는 것이 아니다. 그래서 그것들은 서로 다르며, 이러한 이유로 서로 동일하지 않다.

77

그러나 만일 그것들이 동일한 것이 아니라면, 어떻게 그리스도의 참된 몸과 참된 피로 불릴 수 있을까? 만일 그것이 그리스도의 몸이고, 또한 그리스도의 몸이라는 진

---

94. 롬 6:9.

* 축성되면, 잔 속 포도주만 변하지 않고 그 포도주와 그것에 혼합돼 있는 물도 모두 변한다는 의미.

** 물과 포도주가 서로 혼합돼 교류함 가운데서 신비로운 힘이 역사한다는 뜻.

술이 참이라면, 그것은 실제로(in truth) 그리스도의 몸이다. 그리고 만일 그것이 실제로(in truth) 그리스도의 몸이라면, 그리스도의 몸은 썩을 수가 없고, 고난을 당할 수도 없으며, 그리하여 영원한 몸이 된다. 그러므로 교회가 법제화해 제정한 그리스도의 몸은 필수불가결하게 썩어서는 안 되며 영원한 것이어야만 한다. 그러나 소화되기 위해 잘라져서 조각난 그것이 썩어질 것이며, 이가 그것을 씹을 때 몸속에 전이 된다는 사실은 부인될 수가 없다. 그래서 그것은 외적으로 이루어진 한 가지 일이며, 신앙을 통해 믿는 것은 또 다른 한 가지 사역이다. 몸의 감각에 속한 것은 썩을 것이고, 그러나 신앙이 믿어지는 것에 관한 것은 썩지 않을 것이다. 그러므로 외적으로 드러나는 것은 그 자체가 아니고 그 형상(image)이다. 그러나 영혼이 느끼고 이해하는 것은 실제(truth)인 것이다.

78

이제부터 축복 받은 아우구스티누스가 그의 요한복음 주석에서 언급한 그리스도의 몸과 피를 살펴보도록 하자. 그는 다음과 같이 설파했다.[95]

> "역시 모세 또한 그 만나를 먹었고, 아론도 마찬가지로 그 만나를 먹었으며, 비느하스 역시 그 만나를 먹었다. 하나님이 기뻐하신 수많은 자들이 그 만나를 먹고 죽지 않았다.[96] 왜 그런가? 그들은 가시적인 양식을 영적으로 이해했고, 그들은 영적으로 굶주렸으며, 영적으로 맛보았기에, 영적으로 만족할 수가 있었다. 오늘날 역시 우리노 눈앞에 가시적인 양식을 먹지만, 그 성찬으로 축성된 떡과 포도주는 한 가지며, 다른 한 가지는 성찬이 가진 능력이다."

앞의 인용문에 이어서, 아우구스티누스는 같은 논조로 자신의 주장을 다음과 같

---

95. Augustine, *In loann. evang. tract.* 26.11 (MPL 35.1611).

96. 그들은 광야에서 그 만나를 먹지 않았다. 그들은 광야에서 그들의 수명을 다하지 못하고 죽었다. 그러나 그들은 죽지 않았다.* 하지만 암브로시우스(앞의 51절을 보라)와 파샤즈(앞장, 라드베르 파샤즈의 성찬론, 각주 45번을 참고하라)는 광야에서 이스라엘 백성들이 죽었다고 했다.

---

* 영적인 의미에서.

이 이어 나갔다.

"이것은 하늘에서 내려온 떡이다. 사도는 그것이 만나를 의미하는 것으로 보았고, 그것은 하나님의 제단의 떡을 의미하는 것이었다. 그것은 성례에서 제시되는 성찬이었다. 그것은 상징적으로 볼 때 다르며, 유사성을 함축하는 것이다. 사도의 말씀을 새겨 들어보라. '형제들아 나는 너희가 알지 못하기를 원하지 아니하노니 우리 조상들이 다 구름 아래에 있고 바다 가운데로 지나며 모세에게 속하여 다 구름과 바다에서 세례를 받고 다 같은 신령한 음식을 먹으며 다 같은 신령한 음료를 마셨으니…' 확실히 신령한 측면에서 그것은 그리스도의 몸과 동일한 것이다. 그러나 물질적인 면에서는 그리스도의 몸과 다른 것이다. 왜냐하면 그들은 만나를 먹었고, 우리는 그와 다른 것을 먹기 때문이다. 그러나 그들이 먹었던 것이 영적이라는 의미에서 우리가 먹는 것과 동일하다. 그리고 사도는 이에 덧붙였다. '다 같은 신령한 음료를 마셨으니…' 오직 가시적인 외형적 측면에서, 그들은 그것을 먹었고 우리는 다른 것을 먹는다. 그러나 이 둘이 같다는 의미는 영적인 능력의 차원에서다. 그렇다면 어떻게 그것이 동일한 음료였는가? 사도는 다시 이렇게 언급한다. '이는 그들을 따르는 신령한 반석으로부터 마셨으매 그 반석은 곧 그리스도시라.'[97] 그 떡의 근원은 물의 근원과 동일했다. 그 반석은 그리스도를 전조하는 표식(sign)이었고, 그것은 그리스도는 말씀 안에서와 육체 안에서 참된 것임을 나타내는 표지(sign)였던 것이다."[98]

79

아우구스티누스는 상술한 바와 마찬가지의 의미를 갖고 인용된 앞의 자료에서 다음과 같이 언급했던 것이다.

"'이는 하늘에서 내려오는 떡이니 사람으로 하여금 먹고 죽지 아니하게 하는

---

97. 고전 10:4.
98. Augustine, *loc. cit.* (MPL 25, 1612).

것이니라.’ 그러나 성례의 능력에 속한 것은 가시적인 성례에 속한 것이 아니다. 그것을 외적으로가 아니라 내적으로 먹는 자, 그것을 마음으로 먹는 자, 이로 씹어 으깨어서 먹지 않는 자가 그것을 먹고 죽지 않게 된다.”[99]

80

마찬가지 주제를 가지고, 아우구스티누스는 앞에서 인용한 자료의 이어지는 단락[1]에서, 구세주가 하신 말씀을 통해 다음과 같이 언급했다.

“‘내가 너희에게 내 몸을 먹고 내 피를 마시도록 주었다고 말했는데, 그 말이 너희에게 걸림이 되느냐? 그러면 너희는 인자가 이전에 있던 곳으로 올라가는 것을 본다면 어떻게 하겠느냐?’ 이것은 무슨 의미인가? 그 말씀은 그가 하늘에서 그들에게 내려온 이유를 드러내준다. 또한 그 말씀은 무엇 때문에 그들에게 그 말씀이 걸림이 됐는지를 잘 설명해준다. 그들은 그리스도의 몸이 죽어서 소멸될 것이라 생각했던 것이다. 그러나 그리스도는 실제 있는 그대로의 모습으로 하늘로 올라갈 것이라고 말씀하셨다. ‘인자가 이전에 있던 곳으로 올라가는 것을 본다면’ 물론 그리스도는 흔히 생각되지 않는 어떤 방식으로 몸이 소멸 당하실 것이며, 또한 그의 은총은 씹어 먹고 소화되는 방식으로 주어지는 것이 아님을 이해하게 될 것이다. 그래서 주님은 이렇게 말씀하신 것이 아닌가? ‘살리는 것은 영이니 육은 무익하니라.’[2]”

---

99. *Ibid.*

1. Augustine, *loc. cit.* (MPL 35,1616).

2. 요 6:63. 라트랑은 이 구절을 고의성이 없이 무심코 집어넣었다. 아우구스티누스는 그 구절을 다음 주석을 위한 서두로 삽입했다. 그러나 그 구절은 여기서 전개되는 개념과는 연관성이 없다.*

---

* 그리스도가 자신의 살과 피가 영생하는 양식〈떡〉과 음료〈포도주〉라고 하시면서, 이 구절처럼 육의 무익성을 강조한 것을 종합적으로 유추해 보면, 그것은 결코 그리스도는 자신의 몸을 문자 그대로 먹으라는 것이 아니라, 그의 희생과 그가 주는 영생을 상징하는 그것을 먹고 기념하라는 의미였다고 볼 수밖에 없다. 따라서 편집자가 이 구절을 사족처럼 여기는 것은 온당하지 못한 처사며, 이 구절은 그만큼 아우구스티누스나 라트랑이 성례의 영적인 측면을 강조하기 위해 삽입했다고 보아도 무방할 것이다.

81

그리고 아우구스티누스는 상기한 자료의 보다 뒷부분[3]에서 다음과 같이 언급해 자신의 진술을 발전시켜 나갔다.

"그와 동일한 사도는 다음과 같이 언급했다. '누구든지 그리스도의 영이 없으면 그리스도의 사람이 아니라.'[4] 그러므로 요한 사도도 다음과 같이 언급했던 것이다. '살리는 것은 영이니 육은 무익하니라 내가 너희에게 이른 말은 영이요 생명이라.'[5] 여기서 '영과 생명'의 의미는 무엇인가? 그 말은 반드시 영적으로만 이해돼야 한다. 당신은 그 말을 영적으로 이해했는가? 그렇다면 그것들은 영과 생명이다. 당신은 그 말을 육체를 좇아 이해했는가? 그렇다면 그것들은 오직 너희를 위한 것이 아닌 영과 생명이다."[6]

82

우리는 아우구스티누스의 위대한 권위에서부터 명백한 사실을 배우고 있다. 그리스도의 몸과 피의 성례에 대한 주님의 말씀을 상세히 해설하는 일은, 주님의 말씀이 육적인 의미가 아닌 영적 측면에서 이해돼야 한다는 점을 내포하고 있다. 주님 스스로 이렇게 말씀하시지 않았는가? "내가 너희에게 이른 말은 영이요 생명이라."[7] 그 구절은 먹혀야만 하는 그의 몸과, 마시우게 해야만 하는 그의 피에 관한 말씀과 직결된다. 곧 주님의 제자들은 그의 몸과 피를 먹고 마시라 했을 때 이를 육신적으로 이해했기 때문에 그 말씀이 장애물과 걸림돌이 되어 모두 주님을 떠나갔던 것 아닌가? 주님의 제자들은 결코 주님의 몸과 피에 관한 영적인 의미를 알아차릴 수가 없었던 것이다. 그래서 주님은 그런 영적인 의미의 말씀을 들어 이해시키려고 했을 때, 그들은 실족해 걸림돌 같은 장애물에 걸려 넘어지게 되었다. 그래서 다들 주님 곁을 떠나버

---

3. Augustine, *loc. cit.* (MPL. 35.1618). "그 동일한 사도"는 사도 바울을 지시하는데, 그것은 라트랑이 자신의 저술 속에 기입한 것이 아니다.

4. 롬 8:9.

5. 요 6:63.

6. 요 6:63.

7. 요 6:63.

렸다. 그러므로 그들이 그러한 걸림돌에 걸리지 않기 위해서는 그 거룩한 스승은 그들로 하여금 육에서 영으로, 또한 육신적인 시각에서 비가시적인 이해의 눈으로 되돌아오도록 부르신 것이다.

83

그러므로 우리는 주님의 몸의 양식과 그의 피의 음료가, 실제로 그의 몸과 그의 피라는 점에서, 또한 영적이며 생명에 관해서, 서로 동일하다고 말한다.

84

그와 마찬가지로, 동일한 것은 단 하나의 정의(definition)를 포함하는 법이다. 그리스도의 참된 몸에 대해 서술할 때, 그것은 참 하나님이고 참 인간이라고 언급된다. 참 하나님은 창세 전에 성부 하나님에게서 태어나신 분이시다. 참 인간은 시간의 끝에 동정녀 마리아에게 잉태된 분이다. 하지만 그리스도의 몸이라고 이해되는 어떤 의미를 통해, 교회의 신비한 예전이 진행되는 동안 존재하는 그리스도의 몸을 그런 식으로* 이해할 수는 없으며, 단지 상징(figure)과 형상(image)의 눈으로 보아야만 진리 자체가 이해될 수 있다.

85

그리스도의 몸과 피를 나눈 이후에 이어지는 사제의 기도문은 다음과 같다. "영원한 생명이 담보돼 있는 약속을 받아들이기 위해, 우리는 우리가 확실한 생명의 교제와 참여와 나눔이 있는 성례의 형상(image)을 통해 그것에 접촉하는 일에 대해 겸손하게 기도합시다."8 그러면 성도들은 '아멘'으로 화답한다.

---

8. 이 기도문은 겔라시안 성례전(Gelasian Sacramentary) 예식서의 가장 초기 형태 속에 들어 있다. (2.36 in oct. apost., prid. non. Iul.: 다음을 보라. MPL 74.1174A). 그리고 그 기도문은 그레고리안 성례전 예식서들(Gregorian sacramentaries)이나 로마 미사(Roman missal)에는 들어 있지 않다.** 이에 관해서는 다음에 제시된 자료들을 참고하라. H. A. Wilson, *The Gelasian Sacramentary: Liber Sacramentorum Romanae Ecclesiae* (Oxford, 1894) 186, 그런데 여기 자료는 본 텍스트의 것과는 좀 다르다; Bruylants, *Les Oraisons du Missel Romain, texte et histoire* (Louvain, 1952) 1.116.

---

* 역사 속에서 입고 태어나 고난당하시고 부활 승천한 육체적 의미로.

** 이 기도문에 형상(image) 개념이 들어 있기에 이는 상징설과는 합치되고 화체설과는 조화되지 않으므로 사라진 것처럼 보인다.

86

영원한 생명이 담보되어 있는 약속(pledge)과 형상(image)은 성찬(떡과 포도주) 자신이 아니라 다른 어떤 것이다. 즉, 그것들은 그들 스스로가 아니라 어떤 다른 것을 중시한다. 영원한 생명이 담보돼 있는 약속은 '위해서 주어진 그것'이고, 그것의 형상은 '그것의 유사성을 보여주는 것'*이다. 이러한 것들, 즉 약속과 형상은, 그것들, 즉 성찬(떡과 포도주. 혹은 그리스도의 몸과 피)이 존재하고 있는 방식을 전조로 나타내준다. 곧 성찬의 떡과 포도주(그리스도의 몸과 피)는, 어떤 분명하지 않은 형식으로, 그 약속과 형상을 보여준다. 사실이 그와 같기 때문에, 이러한 몸과 피는 다가올 것의 영원한 약속과 형상이며, 그리하여 그 유사성을 통해 지금 현재 보이는 것은 미래의 현현으로 드러나게 될 것이 명명백백하다. 만일 그것들이(성찬의 떡과 포도주) 지금 현재 그것들(약속과 형상)을 나타내 알린다면, 미래에 그것들은, 지금 현재 품고 있는 것이 그 하나(형상)이고 장래에 명백히 드러나게 될 것이 다른 하나(약속)라는 점이 확실하게 인식될 것이다.

87

그러므로 그리스도의 몸과 피는 교회가 기려서 지키는 것이다. 그러나 영원한 약속과 형상으로 기념하는 것이다. 그러나 그것 속에 더 이상 영원한 약속도 형상도 존재하지 않고 영영 사라져버릴 때, 그것은 참이 될 것이다. 이러한 것의 진리는 장차 드러나게 될 것이다.

88

상술한 기도문과 마찬가지로, 우리는 또 다른 곳에서 그와 유사한 기도를 찾아볼 수 있다.9 "당신의 성례로 우리를 완전케 하소서. 오 주님! 우리가 비옵나니 그것들이 품고 있는 것, 그리하여 지금 현재 우리가 취하고 있는 눈에 보이는 것을 우리가

---

9. 9월의 엠버** 토요일에 시행하는 미사에 들어 있는 이러한 후기 영성체(領聖體) 기도문(post-Communion prayer)에 관한 텍스트에 대해 살펴보기 위해서는 다음의 자료들을 참고하라. H. Lietzmann, *Das Sacramentarium Gregorianum in Liturgiegeschictl. Quellen* 3 (Münster, 1921) p. 95; Wilson, *op. cit.*, 1.63; *Missale Romanum* (New York–Malines, 1906) P. 337.

* 즉 '그것이 보여주는 유사성'.

** Ember; 1년에 네 번 3일간씩 단식 및 기도를 올리는 사계 재일(四季齋日).

실제 진리 속에서 받아들이게 하소서!" 이 기도문이 의미하는 바는, 성찬을 통해 부여받는 약속의 좋은 것들이 외관적 현상(現象; appearance) 안에 소재돼 있다는 것이며, 또한 그것들이 본질(truth) 안에 있지 않다는 뜻이다. 다시 말해 그것들은 유사성을 통해 드러나고, 사물 자체*의 현현을 통해서는 드러나지 않는다는 의미다. 외형적인 현상과 본질은 서로 다르다. 이러한 점에서 볼 때, 교회가 소유하고 있는 그 몸과 피는, 그리스도의 몸 안에서, 지금 현재 부활로 인해 영광을 받으신 것으로 인식되는 저 몸과 피와 다르다고 할 것이다. 이 몸은 영원한 약속과 외형적인 현상이고, 그러자 저 몸은 본질 그 자체(truth itself)다. 이 몸은 저 몸이 도달할 때 비로소 실행될 것이다. 그러나 저 몸이 이곳에 이르게 되면 이 몸은 사라지게 될 것이다.

89

그래서 다음과 같이 생각된다. 그것들은 영원한 약속(pledge)과 그 약속이 전수되기 위해 필요한 물질적 요소(thing) 사이, 그리고 또한 외형적인 현상(appearance)과 본질(truth) 사이에 존재하는 커다란 차이점으로 인해 서로 분리돼 있다. 그러한 생각은 또다시 우리가 이어서 다음과 같은 점을 잘 인식할 수 있도록 해준다. 물질에 내포돼 있는 약속과 물질 자체, 외형적 현상과 외형의 본질 사이에 하나의 큰 차이점이 교회에서 신자들이 지금 현재 받아먹고 있는 신비한 성찬인 그리스도의 피와 몸과, 그리고 동정녀 마리아에게서 잉태되어, 고난 받고, 돌아가신 후, 부활하시고, 하늘로 승천하신 뒤, 지금 현재 하나님 아버지 우편에 앉아 계신 그리스도의 몸 사이를 갈라놓고 있다. 왜냐하면 노중에 이루어지고 있는 것**은 영직으로 빋아들여야민 하기 때문이다.*** 왜냐하면 보이지 않는 신앙을 믿기 때문이다. 그리고 그 신앙의 약속은 영적으로 영혼을 먹어 살찌게 하고, 마음을 기쁘게 하며, 생명과 불후의 썩지 않음을 공급해준다. 성례식에서 분배되는 것은 몸을 양육해 성장시키는 양식과 음료, 이로 씹어

---

* 곧 본질.

** 성례식 과정 에서 받아먹는 성찬에서 일어나는 효험과 권능.

*** 과정 중에, 곧 도중에 이루어진 일이란, 성찬식이 진행되는 동안 받아먹는 성병(聖餠)과 성즙(聖汁)을 통해 주어지는 약속된 영원한 생명이 부여된다는 의미다. 그러한 성찬의 그리스도의 몸과 피인 거룩한 떡과 거룩한 포도주는, 역사 속에서 단번에 구속을 이루신 그리스도의 몸과는 다르다는 뜻이다. 즉, 역사적인 그리스도의 몸은 실제적으로 여겨야 하며, 반면에 성찬에서의 그리스도의 몸은 그와는 달리 영적으로, 곧 내적으로 수용돼야 한다는 의미다.

서 잘게 부수는 것으로 여기지 않고, 영적으로 신앙 가운데서 받아들이는 것으로 간주된다. 그러나 그리스도가 고난당하시고 부활하셔서 자신의 몸으로 존재하시는 저 몸은, 동정녀 마리아의 몸을 빌려 취하신 몸, 만져서 촉각으로도 느낄 수 있고, 심지어 부활 이후에도 부활 이전처럼 똑같이 보이는 몸과 동일했다. 이는 그리스도 자신께서 제자들에게 하신 말씀으로 입증된다. "… 나를 만져 보라 영은 살과 뼈가 없으되 너희 보는 바와 같이 나는 있느니라."[10]

90

여기서 우리는 축복 받은 풀겐티우스(Fulgentius)가 그의 작은 저서, 신앙론(*On Faith*)에서 언급한 부분을 상기할 필요가 있겠다.[11]

"다음과 같은 사실을 결코 의심하지 말고 가장 확고하고 단단히 붙들어야만 한다. 독생하신(독생자로 태어나신) 하나님 자신께서, 곧 성육하신 말씀(Word)께서(말씀이 되신 그분께서) 우리를 위해 자신을 희생 제물로 드리셨고, 그것은 마침내 하나님께 향기로운 제물이 되었다. 구약 시대에는 족장과 선지자와 제사장들 등이 가축을 잡아 성부와 성령과 더불어 말씀이 되신 그리스도께 희생 제물로 바쳤다. 그런데 지금 현재 신약 시대에는, 온 세상에 퍼져 있는 거룩한 가톨릭교회가 신앙과 사랑에 입각해, 하나의 신성을 공유하고 계신 성부와 성령과 더불어 말씀이 되신 그리스도께 떡과 포도주라는 희생 제물을 쉬지 않고 지속적으로 바치고 있다. 그러한 몸의 희생 제물은, 그 자신은 죄가 없으시면서 우리의 죄를 속량하시기 위해 스스로 바친 그 그리스도의 몸을 상징하는 표지(기호)였다. 그리고 그의 피의 희생 제물 역시 우리의 죄를 용서(remission)하시기 위해 그가[12] 흘리신 그리스도의 피를 상징하는 것이었다. 게다가 그러한 희생에는, 우리를 위해 바치신 그리스도의 몸과, 또한 우리를 위해 동일하신

---

10. 눅 24:39.

11. Fulgentius of Ruspe, *De fide* 1.19.60 (MPL 65. 699AB).

12. 풀겐티우스는 '그가' 대신에 "동일하신 하나님"(the same God)이라고 표기했다.

하나님께서* 흘리신 그의 피를, 기념하고 그것에 대해 감사함이 들어 있는 것이다. 이와 관련해 축복 받은 사도 바울은 사도행전에서 다음과 같이 언급했던 것이다.[13] '여러분은 자기를 위하여 또는 온 양떼를 위하여 삼가라 성령이 그들 가운데 여러분을 감독자[14]로 삼고 하나님이 자기 피로 사신 교회를 보살피게[15] 하셨느니라' 그러므로 우리가 의무적으로 바치도록 되어 있는 그러한 희생 제물 가운데서, 이것은 하나의 형상을 통해 상징됐던 것이다. 그러나 지금 현재 우리를 위해 바쳐진 희생 가운데 그것은 우리의 눈앞에 드러나 보이게 된다."

91

지금까지 우리는 헌신의 희생 속에, 의무적으로 드려야만 하는 것이 지시됐으나 헌신의 희생 속에, 기념(commemoration)돼야 할 것이 주어져 있다고 언급해왔다. 그것은 분명히 다음과 같은 뜻을 갖고 있다. 상술한 문장 중 앞의 희생은 앞으로 성취될 형상을 보유하고 있고,** 뒤의 것은 지나간 과거의 형상이다.

92

상술한 바는, 그리스도가 고난당하신 몸과, 그의 수난(Passion)과 죽음을 기념하기 위한 저 몸 사이에는 얼마가 극명히 드러나는 차이점이 있는지를 가장 명확히 보여주고 있다. 고난당하신 저 그리스도의 몸은 그 자신의 것인 실제 몸이며, 신비하거나 형상 혹은 상징적인 어떤 측면도 지니고 있지 않다. 그러나 우리가 기념하는 그리스도의 몸은 신비한 몸으로서, 형상을 통해 외형적으로 드러내주며, 또한 신앙의 이해를 통해 내적으로 다른 하나의 것을 표시해 드러내 준다.

---

13. 행 20:28.

14. *Episcopoi.*

15. "보살피다"라는 동사는 라틴어로 *regere*이고 그리스어로는 *poimainein*인데, 이는 "지도하고 다스린다"(guide and rule)는 의미를 지니고 있다.

---

* 삼위일체 하나님.

** 장차 이루어질 것을 사물의 형상을 통해 상징적으로 보여줌.

93

여기서 우리는 교부 아우구스티누스의 증언을 제시하고자 한다. 그 이유는 그것이 우리가 지금 진행하고 있는 담론의 정당성과 한계를 지탱해주기 때문이다. 아우구스티누스는 성찬식 제단 위에 서서 성물을 축성하기 직전에 전한 한 설교에서[16] 아래와 같이 그렇게 서두를 장식했던 것이다.

"여러분께서는 지금 현재 하나님의 제단 위에 놓여 있는 것을 보고 계신데, 그것은 여러분이 이미 지난밤에 보았던 그것입니다. 곧 여러분이 지금 보고 계신 제단 위의 것은 어젯밤에 보았던 것과 동일합니다. 그러나 여러분은 그 존재와 의미를 잘 깨닫고 있지 못하며, 또한 그 성체 속에 얼마나 위대한 의미가 내포돼 있는지를 잘 알지 못하며, 그것에 관해 들어본 적도 없을 것입니다. 그런데 여러분이 보고 계신 것은 내가 여러분에게 말씀드린 대로, 또한 여러분의 눈에 보이는 대로 떡과 잔입니다. 하여튼 여러분의 믿음이 알기를 원하는 것은 그 떡은 그리스도의 몸이고, 그 잔은 그리스도의 피라는 사실입니다. 비록 그것은 간단한 언급이지만, 신앙을 위해서는 대체적으로 충분한 핵심적 요점을 지니고 있습니다. 그러나 신앙은 해설을 요구합니다. 곧 참된 신앙을 확립하기 위해서는 납득할 수 있는 상세할 설명이 필요한 법입니다. 이사야 선지자는 하나님의 예언을 대신하여 이렇게 선포했습니다. '…만일 너희가 굳게 믿지 아니하면 너희는 굳게 서지* 못하리라'[17] 여러분은 저에게 이런

---

16. 이 설교(MPL 38.1246 f.)는 거의 전부가 다음 자료에 인용돼 있다. Fulgentius of Ruspe, *Epist.* 12 *ad Ferrandum···de salute Aethiopis moribundi* ("죽을 운명에 놓인 아이티오피스의 구원에 대한···담화"; MPL 65.391C–392A). 라트랑은 그 텍스트의 3/4을 여기서 재인용했다.

17. 사 7:9.

---

* 개역성경은 '굳게 선다'로 번역했으나, 이 책에는 '이해하다'(understand)로 돼 있다. 믿음이 없으면, 신앙의 신비가 이해될 수 없고, 굳게 서지 못하고 흔들리게 된다는 뜻이다. 곧 신앙은 신비의 이해를 촉구하고, 따라서 신비를 이해하지 못하는 불신앙으로 인해 흔들리지 않게 된다는 의미가 거기에 내포돼 있다. 믿으면 신앙의 신비를 알게 된다는 것은 "믿으면 알게 된다. 즉 알기 위해, 곧 이해하기 위해 믿는다"는 전통적인 교부들의 공식과 일치한다. 또한 이는 그러한 주정주의 슬로건과 반대되는 주지주의적 슬로건도 배출하게 됐다. "믿기 위해 한다. 곧 믿기 위해 이해한다." 이것은 먼저 이해가 되면 믿겠다는 것이다. 이는 주정주의의 선 신앙, 후 이해와 정반대다. 따라서 신비적 개념, 즉 삼위일체, 성육신, 그리스도론(두 본성– 신성, 인성– 한 인격) 등은 주지주의를 따르면 이해 불가이며, 따라서 이들에게서 초대교회 교리 이단들이 출현된 것은 당연한 귀결이다. 이것은 신앙과 이성의 논쟁사와 직결된다. 초대교회 시대부터 신앙과 이성의 갈등 관계가 시초되어 현대의 현대신학에(대표적인 예가 정통주의와 자유주의 신학의 대립) 이르고 있다.

말을 할 수 있을 것입니다. '당신은 우리가 믿도록 가르쳤습니다. 우리가 이해하도록 상세히 설명해주셨습니다.' 그러나 신비함과 연관된 신앙의 항목이나 대상, 곧 신비한 신앙의 내용에 관해서는 그 차원이 좀 다릅니다. 그래서 누군가는 이러한 생각을 떠올릴 수가 있을 것입니다. '우리는 우리 주 예수 그리스도께서 동정녀 마리아에게서 나셔서 육신을 지니셨다는 사실을 알고 있다. 그분은 유아기를 거쳐서 성년으로 장성하셨으며, 유대인들에게 핍박을 받아 십자가에 달려 도살당하시고 장사되신 후 사흘 만에 부활하신 사실도 알고 있다. 그분은 원하셨던 그날에 하늘로 승천하셨고, 하늘 저편으로 자신의 몸을 데리고 가셨으며, 장차 산 자와 죽은 자를 심판하러 오시러 다시 재림하신다는 사실도 알고 있다. 또한 그분은 지금 현재 거기 계시고, 하나님 보좌 우편에 앉아 계신다고 알고 있다. 그런데 어째서 그 떡이 그리스도의 몸이란 말인가? 또한 어째서 그 잔이(혹은 그 잔에 들어 있는 포도주가) 그리스도의 피인가?' 형제들이여! 이러한 것들이 소위 신비한 성례로 불리는 것입니다. 왜냐하면 그 떡과 잔에 어떤 하나가 우리 눈에 보이며, 다른 하나가 신앙으로 이해되는 것입니다. 우리 눈에 보이는 것은 물질적인 외형(혹은 현상)을 갖고 있고, 신앙으로 이해되는 것은 영적인 열매를 갖고 있습니다."

94

커다란 숭경 받을 만한 권위를 가진 아우구스티누스의 상술한 바와 같은 그러한 가르침은, 우리가 구별해서 생각해야 할 것이 있다는 점을 강조하고 있다. 곧 그리스도 자신의 고유한 몸과, 성례의 제단 위에 놓여 있는 떡과 포도주가 구별돼야 한다는 것이다. 전자는 동정녀 마리아에게서 받은 몸으로서, 지금 현재 하나님 보좌 우편에 앉아 계신 몸이며, 장차 산 자와 죽은 자를 심판하러 오실 그 몸이시다. 한편 후자는 제단 위에 진설된 몸으로서, 사람들의 입 속으로 분배되어 나누어질 몸이다. 전자는 조각나서 나누어지지 않는 온전한 몸으로서 그 어떤 형상 속에도 숨어 있지 않는 몸이다. 그러나 후자는 주님의 식탁, 곧 최후의 만찬 상 위에 놓인 것으로서, 그것은 신비한 성찬의 떡이기 때문에 하나의 형상(figure)이다. 그래서 그것은 외형적으로 보이는 대로, 물질적인 모습(apperance; 현상)을 지니며, 그 물질이 몸속에 들어가 몸을 자라게 한

다. 그러나 내적으로 이해되어 그것은 영적인 열매를 맺으며 영혼에 생기를 불러일으
키고 영을 자라나게 한다.*

95

앞절에서 인용된 아우구스티누스의 설교는, 그러한 신비한 몸에 관해 공개적이며
명확하게 밝히기 위해, 그런 측면에서 몇 마디를 덧붙이고 있다.[18]

"그러므로 만일 여러분이 그리스도의 몸에 대해 이해하기를 원한다면, 다음
과 같은 사도 바울의 말씀을 귀담아 들어야만 합니다. '너희는 그리스도의 몸
이요 지체의 각 부분이라'[19] 따라서 여러분이 만일 그리스도의 몸이고 지체의
각 부분이라면, 여러분의 신비한 몸은 주님의 식탁에 놓이게 됩니다. 곧 여러
분은 여러분의 신비한 몸을 받게 됩니다. 여러분이 그렇게 존재하고 또한 그
렇게 되는 바, 여러분은 '아멘'으로 화답해야 합니다. 그리고 그런 응답에 여
러분 스스로 동의해야 합니다. 또한 당신은[20] '그리스도의 몸'이라는 주님의
음성을 듣고 '아멘'이라고 응답합니다. 당신은 그리스도의 몸을 구성하는 하
나의 지체가 되어, '아멘'이라는 응답이 당신에게서 그대로 이루어질 것입니
다. 그런데 왜 그 떡 안에서입니까? 여기서 우리는 우리 자신의 것을 통해 아
무것도 진전되는 생각과 사고가 없도록 해야 합니다. 오직 우리는 성례에 관
한 다음과 같은 사도 바울 그 자신의 음성을 통해 우리의 믿음과 이해를 진
보시켜야 할 것입니다. 그리스도 안에서, '떡이 하나요 많은 우리가 한 몸이니

---

18. 앞의 각주 93에 제시되어 있는 설교에 이어지는 부분.

19. 고전 12:27.

20. 단수명사로 변함.**

---

* 라트랑의 성찬론의 골자는 이렇다. 즉 '살 = 실재'(truth, 라드베르에게 이것은 눈에 보이지 않는 화체의 본질로서 그와 정반대 개념),
'떡 = 외형'(appearance, 눈앞에 보이는 물질적인 떡), '떡 = 형상, 비유, 상징'(figure, 라드베르에게 이것은 외형이며, 본질로 변화될
대상). 간단히 말해 라트랑은 성찬대 위에 축성되어 배설된 외형으로서 떡과 포도주가 오직 그리스도의 살과 피를 영적으로 (혹은 믿
음으로 받아들임으로써) 상징한다고 주장했다. 곧 그것은 라드베르가 주장한 것처럼 주님의 피와 살이라는 본질로 변한 것이 아니고
여전히 떡과 포도주일 뿐이며, 오직 떡으로 형상화, 비유화, 상징화 될 수 있을 뿐이라는 말이었다.

** 이는 '여러분 중 각 개인은'이라는 의미일 것이다.

이는 우리가 다 한 떡에 참여함이라'21"

96

성인 아우구스티누스는 다음과 같이 우리에게 그리스도의 몸에 관해 충분히 가르쳐주었다. 곧 상술한 대로, 아우구스티누스의 성례에 관한 가르침에 의하면, 떡의 형태를 갖고 제단 위에 놓여 있는, 그래서 신자들의 입속에 들어가게 되는, 또한 신자들이 그 속에 들어가 그리스도와 하나가 되는 그리스도의 몸은 상징되는 것이다. 또한 그의 명확한 가르침이 보여주는 바에 의하면, 그리스도가 소유한 그 자신의 몸은 동정녀에게서 태어나셔서, 양육되시고, 고난당하시며, 죽어 장사 지낸 바 되시고, 결국 부활하시고 승천하셔서, 하나님 보좌 우편에 앉아 계시다가, 장차 심판하러 오실 몸이다. 그러나 주님의 식탁 위에 진설된 것은 주님께 내포돼 있는 신비를 함축하고 있으며, 그와 같은 방식으로 신자들의 몸이 그리스도의 몸과 하나 되는 신비도 거기에 포함돼 있다. 사도 바울의 이와 같은 증언은 그와 같은 진술을 잘 뒷받침 해주고 있다. 그리스도 안에서 "떡이 하나요 많은 우리가 한 몸이니 이는 우리가 다 한 떡에 참여함이라."

97

가장 유명하신 국왕 폐하의 지혜가 다음과 같은 사실을 알아차리시기를 원하노라! 성령의 증거와 거룩한 조상들의 말씀에 따라 진술된 다음과 같은 우리의 언술은 가장 정확한 진리를 설파하고 있도다. 그리스도의 몸이라 불리는 그 떡(외형을 지닌 물질; appearance)과, 그리고 그리스도의 피라고 불리는 그 잔(외형을 지닌 물질; appearance)은 하나의 형상(figure; 비유 혹은 상징)이다. 왜냐하면 그 떡과 잔은 하나의 신비(mystery)이기 때문이다. 또한 그러한 신비를 통해 존재하는 그 몸과, 고난당하시고 장사되었다가 부활하신 그 몸 사이에는 적지 않은 차이점이 존재한다.* 그러한 차이점이 존재하는 이유는, 구세주가 소유하신 이러한 몸이 존재하며, 또한 그 안에는 어떤 형상도 혹은 어떤 상징

---

21. 고전 10:17.

---

* 신비한 성찬의 상징과 관련된 형상(figure)의 그리스도의 몸과 실재(truth = appearance)의 그리스도의 몸을 구별해왔던 라트랑의 주장이 여기서 다시 한 번 확정되고 있다.

(symbol)도 존재하지 않고, 단지 그 몸 자체의 직접적인 현현으로 인식될 뿐이기 때문이다. 그리고 믿는 자들은 그리스도의 몸을 보기를 갈망하기 때문이다.* 곧 그리스도는 우리 몸의 머리이기 때문에, 믿는 자들은 그 몸을 보기를 갈망하며, 그 몸이 보일 때 그리스도를 눈으로 확인하고자 하는 우리의 갈망은 해소될 것이다.** 구세주가 몸을 가졌다는 측면에서 접근하지 않을 때, 곧 그리스도와 인간이 공존하는 온전한 신성의 측면에서 볼 때, 그리스도 그 자신과 아버지는 본질상 한 분이시기 때문이다.***

98

이러한 신비로운 성찬을 법제화 한 성례의 진행 과정 중에는, 그리스도가 직접 소유한 몸의 형상뿐만 아니라 그리스도를 믿는 신자들의 형상도 포함돼 있다. 왜냐하면 성례에서 축성된 떡과 포도주는 두 몸의 형상을 모두 품고 있기 때문이다. 즉, 고난당하시고 부활하신 그리스도의 몸의 형상과, 세례를 통해 그리스도 안에서 중생해 영적인 죽음에서 부활되고 해방된 신자들의 몸의 형상이 그것이다.

99

또한 우리는 그 떡과 잔에 그리스도의 몸과 피라고 이름 지어진 것을 덧붙이도록 하자. 거기에는 주님의 수난(Passion)과 죽음에 대한 기념이 들어 있다. 누가복음에는 그리스도께서 직접 이러한 '기념'에 관해 언급하셨음을 보여준다. "이를 행하여 나를

---

* 라트랑은 그리스도의 역사의 몸과 성찬의 몸을 구별해, 그리스도를 보기 갈망하는 자는 역사의 몸을 볼 수가 없기에, 성찬에서 상징적으로 그리고 영적으로 임재하는 그리스도의 몸을 볼 수 있을 것이라고 상정한 것으로 보인다. 곧 성찬에 참여함으로써 상징적이나마 그리스도를 눈으로 보고자 하는 자의 갈망을 해소해줄 수 있다는 것이다.

** 이 문장은 아마도 라트랑이, 역사 속에서 현현했던 그리스도가 소유한 몸은 재림 때까지 볼 수 없으므로 성찬의 신비한 형상을 통해 영적으로(믿음의 눈으로) 상징화된 그리스도의 몸을 볼 수 있다고 주장하기 위해 언급한 것으로 사료된다. 곧, 성찬을 통해 상징적으로 그리스도의 몸을 만지고 볼 수 있기에 그리스도를 보고 싶어 하는 갈증을 그렇게 풀 수 있다는 것이다. 또한 동방교회는 이러한 갈증을 해소하기 위해 성상숭배를 지탱한 것으로 여겨진다.

*** 라트랑이 여기서 삼위일체설을 끌어들인 저의가 이해되지 않는다. 역사의 실재 그리스도의 몸과 성찬에서 상정된 상징화된 그리스도의 몸을 구별해서 차이를 두는 이유는, 상술된 그의 지론을 따르면 역사적인 시공간의 거리가 그 하나고, 또한 두 번째 이유는 그리스도를 보고자 갈망하는 신자들에게, 비록 역사의 몸을 보여주지는 못하더라도, 성찬의 몸에 참여함으로써 상징으로서의 그리스도의 몸을 보여줄 수 있기 때문이다. 갑자기 여기서 삼위일체 개념을 끌어들인 동기는 확실히 알 수 없다. 물론 라트랑이 이 성찬론을 저술할 당시 삼위일체론에 관한 논쟁이 국지적이나 소규모적으로라도 있었던 것으로 추론할 수 있다. 아무튼 여기서 번역자가 추론할 수 있는 바는, 라트랑의 직접적인 진술에 따르면, 성찬에 참여함으로써, 하나님도 만날 수 있다는 점을 라트랑이 과감히 주장하기 위해 그런 언술을 펼쳤다는 것이다.

기념하라"**22** 사도 바울은 이러한 주님의 당부 말씀을 설명하여 다음과 같이 언급했다. "너희가 이 떡을 먹으며 이 잔을 마실 때마다 주의 죽으심을 그가 오실 때까지 전하는 것이니라."**23**

100

우리는 성자 사도 바울뿐만 아니라 구세주의 가르침을 받고 있는데, 그것은 다음과 같지 않은가? 제단 위에 배설되어 있는 저 떡과 저 포도주는 주님의 죽음에 대한 하나의 형상과 기념으로서 진설됐다. 그리하여 과거에 이루어졌던 일이 현재 기념하기 위해 회상되는 것이다. 그것은 그리스도의 수난(Passion)을 잊지 않고 마음에 새기게 해주며, 우리는 그러한 과정을 통해 하나님이 주신 거룩하고 신성한 은혜에 참여하게 될 뿐만 아니라 죽음에서 해방된다. 우리가 그리스도를 만날 수 있는 지점에 도달하게 될 때, 우리에게는, 우리를 위해 준비된 것으로서 측량할 수 없을 만큼 크고 선하신 은혜를 상기하고 깨닫도록 해줄 수 있는 그런 도움이 더 이상 필요가 없다는 사실을 인식할 수 있게 될 것이다. 왜냐하면 그때는 얼굴과 얼굴을 마주 대하고 보듯이 주님을 그렇게 볼 수 있을 것이기 때문이다. 우리는 어떤 외적이고 일시적인 기념을 통해 은혜의 감동을 받지 않을 것이며, 그러나 진리 그 자체를 명상함으로써* 우리는 우리의 구원의 주권자께 감사를 드려야만 하는 방식을 잘 인식할 수 있게 된다.

101

우리가 성례에 관해 논할 때, 성찬의 신비가 이루어지는 동안, 신자의 신앙이 '눈에 보이지 않는 것', 곧 오직 신자의 신앙이** 믿는 것,*** 다시 말해 '영적으로 믿어지

---

22. 눅 22:19의 각주(R. S. V.). 개혁파의 개역개정판 성경은 그 각주를 본문 안에 두었다.****

23. 고전 11:26.

---

* "떡과 포도주라는 외형적 물질(appearance)의 형상(figure)을 상징화함으로써", 곧 "성찬의 형상을 통해 그리스도의 몸을 상징적으로 봄으로써(contemplation; 명상 혹은 관조)"라는 의미다. 라트랑에게는 외형이 진리(truth)이고 본질로서의 진리(라드베르의 용법)는 허상이다.

** 신앙의 주체.

*** 신앙의 객체 곧 대상, 예를 들면, 성찬대 위에 놓인 떡과 포도주가 주님의 살과 피를 상징하는 것이라고 영적으로 받아들이는 믿음 등과 같은 신앙의 내용이나 항목.

**** 같은 성격의 말씀이 고전 11:23-25에 있음.

는 것'으로 받아들일 때, 주님의 몸과 주님의 피가 신자들에 의해 받아들여지지 않는
다고 생각해선 안 될 것이다. 왜냐하면 축성 이후 성찬대의 그 떡과 포도주는 영적인
음식이며, 또한 영적으로 영혼을 먹이는 것으로서, 영원한 생명의 만족감을 부여하기
때문이다. 그리하여 역시 구세주 자신은 이러한 신비에 대해 이렇게 말씀하신 것이
다. "살리는 것은 영이니 육은 무익하니라."[24]

102

독자들이여! 여러분이 국왕 폐하의 명령에 복종하기를 나는 원하노라! 비록 내
능력이 부족함에도, 나는 작지 않는 주제에 대해, 우리 자신의 생각이 추정하고 상상
하는 방식을 따르지 않고, 우리의 믿음의 조상들의 권위를 응시하면서 감히 지금까지
논의해왔다. 여러분이 보편적으로 언급된 이러한 언술을 승인하는 일은, 고귀하고 위
대한 영광을 포기하고, 저열한 자들에게 진리를 보여주기 위해 부끄러워하지 않았던
여러분의 보편적인 신앙의 공적 탓이다. 그러나 그러한 저술이 여러분을 즐겁게 하지
않는다면, 그것은 순전히 효과적으로 그러한 언술이 요구하는 바를 충분히 강력하게
상술하지 못한 나의 지혜의 부족 탓일 뿐이다.

---

24. 요 6:63a.

제4장

세 서신들에 대한 하나의 답변(발췌본)

제1절. 서론

연구자들은 심지어 저작권을 확실히 정할 수 있는 경우에도, 곧 누가 저술했는지 분명히 아는 경우에도, 그 작품의 저자보다 더 중요하게 여겨지는 작품을 만나는 수가 있다. 즉 작가 보다는 작품이 중요시되는 저술이 왕왕 눈에 띤다는 말이다. 반드시 그런 것은 아니나 대개, 그러한 경우에 그 책의 중요성이 그 잭을 지은 서사보다 훨씬 능가해 그것에만 관심을 기울인 나머지, 그 저작권에 관한 구체적이고 정확한 정보를 입수하기가 매우 어려운 일이 다반사가 되고 만다. 왜냐히면 작품 자체에만 대부분의 논의를 기울이다 보니, 저작권 자체, 즉 누가 썼느냐 하는 점에는 별로 큰 관심을 갖지 않게 되기 때문이다. 아래에 번역해 소개하는 논문들이 바로 그러한 경우에 해당될 것이다.

A Reply to the Three Letters(세 서신들에 대한 하나의 답변)[1]이라는 제목을 지닌 글은 리용

---

1. *Libellus de tribus epistolis*, MPL 121.985A~1068A. 독자들은 빈켄티우스(Vincent) 시대에 일어난 소위 반–펠라기우스(Semi-Pelagian) 논쟁 가운데서 제시된 예정에 관해 발견할 수 있을 것이다.

(Lyons)의 교회 이름으로 저술된 것인데, 관례상 그 저작권은 레미기우스(Remigius)에게로 돌려졌다. 레미기우스는 주후 852년 3월 31일부터(주교 아물로가 타계한 날) 주후 852년 9월 12일(교황 로타르가 주교 레기무스에게 첫 서신을 보낸 날) 사이에 주교 관구장으로 재임했었고, 주후 875년 10월 28일에 타계했다.[2] 다른 두 논문 역시 리용의 교회 이름으로 저술됐는데, 그 또한 레미기우스의 것으로 여겨지고 있다. *On the General Ruin of All Mankind Through Adam and the Special Redemption of the Elect Through Christ*(아담으로 말미암은 인류의 보편적인 멸망과 그리스도로 말미암은 택자의 특별한 구원에 대하여); *On Steadfastly Holding the Truth of Scripture and Faithfully Following the Authority of the Holy Orthodox Fathers*(성경의 진리를 확고부동하게 붙잡음과 거룩한 정통교부들의 권위를 신실하게 따름에 대하여).[3] 그런데 이는 거의 사반 세기(약 25년 정도)라는 공적 생애를 보낸 자에게는 빈약한 작품 수라 할 것인데, 그보다 두 세대 앞선 한 선배(아고바르)는 그와 비슷한 기간 동안 무려 그가 저술한 양보다 거의 두 배 이상 더 많은 작품을 남겼다.[4] 우리는 아고바르와 레미기우스의 학문적 저술들을 좀 더 비교할 수 있을 것이다. 레미기우스에게 그 저작권이 돌려진 상술한 세 논문들은 협의적 측면에서 볼 때 신학 작품으로 볼 수 있을 것이다. 반면에 아고바르의 것은 정치, 논쟁, 목가, 시, 신학 등을 포함하고 있다. 게다가, 신학 영역 내에서 레미기우스의 것으로 돌려진 세 책의 주제는 기본적으로 예정에 관한 문제이고, 그것도 핵심적인 것이 아니라 지엽적인 소재를 지닌 것이다. 반면에 아고바르의 논문들은 보다 광범위한 신학적 주제를 지니고 있는데, 성상 사용문제, 민간 이교사상 혹은 우상숭배, 성찬의 유비, 윤리학, 교회와 국가 간의 관계, 유대적 관습, 성경의 영감 등이 그것이다. 이 둘의 비교를 좀 더 진전시킨다면, 레미기우스에게로 돌려진 그 세 책들은 성경이나 교부들의 저술 내용을 편집하는 것 이상을 거의 넘지 못한다. 반면에 아고바르의 논문들은 레미기우스처럼 성경과 교부저작들을 인용했더라도, 그와는 달리 독창성의 불꽃, 인간적인 따스함과 온정, 꿰뚫는 통찰력을 가진 상상력의 계기와 요

---

2. L. Duchesne, *Fastes Episcopaux de l'Ancienne Gaule* (Paris, Fontemoing et Cie., 1910), 2.173.

3. *Absolutio cujusdam quaestionis de generali per Adam damnatione omnium et speciali per Christum ex eadem ereptione electorum*, MPL 121.1067B~1084B; *Libellus de tenenda immobiliter Scripturae veritate et sanctorum orthodoxorum patrum auctoritate fideliter sectanda*, MPL 121.1083C~1134D.

4. MPL 121에 그 세 논문들은 레미기우스의 것으로 돌려졌고, 또한 그 양은 148단락이다. 그런데 MPL 104의 아보가르드의 것은 무려 319단락이나 된다.

소, 우아한 문체 등을 지녔던 것이다.

이 세 작품들은 사실상 레미기우스 주교의 정신과 필력으로 산출된 저술이 맞다고 보지만, 그러나 일부 학자들은 그것들이 직접 레미기우스에 의해 저술된 것이 아니라 적어도 일부 다른 사람의 손에 의해 편집된 것일 수도 있다고 주장해 왔었다.[5] 그것이 기본적으로 그의 저술이더라도, 그것들은 의심할 나위 없이 리용의 수도원의 필사실에서 다수의 학자들의 손을 통한 출판에 의한 것이었다. 만약 그렇다면, 우리는 그 작품들이 다소 얼마간은 주후 9세기에 가장 위대한 리용의 학자, 부제 플로루스(Florus)의 저술일 것이라는 추측에 거의 저항할 수 없게 된다. 죽은 아말라리우스(Amalarius)에 관한 거친 소견은, 생존해 있었던 당시의 아말라리우스에 관한 플로루스 자신의 통렬하고 가차 없는 논박문을 연상하게 만든다.[6] 또한 에리우게나(Eriugena)를 향해 보여준 그의 적대감 역시 그 아일랜드 사람의 오류에 대한 플로루스의 장황한 공격을 연상하게 해준다.[7] *Reply to the Three Letters*와 플로루스의 에리우게나에 대한 비판 논문 둘 다 명성 높은 공격적인 문서들을 직접 인용하는 방법을 채택했다는 공통점을 지닌다. 성 아우구스티누스에 대한 의존은 물론 대다수 중세 신학의 특징이었으나, 특히 리용 학파는 더욱 그러했다.[8] 리용 교회의 위대한 박사 레미기우스의 특별한 문하생이었던 부제 플로루스가 레미기우스의 저술들에서(히브리서까지 포함해) 광범위한 모든 바울 서신에 대한 해설서를 편집해냈다는 것은 매우 중요한 일이었다.[9] 만약에 그가 *Reply to the Three Letters*를 저술하지 않았다면, 그는 그 논문을 쓴 자에게 아우구스티누스에 관한 정보를 준비해서 제공해주는 역할을 했을 것이다.

*Reply to the Three Letters*는 사도 바울의 시대 이래로 그리스도교 역사를 성가시게 하고 괴롭혀왔던 예정 논쟁을 환기시키는 수많은 저술들 중 하나였다. 예정 교

---

5. H. Schrörs, *Hinkmar Erzbischof von Rhems: sein Leben und seine Schriften* (Freiburg i/B, 1884), 129; Duchesne, *op. cit.*, 2.173, n. 5; M. Manitius, *Geschichte der lateinischen Literatur des Mittelalters* (Munich, Beck, 1911), 1.397; (추론상) J. M. Hanssens, *Amalarii episcopi opera liturgica omnia* (Studi e Teste, 138; Città del Vaticano, Biblioteca Apostolica Vaticana, 1948), 1.57, 82.

6. 플로루스의 세 편으로 된 다음 자료를 보라. *Opuscula adversus Amalarium*, MPL 119.71D~96C.

7. *Adversus Joannis Scoti Erigenae erroneas definitiones liber*, MPL 119.101B~250A.

8. 다음을 보라. M. L. W. Laistner, *Thought and Letters in Western Europe A.D. 500 to 900* (London, Methuen and Co., 1931), 184와 그 외 여러 군데.

9. *Expositio in epistolas beati Pauli ex operibus sancti Augustini collecta*, MPL 119.279A~420B. 그 성서주석집은 MPL에 모두 수록돼 있지 않고, 단지 각 절에 대한 아우구스티누스의 주석의 처음과 끝 구절들만 들어 있다.

리가 지니고 있는 문제는 수많은 지엽적 논쟁거리를 갖고 있어서, 예정에 관한 논의를 간략히 취급한다는 것은 매우 어려운 일이다. 그러나 그에 대한 논의를 한정해서 접근하는 것이 더 현명할 것이다. 라투렛(Latourette)은 그것을 간명하게 다음과 같이 언급했다. "그 주제는 인간 의지의 자유와 하나님의 은총이 작동하는 방법에 관한 것이다."[10] 그러나 그 문제가 그렇게 간단치가 않았기에, 그 주제는 구원론에 관한 것일 뿐만 아니라 종종 형이상학적인 측면과 연계돼 논의됐다. 예를 들어, 그것은 하나님이 참으로 눈에 보이는 것이나 보이지 않는 만물의 창조주요 전능자가 되시는가에 관한 질문이었고, 또한 "어떤 장애와 방해물도 하나님의 의지를 알 수 없다"거나 혹은 인간은 어느 정도 전능하신 하나님의 의지를 방해할 수 있다는 등의 논쟁이었다. 만약 그러하다면, 곧 만약 인간 피조물이 하나님의 의지를 조금이라도 방해할 수 있다면, 심지어 가장 대수롭지 않은 측면과 방식조차도, 그에 관한 창조주의 목적은 좌절될 것이고, 하나님의 권능에 대한 도전이 가능할 것이다. 그렇게 되면, 실로 우리는 하나의 전능자를 상실하게 되고 논리적으로 두 불합리성을 소유하게 될 것이다.

그러한 논쟁거리는 논리적이거나 해석학적인 측면은 남아 있지 않다. 그것은 감정(emotion과 feeling)에 관련돼 왔다.* 예정론의 가장 위대한 대표적 주자인 아우구스티누스는, 한 치의 의심할 나위 없이 사도 바울과 마찬가지로, 그 자신의 인간적 동의와 수락을 초월해 하나님에 의해 작동된 회심에 기초한 신앙에 전적으로 의지해 있었다. 훗날, 브래드워딘(Thomas Bradwardine)이나 루터(Martin Luther) 등과 같은 신학자들은 그와 비슷한 경험을 했다. 그렇더라도, 그와는 다른 종류의 신학자들 – 예를 들면, 아퀴나스(Thomas Aquinas)나 칼뱅(Calvin) – 도 있었는데, 이들은 감정을 개입시키지 않은 채, 예정교리를 인간의 교만을 제거하거나, 혹은 인간의 행위가 원래 어느 정도 가치를 지니고 있다거나 또한 하나님에게서 분리됐다고 주장하는 과도한 허영심을 제거하는 지렛대로 사용했던 것이다.

*Reply to the Three Letters*는 그 핵심 가운데, 불행한 색슨족 출신의 수도사 고

---

10. K. S. Latourette, *A History of Christianity* (New York, Harper, 1953), 177.

---

* 여기서 feeling은 감각(sensation)에 대해서 마음이 받아들이는 느낌을 의미하고, emotion은 마음 전체를 지배하는 강렬한 feeling, 감동, 육체적 변화(눈물·땀 따위)까지 수반함을 의미한다.

트샬크(Gottschalk)가 자리 잡고 있던 논쟁의 한 부분을 차지하고 있는 작품이었다.[11] 귀족 혈통의 가문에서 주후 약 805년경에 출생했던 고트샬크는, 유년기 때 풀다(Fulda)의 수도원에 맡겨졌다. 거기서 비록 박학다식한 페리에르(Ferrières)의 루푸스(Lupus)와 온화한 성품의 소유자인 스트라보(Walafrid Strabo)와 더불어 일평생의 교우관계를 시작하게 됐더라도, 그는 수도원의 제한적인 환경에 염증을 느꼈으며, 특히 그 자신의 선택의 여지없이 그들에게 종속됐기 때문에 그랬다. 그리하여 대략 25세 되던 때에, 풀다를 떠나 처음으로 코르비로 갔고, 그 다음에는 오르바(Orbais)로 건너갔다. 그럭저럭하는 동안, 그는 주후 9세기 라틴 문학의 최고 산물인 풍자시를 작성했을 뿐만 아니라 아우구스티누스에 대한 집중적인 연구에 착수하게 됐다. 은밀한 사제직 계율을 지켜야 했기 때문에, 고트샬크는 이탈리아 여행을 한다는 핑계로 수도원 생활을 포기하고 말았다. 그로부터 오래 지나지 않아 아우구스티누스 신학을 가장 엄격히 해석하여 이를 전하기 시작했다. 곧 이중 예정교리가 그것인데, 이는 하나님이 구원받을 자들을 지정하셨을 뿐만 아니라 정죄 받을 자들의 정확한 숫자를 실제적으로 정해두셨다는 것이다. 독일로 돌아오자마자 그는 주후 848년 마우루스(Rabanus Maurus)에 의해 마인츠(Mainz)에서 이단으로 고발을 당했다. 라임(Rheims)의 대주교 힝크마르(Hincmar)의 소환을 받은 그는, 이듬해 사제직을 박탈당한 후, 수많은 매질을 당한 뒤 나머지 생애 동안 투옥생활을 해야만 했다. 그는 주후 866년과 869년 사이에 타계한 것으로 추정된다.

고트샬크의 성격과 신학적 위치는, 향후 프랑크(서유럽) 사상이 반박과 변호의 특성을 지니도록 선도적인 등대 역할을 했다는 데서 잘 찾을 수 있다. 라임의 힝크마르, 라옹(Laon)의 파르눌두스(Pardulus), 그리고 마인츠의 마우루스 등은 고트샬크의 주요 적수들이었고, 트로이(Troyes)의 프루덴티우스(Prudentius), 코르비의 라트랑, 부제 플로루스, 리용의 아물로, 리용의 레미기우스, 그리고 심지어 페리에르의 루푸스조차도(적어도 부분적으로는) 그를 옹호하는 자들이었다. 그리하여 그 가난한 수도사로 인해 소집된 인상적인 한 배심원단은 그를 돕기 위해 힝크마르가 항소하도록 압력을 가했다. 그러므로 메츠(Metz)의 아말라리우스(Amalarius)와 에리우게나(John Scotus Eriugena)가 그 논쟁에 초대된 것은 풍자적인 일이었다. 고트샬크의 사상은 보다 일찍 알아차리게 되어 정죄를 받

---

11. 고트샬크에 대해서는 다음 저술들을 참고하라. Manitius, *op. cit.*, 1.568~574; Laistner, *op. cit.*, 243~246, 287~289; H. O. Taylor, *The Mediaeval Mind*, 4th ed. (London, Macmillan, 1930), 1.224~225, 228; 2.226~228.

앉으나, 그로 인해 야기된 흥분 상태와 격정이 가라앉아 사그라졌을 때, 그 아일랜드 사람에 의해 제시된 치유책이 그 색슨 사람이 물어뜯은 상처보다 더 열악한 것임이 입증됐다. 그러나 그것은 다른 이야기에 불과하다.

키에르지(Kierzy)에서 고트샬크에게 내린 형벌이 너무나 무자비하고 엄격했기 때문에 그를 박해한 자들은 명백히 여론의 심판대 앞에서 그들 자신을 정당화해야 할 필요성을 느꼈을 것이다. 이는 마치 아주 먼 훗날, 칼뱅이 세르베투스(Michael Servetus)를 제거하기 위해 취했던 자신의 행위를 변호해야만 했던 일과 매우 흡사하다. 여기서 우리에게 관심을 불러일으켜 주는 것은, 그러한 정당화가 세 서신의 형태를 통해 시도됐다는 점이다. 두 개의 서신은 리용 교회에 힝크마르와 파르둘루스가 보낸 것이고 나머지 하나는 라바누스가 보낸 것이었다. 그 서신들은 비록 수신자가 주교단이었으나, 즉시 리용으로 전달됐다. 이 세 서신들은 리용 교회의 이름으로 반박서(Reply)가 제시된 시기의 정보를 제공해주고 있다. 대략 주후 853년, 곧 레미기우스 취임과 또한 키에르지 공의회(주후 849년) 이후인 동시에 발렌스(Valence) 공의회(주후 855년) 이전이 그것이다.

*Reply*는 아주 자세히 상술될 수 있는 개요를 스스로 쉽게 제공해주었다. 그러나 아래에 제시된 것은 단지 그것을 간략히 하여 제시된 것에 불과하다. 서론이 제시된 후에, 저술 배경이 제시됐고, 본론은 세 주요 부분으로 나뉘며, 첫 부분은 다른 부분에 비해 훨씬 그 분량이 길다.

I. 힝크마르에게 보내는 답변(1~38장)

   A. 고트샬크의 반항적이고 오만한 다섯 개의 글들에 대한 진술(1장)

   B. 그 글들을 판단하기 위해 리용 교회가 제시한 일곱 개의 '신앙 규칙'(2장; 3~6장은 생략함)

   C. 고트샬크의 네 글에 대한 인준과 다섯 번째 글에 대한 기각(8, 10, 21장; 7, 9, 11~20, 22~23장은 생략함)

   D. 코트샬크에 대한 처벌과 비판에 대한 설명(24~25장; 26~38장은 생략함)

II. 파르둘루스에게 보내는 답변(39~40장)

   아주 짧음; 여기에는 아말라리우스와 에리우게나에 대한 중요한 언급이 나옴

III. 라바누스에게 보내는 답변(41~47장)

    A. 저자가 그 어떤 자도 거부하지 않는 것을 반박하고 있음을 입증(41장; 42~46장

         은 생략함)

    B. 반론의 요약, 각각에 대한 답변, 결론(47장)

    상술한 바와 같이 이 책에는 많은 부분들이 생략됐을 뿐만 아니라, 이 논쟁과는 직접적인 연관이 없는 싫증날 만하고 지루한 교부들의 주석이 포함된 단락들 또한 빠져 있다. 이 논문 형식의 서신들은 이전에 그 어떤 언어로도 번역된 일이 없는 것으로 보이며, 또한 MPL에 수록된 것 외에는 어떤 편집본으로도 출판된 일이 없다고 판단된다. 그리고 더욱이 레미기우스 주교에 대해서는 중세나 그 이후에도 중요하게 취급된 일이 없다.[12] 그러나 플로루스는 천천히 그러나 확실히 당연하게 대접을 받는 중이다.[13]

---

12. 이에 관해서는 마니티우스(Manitius)의 목록을 보라. *op. cit.*, 그리고 Laistner, *op. cit.* 보다 후대의 자료로는 Hanssens(1948), *op. cit.*, 1.57, 82, 이들은 오직 MPL에 수록된 편집본에서 인용됨.

13. 플로루스를 연구하는 현대 학자로는, 샤를리어(Dom Celestin Charlier)와 윌마트(Dom André Wilmart) 등이 있는데, 이들은 수많은 학문적인 글들을 발표했다. 그것들 중 다음의 것이 적절하다. Wilmart, "Un lecteur ennemi d'Amalaire", *Revue Bénédictine*, 36 (1924), 317~329; "Sommaire de l'Exposition de Florus sur les Epitres", *ibid.*, 38 (1926), 205~214. (바로 이어서 pp. 214~216에 다음과 같은 그의 글이 연이어 실렸다. "Note sur Florus et Mannon à propos d'un travail récent"); "Une lettre sans adresse écrite vers le milier du IXe siècle", *ibid.*, 42 (1930), 149~162; Charlier, "La compilation augustinienne de Florus sur l'Apôtru", *ibid.*, 57 (1947), 132~186; "Une œuvre inconnue de Florus de Lyon: la collection 'De Fide' de Montpellier", *Traditio*, 8 (1952), 81~109. 또한 다음의 자료도 보라. Hanssens, "Un document 'antiamalarien'", *Ephemerides Liturgicae*, 41 (1927), 237~244; "De Flori Lugdunensis 'Opusculis Contra Amalarium'", *ibid.*, 47 (1933), 15~3; 그리고 Classica et Mediaevalia의 막 떠오르는 하나의 주제 안에서 나타난 카바니스(Cabaniss)의 "Florus of Lyons"도 참고하라. 그러나 그것은 플로루스의 45개 저술 목록이나 혹은 더 많은 저술들에서 훨씬 벗어나는 것이 될 것이다.

제2절. 본문

우리 주 예수 그리스도의 이름으로 (문안하노라). 존경할 만하며 덕망 있는 주교들의 세 서신에 관한 소논문을 저술하기 시작하는 마당에, 이 논저는 그 서신들의 내용이 지닌 의미를 이해하고, 그들의 주장을 가톨릭 신앙의 표준과 비교하는 내용을 골자로 한다는 점을 밝히고자 한다.

어떤 존경할 만하며 덕망 있는 사람들, 즉 세 명의 주교들이 부친 서신이 우리 리용(Lyons) 교회에 당도했다. 이 세 서신들 중 가장 늦게 도착한 한 서신을 뺀 나머지 그 두 서신은 간단하고도 신실한 답변을 통해 어떤 심오하고도 애매모호한 문제에 대한 해명을 요구하고 있다. 그런데 그 문제는 오래 전부터 많은 사람들에 의해 토론돼왔던 것으로서 다양한 수준의 논쟁과 변론을 함축하고 있다. 곧 그것은 하나님의 예지(foreknowledge)와 예정(foreordination)에 관한 논쟁이다. 그들은 우리 리용 교회가 그와 같은 주제에 대해 가지고 있는 견해를 진실하고도 성실하게 서신을 통해 알려 줄 것을 요청하고 있다.

그 세 주교들 중 수장인 한 분(힝크마르: Hincmar)도 또한 다른 이들처럼 다음과 같이 언급했다. 즉, 그 자신의 안정되지 못하고 들떠 있어서 오만하기까지 한 억측으로 무장한 채, 대담하고도 뻔뻔스럽게 진보와 전진의 발걸음을 옮겼다고 일컬어지는 어떤 한 불쌍하고 가련한 수사는,* 그러한 문제**를 불러일으켜서 분란이 일어나도록 자극하고 선동한 자인 동시에, 또한 오히려 그 자신이 장애물에 걸려 넘어져서 실족한 자라는 것이다. 그의 서신 속에서 그는 적절하고도 간략하게 두 주교구의 교회가 어떤 식으로 그 수사를 심문하고 재판해서 정죄했는지를 완벽히 잘 진술했다. 그는 각각의 진술들, 즉 그 수사와 다른 자가 오늘 현재 진술한 것뿐만 아니라, 그들이 과거 그때 언급했던 것을, 그 문제에 관한 동일한 관점과 측면에서, 곧 동일한 방식으로, 서로 잘 연결시켜주었던 것이다.

---

* 극단적인 이중예정설을 주장한 고트샬크로 추측됨.

** 하나님의 예지와 예정을 둘러싼 논쟁거리.

또한 두 번째 서신을 보내온 주교(파르둘루스: Pardulus)는 그 자신을 반대하는 글을 쓴 여섯 인사들을 상기시켜주었다. 그러나 그는, 그들 중 어떤 한 인물이 심문 대상인 그 문제에 대해 적절한 추론과 입증을 제시했다고 불평하지는 않았다.

세 번째 주교(라바누스: Rabanus)는 특별히 우리 교회가 아니라 어떤 다른 주교에게 그 문제에 관한 서신을 보낸 것으로 알려졌다. 또한 그가 이 문제에 관해 그 자신의 서신 에서, (그의 견해에 따라) 그가 지녀야만 하고 가르쳐야만 하는 것에 관해 언급하고 설명했 다고 알려졌다.

우리가 이 모든 것들을 읽었을 때, 곧 (하나님이 우리에게 주신 능력으로) 우리들끼리 은밀히 그것들을 조심스럽고 성실하게 읽고 나서, 우리는 그들이 주장했던 견해가 우리를 너 무나도 혼란스럽게 만들었기 때문에, 그것은 분명히 비난 받아 마땅한 잘못된 것이라 고 여기게 됐다. 그들 스스로 당연시하는 자신들의 주장이 수락되기를 강요하는 행 위는 마치 무수한 초보적인 지식의 깃발이 바람에 나부끼면서 자신의 울긋불긋한 색 깔을 유치하게 자랑하는 모습과 흡사하다. 뿐만 아니라 우리는, 우리가 알고 있기로, 그러한 문제(하나님의 예지와 예정에 관한 논쟁거리)가 지닌 불확실성이라는 파도를 맞아 놀라서 요동치고 있는 그 단순하고 무식한 형제들이 만들어 낸 동요의 소용돌이가 바로 그 들이 엄청난 질책을 받기에 충분한 요인이 됐다고 확신하는 바다. 또한 우리는, 그 문 제에 관한 질문에 대해 (주님이 주시기로 허락하신 종류의) 신앙적인 응답도 준비해야 할 필요성 이 있다고 느끼기도 한다. 곧 그러한 것은 우리의 지식과 이해가 아니라 가장 큰 축복 을 받은 교회의 아버지들에게서 유래한 것이다.* 신앙의 확신은 (주님의 도우심이 허락하는 한) 신앙적인 응답을 하기 위해 준비하고 노력하는 연구를 통해 점점 성장해 나간다. 우 리 자신을 위해, 그리고 그러한 응답을 하기 위한 연구물을 우연하게라도 읽기를 원 하는 다른 이들을 위해, 그러한 신앙의 확신의 성장은 반드시 필요하다. 왜냐하면 그 러한 신앙의 확실한 신념을 보다 더 간절히 갈망하면서 또한 더 분명하게 선포되면 될수록, 하나님의 진리는 더욱 더 신실하게 준수될 것이고, 그리고 결국 믿음의 아버 지들의 권위는 보다 더 큰 존숭과 복종을 받으면서 추앙되며 고양될 것이다.

---

* 그러한 신앙적인 응답의 근간이 되는.

1장

위에서 처음 소개한 저자(힝크마르)는 그의 서신에서, 그 가련하고 불쌍한 수사의 활동에 관해 묘사해주고 있으며, 또한 그의 주장을 논박한 후, 그가 받은 정죄를 기록하고 있다. 그리고 힝크마르 주교는 비루하고 비참하기 짝이 없는 그 수사가 자기 마음대로 자칭 설교자로 행세하면서, 자신을 야만족과 이교도를 위한 복음 전도자로 자처하고 나섰다는 사실을 단언했던 것이다. 그리고 힝크마르 주교는 그 가련한 수사가 시행한 설교의 요지와 그 자신의 논제를 연관시켜 서술했는데, 곧 설교 내용의 이치와 우리가 다루고자 하는 주제(하나님의 예지와 예정)를 연관시켜 다가서고 있는데, 그 대강은 다음과 같다.

"그 불쌍한 수사가 행한 설교의 출발점은 "회개하라 천국이 가까이 왔느니라"[14]고 외친 세례 요한의 가르침과, 또한 인간은 보이는 것들(하나님이 만드신 만물)을 명상함으로써, 보이는 것들을 창조하신 하나님은 물론 보이지 않는 것들* 까지도 알게 됐다[15]고 선언한 사도 바울의 교훈과도 달랐다.** 즉, 그 가련한 수사는, 창세 전에 곧 태초에 하나님이 우주만물을 창조하시기 전부터, 하나님이 스스로 원하셨던 천국을 예정하셨고 또한 그 자신이 원하신 대로 죽음을 예정하셨다는 사실을 세계만방에 선포할 책무를 띠게 되었다는 것이다.[16] 그의 주장에 의하면, 죽음으로 예정됐던 자들은 구원 받을 수가 없고, 천국

---

14. 마 3:2.

15. 롬 1:19–20.

16. 이 논문의 8장에는, 이러한 주장에 대한 리용 교회의 항변적 변증, 곧 반박(defense)이 기술돼 있다. 여기서 첨언할 것이 하나 있는데, 그것은 곧 용어에 관한 문제다. 우리가 주의할 바는, 이 글에서 라틴어 단어에서 번역돼 사용되고 있는 'foreordination'(숙명, 곧 예정된 운명)과 'predestination'(운명이 정해짐, 예정) 등은 차별 없이 기술됐다. 이에 대한 일치된 기준이 없고, 곧 다양하게 사용될 뿐이다.

---

* 하나님의 영원하신 능력과 신성.

** 극단적인 이중예정론을 주장한 고트샬크를 이단으로 몰아 강력하게 비난했던 힝크마르는, 세례 요한과 바울이 언급한 천국은 이중으로 예정된, 즉 죽음과 구원으로 예정된 것들 중 하나가 아니라 단순한 천국이었다고 주장했다. 특히 힝크마르는 바울이 언급한 '보이지 않는 영원하신 능력과 신성'을 천국과 결부시켜, 그러한 천국은 사람들의 본성 속에서 이미 보인 것이라고 강변함으로써, 천국이 향후 종말에 멸망과 구원의 이중 도식 가운데서 이중적으로 예정된 결말의 소산이 아님을 보이려고 했다. 즉, 단적으로 말해 세례 요한과 바울이 전한 천국은 이중으로 예정된 것이 아니라는 말이다.

으로 예정됐던 자들은 멸망 받을 수가 없다.[17] 하나님은 모든 인간이 구원 받기를 원하지 않으시며, 오직 구원 받는 자만 구원 받기를 바라신다. 사도가 '하나님은 모든 자가 구원 받기를 원하신다' 라고 말했는데, 이는 오직 구원 받는 모든 사람을 의미할 뿐이다.[18] 그리스도는 만인이 구원 받도록 오시지 않으셨고, 또한 만인을 위해 고난당하지도 않으셨다. 오직 그리스도의 수난(Passion)의 신비에 의해 구원 받을 자만을 위해 오신 것이다.[19] 그리고 첫 인간 아담이 그의 자유로운 의지로 말미암아 타락한 이후에, 아무도 그 자신의 선행을 위해 자유 의지를 발휘할 수 없게 됐고, 단지 악행만을 위해 그러한 자유 의지를 사용하게 됐다."[20]

또한 힝크마르는 그가 보낸 서신에서, 관련된 논쟁의 본류인 예지와 예정에 관한 교리 문제를 벗어나, 고트샬크*가 행한 다른 사실들에 관해 다음과 같이 언급했다. '주님을 모르는 백성'을 주제로 삼은 설교에서, 고트샬크는 무엇보다 먼저 그 불신자들이 회개하도록 환기시키는 일과, 또한 피조물과 창조주를 조리 있게 구별해서 그들이 그 자신들에 의해 자행되곤 하는 그릇된 신성모독적 우상숭배로 말미암아, "영원히 찬양 받으실 조물주보다 피조물을 예배하고 섬기지 않도록"[21] 설득하는 일 등을 간과하고 방치해야만 한다고 주장했는데, 이는 부분적으로 믿을 수 없는 것처럼 보인다. 또한 고트샬크는 신자나 석학들에게조차도 과도하게 어려운 문제를 그 불신자들에게 제시해야만 했는데, 그것은 곧 하나님의 심판, 예정과 구속의 신비 등과 관련된 것이었으며, 이 역시 어디까지 그 신빙성이 유지될지는 그다지 확실치 않다. 그러한 문제에 관한 대단히 불합리하고도 부적절한 반론이 응징되지 않고 그대로 방치되고 있는 와중에서, 우리는 신자나 사제들 중 누군가가 나서서 저 진기하고 이상한 소

---

17. 이 논문의 10장에 그것에 관한 반박이 수록돼 있다.

18. 이 논문의 11~13장에 그것에 관한 반박이 수록돼 있지만, 이 글에서는 그것이 빠져 있다.

19. 이 논문의 14장 이하에 그것에 관한 반박이 수록돼 있지만, 이 글에서는 그것이 생략돼 있다.

20. 이 논문의 21장에 그것에 관한 반박이 기술돼 있다.

21. 롬 1:25.

---

* 엄격한 이중예정을 주장함.

리를 내뱉고 있는 설교자가 존경 받고 있는 현상을 향해 그에 상응하는 적절한 이의를 제기하고 쓴 소리를 전해야만 할 것이라고 믿는다. 만일 그들이 그러한 소명을 다하지 않는다면, 그들은, 모든 신성한 문제를 무시하는 자들이 마치 비이성적이고 터무니없으며 비상식적인 존재라는 오명을 뒤집어쓰는 것과 똑같이 대단히 어리석고 우둔하다는 평판을 당연히 받게 될 것이다.* 만일 그가 계속해서 그런 어리석은 자들을 비난하기를 거부한다면, 그는 자신의 동료들 가운데서 들을 만한 것을 갖고 있는 자로 평가되지 못하고, 오히려 지독한 조롱을 받아 웃음거리가 되거나 혹은 모든 그의 동료들의 귀가 그에게서 멀어지게 될 것이다.

앞의 서론 마지막 부분에, 고트샬크가 심문을 받은 후 재판에 회부됐던 공의회에서, 설교를 통해 제시한 것으로 알려진 다섯 가지 주장에 관해 스쳐가듯이 잠깐 언급됐다. 물론 그 내용은 제시되지 않았다. 그런데 그는 그러한 주장들을 통해 기꺼이 자신의 입장을 세차게 항변하여 굳게 지키려는 기대감에 부풀어 있었다. 우리 같은 하찮은 사람의 눈에도, 하나님의 은혜에 감화 감동을 받아 충성을 다 바쳐 믿는 참된 우리 신앙과 반대되는 것으로 보이는 그 다섯 명제의 주장은, 벌벌 떨거나 전전긍긍하면서 경솔하고도 무분별한 조바심으로 급히 서둘러 규명돼서는 안 될 것이며, 오직 최대한 신중하게, 그리고 경건하고 충성된 믿음으로 성실하게 구하고, 두드리며, 찾아야만[22] 할 것이다. 곧 그러한 주장은, 진리를 찾고 보존하려는 가장 경건한 열성에 의해 통박돼야만 할 것이다. 그리하여 우리는 모든 악의와 분쟁을 멀리하고, 인간의 오류에 의해 우리의 눈에 진리처럼 보이는 것이 아니라 진리 자체가 스스로 명확하게 만드는 것을 통해, 하나의 신앙과 일치를 추구해야 한다. 우리는, 열심히 그리고 성실하게 시행돼야만 할 일이 반드시 최우선 순위에 놓여야 하고, 또한 지금 현재 그러한 성격의 일이 우리의 보잘 것 없는 기억 속에서조차 세차게 떠오르고 있는 것처럼, 강력하게 실천되도록 권고돼야만 할 것이라고 믿는다. 다시 말해, 성경 말씀의 권위는 물론 하나님의 예지와 예정에 관련해 거룩한 정통 교부들에게 가장 열렬히 위탁된 권

---

22. 참고. 마 7:7; 눅 11:9.

---

* 힝크마르는 코트샬크처럼 어리석은 주장을 하는 자를 응징하지 않는 자는 그와 다를 바 없이 똑같이 어리석고 불합리한 자라고 비난하고 있다.

위로부터 일곱 가지 신앙 규칙이 주어졌으며, 이를 우리 가톨릭 교인 각자가 가장 충성스럽게 고수해야 한다는 말이다. 그러한 규칙에 반대되는 것을 맛보는 기미가 있는 자들이 있다면, 그들은 스스로 가톨릭적인 방식으로 사고하지 않음을 입증하는 셈이 된다.

2장

그 일곱 신앙 규칙 중 첫째 규칙은 다음과 같다. 전능하신 하나님은 시간에 관한 한, 아무 것도 전혀 예지하거나 또한 예정하지 않으셨다. 하나님 스스로가 어떠한 시초도 갖지 않은 채, 영원하시고 불변하신 것처럼, 또한 하나님의 예지와 예정 역시 영원하고 불변하다. 따라서 우리는 가장 강력하고도 성실하게 이 규칙을 붙들어야만 한다.

사람들은 마치 하나님이 영원부터 그 자신과 함께 그리고 그 자신 안에 존재하지 않으시고 단지 시간이 생겨난 이후부터 존재하셨다고 생각하기도 하는데, 그러나 하나님은 영원부터 그 자신과 더불어 그리고 그 자신 안에 계셨다. 따라서 원래 하나님 안에는 그 어떤 새로운 의지나 새로운 계획도, 혹은 새로운 준비나 새로운 결정도 결코 존재하지 않았다. 또한 하나님의 신성 가운데는 우연한 성격이 전혀 존재하지 않는다. 곧 하나님께는 우발적인 것이 아무것도 없다. 또한 하나님의 신성 속에서는 그 어느 것도 증가하거나 감소하거나 변하지 않는다. 그러므로 하나님이 미리 아셨던 것은 무엇이나, 영원 전부터 예지하셨던 것이다. 또한 하나님이 미리 정하셨던 것은 무엇이나, 추호도 의심할 나위 없이, 영원 전부터 예정하셨던 것이다. 이러한 신앙의 교리에 관해 성경 말씀은 다음과 같이 우리에게 지시하고 알려준다. "오! 영원하신 하나님이시여! 당신은 신비한 것들을 조사하는 분이시고, 만물이 생기기 이전부터 그것들에 관해 모두 아시는 분이십니다…"[23] 또한 전능하신 하나님 그 자신께서 스스로

---

23. Susanna 42(단 13:42, 불가타). 번역에서 생략된 단락들에는 이 성구가 두 번 이상 인용됐다. 이 구절은 예정 논쟁에서 명백히 하나의 주석 상 핵심적 열쇠(crux interpretum) 구실을 했다. 예를 들면, 플로루스(Florus)와 아물로(Amulo), 그리고 힝크마르(Hincmar) 등이 사용했던 용례에 대해서는 다음 자료를 통해 살펴볼 수 있다. Florus, *Sermo de praedestinatione, ad init.* (MPL 119,96D); Amulo, *Responsio ad interrogationem cujusdam de praescientia vel praedestinatione divina et de libero arbitrio, ad init.* (MPL 116,97A); Hincmar, *De praedestinatione Dei et libero arbitrio posterior dissertatio, 6* (MPL 125,90C).

를 이렇게 증언하셨다. "나 여호와는 변하지 아니하나니…"[24] 게다가 다른 성경 말씀에서, 선지자들의 입술을 통해, 하나님은 그 자신의 예정의 영원성을 선포하신다. "…나 여호와는 말하고 이루느니라."[25] 즉 그 뜻을 다음과 같이 해석했다. "지금 현재 그 선지자를 통해 내가 말한 것은, 그 자신의 시대 안에서, 오랜 후에 이루어질 것이다. 그런데 나는 그것을 미래까지 기다리지 않고 이미 영원 전의 예정에 의해 이루어놓았다. 곧 그것은 나의 변개하지 않는 영원한 약속에 의해 이미 확실히 성취되었다."

전능하신 하나님은 예정에 관한 문제를 다음과 같은 방식으로 말씀하셨다. 곧 미리 앞당겨 예언자를 통해 우화적인 비유를 사용해 그 주제에 관해 예언하신 것이다. 여기서 즉, 유대인과 이방인 등 두 특성을 지닌 백성이 우화를 통해 두 나무로 비유된 것이다. 곧 하나님은 이 두 나무 중 하나를 높은 데서 낮은 곳으로 내려오게 하시고, 그 푸르름을 시들게 하시며, 다른 하나를 초라함에서 고상하게 끌어 올리시고, 마른 가지에 잎사귀의 푸르름이 풍성하도록 만들어 주실 것이라고 예언자 에스겔의 입술을 통해 말씀하셨다. "들의 모든 나무가 나 여호와는 높은 나무를 낮추고 낮은 나무를 높이며 푸른 나무를 말리고 마른 나무를 무성하게 하는 줄 알리라…"[26] 그 직후에 즉시 하나님은 에스겔의 입을 통해 이렇게 부언하신다. "나 여호와는 말하고 이루느니라." 이를 다른 말로 하자면, "그 예언자를 통해 내가 방금 말한 것 그리고 내가 사람들에게 행할 것은 이미 영원한 예정, 곧 영원 전부터 준비된 예정에 의해 이미 내가 이루어 놓았다." 즉, 하나님의 자비를 얻는 존재와 심판을 받는 무리가 예정됐다는 말이다. 바울 사도가 언급한 대로, 영원 전부터 각 사람들이 거절과 높임으로 예정되어 하나님의 '준엄하심과 인자하심'[27]이 드러나게 됐는데, 따라서 하나님은 올바르고 공명정대한 심판을 통해 멸망 받을 자를 낮추시고 말라버리게 하시며, 반대로 구원 받을 자를 가치로 형언할 수 없는 자비를 통해 영원히 높이시고 풍성하게 만드신다. 그러므로 영원 전에 준비된 하나님의 영구한 예정 가운데서, 하나님의 올바르

---

24. 말 3:6.

25. 겔 17:24. 이 성구는 물론 다른 성구들을 동원해 리용 교회는 바꿔 쓰기나 부연(敷衍; 흘러넘치게 덧붙여 진술함) 설명식의 석의를 감행했던 점을 주목하라. 그러한 방식은 또한 (리용교회에서 훈련받았던) 아고바르(Agobard)와 토리노의 클라우디오(Claudius of Turin)의 저술에서 준수됐다.

26. 겔 17:24.

27. 롬 11:22.

고 공명정대한 판결에 의해, 멸망과 구원으로 예정된 자들이 동일하게 선포됐다. (즉 선택된 자와 유기된 자가 그것이다.) 후자는 불신앙으로 말라 비틀어버려진 자이고, 전자는 신앙에 의해 무성하게 우거진 자다. 이러한 각자의 예정에 관해 이보다 더 분명하고도 명백한 말씀을 어디에서 찾아볼 수 있을 것인가?

또한 그러한 언급은 에스겔 예언자가 유기에 속한 자들에 관해 예언한 구절을 통해 한층 더 심화되고 있다. 하나님의 백성을 대적하는 자들, 곧 곡(God)과 마곡(Magog) 우상 앞에 조아리고 있는, 영원한 멸망에 처해질 저 모든 사악한 백성들(즉, 우상 숭배하는 이교도, 유대인, 이단, 특히 적그리스도, 그리고 그와 함께 하나님의 교회를 박해할 자들 등)에 관한 예언이 그것이다. 그러한 까닭에, 예언자 에스겔은 다음과 같은 언급을 추가했다. "주 여호와의 말씀이니라 볼지어다 그날이 와서 이루어지리니 내가 말한 그날이 이날이라."[28] 이는 다시 말하면 이러한 의미를 지니고 있다. "하나님께서 영원 전부터 예비하신 예정을 따라, 오랜 시간이 지난 후에 사람들 가운데로 도래할 것과 또한 그렇게 존재할 것은, 아직 도래하지 않은 것이 아니라 이미 도래한 것이며, 또한 아직 존재하지 않은 것이 아니라 이미 존재하고 있는 것이다." 역시 시편 기자는 그와 비슷한 방식으로, 택함을 받은 자와 버림 받은 자의 고유한 운명에 관해 언급했다. 즉, 영원한 하나님의 심판에 의해 전자는 자비를 득하기로, 그리고 후자는 지옥의 파멸로 예정됐음을 다음과 같이 확실하고 공개적으로 선언했던 것이다. 곧 택함을 받은 자들에 대해서는 이렇게 언급했다. "여호와의 인자하심은 자기를 경외하는 자에게 영원부터 영원까지 이르며…"[29] 그러나 버림을 받아 유기된 자들에 대해서는 정반대로 언급했던 것이다. "무릇 주를 멀리하는 자는 망하리니 음녀같이 주를 떠난 자를 주께서 다 멸하셨나이다."[30] 그런데 그들 자신의 시대 속에서, 그들이 "주를 멀리하는 자"라는 말씀에 속해서 관계되어 있는 한, 당연히 그들은 미래의 어떤 날이 도래하게 되면, 최후의 심판을 받고 멸망하게 될 것이다. 그러나 그 말씀이 영원 전에 내려진 판결의 심판에 의한 예정에 관계되는 한, 그들은 이미 멸망을 당한 것이다.

사도는 이러한 변할 수 없는 하나님의 계획과 심판의 판결에 관해, 하나님의 약속

---

28. 겔 39:8.

29. 시 103:17 (불가타, 102:17).

30. 시 73:27 (불가타, 72:27).

이 언급된 말씀과 연관시켜서, 우리가 용이하게 이해할 수 있도록 도와주었다. 그 대표적인 예가 바로 아브라함의 신앙의 상속자에 관한 아브라함 자신의 맹세에 대해 설명한 부분이다. "하나님이 아브라함에게 약속하실 때에 가리켜 맹세할 자가 자기보다 더 큰 이가 없으므로 자기를 가리켜 맹세하여 이르시되 내가 반드시 너에게 복 주고 복 주며 너를 번성하게 하고 번성하게 하리라 하셨더니."[31] 이어서 다시 사도는 이렇게 진술했다. "하나님은 약속을 기업으로 받는 자들에게 그 뜻이 변하지 아니함을 충분히 나타내시려고 그 일을 맹세로 보증하셨나니 이는 하나님이 거짓말을 하실 수 없는 이 두 가지 변하지 못할 사실로 말미암아 앞에 있는 소망을 얻으려고 피난처를 찾은 우리에게 큰 안위를 받게 하려 하심이라."[32] 그러므로 하나님이, 그 자신의 약속과 예언의 상속자들인 선택받은 자들이 차지한 상속분의 몫과 복된 운명을 보여줌으로써, 맹세를 통한 그의 계획이 불변하다는 사실을 드러내기 원하셨던 것처럼(즉 사도의 설명에 따르면, 영원 전에 정해진 하나님의 예정의 변할 수 없는 계획을 계시하고자 하신 것처럼), 하나님은 그와 마찬가지로 유기된 자의 비참한 운명을 보여줌으로써, 하나님의 멸망의 맹세가 개입된 곳에서는, 영원 전부터 세워진 그의 계획의 불변성과 항구성, 그리고 버림 받은 자들에 대한 지옥으로의 정죄와 멸망 외에는 아무것도 드러나 보이지 않음을 확증하셨던 것이다. 전능하신 하나님은 다음과 같은 말씀을 통해 그들이 버림 받게 되었음을 보여 주신다. "… 그들은 마음이 미혹된 백성이라 내 길을 알지 못한다 하였도다."[33] 거기에 덧붙여 하나님은 자신이 변경할 수 없는 불변의 계획(즉, 변할 수 없는 그의 판결의 예정)에 의해 그들이 영원한 정죄와 멸망으로 예정됐음을 곧바로 다음과 같이 보여주신다. "그러므로 내가 노하여 맹세하기를 그들은 내 안식에 들어오지 못하리라 하였도다."[34] 그러나 만일 누군가가, 모세의 영도하에 애굽을 탈출했으나, 광야에서 40년 동안 항상 하나님께 반항적이고 불충실했으며, 결국 광야에서 모두 사라지게 되었던 그 버림 받은 이스라엘 백성들의 작태를, 여타의 다른 경우와 상관없고 또한 다른 자나 집단에게 영향력을 행사하지 않는 고유하고도 유일한 역사적인 실례로 이해해야 한다고 생각한다면,

---

31. 히 6:13-14; 참고. 창 22:16 이하.

32. 히 6:17-18.

33. 시 95:10 (불가타, 94:11).

34. 시 95:11 (불가타, 94:11).

그리고 보편적으로 버림 받은 모든 자들의 죽음을 특별하고 고유한 정죄와 멸망의 형태로 간주하지 않는다면, 그는 두려워하면서 그러나 진실하게 다음과 같이 언급하고 있는 사도의 음성에 귀를 기울이도록 하라. "그들에게 일어난 이런 일은 본보기가 되고 또한 말세를 만난 우리를 깨우치기 위하여 기록되었느니라."[35] 또한 사도는 히브리서에서 그것에 관해 또한 이렇게 언급했다. "그러므로 우리가 저 안식에 들어가기를 힘쓸지니 이는 누구든지 저 순종하지 아니하는 본에 빠지지 않게 하려 함이라."[36]

하나님이 이미 미래를 판결하셨다는 하나님의 예정의 확실성과 불변성에 관해 축복 받은 예언자 이사야는 훌륭하게 묘사했고, 복된 아우구스티누스 역시 신실하지만 간결하게 다음과 같이 설명해주었다. "확실하고 불변하는 목적에 의해 실로 미래의 모든 일들을 예정하신 하나님께서는 그 자신이 이루시게 될 모든 것들을 이미 이루어 놓으셨다. 그 예언자는 그러한 하나님에 대해 이렇게 언급했다. '이루셨던 하나님은 장래에 있을 모든 일을 이루셨다.'"[37] 또한 아우구스티누스는 다른 곳에서 그러한 하나님을 다음과 같이 언급했다. "하나님은, 사람이 행하는 것처럼, 자신의 어떤 행위에 대해서도 후회하지 않으신다. 하나님이 행하시는 모든 일들은 절대적으로 확정된 판결과 확실한 예지에 의해 이루어진다." 그러므로 악하건 선하건 간에 모든 일들은 하나님께 절대적으로 영원하고 또한 변경할 수 없이 불변하는 것이기 때문에, 그 모든 일들은 창세전에 이 세상 가운데서 지나가버린 것이다. 하나님의 예지는 그 자신의 미리 아심에 의해 확실하고 또한 자신의 결정에 의해 그의 판결은 고정돼 있다.

시간이 생성되기 이전, 곧 시간 안에서 만물이 통제되고 조절되기 이전에 이미 고정된 하나님의 예지와 예정의 변함없는 불변성에 관해 유디트(Judith)* 역시, 하나님의 백성의 적수인 앗수르와 대적하여 승리한 후 드린 우아하고 간결한 감사 기도문에서 다음과 같이 고백했다. "당신은 이전에 모든 일들을 이루셨으며, 또한 미래에 일어날 일을 미리 계획해 놓으셨습니다. 그리고 당신은 원하셨던 것을 이루어 놓으셨고, 또한

---

35. 고전 10:11.

36. 히 4:11.

37. Augusine, *On Rebuke and Grace*, 23 (NPNF, 1st ser., 5.481). 참고. 사 45:11.

---

* Assyria의 장군 Holofernes를 죽이고 유대를 구한 과부.

당신의 섭리 가운데서 당신은 심판을 공포하셨습니다."[38] 유디트는 "당신은 이전에 모든 일들을 이루셨으며, 또한 미래에 일어날 일을 미리 계획해 놓으셨습니다" 라고 고백했다. 이는 안절부절하고 변덕스럽게 들쑥날쑥하는 하나님에 대한 견해를 신뢰함이 아니라, 하나님이 불변하는 방식으로 분별하시고, 하나님이 이해할 수 없는 불가사의한 방법으로 파악하시며, 또한 하나님이 모든 피조물이 이전에 지나갔고 또한 모든 피조물이 이후에 다가오게 하신다는 한결 같고도 영원한 직관에 의지함으로써, 그러한 고백이 가능했던 것이다. 유디트는 또 이렇게 말하지 않았는가? "당신의 섭리 가운데서 당신은 심판을 공포하셨습니다." 다시 말하면 이러하다. "이 세상 가운데서 세워서 지우신 당신의 포고 명령의 결정 사항은, 당신께서 창세전에 이미 출발하기 시작했던 당신의 섭리 속에 존재하고 있습니다. 그리고 당신이 시간 속에서 이루고자 원하셨던 것은 무엇이든지, 시간 밖에서 결정된 당신의 계획 속에 들어 있습니다."

전능하신 하나님은 어떤 새로운 의지 없이도 새로운 것들을 창조할 수 있는 방법을 알고 계신다. 하나님은 비록 쉬고 계시더라도 일하시는 방법을 아시고, 또한 일하고 계시더라도 쉬는 방법을 알고 계신다. 하나님은 새로운 계획이 아니라 영원 전부터 세우신 영원한 계획에 의해 새로운 일을 작동시키시고 행하신다. 그러므로 하나님이 먼저 한 일을 생각하시고 그 다음에 다른 일을 고려하신다고 언급할 때, 이는 하나님은 어떤 변덕스러움으로 그 일의 계획을 변개하신다는 뜻이 아니다. (그럴 리가 있나. 당치 않다). 이는 곧 우리의 가변성과 반대되는 영원불변하신 하나님이, 우리의 것과 같은 변화무쌍한 계획이 아니라 오직 우리의 것과는 다른 방식으로 자신의 계획을 수행하신다는 의미다. 그러므로 복된 사도 야고보는 하나님에 대해 이렇게 언급했다. "… 그는 변함도 없으시고 회전하는 그림자도 없으시니라."[39] 집회서(Ecclesiasticus)*의 기자는 하나님의 영광에 대해 이렇게 언급했다. "인식되는 모든 것들은 미리 하나님에 의해 창조됐다. 또한 마찬가지로 창조가 완성된 이후에도 하나님은 여전히 모든 것들을 주

---

38. 유디트(Judith) 9:4-5.

39. 약 1:17b.

* Wisdom of Jesus the Son of Sirach(시락의 아들 예수의 지혜)라고도 함. 헬레니즘 시대(BC 3~AD 3세기) 초기에 인기를 끌었던 제2정경(로마 가톨릭에서는 인정되나 유대교와 개신교에서는 외경으로 취급됨).

목해서 보고 계신다."[40] 그는 또다시 이렇게 언급한다. "하나님은 영원부터 영원까지 관리감독하시며, 하나님의 눈앞에는 놀랍고 진기한 것은 아무것도 없다."[41]

[3~7장은 생략됨.]

8장

복된 아우구스티누스는, 우리가 이러한 신앙의 규칙을 확고하고 충성스럽게 붙들어야 할 것임을, 그의 저술 「하나님의 도성」(*The City of God*)에서 조심스럽고 간결하게 다음과 같이 설파했다.

"우리는 인류를 두 종류로 나눈다. 하나는 인간에 따라 살아가는 자이고 다른 하나는 하나님에 따라 살아가는 자다. 우리는 또한 이들을 신비하게 두 도시로 부른다. 즉, 두 사회의 인간들이 있다. 그 중 하나는 하나님과 더불어 영원히 통치하기로 예정된 자들이고, 다른 하나는 마귀와 더불어 영원한 형벌을 겪을 자들이다."[42]

다시, 아우구스티누스는 이러한 두 도성의 발생과 기원에 관해 조심스럽게 논의했는데, 그것은 곧 하나님의 도성과 마귀의 도성에 관한 것으로서, 다음과 같다.

"그러므로 전자인 가인은, 인류의 부모에게서 출생한 자로서, 인간의 도성에 속했으며, 후자인 아벨은 하나님의 도성에 속해 있다. 전자는 이 세상의 시민으로 태어났고, 후자는 이 세상에서는 순례자로서, 하나님의 도성에 속해 있는 자다. 은총에 의해 예정됐고, 은총에 의해 선택된 그는 은총에 의해 여기 이 세상 아래에서 순례자로 살아가며, 은총에 의해 거기 위의 시민으로서 살아간다. 그가 그 인간 자신에게 속하는 한, 그는 그같은 인간 덩어리에서 생

---

40. 집회서(Ecclesiasticus) 23:30(불가타, 23:29).
41. 집회서(Ecclesiasticus) 39:20(불가타, 39:25).
42. Augustine, *The City of God*, 15.1; 참고. M. Dods의 번역본, NPNF, 1st ser., 2.284.

겨나게 되며, 그렇지만 하나님은 토기장이와 같으신 분이 아니신가? 사도는 이러한 특성을 어리석지 않고 지성적으로 잘 언급해 주었다. '토기장이가 진흙 한 덩이로 하나는 귀히 쓸 그릇을, 하나는 천히 쓸 그릇을 만들 권한이 없느냐?'[43] 하나님은 먼저 치욕스러울 정도로 천하게 쓰일 그릇을 만드시고, 후에 명예롭게 귀히 쓰일 그릇을 만드셨다. 사도가 말한 그릇은 인간을 의미했는데, 이는 다음과 같은 뜻을 내포하고 있다. '첫째 그릇은 영적 인간이 아니라 육적 인간이며, 두 번째 그릇은 육적 인간이 아니라 영적 인간이다.'"[44]

아우구스티누스는 그와 유사하게, 로마 교회의 부주교 라우렌티우스(Laurentius)를 위해 저술한 예배의식서(Manual)에서, 그와 동일한 문제를 다음과 같이 진술했다.

"천사나 인간 피조물이 범죄했을 때, 즉 하나님이 원하시는 것이 아니라 그 피조물들 자신이 바라는 것을 행했을 때, 하나님 자신이 정당하게 형벌로 예정하신 자들을 지옥행으로 정죄하시기 위해, 또한 자비롭게 천국의 은총으로 예정하신 자들을 구원하시기 위해, 선행뿐만 아니라 악행까지도 사용해 스스로 원하셨던 심판을 성취하셨는데, 그 이유는 그 피조물들의 의지에 의해서, 그리고 또한 하나님이 원하지 않으셨던 것을 행했기 때문이다."[45]

우리는 전술한 두 책, 즉 가장 복 받은 선생인 아우구스티누스가 보편적이고 신실한 태도로 저술했을 뿐만 아니라, 주의 깊고 신실한 자세로 개정했던 책들인 「신의 도성」과 「엔키리디온」 등에서, 상술한 바와 같이 몇 가지 사실을 언급했다. 그가 저술했던 책인 「철회」(Retractations)를 정독해본 자들은 누구나 이 문제 ─ 영광으로 선택된 자들과 영벌로 유기된 자들에 대한 하나님의 예정에 관한 ─ 에 대한 그의 권위가 종종 일부 사람들에 의해 비난과 경멸을 받았음을 잘 알 수 있다. 아우구스티누스 자신이 경건하고 겸손하게 자신의 오류를 탓하여 꾸짖고 비난하며 교정했기 때문에 그 일부

---

43. 롬 9:21.

44. Augustine, *op. cit.*, 15.1 (NPNF, 2.284 f.).

45. Augustine, *Enchiridion*, 100; 다음 번역본을 참고하라. L. A. Arand, ACW, 3:94~95.; A. C. Outler, LCC, 7.337~412.

사람들은 어디서나 그 자신들이 그를 질책하고 꾸짖을 수 있는 일이 정당하다고 생각한 것처럼 보인다. 비록 아우구스티누스가 그들을 겸손의 표본으로 간주했더라도, 오히려 그와 반대로 그들은 조금도 얼굴을 붉히지 않고 거드름을 피우며 그에 대한 자신들의 가정을 열광적으로 드러냈던 것이다. 그런데 그들은 적어도 그 두 책들에서 하나님의 예정이 유기된 자들 편에 고정됐다는 점을 인식해야만 한다. 왜냐하면 그 유기된 자들은 가장 진실 되고 정당한 하나님의 심판에 의해 형벌 받기로 예정되었기 때문이다. 또한 그들이 자발적으로 저지르는 악행의 시도가 아니라, 영원한 지옥 불 가운데서 마지못해 고통을 받을 악 자체가 예정되어 있기 때문이다. 아우구스티누스는 그 자신의 저술 속에서 그러한 믿음을 비난하지 않았고, 또한 그러한 주장은 보편적이고 온건한 태도로 사고하는 그 어떤 자들에 의해서도 질책 받지 않았다. 그러므로 오늘날(modern)[46]의 시대에 이르러, 그러한 예정에 관한 문제가 오직 그렇게도 커다란 미숙함과 연약함을 지닌 우리에 의해 함부로 거절되고 비난받기에 족한 것으로 여겨지고 있는데, 그러나 오히려 그러한 문제는 주의 깊고 조심스럽게, 그리고 겸손한 애정과 호의가 동반된 채, 검토되고 이해돼야만 할 것이다. 이러한 예정 교리로 인해 감정이 상해 실족한 자들은, 즉 다시 말해, '예정'이라는 용어가 악행의 필연성이 어떤 자들에게 부과되는 의미로 받아들여져(범죄하기로 되어 있는 의미에서의 예정 개념) 예정 그 자체를 불쾌하게 인식하는 자들은 하나님이 누군가가 죄를 짓도록 예정하신 것이 아니라, 오직 죄를 지은 대가의 형벌을 예정하셨다는 사실을 잘 인식하도록 해야 할 것이다.* 예정에 의해서, 그 어떤 자도 하나님에 의해 악행을 하도록 강요당하지 않으며, 오히려 그 재판관은 그 어떤 자도 범죄하기를 좋아하시 않는 정의로운 자가 될 것을 선포하신다. 그리고 하나님은 그러한 범죄 행위에 정당하게 벌하실 것을 예지하셨고, 그리하여 그로 인해 정당하게 벌하실 것을 예정하셨던 것이다. 결론적으로 말하자면, 하나님은 이러한 예정에 의해 인간의 악행을 예정하신 것이 아니라, 인간이 마땅히 받

---

46. 보에티우스(Boethius)가 *modern*이라는 단어를 최초로 사용한 것으로 여겨진다. 오렌지 공의회(주후 529년)에서 'modernity'(현대성)와 'antiquity'(고대성)의 비교가 시작되었다.

---

* 죄를 짓도록 예정한 것이 아니라, 범죄에 대한 대가로서 형벌이 예정되었다고 주장하는 것은, 예정의 의미가 거의 사라지게 되는 결과를 초래한다. 즉 죄를 지으면 누구나 벌을 받게 되는 것은 굳이 예정 개념이 아니라 자연스런 귀결일 뿐이다. 이 서신 논문의 저자는 성경에 있는 예정 개념을 배제할 수는 없어서, 죄를 지을 예정이 아니라 벌을 받을 예정으로 해석하여 극단적인 이중 예정을 피하고 오히려 그것을 공격하려고 했던 것이다.

아야 할 형벌을 예정하신 것이었다.

[8항의 나머지 부분과 9항은 생략됨]

10장

한 의미, 한 입, 한 영혼을 가지고, 가장 축복 받은 교회의 교부들은 하나님의 예지와 예정에 관한 불변의 진리를 선포하고 위탁했다. 그것은 곧 선택된 자와 유기된 자, 영광에로 택함을 받은 자와 죄 지음이 아니라 형벌에로 버림 받은 자로 분기되는 것이었다. 이 점에서 그들은 일시적이고 잠정적인 계획도 아니고, 또한 특별한 시간의 시초도 아니며, 하나님의 영원한 계획에서 비롯된 불변하는 질서가 우리 앞에 나타나게 되었다고 과감하게 주장하기 시작했다. 게다가 그들은 선택 받은 자 그 누구도 멸망당할 수가 없다고 단정했다. 또한 그들은, 유기된 자들은 그들의 마음이 딱딱하게 굳어져 완고하며 고집이 강해서 회개하지 않아 아무도 구원을 받을 수가 없다고 확언했던 것이다. 성경과 거룩한 정통 교부들의 권위가 지닌 진리는 이러한 주장에 대해 완벽하게 동의하고 있으며, 또한 그러한 진리는 그러한 주장을 반복해서 가르쳐 우리로 하여금 그것을 믿게 하고 그 어떤 의심도 하지 않게 만들어주는 것이다. 그러므로 만일 그 불쌍하고 가여운 수사의 얕은 지식이 비난 받아 정죄된다면, 그의 무모한 행위와 만용은 승인 받지 못하게 될 것이고, 그의 무례하고 거만한 수다스러움은 질책을 당하게 될 것이며, 결국 하나님의 진리는 그러한 망동으로 인해 부인되지는 않을 것이다. 가톨릭 신앙을 따르면, 전능하신 하나님은 창세 전, 만물을 창조하시기 전에, 태초로부터 그 자신의 자유로운 자비심으로 인해, 그 자신의 영원한 계획의 확실하고 정당하며 불변한 동기를 따라 어떤 자들을 천국으로 예정하셨다. 하나님의 자비가 그들을 지키고 옹호하기 때문에 이들 중 그 누구도 멸망당할 수가 없다. 또한 하나님은 그들이 아닌 다른 자들을 그 자신의 정당한 죽음의 심판으로 예정하셨는데, 그 이유는 하나님이 예지하신 바대로, 그들의 불경건함에 대한 응분의 처벌 때문이었다. 이들 중 그 어떤 자도 구원 받지 못하며, 이러한 결과는 하나님의 권능의 어떤 잔인성이 아니라, 그들 자신의 사악함이 저지르는 길들일 수 없고 끝이 나지 않는 악행 때문이었다. 그렇다면 오직 우리에게 남는 것은 (우리에게 주어진 하나님의 계시에 따라) 우리가 딴 방법으로 음미했던 것은 무엇이든지 겸손하게 포기하고 단념하는 것일 뿐이다. 그리고 우리에게 한층 더 분명하게 다가오고 있는 진리를 신실하게 포용하는 일 외에는 달리 더할 일이 없다고 하겠다. 이러한 점은 바울 사도가 잘 가르쳐주고 있다. "우리는 진리를 거슬러 아무것도 할 수 없고 오직 진리를 위할 뿐이니."[47]

[11-20항목 생략함]

21항

앞에 언급된 서신에서, 그 가련하고 불쌍한 수사는 한 걸음 더 나아가, 첫 인간이 자유 의지로 말미암아 타락하게 된 이후, 그 어느 누구도 오직 악행 외에는 선행할 자유 의지를 발휘할 수 없게 되었다고 선언한 바가 있다. 신앙인들에 의해 길러지고 그리고 교부들의 저술에 의해 가르침을 받은 사람이, 첫 사람이 타락한 이후 신실한 자라고 한들 그 누구도 선행하기 위한 자유 의지를 발휘할 수 없고 오직 악을 행할 의지만 사용할 수 있다고 생각하고 또한 하물며 그렇게 말할 수 있도록 자극받을 수 있다는 사실은, 우리가 발견하여 깨달아 알 수 있는 한, 아직 알려지지 않은 놀랍고도 믿을 수 없는 주장이라 하겠다. 그는 마치 우리 안에 있는 그 의지가 악행을 저지르는 일 외에는 자유롭지 않다고 여긴다. 또한 그는 마치 하나님의 은총만이 유일하게 우리 안에서 자유 의지와 무관한 채 선행하도록 작동하는 것처럼 생각한다. 그러나 만일 그가 "인간들 중 그 어느 누구도"라는 일반적인 진술을 한다면, 그리고 게다가 "하나님의 은총 없이"라는 말을 덧붙인다면, 또한 거기에다 "자유 의지기 정당하게 발휘될 수 없다"는 말을 첨가한다면, 그런 언급은 가톨릭적 의미를 지닌 절대적인 가톨릭적 주장이라 안할 수 없다. 그러나 그는 우리들(즉, 신자들) 중 그 누구도 악을 행하는 일 외에 자유 의지를 발휘할 수 없다고 주장하고 있다. 그런데 (죄가 들어오기 전에 참된 선을 사랑하고 원하며 누리기에 자유로웠던) 인간 정신의 의지가 범죄로 말미암아 첫 인간에 의해 손상되어서, 그리고 실로 그것이 파멸되어서, 자유 의지가 오직 인간 안에 악을 위해서만 남아 있게 되었다는 언급 이외에 그 어떤 종류의 단언과 주장이 진기한 추측과 가정을 더

---

47. 고후 13:8.

많이 가지고 있을 수 있겠는가? 그에 의하면 인간이 선을 행할 자유를 가지고 있지 않고, 오직 선행은 하나님의 은총에서 비롯됐다는 것이다. 우리는 어떤 다른 이단들 사이에서도, 물론 명백히 그 어떤 가톨릭교인들 가운데서도, 이러한 종류의 오류가 있었다는 사실을 듣거나 본 적이 없었음을 기억하고 있다. 그러므로 우리가 언급한 바대로, 그 수사에 관한 이 모든 정보가 우리에게는 믿을 수 없는 엄청난 것으로 다가오는 것이다.

어떤 한 사람이 건강할 수 있고, 또한 어떤 절제의 결핍으로 인해 건강하다가도 아플 수가 있으며, 그리고는 건강에 좋은 약을 먹음으로써 다시 건강을 회복할 수 있는 것처럼, 이전에는 상하지 않고 정상적이었던 인간의 자유 의지도 첫 인간 아담이 죄를 지었을 때, 연약해져서 힘을 발휘할 수가 없게 되었다. 정상적이었던 것이 부패해버렸고, 또한 살아서 생생하게 활기를 지녔던 것이 지금 현재는 죽어 있는 것이다. 죄가 들어오기 전에, 그것은 참으로 건강하고 정상적이었고, 어떤 죄스러운 연약함에 의해서도 손상되지 않았다. 그러나 죄 그 자체로 인해 그 인간의 자유 의지는 약화되어서 인간은 하나님께 이렇게 간절히 외칠 수밖에 없게 되었다. "내가 말하기를 여호와여 내게 은혜를 베푸소서 내가 주께 범죄하였사오니 나를 고치소서 하였나이다."[48] 그 진정한 의사에 의해 고침을 받아 기뻐하는 은택을 입은 자들은 이렇게 외쳐댔다. "여호와 내 하나님이여 내가 주께 부르짖으매 나를 고치셨나이다."[49] 참으로 타락하고 부패한 그 질병에 걸린 의지는 내적인 악한 의지나 외적인 악한 행위로 인해 고침을 받지 않았다. 참으로 그 의지는 악한 의지로 말미암아 하나님을 버렸을 때 타락하게 되었고, 그로 인해 그 자신이 지니고 있었던 선함을 상실해버렸던 것이다. 그러므로 일찍이 이러한 의지 자체의 부패와 타락상을 깨달았던 자는 그 의지의 자유로움을 열렬히 갈망하면서 이렇게 외쳐댔던 것이다. "잃은 양같이 내가 방황하오니 주의 종을 찾으소서 내가 주의 계명들을 잊지 아니함이니이다."[50] 구세주께서는 매일 그 자신을 찾아 구원해주시기를 갈망하고 있는 자의 요구를 들어주신다. "인자가 온

---

48. 시 41:4 (불가타, 시 40:5).
49. 시 30:2 (불가타, 시 29:3).
50. 시 119:176 (불가타, 시 118:176).

것은 잃어버린 자를 찾아 구원하려 함이니라."[51] 그는 구세주께 매어달려 있는 한 산자가 되었다. "진실로 생명의 원천이 주께 있사오니 주의 빛 안에서 우리가 빛을 보리이다."[52] 그는 구세주 안에서, 구세주를 통해 살아있게 되며, 복음서는 이에 관해 이렇게 선포했던 것이다. "그 안에 생명이 있었으니 이 생명은 사람들의 빛이라."[53] 이러한 생명과 생명의 원천을 버린 인간은 하나님의 생명으로부터 버림받아 멀어지게 되어, 결국은 죽게 되었다. "… 범죄하는 그 영혼은 죽으리라."[54] 사람은 누구나 다음과 같이 말씀하신 구세주를 통해 세움을 받고 살게 되지 않는다면, 그 자신의 힘에 의해서나 아니면 저절로 참된 생명을 향한 그 어떤 살아 있는 감정의 노력도 시도할 수가 없게 되고 또한 그 모든 것도 허사가 되고 말 것이다. "이 내 아들은 죽었다가 다시 살아났으며 내가 잃었다가 다시 얻었노라…"[55] 역시 사도가 다음과 같이 언급한 성령의 감동을 입지 않는다면 인간의 노력은 만사가 불발이 되고 말 것이다. "… 율법 조문은 죽이는 것이요 영은 살리는 것이니라."[56] 그러므로 그들은 죽었고 또한 매일 되살아나게 되며, 주님은 복음서에서 그에 관해 이렇게 선포하셨다. "진실로 진실로 너희에게 이르노니 죽은 자들이 하나님의 아들의 음성을 들을 때가 오나니 곧 이 때라 듣는 자는 살아나리라."[57] 그들을 향해 사도는 이렇게 외친다. "그러므로 이르시기를 잠자는 자여 깨어서 죽은 자들 가운데서 일어나라 그리스도께서 너에게 비추이시리라 하셨느니라."[58]

어떤 사기꾼이나 트집쟁이 무리들은 본래 인간이 날 때부터 지니게 되었던 타고난 자유 의지의 결단력 안에 내재해 있던 그 자신의 고유한 본성이 당연히 상실되기에 이르렀다고 이해하고 있다. 그러나 우리는 첫 인간의 죄로 인해 자유 의시가 상실되어 죽게 되었다는 사실은 인정하지만, 그들이 그러한 고유한 본성이 사라지게 되었다고 주장하며 도전을 감행하는 모험을 두 눈 뜨고 가만히 지켜보아서는 안 될 것이

---

51. 눅 19:10.

52. 시 36:9 (불가타, 시 35:10).

53. 요 1:4.

54. 겔 18:4.

55. 눅 15:24.

56. 고후 3:6.

57. 요 5:25.

58. 엡 5:14.

다. 왜냐하면 인간은 그 자신의 본성을 상실하지 않았고, 다만 그 자신의 본성의 선한 부분만을 잃어버렸기 때문이다. 왜냐하면 또한 인간은 바라고 원하고 의도하는 능력을 상실한 것이 아니라, 단지 선을 바라고 원하고 의도하는 능력만을 상실했을 뿐이다. 그의 영혼이 죽었을 때, 인간은 자신의 고유한 본성을 상실하게 된 것이 아니었고, 그런 상황 가운데서 항상 존재해 왔던 것처럼 인간은 어떤 한 방식에 따라 계속해서 항상 삶을 유지해나가게 되었던 것이다. 하여간 인간은 물론 물질의 소멸이 아니라, 그를 위한 하나님이신 그 자신의 참 생명의 소실로 인해 참으로 죽게 되었다. 이러한 이유로 말미암아, 인간의 자유 의지는 찾고 구할 대상이 필요하게 되었고, 그리하여 그 자신의 상실된 상태에서부터 구원받을 수 있게 되었던 것이다. 그 인간의 자유 의지는 일으켜 세워져 생명을 주어 살려 낼 수 있는 유일한 한 존재가 필요하다. 그렇게 되면 하자가 있는 자유 의지는 다시 죽음에서부터 되살아 날 수 있을 것이다. 더욱이 그러한 결핍한 인간의 자유 의지는 속전을 해 줄 유일한 한 존재가 필요하다. 그리하여 영락하여 비참하게 된 절망적인 노예 상태에서 해방될 수 있다. 자유 의지는 죄에 종속되었기 때문에 비참한 절망상태에 영영 놓여 있게 되었다. "예수께서 대답하시되 진실로 진실로 너희에게 이르노니 죄를 범하는 자마다 죄의 종이라."[59] 죄의 상태로부터 자유 의지는 다음과 같이 말씀하신 구세주에 의해 해방되었다. "그러므로 아들이 너희를 자유롭게 하면 너희가 참으로 자유로우리라."[60] 그뿐만 아니라 성령의 은사로 말미암아 자유 의지가 해방됨에 대해 사도는 이렇게 선언했던 것이다. "주는 영이시니 주의 영이 계신 곳에는 자유가 있느니라."[61] 최초의 거짓말의 과실과 허물로 인해, 인간 곧 그 첫 인간 안에서 죽게 될 운명의 모든 인간은, 타락 이전에 참되고 거룩하며 영원한 선을 갈망하고 소유함에서 자유로웠던 의지의 참된 자유를 파멸 당하게 되었다. 또한 그리스도의 구속을 통해 의지가 자유를 얻지 못한다면, 선한 의지의 행복하고 참된 자유를 회복할 수 있는 어떤 길도 존재하지 않게 된다. 그리고 성령의 은총을 통하지 않고서는 의지는 죄의 노예 상태에서 의의 자유로 이동할 수가 없게 되는 법이다.

---

59. 요 8:34.

60. 요 8:36.

61. 고후 3:17.

[22–23항 생략]

24항

　우리가 수신한 서신에서 상술한 문제가 언급된 나머지로, 그와 주제가 다른 어떤 한 이야기가 소개되었는데, 우리는 당면한 문제에 관한 답변을 하고 있는 상황에서, 그것과 연관시켜 그에 대해 논박할 필요는 없다고 여긴다. 그 서신을 기록한 발송자는 주교들이 모인 공의회에 관한 내용을 첨가했는데, 여기서 그는 그 사악한 수사가 발설하고 가르친 것으로 보고되고 있는 주장들에 관해 심사숙고해서 판결을 내려야 할 것이라고 쓰고 있다. (내 생각에, 그 문제에 관해서는 이미 앞에서 충분히 설명되었다고 여겨진다.) 앞에서 말한 수사가 공의회에서 내려진 주교들의 판결을 묵묵히 따르기를 거절했기 때문에 정죄를 받게 되었는데, 이에 관해서는 다음과 같이 묘사되고 있다.

　"힝크마르는 이렇게 말한다. 왕의 명령을 받아 수행하는 키에르지(Kierzy)의 소환 명령을 받아 모인 주교들 앞에서, 역시 그쪽 편에서 온 영주 웨닐로(Wenilo)의 면전에서, 나는 그(고트샬크)가 그의 주장에 대한 나의 반박 견해가 수많은 청중에 의해 숙고될 가치가 전혀 없다는 말을 하거나 (질문을 받아) 그와 동일한 답변을 하자마자 그를 제지하려고 노력했습니다. 그러나 그는 한 마리의 교활한 뱀처럼 아무런 합리적인 답변 한 마디도 제시하지 못한 채, 공의회의 각 구성원들에게 인격적인 모욕을 퍼부었습니다. 그리하여 가장 수치스러운 그의 오만방자함 때문에 그는, 성 베네딕트 규직(Rule of Saint Benedict)에 따라, 형벌과 태형을 가할 자격이 있는 대수도원장과 수사들에 의해 선고를 받게 되었습니다. 그기 교회의 기르침에 정반대로 끊임없이 사회적이며 교회적인 어려운 난제들을 야기했기 때문에, 그리고 그가 그 자신을 검증하기를 거부하고 또한 어떤 방식으로든 겸손하려고 하지 않았기 때문에, 결국 그는 주교들에 의해 내던져짐을 당했고 또한 교회법에 따라 정죄를 받았던 것입니다."

　상술한 언급에서, 특히 그 공의회에 참석했던 대수도원장들이 먼저 그 전술되었던 가련한 수사에게 잔인한 태형을 선고했다고 한 점은 부조리하고 무의미한 주장에 해당한다. 왜냐하면 그는 그의 반대편 주교들의 유죄 선고를 받았기 때문이었다. 더욱이 당시 교회법을 따르면, 오직 주교들에게만 범죄자에 대해 형벌을 가할 수 있는 자격이 있었기 때문이었다. 또한 고대 관습과 교회 권위에 따라 이단으로 이미 판결을 받았던 자들에 대한 정죄와 사면에 관한 문제에서도, 역시 그러한 벌면 권한은 오직 주교들에게만 귀속되었던 것이다. 그는 처음에 평신도에 의해 판결을 받은 이후 다시 주교들의 선고를 받은 것이 아니었다. 그는 성 베네딕트 규칙[62]에 의해 판결을 받은 후 잔인한 태형에 처해졌던 것이었다. 또한 그는 그 규칙에 의해 어떤 자비도 받지 못하고 가장 야만적인 처형 방식인 참수형에 처해지도록 선고받았다. 그러한 선고는 교회와 성직자의 경건 및 심지어 수도원적 겸양에 따라 준수되어져야만 하는 절제와 한계를 결코 벗어난 것이 아니었다. 물론 그가 자신에 대해 사형선고를 내렸던 주교들에 대해 악다구니와 욕설을 퍼부었다고 보고됐으며, 이는 참으로 사악하고 미친 짓이었다. 그리고 그는 철저히 정당한 처벌을 받아 정죄됐음이 분명하다. 그러나 그에 대한 처형은 주교들 자신의 몫이 아니라 다른 자들의 의무가 되었다.

그러나 그가 먼저 그러한 주장을 대중에게 가르쳤기에, 그 후에 공의회에서 그러한 문제를 다루게 되었고, 결국 그가 결코 현명하지 못하게 그러한 가르침을 철회하지 않게 되었다고 인식하는 견해를 가진 자들, 즉 그러한 모든 독자와 그리고 이 편지를 썼던 주교들은 부디 우리를 용서하라. 우리가 이미 충분히 앞에서 하나님과 교부들의 권위에 근거해 보여주었다시피, 우리는 어떤 망설임이나 주저함도 없이, 그가 언급했던 하나님의 예정에 관한 가르침은 이미 가톨릭 신앙의 법과 교훈 속에 내포됐던 참된 교리임을 선언하는 바다. 그것들은 진리의 말씀을 전한 교부들로부터 명백히 입증된 바였다. 그리고 그것들은 가톨릭 교인이라고 간주되기를 희망하는 우리 중 그어떤 자에 의해서도 거절되거나 경멸받아서는 안 될 것이다.

그러므로 이러한 입장과 자세로, 그 사악한 수사가 아니라 교회의 진리가 비난 받고 있는 현실에 대해 개탄과 애곡을 금할 길이 없음을 천명하는 바다. 사도는 하나님에 관해 설파할 때 이렇게 언급했던 것이 아닌가! "하나님은 모든 사람이 구원을 받으

---

62. 성 베네딕트 규칙 27번. 수많은 편집본과 번역본이 있다. 어떤 기이한 번역본은 라틴어와 앵글로-색슨어 등 두 언어가 동시에 실렸었는데, 이는 초기 영어 텍스트 협회(Early English Text Society)가 편집한 시리즈물 중 하나다. H. Logeman., ed., *The Rule of S. Benet* (London: Trübner, 1888), 59 f.

며 진리를 아는 데에 이르기를 원하시느니라."[63] 우리는 이 구절에 대한 가장 축복받은 아우구스티누스의 주석을 믿어 의심하지 않는다. (그의 가르침을 항상 모든 교회가 독실하게 수락했으며, 세상 끝날까지 그렇게 인정될 것이다.) 사도들과 예언자들이 함께 생성시킨 이중적인 증언들을 내포하고 있는 그렇게 대단히 크고도 중요한 문제를 아우구스티누스는 그의 여러 책의 수많은 부분에서 설명해주었는데, 특히 *Manual*(신앙입문)이라 불리는 소논문에서 상술해주었다. 거기에는 어떤 방식으로 신앙의 건전한 이해를 따라 진리가 수용돼야만 할 것인가가 잘 설명되어 있었고, 또한 그렇게 중요하고 큰 문제를 어떻게 보다 적절히 잘 해석할 것인가가 분명히 논급되어 있다. 아우구스티누스가 지닌 권위가 이단으로 간주되지 않고 어떤 오류가 있는 것으로 여겨지기 위해서, 그의 절대적으로 신실한 해석이 하나님의 가톨릭 사제들에 의해 어떤 인간적인 부분으로 정죄 당하게 된다는 것은 결코 온당하지 못한 처사다. 비록 어떤 다른 거룩하고 축복된 교부들이 사도가 언급한 그 말씀들을 보다 단순하게 받아들였더라도, 그 말씀을 두고 대립적으로 양립하는 양측 견해들은 모두 명예롭게 존중되어야만 한다. 그리고 (위에서 우리가 설명했다시피) 그 어떤 자도 타자를 경멸해서는 안 될 것이다. 그 이유는 어떤 이가 신적인 권위에 의해 진리인 것으로 판명이 된다고 하면, 다른 어떤 타자는 진리에서 벗어나 이탈하지 않는 온건한 판단을 내리게 됨으로써 신뢰를 받을 수 있기 때문이다.

오직 믿기를 원하는 자들에게만 주어지는 주님의 피의 가치에 관한 아우구스티누스의 언술은 바로 축복받은 교부들과 동일한 견해다. (그러한 점에 관해 우리는 앞에서 만족스러우리만치 잘 보여주었다). 사실상 그는, 우리 생각에, 이전의 교부들의 저술들을 읽고 난 후 어떤 점에서 자신의 견해와 불일치되는 부분을 발견하고 두려워했을 것이나. 그러므로 (아우구스티누스의 극단적인 이중 예정론의 예를 보아서도 알 수 있듯이) 비록 누군가가 교부들의 입장이 동일하다는 점을 이해했을지라도, 그러한데도 그러한 점을 결코 믿지 않아서, 또한 그들 자신의 사악함으로 인해 멸망당할 자들에게도 역시 명예로운 가치가 주어졌다고 주장하는 것은 온당한 처사일 것이다. 우리는 교부들을 따르는 자와 그렇지 않은 두 종류의 인간들 모두 존중받아야 하며, 한 편이 다른 편을 정죄해서도 안 된다고 주장하는 바다. 왜냐하면 전자가 하나님의 권위에 의해 명백히 확정되어 믿어지는 것이라

---

63. 딤전 2:4.

면, 후자는 그 반면에, 그것이 신앙적으로 이해될 수 있다면, 거절되어선 안 되기 때문이다. 그러나 그가 말하기로 상상되는 것, 즉 우리가 오직 선행이 아니라 악행을 하기 위한 자유 의지를 지니게 되었다고 주장하는 일은, 만일 그가 진실로 그렇게 생각하고 또한 그렇게 말한다면, 그러한 언급은 확실히 하나님의 신성한 권위에서, 또한 거룩한 교부들의 가르침에서 나온 것이 아니라, 단지 그 자신의 오류와 잘못된 생각에서 명백히 도출된 것에 불과하다. 왜냐하면 파괴되지 않았고 단지 죄에게 정복당하게 되었던 우리의 자유 의지는 우리 안에서 하나님의 은총으로 말미암아 자유롭게 방면되었기 때문이며, 또한 선을 행하도록 자극을 받아 심지어는 우리 자신이 그와 동일한 은총의 동역자가 되었기 때문이다. 그러므로 만일 누군가가 불합리하고도 어리석게 정도를 벗어나 헤매게 된다면, 사도의 명쾌한 언급이 그 올바른 길을 제공하게 된다. "형제들아 사람이 만일 무슨 범죄한 일이 드러나거든 신령한 너희는 온유한 심령으로 그러한 자를 바로잡고 너 자신을 살펴보아 너도 시험을 받을까 두려워하라."[64] 사실상 오만방자하고 무례함과, 미숙하고 자신의 혀를 제어하지 못함으로 인해, 또한 침착하지 못해 들떠 있는 불안정한 변덕스러움으로 말미암아 그에게는 솔로몬에 의해 패망이 선고된다. "입을 지키는 자는 자기의 생명을 보전하나 입술을 크게 벌리는 자에게는 멸망이 오느니라."[65] "장인이 온갖 것을 만들지라도 미련한 자를 고용하는 것은 지나가는 행인을 고용함과 같으니라."[66] 다른 곳에서는 이렇게 언급되어 있다. "거만한 자를 쫓아내면 다툼이 쉬고 싸움과 수욕이 그치느니라."[67]

25항

그럼에도 우리는 어떤 자의 사악함과 후안무치한 뻔뻔스러움에 의해 자극받아서는 안 될 것이며, 그리하여 우리는 우리 교부들의 신적인 진리와 복된 권위가 경멸되거나 공박당하는 일이 없도록 해야 하며, 심지어는 무모하게 정죄 당하는 일이 없어야만 한다. 우리는 여기서 사도의 말씀에 우리의 마음을 몰두해야만 한다. "우리는

---

64. 갈 6:1.

65. 잠 13:3.

66. 잠 26:10. 이 구절에 대한 중요한 본문 각주가 다음 자료에 들어 있다. R. Knox, trans., *The Old Testament* (New York: Sheed and Ward, 1952), 2.943 각주.

67. 잠 22:10.

진리를 거슬러 아무것도 할 수 없고 오직 진리를 위할 뿐이니."[68] 아버지는 아들을 통해, 아들은 아버지를 통해 명예롭게 된 것임이 틀림없다. "손자는 노인의 면류관이요 아비는 자식의 영화니라."[69] 다른 곳에도 그러한 종류의 말씀이 기록되어 있다. "지혜로운 장로의 회 가운데 서라. 그리고 충심으로부터 그들의 지혜와 연합하라. 그렇게 되면 너는 하나님에 관한 모든 기록을 듣게 될 수 있을 것이다."[70] "지혜로운 장로들의 기록을 경멸하지 말라. 그들의 잠언에 정통하라 … 그 장로들의 기록이 너에 의해 간과되어 스쳐 지나가지 않도록 하라. 왜냐하면 그들 자신은 그들의 아버지에게서 배웠기 때문이다. 그들에게서 너는 지식을 얻을 것이고, 적시에 필요에 따라 해결책을 얻을 수 있을 것이다."[71] 다른 곳에도 그와 비슷한 권면이 기록되어 있다. "옛날을 기억하라. 역대의 연대를 생각하라. 네 아버지에게 물으라. 그가 네게 설명할 것이요 네 어른들에게 물으라. 그들이 네게 말하리로다."[72] "네 선조가 세운 옛 지계석을 옮기지 말지니라."[73]

그러므로 누구나 절대적으로 그 사악한 인간이 잔인하고 무시무시한 매질을 당해 갈기갈기 찢겼다는 전무후무하고도 지금까지 듣도 보도 못한 비양심적인 야만적 행위의 사실에 대해 한탄할 뿐만 아니라 전율하게 되는 것이다. 그 사악한 인간에 대한 처리가 그렇게도 무자비하고 몰인정했기 때문에 (그에게 가해진 태형을 직접 목격한 자가 우리에게 알려준 바에 따라), 그는 거의 죽어가는 상황에 처할 수밖에 없게 되어, 그 자신의 눈앞에서 이글이글 타오르고 있는 불꽃 속으로, 그 자신의 손으로 직접 그 자신이 저술한 소책자를 집어던져 태워 재로 만들 수밖에 없었다. 그 책자는 성구들을 수집해서 저술한 것으로서 그 공의회의 거룩한 교부들에게 제시된 바가 있었다. 이선의 모든 이난들은 말씀과 논박을 통해 극복되고 정복당했다. 그러한 방식 가운데서 그 사람이 가신 것으로 보이는 외고집은 굴레를 씌워 억제 당하게 되었고, 또한 그 어떤 공격도 신앙적인 문제를 일으키지 못하게 되었다. 특히 그 이유는 그 소책자(바로 그 마지막 것은 제외

---

68. 고후 13:8.
69. 잠 17:6.
70. 지혜서 6:35.
71. 지혜서 8:9, 11 이하.
72. 신 32:7.
73. 잠 22:28.

하고)에 포함된 생각들이 그 자신의 것이 아니라 교회의 것이기 때문이었다. 그들이 화형에 처해져서는 안 되며, 오히려 일종의 평화적인 심문을 받아야만 했던 것이다. 게다가 그 가련한 자가 당한 투옥의 정죄는 그렇게도 길고, 또한 그렇게도 비인간적이었으며, 그리고 그렇게도 장기간에 걸친 잔인한 처사였다. (그래서 우리가 믿는 대로) 그는 자비로운 온화함과 위로로 경감된 조치를 받아야만 했거나, 혹은 실로 엄청난 우울감 속에 가둠을 당하기보다는 차라리 그리스도께서 자비와 관대의 정신을 통해 죽어 가시면서 획득하신 그 형제를 방면하는 것이 더 나을 뻔했다. 하나님이 알고 계시지 않는가! 그러므로 우리는 맹세코 (그 가련한 친구가 법을 준수하기를 서약하는 한) 복된 사도 요한이 우리에게 위탁한 말씀을 따라 자비를 베풀어야 할 것이다. "그가 우리를 위하여 목숨을 버리셨으니 우리가 이로써 사랑을 알고 우리도 형제들을 위하여 목숨을 버리는 것이 마땅하니라."**74**

[26-38항은 생략됨]

39항

두 번째 서신 속에는, 다른 이들은 침묵으로 지나쳐버려야만 했던 것이지만, 우리가 언급하기에 적절한 몇 가지 주안점이 도사리고 있다. 그러므로 이러한 두 번째 서신을 기록한 파르둘루스(Pardulus)는 전술한 문제를 열정적인 검토하는 일을 간략히 설명하기를 원했다. 그뿐만 아니라 그는 그것에 관한 다양한 견해와 또한 이 문제에 대한 확실하고도 명백한 해결을 원하는 갈망이 추구되고 드러나야만 하기를 원했던 것이다. 그리하여 그는 이에 관해 이렇게 언급했다. "우리 중 수많은 자들이 그것에 관해 썼습니다." 그리고 그가 그들 중 다섯 명의 이름을 거론했을 때 (그는 심지어 그들 중 아말라리우스가 저술했던 것에 대해서도 언급했다.), 그는 다음과 같은 언급을 부가했던 것이다. "그러나 그들 사이에는 그러한 강력한 불일치가 있었기 때문에, 우리는 왕의 궁정에 상주했던 요한이라는 이름의 아일랜드 사람에게 부득이하게 그것을 저술해주기를 요청했던 것입니다." 이어서 그는 다시 이렇게 말했다. "그러나 나는 당신에게 우리 사이에 매우

---

74. 요일 3:16.

큰 논쟁이 벌어지게 되었던 사실을 공표하는 바입니다."

[39항 나머지 부분은 생략됨]

40

하나님의 예지와 예정이라는 커다란 문제에 관해 저술한 여러 인물들을 언급한 바가 있는데, 그 중에서 아말라리우스의 것은 소환되었고, 스코투스(John Scotus)는 그 주제에 관해 쓰도록 그들의 재촉을 받았다고 언급되고 있다. 우리는 사려 깊은 교인들이, 세치 혀의 말과 거짓말투성이의 책과 장황하고도 괴상한 이단적 논쟁을 통해 (그가 할 수 있는 한 최대한도로) 프랑크 지역의 거의 모든 교회와 또한 타 지역의 교회들을 오염시키고 속였던 아말라리우스의 신앙계 모독 사건에 대해, 그릇되게도 아무런 합당한 조치를 취하지 않았던 사실을 목도한 후, 크게 분노하는 동시에 괴로워하고 있다고 해도 과언이 아니다. 이제 그가 그 자신의 신앙에 대한 심문을 받아야만 하기보다는 오히려 그의 사후에 즉시 그의 모든 저술들이 불에 태워져 사라져야만 한다. 그 이유는 그의 책들을 대단히 높이 평가해서 열심히 애독하는 단순 무지한 자들이 더 이상 무익하고 쓸데없는 독서에 정신을 빼앗기지 않도록 하기 위함이며, 또한 그로 인해 그 무지한 자들이 위험스럽게 속거나 현혹당하지 않도록 하기 위함이다.

그들이 그 아일랜드 사람이 그 주제에 관해 변명을 늘어놓을 수 있도록 저술할 기회를 주었던 사실은 보다 큰 수치요 불명예스러운 일이다. 우리가 최대한 성실하게 그의 저술들을 확인한 바로는, 지금까지 이해한 대로라면, 그는 성경말씀에 입각하지 않고 자신의 견해를 펼쳤다는 것이다. 이런 자에게 관용을 베푼 일이야말로 최대의 수치스러운 일이라 하지 않겠는가! 그는 괴상하고 기발한 상상력과 오류를 총동원해 그의 저술을 가득 채웠기에 결코 신앙의 진리에 귀를 기울이지 않았을 뿐만 아니라, 또한 그의 책들은 수정하고 고쳐서 바로잡기를 서두르지 않는다면 모든 조롱과 비난을 받기에 합당한 것으로 여겨질 수밖에 없었다. 그렇게 하지 않으면, 결국 그는 미친 사람이라는 동정을 받을 것이고 또한 이단으로 정죄될 것은 주지의 결과였다.

우리 리용 교회가 수신인이 아닌 세 번째 서신은, 발신자인 그 복된 주교의 어떤 한 친구에게 보낸 편지였는데, 이는 (우리가 보기에는) 제기되어 있는 문제와는 무관하고 또한 불필요한 토론으로 점철되었다. 현재 진행되고 있는 논쟁에서, 우리가 이미 종종 충분히 언급했던 대로, 또한 앞에서 제시한 다양한 방식 가운데서, 다음과 같은 주제를 가지고 논의를 진행한 것이 아니었다. 곧 하나님은 사악하고 불의한 자들을 사악하고 불의하도록 예정하셨다든지 혹은 그들을 사악하고 불의하게 예정하셔서 그러한 것 외에 다른 일을 행할 수가 없게 하셨다는 등의 주장이다. 오늘날 그 어떤 자도 절대적으로 그렇게 말하거나 생각해서는 안 된다고 알고 있다. 어떤 경우에서건, 그러한 생각은 기괴하고 언어도단적인 신성모독과 다를 바 없다. 그런 생각은 마치 예정을 통해 하나님을 사악함과 불의함의 창조자로 만들 뿐이고, 또한 일부 사람들을 사악하고 불의한 자가 되도록 강요하는 것 그 이상도 아니다. (하나님을 악과 악한 자를 만드는 존재로 만드는 것은 신성모독적 견해라는 의미) 오히려 그 문제에 관한 합당한 질문은 다음과 같다. 하나님은 자신의 정당한 판결에 따라, 죽을 때까지 사악함과 불의함에 집착하며, 또한 그 자신의 잘못으로 인해 사악하고 불의하게 된 자들을 완전히 그리고 진실하게 예지하신 다음, 그들이 영원한 형벌을 당하도록 예정하셨는가에 관한 문제가 그것이다.

이 서신의 저자 라바누스(Rabanus)는 지금 현재 여러 사람들을 동요시켜 흔들어대고 있는 바로 그 두 번째 문제를 간과하면서 오히려 그 앞의 불경건한 문제와 분투하고 있으며, 결국 그의 논의의 전모는 다음과 같은 사실로 인도되었다. 곧, 선하고 정의로우신 하나님께서는 결코 어떤 자들이 지닐 죄와 사악함의 원인, 출처, 제조자 등이 될 수가 없다는 것이다.* 그러나 우리가 이미 언급한 대로, 모든 믿는 자들은 주저하지 않고 신앙을 가지고서 그 사실을 인정하고 있다. *Remembrancer*(생각나게 하는 책, 혹은 비망록)라는 제목을 지닌 한 소책자에 언급되어 있는 말들을 빌려서, 그는 사악하고 불의한 자들을 정당하게 정죄하는 하나님의 예정은 있을 수가 없다고 확언하려 했다. 그리고 그는 하나님의 예정이란 단지 선택된 자의 운명으로 믿어지는 것이라고 주장했다. 그러므로 오늘날 이 문제에 대해 언술했던 모든 자들 이전에, 그는 실로 다음

---

* 이 논술의 저자는 하나님은 이중적으로 악을 예정하신 것이 아니라 악행의 예지를 통해 형벌을 예정하셨음을 주장하고, 라바누스가 말하는 "하나님은 악을 만들지 않으셨다"(신정론 문제)는 문제는 예정론과는 직접적인 연관성이 없다는 점을 밝혀주고 있다.

과 같이 서술했던 것이다. 곧 사악하고 불의한 자들의 결과에 관한 예정은 그렇게 주장하는 그들 자신의 권위를 세우기 위해 비롯됐다는 것이다.

그는 자신의 서신 서두에서 이렇게 언급하기 시작했다. "내가 거룩한 성경과 정통 교부들의 저술들에서 수집하여 편찬한 이단에 관한 소책자, 곧 사악하고 오류로 가득 찬 자들이 하나님의 예정에 관한 이론을 수립해 타인들을 오류의 도가니 속으로 집어넣었던 점을 신랄하게 지적한 나의 작은 작품은 적지 않은 일반인들의 동의를 받아왔습니다. '하나님의 예정은 생명으로 예정된 자가 죽음의 나락으로 떨어진다든지, 혹은 죽음으로 예정된 자가 어떤 방법을 통해 생명으로 회복된다든지 하는 등의 일을 불가능하게 만든다'라고 주장하는 자의 어리석음 때문에 선하고 정의로우신 하나님이 종종 악하고 그릇되게 묘사되곤 하는데, 이 저술은 바로 그러한 잘못된 주장들을 완벽히 극복하기 위한 목적으로 쓰인 것이었습니다. 비록 이 세상 만물을 만드신 창조주 하나님께서 어떤 타락과 멸망의 원인이 아니시라고 하더라도, 그분은 다수의 구원의 원천이십니다."

이러한 언술 가운데서, 먼저 라바누스는 성경과 거룩한 교부들을 따라 두 운명, 즉 선택된 자와 유기된 자 등을 함축하는 견해를 신실하게 신봉하는 하나님의 예정에 관한 이단과 이단자들에 관해 언급하고 있다. 라바누스에 의하면 그들은 다음과 같이 주장한다는 것이다. 즉 전능하신 하나님께서는 전자인 선택된 자들을 그의 크나큰 선하심을 따라 영원한 영광으로 예정하셨고, 또한 후자인 유기된 자들을 그의 광대한 형평과 정의로우심에 따라 영원한 형벌로 예정하셨다. 그런데 이단으로 불리는 자들의 부류 속으로 쉽게 함몰되어 거룩하고 복된 교부들을 비난하는 것처럼 비쳐지지 않기 위해서, 그는 신앙의 권면을 받고 신앙이 비추어주는 곳으로 되돌아가야만 한다.

[42-46항 생략]

47항

그 서신은 결국 이 모든 것을 전한 후에 다음과 같은 결론을 내렸다. "그러므로 그는 일곱 가지 죄목으로 인해 구속되었다. 그는 무모하게 그러한 신성모독의 죄를 저질렀고, 불경건한 언어를 사용하여 예정의 선한 의미를 사악하고 불법적인 의미로 왜곡시켰던 것이다."

"첫째, 그는 가장 위대하신 창조주 하나님을 악의에 가득 찬 심술궂은 존재로 가정했기 때문에, 하나님의 사역을 어떤 의미나 근거 없이 멸망시키는 일로 규정했다."

"둘째, 그는 성경을 통해 (성경을 왜곡되게 해석하여) 진리 그 자신이 올바르게 믿고 선행하는 자들이 영생의 보상을 받을 수 있다고 약속했고, 또한 죄를 짓고 회개하지 않는 자들이 영원한 죽음의 형벌을 받을 것이라고 예언했다고 언급하여, 사람들을 현혹시키는 주장을 게을리 하지 않도록 분투노력했다."

"셋째, 그가 하나님은 선행한 자에게 상급을 주시지 않고, 악행한 자에게 고통을 주시지 않는다고 주장했는데, 이는 산 자와 죽은 자를 공평하게 심판하실 정의로운 재판관을 불의하다고 선포한 것과 다를 바가 없다."

"넷째, 그는 그리스도께서 예정의 강제성 때문에 그를 믿고 대망하는 자들을 도울 수 없게 되었다고 주장하면서, 세상을 위해 흘리신 구세주의 보혈을 헛된 것으로 취급하는 오류를 범했으나 이러한 오류는 아무런 두려움도 없이 전했다."

"다섯째, 그는 구세주께서 인간 창조를 통해 선한 천사들의 숫자를 채우셨고, 마귀는 그 교만으로 인해 감소시키셨다고 주장했다."

"여섯째, 그는 그 자신의 견해를 따라, 하나님의 은총이 구원을 베풀기로 선포한 자들을 파멸의 운명에게 내 맡겼기 때문에 하나님보다 마귀를 더 선호했다."*

"일곱째, 그가 온 인류에 대해 적대적인 자세를 취하고 있다는 점이 명백하기 때문이다. 그는 그리스도를 믿는 신앙과 세례를 통해서라도 인간의 첫 부모가 타락해서, 또한 그 자신의 극악한 죄로 인해, 그리고는 심지어 적의 권세로 인해 온 인류가 구원을 받지 못할 것이라고 단언했던 것이다. 그와 정반대로, 인류는 그 자신의 창조주의 어리석은 예정에 의해 강제적으로 타르타루스(Tartarus)[75] 속으로 던져짐을 당하게

---

75. 'Tartarus'의 성서적 용례는 벧후 2:4(그리스성서, 라틴어성서 둘 다)을 참고하라.

---

* 하나님은 모든 자를 구원하시기로 예정하셨는데, 일부를 멸망으로 예정하셨다는 극단적인 이중 예정적 주장은 멸망으로 유기된 자들이 마귀에게 속하게 될 뿐이라는 신랄한 비판이다. 결국 이 논문의 저자는 서신을 빌어, 형벌에 대한 예정만이 정당한 것이며, 악과 악한 자 및 선과 선한 자를 이중적으로 갈라놓는 예정은 성경을 오독한 것이라고 규정하고 있다. 곧 악한 자가 악행하기로 예정된 것이 아니라, 줄기차게 그러한 악행의 보상만이 예정되어 있다고 하여 만인구원설을 지향하고 있다.

된다고 주장했다."

이러한 언급들 가운데서, 라바누스는 일곱 가지 논제 혹은 제안을 제시했다. 거기서 그는 어리석고 오류에 가득 찬 자들, 곧 하나님께 저항하는 신성모독적인 자들에게가 아니라 하나님을 신실하게 믿는 자들, 곧 택함을 받은 자들이 구원을 받고 버림을 받은 자들이 정죄 당하는 데서 드러나는 하나님의 자비와 심판을 참으로 인정하고 찬양하는 자들에게 다음 일곱 가지 사항을 위탁했던 것이다. 그러나 그는 자신의 그러한 제안들이 참되고 합리적이라는 입증을 하지는 못했던 것이다.

첫째, 그 어떤 자도 가장 위대하신 창조주 하나님을, 마치 그의 피조물에 대해 악한 의지를 가지고 있는 것처럼 보여서, 심술 많고 악의에 찬 (그럴 리가 있나, 당치 않다!) 존재로 여겨서는 안 될 것이다. 왜냐하면, 하나님의 의지는 영원토록 선하시고 또 선하시기 때문이다. 만일 하나님의 선한 의지가 악에게는 악한 것으로 보이더라도, 그것은 항상 정당하며, 그로 인해 그것은 악이 될 수 없다. 성경은 그러한 점을 다음과 같이 선언하고 있다. "자비로운 자에게는 주의 자비로우심을 나타내시며 완전한 자에게는 주의 완전하심을 보이시며 깨끗한 자에게는 주의 깨끗하심을 보이시며 사악한 자에게는 주의 거스르심을 보이시리니."[76] 이 말씀을 복된 아우구스티누스는 이렇게 언급했다. "네가 가장 거룩한 것으로 알게 될 숨겨진 깊이가 존재한다. 왜냐하면 너는 거룩하게 조성된 바로 그 유일한 자이기 때문이다. 그 완전한 인간과 더불어 너는 완전하게 보일 것이고, 이는 네가 그 어떤 자에게도 해를 입히지 않기 때문이다. 그러나 각자는 오히려 그 자신의 죄의 덫에 의해 속박될 것이다. 너를 선택한 바로 그 유일자에 의해 너는 선택될 것이고, 그러나 사악힘으로 인해 너는 사악하게 보이게 될 것이다. 성경은 이렇게 선포하신다. '주의 길이 올바르지 않다고 말하는 것은, 그들의 길이 올바르지 않기 때문이다.'"[77] 하나님은 자신의 사역에서 아무 근거 없이, 또한 헛되게 파멸을 선고하시지 않으셨다. 그러나 하나님이 가장 참되게 예지하신 자들이 악하고 불의하게 될 것이며, 그들의 악함과 불의함은 지속될 것이라고 판결하여 정하셨다. 하나님은 정당하고 가장 합당한 이유로 인해 그들이 파멸될 것으로 판결하여 정하시고, 또한 약속하시며, 예정하셨던 것이다. "여호와께서 모세에게 이르시되 누구든지

---

76. 시 18:25-26 (불가타, 17:26-27).

77. Augustine, *Exposition of Psalm 17* [R.S.V., 18] (NPNF, 1st ser., 8.52). 참고. 겔 18:25.

내게 범죄 하면 내가 내 책에서 그를 지워 버리리라."[78]

둘째, 선택과 유기로 각각의 운명이 정해지는 하나님의 예정을 신실하게 믿고 수용하는 자는 그 누구도 진리 그 자체가 기만적이라고 입증하려 애쓰지 않는다. 오히려 진리 그 자체는 그의 모든 말에서 절대적으로 참되고 확실하며, 그의 모든 사역에서 거룩하다. 그 이유는 그가 영원한 생명의 보상을 예언하고 약속하며 선정한 대로, 선택한 자들에게 그대로 그렇게 하시기 때문이다. 그와 반면에, 그는 완고하게 회개하지 않는 죄악 된 버림받은 자들에 대해서 그가 예정한 대로 그 자신의 정당한 판결에 따라 영원한 형벌로 보수하신다.

셋째, 하나님의 예정의 진리는 불의함에 대한 정당한 심판을 선포하는 것이 아니다. 왜냐하면 예정을 따르면 보상은 선행을 하고 계속해서 선함 가운데 거하는 자에게 돌아가고, 고통은 악을 행하고 악 속에 남아 있는 자들에게 가해지는 것이다.

넷째, 하나님 그 자신의 예정의 필요성은 구세주께서, 그 자신의 보혈의 영광스러운 가치를 통해, 그를 믿고 대망하는 자들을 도울 수 없게 만드는 것이 결코 아니다. 왜냐하면 그러한 보혈의 대가로 구세주는 영원히 그의 택하신 자들의 도움이 되셨기 때문이다. 그가 유기된 자들의 도움이 되지 않으셨기 때문에, 그들은 그들 자신의 악과 불의함을 통해 그 대가를 퇴짜 놓고 경멸하는 것이다. 비록 그가 그들을 구원하실지라도, 그는 자신의 엄하고 무서운 측면을 보이기 위해, 정당한 보복을 행함으로 일부 인간들을 정죄하시기를 원하신다.

다섯째, 하나님의 예정의 그러한 이중적 엄격성은 선한 천사들을 시샘하기 위해서 생겨난 것이 아니다.* 곧 매일 죽어가는 버림받은 수많은 자들 때문에, 그들의 (마귀와 천사들의 타락으로 인해 감소된) 숫자가 채워지고 회복되는 일을 질투해 그런 예정론이 제시된 것이 아니었다. 왜냐하면 신앙은, 선택된 수많은 인류가 거기에 그와 동일한 수많은 선택된 천사들이 남아 있다는 사실에 대해 명백히 동의하고 있다는 점을, 가장 확

---

78. 출 32:33.

* 즉, 하나님이 타락해 모자라게 된 천사들의 머리수를 채우는 일을 방해하기 위해 이중적인 예정을 결정하시지 않으셨다는 의미. 곧 모든 인간을 구원으로 예정하지 않고, 일부 인간들을 멸망으로 예정해서 천사들이 공백이 된 숫자를 메우는 일을 시샘하여 방해하기를 원하셨다는 의미.

실히 알고 있기 때문이다.* 그러한 점은 성경이 분명히 증언하고 있다. "지극히 높으신 자가 민족들에게 기업을 주실 때에, 인종을 나누실 때에 이스라엘 자손(천사, 혹은 천사처럼 천진난만한 아이)의 수효대로 백성들의 경계를 정하셨도다."[79]

여섯째, 이러한 예정은 하나님보다 마귀가 더 좋아하지 않는다. 그 이유는 마귀가, 하나님의 은총이 그와 동일한 예정에 의해 영원한 구원에 도달하기로 판정한 자들을, 억지로 멸망시키기 때문이다. 게다가, 예정은 절대적으로 하나님이 선택하신 자들 중 그 누구도 마귀 자신의 몫에 속할 수가 없음을 확증하고 있다.

일곱째, 이러한 예정 안에서 신앙은, 첫 부모의 타락에서, 그 자신의 극악무도한 중대한 범죄에서, 그리고 적의 권세에서, 그리스도와 세례를 믿는 신앙을 통해 구원받을 수 없다고 하는 가정 속으로 그 어떤 자도 몰아넣지 않는다. 예정은 가장 신실하게 모든 선택된 자들의 구원을 실현시킨다. "우리로 하여금 빛 가운데서 성도의 기업의 부분을 얻기에 합당하게 하신 아버지께 감사하게 하시기를 원하노라. 그가 우리를 흑암의 권세에서 건져내사 그의 사랑의 아들의 나라로 옮기셨으니."[80] 그들의 창조주(곧, 하나님)의 예정은 버림을 받은 자에게 해롭지 않다. 즉, 예정은 그들의 완고하고도 길들일 수 없는 사악함을 가장 정당하게 벌하는 것이기 때문이다. 그들은 그러한 사악함의 남용과 그 사악함의 가혹한 짐의 무게에 짓눌려 으깨어져서, 타르타루스 속으로 집어던져 넣어지고, 끝없이 깊은 구렁 속으로 던져지는 돌 같은 신세가 되며, 격노해서 미친 듯이 날뛰는 물속으로 빠져드는 무거운 납덩이처럼 내팽겨 쳐지는 것이다. 요한계시록은 이 세상 모든 도시(즉, 정죄당한 모든 무리)가 최후의 심판 날에 겪게 될 무섭고 소름끼지는 보습을 협박적인 에인을 통해 묘사했다. 다음과 같이 "이에 한 힘 센 천사가 큰 맷돌 같은 돌을 들어 바다에 던져 이르되 큰 성 바벨론이 이같이 비참하게 던져져 결코 다시 보이지 아니하리로다."[81]

---

79. 신 32:8(LXX).

80. 골 1:12–13.

81. 계 18:21.

---

* 천사가 항상 천국에 가득하기 때문에, 하나님께서 천사의 타락으로 결핍되어 모자라게 된 천사들의 숫자를 메우는 것을 (천사가 하나님을 배신하여 타락한 것이 얄밉고 미워서) 시샘하고 방해하기 위해 인간을 멸망으로 예정해서 그 결핍이 충원될 싹을 잘라버리셨다고 여기는 것은 불합리하다는 의미.

이러한 예정론에 관한 논의의 전모가 그러하니, 이제 우리는 악의에 찬 분쟁과 진기함 속에서 드러나는 거드름피우는 자만감을 제쳐 두고, 성실하게 하나님의 진리를 승인하며, 교부들의 권위를 고분고분하게 따르고, 최대한 주의 깊게 오류와 허언의 헛된 기만을 인식해야 할 것이다. 하나님의 도우심을 받아, 한 번만 유일회적으로 주어진 참된 신앙의 보물을 손상되지 않도록 지키는 일이 우리에게 위탁됐으므로, 어떤 자들이 신앙에 관한 것을 잊어버리고 무신론적인 불경하고 사악한 말의 진기함과 소위 학문적인 그릇된 모순만을 떠벌리고 있는데, 우리는 이런 데서 과감하게 피해야만 한다.[82]

---

82. 참고 딤전 6:20 이하.

제2부

성경 속에 드러난 하나님의 말씀

PART II
GOD'S WORD
IN HOLY SCRIPTURE

제1장

위대한 그레고리우스 1세: 욥기 주석(발췌본)

제1절. 서론

주후 590년에서 604년까지 로마의 주교로 재임한 위대한 그레고리우스 1세 교황은, 방대한 양의 저술들과 총명함보다는 교회 정치가로서 교회 역사상 교회를 위해 쌓은 업적 때문에 더 유명한 인물로 알려졌다 해도 과언이 아니다. 비록 그러하더라도, 작가로서 그를 가장 위대한 명성의 소유자로 만들어 준 한 작품이 있는데, 그것은 곧 저명한 *Book of Pastoral Rule*(목자 규칙서)였다.[1] 그 책이 유명해진 것은 그레고리우스 1세의 독창적인 창작력 때문이 아니라, 바로 중세의 실천적인 가치를 중시하는 사고방식 때문이다. 중세의 교구 사제와 교구 주교 행정가들의 관심사는 바로 실천적 측면이었고, 이를 겨냥한 그레고리우스 1세의 저술은 당대 인기와 관심사에 영합할 수 있는

---

1. *Liber regulae pastoralis* (종종 "Pastoral Care"로 불림), MPL 77.12–128, tr. by J. Barmby (NPNF, 2d ser., vol. 12–13); H. Davis (ACW 11). 그레고리우스 1세는 또한 다음과 같은 책도 저술했다. *Libri iv dialogorum de vita et miraculis patrum Italicorum et de aternitate animarum* (MPL 77.149–430); *Homiliae xl in Ezechielem* (MPL 76.781–1076); *Homiliae xl in evangelia* (MPL 76.1075–1314), 또한 이 책에 수록된 욥기 주석이 있다.

베스트셀러가 되기에 충분했던 것이다. 곧바로 그의 그 작품 속에는 그러한 실천적 관심사가 깊숙이 자리 잡고 있었던 것이다. 그레고리우스 1세에 의하면, 그는 그 자신이 아우구스티누스의 저술들에서 발견했던 진리를, 당대 사람들이 이해하기에 충분했던 단순한 언어로 표현하는 방법을 체득했다. 그레고리우스 1세는 스스로 자신의 작품들이 위대한 문학작품이라고 주장하기를 거부한 최초의 장본인이었던 것이다.

그의 생애에 관한 중요한 사실들은 잘 알려져 있다. 그는 주후 약 540년경에 로마에서 아마도 아니키우스(Anicius)라고 불렸을 한 귀족 가문에서 태어났다. 그의 아버지 고르디아누스(Gordianus)는 일종의 관리직에 종사한 분이었고, 어머니 실비아(Silvia)는 두 고모 타르실라(Tarsilla)와 아이밀리아나(Aemiliana)와 함께 성녀로 추앙받을 정도로 신실한 분이었다. 그리하여 그레고리우스 1세의 청년기에 관한 한 전기 작가의 말에 의하면, 그레고리우스 1세는 "성인들 사이에서 성인으로 양육됐다."[2] 당시에 아마도 매우 우수하다고 추정될 양질의 교육을 받았던 그레고리우스 1세는 – 그가 받은 교육에 관해서는 귀족 가문 출신이었기에 탁월한 환경에서 교육 받았을 것이라는 추정 외에는 구체적으로 더 이상 알려진 것이 없음 – 황제 유스티누스 2세(Justin II) 치하에서 주후 573년 혹은 그보다 더 일찍 로마의 성성(聖省) 장관이 됐다. 그러나 이듬해, 그는 수도사가 되기로 결심했다. 그는 자신의 가문 사유지인 시칠리(Cicily) 내에 여섯 개의 수도원과, 그리고 로마에 일곱 번째 수도원이 있다는 사실을 알게 됐다. 로마에 소재한 수도원은 성 앤드류(Saint Andrew)에게 헌정된 것으로서, 카일리안 언덕(Caelian Hill) 위에 위치한 가족 거주지 내에 자리 잡고 있었던 것으로 추정된다.[3] 훗날 교황 그레고리우스 2세(Pope Gregory II, 주후 715-731년 재위)는 그를 기념하기 위해 그곳을 그레고리우스 1세에서 재헌정했다.[4] 그때 성 앤드류 수도원은 예배당으로 격하됐다.

---

2. (Warnefrid의) 부제 바울(Paul the Deacon)이 저술한 그레고리우스 1세 전기는 MPL 75.41–86에 수록됐다. 다음을 보라. H. Grisar's edition in *Zeitschr. f. kath. Theol.* 11 (1887) 166–172; 부제 요한(John the Deacon)이 쓴 그레고리우스 1세의 생애는 MPL 75.87–242에 수록됐다. 그와 반면에 베네딕트의 생애는 MPL 241–262에 수록됐다. 에발트(P. Ewald)는 Saint Gallen MS. 567(s. viii–ix)에서 휘트비의 한 수도사가 쓴 보다 초기의 그레고리우스 1세 전기를 발견했고, 그 일부를 *Historische Aufsätze dem Andenken an Geogr Waitz gewidmet* (1886) 17–54에 실어 출판했다. 그것의 완본은 가스켓이 다음과 같은 책으로 편찬했다. Francis Aidan Gasquet, *A Life of Pope St. Gregory the Great* (Westminster, 1904), tr. by Gharles W. Jones, *Saints' Lives and Chronicles in Early England* (Ithaca, Cornell Press, 1947), pp. 97–121.

3. 현재 그레고리(S. Gregorio Magno) 교회의 정북 쪽에 위치한 Clivus Scauri 위인 것으로 추정됨.

4. 그 자리에 자리 잡고 있는 현대 건축 구조물은 주후 1633년에 세워졌다.

주후 578년에 그 수도사는 그 지역의 일곱 지역 부제들 중 일인으로 서품됐고[5], 주후 579년 봄에 그는 교황 펠라기우스 2세(Pelagius II)에 의해 대사의 직함을 띠고 콘스탄티노플에 있는 티베리우스 2세(Tiberius II) 황제에게 보내졌다. 여기서 그는 주후 585년까지 머물면서, 제국 궁정에서 펠라기우스의 대리 사절 역할을 감당했다. 그러한 사절 임무의 목적은, 주장된 바로, 제국의 인준 확정 통보가 도달하기 이전에 펠라기우스의 성직 수임을 승인받기 위함이었던 것으로 사료된다. 혹은 롬바르드 족 퇴치를 위한 도움을 얻기 위함이었던 것으로도 보인다. 그때 롬바르드 족은 로마를 위협하고 있었다. 아니면 공의회에 참석한 것으로도 여겨진다.

콘스탄티노플에 머무는 동안, 그레고리우스 1세는 그 지역 총대 주교인 유티키우스(Eutychius; 주후 552-582년)와 부활에 관한 교리 논쟁을 펼쳤다. 추호의 의심의 여지도 없이, 그레고리우스 1세가 그의 사절 임무를 통해 거둔 가장 영구한 수확은 비잔틴 정부 행정의 무능함을 그의 눈으로 목격할 수 있었다는 점과, 또한 그 이후에 세빌(Seville)의 레안더(Leander)와 지속적인 우정의 탑을 쌓을 수가 있었다는 사실이었다.

대략 주후 585년, 그레고리우스 1세는 다시 로마로 건너가, 이내 성 앤드류 수도원의 대수도원장이 됐고, 주후 589년 로마에 밀어닥친 비참한 홍수와 역병을 극복하는 데 앞장서는 대사 역을 다시 한 번 감당하게 됐다.[6] 여기서 수많은 희생자들 중 최초의 피해자는 교황 펠라기우스 2세였는데, 그는 주후 590년 2월에 별세했다. 거의 얼마 지나지 않아, 사람들은 부제 그레고리우스 1세를 그의 후계자로 삼으려 했으나, 그에게 닥쳐오는 무거운 책임의 중압감 때문에 한 번 거절을 시도한 후에, 주후 590년 9월 3일, 교황직을 수락하여 임명되기에 이르렀다. 소문에 의하면, 그는 페스트를 축출하기 위해 로마 주위를 도는 참회 행렬을 조직해서 행진하도록 했고, 그 행사 끝에 거기에 참여한 사람들은 하드리안의 장려한 무덤 꼭대기 위에 미카엘 천사가 서서 그의 칼집에 칼을 꽂고 있는 장면을 발견했다는 것이다. 이는 곧 페스트 확산의 종언을 알리는 하나의 징조였다는 것이다.

그 새 교황의 첫 작품들 중에서 *Moralia* 즉 욥기 주석[7]이 완성됐고, 여기서 발췌

---

5. 중세 시대에 부제는 오늘날보다 더 중요한 직책이었는데, 그 당시 이는 특별한 종류의 부제였다.

6. 다음을 보라. Gregory of Tours, *Hist. of the Franks* 10.1 (ed. Dalton 2.425).

7. *Expositio in beatum Iob seu Moralium libri xxxv*, reprinted in MPL 75.527-1162, from the 1705 edition by the Benedictines

번역된 것이 우리 책에 실렸다. 그 욥기 주석은 콘스탄티노플에서 열린 강연에서 시작됐고, 로마교황 임기 첫 해에 완성돼, 헌정 서신과 함께 (우리 책에 번역됨) 그의 오랜 지기인 동시에 지금 현재의 세빌(Seville)의 주교인 레안더(Leander)에게 보내졌던 것이다. 어딘가 다른 곳에서[8], 그레고리우스 1세는 이 작품에 대해 다음과 같이 언급한 적이 있었다. "설교말씀을 전달함에 사고와 언어 둘 다 나의 실력은 매우 빈약했기 때문에, 할 수 있는 한, 나는 논문 형식을 통해 나의 의사를 전달하려고 노력했습니다. 그래서 그것은 필기사에 의해 기록되는 과정을 겪었습니다." 또한 한 서신[9]에는, 그것은 카르타고(Cartagena)의 주교, 리키니아누스(Licinianus)에게서 온 것이었는데, 그레고리우스 1세의 저작에 관한 정보가 들어 있다. 곧 그 서신을 보면, 레안더가 리키니아누스에게 그레고리우스 1세의 작품과 그것에 대한 그레고리우스 1세 자신의 불만족스러움에 관해 언급해주었던 사실을 잘 알 수 있게 된다. 그러나 리키니아누스는 그의 작품을 보지 않았다. 또다시 그레고리우스 1세는 레안더에게 아직 발송하지 않았던 여러 장으로 된 서신을 발송했다.[10] 바로 그 헌정 서신과 욥기 1장 주석의 일부가 이 책의 텍스트에 선택돼 포함된 이유는 그것이 감탄스러울 정도로 이상적인 중세 성경주석의 모범을 보이기 때문이다.

교황으로서 그레고리우스 1세의 활동은 단지 간략히 언급돼도 무방할 것이다. 그의 853개의 서신들[11]은 그가 대단히 높은 영적 수준에서 쉬지 않고 교회 행정에 종사하기 위해 노력했다는 점을 보여주는 증거가 될 것이다. 또한 그는 세속적인 영역에서도 탁월하고 효율적인 행정가의 면모를 보여줬는데, 특히 바티칸(Patrimonium Petri), 곧 광대한 교회 영토를 유지해 나갈 때 발군의 실력을 보여주었다. 베드로 수위좌를 지키기 위한 용감하고도 영웅적인 전사였던 그레고리우스 1세는 지도적인 중세 교황의 기초를 다진 자로 − 사실상 최고위는 아니었다 해도 − 간주돼야만 한다. 그는 먼 외

---

of St. Maur. *Moralia*는 다음과 같은 번역본이 나옴. tr., by J. Bliss and published anonymously in *A Library of Fathers of the Holy Catholic Church*, etc. (Oxford: Parker; London: Rivington, 1844), in three volumes. 뒤에 실릴 텍스트는 이 번역본의 제1권, pp. 1–15를 대본으로 했다. 그 헌정 서신은 MPL 75.509–516과 MGH Epist. 1–2에 수록됐다. 이 서신을 가장 잘 편집한 것은 다음과 같다. ed., by P. Ewald and L. M. Hartmann (1891–1899).

8. Gregory to Leander, Epist. 1.43 (NPNF, 2d ser., 12.87~88.): May, 591.

9. Gregory, Epist. 2.54 (NPNF, 2d ser., 12.121); 연대는 591/2.

10. Gregory, Epist. 5.49 (NPNF, 2d ser., 12.181), 연대는 594/5.

11. MPL 77.431–1352.

방 선교 활동을 열렬히 널리 펼친 인물이었고, 물론, 주후 597년에, 성 아우구스티누스를 영국까지 파송한 일은 가장 널리 알려진 사실이었다. 그는 교회 예전의 개혁에 가장 중요한 공로자로 여겨져 왔으며, 또한 단순한 찬송가를 개발한 인물로도 정평이 나 있다. 서방 지역을 침공하여 들끓던 야만족의 발호는 동로마 제국의 무능한 행정 관료들로 인해 발생한 필연적인 귀결이었고,* 결국, 그레고리우스 1세 교황은 교회의 권세를 활용해 롬바르드 족이나 여타 다른 적들에게서 이탈리아를 지켜 평화를 수호해 내기 위해 엄청난 시간과 노력을 바쳤던 것이다. 그러나 사실상 이 모든 그레고리우스 1세의 활약상은 건강의 악화로 방해를 받게 되었다.

그레고리우스 1세의 경력이나 다른 측면에 관해서는 다음 자료들을 참고하면 될 것이다. J. Barmby, *Gregory the Great* in "Fathers for English Readers"(London, S.P.C.K., 1892); P. Batiffol, *Saint Grégoire le Grand* (Paris, 3d ed., Gabaldi, 1928), pp. 99–109 on the *Moralia*; E. Clausier, *St. Grégoire le Grand, Pape et Docteur de l'Église* (Paris, 1886–1891); F. Homes Dudden, *Gregory the Great: His Place in History and Thought* (London, Longmans, 1905); H. Grisar, *S. Gregorio Magno*, tr. by A. DeSanctis (Rome, 1928); Sir Henry H. Howorth, *Saint Gregory the Great* (London, Murray, 1912); H. Leclercq, "Grégoire le Grand"(DACL 5.2.1753–1776, 초상화, 1761 f.); C. Wolfsgruber, *Gregor der Grosse* (Ravensburg, 1897).

---

* 부패와 혼란에 빠져 힘이 사라진 동로마가 위에서 쳐들어오는 야만족을 막을 수가 없었음.

제2절. 본문

헌정 서신(Dedicatory Letter)

하나님의 종 중의 종인 그레고리우스 1세는, 형제요 동료 주교인 가장 귀하고 거룩한 레안더(Leander)[12]에게 바치노라.

1

가장 복된 형제인 당신을 오래 전에 콘스탄티노플에서 처음 만나 알게 됐을 때, 나는 로마 교황좌(Apostolic See)의 직무를 감당하고 있었고, 나의 명령으로 당신은 신앙과 관련된 직무를 띠고 비시고트(Visigothic) 대사로 파송을 받게 된 적이 있었습니다.[13] 그때, 나는 당신에게 나 스스로를 불쾌하게 생각하는 것에 대해 설명해 주었습니다. 어떻게 그렇게 장구한 세월 동안 회개의 은총을 연기해 왔는가? 심지어 나는 하늘의 염원을 통해 영감을 받은 후에도, 세속의 삶의 옷을 여전히 입고 있는 것이 더 낫지 않은가? 내가 영원을 사랑함으로 반드시 추구해야 할 것은 이미 나에게 계시됐으나, 나의 살 속으로 파고 든 타고난 습관은 나의 수족에 족쇄를 채우기에 충분했고, 결국 나는 외적인 옷을 갈아입어 변화시킬 수가 없게 됐습니다. 그러나 나의 영혼은 나를 이 세상을 섬기도록 깊은 수렁에서 강력하게 끌어올렸기 때문에, 외적인 육신의 모습을 지니고 있는 일생 동인, 이 세싱을 돌보고 보호하기에 파생되는 엄청난 힘이 나를 압도하기 시작했습니다. 그리하여 나는 지금 현재 외형적인 모습뿐만 아니

---

12. 레안더는 주후 약 550년 경, 카르타고(Cartagena)에서 출생했으며, 카르타고와 에키자(Ecija) 주교인 풀겐티우스(Fulgentius)의 형제였다. 고명한 수녀 플로렌티나(Florentina)와 그의 계승자인 세빌의 이시도레(Isidore of Seville)와 레안더 및 풀겐티우스 등 이 네 인물은 성인으로 시성됐다. 그는 아리우스주의에 빠져 있었던 비시고트 스페인 사람들을 회개시키기 위한 활동을 왕성하게 전개했다. 그는 주후 589년에 개최됐던 톨레도(Toledo) 제3차 공의회에서 의장석에 앉아 의사를 진행했다. 거기서 그는 폐회 설교 *De triumpho ecclesiae ob conversionem Gothorum*(고트족 회개로 인한 교회의 승리)을 선포했다. 그의 다른 작품들은 MPL 72.873–898에 수록됐다. 그레고리우스 1세는 레안더에게 세 통의 서신을 보냈다. 이에 관해서는 다음 자료를 참고하라. J. Bolland *et al., Acta Sanctorum*, March, 2.275–280; J. Mabillon, *Acta Sanctorum ord. S. Benedicti* 1.378–385; O. Zöckler (NSH 6.434~435.); Pierre Suau (CE 9.102).

13. 그에 관한 이야기는 다음 자료에 수록됐다. John the Deacon, *S. Gregorii Magni vita* 1.27 (MPL 75.73).

라 마음에서 보다 더 진지하게, 그러한 사명에 완전히 사로잡히게 되었습니다. 드디어, 이 모든 짐에서 날아올라 해방되어, 나는 수도원이라는 피난처 항구를 찾게 되었고, 드디어 모든 세상일을 뒤로 남겨둔 채, 과거 초기 신앙을 경험했을 때 가졌던 것처럼, 가련한 자인 나는 이 세상의 난파에서 구출됐습니다. 가끔 배가 부주의해서 단단히 묶어 정박해놓지 않으면, 강한 폭풍이 몰아닥칠 때, 심지어 가장 안정한 항구에서조차도 큰 파도에 의해 좌초되곤 합니다. 갑자기 나는 교회의 위임 명령[14]이라는 보호망 덮개 아래서, 세속사의 깊은 바다 위에 떠 있는 나 자신을 다시 발견하게 됐습니다. 곧 내가 수도원의 고요함과 정적을 갖게 됐을 때, 그것을 잃어버리지 않도록 강력하고 단단하게 수도원의 항구에 묶어서 정박시켜 놓았어야 했는데, 나는 그러한 조치를 취하지 못했으며, 단지 그 고요한 자유와 해방감을 상실했을 때에야 비로소, 배의 밧줄을 단단히 묶는 일*이 얼마나 중요한 일인지를 새삼 깨닫게 되었던 것입니다.

거룩한 제단을 섬기는 사역의 의무를 수락하는 순간에, 나 자신의 성향과 의향은 복종의 미덕을 거스르는 방향으로 기울어졌으나 결국 그 임무를 떠맡을 수밖에 없었습니다. 왜냐하면 교회가 그것을 요구했기 때문입니다.[15] 그러나 허락된다면, 처벌 받지 않고 다시 그러한 의무에서 달아남으로써 외면하고 싶은 심정입니다. 제단의 임무를 수용한 후에도 나는 여전히 그에 반하는 나의 의지와 생각과 다시 맞서 싸워야만 합니다. 왜냐하면 제단의 임무는 무겁고, 게다가 설상가상으로 목회적인 돌봄의 무게가 가중되기 때문입니다.[16]

지금 현재 나는 대단히 큰 어려움을 느끼며 이 짐을 지고 갑니다. 나 자신 교황직에 걸맞다고 느끼지 않습니다. 나는 그 어떤 신뢰의 위로를 갖지 못한 채 겨우 숨을 쉬고 있을 뿐입니다. 내가 그렇게 고통스럽게 느끼는 이유는, 지금 악이 증가하고

---

14. 콘스탄티노플에서의 임무.

15. *Sub ecclesiae colore.*

16. 그레고리우스 1세는 교황직의 무가치함에 대해 다음 자료에서 언급했다. Epist. 1.6 (NPNF, 2d ser., 12.74, 요한[John the Faster]을 콘스탄티노플의 주교로 [주후 582-595년 재위] 서임한 직후 기록함).

---

* 수도원에서 고요한 정적과 자유와 해방감을 지속시키는 일.

있고,[17] 종말이 다가오고 있으며, 이 세상의 세속적인 일들이 매우 혼란한 상태에 빠져 있기 때문입니다. 영적인 신비를 섬기고 있다고 믿는 우리 자신은 정작 보호망 속에 들어 있지 못합니다.[18] 이러한 악조건에서 내가 제단의 사역을 짊어지게 됐을 때, 나는 나의 지식을 배제하고 행동하기 시작했습니다. 나는 거룩한 명령의 짐을 수락해서 보다 자유롭게 지상 왕궁에서 봉사하게 됐으며, 물론 나의 수많은 수도원 형제들이 혈족과 다를 바 없는 사랑으로 나와 유대해서 나를 따랐던 것입니다. 나는 이러한 일이 하나님의 능력으로 된 것이라고 믿습니다. 조용한 기도의 해안가에, 단단한 닻줄로 안전히 정박할 수 있어서 끝없이 밀려드는 세상사의 힘센 물결이 들이닥쳐 폭풍이 일 때도 나는 파선하지 않을 수 있었습니다. 나는 달아나서 가장 안전한 피난처 항구인 친구들의 품에 숨을 수 있었고, 이 땅의 압박의 파도가 아무리 요동쳐도 물에 빠져 허우적거리지 않았습니다. 이전의 수도원의 고요한 삶에서 끌려나와 주어진 임무를 수행해 나갔을 때, 그 활동의 짐은 거의 나를 단도로 찔러 죽이는 듯 했으나, 그 피난처로 도피해서 늘 살아나게 됐던 것입니다. 진지한 독서를 통해 용기를 얻게 되고, 일상적인 헌신으로 인해 얻게 된 자극은 고단해서 넘어져 있는 나의 영혼을 일으켜 세워 주었습니다. 그리고 나의 형제들은 이로 인해 매우 기뻐했고, 당신이 기억하는 대로,[19] 당신 자신은 그들을 압박해, 그들이 재촉하는 탄원을 통해 내가 복 받은 욥의 책을 해설하도록 만들었던 것입니다. 그리고 진리[20]가 나에게 능력을 불어넣어 주심에 비례하여, 그러한 위대한 깊이를 지닌 신비가 그들에게 열리게 된 것입니다. 게다가 그들이 나의 등에 지어주었던 그들 자신의 탄원의 짐은 또한 우의적인(allegorical) 개념에서 그 이야기의 언어들을 이해하는 일뿐만 아니라, 도덕적인 선행과 미덕의 실천에다 그러한 우의적인 개념을 적용하는 일도 포함됐습니다. 여기에다 그들은 그것보다 더 어려운 것들을 첨가했습니다. 곧 나는 가르쳐진 각 진리에 대해 증빙 본문

---

17. 그레고리우스 1세가 실제로 겪었던 자연 재해에 관해서는 다음 자료를 참고하라. Gregory of Tours, *Hist. of the Franks* 10.1 (Dalton's ed., 2.425), 그리고 그의 전체 교황직과 생애는 위기를 극복하는 교훈과 직결됐다. 즉, 비잔틴의 유능한 총 주교들은 비잔틴 교황을 설득해 이탈리아를 보호하고 평화를 조성해주기로 약속했으나 일이 실패로 돌아가자, 그레고리우스 1세는 평생 이 문제를 해결하기 위해 번민하는 삶을 살았던 것이다.

18. 정치적인 문제도, 자연 재해로 인한 혼란과 마찬가지로, 소란한 상황을 필연적으로 생성시켰던 것이다.

19. 다음을 보라. *Epist. ad Leandrum* 1.43 (NPNF, 2d ser., 12.88).

20. 그리스도.

(proof texts)을 갖다 대어 보강하는 일도 떠맡게 됐습니다. 그리고 이러한 증빙 본문이 제시될 때, 만일 그것들이 그러한 진리와 연관된 것으로 보인다면, 나는 보다 심화된 주석을 통해 그것들을 해명해야만 합니다.

2

지금까지 다루어지지 않았던 애매모호한 작업 가운데서 질질 끌림을 당하고 있었던 이 일의 중대성과 성격을 익히 인지하게 됐을 때, 나는 낙담하게 됐고, 몰려 들어오는 온갖 피로와 권태로 인해 오로지 그들의 권면의 무거운 무게를 송두리째 받아들였으며, 그리하여 이내 거기에 굴복하고야 말았습니다. 그러나 즉시 나는 성령의 은사를 수여하신 그분을 향해 나의 눈을 들어 올렸을 때, 두려움과 의무라는 양자택일의 기로에 놓여 불안에 떨게 되었습니다. 그리하여 그 모든 망설임과 머뭇거림은 사라지게 되고, 나는 확실히 다음과 같은 점을 깨닫게 되었습니다. 곧 나의 형제들의 가슴 깊은 사랑이 나로 하여금 불가능할 수 없는 것을 하도록 명령하고 있다는 사실 말입니다. 물론 나는 그 일을 하기에 합당한 적임자이기를 희망하지 않았습니다. 그러나 나는 원래부터 부족한 자신감을 강화시킴을 받고, 당장 나의 희망을 "벙어리의 혀가 풀리게 하시고, 어린아이의 혀가 웅변을 하게 하시는"[21] 그분께 들어 올렸습니다. 그분은 당나귀의 무의미하고 알아들을 수 없는 울음소리를 지각할 수 있는 인간의 대화 소리로 바꾸셨던 분입니다.[22] 그분이 자신의 진리를 표현하고자 하실 때, 원하시면, 심지어 짐을 지고 가는 짐승의 입을 통해서도 그 일을 행하시니 이 얼마나 놀랄 만 한 일이겠습니까? 따라서 하물며 이 어리석은 인간에게 반드시 필요한 지식을 공급해주시지 않겠습니까? 그러므로 이러한 생각의 힘으로 허리띠를 졸라매고, 나는 나 자신의 목마른 영혼을 일깨워서 그렇게 위대한 진리의 깊이를 찾아 나서기 시작했습니다. 그리하여 나는 내 능력을 훨씬 넘어서야 집필이 가능한 그 주석을 저들의 삶 속에 공급하지 않을 수가 없었던 것입니다. 비록 내 능력이 모자람에도, 나는 사람들이 마실 수 있는 물을 공급하기 위해서는 수도관이 반드시 필요하다는 사실을 믿고

---

21. 지혜서(Wisdom) 10:21.
22. 민 22:21-30.

278

또한 알게 됐습니다.*

　그리하여, 나의 형제들이 나 대신에 필사하는 일을 잠깐 맡아 주었고, 그러했기 때문에 그 후 시간이 조금 지나서, 나는 욥기 주석의 첫 부분을 저술하여 전할 수가 있게 됐습니다. 그리고 나는 약간의 자유로운 시간을 할애 받을 수가 있었기 때문에, 나머지 부분도 구술하게 됐던 것입니다. 그리고 나에게 보다 많은 휴가의 시간들이 주어지게 됐을 때, 이미 저술된 책에다 더 많은 것을 첨가하고, 일부는 잘라내며, 대부분은 그대로 남겨둔 채, 그 책을 완성하게 됐습니다. 그리고 구술로 받아쓰게 한 첫 부분은 많이 고쳐 필사해나갔고, 그 다음에 구술된 부분 역시 같은 방식으로 조심스럽게 교정하며 필사해나갔던 것입니다. 그리하여, 이처럼** 구술된 부분들을 조심스럽게 교정해나가는 작업을 통해, 나는 이 책이 기록된 저술로*** 그 모습을 탈바꿈하는 데 성공했던 것입니다. 그래서 내가 처음 썼던 소량의 부분과 이후에 구술한 부분은 문체에서 거의 다르지 않게 됐습니다. 그리하여 처음 저술된 부분이 확장된 반면, 나중에 구술된 부분은 축소되기에 이르렀습니다. 결국 서로 다른 방식을 통해**** 완성된 것이 동일하게 됐던 것입니다. 비록 구술된 부분이 삼분의 일 가량 확대됐더라도, 그만큼의 양은 생략됐습니다. 왜냐하면 나의 형제들이 나로 하여금 다른 주제들을 더 첨가시키도록 부추겼더라도, 그들 역시 이를 부풀려서 너무 조심스럽게 개정할 것을 원하지 않았기 때문입니다.

　나의 형제들이 수많은 항목들을 지속적으로 정해놓았기 때문에, 그리고 나는 그들에게 복종하기 원했기 때문에, 때때로 해설을, 다른 때는 고결한 명상을, 또 다른 때는 노력적인 가르침의 도구를 사용했고, 결국 이러한 방대한 작업으로 말미암아, 이 작품은 무려 35권의 책을 지닌 크기로 불어나게 됐습니다. 그것은 곧 여섯 두루마리의 양피지를 가득 채운 양이었습니다. 그래서 나는 그 양을 조금이라도 줄이기 위해 꼭 필요한 것이 아니면 거의 목차를 싣지 않았던 것입니다. 그 대신 나는 조금이

---

* 그레고리우스 1세는 여기서 성경주석이 마치 물을 공급하는 수도관 같은 역할을 한다고 주장한다. 즉, 수도관이 없으면 멀리 있는 수원에서 물을 당겨올 수 없는 것과 같은 이치로, 주석이 없으면 성경에서 흘러나오는 영적인 생수를 마실 수가 없다는 지론이다.

** 구어체로.

*** 문어체로.

**** 저술과 구술.

라도 더 광범위한 성찰과 도덕적 감화를 실으려고 노력했습니다. 이제 하나님에 대해 말하고자 하는 자 누구나 듣는 자의 특성을 매우 조심스럽게 가르쳐야만 합니다. 이제 그는 사람들을 교화할 수 있는 기회를 얻게 된다면, 말씀을 전할 때 적절한 순서를 반드시 고려해야만 합니다. 곧 먼저 그는 말씀을 전하기 시작하는 그 주제로부터 개인적인 이득을 제쳐두어야만 합니다. 성경을 해설하는 자는 강처럼 되어야 합니다. 하상을 따라 흐르는 개울물은 굽은 계곡의 측면에 부딪히게 되며, 그 물은 즉시 세찬 물줄기 흐름이 되어 보다 큰 강물이 되고, 그 폭과 깊이가 점점 커져서 마침내 운하가 되어 도도히 바다로 흘러가기 마련입니다. 하나님의 말씀의 해설자도 확실히 그러해야 합니다. 어떤 주제에 관해 논의하기 시작할 때, 만일 그가 교화하기에 적당한 기회를 찾을 수 있게 된다면, 그는 웅변의 물줄기와 흐름을 계곡 가까이로 돌려야만 합니다. 그리고 그는 이러한 신속히 휘몰아치는 웅변의 급류를 도덕적 감화의 영역에 맞닿아 있는 곳에 쏟아 부어야만 합니다. 그리고 나서 그는 원래 흐르던 대로 도도히 흘러가고 있는 설교의 운하로 되돌아와야 합니다.

3

어쨌든, 당신은 역사적인 해설에 관한 몇 가지 주제들에 관해 다루고 있다는 사실을 명심해서 알고 있어야만 합니다. 그리고 그 몇 가지 주제 가운데서 우리는 시험적인 형태로서 우의적인 의미를 찾고 있다는 점도 잘 인식해야만 합니다. 여전히 다른 주제들에 대해서는 단지 우의적인 방법을 통해서만 도덕성과 관련시켜 논의할 것입니다. 그리고 몇 가지 예를 통해서, 우리는 조심스럽게 세 가지 방식 모두를 적용하기를 시도할 것입니다. 첫째 경우에 우리는 역사적인 근거를 수립할 것입니다. 두 번째로는 유형론적 의미를 통해, 신앙의 요새가 될 마음과 정신의 구조를 세울 것입니다. 끝으로는 도덕적인 교훈과 감화의 은총을 통해 우리는 신앙의 요새에 옷을 입힐 것인데, 말하자면, 그것은 색깔 있는 외투라 하겠습니다. 마음과 정신의 원기회복[23]을 위해 섭취해야 할 음식은 오직 진리의 말씀밖에 없다는 사실을 누구나 진실하게 믿어야 하지 않겠습니까? 우리가 이렇게 다양한 방식을 통해 그러한 주제들을 논의

---

23. 참고. John Chrysostom, *Hom. in Ioh.* 4:1 (NPNF, 1st ser., 14.16).

할 때, 그들은 이따금씩 변화 받을 것이고, 그들의 입 앞에 잔치를 배설할 것이며, 그러한 방식을 통해 독자들의 혐오는 사라지게 될 것이고, 그들은 그들에게 제공되는 연회의 식사와 같은 정찬을 통해 감미로운 맛을 음미하게 될 것이며, 결국 그들이 보다 맛있다고 인식하게 되는 것들을 섭취하게 될 것입니다.

그러나 때때로 우리는 성경 이야기의 명백한 언어들을 해설하는 데 등한시하여, 그것이 지닌 분명한 의미에 제대로 도달하지 못하는 경우를 종종 만나게 되곤 합니다. 때때로 어떤 말씀들은 문자적으로 이해될 수 없는데, 그 이유는 문자 그대로 의미를 받아들이게 되면 독자들에게 교훈을 주기는커녕 오류를 일으키기 때문입니다. 다음과 같은 언급을 음미해보시기 바랍니다. "세상을 이리저리 운반하시는 그분 아래 모두가 머리를 조아려 굴복하는 도다."[24] 여기서 욥과 같은 위대한 인물이, 거인의 피부 위에 솟아나 있는 땀 한 방울 같은 것[25]이 하나님께는 이 세상의 크기와 다를 바가 없다는 시인의 시적인 표현을 문자 그대로 받아들이지 않는다는 사실을 모르는 자가 어디에 있겠습니까? 또 하나의 문자적 해석이 지닌 난감성에 대해 예를 들어 봅시다. 재난과 참화를 연속해서 겪고 있는 욥은 다시 이렇게 언급했습니다. "이러므로 내 마음이 뼈를 깎는 고통을 겪느니 차라리 숨이 막히는 것과 죽은 것을 택하리라."[26] 이 구절을 읽은 사람들 중에서, 물론 모두가 동의하는 바인데, 그가 발휘한 인내의 미덕과 선행을 따라 영원한 상급의 보수와 심판을 받았던 그렇게 위대한 명성을 소유했던 인물이, 그토록 격심한 고통의 소용돌이 가운데서 끝내 목에 밧줄을 걸고 자살로 생명을 마감하려는 결단을 했다고, 정신이 멀쩡한 사람이라면 누가 그렇게 생각힐 수 있겠습니까? 역시 일부 경우에도, 문자 자체는 문자적 해석의 가능성에 대해 불리하게 작용합니다. "내가 난 날이 멸망하였더라면, '사내아이를 배었다 하던' 그 밤도 그러하였더라면."[27] 그리고 욥은 잠시 뒤에 또 이렇게 덧붙이고 있습니다. "어둠과 죽음의 그늘이 그날을 자기의 것이라 주장하였더라면, 구름이 그 위에 덮였더라면,

---

24. 욥 9:13 (불가타, R.S.V는 다른 구절).

25. 주전 8세기 경 그리스 시인 헤시오드(Hesiod)의 시 속에 나와 있는 그리스 신화의 Titan(타이탄)과 Atlas(아틀라스)와 Prometheus (프로메테우스) 등은 Uranus(하늘)와 Gaea(땅)와의 아들인데, 이는 이교적인 개념으로서, 그레고리우스 1세가 익히 알고 있었던 이런 신화적인 이야기를 비유적으로 참고했다. 다음을 참고하라. Hesiod, *Theog.* 517; Aeschylus, *Prom.* 347 이하.

26. 욥 7:15.

27. 욥 3:3.

흑암이 그날을 덮었더라면.”[28] 그리고 욥은 다시 다음과 같은 말씀을 추가해 그가 잉태된 그 밤을 저주했습니다. “그 밤에 자식을 배지 못하였더라면, 그 밤에 즐거운 소리가 나지 않았더라면.”[29] 확실히, 그가 태어난 이날은 돌진하고 있는 시간 자체가 굴러가고 있는 날들 중 한 날이며, 종지부를 찍어 세울 수 없는 개념입니다. 그렇다면, 어떻게 그 밤이 어둠 속에서 가려질 수 있겠습니까? 물론 시간은 지나가버리고 더 이상 그 밤은 존재하지 않습니다. 창조의 자연 속에서, 만일 여전히 시간이 존재하더라도 밤 시간들은 고통을 느끼지 못하는 법입니다.* 욥은 여러 가지 참화와 재난을 통해 생겨난 고통스러운 자신의 처지를 극적으로 표현하기 위해 감각을 지니지 않은 시간의 날을 의인화했던 것입니다.** 그리고 만일 그가 지닌 밤의 개념이 지나가면 다시 오는 그러한 밤과 동일한 것이었다면, 어떻게 그가 그 밤이 마지막이 되기를 희망할 수 있었겠습니까?*** 시간의 흐름에 따라, 밤은 현재로 고정될 수 없었고, 그리하여 역시 그 밤은 다른 밤들과의 접촉에서 분리될 수 없었습니다. 또한 욥은 다시금 이렇게 언급하고 있습니다. “주께서 내게서 눈을 돌이키지 아니하시며 내가 침을 삼킬 동안도 나를 놓지 아니하시기를 어느 때까지 하시리이까.”[30] 또한 욥은 그 말을 하기 조금 전에 또한 다음과 같이 토로했던 것입니다. “내 마음이 이런 것을 만지기도 싫어하나니 꺼리는 음식물같이 여김이니라.”[31] 어느 누가 음식물보다 더 쉽게 침을 삼킬 수가 있음을 모를 것이겠습니까? 그는 (싫어하는 음식을 꺼려하면서) 음식물을 먹고 있는 중이라

---

28. 욥 3:5.

29. 욥 3:7.

30. 욥 7:19.

31. 욥 6:7.

---

* 그레고리우스 1세는 밤이 즐거움을 느끼거나 혹은 고통을 느낀다고 하는 표현을 문자적으로 이해하면 안 되고, 오직 은유적으로 시적인 표현으로 받아들여야 함을 언급한 것이다.

** 따라서 욥의 그러한 고백을 문자 그대로 받아들여서는 안 되고, 즉 낮과 밤이라는 시간이 그런 감정을 지닌 것으로 여겨서는 안 되며, 그러한 욥의 통렬한 감정이 무인격적인 시간에 빗대어져서 표현됐음을 직시해야 한다는 의미.

*** 그레고리우스 1세에 의하면, 욥이 여기서 언급한 밤은 문자 그대로 해가 지면 오는 나날의 밤이 아니고 시적인 표현, 즉 어둡고 음울한 자신의 처지를 문학적으로 표현한 밤의 의미다.

고 말하고 있고, 그가 침을 삼킬 수 없다는 것은 절대적으로 믿을 수가 없습니다.* 그리고 다른 때, 그는 이렇게 말하고 있습니다. "사람을 감찰하시는 이여 내가 범죄하였던들 주께 무슨 해가 되오리이까 어찌하여 나를 당신의 과녁으로 삼으셔서 내게 무거운 짐이 되게 하셨나이까."[32] 또한 확실히 이렇게 언급했습니다. "주께서 나를 대적하사 괴로운 일들을 기록하시며 내가 젊었을 때에 지은 죄를 내가 받게 하시오며."[33] 그리고 다른 응답에서 그는 다음과 같은 말씀을 추가했습니다. "내가 내 공의를 굳게 잡고 놓지 아니 하리니 내 마음이 나의 생애를 비웃지 아니하리라."[34] 이처럼 욥은 자신이 지은 죄를 공개적으로 증언하기도 했는데, 어째서 그는 자신의 전 생애 동안 그의 마음이 그를 비웃고 비난하지 않는다고 말하고 있습니까? 그는 결코 범죄 행위를 저지르지 않았고, 또한 욥이라는 그 사람은 흠잡을 데 없는 마음의 소유자였습니다. 틀림없이 그와 같은 말씀들의 문자적인 의미는, 그 말씀들의 진의와 대조해서 비교해 보면, 그 둘은 서로 일치될 수가 없고, 오히려 서로 다른 점이 명확히 드러납니다. 이러한 문자적 해석의 오류와 한계는 다음과 같은 비유와 명백히 맞아 떨어질 것입니다. "비록 당신이 우리가 파멸됐다는 것을 알더라도, 그럼에도 당신은 우리 안에 논리적이고 시종일관한 것이 아직 남아 존재하고 있을 것이라 기대하면서, 죽어 있는 우리 안에서 그것을 찾고 있습니다."**

4

그러나 때때로, 사람들은 어떤 이야기의 문자적 의미 속에 숨어 있는 이미 주어

---

32. 욥 7:20.

33. 욥 13:26.

34. 욥 27:6.

---

* 그레고리우스 1세는 욥 스스로가 고난을 당한 표현을 '침을 삼킬 수조차 없을 정도'라는 비유적 묘사로 드러냈다는 점을 강조하고 있다. 즉, 살아 있는 인간은 조금이라도 침을 삼킬 수 있는데, 욥이 그런 표현을 쓴 것은 진정 침을 삼킬 수가 없어서가 아니고 그만큼 극심한 고통을 그렇게 비유적으로 묘사했다는 의미. 따라서 그레고리우스 1세는 여기서 욥 그 자신이 태어난 밤이 마지막 밤이 되기를 원했다는 것과 동일하게 침을 삼킬 수 없다는 표현 모두 문자적으로 받아들여선 안 되고 (시간은 흘러가고 있는데 마지막 밤이 어디 있고, 침을 삼키지 못한 사람이 어디 있겠는가?) 우의적, 혹은 은유적으로 해석해야 한다는 점을 강조하고 있는 것이다.

** 그레고리우스 1세는 여기서 어떤 말씀의 진의와 문자적인 해석 사이의 차이점, 그리고 문자적 해석의 오류와 한계를, 산 자와 죽은 자 사이 만큼이나 무관하다는 비유를 통해 설명해주고 있다. 즉, 대부분의 말씀에 대해 문자적 해석이 가해진다면, 그 말씀의 원래의 비유적, 우의적, 은유적 의미는 사라지고 전혀 엉뚱한 해석이 나오게 될 것이라는 뜻이다. 또한 여기서 산 자는 비유적 해석으로, 죽은 자는 문자적 해석으로 보고 그 둘 사이에는 전혀 논리적인 연관성이나 시종일관성을 찾을 수 없게 된다.

져 있는 진리의 빛을 파악하기에 실패한다. 그래서 그들은 또한 그 이야기의 언어 가운데서 어떤 다른 내적 의미를 발견하려고 노력하는데, 그 역시 쉽게 도달할 수 있는 표면적 의미를 찾지 못하고 만다. 그 거룩한 사람은 이렇게 말했다. "내가 언제 가난한 자의 소원을 막았거나 과부의 눈으로 하여금 실망하게 하였던가. 나만 혼자 내 떡덩이를 먹고 고아에게 그 조각을 먹이지 아니하였던가. 실상은 내가 젊었을 때부터 고아 기르기를 그의 아비처럼 하였으며 내가 어렸을 때부터 과부를 인도하였노라. 만일 내가 사람의 의복이 없이 죽어가는 것이나 가난한 자가 덮을 것이 없는 것을 못 본 체 했다면, 만일 나의 양털로 그의 몸을 따뜻하게 입혀서 그의 허리가 나를 위하여 복을 빌게 하지 아니하였다면, 만일 나를 도와주는 자가 성문에 있음을 보고 내가 주먹을 들어 고아를 향해 휘둘렀다면, 내 팔이 어깨뼈에서 떨어지고 내 팔 뼈가 그 자리에서 부스러지기를 바라노라. 나는 하나님의 재앙을 심히 두려워하고 그의 위엄으로 말미암아 그런 일을 할 수 없느니라."³⁵ 이와 같은 욥의 고백의 말을 만일 우리가 강제적으로 우의적 의미로 왜곡해버린다면, 욥의 이 모든 자비로운 행위는 무위로 돌아가고야 말게 될 것이다. 하나님의 말씀이 그 지혜로운 자를 신비스럽게 자극하는 것처럼, 그 말씀은 종종 명백한 표면적 진술을 통해 단순히 환하게 밝혀지기도 한다. 그 말씀은 욥이 굶주린 고아들을 먹였다는 의미 그 이상이나 이하도 아니다. 그러나 내밀한 의미로 접근할 때, 그 말씀은 우리의 영혼이 숭고한 행위를 찬양하고 동경함에 매달리도록 촉구해주는 것이다. 실로 그것은 내가 이미 언급한 대로, 깊은 강물이나 얕은 여울과 같은 것이다. 거기서 어린 양이 아장아장 걸어 다니고 있고, 또한 코끼리가 헤엄치고 있다. 그러므로 각각의 모든 구절들이 나름대로의 해석을 요구하는 대로, 꼼꼼하고 주의 깊게 그것들에 관한 해석의 과정이 변화돼야만 합니다.* 하나님의 말씀의 의미를 보다 참되게 발견하기 위해서는, 각 주제가 요구하는 대로, 다양한 경우에 따라 그에 걸맞은 다양한 해석법이 필요할 것입니다.

---

35. 욥 31:16-23.

* 약 1500년 전의 그레고리우스 1세는 성경말씀을 해석함에, 각기 그 말씀에 합당한 해석법을 찾아 그 의미를 찾아야 할 것을 강조하고 있는데, 이는 현대의 성서해석이 그대로 따라도 무방할 놀라운 탁견이라고 해도 지나치지 않을 것이다.

5

나는 당신이 나의 이 욥기 주석을 가장 행복한 마음으로 교정해 주시기를 바라는 염원을 안고 당신에게 보냅니다. 그 이유는, 그러한 교정 작업이 당신이 응당 해야만 하는 나에게 빚진 의무가 아니라, 나의 기억에 따르면, 일전에 당신이 흔쾌히 그 일을 자청했고, 그것을 또한 내가 약속했기 때문입니다. 당신의 거룩함이 나의 주석 안에서 평범하고 또한 잘 다듬어지지 않은 부분을 무엇이든지 발견하는 즉시 용서해 주시기를 바라며, 또한 빈약하고 서투른 곳을 간과하지 마시고 서슴지 않고 고쳐주시기를 바랍니다. 이제 나의 몸은 수고와 근심으로 낡아서 허약해져가고 있고, 내 마음은 항상 괴롭힘을 당하고 있으며, 말씀을 전하고자 하는 열망은 점점 무뎌가고 있습니다. 수많은 세월의 수레바퀴가 여류하였고, 그리하여 지금 현재, 나는 빈번한 육신의 고통과 병고로 인해 극심한 괴로움을 당하기 시작했으며, 또한 시간이 흘러가고 있는 순간순간마다 소화기능이 극도로 떨어져서 실신을 하기도 합니다.[36] 그리고 나는 여전히 지속되는 미열 현상으로 늘 숨쉬기도 괴롭습니다.

그러한 가운데서, 나는 다음과 같은 성경말씀을 진지하게 묵상하며 반추하게 됐습니다. "주께서 그 사랑하시는 자를 징계하시고 그가 받아들이시는 아들마다 채찍질하심이라."[37] 이 말씀에 힘입어, 나는 현재 이 세상에서 활개치고 있는 악이 득세하면 할수록 점점 더 확실히 영원을 향한 대망의 숨을 내쉴 수가 있게 됐습니다. 생각해보면, 내가 그렇게 고난을 당하는 것도, 또한 나의 고난보다 몇 배, 아니 몇십 배나 더한 고통을 당한 욥을 주석하여 해설하는 것도 모두 하나님의 섭리의 계획에 들어 있었던 것으로 사료됩니다. 그리고 나는 그러한 채찍질을 받음으로써, 또한 극심한 채찍질을 당했던 사람의 마음을 보다 더 잘 이해할 수가 있게 된 것입니다. 그럼에도, 육체의 악함이라는 가시가 결코 나의 열정적인 주석 작업을 가로막는 그 어떤 조그만 장애물도 될 수가 없다는 사실을 명확히 깨닫게 됐습니다. 주석 작업을 하다가, 나의 육신의 힘이 너무나 나약해져서, 거의 구술하기가 힘들게 됐을 때, 그러나 나의 마음은 결코, 적절한 방식으로 육신의 고통스러운 감정을 표현할 수가 없었습니다. 육체

---

36. 그레고리우스 1세뿐만 아니라 레안더도 통풍(팔과 다리 등에 염증이 일어나 극심하게 아픈 증상)으로 고통을 당했으며, 이에 관해서는 다음 자료를 참고하라. Epist. 9.121 (NPNF, 2d ser., 13.34); 11.32 (*ibid.* 13.58).

37. 히 12:6.

의 의무란 마음의 도구로 섬기는 것 외에 달리 무엇이겠습니까? 그리고 아무리 노래
하는 기술이 잘 단련된 자라 하더라도, 노래의 외적인 기능과 조화를 이루는 이러한
목적과 연관되지 않는다면, 그는 결코 노래하는 기술의 완성을 이해할 수가 없게 될
것입니다. 그 이유는, 마음이 동요되어 용기가 꺾이는 경우, 마음의 도구인 육신은 적
절한 음색과 음조로 더 이상 노래를 계속할 수가 없기 때문입니다. 뿐만 아니라, 그때
그의 목이 갈라져서 가랑대며 나오는 혀 소리로 인해 전혀 예술적인 노래를 생산할
수 없게 됩니다. 얼마나 더 심하게 나의 주석의 질이 손상돼야 한단 말입니까? 깨어
진 나의 육신이라는 도구는 하나님이 나에게 하사하신 수사학이라는 은총을 감소시
켜나갈 것이고, 따라서 나의 주석 속에는 어떤 예술적인 풍류와 기술이 남아나겠습
니까? 당신이 이러한 나의 주석의 교정 작업을 진행해 나아갈 때, 거기서 제발 아름
답게 향내 나는 문학적인 꽃다발을 기대하지 마시기 바랍니다. 왜냐하면, 거룩한 문
서인 성경말씀의 해설자 속에는 열매 맺지 않아 무익하기까지 한 다변과 장황함의 밝
음은 조심스럽게 억제돼야 하기 때문입니다. 따라서 하나님의 성전에는 숲이나 과수
원을 만드는 일이 금지돼야만 합니다.[38] 그리고 우리 모두는 항상 곡식 줄기의 꼭대기
부분이 불필요한 잎으로 가득 차 무성하게 되면, 그 곡식의 알곡머리는 텅 비게 된다
는 사실을 잊지 말아야 합니다. 그렇기 때문에, 나는 외적인 표면적 지식의 예를 보여
주는 화려하고도 겉치장에 치중하는 수사학적 기법을 적용하는 일을 억제하려 했던
것입니다. 나의 편지가 밝히고자 하는 바는, 나는 메타키즘(metacism)[39]과의 충돌에서
도망하지 않는다는 것입니다. 또한 무지와 야만의 혼란을 피하지도 않을 것입니다. 그
리고 나는 위치와 순서[40]의 규칙도 무시하고 있습니다. 그리고 전치사의 경우도 마찬
가지입니다. 왜냐하면 도나투스(Donatus)[41]의 문법 규칙과 하나님의 신탁의 말씀을 한데

---

38. 신 16:21.

39. 메타키즘은 모음으로 시작하는 단어 앞에 *m*자를 두거나, 아니면 그 단어 뒤에 *m*자를 두는 수법을 의미하는 것이다. 고전 시가에
서는 모음 탈락(elision), 즉 모음 접속/이탈(hiatus) 혹은 모음 회피(avoidance) 등으로 불린다.

40. 의심할 나위 없이 그레고리우스 1세는 이것을 *clausulae*(결론)라는 의미로 쓰고 있다. 이는 어떤 문장가들에 의해 수없이 많
이 사용됐던 단조로운 산문조의 리듬(운율)의 형식을 의미한다. 이에 관해서는 다음 자료를 참고하라. W. H. Shewring, *Oxford
Classical Dictionary* (Oxford, 1949) 738–740.

41. 도나투스(Aelius Donatus)는 주후 4세기 무렵의 문법가로서, 히에로니무스(Jerome)는 그의 문하생이었다. 그는 고대 후기와 중세
시대에 큰 영향을 준 인물이었다. 이에 관해서는 다음 자료를 살펴보라. H. Keil, Grammatici latini 4.355–402. 그레고리우스 1세
가 문법 규칙을 무시한 점과, 그와 동시대인이었던 투르의 그레고리우스(Gregory of Tours)가 그에 관해 묘사하여 말한 것과는 극
히 대조적이다. (*Hist. of the Franks* 10.1) "그레고리우스 1세는 문법, 변증학, 수사학의 완성을 본 자로서, 그 방면에 모든 도시에

묶는 것은 대단히 어울리지 않는 일이라고 여기기 때문입니다. 어떤 시대를 앞선 성경 번역가들도 그와 같은 해석학자가 준수한 문법 규칙을 일일이 따를 필요는 없습니다. 우리의 주석은 이러한 성경의 권위에서부터 확실한 기원을 갖기 때문에, 어린 새싹과 같은 주석의 주제들은 마치 그 어린 새싹이 붙박아 있는 굵고 큰 나무 둥지를 어머니와 같은 모형으로 삼아, 그와 유사하게 해석해나가는 일이 보다 확실하고 적절하며 합당할 것입니다. 또한 여기서 나는 새로운 성경 번역본[42]을 사용하고 있습니다. 그러나 나는 증빙을 번번이 요구받기 때문에, 새로운 번역본은 물론 옛 번역본도 함께 병용할 것입니다. 왜냐하면 하나님의 계획에 따라, 또한 그러한 계획을 위해 받은 나의 교황직은 그 둘을 사용해서 그 두 번역 성경을 관장할 책임이 있기 때문입니다. 그래서 나의 주석 연구의 노고는 비록 가중되지만, 두 성경에 의해 진행될 것입니다.

서문. 제2장

욥기의 저자는 성령이시다

누가 욥기를 저작했는가 하는 문제는 전혀 물어볼 필요가 없는 주제다. 왜냐하면 신앙에 의해 욥기의 저자는 성령이라고 믿어지기 때문이다.[43] 기록된 것을 구술하신 그분이 스스로 그것을 기록하셨다. 필사자의 작업을 영감하신 그분 자신이 그것을 기록하셨다. 그리고 그의 목소리를 통해, 우리에게는 욥의 행동을 모방해야 할 일이 전수됐다. 만일 우리가 받은 어떤 위대한 인물의 편지 글들을 읽고 있다면, 우리가 발

서 둘째가라면 서러울 존재로서 최고의 자리를 차지했다." 그는 교황 그레고리우스 1세가 진정한 지식을 소유하지 않고서는 그러한 특징을 소유할 수 없었을 것이라고 분명히 못박았다.

42. 그것은 히에로니무스의 성경이며, 이는 현재 불가타(Vulgate; 라틴 역)로 칭해지고 있으며, 이는 거의 주후 2세기의 것으로 판명났다. 그러나 그보다 앞서는 *Vetus Latinum*(고대 라틴 역)도 그 지위를 박탈당하지는 않았다.

43. 다음을 참고하라. Thomas Aquinas, *Summa Theol.* Qu. 1, Art. 10: "나는 하나님이 성경의 저자라고 언급하는 것을 답변으로 삼고자 한다. 하나님은, 인간이 그렇게 할 수 있는, 의미를 전달할 언어뿐만 아니라 사물 자체도 채용하신다. 모든 학문적 언어들 속에 의미가 들어있는 반면에, 이 특별한 학문은 이러한 고유의 특성과 성격을 지니고 있다. 그리하여 언어에 의해 표시되는 바로 그 사물은 또한 다소 어느 정도 그 이상의 의미를 지니고 있다." 다음 자료를 보라. Oxford 번역판 *Moralia*, 1.11~12. 각주 A.

신인이 누구며, 또한 그 편지의 내용이 무엇인지를 알기 위해, 어떤 종류의 펜으로 그 글들이 기록됐는지를 물었다고 한다면, 이는 실로 확실히 어리석은 질문에 해당할 것이다. 그와 동일하게, 우리는 성경의 저자에 관해서도 그렇게 물어서는 안 될 것이다. 우리가 주제가 되는 문제를 이해하고 또한 저자가 성령이심을 인식하게 되는 한, 욥기의 저자에 관해 연구해 나갈 때, 앞에서 언급한 대로, 편지를 읽을 때 그 편지 글이 어떤 종류의 펜으로 기록됐는가 하는 그런 종류의 질문을 배제하는 일 외에 달리 다른 할 일이 무엇이 있겠는가?

제2장

요크의 앨퀸: 디도서 주석(발췌본)

제1절. 서론

주후 735년 요크(York)의 인근에서 태어난 앨퀸(Alcuin)[1]은 804년 5월 19일 프랑스에 소재한 뚜르의 성 마르틴(St. Martin of Tours) 대수도원에서 영면했다. 역사에서 그의 위치는, 원래 위대한 샤를마뉴 왕은 물론, 샤를마뉴 궁정에서 깊고 친밀한 접촉을 하기 시작했던 남녀들의 인생에 영향을 끼친 것에 기반하고 있다. 그리고 학교 교장으로서 구별되는 그의 업적은, 그가 가르치는 학생들의 우수함이 궁정 학교뿐만 아니라 전체 프랑크 제국 내에서도 가장 탁월했던 점에서 잘 엿볼 수 있다.

그는 훌륭한 가문에서 태어난 행운을 겸비했고, 성 윌리브로르드(Saint Willibrord)의 친척이었으며, 그는 이후에 그의 생애에 대해 저술도 했다.[2] 또한 그는 어린 시절부터,

---

1. 원래 그의 프랑스 이름은 Alchvine(알크빈)이었으며, Alcuinus(Alcuin)은 라틴화 된 이름이었다. 그러나 그는 익명을 쓰기를 좋아했고, 종종 알비누스(Albinus) 혹은 플라쿠스(Flaccus)로 불리기도 했다. 어딘가에서 미네(Abbé Migne)는 그를 플라쿠스 알비누스(Flaccus Albinus)라고 부르기도 했다(MPL 100, 제목 페이지).

2. 영어 번역본은 다음과 같다. A. Grieve, *Willibrord, Missionary in the Netherlands* in "Lives of Early and Medieval Missionaries" (London, S.P.C.K., 1923); C. H. Talbot, *The Anglo-Saxon Missionaries in Germany* in "The Makers of

요크의 제1대 대주교였던 에그버트(Egbert, 주후 766년에 타계함)가 설립한 가장 인기 있는 학교들 중의 하나였던 요크의 캐드럴 학교(Cathedral School of York)에 다닐 수 있는 행운을 누릴 수가 있었고, 거기서 그는 앨버트(Ælbert)의 사적인 후견 아래서 훌륭한 교육을 받을 수 있었다. 앨버트는 다름 아닌 그 학교의 선임 교사였고, 나중에 교장이 된 인물이었으며 유명한 도서관을 건립한 장본인이기도 했다. 그러한 스승 아래서, 앨퀸은 교회에 관한 학문뿐만 아니라 고전 학문에서도 철저히 기초를 닦았다. 그 결과 그는 이내 교사직에 승진할 수 있었고, 이후에 앨버트가 대주교로 서임됐을 때, 그는 그 학교의 교장직에 올랐다.

대략 30세 되던 해에, 앨퀸은 부제로 서임됐으나, 그 이후에 결코 그 이상의 자리로 넘어서지 못했는데, 그 이유는 그 스스로 '겸손한 레위인, 알비누스'라고 불리기를 좋아했기 때문이다. 또한 그는 어떤 규칙에 따라 서약을 하고 수도회에 입회하는 수사가 되기를 생각해본 적이 없었고, 심지어 대수도원장이 된 후에도 마찬가지였다.

주후 781년 3월에, 에안발트(Eanbald)에게 줄 영대(領帶; pallium)*를 구하러 로마로 여행을 떠났다가 돌아오는 길에, 파르마(Parma)에서 샤를마뉴 왕을 만났다. 그리고 영국으로 돌아간 직후에 그는 프랑크 왕의 초대를 받아 프랑크 왕실 학교를 향해 이내 발걸음을 옮겨야만 했다. 비록 이후에 몇 번 더 그가 고향을 방문했을지라도, 그때부터 그는 유럽 대륙에서 거주하게 됐고, 샤를마뉴 궁정의 첫째가는 학자가 됐으며, 정통 교리를 지키기 위해 양자론자들[3]** – 주후 794년에 개최됐던 프랑크포르트(Frankfort) 공의회에서 정통 교리에 대해 가장 활기찬 적수였던 – 과 싸우는 모든 위대한, 그리고 거기에 버금가는 용감한 전사들의 친구가 되었다.

주후 796년에, 그는 뚜르(Tours)에 소재한 성 마르땡(St. Martin) 수도원과 여타 수도원 시설들을 관장하는 대수도원장이 되었다. 거기서 그는 후에 오를레앙(Orléans)의 주교가 됐던 테오둘프(Theodulph), 그보다 이후에 마인츠(Mainz)의 대주교가 됐던 라바누스 마

Christendom" (New York, Sheed and Ward, 1954), 1–22.

3. 다음을 보라. MPL 101.9–438.

* 성직자가 성사를 집행할 때 목에 걸쳐서 무릎까지 늘어뜨리는 좁고 긴 헝겊 띠.

** Adoptionists; 예수는 본래 보통 사람이었으나 성령에 의해 하나님의 아들이 됐다고 주장하는 자들로 그리스도의 신성을 거부하는 자들.

우루스(Rabanus Maurus), 삭소니(Saxony) 공화국 내의 뉴 코르비(New Corbie)의 초대 대수도원 장이었던 아달하르트(Adalhard), 전례학자인 메츠의 아말라리우스(Amalarius of Metz) 등의 탁월하고 촉망 받는 문하생들을 배출했던 것이다. 그의 마지막 생애의 이 기간을 통틀어 그는 샤를마뉴 왕과 그의 궁정에서 사람들과 친밀한 접촉을 가졌던 것이다.

반드시 앨퀸이 시도한 프랑크의 전례 개혁 활동은 그의 탁월한 업적으로 여겨야 하며, 개혁된 그 전례는 로마교회의 표준적인 전례로 자리매김하게 되는 근간이 되었다. 설교집(homiliarium)의 편집본 안에 보면 그러한 전례나 성례가 성직자들에 의해 사용됐음을 잘 알 수 있다.[4]

앨퀸의 세속 학문적 능력이 탁월했기 때문에, 세속 학문의 영역에서 그의 문학 작품이 차지하는 비중과 그 비율이 상당한 것은 당연한 귀결이었다. 문법, 철자법, 천문학에서도 그의 조예는 매우 깊었다.[5]

이 책에 실린 번역 발췌본은 이중적인 목적을 지니고 있는데, 그 하나는, 카롤링거 시대에 존재했던 위대한 인물의 대표적인 문학 작품의 성격을 피상적으로나마 맛보는 것이고, 다른 하나는 그 시대의 전형적 특성을 함축한 성경 주석의 대단한 표본적 유형을 접해보는 것이다.

앨퀸과 동시대를 살았던 한 인물은 그가 성 바울(Saint Paul)의 네 서신 – 에베소서, 빌레몬서, 디도서, 히브리서 등 – 에 대한 주석을 내놓았다고 증언한 바 있다. 그리고 다양한 유형의 초기 저자들[6]은 그가 바울의 열네 개 서신 모두를 주석했다고 주장했다. 만약 그들의 증언이 타당하다면, 빌레몬서, 디도서, 히브리서를 제외한 모든 주석은 소실됐을 것이다. 이 세 주석은 한 사본(Codex Einsiedlensis B 9 [saec. ix]) 속에 보손됐으며, 마인라트–프렌처(P. Meinrad–Prenzer)가 그것을 필사했고, 포스터(Froben Forster)가 인쇄본으로 출판했으며(Ratisbon, 1777), 미네(Migne)의 편집본(Patrologia latina 100.1025–1084)에 재인쇄됐다. 디도서 주석은 미네의 편집본 100. 1107–1126항에 수록됐다.

당대의 대부분의 저술가들처럼, 앨퀸은 선배 학자들이 저술해놓았던 사본 자료

---

4. MPL 101.439–645.

5. MPL 101.847–1000. 그의 시는 723–846에 들어 있고, 665–722에는 거룩한 문자(hagiographical)에 관한 작품이 들어 있다.

6. 다음 자료를 보라. MPL 1107—그들은 식스투스 세넨시스(Sixtus Senensis), 요안네스 트리테미우스(Joannes Trithemius), 요안네스 발레우스(Joannes Baleus), 안토니우스 포세비누스(Antonius Possevinus) 등.

들, 특히 교부들의 작품들을 자유롭게 이용할 수 있었다. 그리하여 앨퀸의 히브리서 주석은 대개 존 크리소스토모스(John Chrysostom)의 주석[7]을 참고로 저술됐고, 앨퀸의 빌 레몬서 및 디도서 주석은 히에로니무스의 주석[8]에다 몇 가지 항목을 추가한 개정판 과 다를 바 없는 유사본이었다. 앨퀸이 히에로니무스에게 얼마나 큰 빚을 지고 있는 지 그 정도를 알아보려면 미네(Migne)의 편집본을 읽어보는 것으로도 충분하다. 미네는 앨퀸이 히에로니무스의 것에 새로 추가한 부분을 괄호 속에 넣어 잘 알아볼 수 있도 록 만들었고, 이는 두 저술가의 상이점을 한눈에 알아볼 수 있게 해준다. 우리 생각 에, 한 작품에서 이러한 괄호를 둔다는 것은 썩 바람직하지 못한 것 같다. 우리는 여 기서 앨퀸이 히에로니무스의 주석에 추가한 부분을 이탤릭체로 써서, 앨퀸의 주석 대 부분이 히에로니무스의 것을 표본으로 삼아 단지 그것에 자신의 생각을 부가적으로 첨가하는 방식으로 저술됐음을 쉽게 인지할 수 있다.

> "'내가 명한 대로 각 성에 장로들을 세우게 하려 함이니.' 그러나 개인의 공로
> 를 고려하지 않는 주교들이 있으며, 오직 그들은 주위 측근들에 의해 구워 삶
> 겨지거나 혹은 친척들과 유대 관계를 맺고 있는 것이다. 이로부터, 사도의 법
> 을 경멸하면서, 그 사람의 공로가 아니라 편애를 따라 교회의 직분을 수여하
> 기 원하는 자들은 그리스도에 반하는 행동을 하는 자에 불과하다는 것이 분
> 명히 판명됐다. 따라서 다음 구절과 같은 사도의 말씀이 지시하는 종류의 인
> 물이 교회의 장로로 임명돼야만 하는 점도 분명히 드러난다. 뇌물을 고여서
> 성직을 획득하려는 자는 이 세상에 존재하는 모든 악한 것을 넘어 서는 가장
> 커다란 악을 자행하는 일과 다를 바 없다. 초대교회 시대 사도들 중 제 일인
> 자였던 복된 베드로 사도는, 그러한 패악한 일을 서슴없이 자행한 시몬 마구
> 스(Simon Magus)를 혹독하고도 무섭게 공격했던 것이다."

우리는 여기서, 혹은 각주 속에서, 가시 같은 디도서의 저작권 문제나 혹은 초대 교회의 발전 위에서 생겨난 디도서의 난해한 발생 문제에 관해 토론에 돌입할 필요성

---

7. MPG 63.9-236, tr. by F. Gardiner (NPNF, 1st ser., 14.335-522).
8. Jerome의 디도서 주석은 MPL 26.589-636에 수록됐다.

이 있다고 생각하지 않는다. 그러한 주제들을 조명하기 원하는 자들은 오늘날의 목회 서신 주석을 찾아보면 그 목적을 달성할 수가 있을 것이다. 우리가, 히에로니무스나 앨퀸 둘 다 목회서신과 히브리서가 성 바울에 의해 기록됐다는 점을 조금도 의심하지 않았다는 사실을 제시함으로써, 저작권 문제에 대한 언급은 충분하다고 할 것이다.

참고 서적은 다음과 같다. Eleanor S. Duckett, *Alcuin, Friend of Charlemagne* (New York, Macmillan, 1951); C. J. B. Gaskoin, *Alcuin, His Life and Work* (Cambridge, 1904); W. Wattenbach and E. Dummler, *Monumenta Alcuiniana* in *Bibliotheca Rerum Germanicarum* (Berlin, 1873), vol. 6; A. F. West, *Alcuin and the Rise of the Christian Schools* (New York, 1893).

서문

사도는 디도서를 니고볼리(Nicopolis)에서 기록했다.[9] 그 성은 악티움(Actium) 해안에 위치했다. 바울은 그리스도 안에서 자신의 제자이자 아들이었던 디도를 그레데(Crete)에 남겨 두어 교회를 다스리게 했다. 바울은 고대의 오류로 가득 차 있는 그곳 교회의 지도자가 공석이 되는 것을 원하지 않았다. 그곳은 우상의 씨가 처음 자라난 곳이었다.[10] 바울은 그러한 우상 도가니가 복음화 되기를 원했다. 비록 바울이 설교의 필요성 때문에 그레데에 있는 디도를 자신에게 오도록 요청했더라도, 아데마(Artemas)와 두기고(Tychicus)를 비어 있는 그레데에 파견한 이유는 그만큼 바울이 그레데 교회를 가르치고 유지하는 데 큰 힘을 쏟았기 때문이다.

제1장

제1절

"하나님의 종이요 예수 그리스도의 사도인 나 바울이." 로마서에서 바울은 이렇게 편지를 쓰기 시작했다. "예수 그리스도의 종 바울은 사도로 부르심을 받아."[11] 이 두 구절에서 바울은 자신을 하나님의 종이지만 예수 그리스도의 사도라고 자칭하고 있다. 만일 성부와 성자가 하나라면, 그리고 그가 성자 안에서 성부를 믿었다면, 사도 바울과 모든 성인들에 의해 그 자신들이 종의 지위를 지녔다고 주장되는 것은 성

---

9. 바울이 니고볼리에서 편지를 써서 디도에게 보냈다고 하는 주장은 히에로니무스에게서 비롯된 것으로서, 오류에 해당한다. 바울은 니고볼리에서 디도서를 쓰지 않았다. (딛 3:12를 보라.)

10. 그레데는 그리스의 최고신인 제우스가 태어난 곳으로 알려져 있으며, 이는 이교 전통의 극치를 암시하는 것이었기에 바울은 그곳이 중요한 선교지임을 각성하고 있었던 것으로 보인다.

11. 롬 1:1a.

부와 성자가 구별되지 않고 언급돼야만 하는 것과 같은 이치다.* 왜냐하면 성부와 성자는 한 분 하나님이시기 때문이다. 또한 한 분 하나님은 하나의 종의 형태로 예배를 받으신다. 이것은 사랑의 노예 상태며, 죽이는 율법의 문자적 의미에서 종의 개념이 아니라, 살리는 영의 의미에서의 개념이다. 그 이유는, 하나님의 종은 죄의 노예가 아닌 자며, "죄를 범하는 자마다 죄의 종"[12]이기 때문이다.

"예수 그리스도의 사도." 여기서 바울은 그리스도인 집단에서 발휘될 수 있는 자신의 거대한 권위를 주장하고 있다. 그는 "그리스도의 사도"라는 표제를 사용해, 바로 그러한 제명이 주는 권위를 통해, 독자들에게 일종의 두려움과 경각심을 주기도 하고, 또한 그의 설교가 존중받게 만들며, 역시 그리스도를 믿는 자들 모두가 자신에게 종속되게 만들려고 했던 것이다.

"하나님이 택하신 자들의 믿음과 경건함에 속한 진리의 지식과." 이 구절은 앞에서 주어진, "하나님의 종이요 예수 그리스도의 사도인 나 바울이"라는 구절에 연관된 것이 틀림없다.

"하나님이 택하신 자들의 믿음과." 이 구절은 부르심뿐만 아니라 택함을 입은 자들의 믿음을 나타낸다. 선택된 자들은 사역, 견해, 언어 등에서 매우 큰 차이와 다양성을 갖고 있었다. 그러므로 바울은 "경건함에 속한 진리의 지식"이라는 구절을 첨가했던 것이다. 곧 그들은 비록 상술한 대로 큰 차이점과 다양성을 지니고 있지만, 믿음의 기반이 되는 진리의 지식을 공통으로 소유했기 때문에 그리스도 안에서 하나가 될 수가 있다는 것이다. 바울은, 참된 신앙과 진리의 지식은 일치할 수 있다는 사실을 언급하기 위해, "경건함에 속한 신리의 시식"이라는 구절을 사용했다. 왜냐하면, 일부 진리 즉, 문법이나 논리학이나 기하학이나 산수[13] 등과 같은 세속 학문적 진리는 경건함과 조회되지 않기 때문이다. 이러한 학문들은 적절한 토론과 연관된 참 지식이

---

12. 요 8:34b.

13. 앨퀸은 *trivium*(3학; 문법, 논리학, 수사학)과 *quadrivium*(4과; 산수, 기하학, 천문학, 음악) 모두를 지칭하지 않고 각각에서 두 개씩 발췌하여 소개했다. 즉 문법, 논리학 및 산수와 기하학 등을 세속 학문의 대표적 진리로 제시한 것이다.

---

* 앨퀸은 종과 사도 및 성인이 마치 성부와 성자가 하나이듯, 그래서 성자가 성부로 여겨지듯이, 종도 사도나 성인으로 여겨져야만 한다고 피력했다. 곧 종이라고 해서 종 취급당할 것이 아니라 사도나 성인으로 추앙돼야 한다는 뜻이다. 여기서 종은 섬기는 자세를 상징하는 것으로서 사도나 성인은 그런 종복의 자세로 하나님과 성도를 섬기되, 높이 존숭받아야 한다는 의미를 삼위일체 신론을 배경으로 제시했던 것이다.

지만, 경건에 관한 지식과는 무관하다. 경건에 관한 지식은 하나님의 율법을 깨달아 아는 지식이며, 예언서를 이해하고 또한 복음서를 믿어서 얻는 지식이다. 그 지식은 사도의 말씀을 무시하지 않고, 마음과 목숨과 힘과 뜻을 다해 가장 크고 선하신 하나님을 사랑하는 것이다.[14] 이것이 바로 경건함에 따라, 또한 경건함에 근거한 지식으로서의 진리인 것이다.

제2절

"영생의 소망을 위함이라." 영생을 이해하는 자들마다 누구나 불멸의 보상으로 영생을 얻을 것이다. 그리고 경건함이 결여된 진리의 지식은 현세에서 기쁨을 주지만, 그것으로 영원한 보상은 얻을 수가 없다. "이 영생은 거짓이 없으신 하나님이 영원 전부터 약속하신 것인데."

제3절

그리스도 예수 안에서 "자기 때에 … 나타내셨으니." 하나님은 오래 전에 영생을 약속하셨고, 그리고 후에 그것을 분명히 드러내셨다. 그런데 그것은 성부와 항상 같이 하신 그의 지혜를 통해 계시되어 드러난 것이 아니다. 곧 하나님은 그의 지혜와 더불어 세상 창조를 완수하셨을 때 기뻐하셨던 것이다. 이제 하나님은 인자를 통해 약속하신 영생을 계시하여 드러내실 때, 얼마나 기뻐하셨던가? 그들이 누구든지, 오직 그리스도를 통한 영생을 믿는 자마다 영생을 얻게 되는 일을 하나님은 즐거워하셨던 것이다. 하나님이 이 세상 기초를 놓으시기 전에, 바닷물을 따라 붓고 산들을 들어 올리시며, 하늘을 높이 달고 아래에 땅을 펼치시기 전에, 하나님은 이러한 영생을 약속하셨고, 그 약속에는 한 치의 속임도 없다. 왜냐하면 하나님은 진리 자체이시기에, 거짓말을 하실 수 없고, 만일 하나님이 내키지 않으신다면[15] 거짓과 오류의 말씀들을 쏟아내시지도 않으실 것이고, 오직 진리의 아버지이시며 진리 자체이신 그분은 결코 어떤 기만도 행하실 수가 없으시기 때문이다.

---

14. 마 22:37; 눅 10:27.

15. *Nollet*(내키지 않는). 여기서는 *vellet*(원하시는)이 더 나아 보인다. 왜냐하면, 구문론과 통어법과 무관하다면, 그것은 히에로니무스가 사용한 *et nolit*(그리고 원하지 않는다)의 의미를 지키는 것이기 때문이다.

사도의 말씀을 따르면, 하나님은 홀로 진리이시고, 모든 인간은 거짓말쟁이로 칭해지고 있는데, 이에 관해 간략히 논의하는 것이 과연 부적당하고 온당치 못한 처사가 되는 것일까? 그리고 만일 내가 실수하는 것이 아니라면, 하나님 한 분만이 불멸성을 가진 것이고, 또한 비록 하나님이 불멸성이라는 특성을 소유한 천사와 수많은 이성을 지닌 피조물을 창조하셨더라도, 하나님만이 진리가 되시는 것처럼 말하는 이유는, 다른 불멸의 존재가 진리를 사랑하지 않기 때문이 아니라, 하나님 한 분만이 본래 불멸하시고 진리가 되시기 때문이다. 그러나 하나님은 하나님 외의 다른 존재들이 하나님의 은사로부터 불멸성과 진리를 인식하도록 해주신다. 본래 그리고 저절로, 또한 자기 스스로, 진리가 되시며 진리를 소유하신 분이 유일하신 존재이시고, 다른 존재는 그에게 그가 소유하고 있는 것을 주시는 유일하신 분의 능력에 종속되는 것이다. 그러나 우리는 어째서 거짓말하시지 않는 하나님이 무한한 시간 전에 영생을 약속하셨는지에 관해 침묵으로 간과해서는 결코 안 될 것이다. 창세기의 이야기에 따르면, 하나님에 의해 이 세상이 창조되었고, 그리고 밤과 낮들의 변화를 통해, 또한 그와 같이 달과 해의 흐름으로 인해, 계절이 만들어졌으며, 이러한 땅의 여행과 순환으로 말미암아 계절이 가고 오는 것이다. 곧 그러한 계절은 또 존재할 것이고 또한 존재해왔다. 그리하여 어떤 철학자들은 시간은 현존하지 않고 과거나 혹은 미래일 뿐이라고 주장하기까지 했다.[16] 우리가 말하고, 행하고, 생각하는 모든 것은, 그렇게 하는 동안 순식간에 지나가버리는 동시에, 또한 아직 그렇게 하지 않았다면 여전히 그 일이 행해지도록 기다리고 있는 것이다. 그러므로 이 시대가 지나가기 전에 사람은 누구나, 성자와 성령과 더불어 성부 하나님이 항상 존재하셨고, 내가 말한 대로, 모든 영원함은 하나님의 단일한 시간이라는 철칙 안에서 영원한 시간이 존재했다는 사실을 반드시 믿어야만 한다. 실로, 셀 수 없는 시간들이 존재하며, 그 이유는 시간 전에 모든 시간을 초월하시는 무한하신 분이 바로 하나님 그 자신이시기 때문이다.* 6천 년 전에 우리의 세상은 아직 존재하지 않았고,** 세기가 시작되기 전에, 곧 수많은

---

16. 그 근거는 아마도 다음의 자료일 것이다. Aristotle, *Physics* 4.10, p. 218a. 영어본은 다음을 참고하라. R. P. Hardie and R. K. Gaye in W. D. Ross's Oxford translation (Oxford, Clarendon Press, 1930) 2.218a.

---

* 하나님이 시간을 초월하시는 무한자이시기 때문에 무한한 시간, 셀 수 없는 영원한 시간 개념이 존재한다는 의미다.

** 앨퀸 당시에는 세상이 육천 년 전에 창조됐다고 믿었다. 오늘날 세대주의 신학 역시 성경을 문자적으로 해석해 그렇게 주장하고 있다.

영원한 세월과 시간 속에서는, 천사와 주권과 권세와 여타 능력들이 창조주를 섬기고 있었으며, 또한 시간의 변화와 측정함도 없이, 하나님의 명령을 따라 그것들이 존재했다고 생각돼야만 한다. 감히 언급조차 할 수 없고, 이해할 수도 없으며, 침묵 가운데서 접촉할 수 있다고 생각조차 할 수 없는 이 모든 시간 전에, 하나님 아버지께서는 바로 그 자신의 지혜이신 그의 지혜에게 말씀을 약속하셨다. 그리고 믿는 자들의 생명이 이 세상 속으로 반드시 들어오도록 약속하시기도 했다. 성경말씀을 주의 깊게 읽어보면, 얼마나 그 생명이 영원한 것이며, 또한 거짓말하시지 않는 하나님이 영원 전에 약속하신 계시가 모두 하나님의 말씀과 틀리지 않다는 점을 알 수 있게 된다.

"자기 때에 자기의 말씀을 전도로 나타내셨으니." 즉, 하나님이 약속하신 이러한 영생은, 태초에 성부와 함께 계셨던 그의 말씀 자체이시고, 하나님은 말씀이셨고, 그 말씀은 육체가 되셔서 우리 가운데 거하셨다.[17] 이러한 하나님의 말씀, 곧 그리스도 자신은 생명이며, 다른 성경 구절에는 "내가 곧 길이요 진리요 생명이니"[18] 라고 말씀하신다. 그러나 짧지 않고, 어떤 시간에 제한되지 않으며, 불후하고 영원한 생명은 가장 최근에 바울에게, 그리고 이방의 박사와 교사들에게 위탁하신 전도의 말씀을 통해 명백히 나타났다. 그 전도의 말씀은 세상에 널리 선포돼야만 했고, 사람들에게 알려졌으며, 구주 하나님의 명령에 따라 구세주께서는 하나님의 약속이 성취되어 우리가 구원받기를 원하셨던 것이다.

"이 전도는 우리 구주 하나님이 명하신 대로 내게 맡긴 것이라." 우리는 사도행전에서[19] 바울이, 다메석으로 오르는 도상에서, 갑자기 소명을 받아 아나니아를 통한 하나님의 음성을 들었던 사실을 잘 알 수 있게 된다. "이 사람은 내 이름을 이방인과 임금들과 이스라엘 자손들에게 전하기 위하여 택한 나의 그릇이라."[20] 또 다른 성경 구절은 이렇게 언급하고 있다. "성령이 이르시되 내가 불러 시키는 일을 위하여 바나바와 사울을 따로 세우라 하시니."[21] 그들이 이방인들에게 그리스도를 전해야만 했던 것은 구주의 명령 때문이었다. 디도가 그리스도의 교회를 섬기는 가운데서 행한 말

---

17. 요 1:1–14.
18. 요 14:6.
19. 행 9:1–9.
20. 행 9:15.
21. 행 13:2.

씀과 지혜와 가르침은 물론 그를 바울 사도의 아들이 되게 만들었고, 역시 그것들은 그와 타인들을 분리시키도록 해주었다. 우리는 다음 구절을 주의 깊게 살펴보아야 할 것이다.

제4절

"같은 믿음을 따라." 여기서 바울은 그리스도를 믿는 모든 자들에게 분배된 신앙을 의미했는가? 아니면 오직 바울 그 자신과 디도가 나누어 가진 신앙을 말하는 것이었는가? 마음의 차이와 다양성 때문에 믿음이 동일하지 않고 다를 수가 있어서, 이 구절에서 언급된 "같은 믿음"은 모든 믿는 자들이 공유한 신앙이라기보다는 바울과 디도가 나누어 가진 같은 믿음이라는 의미로 받아들이는 것이 더 나을 것 같다.

결국, 디도서의 서문과 디도에게 주는 사도 바울의 서론적인 안부 인사는 다음과 같은 문장으로 끝을 맺고 있다.

"하나님 아버지와 그리스도 예수 우리 구주로부터 은혜와 평강이 네게 있을지어다." 이 구절에서 우리는 은혜와 평강이 하나님 아버지뿐만 아니라 그리스도 예수, 곧 그 두 분에 의해 두 은총이 주어짐을 알 수 있다. 혹은 은총은 아버지에 의해 주어지고, 평강은 아들에 의해 주어진다고 여겨도 무방할 것이다.

제5절

"내가 너를 그레데에 남겨 둔 이유는 남은 일을 정리하고." 건축가처럼 기초를 세우는 일은 사도의 득권이있으나, 건물을 세우는 일은 디도나 다른 제자들이 해야 할 사명이었다. 바울이 그레데 사람들을 그리스도를 믿는 신앙으로 인도해 그들의 굳은 마음을 부드럽게 만들고, 또한 설교와 이적[22]을 통해 그들을 길들여 복음을 따르게 한 이후에, 그 결과 그들이 아버지 하나님과 그리스도를 믿게 되었는데, 바울은 그 자신의 제자 디도를 그레데에 남겨 두어서 성장하고 있는 교회 교우들의 신앙 지식을 강화시키려고 했던 것이다. 그리고 무엇인가 부족한 부분이 있다면, 디도를 통해 그것을 채우고 교정시키려 했고, 그리하여 바울 자신은 다시 다른 지역으로 서둘

---

22. 초자연적인 능력을 보이는 일.

러 떠나 그곳에서 그리스도의 기초석을 놓으려 했던 것이다. 물론 그들은[23] 사도 바울에 의해 잘못된 이방신을 섬기는 일을 교정하기는 했으나 여전히 더 고쳐나가는 일이 필요했고, 곧 모든 수정돼야 할 것들은 아직 다 이루어지지 않은 상태에 놓여 있었다.

"내가 명한 대로 각 성에 장로들을 세우게 하려 함이니." 사리사욕을 염두에 두지 않고, 또한 끈끈한 동아줄에 묶여 있는 것처럼 유대관계를 맺고 있는 측근이나 친척의 감언이설과 부추김에 구워 삶겨 휘둘리지 않는 장로들(bishops)이 존재한다. 이러한 사실에서, 사도가 세운 법을 경멸하면서, 교회 직분을 공로나 공적이 아니라 편애나 정실 관계에 의해 수여하려는 자는 그리스도를 정면에서 배척하고 반대하는 자가 틀림없다. 그리스도는 그의 사도의 입을 통해 어떤 종류의 인물이 교회의 장로가 돼야 할 것인가 명령을 내리셨던 것이며, 그것은 이 구절 다음에 바로 이어져 제시됐다. 가장 커다랗고 극악무도한 악은 뇌물 수수를 통해 성직을 획득하는 일이다. 초대교회 시대에 사도들 중 제 일인자였던 복된 베드로 사도는, 그러한 패악한 일을 서슴없이 자행한 시몬 마구스(Simon Magus)를 혹독하고도 무섭게 공격했다.[24]

"책망할 것이 없고." 주교(혹은 감독)인 장로[25]는 책망할 것이 없는, 혹은 비난 받을 일을 행하지 않는 자라야만 한다. 마귀의 부추김과 선동으로 교회 내에서 신앙과 다른 분파가 발생하기 이전에, 곧 사람들 사이에서 "나는 바울에게, 나는 아볼로에게, 나는 게바에게, 나는 그리스도에게 속한 자라"[26]고 하는 말이 나기 전에, 교회는 보편적인 장로회에 의해 통치됐다.[27] 일찍이, 어떤 한 장로 개인이, 그 자신이 세례를 베풀어주었던 사람들을 그리스도의 사람이 아니라 그 자신의 사람으로 여겼던 적이 있었는데, 따라서 이를 방지하기 위해 교회는 온 땅의 교회를 통치할 장로들 중 장로 한 분을 설정했던 것이다. 그 장로는 다른 모든 장로들을 대표하는 직임으로 선택됐고, 그에게 모든 교회를 돌볼 사명이 주어졌고, 또한 모든 분파의 씨앗을 분쇄해야

---

23. 그레데 인들.
24. 행 8:9-24.
25. 참고. Jerome, *Epist.* 146 *ad Evangelum.*
26. 고전 1:12.
27. 히에로니무스의 말.

할 책임도 주어진 것이다. 이러한 점은 바울 사도의 다른 서신에서 입증될 수 있고,[28] 또한 사도행전에서도 그런 사실이 잘 드러나 있다. 곧 거기서 바울은 에베소 교회에게 장로들을 정한 것으로 언급돼 있다.[29] 그리고 바울은 그 후에, 장로들이 다른 자들과 구별될 것에 관해 이렇게 언급했던 것이다. "여러분은 자기를 위하여 또는 온 양 떼를 위하여 삼가라. 성령이 그들 가운데 여러분을 감독자로 삼고 하나님이 자기 피로 사신 교회를 보살피게 하셨느니라."[30] 그 자신의 확고한 신앙에서 유래한 이름을 지니게 된 베드로는[31] 그의 서신에서 다음과 같이 언급했다. "너희 중 장로들에게 권하노니 나는 함께 장로 된 자요 그리스도의 고난의 증인이요 나타날 영광에 참여할 자니라. 너희 중에 있는 하나님의 양 무리를 치되 억지로 하지 말고 하나님의 뜻을 따라 자원함으로 하며 더러운 이득을 위하여 하지 말고 기꺼이 하며."[32] 이전에 모든 장로들이 주교(혹은 감독)로 불리었으나, 지금은 모든 주교들(혹은 감독들)은 장로로 불릴 수 있으며, 그러나 모든 장로들이 다 주교(혹은 감독)인 것은 아니다. 왜냐하면 불화의 온상을 제거하고, 교회를 전적으로 돌보는 일이 한 인물에게 위탁됐기 때문이다. 이는 마치 오만한 제왕이 지닌 것과 같은 힘[33]이 아니라 부성적인 자비로운 경건함으로 그의 자녀를 사랑하고, 그 자녀들이 잘 복종하도록 다스리는 아버지와 비슷한 것이다. 교회의 각 직분자들은 마치 아들처럼 그 주교(혹은 감독)에게 존경심을 표해야만 한다. 이제 우리는 어떤 종류의 인물이 장로나 혹은 주교(또는 감독)로 임직돼야 하는지 살펴볼 때가 왔다.

---

28. 서신들의 권위가 담긴 어투.

29. 행 20:17.

30. 행 20:28.

31. 마 16:18.

32. 벧전 5:1–2.

33. *Tribunicia potestas*: 호민관의 권력(power of tribune). 초기 로마 공화국 시대에 호민관(*tribunus plebis*)의 권위는 처음에는 평민들을 압제하는 법률이나 입법 행위를 거부하는 권한으로 제한됐다. 그러나 후에 능력 있고 야심에 찬 호민관이 등장하여 때때로 *quid pro quo** 원칙을 적용해 그들 자신의 입법 계획을 법제화했던 것이다. 아우구스투스(Augustus)와 그의 승계자들의 치하에서, 이 *tribunicia potestas*는 *proconsulare imperium* (지방 식민지 총독의 권한)과 더불어, 초기 헌법에 의해 로마황제 권력의 기반이 됐고, 이는, 실제적이었는지 아닌지는 확실히 모르지만, 외형적으로 로마 공화국이 지속되도록 만들어 주었다.

---

* something for something, 상호간에 공정한 협상이나 거래를 의미하는 용어, 통속적으로 '오는 것이 있어야 가는 것이 있다'라는 의미, 이는 현대판 '노블리스 오블리주'(Noblesse oblige) 의미와 비슷함.

"한 아내의 남편이며 방탕하다는 비난을 받거나 불순종하는[34] 일이 없는 믿는 자녀를 둔 자라야 할지라. 감독은 하나님의 청지기로서 책망할 것이 없고." 첫째, 그는 비난 받을 거리를 지니지 않은 그리스도의 교회의 청지기가 돼야 한다. 디모데는 감독을 "나무랄 데 없는"(곧 책망할 것이 없는) 존재라고 부르고 있다.[35] 악이 들끓는 도가니 속으로 돌진하면서, 어찌 교회를 감독하고 악을 격퇴할 수 있겠는가? 다른 자들을 책망하고 징계해서 교정해야 할 자로 자인하면서 어찌 방종하며 살아갈 수 있겠는가? 우리는 "한 아내의 남편"이라는 구절을, 존경 받을 만한 결혼을 한 자가 감독직에 수락될 수 있다는 의미로 이해해야만 한다. 육욕 가운데서 방황하며 자기 몸을 더럽히는 자는 감히 하나님의 제단의 지위에 오를 수가 없는 법이다. 여기서 우리는 모든 남성이 오직 한 아내만을 두는 것이 두 아내를 두는 것보다 더 낫다고 주장하지는 않는다. 단지 감독직을 행할 자는 그 자신이 일부일처제를 준수하여 정결한 결혼의 예를 지속적으로 보여줌으로써 다른 자들을 훈계할 수 있다는 점을 강조할 뿐이다.[36] 이러한 사도의 명령("한 아내의 남편이 되라")을, 갈봇집과 다를 바가 없는 다른 분파들에게서 이단적인 오류가 들어오지 못하도록 막아주는 "가톨릭교회의 교사가 되라"는 의미로 받아들이는 자들도 있다. 또한 어떤 자들은 그러한 사도의 명령을, 감독이 자신의 교회나 속한 성에서[37] 밖으로 나가 이문을 취하지 말라는 뜻으로 해석하기도 한다. 왜냐하면 일반인들은 대개 보다 멋지고 부유한 상황에서 보다 열악하고 가난한 상태로 나아가기를 원하지 않지만, 그러나 감독은 그러한 경우를 감수해야만 하는 유례없이 특별한 존재이기 때문이다.[38]

"방탕하다는 비난을 받거나 불순종하는 일이 없는 믿는 자녀를 둔 자라야 할지

---

34. 앨퀸은 여기에 *peccato*(= to sin)라는 단어를 첨가했는데, 이는 그리스어 성경이나 불가타(라틴어 성경)에 들어 있지 않다. 감독의 자녀들은 그들의 아버지에게 복종해야 하는데, 앨퀸은 그들이 "죄에게 복종하지 않아야 한다"고 주석했던 것이다.

35. 딤후 3:2.

36. 재혼에 관해서는 다음을 보라. tr. by W. P. LeSaint, Tertullian's *Treatises on Marriage and Remarriage* in AGW 13 (Westminster, Newman Press, 1951).

37. 혹은 아마도, 세속 사제의 삶에서 수도원의 은거적인 삶으로.

38. 코르도바의 호시우스(Hosius of Cordova), MPL 8,1317C: *Nullus enim episcopus adhuc inveniri potuit, qui a maiori civitate in minorem transire studverit.* ("사실상 지금까지 그 어떤 감독도 더 큰 도시에서 보다 작은 곳으로 옮겨가기를 원했던 적이 없었고, 또한 그렇게 될 수도 없었다.") 이것은 사르디카 공의회(Council of Sardica)의 첫째 법령(Canon1)에서 유래한 것이다. 이에 관해서는 다음의 자료를 보라. C. J. Hefele, *History of the Councils*, 2:110).

니라."* 올바른 자는 그의 자녀의 잘못으로 인해 더럽힘을 당하지 않으며, 교회의 통치자[39]인 사도에 의해 다른 자를 꾸짖을 수 있는 자유를 보장받은 자다. 그 자신의 집에 자녀들의 죄로 인해 생긴 들보를 갖고 있으면서, 어찌 다른 사람의 집에 있는 먼지보다 작은 티를 제거할 수가 있겠는가?** 감독은 이처럼 자신의 자녀들의 과실로 인해 다른 사람들을 책망하고 징계하기를 두려워하는 자가 되어선 안 된다. 그 이유는 어떤 형제들이 우연이라도 이렇게 말하도록 해서는 안 되기 때문이다. "어째서 당신은 당신 자신의 자녀들을 책망하는 수고를 아끼고 계시나요?" 만일 그 자신의 자녀들의 죄로 인해 그 올바른 인물이 감독직에서 박탈당하게 된다면, 도대체 그리스도의 제단에서 제거돼야 할 얼마나 많은 사람들이 죄를 용서 받을 수 있는 기회가 박탈되는지를 알아야만 할 것이다. 결국, 성경 안에서는, 아들은 말씀(*logismos*), 곧 생각함으로, 따르는 실천(*praxeis*) 곧 행동으로 가르침을 받아야 함이 역설된 것이다. 따라서 사도의 명령에 의하면, 감독직에 오를 사람은 이제 스스로의 통제 하에서, 또한 그리스도를 참되게 믿는 신앙 가운데서, 자신의 생각과 행동을 바르게 지켜나가야만 한다. 또한 그는 사적인 과실의 오점으로 결코 더럽혀지거나 오염돼서도 안 된다.

"감독은 하나님의 청지기로서 책망할 것이 없고." 청지기들 중에서 신실함을 추구하는 자는 먹고 마셔서 취하지 않으며, 주인의 종이나 하녀를 매로 때리지도 않는다. 그는 모든 것을 지혜롭게 잘 준비해 주인이 불시에 들이 닥칠 날을 대비해야만 한다. 곧 그는 가톨릭 교리라는 양식을 그에게 맡겨진 종들에게 잘 공급해야만 한다. 감독과 장로는 교인들이 자신의 종이 아니라 그의 동무로서의 종임을 잘 알고 있어야만 한다. 이러한 이유로, 그는 그들을 일반적인 노예로 부려서는 안 되고, 오직 그늘 모두를 자녀처럼 사랑으로 가르치고 대해야만 할 것이다.

"제 고집대로 하지 아니하며." 감독직에 자만하거나 만족하지 않고, 오히려 선행을 껴안고 최선의 선행에 공헌하기를 추구하는 자가 감독이 될 수 있다.

"급히 분내지 아니하며." 가지에 걸려 있는 잎사귀처럼 가벼운 바람에 이리저리

---

39. *Princeps*(최고 지도자).

---

* 각주 35번을 참고하라.

** 마 7:3.

날리지 않아야 한다. 참으로 급히 화를 내는 교사보다 더 수치스러운 존재는 없다. 이따금씩 화를 내는 자는 완전한 분노를 표출하는 자는 아니나, 실로 철저한 분노를 분출하는 자는 결국 이러한 격노에 의해 그 자신이 잡아먹힐 뿐이다.

"술을 즐기지 아니하며." 사도에 의해 술을 마시면 방탕이 나타날 뿐이라는 말을 함으로써 이에 관해서는 충분한 언급이 될 것이다. 폭음과 폭식이 있는 곳마다 거기에는 강한 식욕과 색욕 등의 제어할 수 없는 욕망만이 존재할 뿐이다. 우리는 감독과 장로들 사이에서 벌어지는 술취함에 대해 사도가 비난하고 있다는 사실에 놀랄 뿐이다. 왜냐하면 구약법에 제사장[40]이 하나님을 섬기러 성전에 들어갈 때 결코 술을 마시면 안 된다는 금지 조항이 들어 있기 때문이다.[41] 나실인은 또한 모든 포도주와 독주를 마셔서는 안 되는 금주 명령과 또한 그들의 거룩한 머리를 자라게 하는 규정에 매달려 있었다.[42]

"구타하지 아니하며." 이 구절의 표면적인 의미는, 감독은 그의 교인들의 마음을 교화할 때, 그들이 말을 잘 듣지 않을 경우, 분노하여 급히 돌진해서 손을 뻗어 때려 눕히지 않도록 조심해야만 한다는 뜻이다. 그러나 여기에는 보다 미묘한 의미가 들어 있는 바, 즉 감독은 사람들의 마음이 이해하고 알아듣게 하기 위해서 공격적인 어떤 태도도 취해서는 안 되며, 차라리 온화한 말과 순전한 성품으로, 온건한 감독의 생애와 말씨에 의해 가르침을 받곤 하는 교인들을 파멸시키지 않도록 조심해야 한다는 뜻이다.

"더러운 이득을 탐하지 아니하며." 그러한 것을 탐하는 자는 다가 올 일보다는 현재 것에 눈이 멀어 있는 자다. 사도의 모방자가 되기를 염원하는 감독은 단지 음식과 의복이 있음만으로도 만족해야만 할 것이다.[43] 제단을 섬기는 자는 제단에서 나오는 것으로 살기 마련이다.[44] 사도의 말씀은 이러하다. "부자가 되려 하지 말고, 살아가도록 하라." 여기까지의 사도의 말씀은 감독이나 장로가 가져서는 안 될 것에 관해서만 제시된 것이다. 이제 그와 반대로, 감독이나 장로가 반드시 가져야만 할 것에 대해 설

---

40. *Sacerdotes*: 히에로니무스의 시대에 그 단어는 종종 감독을 의미했고, 여기에서는 그런 의미가 현존하고 있는 것처럼 여겨진다.

41. 레 10:8-9.

42. 민 6:2-5.

43. 딤전 6:8.

44. 고전 9:13.

명돼야 한다.

8절

"오직 나그네를 대접하며 선행을 좋아하며." 이러한 덕목은 감독이 되려는 자가 갖추어야 할 환대에 관한 것이다. 모든 사람들은 복음서에서 이러한 음성 듣기를 원한다. "내가 주릴 때에 너희가 먹을 것을 주었고 목마를 때에 마시게 하였고 나그네 되었을 때에 영접하였고."[45] 그의 집이 평범한 여관이나 순례자를 위한 숙소가 돼야 하고, 그러한 순례자들을 친절하고 지극 정성으로 받아들여 섬겨야만 하는 감독은 얼마나 더 훌륭한 손 대접을 해야만 할 것인가? 그리하여 그들의 발을 씻어주는 겸손의 의무까지도 감당해야만 할 것이 아니겠는가?

"신중하며 의로우며 거룩하며." 평신도가 아내와의 육체적인 관계를 멈춘 상태에서 기도하기로 정해져 있을 정도인데, 하물며 감독은 어찌 하랴? 거룩한 기도를 통해 흠 없고 순전한 희생물을 바치는 감독이야말로 모든 육신적인 욕망을 끊은 채, 매일 매일 자신의 죄는 물론 온 교인들이 지은 죄를 사함 받기 위해 하나님께 간절한 기도를 올려야만 하지 않겠는가? 제사장 아비멜렉(Abimelech)[46]이, 시기로 인해 자신을 죽이려는 사울 왕을 피해 도망 나온 다윗과 그의 소년들[47]에게, 그 소년들이 여자를 가까이 하지 않았다면— 다른 남자들의 여성뿐만 아니라 그들 자신의 여인들까지도— 진설병[48]을 주겠다고 했던 것이다. 진설병과 그리스도의 몸은 그림자와 실체, 그림과 실제 모습, 미래 사건의 전조적 예시와 그 결과만큼의 차이점을 지닌다. 환대, 친절 등의 덕목이 특히 감독의 내면에 특히 존재해야 하는 것저럼, 노한 성숙함(혹은 신중함)과 검소함(혹은 절제함)은 적절한 사제[49]의 표식에 해당한다. 그리하여 감독은 부정한 행위를 금

---

45. 마 25:35.

46. 삼상 21:1–6에는 '아비멜렉'(Abimelech)이 '아히멜렉'(Ahimelech)으로 나오고, 이와 상응하는 불가타 제일 율법서(I Reges) 21:1–6에는 '아키멜렉'(Achimelech)으로 기록돼 있다.

47. 아들들이 아니고 다윗을 따르는 시종들이다.

48. 불가타의 *propositionis panis*(showed-bread; 진설병)는 여기서 *panis sanctus*(거룩한 떡)으로 나와 있고, 6절 아래에서는 *panis propositionis*로 쓰였다.*

49. *Sacerdotalis*.

---

* 안식일에 여호와의 제단에 바치는 따뜻한 기운이 있는 열두 덩어리의 떡. 즉, 이스라엘 12지파를 상징함. 안식일이 지나 그 떡이 식게 되어 여호와 앞에서 물려 낸 거룩한 떡. 즉, 여호와의 제단에 더운 떡을 드리는 날에 물려 낸 떡으로서 불결한 자가 먹어서는 안 되는 떡.

해야 할 뿐만 아니라, 그리스도의 몸을 만든[50] 영혼이 불의한 것에 대한 접촉과 그릇된 생각에서 벗어나 자유로워야 한다는 사실을 [인식해야만 한다]. 감독은 의로우며 거룩해야만 한다. 그는 그가 관장하고 있는 교인들 사이에서 정의를 구현해야만 한다. 또한 심판에 있어 어떤 인간적인 측면을 내보여서도 안 된다. 오직 모든 사람들을 위해 정당한 결정을 내려야만 할 것이다. 또한 그의 삶은 거룩해야 하는데, 이는 말씀을 잘 가르치기 위함일 뿐만 아니라 그의 거룩하고 경건한 삶이 표본이 돼 그에게 맡겨주신 자들을 잘 인도하기 위함이다.

9절

"절제하며, 미쁜 말씀의 가르침을 그대로 지켜야 하리니." 감독이 금욕적으로 절제하는 일은 적절하다. 이는 육체적인 욕구뿐만 아니라 심지어 말의 절제도 마찬가지다. 특별히 그의 생각과 사고방식에서, 생각하고 말하고 행동하는 모든 것이 지속적으로 절제와 온건함을 이루어야만 한다. 결국, 그는 "미쁜 말씀의 가르침"(교리에 따른 신실한 말씀)을 잘 인식하고 있어야만 한다. 어떤 의미에서 감독은 하나님의 신실한 말씀으로서, 모든 사람이 받아들일 가치를 지닌 존재다. 그는 그 자신을 그러한 방식으로 드러내, 그가 언급하는 모든 것들이 믿을 만한 가치가 있고 또한 그의 말은 진리의 규칙과 이정표가 돼야 할 것이다.

"이는 능히 바른 교훈으로 권면하고 거슬러 말하는 자들을 책망하게 하려 함이라." 감독은 이생의 유혹으로 인해 이리저리 흔들리는 자들을 편안히 만들 수 있어야만 한다. 그리고 건전한 교리를 통해, 곧 가톨릭의 가르침으로, 이단적인 사악함도 분쇄시켜야만 한다. 연약하고 힘없는 가르침에 반대해 견고하고 확실하며 건전한 교리가 요청되는 것이다. 그러한 교리는, 그것에 저항하는 이단들, 곧 그들이 유대인이든지 혹은 이 세상의 지혜로운 자들인지 간에, 그들을 자유롭게 논박할 수 있어야만 하며, 감독은 그러한 교리를 잘 수립해야만 한다. 사도는 감독이 지녀야 할 아름다운 덕목 속에 보다 고상한 미덕을 두고 있는데, 거기에는 곧 명예로운 삶이 포함돼 있다. 사도는 이에 관해 이렇게 언급했다. "이는 능히 바른 교훈으로 권면하고 거슬러 말하

---

50. 축성한(= 기도를 통해 거룩하게 구별한, by consecration).

는 자들을 책망하게 하려 함이라." 이는 완전한 지식에 관해 언급된 말씀과 관련해 주어진 것이 틀림없다. 만일 말씀과 교리의 가르침과 수립에는 무관한 채, 감독의 삶이 거룩하기만 하다면, 또한 그렇게 살고만 있다면, 그러한 삶은 오직 그 자신에게만 이득이 될 수 있을 것이다. 그러나 만일 그가 교리와 말씀을 배우는 일에 최선을 다하고, 또한 다른 사람들, 즉 그 자신이 관장하는 교인들은 물론, 심지어 그를 공격하는 적대자들조차도 가르치고 인도할 수 있을 것이다.

10-11절

"불순종하고 헛된 말을 하며 속이는 자가 많은 중 할례파 가운데 특히 그러하니 그들의 입을 막을 것이라. 이런 자들이 더러운 이득을 취하려고 마땅하지 아니한 것을 가르쳐 가정들을 온통 무너뜨리는도다." 교회의 수장이 되는 인물은 성실한 삶을 동반하는 설교 감화력을 가져야만 한다. 또한 설교하고 말을 전달하는 능력이 없어서 그의 사역이 침묵 속에 묻혀버리는 일이 없도록 주의해야 한다. 그리고 그의 말은 그의 사악한 행위를 부끄러워해야만 한다. 공허한 논쟁과 변론으로 하나님의 말씀의 좋은 씨를 썩게 만드는 사람들이 적지 않다. 그들은 성경말씀을 왜곡하여 인용해서 사악한 가르침을 지속시키려고 부단히 노력하고 있다. 그러므로 교회의 교사가 성경말씀을 부지런히 배워야 하는 일은 아주 적절한 처사다. 그렇게 되면 그는 오른 뺨을 맞더라도 즉시 왼쪽 뺨을 치는 자에게 대 줄 수 있을 것이다.[51] 이들은 발전 초기의 그리스도의 교회를 전복하려고 시도했던 할례파 유대인들[52]이었다. 그들은 율법의 가르침을 옮겨 와, 곧 할례와 안식일 및 율법의 다른 가르침들을 지켜야 한다고 주장했다. 교회의 교사와 같은 직무를 지닌 자들, 곧 교인들의 영혼을 위탁받은 직분자들은 이단자들을 척결하는 무기인 성경에 정통해야 하며, 그리하여 중량감 넘치는 성경 말씀의 증언의 무게를 통해 저 할례파의 입이 침묵하도록 만들어 놓아야만 할 것이다. 그들은 하나 혹은 몇 가정이 아니라 모든 가정들과 그 가장들을 무너뜨리고 있고, 성결한 자에게는 모든 음식이 성결한 법인데도, 음식물 규례를 강요해 교계를 어

---

51. 눅 6:29.
52. 유대교화 된 그리스도인.

지럽히고 있다. 그들의 "신은 그들의 배이고",[53] 비열하고 치사한 이득을 얻기 위해, 자신의 제자들을 만들기를 원하며, 그리하여 그들은 마치 학교 선생들처럼, 그들의 제자들에 의해 영예롭게 되고 금전적인 대우를 받으려고 안간힘을 쓰고 있다. 속임수를 동원해 사람들을 기만하고 현혹하는 모든 이단들은, 자신들이 야비하고 천박한 이문을 얻기 위해 사람들에게 말씀을 전하지 않는다고 주장함으로써, 오히려 그들 자신이 마귀에 의해 기만을 당하고 있는 것이다. 그렇게 부당한 이득을 취하려는 자는 그들의 생명이 아니라 그들의 영혼의 죽음을 완고하게 추구하는 셈이 된다. 반면에, 복음의 말씀에 따라 방황하는 형제를 징책하여 교정하려는 자는* 그를 얻게 된다. 어떤 자가 비열하고 천한 이득을 얻는 것과 또한 하나님을 위해 인간의 영혼을 얻는 것 중에서, 하나님을 위해 어느 것이 더 큰 이득이며, 혹은 어떤 것이 더 가치가 있는 일이겠는가?

12절

"그레데인 중의 어떤 선지자[54]가 말하되 그레데인들은 항상 거짓말쟁이며 악한 짐승이며 배만 위하는 게으름뱅이라 하니." 그레데에 관해서는 이 구절에서 언급된 것과 5절 "내가 너를 그레데에 남겨 둔 이유는 남은 일을 정리하고 내가 명한 대로 각 성에 장로들을 세우게 하려 함이니"에서 언급된 것 등, 도합 두 번 등장하고 있다. 이 두 절 모두 그레데인의 결점과 처해진 상황에 관해 언급하고 있다. 혹은 그 구절은 바로 앞 절과 연결돼야만 한다고 주장되기도 한다. "불순종하고 헛된 말을 하며 속이는 자가 많은 중 할례파 가운데 특히 그러하니." 이러한 불순종하고 헛된 말을 하며 마음을 속이는 자는 할례파인 저 사람들과 더불어 굴레를 씌어 제어를 당해야만 할 것이다. 곧 이렇게 모든 가정을 무너뜨리는 자들이 야비하고 천박한 이득을 추구하지 않도록 교훈하고 권징하며 가르치는 것이다. 즉, 그러한 사람들 중에 비열하고 부당한 이문을 취하도록 가르치는 어떤 자들 중 한 선지자가 스스로 "그레데인 중의 어떤

---

53. 빌 3:19.

54. 그레데의 에피메니데스(Epimenides of Crete, 주전 6세기 경 인물)를 말하며, 그는 보통 시인으로 여겨지고, 또한 방랑 작가로 알려져 있다.

---

* 더럽고 부당한 이득이 아니라.

선지자"라고 언급했기 때문에, 불순종하고 헛된 말을 하며 속이는 다수의 사람들이 특별히 유대인이나 할례파 사람들이 아니라 그레데인이었던 것이다. 물론 그들이 그레데에 거주하고 있었기 때문에, 그레데인이라고 믿어야만 했다. 이러한 구절은 크레타 시인 에피메니데스(Epimenides)의 *Oracle*[55](신탁) 속에서 발견되는 것으로 언급되고 있다. 이 구절에서 그는 익살맞게 선지자로 칭해졌다. 물론 그러한 식으로 타락한 그레데인과 같은 그리스도인들에게는[56] 에피메니데스의 방식처럼 책망하는 선지자가 필요한 법이며, 이는 마치 바알과 우상을 숭배하는 선지자들이 구약 시대에 있었던 것과 다를 바 없다.[57] 그러나 사도가 인용한 그 구절이 있던 원래의 책은 *Oracles*라는 제명을 가졌다. 내 생각에, 신탁이라는 책의 이름이 어떤 일종의 예언적인 점이라는 의미를 함축하고 있는 것 같아 보이므로, 사도가 인식했던 것은 이교적 예언이 약속하는 것에 불과한 것이었고, 따라서 사도가 그레데에 거주하고 있었던 디도에게 써 보내기 위해 인용한 구절은 그릇된 이교적 사고방식에서 나온 것이었다. 바울이 그레데의 그릇된 교사를 효과적으로 논박하기 위해서는 그 섬 출신의 인물의 권위를 빌어야만 했는데, 그 자가 곧 어떤 그레데 출신의 선지자였으며, 그가 바로 에피메니데스였던 것이다. 앨퀸은 바로 바울이 그를 증빙 근거로 사용한 것은 너무 지나친 처사라고 평가했다.* 사도는 다른 곳인 사도행전에서 "알지 못하는 신에게"라는 비문에 관해 언급함으로써[58] 이와 동일한 시도를 행한 것으로 보인다.**

---

55. $X\rho\eta\sigma\mu o\acute{\iota}$(신탁 = oracles)에 관해서는 다음 자료를 보라. Clement of Alex. *Strom.* 1.14.59; J. Rendel Harris, *The Expositor* 1906, 305; 1907, 332; 1912, 348.

56. 다음을 보라. MPL 100, 1083.

57. 왕상 18:22.

58. 행 17:23.

---

* 그러나 앨퀸은 여기서 모순적이고 이율배반적인 태도를 보이고 있다. 곧 앨퀸은 그레데의 한 선지자인 에피메니데스를 일당 사백오십의 당당한 선지자 엘리야로 추켜세우면서, 나중에 가서는 그를 이교적 점의 신탁자로 규정해, 이를 인용한 바울 사도를 비판했던 것은 앞뒤가 맞지 않는 처사다. 여기서 우리는 바울이 그레데 출신의 선각자의 입을 통해 그레데인의 불의한 모습을 고발하여 그 효과를 극대화하려고 했던 원래의 의도를 이해하는 것으로 만족해야 할 것이다.

** 바울은 불신자의 태도와 생각을 교정하기 위해, 디도서에서는 이방 선각자이자 박학자인 에피메니데스를 그레데인의 불성실함을 책하는 선지자로 언급했고, 사도행전에서는 이방인들이 섬기는 "알지 못하는 신"이 바로 그리스도교의 하나님이라는 사실을 증거했던 것이다. 이는 바울이 이방인들을 전도하기 위한 하나의 방편이었으며, 여기서 우리가 앨퀸처럼 바울을 혼합주의자로 보는 것은 무리가 있다.

13절

"이 증언이 참되도다." 모든 시가 증언으로 주어지지 않았고, 모든 작품들도 그러하며, 오직 이 증언만이 주어진 것이다.

13-14절

"그러므로 네가 그들을 엄히 꾸짖으라. 이는 그들로 하여금 믿음을 온전하게 하고, 유대인의 허탄한 이야기와 진리를 배반하는 사람들의 명령을 따르지 않게 하려 함이라." 사도는 말한다. 그들은 거짓말쟁이고 악한 짐승이며 배만 위하는 게으름뱅이기 때문에 거칠고 사납게 꾸짖으라고 명령한다. 그들은 진리가 아닌 것에 관해 쓸데없이 논쟁을 벌이며, 그들이 야생 동물처럼 기만했던 사람들의 피에 굶주려 목말라 하고, 또한 조용히 일하지도 않고 빵만 먹어대는 식충이들에 불과하다. 그래서 사도는 이렇게 그들을 나무랐던 것이다. "그들의 마침은 멸망이요 그들의 신은 배요 그 영광은 그들의 부끄러움에 있고 땅의 일을 생각하는 자라."[59] "네가 그들을 엄히 꾸짖으라 이는 그들로 하여금 믿음을 온전하게 하고" 라는 구절은 사도가 다음 구절들에서 신앙의 건전성과 완전함에 관해 언급하려고 한 것과 연관성을 지닌다. 옛 사람들은 신앙에 있어서 잘 삼가고 절제하며 온화했고, 또한 진지하며 겸손하고 정숙했으며, 그리고 온전하고 건전했던 것이다. 그리고 사랑과 인내심이 철저하기도 했다. 이러한 신앙의 온전성과 건전성에 관해서 사도는 역시 디모데에게 이렇게 전했던 것이다. "누구든지 다른 교훈을 하며 바른 말 곧 우리 주 예수 그리스도의 말씀과 경건에 관한 교훈을 따르지 아니하면."[60] 사도는 그들에게 바르고 건전한 말을 요청하고 있고, 또한 그들이 지속적으로 건전하고 바름이 작동할 수 있도록 [촉구하고 있다.]

"유대인의 허탄한 이야기와 진리를 배반하는 사람들의 명령을 따르지 않게 하려 함이라." 그러한 유대인에 관해서 사도는 갈라디아서[61]와 로마서[62]에서 대단히 길게 언급했다. 사도는 유대인과 그리스도인 사이에 음식 문제에 관해서 큰 견해차를 갖고

---

59. 빌 3:19.

60. 딤전 6:3.

61. 갈 2:12은 갈라디아서에서 음식에 관해서 유일하게 언급된 부분이다. (베드로가 이방인과 함께 먹었던 일), 그러나 할례파에 대해서는 대단히 길게 논의하고 있다.

62. 롬 14:14-23.

있다고 언급했으며, 그것은 곧 정결한 음식과 그렇지 않은 음식의 규례에 관한 문제였다. 그러므로 사도는 다시 이렇게 계속 언급하고 있다.

15절

"깨끗한 자들에게는 모든 것이 깨끗하나." 그리스도를 믿는 자들에게는 모든 것이 깨끗하다. 그리고 그들은 모든 피조물이 선하다는 사실도 알고 있다. 따라서 그들은 감사함으로 받아들이고 아무것도 거절해서는 안 될 것이다.

"더럽고 믿지 아니하는 자들에게는 아무 것도 깨끗한 것이 없고 오직 그들의 마음과 양심이 더러운지라." 그러므로 본래 깨끗지 않은 것은 오류와 잘못으로 인해 그들 자신에게 깨끗지 않은 것이 되기 마련이다. 그 이유는 그것이 깨끗하거나 깨끗지 않고 더럽기 때문이 아니라, 오히려 먹는 자들의 성품 때문에 그러한 것이다. 가톨릭 교회에서 합법적이고 관습적이며 통례적인 음식물은 깨끗한 자에게는 깨끗하고, 깨끗하지 않고 더러운 자에게는 그들의 마음과 양심이 깨끗하지 않고 더럽기 때문에 깨끗하지 않고 더럽기 마련이다. 그리하여 불경건하고 더러운 자들은 주님의 잔과 은택의 떡의 도움조차도 받지 못한다. 그러나 심지어 보다 더 더럽게 된 자들은 무가치하고 합당하지 않게 그 떡과 잔을 먹고 마시기 때문에, 그 자신이 당할 비난과 정죄를 먹고 마시는 셈이 된다.[63] 그리하여 우리 안에서 깨끗한 것이든 아니면 깨끗지 않고 더러운 것이든, 그것을 먹는다는 것은 다음과 같은 이치와 원칙을 지니게 된다. 곧 만일 우리가 깨끗하다면, 그 음식물은 우리에게 깨끗한 법이고, 만일 우리가 깨끗지 않고 더럽고 또한 불경건하다면, 그 모든 피조물은 우리에게 더러운 것이고, 특별한 의미가 없는 평범한 것이 되고 만다. 우리 마음속에 내주하는 이단사설이나 혹은 죄에 얼룩진 양심이 바로 우리를 더럽게 만들고, 또한 우리 몸속에 들어가는 음식물도, 또한 모든 피조물도 더럽게 만드는 것이다.

16절

"그들이 하나님을 시인하나 행위로는 부인하니 가증한 자요 복종하지 아니하는

---

63. 고전 11:27.

자요 모든 선한 일을 버리는 자니라." 이사야서에는 이러한 말씀이 있다. "주께서 이르시되 이 백성이 입으로는 나를 가까이 하며 입술로는 나를 공경하나 그들의 마음은 내게서 멀리 떠났나니 그들이 나를 경외함은 사람의 계명으로 가르침을 받았을 뿐이라."[64] 어떤 자는 입술로는 하나님을 공경하나, 마음으로는 하나님을 멀리 떠나버렸다. 그래서 그 자는 말로는 하나님을 믿는다고 고백하지만, 행위로는 부인하고 있다. 행위로는 하나님을 부인하고 말로는 하나님을 믿는 것처럼 위장하는 자는 대단히 혐오스러운 신성모독의 죄를 저지르는 자다. 그리고 참된 근거가 제시되지 않는 데도 설득당하는 자, 그리고 불순종하여 복종하지 않는 자는 신뢰할 수 없는 가증한 자다. 마음의 타락과 부패는 그리스도를 증언하기를 거부할 것이고, 뿐만 아니라 종종 악과 죄로 인해 자신이 정복당하게 만들 것이다. 타락하고 부패한 마음은, 우리가 그렇게 자주 하나님을 거부하는 것처럼, 하나님의 명령에 반대로 행하게 만든다. 그러나 [그리스도 안에 있는 정결한 마음은] 역으로, 자주 우리가 선행하게 만들며, 또한 하나님을 고백하고 찬양하도록 만들어준다.

제2장

[1-6절은 생략됨]

7절

"범사에 네 자신이 선한 일의 본을 보이며." 가르치는 자가 말보다 본을 보이는 것으로 더 많은 가르침을 베풀지 않는다면, 기도실에서 장시간 하는 기도나 혹은 입술과 혀가 마르고 닳도록 하는 언설은 아무 소용이 없는 법이다.

"교훈에 부패하지 아니함과." 사도는 '교훈' 안에서, 입으로 가르치는 것을 행함과 더불어 완성하게 된다고 언급했다. 그러나 "부패하지 아니함" 즉, "완전무결한 본래의 모습"은 순결한 동정에 보다 더 잘 어울린다. 어떤 다른 번역본 성경은 이 구절을 "부패하지 않음"이라고 번역해,[65] 이를 더럽히지 않는 동정녀와 상응시키기도 했다.

---

64. 사 29:13.
65. 그렇게 번역된 경로의 추적이 제시되지 않은 채, 그러한 번역 구절을 가진 성경은 다음의 자료에 의해 소개됐다. Wordsworth and

7-8절

“단정함과 책망할 것이 없는 바른 말을 하게 하라.” 교회의 교사가 단정함, 곧 진지함을 갖추는 일은 적절하다. 즉, 그것은 선하고 훌륭한 성품이다. 이는 책망할 것이 없는 바른 말에다 단정함이 덧붙여져야 한다는 의미다.

“책망할 것이 없는.” 이 구절은 유려하고 유창한 웅변술로 어떤 자에 의해 주어지는 책망을 넘어서라는 의미가 아니라, 비록 적대자들이 그 앞에 우뚝 버티고 서서, 그를 책망할 준비 태세를 갖추고 있더라도, 결코 책망 받을 만한 일로 언급되는 것과 또한 책망 받을 일을 하지 않음으로써 그러한 책망을 피할 수가 있다는 뜻을 내포하고 있다.

“이는 대적하는 자로 하여금 부끄러워 우리를 악하다 할 것이 없게 하려 함이라.” 반대편에 서서 대적하는 자, 곧 적대자가 아무리 그를 책망할 준비 태세를 갖추고 대기하고 있을지라도, 그로 하여금 어떤 참 진리도 갖지 못하거나 혹은 그러한 진리를 닮아가는 일에 반대하도록 만들지어다. 대적하는 자는 마귀의 꾐에 놀아날 것이고, 우리의 형제들을 고발할 것이며, 이는 복음전도자 요한이 한 언급과 일맥상통하다.[66] 그 고발자들은, 우리를 거슬러 악행을 일삼을 수 없게 될 때, 부끄러워하며 고발할 수가 없게 된다. 왜냐하면 그리스어로 ‘악마’는 ‘고발자’와 동일한 의미이기 때문이다.[67]

9-10절

“종들은 자기 상전들에게 범사에 순종하여 기쁘게 하고 거슬러 말하지 말며 훔치지 말고 오히려 모든 참된 신실성을 나타내게 하라. 이는 범사에 우리 구주 하나님의 교훈을 빛나게 하려 함이라.” 복음서에서 우리 구주 주님께서 이렇게 말씀하셨다. “수고하고 무거운 짐 진 자들아 다 내게로 오라 내가 너희를 쉬게 하리라.”[68] 주님은 사람

White's *Novum Testamentum Latine, editio minor* (Oxford, 1911). 그들은 이 구절을 히에로니무스의 성경에서 인용했음에도 히에로니무스와 달리, “부패하지 않음”이라고 그렇게 번역했던 것이다.

66. 아마도 요 8:3-11 이하를 암시하는 것 같다.

67. 그리스어 단어, διάβολος(악마, 마귀)는 라틴어 *diabolus*, 영어 *devil* 등과 동일 어원으로서 “헐뜯는 자”(slanderer)라는 의미를 지니고 있다.

68. 마 11:28.

들이 지닌 조건, 나이, 성별, 누리는 행복 등과 무관하게 그들을 부르셨다. 이러한 이유로 말미암아, 이제 사도는 그리스도의 몸인 교회의 구성원을 세우는 원칙을 수립할 때, 주님이 언급하신 말씀을 배경으로, 종의 경우를 들어 그 방향을 설정했던 것인데, 그것은 곧 영원한 구원 자체를 추종하는 것이었다. 그리고 디도가 남녀노소를 불문하고 그들에게 가르쳐야만 하고, 가르쳤던 것은 무엇보다도 종의 자세에 대한 것이었다. 첫째, 모든 일에 그들은 주인에게 복종해야만 한다. 그러나 그 모든 일에는 하나님을 적대하는 일이 있어서는 안 된다. 그리하여 만일 주인이 성경말씀에 역행하지 않는 명령을 내릴 때, 종들은 노예처럼 그들의 주인에게 복종해야만 한다. 그러나 만일 주인이 하나님과 성경말씀에 위배되는 것을 하도록 명한다면, 종들은 그 몸보다 영에게 더 복종해야만 할 것이다.

"기쁘게 하고." 이 구절은 두 의미를 지니고 있는데, 곧 종의 상태에서 스스로 기쁨을 누리는 것이 하나이고, 다른 하나는 그들에게 명령으로 주어진 모든 일들을 성실하고 겸손하게 완수하여 주인을 기쁘게 하라는 의미다.

"거슬러 말하지 말며." 사도는, 주인에 의해 종들이 어떤 일을 하도록 명령을 받았을 때 불평을 늘어놓거나 주인에게 거슬러 말하는 일이 가장 나쁜 잘못이기 때문에, 그와 같이 권면했던 것이다. 만일 종이 당연히 주인이 명한 일을 완수해야만 한다면, 그가 흔쾌히 이 일을 행하지 않아야 할 이유가 어디에 있는가?

"훔치지 말고."[69] 이것은 그리스도교 가르침이 교정하고 있는 또 다른 종들의 과실과 잘못에 관한 것이다. 도둑은 중대 범죄로 정죄될 뿐만 아니라 그보다 덜 중한 범죄로도 취급되기도 한다. 절도에 있어, 도둑은 교정 받을 수 있는 기회를 박탈당하는 것이 아니라, 도둑질하는 자의 마음과 영혼이 채어 낚여 감을 당하게 되는 것이다. 그렇기에 종들은 모든 것에 주인에게 복종해야만 한다. 종들은 침착하고 냉정하게 자신들의 종의 상태를 참으면서 자신들의 처지에 만족해야만 한다. 주인에게 대들지도 말고, 도둑질하지도 말아야 한다. 그 후에 그들은 "모든 참된 신실성을 나타내게 하라. 이는 범사에 우리 구주 하나님의 교훈을 빛나게 하려 함이라"는 말씀을 이루려고 노력해야만 할 것이다. 만일 그들의 육체의 주인 아래서, 그들이 매우 작은 일에도 성실

---

69. 불가타 이전의 라틴어 성경은 이 구절을 *fraudantes*("cheating" = 사기치다)로 표기했고, 불가타는 *furantes*("stealing" = 훔치다)로 표기했으며, 앨퀸은 본 주석에서 후자를 취했다.

히 대한다면, 그들은 주님 아래서 그들에게 위탁된 보다 더 큰일들을 수행할 수 있게 될 것이다. 자신의 볼품없는 처지에서도 최선을 다해 일하는 자는 주님의 가르침에 아름다운 광채를 더하는 사람이다. 몸으로 주인에게 신뢰도를 보여줄 수 없는 자가 어찌 하나님의 소유물과 교회적인 의무를 대할 때 성실한 태도를 보일 수 있겠는가?

11-14절

"모든 사람에게 구원을 주시는 하나님의 은혜가 나타나 우리를 양육하시되 경건하지 않은 것과 이 세상 정욕을 다 버리고 신중함과 의로움과 경건함으로 이 세상에 살고 복스러운 소망과 우리의 크신 하나님 구주 예수 그리스도의 영광이 나타나심을 기다리게 하셨으니 그가 우리를 대신하여 자신을 주심은 모든 불법에서 우리를 속량하시고 우리를 깨끗하게 하사 선한 일을 열심히 하는 자기 백성이 되게 하려 하심이라." 사도는 디도가 교인들을 가르치고 훈련시킬 수 있기 위해, 디도에게 가르침의 목록을 제시해주었다. 그것은 곧 늙은 남자, 늙은 여자, 젊은 여자, 젊은 남자, 그리고 끝으로 종복에게 제시할 권면이었다. 그러고 나서 사도는 이제 다음과 같이 이어간다. "모든 사람에게 구원을 주시는 하나님의 은혜가 나타나." 자유인과 노예, 그리스인과 야만인, 할례자나 무할례자, 여자와 남자 사이에는 어떤 다른 차이점도 없으며, 오직 그리스도와 더불어 우리 모두는 하나이며, 우리 모두는 하나님의 나라에 초청된다. 우리는 죄를 지었을 때, 우리 자신의 공로가 아니라 구주의 은총[70]을 통해 우리 하나님 아버지와 화해해야만 하며, 그 이유는 그리스도 자신이 아버지 하나님의 살아 있고 현존하는 은총이기 때문이고, 또한 우리는 다음과 같이 밀씀한 대로 우리 자신의 공로로는 구원받지 못하기 때문이다. "너는 아무 대가 없이 그들을 구원하리라."[71] 그러므로 이러한 은총은 모든 자들에게 드러나 보이고, 그들로 하여금 "경건하지 않은 것과 이 세상 정욕을 다 버리고 신중함과 의로움과 경건함으로 이 세상에 살도록" 단련을 시키는 것이다. "경건하지 않은 것"과 "이 세상 정욕"을 버린다는 것에 대한 의미는, 내가 확신하건대, 위의 구절들이 잘 설명해주고 있다. "경건하지 않은 것"은 "하나님을 안다고 고백하지만 행위로는 부인하는 일"을 의미한다. 그

---

70. 앨퀸은 히에로니무스가 사용한 *gratia*(은총)를 별 의미 없이 *gratiae*로 기록했다.

71. 시 55:8(Septuagint; 70인역 그리스어 성경). 불가타와 개혁파 성경은 전혀 다르다.

러므로 "이 세상의 정욕"은 이러한 삶의 시초부터 차곡차곡 축적된 것으로서, 이 세상을 사랑하기 때문에, 이 세상의 구름과 안개처럼 완전히 소멸되어버린다. 우리는 물론 몸과 마음으로도 신중함과 의로움으로 죄를 짓지 않고, 그리스도 안에서 살아갈 것이기 때문에, 우리는 또한 이 세상에서 경건함으로 살아가야만 할 것이다. 이러한 경건함은 "복스러운 소망과 우리의 크신 하나님 구주 예수 그리스도의 영광이 나타나심을 기다리게 하신다." "경건하지 않은 것"은 두려움에 떨며 크신 하나님이 나타나심을 회피하기 때문에, '경건함'은 그 자신의 행위와 신앙에서 확실히 크신 하나님의 나타나심을 대망하게 된다. 음험하고 교활한 뱀과 같은 아리우스(Arius)*와 울퉁불퉁한 힘줄을 지닌 뱀과 같은 유노미우스(Eunomius)는 어디에 있는가?[72] 그 크신 하나님은 그리스도 구주로 불리며, 최초로 출생한 피조물도 아니시다.[73] 또한 하나님의 말씀과 지혜도 아니며 예수 그리스도시다. 그분은 인성을 취하신 유일하신 자(the One)라는 이름을 지니신다. 우리는 이단적인 네스토리우스주의**자들이 단언하는 것처

---

72. 아리우스(주후 약 256-336년)는 아타나시우스(Ahtanasius)의 적대자로 유명했고, 유노미우스(Eunomius)는 주후 4세기에 활동한 인물로서, 아노모이안(Anomoean; 비유사론자)이었다.***

73. 이 구절은 가이사랴의 유세비우스(Eusebius of Caesarea)가 니케아 공의회(Council of Nicaea)에서 제출한 신조에 수록됐다. 그러나 채택되어 통과된 니케아 신조에는 그 구절이 결여됐다.

---

* 삼위일체를 거부했던 인물. 아리우스는 삼위일체 정통주의를 주장한 아타나시우스— 동일본질론; 성부와 성자는 동일본질(homoousios)이라는 주장— 에 대적해 유사본질론— 성부와 성자는 유사본질(homoiousios; 성부와 성자의 본질은 동일하지 않고 유사하며, 성자가 성부보다 그 본질에서 열등하다는 개념)이라는 주장— 을 표방해서 내세웠다.

** 그 당시 알려진 대로 네스토리우스주의는 그리스도의 완전한 인간성을 지나치게 강조했기 때문에 다른 사람들이 보기에는 그가 그리스도를 인간과 신 2개의 위격으로 나누는 것처럼 보였다. 그러나 네스토리우스 자신은 그러한 견해를 배척했으며, 네스토리우스에 대한 키릴로스의 해석은 오해에 근거한 것이다. 처음에, 네스토리우스는 이른바 신인설(神人說; 그리스도의 신성과 인성은 구별되나 분리되지 않는다)과 신모설(神母說; 테오토코스)에 반대해 성모 마리아는 예수 그리스도의 어머니(크리스투스토코스)이지만 신(神)의 어머니는 아니라는, 즉 비성모설(非聖母說)을 주장해 알렉산드리아의 주교 키릴로스에게 공격을 받았다. 키릴루스의 반격에 의하면, 그의 주장은 그리스도의 신인격(神人格)에서 신성과 인성은 엄격히 구별돼야 하며, 이는 다만 윤리적 굴레로 결합된 것에 불과하고, 그리스도 양성론, 곧 이성설(二性說)을 지닌 것에 불과하다. 이것은 그리스도에게 유일한 위격(位格)밖에 인정하지 않는 설, 곧 단성론과도 대립하였다. 곧, 네스토리우스의 양성론은 단성론과 정통론에 의해 양면 공격을 받았던 것이다. 431년 에베소 공의회(도적회의)에서 이단으로 선고된 후, 451년 칼케돈공의회에서 재차 단죄됐다. 그런데 실제로 네스토리우스가 가르친 것은 '프로소폰'(prosopon) 방식의 결합이었다고 한다. 그리스어 '프로소폰'은 다른 대상들을 수단으로 사용해 자신을 확장하는 한 개인의 자기현시를 뜻한다. 예를 들면, 붓은 화가에게 '프로소폰'이다. 마찬가지로 하나님의 아들은 '인성'(人性)을 사용하여 자신을 현시했다. 그러므로 인성은 그의 '프로소폰' 안에 포함되며, 따라서 현시의 유일한 대상은 그 자신이었다.

*** 유노미우스는 성부의 절대성과 성자의 상대성을 대조하며 성자가 존재하지 않은 시기가 있다고 주장했다. 원래 아리우스주의자는 자기들의 삼위일체론 및 그리스도론적 입장을 다음의 세 가지로 발전시켰다. (1) 아노모이안(Anomoean; 비유사론자): '비유사'(非類似)라는 뜻의 헬라어에서 온 말로서 아버지와 아들은 같지 않다고 주장, (2) 호모이안(Homoean; 유사론자): '유사하다'는 뜻으로, 아들이 아버지와 유사하다고 주장, (3) 유사본질(Homoiousian; 유사본질론자): '본질이 같다'는 뜻으로, 아들이 그 본질적 존재에서는 아버지와 같지만 존재에서는 같지 않다고 주장.

316

럼[74] 다른 예수 그리스도, 다른 말씀을 언급하지 않는다. 그러나 우리는 태초 이전과 창세 이후에도 동일한 한 분 하나님을 믿는다. "마리아에게서"가 아니라 "마리아를 통하여" 오신 그분은, 그 크신 하나님, 우리 구주 예수 그리스도, 우리를 위해 그 자신을 내어 주신 분이다. 그분은 온갖 불법과 죄악으로부터 우리를 속량하시기 위해 값없이 피를 흘려주셨고, 그를 영접하는 자, 곧 선을 행하며 주님을 닮아가려는 자들의 죄를 씻어 맑게 해주셨던 것이다.

15절

"너는 이것을 말하고 권면하며." '말하고'라는 말은 가르침과 교리와 연관된 것이 틀림없다. '권면하며'라는 말이 부가된 것은 괴로움을 당하는 심령들을 위로한다는 의미가 담겨 있다. 사도는 여기서 한 걸음 더 나아가 "모든 권위로 책망하며"라고 선포한다. 이는 정당한 가르침과 교리 및 위로의 권면을 듣지 않는 자들은 누구나 비난과 책망을 받아 마땅하다는 뜻이다. 또한 그런 자들은 이러한 말씀을 반드시 경청해야만 한다. "또 아들들에게 권하는 것같이 너희에게 권면하신 말씀도 잊었도다. 일렀으되 내 아들아 주의 징계하심을 경히 여기지 말며 그에게 꾸지람을 받을 때에 낙심하지 말라."[75]

"누구에게서든지 업신여김을 받지 말라." 이 구절은 다음 의미와 같다. 교회 내에서 삶을 영위하고 있는 자들 중 그 누구도, 게으르고 나태한 너의 행위로 인해, 그 자신이 너보다 더 나은 사람이라고 생각하지 못하도록 하라. 어떤 제자가 자신의 스승보다 더 크고 낫다고 생각할 때, 이러한 경우 어떤 종류의 훈계나 교화가 필요하겠는가? 이러한 이유로 인해, 감독과 장로와 집사는, 그들이 통할할 모든 자들을 대할 때, 탁월한 성품과 언사를 도야함으로써, 지거나 방심하지 않고 그 자신이 넘어지지 않도록 부단히 경계해야만 할 것이다.

제3장

[생략됨]

---

74. 다음을 참고하라(이 책의 앞부분). Vincent of Lérins, 16–17항.
75. 히 12:5.

제3장

토리노의 클라우디오

제1절. 서론

스페인이 사도적인 가톨릭 신앙을 수호하는 무적의 전사들, 곧 다수의 학자와 능변가들을 배출했다는 것은 널리 알려진 사실이다. 그리하여 오를레앙(Orléans)의 주교였던 요나스(Jonas)는 자신의 기준에 맞지 않는 것들은 결코 인용하지 않았다. 왜냐하면 스페인은 세네카(Seneca), 마르티알(Martial), 루카스(Lucan), 오로시우스(Paulus Orosius), 이시도르(Isidore), 브라가의 마르틴(Martin of Braga), 오를레앙의 데오둘프(Theodulph of Orléans), 리용의 아고바르(Agobard of Lyons) 등과 같은 여러 유능한 신학자와 저술가들 – 다양한 학문적 경향과 특성을 지닌 – 의 고향이기 때문이었다.* 특히 맨 뒤의 두 학자인 데오둘프와 아고바르 등은 요나스와 동시대 인물이었다. 요나스는 그 두 인물에 관해 이렇게 말

---

* 편집자는 여기서, 다양한 측면의 학문적 경향과 저술들이 널리 퍼져 있었던 중세 스페인 신학계와 학계의 특징에 대해, 요나스가 저술의 취사선택을 잘해 신중히 인용했다는 점을 들어, 소개하려 했던 것 같다. 곧 요나스에 의하면, 스페인의 신학과 학문적 저술들이 너무나 다양하고 또한 그 수가 범람하기 때문에, 글을 쓸 때, 그러한 자료들을 인용함에 이단사설적인 것들을 배격하기 위해 요주의해야 한다는 의미다.

했다. "아아! 슬프도다! 모든 믿는 자들은 스페인이 빈번히 대 이단들의 알을 낳았고, 또한 지금도 여전히 배태하고 있다는 사실에 전적으로 비통스러워해야만 한다. 그들은 완고하고 사악한 불법적인 가르침들을 통해, 가톨릭 신앙의 단일성을 오염시키고 손상시켰던 것이다. 또한 그들은 수많은 미신들을 동원해 거룩한 하나님의 교회의 권위에 저항했던 것이다."[1] 부분적으로 그러한 요나스의 책이 주장하는 취지는 사실이므로, 주교 요나스가 정도에서 벗어난 자들의 이름을 자신의 책에서 거명한 것은 타당성이 있다. 곧 톨레도의 엘리판두스(Elipandus of Toledo) 주교, 우르겔의 펠릭스(Felix of Urgel) 주교는 대표적인 예인데, 그 둘 모두 양자론자들을 이끌었던 인물로서, 전자는 무어 시대 스페인의 양자론자들을, 후자는 카롤링거 시대 스페인의 양자론자들을 대표했다. 네스토리우스주의로 분류되면서 그렇게 나쁜 의도를 지닌 견해는 결국 주후 800년, 프랑크 제국과 교회에 의해 심문을 받게 되었고, 리용에서 그의 생애 마지막 시기 대부분을 감옥에서 보내게 된 펠릭스는 마침내 주후 818년에 타계했다. 그 해는 요나스가 오를레앙 주교직에 서임되던 연도였다.[2]

심지어 펠릭스의 적수들조차도 그가 전형적으로 훌륭하고 모범적인 삶을 살았다는 사실과, 또한 그의 사후 어느 기간 동안, 그를 기억하는 충성스러운 추종자들이 일부 남아 있었다는 점을 인정했던 것이다. 펠릭스의 죽음 직후, 토리노의 주교인 클라우디오의 가르침과 특히 그 활동은, 요나스로 하여금 다음과 같은 극적인 규탄과 고발을 불러일으키도록 만들었다. "펠릭스 그 자신은, 마치 피타고라스(Pythagoras)가 유포르부스(Euphorbus)의 화신인 것처럼 그의 제자인 클라우디오 안에서 다시 환생한 것 같았다." "펠릭스는 그의 제자 클라우디오를 통해, 실로 만일 가톨릭 신앙의 법규를 향한 것이 아니라면, 교회의 전통들을 향해 독화살을 퍼붓도록 안간 힘을 썼던 것이다."[3] 우리는 자신의 언급을 통한 클라우디오의 초기 생애에 관해서는 전혀 아는 바가 없고, 단지 그의 적대자들의 입을 통해 나온 미소한 정보에 의하면, 그는 스페인 출신이었다.[4] 그가 출생한 연대나, 프랑크 지역에 왔던 시기나, 펠릭스와의 관계 등에

1. Jonas, *De cultu imaginum*, 1, ad init. (MPL 106.307CD).

2. Allen Cabaniss, "The Heresiarch Felix" (*Catholic Historical Review*, 39 [1953], 129–141).

3. Jonas, *op. cit.*, 1, *ad init.* (MPL 106.309C).

4. *Ibid.* (MPL 106.310C).

관해서는 그의 출신에 관한 것처럼 정확히 알려진 바가 없다. 그중에서도 명백한 것은 프랑크 지역에서의 그의 첫 거주지가 바로 리용이었다는 사실이며, 거기서 그는 주교 라이드라트(Leidrad, 주후 815년 12월 28일에 사망함)의 지도하에, 이미 투르의 탁월함에 도전하고 있었던 그 주교가 운영하는 학교에서 성경 연구를 열심히 진행하고 있었다. 그러므로 펠릭스가 아익스(Aix)에서 심문받았던 주후 799년에, 클라우디오가 프랑크 지역으로 왔다는 가능성이 존재한다. 또한 가능성 있는 한 가지 사실은, 클라우디오가 이단으로 정죄되어 구금되기로 지정된 곳이 바로 리용이었다는 점이다. 그의 학식과 그의 인격은 라이드라트에게 깊은 감명을 주었을 것이고, 그가 스와송(Soissons)에서 은퇴의 삶을 영위하고 있었을 때, 클라우디오가 그 자신과 왕래하기를 게을리 한다고 불평을 토로한 적도 있었고, 또한 그는 그 젊은이가 그를 방문하거나 아니면 적어도 편지라도 보내줄 것을 요구했던 것이다.[5]

클라우디오는 리용에서 소환되어 아퀴텐(Aquitaine)에 소재한 루이스(Louis) 왕의 궁정 성경학자로 재직하게 됐다. 그러나 주로 활약했던 곳은 샤세뇔(Chasseneuil) 왕궁과 아우베르뉴(Auvergne) 왕궁이었다. 샤를마뉴 대제 사후에(주후814년), 그리고 경건왕 루이(Louis the Pious)가 제국의 대권에 즉위했을 때, 클라우디오는 그의 스승을 동반하고 아익스-라-샤펠(Aix-la-Chapelle)로 가서 계속해서 수많은 주석들을 저술했던 것이다. 창세기, 마태복음, 갈라디아서, 에베소서, 빌립보서 주석 등이 바로 그것들이었다.[6] 영감을 받지 않고 모방적이며 독창적이지 않은 그의 저술들은 전적으로 알레고리(allegory)*에 의존해 있었고, (그가 스스로 언급한 대로) 주로 오리게네스(Origen), 힐라리우스(Hilary), 암브로시우스(Ambrose), 히에로니무스(Jerome), 아우구스티누스(Aggustine), 루피누스(Rufinus), 크리소스토모스(John Chrysostom), 풀겐티우스(Fulgentius), 교황 레오 1세(Pope Leo I), 토리노의 막시무스(Maximus of Turin) 등의 작품들에 전적으로 의존했으며, 물론 그것들은 당대의 탁월하고

---

5. Theodemir, letter to Claudius, *ad init.* (MGH:EpKA, 2,605; MPL 104,623A).

6. 본 절 서론의 맨 끝에 수록되어 있는 클라우디오의 저술 목록을 참고하라.

---

* 알레고리는 다음 세 개념을 지니고 있다. '우의'(寓意- 다른 사물에 빗대서 은연중 어떤 의미를 비춤), '풍유'(諷諭- 슬며시 나무라는 뜻을 붙여 타이름), '비유'(比喩- 사물을 직접 설명하지 않고 그와 비슷한 다른 사물을 빌려 표현하는 일) 등을 의미한다.

도 걸출한 저술들이다.[7]

학식에 관한 클리우디우스의 높은 평판은 세상 속으로 널리 퍼져나갔다. 대수도원장 드룩테람누스(Abbots Dructeramnus)와 유스투스(Justus), 그리고 경건 황제 루이(Emperor Louis the Pious)는 이미 그의 능력을 인지하고 있었고, 따라서 그에게 주석을 저술할 것을 요청했던 것이다. 그리고 주후 816년에, 클라우디오는 저술한 주석을, 적절한 헌사와 함께 황제에게 바쳤다.[8] 앞에서 서술한 대로, 클라우디오 이전의 주교 라이드라트(Leidrad)는 은퇴한 이후에 클라우디오가 자신을 방문하거나 서신을 보내 줄 것을 갈망했었다. 그리고 시간이 조금 지난 후에, 나르본(Narbonne)의 주교, 니브리디우스(Nibridius, 주후 약 827년에 사망함)는 클라우디오에게 보내는 서신의 말미에서 라이드라트의 부탁을 첨가해 그것을 환기시켜 주었다.[9] 대략 주후 816년에, 토리노의 주교직이 공석이었을 때, 루이가 그 주교 관구의 상임 로마황제 궁정학자에 클라우디오를 임명했다는 사실을 의심할 근거는 전혀 없다. 따라서 클라우디오는 주교직 임무에 전념하여 최선을 다할 수 있었던 것이다.

그의 나머지 생애 동안, 클라우디오는 학자와 목회자 둘 다의 기능을 완수하려고 최선을 다한 노력을 경주했다. 그의 인생 후반기 사역과 활동은 평범하지 않게 대단히 무겁고 가혹했으나, 클라우디오는 비록 그의 성품이 그렇게 할 경향이 크지만, 연구의 상아탑에 파묻혀 있기만을 거절했다. 클라우디오는 그러한 자신의 처지를 매우 적절하게 그의 친구인 대수도원장 데오데미르(Theodemir)에게 언급한 적이 있었다. 그즈음에, 데오데미르는 클라우디오에게 자신의 수사들이 활용할 수 있는 주석을 저술해 주기를 계속 요청하고 있었다. 클라우디오는 이렇게 썼다. "여태까지 나는 낭신이 원

---

7. Claudius, *Catena super sanctum Matthaeum, praefatio, ad init.* (MPL 104.835C). 루피누스에 대해 언급한 각주는 MPL 104.835D에 인용됐으며, 그것은 다음과 같다. "나는 필사자가 실수하여 'Rabanus'를 'Rufinus'로 오기한 것으로 생각합니다. 그 주석 시리즈(*Catena*) 속에 기록되어 있는 *R*이라는 문자는 틀림없이 'Rufinus'가 아니라 'Rabanus'를 지칭한 것이라 나는 확신하는 바입니다. 왜냐하면 '만일 어떤 남성이 간통 이외의 사유로 자기 아내와 이혼하려고 한다면' 라는 구절로 시작하는 단락이 Rabanus와 연관돼 있기 때문입니다. 이러한 점은 아주 주목할 만한 것인데, 이는 클라우디오와 라바누스가 동시대인이었기 때문이며, 그러나 클라우디오는 확실히 그보다 약간 나이가 많았습니다." 반면에, 우리는 클라우디오가 그보다 나이가 많은지 혹은 적은지 확실히 알 수 없다고 여긴다. 왜냐하면 우리는 그의 출생 연대와 날짜를 모르기 때문이다. Manitius, *op. cit.*, 1.390, 각주 4번, 394, 각주 3번 등은 'Rabanus' 대신에 'Rufinus'로 표기했다. Manitius가 채택한 증거는 클라우디오가 아니라 라바누스의 저술에서 채용한 것이었다. 나는 Manitius의 주장이 더 신빙성이 있는 것으로 여긴다.

8. 우리가 진술하고 있는 이 서론 끝에 있는 클리우디우스의 저술 목록을 참고하라.

9. 앞의 각주 5번을 참고하라.

하고 있었던 바를 따를 수가 없었습니다. 그 이유는 나의 게으름과 나태함 혹은 태만과 부주의나 등한시함 때문이 아니라, 우리나라를 향한 이민족의 야만적인 침입과 또한 악한 자들의 터무니없는 심술궂음과 외고집 때문이었습니다. 가시같은 이 두 문제는 나를 너무나도 고문하듯이 괴롭혀서, 나의 삶 자체는 벌써 기력이 다해 넌더리나게 되었습니다. 그러나 내 힘이 다 소진됐다 하더라도, 나는 잠시나마 쉬기 위해서 스스로 도망치는 일은 거부할 것입니다."[10] 그가 언급했던 그 두 문제 중에서, 하나는 자신의 이웃들을 무슬림 해적 떼들이 약탈하는 일이었다. 그의 힘과 정력의 대부분은 무슬림 침략자들에 대항해 싸우는 일에 소진됐다. 다시 데오데미르에게 했던 그의 이야기를 계속 들어보자. "목회적으로 주교 관구를 돌보는 일이 그렇게 큰 걱정거리와 수많은 다양한 문제점들을 수반하는 줄을 나는 전혀 깨닫지 못했습니다. 나는 목회일 때문에, 한 겨울 내내 제국의 도로 위를 이리저리 오가느라 연구할 시간을 거의 마련하지 못했습니다. 봄의 중간 즈음에, 나는 우리 군대를 대동하고 연안 가까이에 위치한 요새로 진군해 나아갔었고, 거기서 우리는, 공포와 두려움이 지속되는 가운데, 계속 이스마엘 자손인 무어인과 대치해 그들을 감시하고 있었습니다. 물론, 나는 비록 밤낮 허리에 칼을 차고 다녔지만, 늘 저술할 양피지를 지니고 다녔고, 그리하여 나는 휴대한 책들과 펜을 가지고 당신이 요청해서 떠맡고 있는 주석을 완성하도록 노력하고 있습니다."[11]

그러한 클라우디오의 진술은 그가 전사적인 주교로서 삶을 살았다는 단면을 얼핏 우리에게 보여주기도 한다. 그러나 그것은 피상적인 인상에 불과하다. 그는 오로지 검을 휘두를 수 없었던 인물이었고, 또한 오직 영적인 성직 임무만을 수행할 수 있었던 지도자도 아니었다. 단지 그는 완고하게, 그렇게 정신을 흩트리고 산만하게 만드는 일이 수없이 발생되었던 소용돌이 속에서도 영적인 삶을 유지시켜 나갈 수가 있었던 사람이었다. 우리는, 클라우디오를 보면, 교황 율리우스 2세(Pope Julius II)라기보다는 율리우스라는 다른 이름을 지닌 황제 율리우스(Gaius Julius Caesar)라는 인물을 생각하게 된다. 클라우디오가 "악한 자들의 지나치고 터무니없는 편벽과 비뚤어짐"이라고 언급한 바에 상응하는, 그러한 자들이 그에게 끼치는 고통은, 그로 하여금 지나친 시간과

---

10. Claudius, commentary on Leviticus, *praefatio, ad init.* (MPL 104.615D).

11. Claudius, commentary on I and II Corinthians, *praefatio, ad med.* (MPL 104.839A).

활력을 소모하게 했던 것이다. 클라우디오는 자신이 맡은 주교 관구 내에서 미신적인 관습을 진압하기 위한 장기간의 투쟁에 돌입했기 때문에, 토리노의 주교 자리에 거의 앉아 있지를 못했다. 그는 이것을 우리에게 이렇게 언급해주고 있다. "이탈리아로 가자마자, 나는 하나님의 법에 도전하는 성상이 온 대성당에 가득 차 있는 사실을 발견하게 되었다. 그것은 하나님이 혐오하시는 더러움의 극치다. 모든 사람들이 그러한 성상들을 숭배했기 때문에, 나는 단독으로 홀로 고군분투하며 성상을 파괴할 책임을 떠맡게 되었다."[12] 무어인[*]의 양식과 양자론[**]이 득세하던 스페인에서, 감수성이 예민한 어린 시절을 보낸 클라우디오에게는, 장인이 만든 성상을 인간이 숭배한다는 것은 비기독교적인 이교적 행위이자 우상숭배에 해당될 뿐이었다.[***] 그리하여 여전히 호전적인 전사-주교였던 클라우디오는 그들을 향해 전력을 다해 공격하기 시작했다. "나는 가능한 한 최선의 힘을 다해, 분파와 분리주의와 미신과 이단들을 억누르고 돌진하며 싸워서 도말시켰던 것이다. 나는 여전히 지금도 가능한 한 모든 수단과 노력을 동원해, 그들에게 선포한 나의 이 전쟁을 멈추지 않을 것이다."[13]

---

12. Claudius, *Apologeticum, ad init.* (MPL 105.460D).[****]

13. *Ibid.* (MPL 105.459D–460D).

---

[*] 8세기경에 이베리아 반도를 정복한 이슬람교도를 막연히 부르던 말. 본디는 모로코의 모리타니아, 알제리, 튀니스 등지의 베르베르인을 주체로 하는 여러 원주민 부족을 가리켰다. 인종학적 의미는 없으며, 11세기 이후 북아프리카나 아시아의 이슬람교도를 뜻하는 말로 쓰였다가 15세기경부터는 전반적인 무슬림을 이르는 말이 됐다.

[**] 그리스도의 신성을 약화시키는.

[***] 어렸을 때부터, 클라우디오가 이슬람 유일신 사상과, 그리스도교 양자론 사상의 영향을 받아 군주신론에 치우쳤기 때문에, 비형상주의와 선상금지론 및 파괴론을 옹호할 것이고, 예수 그리스도나 다른 성인을 숭배하는 성상을 찬성할 리 없었을 것이다.

[****] 비잔틴-동로마제국의 황제인 레오 3세는 주후 730년에 제1차 성상숭배 금지령을 내리고 성상 파괴운동에 돌입했다. 표면적인 이유는 성상숭배가 구약성경에 나타나 있는 우상숭배와 다를 바 없기 때문이었다. 그러나 내면의 진정한 이유는 수도원 세력이 막대한 토지 자본을 지니고 있었고, 또한 성상숭배를 적극 지지하고 있었기 때문이다. 곧 이는 수도원주의와, 세속권과 교황주의가 결탁한 세력 등 양대 세력의 권력분쟁이었다. 따라서 레오 3세는 이들의 세력과 토지를 몰수하고 약화시키기 위해 성상금지 및 파괴령을 내리고 탄압을 가했다. 그러나 동로마교회 대부분의 신자들과 서로마교회는 성상금지 및 파괴론에 적극 반대해 성상옹호론에 매달렸다. 따라서 동로마 제국은 크게 국론이 성상숭배 문제를 두고 찬반양론으로 갈려 나라가 둘로 분열될 지경의 위기에까지 이르게 되었다. 그리하여 이 두 세력은 장기간에 걸친 대결구도를 형성했으나 결국 이는 제2차 니케아공의회 때 철회됐다. 레오 5세는 그 후 제2차 성상숭배 금지령을 발령해서 성상숭배를 혐오했던 군인 세력을 규합하려고 했으나 이 역시 주후 843년에 철회됐다. 이러한 자국 내의 정치적인 문제로 발생한 성상문제는 국제적인 차원에서 서로마 지역과 갈등의 국면에 놓이게 만들었다. 곧 서로마교회는 처음부터 성상숭배 옹호론을 지지했다. 학식 있는 자가 책을 읽듯이 무식한 자들은 성상을 통해 신앙을 갖게 된다는 지론이었다. 그리고 그들은 성상이 상징에 불과하며, 동로마교회가 생각하듯이 성상 속에 어떤 거룩하거나 신적인 본질이 들어있다고 여기지 않았다. 이는 중세의 성찬론에서 화체설과 상징설의 분쟁과 동일한 성격의 문제였다. 따라서 서로마교회는 '성령발현 문제'(*filioque*; 성령이 성부와 성자에게서 발현된다는 서로마교회의 주장에 대해 비잔틴 신학은 군주신론에 치우쳐 성부에게서만 발현된다고 맞섬)와 더불어 '성상숭배 문제'로 인해 결정적으로 주후 1054년 영영 동로마교회와 갈라지게 됐다.

두 말할 필요도 없이, 우리의 원기왕성하고 독립심이 강한 주교는 수많은 적들을 양산시켰다. 그는 실로 자신이 길거리에서 공개적으로 저주와 악다구니를 받은 적이 있었다고 술회할 정도로 큰 반대에 부딪히곤 했다. 바로 그의 삶은 종종 위험의 소용돌이 속에 빠져 있었다.[14] 그러나 수많은 어려움과 난관에도, 그는 계속해서 저술하고 출판하기를 멈추지 않았다. 그로부터 수년 후 그는 토리노의 주교 관구로 취임하게 됐고, 거기서 그는 주로 대수도원장 데오데미르의 자극과 재촉을 받아 로마서, 고린도전후서, 빌레몬서 연구에 박차를 가하기 시작했다. 그럭저럭 하는 동안, 다른 사람들도 들었던 바와 같이, 데오데미르는 토리노에게서 걱정스럽고 불안한 보도를 듣게 되었다. 그것은 곧 파스칼 1세 교황(Pope Paschal II)이 클라우디오를 비난하고 정죄할 준비를 갖추고 있는 중이라는 전언이었다. 표면상으로, 클라우디오와 친분을 유지하고 있었던 데오데미르는 그럼에도 제국 도시 아익스(Aix)의 실력자요 거물들인 공의회에 모인 주교들에게, 그들이 처한 형편을 고려해, 그의 고린도서 주석을 전해주었다.* 데오데미르는 자신이 저지르고 있는 행위를 클라우디오에 한 마디도 알리지 않은 채, 몰래 그에게 그가 저술한 레위기에 관한 논문과, 사무엘서 및 열왕기서 주석의 일부분을 보내달라고 요청했던 것이다. 전자는 대략 주후 823년에 탈고됐고, 후자는 주후 약 824년에 완성됐다. 클라우디오가 사무엘서와 열왕기서 주석을 저술하고 있을 무렵, 데오데미르가 그러한 이중적인 기만적 밀고 행위를 저지르고 있다는 전언이 아익스에게서 전해졌다. 즉시 토리노의 그 고위 성직자인 클라우디오는 데오데미르가 그에게 거짓말을 하고 또한 물의를 일으켰다는 사실에 비난을 퍼부었던 것이다.[15] 그 대수도원장 데오데미르는 클라우디오가 가톨릭 신앙에 저항하는 새로운 분파를 결성해 확산시키고 있다는 소문이 카롤링거 제국 안으로 만연해 퍼져나갔다고 설명해주었다. 곧 클라우디오가 성상 및 십자가상 숭배, 교황 수위권, 로마로의 참회 여행, 성인들의 중재 등을 혐오하는 부정적인 이단집단을 결성했다는 소문이 그것이었다.[16] 얼마 후에, 아일랜드 은둔자이자 천문학자인 유명한 둔갈(Dungal)은 빈정거리는

---

14. *Ibid.* (MPL 105.460D).

15. Claudius letter to Theodemir, *ad fin.* (MGH:EpKA, 2.608~609.).

16. Claudius, *Apologeticum, passim.*

---

* 이단 심문의 증거 자료로.

뒷담화를 이렇게 첨가했다. "이 왕국에서 유대인들은 다른 어떤 자들보다도 클라우디오를 찬양하고 있고, 끊임없이 그의 저술들을 인용하고 있다. 그 이유는, 그의 사상이 그들 유대인들의 종교와 어떤 점에서도 다르지 않기 때문이다. 그들 유대인들은 그를 가장 지혜롭고 현명한 그리스도인이라고 부른다. 그러나 그들은 다른 그리스도인들을 클라우디오에게서 반드시 배워서 마땅히 그의 제자가 돼야 할 무식하고 어쭙잖은 무지렁이들로 조롱하며 모욕했다. 번갈아 다음에는 그가 그들 유대인들을 드높여 찬양하고, 심지어는 그들의 혈족인 사라센 사람들을 과도히 더 높이 칭송하고 있다."[17] 둔갈은, 설상가상으로 클라우디오가 성인들의 이름을 들어 하는 호칭 기도까지 없애버렸고, 또한 성인들을 기념하기 위한 연례 축일 행사조차도 "헛된 의식과 무익한 관습"[18]으로 치부하여 거부했다고, 덧붙여 말하기도 했다. 아익스의 고위 성직자와 실력자들은 클라우디오를 소환하여 그들 앞에 나타난 그 자신을 변명해보도록 조처했으나, 앞뒤를 가리지 않는 대담한 주교는 이를 완강히 거부하고 그 회의를 "당나귀들의 공의회"로 선포해버렸다.[19] 그런 연후에, 그 호전적인 교회의 군주는 시끄럽고 복잡한 논쟁의 소용돌이 속으로 들어가는 일을 결코 주저하지 않았다. 논리학에서 귀류법(reductio ad absurdum)*을 능숙하고 세련되게 사용하면서, 클라우디오는 데오데미르에게 신랄한 '변증'(apology)을 전달했다. 그의 주적들 중 한 사람은 (오를레앙의 요나스) 클라우디오의 변증을 두고 이렇게 비난했다. "다윗의 시편에 50개 이상의 시편을 더 첨가한, 지루하고도 그 장황함에 비겨 능가할 것이 없는 글이다."[20] 클라우디오는 '로마로의 고해 순례여행' 반대 혐의만을 제외한 채, 쉽사리 일단 그 수도원장이 제기한 비난과 고발 혐의들을 모두 인정했다. 그러나 그는 그러한 혐의에 대해 찬성하시노 또

---

17. Dungal, *Responsa contra perversas Claudii Taurinensis episcopi sententias, ad fin.*(완고한 토리노의 클라우디오 주교의 견해에 대한 응답, MPL 105.528A). "*Et maxime suos affines Saracenos*"(그들과 사라센 사람들 간의 특별한 관계)라는 구절은 애매모호한 말이며 아마도 '그의 친족'이나 (혹은 '이웃') '그들의 친족'을 의미할지도 모른다.

18. *Ibid.* (MPL 105.528D).

19. *Ibid.* (MPL 105.529A).

20. Jonas, *op. cit.*, I, *ad init.* (MPL 106.312C).

---

* 직역하면 "불일치로 환원하는 방법"으로서, 한 명제가 참임을 증명하는 대신, 그 거짓 명제가 참이라는 가정 하에서, 그것이 모순에 귀결한다는 것을 지적, 간접적으로 원명제가 참이 된다는 것을 주장하는 추리 증명법. 예를 들어보자. 1) 정명제: "나는 구원을 받았다" 2) 부정명제: "나는 구원을 받지 않았다" 3) 모순증명: "나는 늘 구원에 감사하고 살아가고 있다" 4) 부정명제의 부정이 입증됨: "나는 구원에 감사하므로 구원을 받지 않았다는 것은 모순" 5) 증명완성: "따라서 나는 구원을 받았다는 정명제가 입증됨".

한 부정하지도 않는 진술을 함으로써 자신의 방호벽을 쳤던 것이다. 왜냐하면 그러한 것들은 누군가에게 상처를 주지도 않고 또한 이익을 베풀어주는 것도 아니기 때문이었다.[21] 그러나 그의 철저한 솔직함과 독립성으로 인해 토리노의 주교에게는 아무 위해도 가해지지 않았다. 그 이유는 아마도 성상숭배 문제에 관한 프랑크 사람들의 견해가 확연히 둘로 양분됐기 때문이었을 것이다. 여하튼, 주후 825년에 개최된 제국 의회는 국론이 파국으로 치닫는 사태를 막아보기 위해, 극단적인 성상파괴주의(iconoclasm)*와 성상옹호주의(iconodulism)** 사이의 중간 길을 표방하고 나섰다. 이러한 사실은 리용의 주교 아고바르(Agobard)의 저술에서 잘 알 수 있다.

아마도 자신의 왕국 내에 거주하는 성상숭배 옹호론자들을 무마하고 달래기 위해, 경건 왕 루이(Louis the Pious)는 대표적인 성상숭배 거부론자인 클라우디오의 변증서를, 오를레앙의 요나스와 둔갈이 연구 검토해서 반박할 수 있도록 그 둘에게 건네주었다. 둔갈은 그 즉시, 확실히 그 연대는 주후 829년[22] 이전인데, 클라우디오에게 줄 답변서를 작성했고, 요나스는 그보다 더 늦게, 그러나 보다 상세히 답변서를 작성해 제출했던 것이다. 사실상 하나 혹은 또 다른 이유로 인해, 성상 숭배에 관한 요나스의 세 권의 책은 15년이 지나기 이후까지, 곧 클라우디오와 루이스 황제가 죽기까지(대략 주후 840년) 그 모습을 드러내지 않았다.[23] 그 답변서가 늦게 등장한 이유는, 클라우디

---

21. Claudius, *Apologeticum, ad med.* (MPL 105.463AB).

22. 둔갈은 그 자신이 작성한 *Responsa*(답변서)를 경건 왕 루이와 공동 통치자인 그의 형 로타르(Lothair)에게 보냈다. 그런데 루이는 주후 829년에 로타르의 공동 지배권을 박탈해버렸다. 그렇게 되면 둔갈의 답변서의 *terminus ante quem**** 한계 시한은 주후 829년이 된다. 즉, 둔갈의 글이 쓰인 연대는 주후 829년을 넘어서지 못한다는 것이다. 왜냐하면 로타르가 축출된 해가 주후 829년이었고, 또한 그에게 둔갈의 서신이 전해졌기 때문에, 둔갈의 반박서는 주후 829년보다 이후에 작성됐다고 볼 수가 전혀 없는 것이다. 게다가 둔갈은 그의 저술(MPL 105.468B)을 쓰기 시작할 무렵에 이렇게 말했다. "공허한 설명을 수반하는 그 문제에 관한 신중한 조사가, '내가 생각해낸 바에 따르면 2년 전에'(*ante ut reor biennium*) 우리의 가장 영예롭고 거룩하며 신앙심이 두터우신 군주들에 의해 그 왕궁에서 개최됐다." 이것은 주후 825년에 파리에서 개최된 공의회를 언급했다는 것으로도 볼 수 있다. 그러나 그것은 또한 클라우디오의 사건을 다루기 위해, 아익스에서 주후 824년에 열린, 실력자인 고위 성직자와 거물 귀족들이 모인, 보다 소규모 회의로도 볼 수 있다. 그러므로 둔갈의 답변서인 *Responsa*는 대략 주후 827년이나 혹은 828년에 작성된 것이 틀림없을 것이다.

23. Jonas, *op. cit.*, 그러므로 요나스의 책이 대머리 왕 샤를(Charles the Bald)에게 보낸 날짜는 경건 왕 루이(Louis the Pkous) 사후인 주후 840년 6월 20일 이후가 된다.

---

* 그리스어 '*eicono + klasmos*' (성상을 파괴하고 타파하는 자)에서 유래한 용어로서 '성상숭배를 타파하고 성상을 파괴하는 주의'라는 의미를 지니고 있다.

** 그리스어 '*eicono + doulos*'(성상을 섬기는 자)에서 유래한 용어로서 '성상숭배를 옹호하고 찬성하는 주의'라는 뜻을 지니고 있다.

*** boundary/limit before which: 사전 시점; 어떤 저술이나 사건의 한계 시한.

오가 나이가 더 들어 원숙해지고 또한 보다 온건한 노선을 걷게 됐다는 데서 찾기도 한다.[24] 제시되는 또 다른 지연 이유도 그럴듯해 보인다. 극단적인 은둔자는 자신의 마음을 갖고 아무 장애나 막힘도 없이 말을 할 수 있다. 그러나 이 세상 사람인 주교는 공적인 견해를 피력할 때, 어느 정도 그 수위를 부드럽게 조절하고 완화시켜야만 한다. 결국 그렇게도 클라우디오가 반대했던 성상숭배론은 19세기 중반 이후에 이르기까지 카롤링거 치하의 고울 지방을 강제적으로 눌러서 찌그러트리지 않았다. 요나스는 부당하게도 클라우디오를 아리우스주의와 스페인 양자론* 이단에 포함시켜버렸다. 그리고 그를 문법상의 오류, 표절, 부정직함 등으로 고발했다.[25] 그리고 그는 압도

---

24. Poole, *Illustrations of the History of Medieval Thought and Learning*, 33.

25. 아리우스주의(Arianism), Jonas *op. cit.*, I, *praefatio* (MPL 106.307–308); 양자론("Felicianism"), *ibid.*, I, *ad init.* (MPL 106.309C); 결함이 있는 문법, *ibid.*, I, *ad init.* (MPL 106.315B), *ad med.* (MPL 106.325A, 특히 MPL 106.316C–317A를 보라, 거기서 요나스는 클라우디오가 능동태가 요구되는 곳에서 수동태를 사용했다고 무자비하게 비난하고 있다.); 펠라기우스주의(Pelagianism), *ibid.*, I, *ad med.* (MPL 106.330CD); 부정직성, *ibid.*, III, *praefatio* (MPL 106.363D). 표절에 관한 문제로 요나스가 클라우디오를 고발한 것은 대단히 드물고 진기한 관심거리의 일이다. 왜냐하면 표절은 고대와 중세 저자들의 일반적인 관습이었기 때문이다. 요나스는 상술한 대로, 클라우디오가 언급한 구절들을 인용해 고발한 후, 다음과 같이 그가 시도한 표절에 대해 계속 비난하여 언급했다. "클라우디오여! 이것들은 당신의 말이 아닙니다; 그것들은 복된 순교자 키프리아누스에게 속한 것입니다. 당신은 그의 것을 일부 생략했고 또한 다른 일부는 변개시켰습니다. 그리고 그렇게 변모시킨 것을 당신 자신의 것이라고 주장하고 있습니다. 그러나 그 저명하고 뛰어난 선생이 언급했던 말들은, 우상숭배에 전념했던 자인 데메트리아누스(Demetrianus)를 향해 퍼부었던 것입니다… 다른 자들의 물건을 훔쳐서 숨길 수가 있기도 합니다. 그러나 나는 누군가가 사용했던 글들을 비밀리에 훔치려는 행위보다 훨씬 더 놀랍고 비난 받을 만한 일은 이 세상에 존재할 수 없다고 생각합니다." 그러고 나서 요나스는 클라우디오가 자신의 진술 의도에 부합하도록, 다른 사람들의 글을 어떤 식으로 교묘하게 바꾸었는지를 보여주었다.

---

* 주후 2~3세기에 발전했던 '역동적 단일신론'(Dynamic Monarchianism)과 8세기 스페인에서 시작하여 톨레도의 대주교 엘리판두스의 가르침과 관련된 이단설을 말한다. 그리스도 안에서 인성과 신성의 두 본성을 구분하고자 한 엘리판두스는 인성을 지닌 그리스도를 그 본질상 하나님의 아들인 신적인 그리스도와 구별해서 '양자'(養子)라고 불렀다. 따라서 '말씀'에 의해 수태된 마리아의 아들은 본질상 하나님의 아들이 아니라 양자에 불과하다고 했다 그리스도에 대한 이러한 견해는 그리스도 양성론(성삼위에서 제2위격이 예수 그리스도의 인격 속에서 성육신했을 때, 예수는 한 인격의 단일체 안에 신성과 인성 모두를 소유한다는 진술. '양성'이라는 표현은 그리스도가 참 하나님인 동시에 참 사람이라는 사실을 가리켰다. 처음 1세기부터 4세기까지 삼위일체 교리의 해명 – 한 하나님이 세 위격으로 어떻게 구별되느냐의 문제 – 이 계속되다가, 5세기에는 그리스도의 신성과 인성에 관한 논쟁으로 발전했다. 알렉산드리아에서는 그리스도의 신성을 강조한 반면, 안티오크에서는 실세 사람인 그리스도를 강소했다. 네스토리우스가 마리아가 성모〈Theotokos: 하나님을 잉태한 자, 하나님의 어머니〉였다는 주장을 부인함으로써 이 논쟁이 시작됐다. 성자의 반신(半神)을 주장하는 네스토리우스의 견해가 주후 431년의 에베소공의회에서 정죄됐지만, 이 문제는 주후 451년에 개최된 칼케돈 공의회에서 다음과 같은 내용을 공식적으로 선포함으로써 결정적으로 매듭지어졌다. "우리 모두는 만장일치로 가르친다… 한 분 우리의 주 예수 그리스도인 성자는, 완전한 신과 완전한 인간으로 섞이거나 변화되거나 나뉘거나 혹은 분리됨이 없는 두 본성이다. 두 본성 사이의 구분이 연합을 통해 결코 없어지지 아니하며, 오히려 각 본성의 동일성은 보존되면서 한 인격과 존재에서 동시에 나타난다.")에 의해 곧 반박을 받았고, 교황 하드리아누스 1세가 개입해 이 가르침을 단죄했다. 엘리판두스는 우르겔의 주교 펠릭스의 지지를 받았는데, 결국 펠릭스는 이 교리를 놓고서 요크의 앨퀸과 문서 논쟁을 벌였다. 798년 교황 레오 3세는 로마에서 공의회를 소집해 펠릭스의 '양자론'(Felicianism으로 칭해짐, 그것은 곧 펠릭스의 양자론이라는 의미)을 단죄하고 그를 파문했다. 799년 펠릭스는 이 견해를 어쩔 수 없이 철회하고 감시를 받게 되었다. 그러나 엘리판두스는 회개하지 않고 계속 톨레도의 대주교직을 수행했다. 그가 죽은 뒤 양자론은 거의 전 지역에서 영향력을 잃었다가 12세기에 페트루스 아벨라르두스 및 그의 추종자들의 가르침에서 잠시 되살아났다.

하는 품위와 세련됨으로, 성경과 교부들의 저술과 그리스도교 및 이방 시편 등을 통해, 조목조목 클라우디오의 반박에 답변했던 것이다.

그러나 요나스와, 그렇게도 중요하고 무거운 주제를 갖고 반대편에 홀로 서 있었던 클라우디오는 그의 말년을 비교적 안전하고 순탄하게 마치게 됐다. 그는 말년에, 여호수아서, 사사기, 그 외 다른 성경들에 관한 주석을 저술했다.[26] 클라우디오가 사망한 날짜에 는 알려진 바가 없다. 그는 대략 주후 827년에 타계한 것으로 추측된다.[27] 교회 역사상, 그가 차지하고 있는 위치는 매우 강력하고 매력적이어서, 그를 추종하는 한 학파가 일이십 년간[28] 남아 있기도 했다. 그리고 그의 작품 사본들은 증가됐고, 연구됐으며, 라바누스 마우루스(Rabanus Maurus), 하이모(Haimo of Chalon-sur-Saône), 아고바르(Agobard of Lyons) 등과 같은 학자들이 참고했다.[29] 그러나 궁극적으로 그가 지녔던 사상의 유형은 이단적인 견해로 간주됐다.

본론에서 소개될 클라우디오의 저술은 갈라디아서 주석 서론과 제3장의 일부분을 발췌 번역한 텍스트다. 그것은 클라우디오의 주요 문학적 업적과 활동인 성경 주석을 예증해주는 표본이 될 것이다. 몇 개의 문장을 제외하면, 지금까지 그것들은 현대 번역본으로 선을 보이지 않았고, 물론 그의 저술 대부분이 여전히 편집되지 않은 채 남아 있는 실정이다. 출판되어 우리 눈앞에 제시돼야만 할 클라우디오의 저술 목록들은 다음과 같다.

---

26. 이 글 서론의 말미에 있는 클라우디오의 저술 목록을 참고하라.

27. 대략 주후 841년에, 슈트라보(Walafrid Strabo)는 다음과 같은 저술에서 아래와 같이 언급했다. Walafrid Strabo, *Libellus de exordiis et incrementis quarundam in rebus ecclesiasticis rerum*, 8 (교회 사역의 서론 발전에 관한 한 어떤 소책자, MPL 114.928D-929A). "또한 그가 지니고 있던 교만한 어리석음에 덧붙여, 단지 진리의 길에서 벗어나 흔들리고 요동치는 자로서, 토리노의 주교가 확실한 클라우디오는 당대에 인구에 회자되던 그의 이름에 걸맞게, 루이 황제 시대에, 그리스교회의 성상논쟁의 불길을 다시 부활시킨 장본인이었다. (하나님께서는 그의 영혼을 안식시키신다!) 그러나 그는 그를 적대하여 반박문을 썼던 다양한 자들의 화살에 맞아 꿰뚫리기도 전에, 그 자신의 판단에 의해 정죄를 받고 사망했던 것이다."

28. 둔갈과 요나스의 답변이 출판된 시점에서 추론.

29. 라바누스와 하이모에 대해서는 위의 각주 7번에 들어 있는 마니티우스와 관련된 부분을 참고하라. 아고바르에 관해서는 다음 자료들을 참고하라. Claudius in Jonas, *op. cit.*, I (MPL 106.325D); Agobard, *Liber contra eorum superstitionem qui picturis et imaginibus sanctorum adorationis obsequium deferendum putant*, 19 (MPL 104.215A). 아고바르가 클라우디오보다 일이년 후에 저술했기 때문에, 아마도 아고바르가 클라우디오의 저술을 인용했다고 보아도 무방할 것이고, 아니면 그 둘이 공통적인 자료를 사용했다고 보아도 큰 무리가 없을 것이다.

저술 목록

1. 창세기 주석(Commentary on Genesis), 주후 811년, 대수도원장 드룩테람누스(Dructeramnus)에게 헌정됨. 수년 후에 개정판이 대수도원장 데오데미르(Theodemir)에게 헌정됨. 또 다른 개정판이 좀 더 후에 루이 황제(Emperor Louis)에게 헌정됨. MGH:EpKA, 2.590-593, 드룩테람누스에게 보내는 헌정 서신이 포함됨. 그 나머지는 편집되지 않음.

2. 마태복음 성서주석집(Catena on St. Matthew), 주후 815년, 대수도원장 유스투스(Justus)에게 헌정됨. MGH:EpKA, 2.593-596; MPL 104.835B-838B, 유스투스에게 보내는 서신. 그 나머지는 편집되지 않음.

3. 갈라디아서 주석(Commentary on Galatians), 주후 약 815년 혹은 816년, 드룩테람누스에게 헌정됨. MPL 104.842C-912A, 전체; 오직 헌정 서신만 다음 자료에 수록됐음. MGH:EpKA, 2.596~597

4. 에베소서와 빌립보서 주석(Commentary on Ephesians and Philippians), 주후 약 816년, 경건왕 루이(Louis the Pious)에게 헌정됨. MGH:EpKA, 2.597-599; MPL 104.839C-842B, 헌정 서신만 남음; 나머지는 편집되지 않음.

5. 로마서 주석(Commentary on Romans), 주후 약 816-820년, 미편집됨; MGH:EpKA, 2.599~600.; MPL 104.927A-928A는 주석학자 성 아우구스티누스의 찬양에 들어 있는 로마서에 관한 단락을 포함하고 있음.

6. 고린도전후서 주석(Commentary on I and II Corinthians), 주후 약 820년, 데오데미르에게 헌정됨. 미편집됨; MGH:EpKA, 2.600-602; MPL 104.837C-840B는 헌정 서신을 포함하고 있음.

7. 빌레몬서 주석(Commentary on Philemon), 주후 약 820년 혹은 821년, MPL 104.911C-

918B.

8. 레위기 주석(Commentary on Leviticus), 주후 823, 데오데미르에게 헌정됨. MGH: EpKA, 2.602-605; MPL 104.615C-617B, 헌정 서신; MPL 104.617C-620B, 간단한 발췌글들; 그 나머지는 편집되지 않음. 그 헌정 서신의 날자는 주후 823년 3월 9일이며, (네 권으로 된) 출애굽기 주석이 나온 지 2년 후다. 출애굽기 주석은 소실됐고, 그렇게 되면 그 주석의 저술 연대는 대략 주후 약 821년일 가능성이 있다. 그리고 그것은 창세기 주석 재판이 나온 지 8년 후에 출판됐으므로, 창세기 주석 개정판의 연대는 대략 주후 약 815년으로 짐작될 수 있다; MPL 104.615C를 참고하라. 출애굽기 주석은 또한 대수도원장 데오데미르에 의해 언급됐다; MGH:EpKA, 2.605-607에 수록된 그의 서신을 참고하라; MPL 104.623A-626D.

9. 사무엘상하, 열왕기상하, 룻기 주석(Commentary on I and II Samuel, I and II Kings, and Ruth), 주후 약 824년, 데오데미르에게 헌정함. MGH:EpKA, 2.605-607, MPL 104.623A-626D. 여기에는 데오데미르가 사무엘서와 열왕기서에서 클라우디오에 한 질문 30개에 관한 해석이 담겨 있다; MPL 104.627A-634B. 여기에는 그 외 다른 질문 72개가 수록됐다. MGH:EpKA, 2.607~608와 MPL 104.633B-635C는 데오데미르의 질문에 대한 클라우디오의 응답이 들어 있다. 또한 거기에는 클라우디오가 모세오경과 사무엘 및 열왕기서 주석에 대해 언급한 부분이 들어 있고, 또한 룻기에 대한 "짧고 간단한 주석"이 덧붙여 있다고 말한 내용이 수록됐다. 그 까닭에 잇달아서, MPL 104.635C-834C (809D-811B를 제외하고)는 데오데미르의 연속적인 질문에 기초해 저술된 사무엘서와 열왕기서 주석을 포함하고 있다. 그 '작은' 룻기 주석은 편집되어 있지 않다.

10. 데오데미르가 클라우디오의 고린도서 주석을 주교들과 실력자들이 운집한 아익스-라-샤펠(Aix-la-Chappelle) 공의회에 고발하기 위해 제출한 사실을 불평하기 위해 데오데미르에게 보낸 서신, 주후 약 824년. MGH:EpKA, 2.608~609.; MPL 104.809D-811B.

11. 성상 숭배를 공격하는 한 논문, 주후 824년 혹은 825년. 데오데미르가 비방한 데 대한 클라우디오의 반박문으로서 그에게 직접 보낸 것. 오를레앙의 요나스가 다윗의 시편(MPL 106.312C)만한 양에다 그것의 삼분의 일 가량이 덧붙인 방대하고 장황한 저술이라고 비아냥된 바로 그것이다. 그러나 그 중 오직 몇 개의 단편만이 남아 있을 뿐이다. 그리고 그것에게 붙여진 제목은 다음과 같다. *Apologeticum atque rescriptum Claudii episcopi adversus Theodemirum abbatem*(대수도원장 데오데미르에 대한 클라우디오 주교의 변증 사본). 그것에 관한 발췌본 대부분은 다음 자료에 수록됐다. Jonas, *De cultu imaginum, libri III*(성상숭배에 관해), MPL 106.305B−388A, 도처에(*passim*); 또한 그것들 중 대다수의 것들이 다음 자료에 역시 실려 있다. Dungal, *Responsa contra perversas Claudii Taurinensis episcopi sententias*(토리노의 주교 클라우디오의 완고한 견해에 대한 응답, MPL 105.465A−530A). 또한 그것들 중의 일부 단편들 몇 개가 하나의 작품으로서 MGH:EpKA, 2.610−613과 MPL 105.459D−464D에 수록됐다. 그 작품의 결론은 이렇게 맺고 있다. "당신은 이 세상에 이미 살고 있지 않는 로마 교회 주교인 파스칼(Paschal)에 관해 이렇게 말했습니다." 이로 보아 이 작품의 저술 연대는 주후 824년(교황 파스칼 1세가 서거한 해) 혹은 825년으로 보면 될 것이다.

12. 여호수아 및 사사기 주석(Commentaries on Joshua and Judges), 주후 약 825년 혹은 826년. MGH:EpKA, 2.609~610, 서론 혹은 서문을 포함하고 있음; 그 나머지는 편집되지 않음.

13. 그리고 그 외 지금 현재 소실됐지만 다른 주석들도 발간됐을 것이다. (a) 출애굽기 주석(위의 8번을 보라). (b) 민수기와 신명기 주석(위의 9번에서 모세오경에 관한 부분을 참고하라). (c) 히브리서 (다음을 보라. *Retraction Claudii episcopi de auctoribus explanationum super epistolam ad Hebraeos* 〈권위 있는 히브리서 주석에 대한 클라우디오 주교의 철회〉, MPL 104.926D−927A.

다음 자료는 위의 1−12번에 언급되어 있는 작품들 중 MSS의 일부를 열거해주고 있다. Manitius, *Geschichte der lateinischen Literatur des Mittelalters* (중세 라틴문학의 역사), 1.395. MPL 104.615C−918B, 925B−928A, 105.459D−464D 등은 비록 두 작품

을 제외하고는 편집이 되지 않았지만, 클라우디오의 모든 작품들을 수록하고 있다. MGH:EpKA, 2.586-589는 뒤믈러(E. Dümmler)가 편집한 발췌본을 수록하고 있고, 위의 1번과 12번을 제외한 모든 자료들은 MPL에 가장 먼저 수록됐다.

가장 최근의 클라우디오에 관한 방대한 연구는 다음과 같은 책에서 잘 드러나 있다. L. Laville, *Claude de Turin* (Montauban, 1889); E. Comba, *Claudio di Torino, óssia la protesta di un vescovo* (Florence, 1895). 보다 짧은 연구 저술로서는 다음과 같은 논문이 있다. E. Dümmler in *Sitzungsbericht der klassischen preussischen Akademie der Wissenschaften* (1895), 301-319, 427-443; G. Boffito in *Atti della Reale Accademia delle scienze di Torino*, 33 (1898), 250-285. R. L. Poole, *Illustrations of the History of Medieval Thought and Learning*, 2d ed., revised (London: S.P.C.K., 1920), 24-33. 이것은 매우 흥미로운 해석학적 논문이다. 그리고 Manitius, *op. cit.*, 1.390-396은 아마도 연대에 대해 가장 잘 취급한 자료가 될 것이다. 여타 다른 논문들은 아주 오래됐고 연대가 매우 뒤떨어진 것이다. 클라우디오를 종교개혁 프로테스탄트 이전의 개혁자로 그리는 몇 개의 논문들이 있으나, 이 글의 성격상 그것들은 무시해도 좋을 것이다.[30]

---

30. 클라우디오를 종교개혁 이전의 개혁자로 보는 이유는 아마도 그의 성상파괴론 때문일 것이다.

제2절. 갈라디아서 주석(발췌본)

헌정 서신

죄인인 클라우디오가, 유일한 나의 스승이시자, 그리스도 안에서 최고로 고귀한 영광을 얻으시며, 가장 경건하고 신실한 대수도원장이신 드룩테람누스 님께 이 저술을 바칩니다.

여러 가지 복잡다단한 문제로 말미암아 정신 차릴 틈도 없이, 삼년 이상의 세월이 부지불식간에 훌쩍 지나가버렸습니다. 당신께서 나에 대한 열렬한 애정으로, 나를 깨우쳐서 귀중한 임무를 맡겨주신 일이 엊그제 같은데 벌써 수 삼년의 세월이 주마등처럼 흘러가버렸습니다. 참으로 세월이 무상합니다. 나는 아직, 지금은 황제시지만 그때는 왕이셨던 우리의 경건한 군주 루이 각하의 궁정이 우뚝 서 있는 아베르뉴(Auvergne) 땅에서, 여전히 숨을 쉬면서 그럭저럭 잘 지내고 있습니다. 당신께서 게으르고 나태한 정신에 속박당하고 있는 나를 일으켜 세워주셔서 이제 나는 이방인의 교사이신 성 바울 사도의 서신들의 주석을 저술할 수 있는 노고를 다시 시작할 수 있게 되었습니다. 이 세상의 처절한 수고와 회오리바람이 나를 압도해 그동안 나는 전혀 당신의 명령을 좇아 수행할 수가 없었습니다. 그러나 이제 나는 금번 사순절 기간 동안 하나님의 은혜로 말미암아, 복된 사도 바울의 서신, 갈라디아서를 저술할 수 있는 기회를 갖게 되었습니다. 그것은 곧 복된 교부 아우구스티누스와 히에로니무스의 논문에서 도출한 문장들을 섞어 주석을 시도하려는 계획이었습니다. 그 논문들에서, 바울 서신을 설명하기에 적절한 도움과 소용이 되는 깃들을 찾기가 매우 어렵다는 사실을 급기야 인식하게 됐을 때, 나는 아우구스티누스보다 앞선 교부들의 저술들을 의지하게 되었습니다. 그리하여 나는 아우구스티누스와 히에로니무스의 글에서 찾아낼 수 없었던 것을 거기서 발견하기 위해 애를 썼습니다. 나는 또한, 내가 적절하다고 생각했던 대로, 나 자신의 견해를 교부들의 주장에 첨가해, 눈과 귀에 거슬리는 거친 단절을 피한 채, 그 두 해석을 원만하고 적절히 연결하려고 노력했습니다. 또한 나는 그러한 작업을 통해, 독자들의 마음에 호소할 수 있는 내용을 저술하려 했고, 역시 그러한 효과는 딱딱한 설명을 피하는 데서 얻을 수 있음도 깨닫게 되었습니다. 그럭 저럭 하는 동안, 마치 노획하게 된 어떤 전리품처럼, 나는 이 주석을 완성해 거룩하신 당신께 헌정할 수 있는 기회를 갖게 되기를 매우 열망하며, 그러한 상태를 매우 행복하게 여겼습니다. 그리하여 나는 당신께서 이 주석을 종종 읽으셔서 나를 기억해주시기를 앙망해마지 않았습니다. 비록 그분이 계시는 그곳과 거리가 닿을 수가 없이 멀리 떨어져 있는 이 지상에 당신이 존재하고 있다 할지라도, 측량할 수 없는 동시에 무소부재하고 편재하신 그리스도의 사랑이 당신에게 항상 임하시기를 간구합니다.

만일 주님이 저에게 건강한 생명을 계속 허락해 주신다면, 또한 만일 당신께서 나를 위해 기도해주신다면, 주석을 하기 위해 다른 많은 서신서들의 선집을 내 손에 확보해놓았기 때문에, 나는 가능한 한 빨리 다른 서신 주석 작업에 돌입할 수 있을 것입니다. 거룩하고 자비로우신 하나님이, 그의 교회가 아름답게 발전되기를 원하시기 때문에, 수많은 세월의 연륜과 공로를 쌓으신 당신에게 더없이 귀한 지복을 내려주실 것으로 믿어 의심치 않는 바입니다. 주님 안에서 강녕하십시오. 오, 하나님의 사람이시여! 나를 기억하소서.

갈라디아서 요약

갈라디아 사람은 그리스인이다. 갈라디아(Galatia)*라는 명칭은 갈라디아를 점령했던 고대 국가 골(Gauls)**에서 유래했다. 골 사람들은, 비티니아(Bithynia)*** 왕의 도움으로 전쟁에 승리했기 때문에, 골 왕국의 영토를 둘로 분할해 비티니아와 나누어 가졌다. 따라서 골의 소아시아 인들과 비티니아의 그리스인들이 혼혈되었고, 그리하여 그들의 명칭은 처음에는 골-그리스인(Gallo-Greeks)으로 불렸으며, 지금은 골인의 고대 이름을 따라 갈라디아인(Galatians)으로 칭해지고 있다. 또한 그들 나라는 갈라디아(Galatia)라고 명명됐다. 처음에 그들은 사도에게서 진리의 말씀을 받아들였다. 그러나 사도 바울이 그곳을 떠났을 때, 그들은 율법과 할례로 되돌아갈 것을 주장하는 그릇된 교사들의 망동에 현혹됐다. 에베소에서 이 서신을 기록한 사도는 그들이 참된 진리의 신앙을

---

* 옛 소아시아 왕국.

** 이탈리아 북부·프랑스·벨기에·네덜란드·스위스·독일을 포함한 옛 로마의 속령.

*** 소아시아 북서부에 있었던 그리스계 고대 왕국.

회복하도록 상기시켜주었다. 그러나 특별히 갈라디아 인들은 거짓 교사들의 감언이설에 유혹되어 설득당했다. 곧 그들은 (그들에게 참된 진리의 복음을 믿도록 해준) 바울이 예수 그리스도가 선택한 12명의 제자에 들지도 않고, 또한 베드로나 다른 제자들처럼 주님을 따랐던 적이 없었다고 하는 거짓 선지자들의 말을 듣고 심히 흔들리게 되었다. 따라서 바울 사도는 이러한 비방과 중상모략을 참된 근거와 성령의 권위에 의해 논박해야 할 필요성을 느끼게 되었다. 이번에는 바울 자신이 사람에 의해서나 사람이 아니라, 오직 자신과 다른 제자들을 사도직에 선택하셨던 그리스도를 통해 사도의 임무를 부여받았다는 점을 입증하게 된 것이다.

또 다른 요약

아래의 진술은 왜 바울 사도가 갈라디아서를 기록했는가 하는 이유를 살핀 것이다. 이 서신을 통해 갈라디아 인들은 하나님의 은총이 더 이상 율법에 의해 작동하지 않는 이유를 이해하게 될 것이다. 비록 복음의 은총이 그들에게 전파됐더라도, 여전히 할례 등과 같은 거침돌이 되는 문제들이 남아 있었다. 할례를 강조하게 되면, 오직 그리스도인이라는 이름밖에는 남을 것이 없었고, 거기에는 은총 자체가 지닌 특별한 하나님의 사랑이 깃들어 있을 수가 없게 되었다. 그들의 가르침은 여호와 하나님이 과거에 지우셨던 율법의 짐들 아래에* 남아 있기를 원하는 종류의 것이었다. 바로 그 율법의 짐은 하나님의 의에 복종하는 자들이 아니라 죄의 짐에 눌려 신음하며 강제적으로 복종 당하는 자들의 등에 쌓여 있는 것이었다. 즉 부정한 인간들에게 정당한 율법이 주어짐으로써, 사악하고 부패한 인간들의 죄가 하늘 아래 명백하게 드러나게 되는 법이지만, 그들의 죄는 도말될 수가 없다. (그러한 인간은 자신의 죄를, 오직 사랑을 통해 역사하시는 신앙의 은총에 의하지 않고서는 결코 제거할 수 없기 때문이다.) 그러므로, 이러한 유대주의자들(Judaizers)** 은 이미 은총 아래 놓여 있던 갈라디아 인들을 율법의 짐 아래에 놓아두려고 안간 힘을 쓰고 있었다. 그들은 열렬하게, 할례를 받지 않는다면, 또한 여타의 유대인의 육체적 준수 규례를 지키지 않는다면, 그 복음은 아무 소용이 없게 될 것이라고 떠들어 댔던 것이다. 그리하여 그들은 (그들에게 복음을 전해 주었던) 바울 사도를 의심의 눈초리로 쳐

---

* 그 무거운 짐의 무게로 신음하면서.

** 할례와 율법을 통해서 예수 그리스도를 믿어야 한다고 강조하는 자들.

다보기 시작했다. 최초로 이방인을 유대인으로 강제로 만들려고 했던 다른 사도들의 관습을 유지하지 않는다는 것이 바울을 향한 의심의 안개의 골자였던 것이다. 실로, 사도 베드로는 그러한 유대주의자들의 압력에 대항하지 못하고 굴복하고 말았던 것이다. 그리고 그들의 기만과 현혹에 이끌려 넘어가서, 그 역시 이방인도 율법의 짐을 완수하지 않는다면, 복음이 무용지물이 될 것이라는 주장을 서슴지 않고 전개하게 되었다. 그러나 이러한 기만과 눈속임을 당하고 있는 자들을 구원하는 것이 사도 바울의 임무가 됐고, 이러한 특별한 주제가 갈라디아서를 장식하게 된 것이다.[31]

상기한 바와 동일한 주제가 역시 로마서에서도 등장한다. 그러나 로마서에서는 약간 다른 문제가 논쟁을 불러 일으켰는데, 곧 그것은 그리스도인이 된 유대인들과 마찬가지인 이방인들 사이에서 발생한 분쟁을 선동하고 자극했던 것이다.* 전자는 복음이, 율법을 행함으로써 얻은 공로를 보상해주기 위한 대가로 주어졌다고 간주했다. 그래서 그들은 공로가 없는 인간에게는 보상이 주어지지 않는다고 여겼던 대로, 무할례자에게도 결코 그러한 복음의 보상이 주어질 수 없다고 기꺼이 주장했던 것이다. 후자는 그와 정반대로, 주님을 십자가에 못 박아 살해한 유대인이 아니라 그 자신들이 선택을 받았다고 교만을 떨었던 것이다.[32] 그러나 우리가 지금 다루고 있는 갈라디아서는, 유대인이라는 정체성과 율법 준수에서 비롯된 권위에 의해, 이미 방해를 받고 혼란을 겪고 있었던 자들에게 주어진 서신이었다.** 그리하여 그들은, 사도 바울이 할례를 믿음의 선결조건으로 인정하지 않았기 때문에, 그가 진리를 전하지 않았다고 믿기 시작했다. 그리하여 사도 바울을 이렇게 전하기 시작했다. "그리스도의 은혜로 너희를 부르신 이를 이같이 속히 떠나 다른 복음을 따르는 것을 내가 이상하게 여기노라."[33] 이러한 간단한 서론을 제시한 다음, 바울은 강력하게 그 문제에 관한 전

---

31. 갈 2:11-14.

32. 이러한 문제에 관해서는 다음을 참고하라. 롬 2-4장, 11장.

33. 갈 1:6. 그리스 성경과 불가타 둘 다 "그리스도의 은혜"라 표기하지만, 클라우디오는 "그리스도의 영광"이라고 기록했다.

---

* 갈라디아서가 이방인으로서 그리스도인이 된 자들과 율법과의 관련성을 다루었다면, 로마서는 유대인 및 이방인으로서 그리스도인이 된 자들 둘 다와 율법과의 관계를 다루었다.

** 로마서에서는, 유대인 그리스도인들이 율법을 통해서만 복음으로 구원을 받는다고 주장했고, 또한 이방인 그리스도인들은 율법 없이 자신들만 복음으로 구원을 받는다고 주장했다. 곧, 로마서는 그 두 세력의 갈등과 분쟁을 보여주고 있다. 그러나 갈라디아서는 이방인 그리스도인들이 율법 없이 복음만으로 구원받는다는 점만을 부각시켰다.

모를 밝혀내기 시작했다. 그러나 이미 이 서신의 첫 부분인 인사말에서, 바울은 그들이 하나님이 아닌 사람의 신념과 설득을 사용했다는 점을 충분히 암시해주었다. (바울 그 자신의 사도 직분이, "사람들에게서 난 것도 아니요 사람으로 말미암은 것도 아니요"[34]라는 구절을 통해, 사람에게서 비롯된 이단사설을 말살시킨다는 것과 연관됨. 이러한 구절은 그의 다른 서신에서도 찾을 수 없는 독특한 부분임) 복음의 증언의 권위와 관련이 있는 한, 사도 바울은 다른 사도들보다 더 우월한 위치를 점하고 있다. 왜냐하면, 그는 사람에게서 나서 또한 사람으로 말미암아 사도가 된 것이 아니라, 오직 예수 그리스도와 아버지 하나님을 통해 사도로 임명을 받았다는 사실을 알게 됐기 때문이다. 그러므로 만일 하나님이 우리의 노력을 허락하시고 또한 도와주신다면, 이 서신 바로 초두부터 특별한 주제에 대한 명상과 연구를 시도할 수가 있을 것이다.

갈라디아서 주석, 3장

"어리석도다 갈라디아 사람들아 진리에 귀를 기울이지 못하도록 누가 너희를 꾀더냐."[35] 이 구절은 두 가지 방식으로 이해될 수 있다. 첫째는, 갈라디아 교회의 교인들이 보다 중요한 일들은 제쳐두고 사소하고 덜 중요한 문제들에 집착하기 때문에 분별력 없이 어리석다는 소리를 듣게 된다는 의미다. 처음에 그들은 영적인 자세로 신앙생활을 시작했으나, 이제 오늘날 끝에 가서는 육체적인 태도로 돌변했다는 것이다. 둘째는, 그와 반면에, 각 지방은 나름대로 그 자체의 특성을 지니고 있다는 해석이다. 즉, 각 나라는 다른 나라가 갖지 못한 고유한 독창적 특질- 그것이 좋은 것이든 혹은 나쁜 것이든 간에- 을 지니는 것으로 추정된다는 의미가 그것이다. 그 깊은 의미의 해석을 외면하여 세쳐두고, 우리는 다음과 같은 진술을 통해 거기서 보다 고귀한 뜻을 찾아보려고 노력할 것이다. 갈라디아 교인들은 율법의 문자와 영을 구별할 수 없는 어리석음 때문에 비난을 받을 수밖에 없거나, 혹은 그들의 국가가 지닌 결함에 의해 잘못 인도돼 갈라디아 인들이 가르치기 어렵고 말을 듣지 않거나 아니면 실성했거나, 지혜의 측면에서 볼 때 게으르고 나태한 것이다. 게다가 이어지는 "누가 너희를 꾀더냐" 라는 구절은 확고하고 흔들리지 않는 걸음걸이로 아직 걸을 수 없는 갓난아

---

34. 갈 1:1.

35. 갈 3:1.

기나 유아에게 특히 해가 되는 마법과 같은 유혹을 가리키는 말이다.* 어떤 한 이교도 시인이 이렇게 읊었다. "**어떤 눈이 나의 순한 양들을 꼬드기는지를 나는 모르겠노라."36

갈라디아 인들이 꼬드김을 당하고 있다는 점이 사실인지 아닌지에 관해서는 하나님은 아신다. (독자들은 그렇다는 사실을 깨닫게 될 것이다). 왜냐하면 마귀가 이러한 죄***에 굴복해서 복종해, 하나님의 일을 이제 시작하려는 자나 혹은 그 일에 현저한 진보를 보이는 자들을 미리 알고 가려내어, 그들이 선한 하나님의 일들을 하지 못하도록 사전에 그들을 탈취할 수 있는 사건이 발생할 수도 있기 때문이다. 상술한 경우, 우리 생각에, 상식적인 생각에서 도출되는 예는 진실한 것이다. 곧 어린아이는 그릇된 유혹에 의해 상처를 입기 쉽다. 그리하여 오직 최근에, 딱딱한 음식이 아니라 겨우 우유를 먹고 양육 받고 있는, 그리스도의 신앙으로 갓 태어난 갈라디아 교인들은, 말하자면 독즙을 먹도록 꼬드김을 당하고 있으며, 또한 공급받았던 성령의 양식을 토해서 게우고 있는 실정에 있다. 그리하여 그들의 위장이 메스꺼워진 것이 아니라 신앙이 그러한 지경에 이르게 되었다. 하나님의 섭리의 놀라운 경이로움에 마귀의 유혹을 받아 질투가 난 어떤 자가 짖어대는 헛소리를 듣고, 곧 율법과 할례에 의해 구원을 받는다는 낭설을 듣고 나서, 갈라디아 인들은 그 요언과 감언이설에 말려들었다는 사실을 깨닫지도 못한 채 타락의 길로 인도함을 받게 된 것이다. 마법에 꾀여들었던 모든 자들은, 그러한 요설들이 자유와 고요함에서 노예상태와 불안함으로 돌아섰기에 발생된 것처럼, 선에서 악으로 돌아서게 되었다.

"예수 그리스도께서 십자가에 못 박히신 것이 너희 눈앞에 보이거늘"37 이제 그리

---

36. Vergil, *Eclogues* 3.103.

37. 갈 3:1. 이 구절은 신약성경에서 가장 큰 흥미와 호기심을 자아내는 것들 중 하나다. 그리스어 성경은 갈라디아 인들이 십자가에 달리신 그리스도를 극적이거나 혹은 회화적으로 보았던 것으로 묘사하고 있다. 물론 불가타도 동일하다. '$\pi\rho o\epsilon\gamma\rho\alpha\phi\eta$ = descriptus'는 십자가에 달린 것으로 '그려진 혹은 묘사된'이라는 뜻이다. 그러나 그것은 아마도 너무 멀리 나가버린 어원론의 지나친 비평일 것이다. 여기서 클라우디오는 '*praescritpus*'(혹은 *descriptus*, portrayed, 그려진, 이 단어는 불가타의 어떤 MSS에서 사용됨)라는 대신에 '*proscriptus*'(outlawed, 불법으로 선언된)라는 단어를 사용했다.

---

* 클라우디오에 의하면, 바울이 초신자인 갈라디아 교인들을 아무 생각 없이 아무에게나 꼬임을 당하는 어린아이로 생각했다는 의미.

** 무수한 눈들 중에.

*** 율법 준수와 할례로 구원을 받는다고 주장하는.

스도는 우리 때문에 불법을 저질러 사회에서 매장된 것이 되었고, 그로 인해 그가 진 십자가와 겪은 고난, 얻어맞고 채찍질을 당함 등은 모든 선지자들이 증거한 예언의 합창이었다. 그런데 그리스도가 지신 십자가에 관해 우리가 알게 된 것은 오직 복음 만에 의해서가 아니라(복음서 안에 물론 그리스도가 십자가에 달리신 것으로 기록됐다), 그리스도께서 인간 의 몸을 입으시고 이 땅에 오셔서 십자가를 지시기보다 훨씬 오래 전에 예언된 말씀 을 통해서도 알고 있던 것이었다. 갈라디아 인들이 그러한 방식으로, 곧 직접 구약의 예언을 통해, 십자가에 달리신 자를 믿었던 것은 그리 칭찬받을 일이 못됐다. 곧, 그 들은 그리스도가 율법의 보호에서 제외된 자로서 그들과 함께 있다고 믿었다. 즉, 그 들은 자주 예언서를 읽고 또한 옛 율법의 모든 상징과 표들을 어떤 규율적인 방식으 로 해석하여 이해함으로써, 비정상적인 신앙에 돌입하게 된 것이다.

"내가 너희에게 다만 이것을 알려 하노니 너희가 성령을 받은 것이 율법의 행위 로냐 혹은 듣고 믿음으로냐"[38] 물론 그 정답은 듣고 믿음으로다. 사도에 의해서 믿음 이 전파됐기에, 그 믿음으로 말미암아 그들은 참으로 성령의 오심과 임재를 경험했 다. 그때, 믿음으로의 초청이 새로웠을 때, 성령의 임재는, 우리가 사도행전에서 읽는 대로, 두드러지게 느낄 수 있는 경이로움을 동반하여 명백히 드러났다.[39] 수치스럽고 악명 높은 자들이 갈라디아 지방에 와서 갈라디아 사람들을 뒤엎고 타파하여 할례 를 강요하기 이전에, 그러한 성령의 역사가 갈라디아 사람들 사이에서 현존했던 것이 다. 그러므로 그 의미는 다음과 같다. 만약 당신의 구원이 저 율법의 행위 내에 존재 한다면, 그래서 당신이 할례를 받지 않는다면, 당신에게는 성령이 주어지지 않을 것 이다.

사도의 다음 공격은 이러했다. "너희가 이같이 어리석으냐 성령으로 시작하였다 가 이제는 육체로 마치겠느냐."[40] 말하자면, 앞서 서론에서 언급된 대로,* 정통 신앙을

---

38. 갈 3:2.

39. 참고. 행 2:4; 10:44-46; 13:9-11; 19:1-6 등.

40. 갈 3:3.

---

* 갈 1:6-10. 여기서 사도는 "다른 복음은 없다"는 점을 강조해, 유대화 된 곧 할례와 율법을 선결 조건으로 내거는 무리들을 다른 복 음으로 규정했다.

가진 자들을 당황하고 혼란스럽게 만들어서, 그리스도의 복음을 뒤엎어 번복시키거나 포기하게 만드는 어떤 무리들이 존재한다. 혼란과 무질서는 질서와 정연함에 정반대된다. 육체적인 것에서 영적인 것으로 용감히 전이하는 일은 참된 법과 질서이며, 그것은 또한 갈라디아 인들이 그랬던 것처럼, 영적인 것에서 육체적인 것으로 빠져들지 않는 일이다. 비록 유대인들이 딴 방법으로가 아니고 신앙을 통해서 성령을 받아들였다고 할지라도, 그들은 율법 아래 놓여 있지 않는 한, 성령만으로는 족하거나 충분하지 않다고 생각한다. 그러나 이러한 생각은 복음과는 정반대되는 억견에 불과하다. 왜냐하면 그러한 주장은 선하지 않기 때문에, 아무리 그럴 듯하게 떠들어댄다 하더라도, 복음이 될 수 없다.

"너희가 이같이 많은 괴로움을 헛되이 받았느냐 과연 헛되냐."[41] 그들은 이미 믿음을 위해서, 율법 아래 놓여 있는 것처럼 두려움으로 인해 벌벌 떨지 않고, 오히려 그와 정반대로, 고통을 받으면서도 사랑으로 두려움을 정복해서, 수많은 고난과 괴로움들을 잘 참고 대견하게 견뎌냈던 것이다. 그러한 일이 가능했던 이유는 "… 우리에게 주신 성령으로 말미암아 하나님의 사랑이 우리 마음에 부은바 됨이니"[42]라는 말씀처럼, 그들이 성령을 통해 주시는 하나님의 사랑을 받아들였기 때문이다. 사도는 우리에게 이렇게 말한다. 그러므로 너희는 아무런 이유 없이, 헛되이 그렇게 수많은 괴로운 일들을 겪었느냐? 그렇게 수많은 괴로운 일들을 너희 삶 속에서 참고 견디면서, 사랑에서 두려움과 공포 속으로 떨어지기를 원하는가? 과연 정말로 너희가 그렇게 수많은 괴로운 일들을 아무런 이유 없이, 헛되이 겪었겠는가? '과연'(if indeed)이라는 구절은 의심의 의미가 아니라 확언과 긍정의 뜻을 담고 있다. 사도의 말씀, "너희가 이같이 많은 괴로움을 헛되이 받았느냐 과연 헛되냐"*라는 구절은 다음의 사도의 말씀과 같은 맥락의 선상에 있다. "너희로 환란을 받게 하는 자들에게는 환난으로 갚으시고 환난을 받는 너희에게는 우리와 함께 안식으로 갚으시는 것이 하나님의 공의시니…"[43] 어떤 이유가 있어서 괴로움을 당한다고 언급할 필요가 없으며, 그렇게 말

---

41. 갈 3:4.

42. 롬 5:5.

43. 살후 1:6–7.

* 갈 3:4.

하는 것은 불필요하다. 그리고 또한 그러한 괴로움이 유익하거나 혹은 해로운 결과를 초래하기에, 그러한 고통을 당한다고 말할 필요도 없으며, 그렇게 언급하는 것도 불필요한 일이다. 우리가 여기서 반드시 주목해야 할 점은, 그러한 괴로움을 견뎌내 얻게 될 유익함과 해로움의 문제가 아니라, 파멸에 관한 측면이다. 곧 수많은 괴로움을 참아내지 못한다면 결국 멸망의 길을 걸어가게 될 것이라는 점을 잘 인식해야 한다는 말이다. 이제 그 의미는, 괴로움의 나쁜 결과란 일어섬이 아니라 떨어짐이며, 비록 그들이 아직은 떨어지지 않았더라도, 이미 떨어짐을 향해 기울어지고 있다는 사실을 가리킨다.

성령은 확실히 그들 안에서 여전히 역사하고 계셨는데, 이는 다음과 같은 사도의 말씀에 의해서도 확증된다. "너희에게 성령을 주시고 너희 가운데서 능력을 행하시는 이의 일이 율법의 행위에서냐 혹은 듣고 믿음에서냐".[44] '주시고'(즉, 하나님이 베풀어 주시고) 라는 동사는 현재 시제로 읽어야만 한다. 그 이유는 성령께서는, 성령을 받기에 어울리고 또한 족하고 마땅한 자들에게 아무 때든지, 곧 무시무종으로 매시 매순간마다 성령을 부어주시기 때문이다. 그리고 하나님의 역사하심과 사랑 가운데서, 신앙의 진보를 이루어나가는 자에 한에서, 율법의 행위에서가 아니라 듣고 믿음에서 완성하시는 성령의 능력을 그만큼 더 많이 갖게 될 것이다. 이는 단지 율법의 행위가 경멸을 당하고 믿음은 율법의 행위와는 전혀 무관하게 이해된다는 의미가 아니라, 행위 스스로가 그리스도 안에서 믿음으로 아름다운 광채를 더해야 한다는 뜻이다. 그 현명한 위인의 진술은, "신앙인은 의로 사는 것이 아니라 오직 의인은 믿음으로 산다" 라는 언급과 직결돼 있다.[45] 그와 동시에, 믿고 나서 성령을 받았던 갈라디아 인늘이 능력을 행하는 선물, 곧 예언, 방언, 병 고침 등의 은사를 받았던 것으로 보도되고 있다. 물론 그러한 성령의 은사 목록은 고린도전서에 잘 수록돼 있다.[46] 그런데 문제는 갈라디아 교회 교인들이 그렇게 수많은 일들을 겪은 후에 거짓 교사들의 꾐과 유혹의 올가미 함정에 빠져 버렸다는 데서 비롯됐다. 그 이유는 아마도 영분별의 은사를

---

44. 갈 3:5.

45. 합 2:4b(참고, 롬 1:17); 갈 3:11; 히 10:33 이하.

46. 고전 12:7–11.

지니지 못했던 것으로 사료된다.

"아브라함이 하나님을 믿으매 그것을 그에게 의로 정하셨다 함과 같으니라."[47] 이 말씀은 특별히 갈라디아 사람들이 신앙의 성공을 거두었음을 확증해주고 있다. 왜냐하면, 이방인의 신앙은, 아브라함이 할례를 받기 이전에 하나님에게서 의롭다 여기심을 받았던 것과 직결되기 때문이다.[*] 곧, 아브라함에게 내려주신 하나님의 말씀은 보통으로 중요한 것이 아니기 때문이다. "네 씨로 말미암아 천하 만민이 복을 받으리니 이는 네가 나의 말을 준행하였음이니라."[48] 믿는 자들이 아브라함의 자손들이라는 말은 참된 언급이다.[49] 만일 아브라함이 최초로 믿음으로 의롭게 됐다면, 그를 뒤따라 믿은 그의 자손들은, 그들이 유대인이든 혹은 이방인이든 간에, 모두 아브라함의 자손이자 그리스도를 믿는 자들이다. 로마서에서 사도 바울은 그러한 사실에 관해 방대하게 설파했다. 곧 그것은 아브라함이 할례를 받기 전에 하나님을 믿고 또한 여호와의 날을 볼 것이라고 자랑했기 때문에, 할례를 받지 않고 믿는 자들도 또한 아브라함의 자손이 될 것이라는 말씀이다.[50] 아브라함은 그날을 예견하고 즐거워했다. 그러나 주님은 아브라함의 자손이라고 자만하면서 율법과 할례에 사로잡혀 그 자신을 거부하며 믿지 않는 유대인들의 언급("우리 아버지는 아브라함이라.")에 대해 이렇게 답변하여 말씀하시지 않았는가? "너희가 아브라함의 자손이면 아브라함이 행한 일들을 할 것이

---

47. 갈 3:6. 참고. 창 15:6; 롬 4:3; 약 2:23.

48. 창 22:18. 참고. 갈 3:16.

49. 갈 3:7.

50. 롬 4장.[**]

---

[*] 아브라함이 하나님을 믿어 하나님께 의로 여기심을 받은 후에(창 15:6), 하나님과 아브라함 사이에 언약이 이루어졌고, 그 증표로서 할례를 받게 했다(창 17:1-14). 따라서 아브라함이 할례를 받은 후에 의롭게 된 것이 아니라, 할례 이전에 하나님을 믿은 후 의롭게 됐다. 클라우디오는 바로 이 점을 들어 구원과 할례의 무관성, 곧 할례를 받지 않아도 구원을 받을 수 있다는 점을 강조하려고 했던 것이다. 이는 로마서 4장을 탐독하여 얻을 수 있었던 클라우디오의 탁월한 혜안, 곧 촌철살인(寸鐵殺人)의 신학적 안목이다.

[**] 사도 바울은 여기서 무할례시에 아브라함이 칭의받았기에, 무할례자도 칭의받을 수 있다는 대선언을 했고, 또한 무할례시의 칭의의 징표로 주어진 할례를 통해 할례자들의 조상도 됐다는 점을 설파했다. 곧 바울에 의하면 아브라함은 무할례자나 할례자 모두의 믿음의 조상이 된다는 의미며, 이러한 바울의 사상은 그리스도교를 보편주의로 가게 하는 출발점이 되게 했다. 곧 민족주의에 갇혀 있던 유대교에서 벗어나 복음을 세계화시키는 근거가 여기서 비롯된 것이다.

거늘."**51**

　　"또 하나님이 이방을 믿음으로 말미암아 의로 정하실 것을 성경이 미리 알고 먼저 아브라함에게 복음을 전하되 모든 이방인이 너로 말미암아 복을 받으리라 하였느니라. 그러므로 믿음으로 말미암은 자는 믿음이 있는 아브라함과 함께 복을 받느니라."**52** 물론 이 말씀은, 생명 없는 잉크로 양피지에 써내려간 성경 사본 그 자체가 미래의 사건을 예지할 수 있다는 의미를 가리킨 것이 아니라, 성령과 또한 문자 안에 숨어 있는 의미가 오랜 세월 후에 이루어질 것들을 예언했다는 뜻을 내포하고 있다. 이러한 점에 관한 적절한 예가 창세기로부터 도출될 것이다. (그러나 이것은 해석하기가 난해한 구절이다). "또 네 씨로 말미암아 천하 만민이 복을 받으리니 이는 네가 나의 말을 준행하였음이니라."**53** 사도는 이 말씀을 그리스도와 연관시켜 이렇게 해석하여 기록했다. "이 약속들은 아브라함과 그 자손에게 말씀하신 것인데 여럿을 가리켜 그 자손들이라 하지 아니하시고 오직 한 사람을 가리켜 네 자손이라 하셨으니 곧 그리스도라."**54** 이처럼 '아브라함의 자손(혹은 씨)'과 '아브라함의 자손들(혹은 씨들)'이 때때로 병행하여 쓰이고 있으므로 혼동되기 십상이어서 그러한 구절들을 해석하기가 난해하게 된다. 이제 참으로, 그 누구도 이삭이나 야곱, 혹은 이스라엘 열두 지파나 아브라함의 다른 후손의 지파들을 통해 천하 만민이 복을 얻을 것이라고 말하지 못하게 됐다. 오직 그리스도 예수 안에서만 천하 만민은 하나님을 찬양할 수 있게 되었고, 또한 온 땅 위에서 그 새로운 이름만이 거룩히 여김을 받을 수 있게 됐다.

---

51. 요 8:39.*

52. 갈 3:8-9. 참고. 창 12:3; 18:18.

53. 창 22:18.

54. 갈 3:16.**

---

* 클라우디오는 요한복음의 예수의 말씀과 사도 바울의 말씀을 함께 병행 제시하여, 초대교회 시대의 율법주의 및 유대주의를 타파하려고 했던 그리스도교의 핵심 사상을 소개해주고 있다. 즉, 예수 당시의 유대주의자들은 민족주의자(오니아드파)들로서 친그리스파인 토비아드파(보편주의자)와 − 이에 관해서는 미르치아 엘리아데의 「세계종교사상사」 제2권의 362쪽 이하를 참고할 것 − 세계시민주의적 보편주의를 표방했던 초기 그리스도교를 양적으로 삼고 있었다. 그래서 누가 "아브라함의 자손인가?" 하는 정체성 논쟁이 불붙게 됐는데, 예수와 바울은 공히 아브라함을 보편 종교의 시조로 삼았던 것이다.

** 클라우디오가 제시한 창 22:18은 이러하다. "And 'in your seed' shall all the nations of earth be blessed." 그리고 또한 그가 제시한 갈 3:16은 다음과 같다. "It is not written 'in seeds' as though many, but as one only, 'in your seed', namely, Christ." 곧 창세기에 제시된 'in your seed'(너의 자손 혹은 씨 안에서)는 복수가 아니고 단수이기 때문에, '그리스도 안에서' 천하 만민이 복을 받게 된다는 것으로 해석한 바울의 말이 참이라는 것이 클라우디오의 주장이다.

"무릇 율법 행위에 속한 자들은 저주 아래에 있나니 기록된바 누구든지 율법 책에 기록된 대로 모든 일을 항상 행하지 아니하는 자는 저주 아래에 있는 자라 하였음이라."[55] 이 구절은 다음과 같은 의미로 해석될 것이다. 즉, 자유가 아니라(즉, 육체적이고 신속한 앙갚음과 보응을 수반하는) 두려움과 공포의 결과로, 율법 책에 기록된 대로 모든 일을 항상 행하지 아니하는 자에게는 형벌이 집행될 것이다. 그리고 그러한 육체적 형벌을 당함 가운데서, 저주받은 자들은 설상가상으로 공포로 인한 불안과 치욕과 불명예를 입게 되는 일을 쉽사리 겪게 될 것이다. 그러나 의롭게 되어, 하나님 존전에서 자유롭게 하나님을 예배할 수 있는 자는 하나님을 제외하고는 그 어떤 것을 붙잡으려고 원하지도 않고, 또한 하나님이 주시는 그 어떤 것도 잃어버릴 두려움이나 불안에 사로잡혀 있지 않고 오히려 거기서 해방되기에 이른다. 왜냐하면 그분 안에만 오직 우리가 받을 참되고 진정한 축복과 완전함이 있기 때문이다. 그분은 우리가 지닌 육체적인 눈으로는 보이지 않기 때문에, 비록 우리가 이러한 육체 가운데서 산다고 하더라도, 믿음으로 그분께 예배를 드리는 것이다. 그리하여 사도는 그러한 점에 관해 이렇게 설파했다. "… 이제 내가 육체 가운데 사는 것은 (나를 사랑하사 나를 위하여 자기 자신을 버리신) 하나님의 아들을 믿는 믿음 안에서 사는 것이라."[56] 바로 그 구절은 "의인은 믿음으로 말미암아 살리라"는 확언 가운데 들어 있는 바로 그 의로운 자의 삶의 방식을 표출해주고 있다. 여기서 사도는 아무도 율법에 의해 의롭게 될 수 없음을 보여주기를 원했으며, 오직 그 근거는 말씀에 "오직 의인은 믿음으로 산다"고 기록됐기 때문이다. 그러므로 이제 사도 바울이 언급하고 있는 바는, 율법의 행위 가운데서 약속된 것은 반드시 율법 그 자체만으로 이해돼야만 한다는 말이다. 그리하여 비록 이후에 율법에 비추어 선과 악 양단간에 명백히 드러날 바로 그 율법의 행위를 위해, 지금 현재 소위 율법이라는 것을 중시한다 하더라도, 그러한 육체의 할례나 여타 준수 규정과 같은 관습에 휘둘려 살아가는 자는 율법 아래서 살아야만 할 율법에 속한 자가 될 뿐이다. 그리하여 사도는 이렇게 말씀한다. "율법은 믿음에서 난 것이 아니니 율법을 행하는 자는 그것들 가운데서(in them) 살리라."[57] 사도는 '그 가운데서'(in it) 라고 하지

---

55. 갈 3:10.

56. 갈 2:20.

57. 갈 3:12. 참고, 레 18:5.

않았다.* 우리는 여기서 율법은 율법의 바로 그 행위들을 준수하기 위해 주어진 것으로 이해해야 할 것이다. 그러나 이러한 율법의 행위들 가운데서 살아가는 자들은, 그들 자신이 그것들을 지켜 행하지 못해서 석형이나 십자가형이나 혹은 다른 여러 종류의 형벌들을 당하지나 않을까 하여 벌벌 떨며 불안과 공포에 사로잡히게 된다. 그러므로 사도는 율법의 행위들을 지켜 행하는 자들은 율법의 규정들의 도가니에 들어가서, 온갖 두려움과 공포를 느끼며 살아가게 됨을 설파했던 것이다. 즉, 그러한 자는 죽음의 형벌을 받지 않기 위해 율법 준수를 통한 보상을 꾀하게 될 것이다.

그런데 누구든지 이 세상을 살아가는 동안 하나님을 믿는 신앙 가운데서 살아가지 않는다면, 이 세상을 하직하여 숨이 끊어지는 동시에, 그는 즉시 보응을 받게 될 것이다. 눈에 보이는 직접적인 것들만을 욕구하거나 혹은 경원하는 자는 믿음으로 사는 존재가 아니다. 왜냐하면 믿음은 향후에 드러날 비가시적인 것들이 포함된 하나님 신앙을 의미하기 때문이다. 율법의 행위들 속에는 이러한 특별한 의가 존재하고 있다. 율법은 그것을 준수해 얻게 되는 보상 없이는 존재하지 않는다. 그래서 율법을 행하는 자는 그것들 가운데서 살게 된다. 그리하여 사도는 로마서에서 또한 이와 같이 갈파했던 것이다. "만일 아브라함이 행위로써 의롭다 하심을 받았으면 자랑할 것이 있으려니와 하나님 앞에서는 없느니라."[58] 여기에는 두 가지 언급될 사항이 있다. 하나는 의롭게 되지 못함과, 다른 하나는 하나님 앞에서 의롭게 되지 못함이 그것이다. 전적으로 의롭다 하심을 받지 못하는 자는, 이 세상의 보상을 받지 못할 뿐만 아니라 영원한 상급은 말할 것도 없다. 물론, 율법의 행위에 의해 의롭게 되지 못한 자는 하나님 앞에서 의롭다 하심을 받지 못한 자다. 그 이유는 그가 그러한 행위에서 비롯된 이 세상의 가시적인 상급만을 바라고 있기 때문이다. 그러나 내가 이미 말한 대로, 사실상 소위 이 땅에서의 어떤 육체직인 의가 존재하고 있다. 사도 자신은 다음과 같은 말씀을 통해 그것을 의라고 불렀던 적이 있었다. "열심으로는 교회를 박해

---

58. 롬 4:2. MPL에서는 부정사 not이 결여됐다.("If Abraham was justified by works, he has renown, but not before God"에서 not이 생략됐다는 의미) 이 문맥에서 not이 생략되면 안 되므로, 이는 틀림없이 필사자의 실수다.

---

* 클라우디오가 '율법 안에서'(in it)가 아니라 '율법의 행위들 안에서'(in them) 라고 해석한 이유는, 율법에 갇히게 되면 그만큼 수많은 율법 조항들에서 벗어날 수 없게 되어, 온갖 지키지 못해 겪게 되는 두려움과 공포에서 자유를 누릴 수가 없음을 강조한 것이다.

하고 율법의 의로는 흠이 없는 자라."⁵⁹ 그런 연유로, 믿음의 자유를 부여하신 우리 주 예수 그리스도께서는, 문자적으로 율법을 준수할 것을 명하지 않으셨던 것이 아닌가!* 주님의 제자들이 굶주림을 당했을 때, 안식일에 이삭을 잘라 먹인 적이 있었고, 이를 비난하는 자들에 대해서는 이렇게 응답하셨던 것이다. "인자는 안식일의 주인이니라."⁶⁰

그리스도의 분노는 율법의 육체적 준수라는 특성 때문에 불타오르지 않았고, 율법을 지키지 않았던 자들에게 과해진 형벌 때문에 그 분노는 극에 달했다. 그러나 믿는 자들은 전적으로 그러한 형벌의 공포와 두려움에서 저절로 해방되기 마련이었다. 사도는 이에 관해 다음과 같이 덧붙였던 것이다. "그리스도께서 우리를 위하여 저주를 받은바 되사 율법의 저주에서 우리를 속량하셨으니 기록된바 나무에 달린 자마다 저주 아래에 있는 자라 하였음이라."⁶¹ 인간의 죽음은 죄의 대가로 받는 형벌의 본성에 달려 있다. 그러므로 인간의 죽음은 또한 죄라고 칭해진다. 인간이 죽을 때 죄를 짓는 것이 아니라, 인간이 죽는 것은 죄 때문에 비롯된다. 이를 달리 비유로 설명해보자. 치아와 입천장 사이에 적절히 자리 잡아 움직이는 혀는 육체의 일부다. 그런데 그것은 그리스 언어나 라틴 언어처럼 혀의 작동으로 인해 생겨나는 언어로 칭해지기도 한다. 더욱이 우리가 일하기 위해 사용하는 몸의 지체는 손으로 호칭되는데, 성경에서는 그 손에 의해 초래되는 것은 손으로 칭해지고 있다. 우리는 이렇게 말한다. "그의 손이 앞으로 펼쳐졌다." "그의 손이 그에 의해 지켜진다." "내가 너의 손을 붙들리라."⁶² 이는 모두 인간의 한 지체인 손에 대해 언급하고 있다. 그런데 이제 글쓰기는 인간의 한 부분으로 여겨지지 않지만, 그것은 손에 의해 이루어지기 때문에 역시 손으로 불리기도 한다. 혀가 언어로, 또한 손이 글쓰기로 칭해지는 것처럼, 형벌에 처해짐이 마땅한 죄 자체인 커다란 악은 죄로 불릴 뿐만 아니라, 죄로 인해 생겨나는 죽음으로도 칭해진다. 곧 혀가 언어와, 손이 글쓰기와 동일시되는 것처럼, 악은 죄와 죽음

---

59. 빌 3:6.

60. 마 12:8; 막 2:28.

61. 갈 3:13. 참고. 신 21:22-23.

62. 참고. 사 14:27.

---

* 클라우디오는 한때 바울이 문자적인 율법 준수 측면에서 완벽함을 보인 적이 있었다는 사실을 들어 율법이 추구하는 의도 있음을 피력했다. 그러나 그것이 완전한 의미의 의는 아니다.

으로 호칭되고 또한 동일시된다. 다시 말해, 혀를 사용해서 말과 언어가 형성되고, 손을 사용해서 글쓰기가 이루어지는 것처럼, 악이 작동돼 죄와 죽음이 초래되는 것이다. 곧 악이 발악해 욕심을 낳으며, 욕심이 잉태한즉 죄를 낳고, 죄가 장성한즉 사망을 낳게 되는 것이다.* 그리스도께서는 죽음에 처해져야 할 죄를 짓지 않으셨으나, 우리를 위해 죽음을 겪으셨다. 그러나 그 죽음은 죄로 인해 인간 본성에 주어진 죽음과는 다른 성질의 것이었다. 모세의 법에 의하면, 저주 받은 자는 나무에 달리기 마련이었다. 곧 나무에 달린 자는 죽을 죄를 지어 저주 받아 그렇게 된 것이었다. 거기서 죽음이 더 이상 왕 노릇 하지 못하도록 정죄함을 받았고, 또한 죽기 위해 저주를 받았던 것이다. 그러므로 그리스도의 그러한 '죄'로 인해– 죽음에 처해져야 할 죄를 짓지 않으셨으나 우리의 죄를 대신해서**– 우리의 죄는 정죄함을 받게 되었고, 그리하여 우리는 그로 인해 해방되기에 이르렀던 것이다. 따라서 우리는 더 이상 죄의 법칙에 따른 정죄의 그늘 아래 남아 있지 않게 된 것이다.

그러므로 [리즈의] 파우스투스(Faustus [of Riez])***가 무엇 때문에, 죄와 죽음과 육신의 도덕성이 그리스도 안에서 그 어떤 죄와도 무관하게 저주를 받게 됐다는 사실을 기이하게 여기게 되었던가?**** 인간의 죄 때문에, 그러한 저주가 그리스도에게 임했으며, 그리스도께서 아담에게서 육신을 취하셨기 때문이다. 곧, 그리스도께서 아담의 육체를 입은 동정녀 마리아에게서 탄생하셨기 때문이다.***** 하나님은 에덴동산에서 이렇게 말씀하시지 않았던가? "네가 그 열매를 만지는 날에는, 반드시 죽으리

---

* 참고. 약 1:15.

** 여기서 클라우디오는 "그리스도의 그러한 죄로 인해"(by such 'sin' of Christ)라고 표기하여 오해를 불러 일으킬 공산이 크다. 곧 그리스도가 죄를 지었다고 볼 수도 있다. 그러나 바로 그 앞에서 "그리스도께서는 죽음에 처해져야 할 죄를 짓지 않으셨으나, 우리를 위해 죽음 그 자체를 겪으셨다"라는 표현을 사용했기 때문에, 그 구절은 "죽음에 처해져야 할 죄를 짓지 아니하셨으나 우리의 죄를 대신해서"라고 여기는 것이 마땅할 것이다.

*** 비탈리스, 레렝스의 빈켄티우스와 함께 아우구스티누스 이후의 대표적 세미–펠라기우스주의자다. 원래 펠라기우스는 인간의 자유의지로 구원을 받으며 원죄를 거부했다. 비탈리스는 구원을 받는 첫 걸음, 즉 은총을 받아들이는 행위(initium fidei)는 순전히 우리 인간의 것으로서 하나님도 이를 간섭하지 않으신다고 주장했다. 파우스투스는 신앙의 시작은 인간의 자유에 의존하며, 이 자유에 의해서 사람은 하나님에게 돌아갈 수 있고, 하나님이 응답할 때까지 추구하게 된다고 주장했다. 그래서 그의 모토는 "하나님은 자유롭게 보답하심을, 인간은 헌신적인 추구를"이었다. 이러한 세미–펠라기우스주의자들은 구원에 있어서 신인협동설을 주장하여, 오직 은총과 원죄를 강조한 아우구스티누스와 자유주의자 펠라기우스 사이의 중재를 시도했던 것이다.

**** 파우스투스는 세미–펠라기우스주의자로서 인간의 원죄와 전적인 하나님의 은총을 거부했음.

***** 파우스투스는 그리스도가 육신을 입었고, 또한 인간의 죄로 인해 그리스도가 인간 대신에 저주를 받았다는 사실을 받아들이지 못함.

라."**63** 이러한 죽음은 나무에 달려야 하는 저주 자체다. 파우스투스가 예수가 [그 어떤 죄와도 무관하게] 저주를 받았다는 사실을 부인하도록 내버려 두어라. 그렇게 되면, 자연스럽게 그는 역시 예수가 죽었다는 사실도 부인하리라. 왜냐하면 예수가 죽었다고 고백하는 자는 [그 어떤 죄와도 무관한 저주를 받아] [인간의] 죄로 인해 죽음이 발생했음을 부인할 수가 없기 때문이다. 그로 인해 죽음 자체는 죄로 불린다. [앞에서 클라우디오는 악이 죄를 부르고 죄가 사망을 낳으며, 따라서 악과 죄와 죽음은 동일시된다고 언급함]. 파우스투스로 하여금 사도의 말씀을 귀담아 듣도록 하라. 우리가 그리스도와 함께 동시에 십자가에 못 박혔기 때문에 (어떤 자는 모세의 법에 명시된 저주 받은 자가 바로 그리스도라고 이해할 것이다) 사도는 대담하게 그리스도에 대해 이렇게 언급했던 것이 아닌가! "그리스도께서는 우리를 대신해서 저주를 받았다." 곧 사도는 그리스도께서 모든 인간을 위해 죽으셨다고 말하기를 두려워하지 않았던 것이다. 그리스도께서 저주를 받아, 그러한 저주의 효력에 의해 죽음 그 자체가 발생했기 때문에 돌아가셨다. 그리하여 저주의 형벌이 실질적인 죄를 불러일으키든지 혹은 저주의 형벌이 죄로 말미암아 발생하기 때문에 죄로 불리든지 간에, 좌우지간 모든 죄는 저주 받기 마련이다.

그리스도는 우리의 죄에서 우리를 해방시키기 위해, 그 어떤 죄와도 상관없이, 우리가 받을 저주의 형벌을 대신 짊어지셨고, 그리하여 우리가 받아 마땅한 저주의 형벌을 끝장내주셨다. 나는 내 자신의 능력으로 이에 관해 언급했을 수도 있었겠지만, 그러나 사도가 여러 번 되풀이해 가르쳐주어 잠자는 영혼들을 깨우쳐주고, 흠과 트집을 잡고 있는 자들을 깨트려 박살내어주었기 때문에 사도의 말씀으로 대체하고자 한다. "율법이 육신으로 말미암아 연약하여 할 수 없는 그것을 하나님은 하시나니 곧 죄로 말미암아 자기 아들을 죄 있는 육신의 모양으로 보내어 육신에 죄를 정하사."**64** 하나님이 자기 아들을 죄 있는 육신의 모양으로 보낸 것은, 그리스도가 한 인간으로서 마리아의 몸에서 죽을 운명을 갖고 태어나셨기 때문이 아니라, 죄의 결과로서 죽음이 생겨났기 때문이었다. 비록 동정녀의 몸이었더라도, 그 육신은 그럼에도 죽을 운명을 벗어나지 못했다. 그리하여 그리스도께서 죽을 운명에 놓인 그리스도는 죄 있

---

63. 클라우디오는 창 2:17과 3:3을 혼합해 기록했다.

64. 롬 8:3.

는 육신의 모양을 취하셨던 것이다. 이것을 사도는 또한 죄라 부른다. "곧 죄로 말미암아 육신에 죄를 정하사.*"[65] 사도는 이와 유사한 언급을 다른 곳에서 펼쳤다. "하나님이 죄를 알지도 못하신 이를 우리를 대신하여 죄로 삼으신 것은 우리로 하여금 그 안에서 하나님의 의가 되게 하려 하심이라."[66] 그러므로 무엇 때문에 사도 바울이 죄라고 부르기를 두려워하지 않았던 그것을, 모세는 저주 받았다는 것으로 여겨지기를 두려워해야만 했겠는가? 선지자 모세는 이러한 점을 정확히 예견하고 선포했을 것이다. 즉, 사도 바울이 이단들에 의해 공격을 받을 때를 대비해서 모세는 그러한 언급해주었던 것이다. 사도 바울이 죄를 인지했다고 비난하는 자마다, 저주를 인지했던 모세를 꾸짖지 않을 수가 없게 된다. 왜냐하면 저주는 반드시 죄를 동반하기 때문이다. "나무에 달린 자는 하나님께 저주를 받았음이니라." 여기서 모세는 "하나님께" 저주를 받았다고 언급했는데, 이는 하나님을 악의적으로 표현한 것이 아니다. 왜냐하면 만일 하나님이 죄와 우리의 죽음을 미워하시지 않았다면, 어찌 독생자를 보내 죄와 죽음을 떠맡게 하시고 그것들을 쳐부수었겠는가? 즉, 하나님의 저주를 받았다는 것은 악과 저주와 죄와 죽음을 쳐부수고 승리하기 위한 전제 조건에 불과한 것이다.

만일 하나님의 미움을 받는 것이 하나님의 저주를 받는다면, 이는 참으로 무엇 때문에 기이한 일이라고 여길 것인가? 자비롭고 고맙게도, 그리스도께서 죽어가고 있는 동안 나무에 매달려 있는 우리의 죽음을 하나님이 미워하면 미워하실수록, 그리스도께서 다시 재림하여 오실 때 주어질 영원불멸의 생명을 그만큼 기쁘게 더 많이 우리에게 주시는 것이다. 이를 달리 표현한다면 이렇게 될 것이다. 즉, "저주 받은 자마다 한 나무에 달려 있는 자이다."** 모세가 이단들이 그리스도의 죽음의 실재를 거부하고, 또한 상술한 바와 같은 그러한 저주에서 그리스도를 분리시키기를 원하며, 결국 심지어 죽음의 실재와 그리스도를 떼 내어 버리려고 시도했다는 사실을 보다 잘 예견했던 것처럼, 또한 십자가 위에 달려 있는 의로운 자들을 그렇게 예견했는가 하

---

65. *Ibid.*

66. 고후 5:21.

---

* 육체 속에 들어 있는 죄를 정죄하사.

** 죄로 인해 저주 받은 모든 자는 그리스도가 달리신 그 십자가에 달리기만 하면, 그러한 악과 죄의 저주에서 해방되어 죽음을 극복하고 영생을 얻게 될 것이다.

는 점에서는 확실히 인식할 수 없는 노릇이다. 그러나 만일 그것이 사실과 다르게 참된 죽음이 아니었다면, 그리고 만일 그리스도가 실제로 십자가에 달리지 않으셨다면,* 그때는 그 어떤 저주 받은 자들도 십자가에 못 박히신 그리스도와 더불어 나무 위에 달리지 못했을 것이다. 모세는 오래 전에, 다가올 먼 미래의 이단들에 대항하여 이렇게 외친 것이다. "그리스도의 사실적인 죽음을 못마땅하게 여기고 불쾌하게 생각하는 너희들아! 나무에 달린 자는 모두 저주를 받은 자들이기 때문에, 곧 이 사람이나 저 사람이 아니라 모든 자, 심지어 하나님의 아들까지, 절대적으로 모든 인간이 저주를 받았기 때문에, 너희는 아무 이유도 묻지 말고 돌이켜야만 한다. 그러한 너희의 생각은 틀림없이 너희가 원하지 않는 바며, 이는 한편으로는 너희가 과장해 도를 지나친 처사이고, 다른 한편으로는 너희가 미혹을 받아 타락의 길을 가는 것과 다를 바 없다. 우리를 위해 저주 받은 그분은 노하여 너희를 불쾌하게 여기실 것인데, 그 이유는 우리를 위해 돌아가신 그분이 너희에게 노하여 너희를 불쾌하게 생각하시기 때문이리라." 왜 모세는 그렇게 외쳤는가? 만일 그리스도께서 그의 죽음 외부에 존재한다면, 그때 아담은 그분의 저주 밖에 존재하게 될 것이다.

그리스도께서 인간 때문에 그리고 인간을 대신해서 죽음을 겪으셨을 때도 인간 때문에 그리고 인간을 대신해서 항상 죽음이 뒤따르는 저주를 경멸하지 않으셨다. 항상 그 자신의 의로 존재하는 유일하신 하나님의 아들이신 그분이 우리가 받아야 할 형벌 때문에, 또한 우리의 허물과 죄로 인하여, 육신의 몸을 취하사 죽어 가셨던 것이다. 모세와 사도가 공히 저주 받은 '모든' 자라고 언급했던 이유는, 그리스도께서 사실적인 죽음에 도달하지 않으셨다고 주장하는 자들의 입을 닥치게 하기 위함이었다.** 어리석고 오류가 많은 자가 그리스도의 명예를 보존한답시고 마치 실타래가 뒤엉켜 있듯이 결코 떨어지지 않고 죽음과 달라붙어 있는 저주를 그리스도에게서 떼어 내려 했을 때, 모세와 바울은 이를 막기 위해 모든 자가 저주를 받았다고 선언했던 것이다. 그러나 복음의 참된 진리를 믿는 자는 이미 모세의 입에서 그리스도에 대한 어떤 모욕과 무례함도 발설되지 않았다는 사실을 잘 간파하고 있는

자다. 모세가, 그리스도께서 나무에 달렸기 때문에 그를 저주 받은 자라 칭했을 때, 그것은 그의 위엄 있는 신적인 특성을 훼손한 것이 아니라 우리의 형벌의 조건에 영향을 끼쳤던 것이다. 그리스도께서 죽을 운명의 육신을 소유하셨다가 실질적인 죽음을 겪게 됐다는 사실을 부인하는 마니교도의 입으로부터 나오는 것은 그리스도에 대한 찬양이 아니다. 왜냐하면, 모세가 예언한 저주는 겸손과 비하를 찬양하는 것으로 이해되기 때문이다.* 그러나 외견상, 이단이 지니고 있는 자랑거리는 그 자신의 입장에서 볼 때, 오류라고 여겨지는 것을 정죄하고 비난하는 임무를 떠맡는 것이다.** 그런데 만일 저주를 부인하는 자는, 또한 죽음을 부인하게 된다. 만일 참으로 죽음을 부인하는 자는 모세를 대적하게 될 뿐만 아니라 사도에게까지 저항하는 자가 될 것이다.

그와 반면에, 만일 그러한 죽음을 인정한다면, 또한 역시 우리는 그가 우리의 죄 없이 우리의 죄의 형벌의 보응을 겪게 됐다는 사실을 승인하게 된다. 그러나 그러한 죄의 형벌의 보응에 관해 듣게 될 때, 우리는 그것이 축복에서도 또한 저주에서도 온 것임을 믿게 된다. 만일 그러한 죄의 형벌의 보응이 축복에서 오는 것이라면, 우리는 항상 죄의 형벌 가운데 있기를 원한다. 그러나 만일 죄의 형벌의 보응에서 자유롭기를 원한다면, 그것은 하나님의 의로운 결정을 통해 저주에서 오는 것임을 믿어야만 한다. 그러므로 당신이 우리를 위해 죽어주셨다고 고백하는 그가 또한 선을 이루기 위해 저주를 겪으셨다는 사실을 인정하라. 모세가 "나무에 달린 자는 모두 하나님께 저주를 받았음이니라"고 말했을 때, 그가 나타내기를 원했던 바는 오직 나무에 달린 자는 모두 죽어가고 있거나 죽을 운명에 처하게 될 것이라는 사실이었나. 그렇기 때문에 그는 다음과 같이 말할 수 있었을지도 모른다. "죽을 운명에 처한 모든 사람은 저주받았다." 혹은 "죽어가고 있는 모든 사람은 저주받았다." 그러나 선지자 모세가 그렇게 단언한 것은, 그리스도의 죽음이 십자가에 달려서 일어나게 될 것을 알았기 때문이며, 또한 이단들이 일어나 그것에 대해 다음과 같이 나불대게 될 것도 인식했기 때문이다. "실로 그리스도가 나무에 달렸으나, 그것은 단지 겉보기만 그러할 뿐

---

* 그리스도는 저주를 받아 죽기까지 낮아지셨다.

** 대개 이단은 그리스도가 하나님의 신성을 가지고 있을진대. 결코 악과 저주 및 죄와 죽음과는 무관하다는 주장을 펼친다.

이고, 그리하여 그는 실제로 죽지 않았다."* 그러므로 모세는 "저주를 받았느니라"는 점을 강조해 그가 "사실상 죽었다"는 사실을 선언했던 것이다. 이는 죄를 지은 인간들의 죽음이 (물론 그리스도는 그러한 죄와는 무관하게 죽음을 겪었지만) 저주에서 왔음을 알게 해주는 단서였다. 물론 그것은 다음과 같은 하나님의 말씀에 따른 것이었음이 분명하다. "동산 중앙에 있는 나무의 열매는 하나님의 말씀에 너희는 먹지도 말고 만지지도 말라 너희가 죽을까 하노라 하셨느니라."[67]

"… 또 우리로 하여금 믿음으로 말미암아 성령의 약속을 받게 하려 함이라."[68] 즉, 이는 육체 가운데서 두려워하지 아니하고, 오히려 성령 가운데서 사랑을 받는 일이 믿는 자들에게 선포됐다는 사실을 의미한다. "형제들아 내가 사람의 예대로 말하노니 사람의 언약이라도 정한 후에는 아무도 폐하거나 더하거나 하지 못하느니라."[69]

---

67. 창 3:3.

68. 갈 3:14b. 그리스어 성경과 라틴역 불가타는 공히 '성령의 양자로 택하심'(adoption of the Spirit) 대신에 '성령의 약속'(promise of the Spirit)으로 표기하였다.

69. 갈 3:15.

---

* 이러한 주장은 전형적인 가현설(하나님이 잠시 인간의 모습을 띠고 나타났다는 주장) 그리스도론이다. 예수 그리스도가 세상에서 살아 갈 때에 가졌던 육체는 진짜 육체가 아니고 육체처럼 보였다고 주장하는 것이다. 또, 그리스도는 십자가에서 예수라는 청년의 육체를 떠났다고 하며 십자가에서 하나님의 아들 그리스도가 죽은 것이 아니고 인간 예수가 죽었다고 주장하는 이단교리라고 말할 수 있다. 가현설이라는 단어는 그리스어 '도케오'(dokeo, 혹은 dokein, …인듯 하다, …처럼 보인다)라는 동사에서 파생한 것으로, 초기 그리스도교의 한 종파, 곧 제 3세기 초반의 그리스도론의 일설을 가리키는 말이다. 이는 그리스도가 이 땅에 있을 때 유령 같은 존재였을 뿐 실제로 육체를 갖고 있지 않았다고 주장하는 이론이다. 이 가현설이 더욱 발전한 것은 영지주의에 의해서다. 영지주의는 2세기에 발생한 이원론적 종교체계로 물질은 악하고 영은 선하다는 주장을 근간으로 삼았다. 그러므로 악한 물질을 입은 인간의 구원은 비의적 지식, 즉 영지(靈智, Gnosis)를 통해서만 얻을 수 있다고 주장했다. 이들은 물질은 불완전하고 본질적으로 불순하다는 사상에서 출발했다. 철저한 가현설 신봉자들은 그리스도가 물질(육체) 없이 태어났으며, 생전에 그가 겪은 고통, 십자가 수난은 모두 환상이라고 주장했다. 그 결과 그들은 그리스도의 부활과 승천을 부정했다. 이 견해에 의하면, 그리스도의 인성과 고난은 단지 그렇게 보이는 것일 뿐 사실이 아니라는 것이다. 가현설은 고대의 영지주의 이단의 한 특징을 나타낸다. 도케티즘(docetism)을 제일 먼저 말한 바실리데스(주후 120년경)는 "그리스도는 고난 받지 않고 구레네 시몬이 그리스도를 위해 십자가를 짊어지고 가도록 강요받았고, 그리하여 그 순간 시몬은 그리스도의 모습을 가진 나머지, 다른 사람들이 그를 그리스도로 알고 십자가에 못 박았다. 그러나 예수 자신은 구레네 시몬의 모습을 취하시고 거기 계시며 그 사실을 알지 못하는 그 사람들을 비웃었다"고 주장했다. 한편 에비온파가 구약을 극도로 강조한 반면, 초대교회 이단인 마르키온은 구약을 배격하고 신약만을 강조한 나머지 율법과 육체성을 배척했고, 자연스럽게 그 역시 가현설적 그리스도론을 주장했다. 그 역시, 예수의 육신은 참된 육신이 아니라 환상적인 육신으로서 육신처럼 보였을 뿐이라고 주장했다. 특히 영지주의자들이 그리스도가 육체를 입고 왔다는 사실을 부인하는 이유는 그들 고유의 이원론적 사상과 구원론 때문이다. 그들은 구원하는 능력을, 전통적인 성육신 교리에서 벗어나(하나님이 육신이 되어 고난 당해 육을 가진 인간을 구원한다는), 신적인 빛이 이 세상 속에 유출해 들어오는 것으로 이해한다. 그들의 구세주는 빛으로 나타나는 존재인데, 이런 존재는 참 인간의 육신을 지닐 수가 없고, 그러한 존재는 단지 생기를 주는 영일 뿐이다. 따라서 정통 구원론의 근간인 성육신 교리는 그들에게서 사라지게 되며, 이러한 가현설적 그리스도론은 그 이후 교회 역사 속에서 계속 예수 그리스도의 신성을 강조하는 자들에 의해 반복됐다. 신성의 강조는 상대적으로 인성의 약화와 말씀이 육신이 되었다고 하는 성육신 신학의 부인을 계속 자아냈다. 영지주의나 마르키온주의의 가현설은 역사의 예수를 무시하고, 따라서 역사 속에서 이룬 그의 구원 사역도 결국 허무한 것으로 돌리고 만다. 바로 클라우디오는 이러한 점을 간파하고 강력하게 육체성, 곧 인성을 거부하는 이단들에 대해 반기를 들었던 것으로 사료된다.

비록 어떤 유언하는 자가 그의 유언을 변경할지라도, 그는 한 번 정해진 유언을 바꾸지 못한다. 왜냐하면 그 유언은 오직 유언자의 죽음에 의해서만 확정되고 실현되기 때문이다. 그 유언인의 죽음이 그의 유언을 굳게 만들기 때문에, 그가 사전에 세웠던 계획은 더 이상 변동될 수 없다. 마찬가지로 하나님의 영원불멸한 언약은 의로 여겨진 믿음을 소유한 아브라함의 언약의 상속을 더욱 확고하게 만들기 마련이다.

"이 약속들은 아브라함과 그 자손에게 말씀하신 것인데 여럿을 가리켜 그 자손들이라 하지 아니하시고 오직 한 사람을 가리켜 네 자손이라 하셨으니 곧 그리스도라."[70] 사도는 약속들이 아브라함의 자손에게 선포됐다고 언급하는 바, 그것은 곧 모든 그리스도인들은 아브라함의 신앙을 닮아야한다는 의미며, 사도는 상술된 약속이 '그 자손들'이 아니라 '네 자손'에게 주어진 것임을 간파하고, 그 약속의 대상이 감축되어 유일한 단일체임을 상기시켜주었던 것이다. 왜냐하면, 신앙은 하나이고, 행위로 말미암아 육체 가운데 사는 자들은 믿음으로 인해 영적으로 사는 자들과 더불어 의롭다 여기심을 받지 못하기 때문이다. 그러나 이러한 진술은 쉽게 정복당할 수도 있다. 곧, 아브라함이 생존했던 때는 율법이 부여되지 않아 하나님과 아브라함이 옛날 옛적에 맺었던 언약은 아무 소용도 없이 무효가 될 것이라는 주장이 제기될 공산이 크다. 다시 말해, 만일 율법이 죄인을 의롭게 만든다면, 율법이 생겨나기 훨씬 전에 살았던 아브라함은 의롭다고 여김 받지 못했을 것이다. 사람은 누구나, 인간은 율법을 지키는 행위가 아니라 믿음으로 의롭게 된다는 사실을, 반드시 인정해야만 한다. 그러므로 아브라함을 율법과 연관시켜 의롭게 여기지 않는 자들의 주장은 결코 용인돼선 안 될 것이다. 그와 동시에, 또한 우리는 의롭나 여기심을 받았던 모든 옛적 믿음의 조상들은 오직 믿음에 의해서만 의롭게 됐다는 사실을 반드시 깨달아야만 할 것이다. 우리는 부분적으로는 주님의 과거, 곧 초림을 믿음으로 인해 구원을 받았고, 일부분은 그의 미래, 곧 재림을 믿음으로써 구원을 받게 되는 것이다.* 이러한 언술은 구원에 관한 완결된 이야기이리라. 곧 인간은 구원을 받기 위해 예수 그리스도의 그러한 두 강림하심을 믿어야 할 것이며, 미래의 재림 사건은 성령께서 구원을 받을

---

70. 갈 3:16.

---

* 클라우디오는, 아브라함이 율법 및 시간과 무관하게 오직 믿음으로 의롭다 여기심을 받았던 것처럼, 예수 그리스도를 믿는 자들도 시종(始終)과 상관이 없으신 그리스도, 곧 그리스도의 초림과 재림을 믿음으로써 구원을 받게 되는 것임을 피력했다.

자들에게 계시해주신다.* 그러므로 다음과 같은 진술이 제시되기에 이른다. "너희 조상 아브라함은 나의 때 볼 것을 즐거워하다가 보고 기뻐하였느니라."[71]

비록 하나님과 아브라함의 언약이 율법보다 430년 전에 맺어졌다고 하더라도, 아브라함 안에서 모든 족속이 복을 받게 됐으며,** 아브라함과 하나님 사이에 체결된 약속보다 430년 늦게 시내산에서 모세에게 주어진 그 율법을 만들어 주신 하나님 때문에, 율법을 준수하는 자들은 그 가운데서 살게 되었다. 그러나 이는 질문의 여지가 다분하다고 하겠다. 아브라함과 하나님 사이에 맺어졌던 언약이 이미 주어졌는데도, 무엇 때문에 다시 오랜 세월이 지난 후에 율법이 필요한가? 또한 율법이 주어진 이후에 아브라함과 맺은 하나님의 약속이 과연 유효한 것인가? 또한 만일 그 약속의 효력이 여전히 유지된다면, 이미 주어진 율법에 무슨 유익이 존재한다는 말인가? 하는 등 등 의심의 안개구름이 뭉실뭉실 떠오르고 있다.

이러한 의심스러운 질문들을 예견이나 한 듯이, 사도는 다음 구절에서 그에 관해 언급하여 설명해주고 있다. "그런즉 율법은 무엇이냐 범법하므로 더하여진 것이라. 천사들을 통하여 한 중보자의 손으로 베푸신 것인데 약속하신 자손이 오시기까지 있을 것이라. 그 중보자는 한 편만 위한 자가 아니나 하나님은 한 분이시니라."[72] 아브라함

---

71. 요 8:56. 그리스어 성경과 라틴역 불가타는 "보기를 소원했다"(longed to see) 대신에 "보기를 즐거워했다"는 구절을 적용했다. 우리가 지금 대본으로 사용하고 있는 클라우디오의 갈라디아서 주석 번역 발췌본은 요 8:56을 인용한 이후에, 갈 3:17과 18을 생략했다.

72. 갈 3:19-20.***

---

* 클라우디오는 일찍이, 예수 그리스도를 믿는 믿음이 "이미(already)와 아직 아니(not yet)"의 긴장 관계 속에 놓여 있다고 주장하는 현대 신학자들의 지론보다 먼저 그와 동일한 견해를 지니고 있었다. 그에 의하면, 초림과 재림, 곧 양림의 예수 그리스도를 믿는 것은 현재의 거룩한 삶과 미래의 소망을 함께 지니며 살아간다는 의미다. 왜냐하면 그는 "아브라함이 그리스도의 때를 보고 즐거워했다"는 요한복음의 보고를 독자들에게 보여주어 소망과 언약 성취의 신앙을 중시했기 때문이었다. 그러므로 그가 비록 양자론자였어도 당대의 석학으로 평가되는 이유를 우리는 여기서 발견할 수가 있다.

** 이 점에 대해 사도는 갈 3:17-18에서 확증해주었다.

*** 20 "그 중보자는 한편만 위한 자가 아니나 하나님은 한 분이시니라"에서 중보자는 모세를 지칭하고 "한편만을 위한 자가 아니나"는 중보자인 모세가 하나님과 이스라엘 백성 등 양편을 위해 매개자로서 일하는 자라는 뜻이다. 여기서 "하나님은 한 분이시니라"(God is one)는 구절은 문맥상 하나님의 유일성을 가리키지는 않는다. 이는 복음이 모세와 같은 인간 중보자를 통해 주어지지 않고 하나님 자신인 성자 하나님, 예수 그리스도를 통해 직접 인간들에게 새로운 언약으로 주신 것임을 지칭하고 있다. 이는 그리스도가 직접 구원의 복음을 인간에게 선포한 하나님과 동일하신 분이라는 의미를 깊이 각인해주는 표현이다. 곧, 이는 그리스도의 신성을 부각시키는 동시에, 인간에 불과한 중보자 모세를 통해 주신 율법보다 하나님이신 그리스도를 통해 주신 복음의 언약이 훨씬 우월한 가치가 있음을 보여주는 것이기도 하다. 결국 이 구절의 의미는 중보자 없이, 혹은 성자 하나님 예수 그리스도가 중보자로서 복음의 약속을 전해주셨다는 의미다. 따라서 이 구절은 문맥상 이렇게 번역되면 더 좋을 것이다. "하나님과 중보자인 그리스도는 한 분이시니라." 혹은 "삼위일체 하나님은 한 분이시니라."

과 하나님 사이에 맺은 언약은 여전히 유효하며, 또한 그 후에 모세에게 주어진 율법이 헛된 것을 만들어 내는 것으로 비칠 수 있기 때문에, 사도는 율법이 주어진 이유에 대해 설명하기 시작한다. 곧 바울은 '범법하므로', 곧 '범법 때문에'라고 언급한다. 광야에서 이스라엘 백성이 죄를 범하기 시작한 이후부터, 즉 그들이 송아지를 숭배하고 여호와 하나님께 불평을 늘어놓으면서 저항하기 시작한 이후부터, 그러한 범죄를 차단하고 예방하기 위해 율법이 주어진 것이다. 그러므로 율법은, 교만한 이스라엘 백성들이 겸손하지 못하고 자고해서 하나님이 베푸시는 자비의 은총을 받지 못하게 되는 일을 사전에 방지하기 위해 주어진 것이다. 이러한 하나님의 은혜가 없이는 어떤 방식으로도 율법의 가르침을 그대로 준수할 수 없기 때문에, 이스라엘 백성들은 범죄를 행함으로 비천의 나락으로 떨어졌고, 따라서 하나님의 은혜를 구하게 된 것이다. 또한 그들은 그들 자신이 교만에 빠져 스스로가 쌓은 공로로는 구원 받을 수 없다는 사실도 깨닫게 되었다. 인간은 그 자신의 권위나 능력이 아니라 오직 그 의를 정당화해 주는 중보자의 손길에 의해 의롭게 되는 법이다. 구약성경의 모든 통치는 천사들에 의해 관리되고 또한 집행되며, 성령께서는 그들 가운데서 역사하시고, 아직 성육신하지는 않으셨으나 결코 그 어떤 참된 통치에서 물러나 있지 않으시는 진리 자체이신 말씀 역시 그러하다. 비록 율법의 통치가 천사에 의해 베풀어지더라도, 때로는 그들 자신의 성품대로, 또한 때로는 하나님의 본성대로 시행되기도 한다. 이는 마치 선지자들의 관습이 그러한 것과 마찬가지다.

　율법은 악한 자들을 드러나게 하여 교만을 꺾겠지만, 그렇다고 해서 온갖 거짓과 중상모략을 동원해서 인간들을 파괴하지는 않는다. 실로 율법은 천사들을 통해 시행됐고, 한 중보자의 능력에 의해 베풀어졌다. 그런데 그 중보자 자신은 죄에서 해방된 존재다. 그러나 율법을 위반한 자들에게는 그들이 지은 죄를 속량 받고 또한 그들을 위해 피를 흘려 주신 그리스도를 통해 새로운 삶 가운데서 하나님과 화해하기 위해 하나님의 은혜와 자비가 절대적으로 필요하다. 율법을 범함으로써, 그들의 조상인 아브라함 안에서 영화를 누리던 사람들 안에 있는 교만과 자만심은 산산조각 나서 부서져 버리게 된다. 그들이 마치 모태에서 의를 지닌 채 태어난 양 교만을 떨어 점점 더 거만해질수록, 그들의 불행은 깊어만 가게 된다. 그들이 할례를 받았다는 구실로 다른 모든 족속들에 비해 훨씬 더 우수한 장점과 가치를 지녔다고 자랑하는 것도 모두 불행의 씨앗이자 허사일 뿐이다. 그러나 이방인들은 그러한 종류의 율법의 위반과는 무관하기 때문에 대단히 쉽게 겸손에 처할 수가 있다. 그러한 이방인들은 그들 자신의 조상들에게서 의의 출처와 근원을 찾아낼 수 없음을 명확히 인식했기 때문에, 복음의 은총은 그 이방인들이 우상숭배의 노예임을 간파했던 것이다. 이방인들에 관해서는, 그들이 그렇게 생각한바 그대로, 그들의 부모와 조상의 의가 우상숭배로 인해 존재할 수가 없었다고 말할 수는 없다. 그러나 유대인에 관해서는 그들의 조상인 아브라함의 의가 그릇되고 부적절한 것이었다고 언급될 수 있다. 그 이유는 다음과 같은 그릇된 유대인의 관념에 대한 복음서 기자의 증언 때문이다. "그러므로 회개에 합당한 열매를 맺고 속으로 아브라함이 우리 조상이라 말하지 말라 내가 너희에게 이르노니 하나님이 능히 이 돌들로도 아브라함의 자손이 되게 하시리라."[73]

그러나 이방인에 관한 사도 바울의 증언은 유대인의 경우와는 정반대다. "그러므로 생각하라. 너희는 그때에 육체로는 이방인이요 손으로 육체에 행한 할례를 받은 무리라 칭하는 자들로부터 할례를 받지 않은 무리라 칭함을 받는 자들이라. 그때에 너희는 그리스도 밖에 있었고 이스라엘 나라 밖의 사람이라. 약속의 언약들에 대하여는 외인이요 세상에서 소망이 없고 하나님도 없는 자이더니."[74] "이제는 전에 멀리 있던 너희가 그리스도 예수 안에서 그리스도의 피로 가까워졌느니라."[*] 이제 유대인들은 그들 자신의 참 감람나무로부터 스스로를 절단하여 잘라 낸 믿음이 없는 자들로 여기고 있다. 그러나 유대인들의 감람나무에 접붙인 돌감람나무밖에 되지 않는 이방인들은 믿음을 소유한 자들로 인정됐다. 이제 유대인들의 자고함과 교만은 율법을 어기는 범죄로 인해 닳아 없어졌는데, 이는 로마서에서 사도 바울이 그들의 죄에 관해 지나치게 강조한 데서 잘 엿볼 수 있다. 바울은 구약성경에 들어 있는 율법에 관한 내용을 익히 알고 있는 대로 이렇게 진술했던 것이다. "우리가 알거니와 무릇 율법이

---

73. 눅 3:8.

74. 엡 2:11-12. "약속의 언약들에 대하여는 외인이요"(Strangers to the covenants of promise)라는 표현은 그리스어 성경(그리고 한글 개역개정판)에 따른 것이고, 이를 클라우디오는 "Strangers to the covenants"라고 표기했다.

---

* 엡 2:13. 이방인이 유대인을 제치고 새로운 복음의 언약의 적자가 됐음을 표현하기 위해서는 13절을 가미하는 것이 합당하기에 13절을 제시함.

말하는 바는 율법 아래에 있는 자들에게 말하는 것이니 이는 모든 입을 막고 온 세상으로 하나님의 심판 아래에 있게 하려 함이라."[75] 사실상 유대인들은 율법을 어기는 범죄로 인해, 그리고 이방인들은 율법에서 유리된 사악함으로 인해 하나님의 심판을 받게 되었다. 바울은 이를 다시 이렇게 언급했다. "하나님이 모든 사람을 순종하지 아니하는 가운데 가두어 두심은 모든 사람에게 긍휼을 베풀려 하심이로다."[76]

"그러면 율법이 하나님의 약속들과 반대되는 것이냐 결코 그럴 수 없느니라."[77] 율법은 죄를 제거하기 위해 주어진 것이 아니라, 모든 인간이 죄 아래 맡겨져 위탁됐음을 알려주기 위해 부여된 것이다. 율법은 관습에 의해 눈먼 자들이 스스로를 의롭다고 여기는 것이 죄라는 사실을 보여주는 것이다. 그리하여 이런 방식을 따르면, 율법에 의해 스스로를 비천한 존재로 자각하게 되는 자들은 그들의 구원이 그들 자신의 손에 달려 있지 않고 오직 중보자의 수중에 들어 있음을 알게 된다. "결코 그럴 수 없느니라"는 구절은 율법이 하나님의 약속에 대해 적대적이 아니라는 의미다. 실로, 그것은 여호와 하나님이 모세에게 일러주신 대로 확정적이다. "내가 그들의 형제 중에서 너와 같은 선지자 하나를 그들을 위하여 일으키고 내 말을 그 입에 두리니 내가 그에게 명령하는 것을 그가 무리에게 다 말하리라."[78] 이러한 진술은 사도 베드로에 의해 사도행전에서 그리스도에게 그대로 적용된다.[79]

"만일 능히 살게 하는 율법을 주셨더라면 의가 반드시 율법으로 말미암았으리라. 그러나 성경이 모든 것을 죄 아래에 가두었으니 이는 예수 그리스도를 믿음으로 말미암는 약속을 믿는 자들에게 주려 함이라. 믿음이 오기 전에 우리는 율법 아래에 매인 바 되고 계시될 믿음의 때까지 갇혔느니라."[80] 하나님과 인간 사이의 중보자는 율법을 주는 자와 받는 자 사이의 중간에 존재하며, 또한 율법 그 자체는, 약속 이후에 주어졌기에, 그 중보자는 약속과 그 약속의 성취 중간 지대에 들어와 자리 잡게 됐다. '간

---

75. 롬 3:19.

76. 롬 11:32. '순종하지 아니하는 가운데'(in unbelief)는 라틴역으로는 '*in incredulitate*'인데 MPL은 이를 명백히 오기하여 '*in credulitate*'로 표기하는 실수를 저질렀다.

77. 갈 3:21a.

78. 신 18:15.

79. 행 3:22.

80. 갈 3:21b–23.

혔느니라'는 약속의 문이 닫혀서 율법의 담장 안에 갇히게 됐다는 것이며, 그것은* 단지 이전의 옛 것을 폐하고 이후의 새로운 것을 따르기 위함 때문이 아니라, 다만 그것이 새로운 생명이나 혹은 맨 처음 보증되었던 약속을 보장해주지 못하기 때문이다. 그러나 율법이 약속을 전복시키기 위함이 아니라 오히려 보호하기 위해 주어졌다는 점은 명백한 사실이다. 만일 율법이 생명을 보장하고 약속이 보장한 것을 제공해주기 위해 부여된 것이라면, 분명코 약속은 율법에 의해 격퇴되어 제거될 것이 명약관화한 사실이었을 것이다. (우리가 위에서 언급한 대로) 범죄로 인해 율법이 주어질 수밖에 없었기 때문에, 결국 율법은 죄인들을 나무라고 비난하며, 고발자의 역할까지 하게 되었다. 곧, 약속 이후에 주어진 율법은 죄의 억제 수단을 하기 위해 주어진 것이다. 내 생각에, 율법은 하나의 감옥 같은 구실을 하는 것으로 사료된다. 율법 하의 인간은 자유 의지를 발휘하기 때문에, 순진무구하고 결백하게 약속의 성취를 대망하려는 법이 없다. 그리하여 바야흐로 이제 그러한 인간은 법이라는 쇠고랑과 차꼬에 속박돼 율법의 노예로 전락되기에 이르렀고, 그러한 노예상태는, 약속의 성취와 완성을 가져다 줄 미래의 그리스도를 믿는 신앙이 도래하기까지 지속돼야만 했던 것이다.

그러한 믿음은 하나님 앞에서 의롭다고 여겨지는 의로 칭해진다. 비록 율법 자체도 하나의 의를 지녔지만, 그것은 오직 현재 세상만을 위한 것이었다. 또한 그것은 하나님 앞에 서 있는 인간을 의롭게 만들지도 못한다. 왜냐하면 그것은 죄를 용서할 수도 없을 뿐더러 또한 죄인 상태에 놓인 인간들을 죄 밖으로 불러내어 의롭게 만들 수도 없기 때문이다. 따라서 율법은 오히려 멸망의 두려움 때문에 인간들이 선한 삶을 영위하도록 자극하고, 또한 무례함을 벌하기 위해 주어진 것이다. 그러므로 율법은 인간에게 생명을 주기 위함이 아니라 정죄하기 위해 주어졌다. 그런데 그 어떤 자도, 성경이 모든 인간이 죄 아래 놓여 있다는 언급을 결론으로 내리고 있고, 또한 입으로 가르쳐지는 율법과 계명을 설립해놓았기 때문에, 성경이 죄 그 자체의 창조자라고 여겨서는 결코 안 된다. 성경은 죄가 생겨나게 하지 않고, 모든 인간이 그 아래서 신음하고 있는 죄가 온 땅위에 창궐하고 있음을 보여주기만 할 뿐이다. 그와 동일한 이치로, 곧 성경의 율법이 죄의 창조자가 아닌 것처럼, 또한 악인들을 차꼬에 채워 구속하

---

* 곧 율법이 구원을 위한 용도로는 무가치하게 되었다는 것은.

는 심판자도 범죄의 창조자가 아니다. 곧, 그는 그러한 악인들을 구속해 억제하고, 아무도 번복시킬 수 없는 강력한 판결의 권위를 지닌 채 그들을 향해 유죄 판결을 선고한다. 그러고 나서 만일 그 재판관이 원한다면, 통치자의 자비로 형벌에 처해진 자들을 방면하는 시혜를 베풀 수도 있다. 바로 그러한 바가 "믿음이 오기 전에 우리는 율법 아래에 매인 바 되고 계시될 믿음의 때까지 갇혔느니라."는 구절의 해설이 될 것이다. 이를 보다 분명히 언급하면 이러하다. "율법의 죄는 은혜로 자유롭게 된 우리를 더 이상 구속하여 묶어두지 못하게 됐다." 우리가 겸손해져서 영적인 은혜를 받아들일 수 있기 이전에는, 곧 우리가 그 모든 규정을 완벽히 준수하여 완성시킬 수 없는 율법의 조문, 즉 문자 조항들이 우리를 살해하지 않는 한,* 결코 우리는 그 어떤 것도 받아들일 수가 없었던 것이다. 그리하여 이러한 말씀이 주어졌던 것이다. "율법 조문은 죽이는 것이요 영은 살리는 것이니라."[81] 단지 유일하신 하나님에 대한 두려움만이 그들을 억제할 수 있고, 또한 율법 그 자체를 거스르는 범죄자들이 발견했던 것은 멸망을 향해 가는 경향성이 아니라 믿는 자들을 위한 유리하고 이익이 되는 성향이었던 것이다. 심각한 질병에 걸린 사실을 알게 되는 자는 누구나 보다 유능한 의사의 치료를 받고자 하는 법이며, 그 의사가 그 환자 자신을 보다 긍휼히 여겨줄 것을 열렬히 소망하게 된다. 가장 많고 큰 용서를 받은 자는 가장 크고 많이 사랑하는 법이다.[82] [죄를 기소하는 기능밖에 없는 율법은 죄를 용서할 수 없고, 죄 용서 기능을 지닌 복음으로 인해 죄 사함을 받은 자는 가장 큰 용서를 받은 자이므로 최대한의 용서와 사랑하는 삶을 영위해야 한다는 의미]

"이같이 율법이 우리를 그리스도께로 인도하는 초등교사가 되어 우리로 하여금 믿음으로 말미암아 의롭다 함을 얻게 하려 함이라. 믿음이 온 후로는 우리가 초등교사 아래에 있지 아니하도다. 너희가 다 믿음으로 말미암아 그리스도 예수 안에서 하

---

81. 고후 3:6b.

82. 참고. 눅 7:47**

---

* 곧 율법 준수를 포기하고 거기서 영적인 의미를 찾아내지 않는 한.

** 한 여인이 옥합을 깨뜨려 예수 그리스도의 발에 향유를 부어 씻어드린 사건에서, 그리스도께서는 그 여인이 죄 사함의 감격이 컸기 때문에, 곧 크게 지은 죄의 용서를 복음으로 확실히 받았기 때문에, 그 여인이 실천하는 사랑도 크다는 언급을 하셨던 것이다.

나님의 아들이 되었으니."[83] *Paidagõgos*[84]는 '종복'(lackey)이라는 의미를 지닌 그리스어 단어다. 때때로 우리는 그 단어를 교사나 어린이 유모 혹은 보모라는 뜻으로 사용한다. 어린아이들을 돌보는 자는 그들과의 관계성 때문에 그렇게 불리는 것이다. 즉, *paidagõgos*는 아이들이 장난을 치고 놀 때, 곤경에 처하지 않도록 인도해주고 또한 위험에 빠지지 않도록 억제시키기도 하며, 역시 어린아이들의 정신과 마음이 그릇된 방향으로 기울어 악에 정복당하지 않도록 세심한 주의와 배려를 기울인다. 그는 미숙한 어린 시절 동안 아이들로 하여금 열심히 공부하여 인격을 도야할 수 있는 기초를 닦아 주고, 또한 처벌의 두려움을 느끼게 하여 나쁜 길로 나아가지 않도록 억제하기도 한다. 그리하여 그렇게 유년 시절의 교육을 잘 받은 인물들은 보다 훗날에 다양한 방면에서 훌륭한 학자로 성장하거나, 혹은 유능한 정치가로 발돋움하게 되는 것이다. 그럼에도 *paidagõgos*라는 단어가 적용되는 대상 인물은 교사나 아버지가 아니다. 이 문맥에서, 인도되고 통제받는 대상인 어린아이들에게 요구되는 것은, 그러한 엄격한 교사나 아버지에게서 기대되는 어떤 인격적 성품이나 신앙 및 가치관 등의 계승이나 상속, 혹은 엄밀한 학문 등에 관한 것들이 아니다. 그러한 인물은 다른 가정의 아이를 잘 보살피고 돌보아서, 세월이 지나 그 아이가 성년에 이르러 그에게서 떠나갈 때까지 합당한 동량으로 양육해야만 할 책임을 지게 되어 있다. 그렇게 성장한 인물만이 법적인 연령에 도달해서 부모의 유산을 물려받을 수 있는 자격을 갖추게 된다.* 결국, *paidagõgos*라는 단어는 철이 든 학생들을 가르치는 교사가 아니라, 어린아이들

---

83. 갈 3:24-26.

84. 그리스어 성경의 παιδαγωγος(불가타의 표기, *paedagogus*)를 영어성경인 R.S.V.는 '관리인'(custodian)으로 번역했는데, 이는 거의 문맥상 적절치 않다. 그러나 '종복'(lackey)은 παιδαγωγος가 지닌 원래 의미인 '노예'(slave)와 동일한 의미를 함축하고 있다. 그리고 이 본문 구절의 문맥에서, παιδαγωγος는 '유아 지도교사'(child-guide)로 번역함이 마땅하다.**

* 클라우디오는 하나님의 약속의 복음을 받기 위해서는 율법이라는 *paidagõgos*, 곧 율법이라는 보모의 도움을 받아 영적 성년에 이르기까지 준비돼야 함을 역설했다. 즉, 복음의 약속을 받을 수 있는 선결 조건이 곧 정죄와 훈육 기능을 지닌 율법을 넘어서는 것임을 강조했다. 곧, 복음의 약속을 접하기 이전의 인간은 영적 측면에서 볼 때, 율법이라는 보모의 지도를 받아야 할 어린아이에 불과하므로, 복음을 받아들일 수 있는 영적 성년이 되기 위해서는 율법의 한계를 넘어서야만 한다는 주장이 바로 그것인데, 이는 바로 클라우디오가 이 구절 주석에서 의도하는 바다.

** 영어성경 K.J.V는 이를 '학교선생'(schoolmaster)로 번역했고, 한글성경들은 후견인, 가정교사, 선생, 훈육선생, 몽학선생, 개인교사, 교사이며 안내자 등으로 번역했는데 그 의미가 대동소이하다. 그런 측면에서, 한글 개역개정판의 '초등교사'는 무리함 없는 적절한 번역이라고 하겠다. 그러나 그것보다는 클라우디오가 학문을 가르치는 교사 개념을 배제한 데 비추어, '유아보육인' 혹은 '유아보모'라 칭하면 더 적절할 것이다.

을 보살피고 돌보며 때로는 초보적인 인격과 도덕성을 가르치는 일, 곧 어린아이를 위해 실행하는 것과 관련되어 있는 용어다. 그러므로 모세의 율법은 거만하고 뻐기기를 잘하는 자들을 억제하고 바른 방향으로 나아갈 수 있도록 지도할 수 있기 위해 주어진 것이다. 이는 마치 보다 엄격하고 단호한 *paidagōgos*가 철없이 교만한 천방지축의 어린아이 같은 이스라엘 백성을 억제시키고 또한 그들로 하여금 미래의 새로운 언약의 복음 신앙을 준비하도록 고군분투하는 일과 진배가 없다. 그러한 과정이 지나간 후에, 우리는 그리스도를 믿을 수 있게 되고, 또한 더 이상 그 율법이라는 *paidagōgos* 슬하에 있지 않고 떠나갈 수 있게 된다. 곧 그 딱딱하고 엄격한 율법의 품속에서 떠나 복음의 따스한 품 안에 안길 수 있게 되는 것이다.

법적인 성년의 연령에 들어가게 된 우리는, 폐지되고 취소된 율법이 아니라 우리의 어머니인,[85] 예수 그리스도 안에 있는 신앙에 의해 그 율법이라는 안내자이자 수탁자가 우리를 떠나게 되며, 진실로 하나님의 자녀로 다시 태어나기에 그렇게 일컫게 된 것이다. 성년의 나이가 지난 후, 그 상속자가 자유인이며 아들로 불리게 될 때, 그에게는 그러한 *paidagōgos*가 더 이상 필요 없게 된다. 왜냐하면 그에게는 더 이상 어린아이에게만 필요한 *paidagōgos*가 별무소용이기 때문이다. 그에게 *paidagōgos*는 용도 폐기된 존재일 뿐이다. 그는 이제 더 이상 어린아이의 율법으로 살아갈 수가 없다. 예루살렘 성이 함락되고 성전은 잿더미가 됐는데, 이제 어느 곳에서 "너희의 모든 남자는 매년 세 번씩 주 여호와 이스라엘의 하나님 앞에 보일지라"[86]는 여호와 하나님의 명령을 지킬 수가 있겠는가? 또한 어디에서 죄 사함 받기 위한 희생 제물의 제사를 드릴 수 있겠는가? 그리고 제단이 철저히 훼파되고 분쇄됐는데, 과연 하나님께 봉헌할 곡물 가루로 만든 빵을 어디에 진설할 것인가? 또한 짐승 제물을 어디서 태울 것이며, 영원히 꺼지지 않아야 할 성전 불을 어디에 지필 것인가? 유대인들이 통치자 로마인들의 종이 되었는데, 어찌 "너는 이같이 하여 너희 중에서 악을 제할지니라"[87]는 말씀이 이루어질 수 있겠는가? 실로 범죄한 자들을 구별해 추방할 수 있는

---

85. "우리의 어머니, (예수 그리스도 안에 있는) 신앙" 이라는 구절은 흥미롭고 다소 평범하지 않은 표현이다. 관습적으로 '어머니'는 '거룩한 교회' 혹은 그와 비슷한 의미를 지닌다.

86. 출 34:23.

87. 신 13:5b.

형벌 제도가 어디에 남아 있단 말인가? 이제 율법은 사라지고 없다. 그것은 잠깐 있다가 사라질 안개처럼 지나가 버렸다. 그러므로 율법이 신앙이 도래한 이후에는 완성될 수가 없는 한, 그들은 아버지 슬하에서도 또한 *paidagõgos* 지도 하에서도 살 수 없게 되는 일이 발생했다.* 또한 마찬가지로 율법이 *paidagõgos*로 드러나게 되는 한,** 신앙은 신속하고 단단하게 유지될 수 없게 되었다.

"누구든지 그리스도와 합하기 위하여 세례를 받은 자는 그리스도로 옷 입었느니라."[88] 그리스도가 믿는 자들의 옷이라는 개념은 이 구절뿐만 아니라 바울이 권면하기 위해 언급한 다른 성구에서도 나타난다. "오직 주 예수 그리스도로 옷 입고 정욕을 위하여 육신의 일을 도모하지 말라."[89] 그들이 믿는 바 그것을 자증하기를 요청받을 때, 그들이 변화된 모습을 지니고 있는 한, 그들은 그리스도라는 옷을 입고 있는 셈이며, 그것은 믿음을 지니고 있다는 증거가 된다. 그러므로 만일 그리스도 안에서 세례를 받은 자들이 그리스도라는 옷을 입고 있다면, 그리스도 안에서 세례를 받지 않은 자들은 그리스도라는 옷을 입고 있지 않은 셈이 되며, 이는 분명한 사실이다. 세례를 받은 자는 그리스도라는 옷을 입은 자라는 것에 의해, 믿음으로 그들 모두가 하나님의 자녀가 된다는 사실은 매우 깊은 의미를 지니고 있다. 곧, 이방인들은 그들 자신에 대해 스스로 절망할 필요가 없는데, 그 이유는 그들이 율법이라는 *paidagõgos*의 보호 아래 있지 않았기 때문이며,*** 그들은 또한 그들 자신이 율법 아래 있지 않음을 근거로, 그들 스스로를 하나님의 자녀가 아니라고 생각할 필요도 없었던 것이다. 그러나 오히려 믿음으로 그리스도라는 옷을 입음으로써 그들 모두는 하나님의 자녀가 된 것이다. 실로, 그는 하나님의 지혜인 독생자처럼, 본래 날 때부터 하나님의 자녀로 태어난 존재가 아니다. 또한 유일한 그 중보자 자신이 어떤 중보자의 개입도 허락하지 않고 스스로 인지하게 됐던 그 자신의 지혜를 갖고 홀로 자신의 사

---

88. 갈 3:27.

89. 롬 13:14.

---

* 복음이 율법과 그 외 모든 것을 완성시켰다.

** 율법과 신앙의 차이점도 모르고, 곧 율법으로도 구원의 약속이 성취되는 것으로 믿으면서, 오직 율법에만 매달렸던 자들의.

*** 율법의 정죄 기능은 자칫 인간을 절망하게 만드는데, 그 이유는 율법의 조문을 모두 지켜 그것을 완성하고 성취하는 일이 불가능하기 때문이다. 종교개혁자 루터가 율법의 행함을 통해 구원 받는 일이 불가능한 것임을 간파하고 '이신칭의'(Justification by Faith)를 내세웠던 것도 바로 그러한 이유에서다.

역을 감당했던 것처럼, 그렇게 그는 참으로 막강한 능력을 발휘하거나, 혹은 홀로 그 사역을 떠맡아 지혜의 역할을 감당하거나, 또한 그것을 유지할 수 있는 하나님의 자녀로 태어나지도 않았다. 그와 달리 그들은 지혜에 참여함으로써 하나님의 자녀가 된다. 즉, 유일한 중보자 가운데서 신앙의 예비와 우월함에 의해 신앙의 은총은 이제 그리스도라는 옷으로 칭해지며, 이는 그리스도를 믿는 그들이 그를 입기 때문이며, 나아가 거기서 하나님의 자녀가 되고 또한 그 유일한 중보자의 형제가 되기 때문이다.

"너희는 유대인이나 헬라인이나 종이나 자유인이나 남자나 여자나 다 그리스도 예수 안에서 하나이니라."[90] 유대인이 할례를 받았기 때문에 더 우월한 존재도 아니고, 또한 이방인이 무할례자라고 해서 더 열등하지도 않으며, 오직 유대인이든 이방인이든 그들이 지닌 신앙의 성격에 따라 우월하거나 열등한 것이다. 게다가, 종이나 자유인은 그들이 지닌 조건으로 구별되는 것이 아니라, 오직 신앙에 의해서만 구분된다. 그 이유는 그들이 지닌 신앙의 성격, 곧 그 질과 정도에 따라 종이 자유인보다 더 탁월하거나 나을 수 있고, 또한 그 반대의 경우도 마찬가지다. 그와 동일하게, 남자와 여자도 그들이 지닌 육체의 강건함과 연약함에 의해 구별되지만, 그러나 그들의 신앙은 마음의 헌신도에 따라 평가되고 판단되는 법이다. 그러므로 종종 구원의 문제에서는 여자가 남자의 존경을 받게 되고, 또한 경건에서는 남자가 여성을 능가하는 일이 발생한다. 그러나 그러한 주위 환경과 상황이 존재하기 때문에, 온갖 종류의 불일치와 조건과 육체성 등은 세례를 통해 그리스도로 옷 입어, 완전히 분쇄된다. 우리는 성부와 성자가 서로 하나인 것처럼, 그리스도 예수 안에서 모두가 하나이며, 또한 우리도 서로 하나가 된다.

만일 믿음이 이 세상 인생길을 똑바로 행진함으로써 이러한 일을 성취한다면, 우리가 얼굴과 얼굴을 마주 대하여 볼 때,* 얼마나 더 완벽하고 충분히 그러한 신앙의 탁월함이 광채를 발하겠는가? 이제 신앙의 의[91] 때문에 (비록 육신은 여전히 죄로 인해 죽었지만) 우리는 생명이신 성령의 첫 열매들을 그렇게나 많이 수확할 수가 있게 됐다. 그리하여 수많은 나라, 조건과 환경, 성별 등은 믿음의 통일성, 곧 하나 되게 하심에 의해 이

---

90. 갈 3:28.

91. MPL은 '신앙의 의'를 *injustitiam*이라 표기했는데, 이는 오기이고 물론 *justitiam*으로 정정해야 한다.

* 고전 13:12.

미 제거되어 사라져버렸다. 아 놀라워라! 이제 신앙으로 하나 됨은 우리네 인간들 일상사의 지배 군주가 됐고, 그러한 평등과 형평의 질서는 이제 이 세상 삶의 여정을 따라 내내 보존되고 유지돼야만 한다. 우리의 삶 안으로 들어 온 사도들조차도 유대인과 그리스도인을 구별하는 인종 차이, 주인과 종을 구별하는 조건의 격차, 남편과 아내를 차별하는 성의 구별, 그 외 일어날 수 있는 모든 차이점 등을 일치시켜 서로 함께 살아갈 수 있는 가장 건전한 법칙과 방식, 곧 일치와 연합의 원칙에 관해 주님께 배웠던 것이다. 우리 주님은 그러한 하나 됨의 원칙에 관해 최초로 이렇게 말씀하셨다. "가이사의 것은 가이사에게, 하나님의 것은 하나님께 바치라."[92] 차별 없이 신앙의 하나 됨을 위해 우리가 지켜야 할 것이 있다. 또한 그 길을 따라 이 세상 삶의 질서 가운데서 우리가 따라야 할 또 다른 것도 있다. 그것은 곧 하나님의 이름과 우리 구세주의 가르침이 불경스러운 모독을 당하게 해서는 안 된다는 것이다. 그러한 것은, 사람들의 눈에 보이는 그대로 거짓으로 가장하지 않고, 또한 모든 인간이 구원 받기를 원하시고 또한 진리를 깨닫게 되기를 염원하시는 하나님에 대한 더럽혀지지 않은 순수한 사랑의 인식을 지닌 채, 우리가 양심을 위하여 행하는 일이다. 사도는 "너희는 다 그리스도 예수 안에서 하나이니라"는 말씀에 "그러나 만일 너희가 그리스도 안에서 하나이면, 너희는 곧 아브라함의 자손이라"는 구절을 보태고 있다. 이 말씀은 아브라함의 한 자손인 그리스도가 중보자뿐만 아니라, 그리스도가 신자들의 몸의 머리인 교회로 이해되고 있음을 잘 보여주고 있다. 그리하여 모두는 그리스도 안에서 하나가 되고, 또한 율법에 의해 갇혀버린 자들을 위해, 약속을 따라 신앙으로 상속 유업을 물려받게 된 것이다. 다시 말해, 신앙이 도래하기까지 사람들은 *paidagōgos* 슬하에서 계속 연단과 훈련을 받아 제지를 당해야만 했고, 적절한 성년의 나이가 된 후에야 비로소 각종 자유를 만끽할 수가 있게 되며, 이미 정해진 인생의 과정에 따라 그와 동일한 성년에 이른 자들 사이에서 그에게 알맞은 합당한 부르심을 받게 되는 것이다. 곧 그는 알곡 창고에 빼곡이 들어 있는 알곡들 중의 한 알로 발견되기에 이른다.

"너희가 그리스도의 것이면 곧 아브라함의 자손이요 약속대로 유업을 이을 자니라."[93] 하나님의 뜻을 따라 아브라함과 그의 자손(곧, 그리스도 예수)에게 약속이 주어졌다.

---

92. 마 22:21b.
93. 갈 3:29.

따라서 그 결과, 그리스도의 자녀(그의 자손 혹은 씨)인 자들은 또한 아브라함의 자손이라 일컬어진다. 물론 그들은 아브라함의 씨의 소산들이다. 그러나 우리 주 예수께서 아브라함의 자손이라 칭해질 때마다, 육체적인 인간 종으로 출생하신 개념을 함축하는 생물학적인 관점에서 이해돼야만 한다. 그러나 구세주의 말씀을 진지하게 받아들이고, 또한 그를 믿는 우리가 하나님과 언약을 맺은 아브라함 가문의 고귀한 이름과 태생 신분을 취해 자랑할 때마다, 우리는 신앙의 자손이며 또한 영적인 관점에서 가르침의 자녀라는 사실을 반드시 잊지 말고 받아들여야만 한다. 끝으로, 우리는 다음과 같은 점을 심사숙고하고 깊이 생각해야만 한다. 곧 하나님에 의해 아브라함과 그의 자손(즉, 그리스도 예수)에게 주어진 약속을 언급할 때는 반드시 '약속들'이라는 복수 명사가 사용돼야만 한다는 점이다. 그러나 그리스도를 통해 아브라함의 자손이 된 자들을 언급할 때는 '약속'이라는 단수 명사가 채택돼야만 한다. 그런 연고로, 사도 바울이 다음과 같이 설파했던 것 아닌가? "너희가 곧 아브라함의 자손이요 약속대로 유업을 이을 자니라." 사용된 복수명사 [예를 들면, '약속들' 혹은 '자손들'] 가운데서, 그리스도 한 분과 관련해 언급되는 것은 단수명사 [예를 들면, '약속' 혹은 '자손']로 여겨지거나 그렇게 표기돼야만 한다. 그렇게 되면 아브라함의 약속들과 율법이 그리스도의 약속과 구별될 수 있을 것이고, 또한 아브라함의 자손들(족장들과 이스라엘 12지파 후손들)과 아브라함의 자손(그리스도)이 엄연히 구별될 수 있을 것이다. 그러나 그리스도를 지칭하는 약속과 자손 가운데는 다시 다수의 인간들이 포함되는 것이다.*

---

* 곧, 그리스도는 대표 단수가 되어 모든 약속들과 자손들을 구원으로 성취하는 유일한 중보자가 되는 것이다. 아브라함이나 모세 등 그리스도 외의 선지자나 중보자는 결코 대표 단수가 되어 모든 존재를 아우를 수 없는 것이다.

제3절. 대수도원장 데오데미르에 대한 반박과 응답[94]

나는 한 시골뜨기에게, 당신이 논문과 함께 동봉한 매우 수다스럽게 지껄여 댄 우둔하고도 지루한 당신의 편지를 건네받아 읽어보게 되었습니다. 나에 관한 좋지 않은 소문이 이탈리아는 물론 골(Gaul) 전 지역에서 스페인 접경지대에 이르기까지 골고루 퍼져 나갔기 때문에 꽤 심각하게 염려해 왔다는 당신의 서신 전언을 이제 접하게 되었습니다. 그 소문의 골자가 바로 내가 가톨릭 신앙의 표준에 위배되는 새로운 분파를 만들었다는 것인데, 이는 매우 참을 수 없는 거짓말이요 치가 떨리는 기만행위입니다.[95] 그러나 그들이 나를 적대적으로 언급한 것은 놀라운 일도 아닙니다. 왜냐하면 그들은 우리의 머리이신 그리스도를 악마적인 유혹자라고 선포한 소문난 마귀의 몸, 곧 사탄의 지체들[96]이기 때문입니다.[97] 따라서 다른 분파적 가르침을

---

94. 클라우디오가 직접 기록한 이 서신의 제목은 다음과 같다. *Apologeticum atque rescriptum adversus Theutmirum abbatem*(대수도원장 데오데미르에 대한 반박과 응답). 이 작품의 양적 크기는 원래 시편보다 한 배 하고도 삼분의 일 배가량 더 크다. (Jonas, *De cultu imaginum*, I, MPL 106.312C; "성상숭배론"). 그러나 그 전체 작품은 소실되어 보존돼 있지 않다. 그 작품의 일부 초록(抄錄) 발췌분이 오를레앙의 요나스(Jonas of Orléans)와 둔갈(Dungal)에 의해 클라우디오를 반박하기 위한 목적으로 제공됐다. 그런데 지금 현재 남아 있는 것이 원래의 작품 중의 일부인지, 아니면 요나스와 둔갈이 필사한 것인지는 오리무중과도 같다. 하여간 잔여분이든 아니면 그 발췌 초록분이든, 일부 소량만 후세에 전해지게 됐다. MPL에 수록된 요나스와 둔갈의 자료를 보면, 인용된 그 초록한 부분의 대다수는 클라우디오의 것을 대본으로 요나스에 의해 필사된 것이었고, 그 나머지는 둔갈에 의한 것이었다. 필사로 쓰인 그 작품의 일부분이 발견됐는데, 이는 주후 11세기 혹은 12세기의 것으로 보인다. 그것들이 요나스와 둔갈이 클라우디오를 반박하기 위해 그의 작품에서 발췌해 직접 기록한 것인지, 아니면 단지 원래 클라우디오가 직접 저술한 작품 중 거의 모두 손실되고 남은 소량의 일부분인지는 알 도리가 없다. 아마도 후자일 가능성이 더 많은데, 그 이유는 적어도 남아 있는 것들 중 어떤 면 아래 각주에 기록된 한 문장이, 요나스와 둔갈이 클라우디오를 반박하기 위해 직접 필사해 초록 발췌한 것들 속에는 포함돼 있지 않기 때문이다. 곧 둔갈의 것(MPL 105.467C)과 요나스의 것(MPL 106.312C)이 동일하게 앞에서 진술한 그 각주에 수록된 문장을 지니고 있지 않기 때문이다. MPL 105.459D-464D에 수록된 인쇄분 *Apologeticum*(반박)은 한 저자가 단일한 통일성과 전체성을 갖고 저술했다는 착각을 불러일으킬 수 있다. 그러므로 우리가 취급할 번역본에서는 이를 극복하기 위해 한 가지 고안 장치를 장착할 것이다. 그것은 곧 요나스의 저술과 혼합돼 있는 각 단락마다 그러한 특징을 표시한 것이 곧 그것이다. 즉, 요나스나 둔갈이 필사한 것은 그대로 인용할 것이라는 말이다. 그러므로 이제 독자들에게는 다양한 성격의 단락들이 참으로 연속성을 지니는지 여부에 대한 판단이 남게 된다.

95. Jonas, *op. cit.*, I (MPL 106.312D).

96. '마귀의 몸'(*corpus diaboli*) 교리에 관해 유념하라.*

97. Jonas, *op. cit.*, I (MPL 106.313B).

---

* 선택받은 자들은 그리스도의 신비한 몸, 곧 지체들(*corpus Christi*)이라는 의미이고, 버림받은 자들은 마귀의 몸, 곧 지체들(*corpus diaboli*)이라는 의미. 전자는 '그리스도의 통치'(*regnum Christi*)와 연계되고 후자는 '마귀의 통치'(*regnum diabol/mali*)와 연계된다. 이러한 사상은 후스와 같은 종교개혁 이전의 개혁가들과 루터 등에게서 그대로 이원론적으로 승계된다.

펼친 자는 내가 아니며, 나는 진실로 진리를 전하고, 그 유일한 진리를 시종일관 유지하려고 노력해왔습니다. 그와 반대로, 나는 그렇게 진리를 전하는 만큼의 힘과 노력을 기울여, 각종 분파와 종파 및 미신과 이단 등을 억누르고 분쇄하며, 또한 투쟁하고 공격을 해대기를 멈추지 않았습니다. 또한 여전히 그만큼의 노력과 정력을 다 쏟아 부어, 하나님의 도우심에 전적으로 의지해, 전심전력으로 그들과의 전쟁을 멈추지 않고 있습니다.[98] 물론, 사악한 무리들을 격파해야 하는 이유로 말미암아, 보다 더 가중해진 목회 책무의 짐들을 떠맡을 수밖에 없게 되자마자, 또한 하나님의 거룩한 가톨릭교회의 아들이신 우리의 경건한 군주, 루이 폐하의 부름을 받고 이탈리아 토리노로 발걸음을 옮기지 않을 수가 없게 돼, 이내 나는 모든 교회 안에 진리의 가르침에 대한 도전과 저항이 팽배하게 자리 잡게 되었음을 감지할 수가 있었는데, 그것은 곧 성상숭배[99]라는 방탕하고 더러운 혐오거리였습니다.* 모든 자가 성상을 숭배하고 있기 때문에, 나는 단독으로라도 그것들을 파괴하는 데 앞장섰습니다.[1] 그 까닭에 모든 사람들은 저마다 하나가 되어 합창하듯 입을 열어 나에게 저주를 퍼부어댔고, 또한 그들에게는 나의 도움이 되시는 하나님이 [성상에만 있고] 없었기 때문에, 그들은 아무런 망설임도 없이 즉각 살아 있어서 생생하게 숨 쉬고 있는 나를 집어 삼키려고 했던 것입니다.[2]

하늘과 땅과 땅 아래에 있는 모든 것들의 조상(彫像)이 만들어지는 일을 분명히 하나님께서는 금하셨기 때문에,[3] 그러한 금지 계명은 이제 잡신의 형상뿐만 아니라 하늘의 영적인 피조물과[4] 또한 조물주에게 경의를 표하기 위해 인간의 공상이 고안해

---

98. *Ibid.* (MPL 106.314AB).

99. *Ibid.* (MPL 106.315AB).

1. *Ibid.* (MPL 106.316B).

2. *Ibid.* (MPL 106.317C).

3. 출 20:4-5.

4. Jonas, *op. cit.*, I (MPL 106.318A).

---

* 클라우디오는 그의 스승 펠릭스의 가르침을 이어 받아, 양자론적 그리스도론을 주창했는데, 이는 그리스도의 신성을 강화하고 그 인성을 약화시키는 처사였다. 그로 인한 자연스러운 귀결은 바로 성상숭배를 거부하는 성상파괴론에 앞장서는 일이었다. 곧 인간의 모습이 새겨진 성상을 숭배하는 것은 하나님을 모독하는 우상숭배와 다를 바 없다는 것이 바로 양자론적 단일신론의 귀결점이었다. 따라서 클라우디오에게서 이런 측면을 제외하고 그의 깊은 경건성과 학문성 및 혜안을 배울 수 있다면, 그것은 하나님의 크신 은총이 될 것이다.

낸 모든 것들까지도[5] 해당이 된다고 이해돼야만 할 것입니다. 숭배한다는 개념은 찬양, 존경, 요구, 탄원, 애원, 기원, 기도 등을 행한다는 것과 관련이 있습니다. 그러나 예배한다는 의미는 직접적인 존경심을 표시하며 복종의 결단, 예배 의식의 거행, 공경, 사랑, 높은 평가 등의 개념을 함축하고 있습니다.[6]

하나님의 교회를 지키는 책무를 떠맡고 있는 우리를 향해 그들은 이렇게 저항적으로 선언했습니다.[7] "우리가 숭배하는 성상 속에는 그 어떤 신성도 깃들어 있다고 생각하지 않는 것이 우리의 견해다. 우리는 그러한 형상을 갖고 있는 그에게 오직 존경심을 드리기 위해 숭배할 뿐이다."[8] 그렇게 말하는 자들에 대해 우리의 답변은 이러합니다.[9] 만일 사탄 숭배를 버렸던 자가 이제 성인의 성상을 숭배한다면, 이는 그들이 우상을 버린 것이 아니라 단지 그 이름만을 바꾼 것입니다.[10] 만약 당신이 벽면에 베드로와 바울 및 주피터(Jupiter)*와 새턴(Saturn)**과 머큐리(Mercury)*** 등의 형상을 그려 넣었다면, 베드로와 바울을 묘사한 그림은 사도가 아니고, 또한 주피터와 새턴과 머큐리 등을 그린 그림도 로마의 신이 아닙니다. 그리고 그러한 그림에 들어 있는 모두가 사람도 아닙니다. 비록 그러한 그림에 들어 있는 존재의 단어가 그러한 존재를 지칭하려는 목적을 지녔다 해도, 여전히 그것들은 그러한 존재들을 상징할 뿐이지, 그러한 존재 자체가 될 수는 없는 법입니다. 그럼에도 동일한 오류가 그때나 지금이나 항상 지속되고 있습니다.[11] 확실히, 만일 인간들이 숭배를 받게 된다면, 죽은 자보다는

---

5. *Ibid.* (MPL 106.318D).

6. Dungal, *Responsa contra perversas Claudii Taurinensis episcopi sententias* (MPL 105.471D).

7. Jonas, *op. cit.*, I (MPL 106.325A).

8. *Ibid.* (MPL 106.325C).

9. *Ibid.* (MPL 106.325A).

10. *Ibid.* (MPL 106.325D). 참고. Agobard, *Liber contra eorum superstitionem qui pictruis et imaginibus sanctorum adorationis obsequium deferendum putant*, 19 (MPL 104.215A). 잘 알려진 동음이의어를 참고하라. "그들은 *nomen*(이름)을 지켰으나 *numen*(신성)을 변화시켰다."****

11. Jonas, *op. cit.*, I (MPL 106.325D–326A). 첫 구절은 "만일 그 사람들이 버린다면"이고, 끝 구절은 "그때나 지금이나 지속한다"로 둔갈도 같은 표현을 사용했다. *Dungal, op. cit.* (MPL 105.472A).

---

* 고대 로마 최고의 신으로 하늘의 지배자; 그리스의 제우스(Zeus)에 해당함.

** 로마 신화에 나오는 농업의 신.

*** 로마 신화의 상업·가축·경기·여행·웅변술 등의 수호신.

**** 성상을 옹호해, 즉 성상이 가진 이름을 지켜, 그것이 내포하는 존재의 이름은 불렀지만 그리스도의 신성을 훼손했다는 의미. 곧 성상이 우상화되어 사람들이 점점 그리스도의 조상 그 자체를 신성시하고, 결국 그것을 우상처럼 떠받들게 돼, 마침내 진정한 의

하나님의 형상을 닮아 있는[12] 살아 있는 사람이 더 많은 존숭을 받을 것임이 틀림없습니다.[13] 즉 생명과 감정, 그리고 이성이 결여된 모든 것들, 곧 소나 (혹은 더 열등한) 돌이나 나무 등과 같은 형상들보다는 그러한 살아 있는 인간의 형상이 더 숭배될 것은 명백한 사실입니다.[14] 그러므로 우리는 다음과 같은 사실을 주의 깊게 생각해야만 합니다. 곧 만일 하나님의 손으로 만드신 작품인 피조물들이 숭배나 예배되지 않아야 한다면, 하물며 인간들의 손으로 만든 형상들에 관해서는 어떤 다른 언급이 필요하겠습니까? 다시 말해, 인간이 만든 형상이 하나님의 피조물보다 훨씬 더 열등하기 때문에, 한낱 인간이 만든 그것이 숭배되거나 예배되는 일은 엄청난 언어도단일 뿐이고, 또한 더욱이 그들을 닮은 존재에 대해 경의를 표하는 일이 존속돼선 결코 안 될 것이라는 점이 바로 그것입니다.[15] 만약 인간이 숭배하는 성상이 하나님이 아니라면, 이는 당연히 헛된 숭배 행위가 될 것입니다. 따라서 성인의 명예를 드높인답시고 그의 형상을 숭배하는 일은 함부로 하나님의 위엄을 스스로 사칭하고 침해하는 행위와 다를 바 없습니다.[16]

그러므로 무엇보다도 먼저 우리는, 가시적인 인물 모양이나 형상뿐만 아니라 어떤 피조물들, 곧 하늘과 땅의 것이나, 혹은 영적이거나 물질의 모양을 가진 것이나 그 어떤 것이든지, 그것들이 하나님의 이름을 대신하거나 빙자하여 숭배를 받고 있다는 사실을 반드시 인식해야 합니다. 그리고 그러한 성상 숭배자는 그렇게 만들어진 성상들에게서 (구원은 유일하신 하나님만의 특권인데도 불구하고) 그의 영혼의 구원을 대망한다는 사실도 잊지 말아야 할 것입니다. 사도는 그러한 자에 대해 이렇게 말씀하지 않았습니까? "이는 그들이 하나님의 진리를 거짓으로 바꾸어 피조물을 조물주보다 더 경배하고 섬김이라."[17]

무엇 때문에 당신은 그릇된 성상에 절을 하여 창피를 당해 면목을 잃어버리고 만

미의 신성이 성상숭배를 통해 훼손됐다는 뜻이다.

12. Jonas, *op. cit.*, I (MPL 106.326B).

13. *Ibid.*

14. *Ibid.* (MPL 106.326C). 참고. Agobard, *op. cit.*, 18 (MPL 104.222D).

15. *Ibid.* (MPL 106.329BC).

16. *Ibid.* (MPL 106.329C).

17. *Ibid.* (MPL 106.329D). 롬 1:25를 인용함.

니까? 왜 당신은 우습고 하찮은 화상과 땅의 구조물 앞에서 마치 포로들처럼 몸을 구부려 납작 엎드립니까? 하나님은 다른 짐승들은 그들의 얼굴을 땅에 대고 보행하도록 만드셨지만, 인간은 고개를 똑바로 들고 살아가도록 창조하셨습니다. 하나님은 당신을 위해 위를 향한 자세와 생김새를 갖게 하셨고, 또한 직립해서 하늘과 하나님을 향할 수 있는 용모를 허락해주셨습니다. 눈을 들어 저쪽을 바라보십시오. 저 높은 곳을 바라보며 하나님을 찾으십시오. 그렇게 되면 당신은 아래에 있는 것들을 피할 수 있을 것입니다. 당신의 흔들리고 망설이는 마음을 하늘 높이 들어 올리시기 바랍니다.

무엇 때문에 당신은, 당신이 예배하는 생명이 없고 무감각한 성상과 함께 당신 자신을 죽음의 구덩이에 내동댕이치려고 합니까? 왜 당신은 성상 숭배로 말미암아 그 성상과 함께 마귀의 불구덩이로 빠져들려고 합니까? 오직 믿음으로 당신이 가진 탁월함을 보존하시고, 또한 하나님이 창조하신 당신과 당신의 것이 계속 존재할 수 있도록 애쓰시기 바랍니다.[18]

그러나 그릇된 종교와 미신에 사로잡혀 그것을 신봉하는 자들은 이렇게 외쳐대곤 합니다. "우리가 그리스도의 모습이 품어져 있으면서 그의 영광과 명예가 그려져 있는 십자가를 예배하고 공경하여 받들어 모시며 숭배하는 일은 우리의 구주를 회상하기 위한 것이다."[19] 그들에게는, 곧고 올바른 인간에게 선하며 좋고 훌륭하게 여겨지는 것을 제외하고는, 그 어떤 것도 선하지도 좋지도 또한 훌륭하게 간주되지도 않습니다. 이는 우리 구주의 경우도 마찬가지입니다. 다시 말해, 고난을 비난하고 죽음을 비웃는 일이 바로 그것입니다. 우리 주님이 당하신 그 고난과 죽음은 일부 인간에게는 선하지도 좋지도 훌륭하지도 않은 것이며 그것은 오히려 그들에게 수치와 불명예와 저주가 됩니다. 그들은, 심지어 불신자들, 곧 유대인이나 이방인들이 그리스도의 부활을 의심하고 믿지 않는 것처럼, 그런 식으로 그리스도를 믿습니다. 그들의 심중에 담겨 있는 것은, 그리스도께서 고문과 죽음, 그리고 고통으로 뒤틀리는 극심한 고난을 당했다는 생각뿐이며, 그 외는 아무것도 없습니다. 그들은 그리스도의 고난 외에는 아무것도 믿지도, 알지도, 배우려하지도, 생각하지도, 보존하려고 하지도 않

---

18. *Ibid.* (MPL 106,330D). 이 문장은 키프리아누스가 데메트리아누스(Demetrianus)에게 보낸 서신 가운데 들어 있는 것으로서, 요나스가 이를 인용한 것이다.

19. *Ibid.* (MPL 106,331C).

습니다. 그들은 사도가 하신 다음과 같은 말씀을 주의하여 마음에 두지도, 또한 이해하지도 못합니다. "비록 우리가 그리스도도 육신을 따라 알았으나 이제부터는 그같이 알지 아니하노라."[20]

그런데 그리스도께서 십자가에 달리셨기 때문에 나무로 만들어진 모든 십자가를 숭배해야 한다면, 육체를 가지신 동안 그리스도께서 행하신 다른 모든 일들 역시 그와 동일한 방식으로 숭배돼야만 합당하게 된다는 결론이 도출되기에 이를 것은 명약관화한 이치입니다. 이러한 점은 우리가 마땅히 성상옹호론자들에게 주어야 할 답변의 질문 근거에 해당합니다. 왜냐하면 그들은 그리스도에 관한 것이면 무엇이든 성상을 만들어 숭배하려고 하기 때문입니다. 그리스도는 간신히 여섯 시간을 십자가에 매달려 계셨습니다. 그러나 그는 동정녀의 모태에서 태음력으로는 9개월 하고도 11일 이상을 지내셨습니다. 이는 꼬박 276일에 해당합니다. 곧 이는 태양력으로는 9개월 하고도 6일 이상에 해당합니다. 이렇게 오랜 세월을 동정녀가 품고 있었으니, 그리고 그리스도를 잉태해 출산하셨으니, 그녀가 숭배되는 일이 마땅하다고 여길 수도 있지 않겠습니까? 그렇다면 갓 낳은 아기 예수를 말구유에 누였으니, 예수를 품은 그 말구유도 숭배를 받는 것이 합당하지 않겠습니까? 또한 그렇다면 예수가 갓 태어난 후에 즉시 싸여진 낡은 강보[21]도 그리스도를 품고 있었기 때문에 숭배됨이 마땅할 것입니다. 또한 그렇데 된다면 배도 숭배 받아야 할 것입니다. 왜냐하면 그리스도께서는 종종 배를 타시기도 했고, 조그마한 배를 타고 군중을 가르치시기도 했으며, 배에서 주무시기도 했고, 또한 배를 타고 명령하여 바다의 광풍을 잠재우기도 하셨기 때문입니

---

20. *Ibid.* (MPL 106.334C). 고후 5:16 하를 인용함. 이는 페렝가르(Perengar of Tours)가 애호하던 구절이었다.*

21. 클라우디오는 이를 문자적으로 'old rags'('낡은 넝마 혹은 누더기 옷')로 번역했는데, 이는 아마도 'swaddling clothes'('갓난아이를 둘둘 감는 천이나 배내옷')로 번역함이 더 만족스러울 것이다.**

---

* 클라우디오는 여기서, 성상숭배 옹호론자들이 십자가 위에서 고난당하고 있는 그리스도의 형상을 회상의 목적으로 대한다고 주장하는 바를 논박하고 있다. 즉, 그들이 고난과 죽음 등을 좋지 않은 개념으로 생각하면서, 십자가상의 그리스도의 고난과 죽음을 기념하고 회상한다는 것은 모순이자 언어도단이며 자가당착이라는 것이다. 곧, 그들이 숭배하는 것은 그러한 고난과 죽음 회상이 아니라 우상화된 그리스도라는 것이다. 숭배 목적은 고난 회상이나, 그러한 죽음과 고난은 인간의 선호 대상이 아니므로, 그것은 핑계에 불과하며, 결국 십자가상 성상숭배는 우상숭배라는 것이다. 곧, 육체의 모습을 지닌 그리스도를 숭배하지 말고 영적인 그리스도를 예배하라는 의미다.

** 원래 그리스 성경은 'ἐσπαργανωσεν'(Wrapped in swaddling clothes, 천으로 싸서)로 표기했는데, 이는 'σπαργανον'(a swathing band, 붕대)에서 파생해 유래했다. 불가타는 이를 *'pannis eum involvit'*(그리스도를 천에 싸서) 곧 *'pannis'*(cloth, 천, 의복)로 번역했다. 영어성경인 R.S.V.와 K.J.V.는 공히 'Swaddling clothes'로 번역했다.

다. 그리고 그물을 깊은데 던지라고 명령하신 곳도 고기 낚는 배 위에서였습니다. 그들은 그 명령을 따라 수많은 물고기를 잡았습니다. 또한 우리는 나귀도 숭배해야 할 것 아니겠습니까? 그리스도께서 나귀 등에 앉아 예루살렘 성으로 진입하시지 않았습니까? 어린 양도 숭배돼야 하지 않겠습니까? 이렇게 기록됐기 때문입니다. "보라 세상 죄를 지고 가는 하나님의 어린 양이로다."[22] (그러나 저 파렴치하고 악명 높은 불법적인 열성파들은 살아 있는 어린 양을 먹고 벽에 그려진 그리스도를 오직 숭배할 따름입니다!)[*]

더 나아가, 사자도 숭배 받아야 할 것입니다. 그 이유는 성경에 다음과 같이 기록됐기 때문입니다. "장로 중의 한 사람이 내게 말하되 울지 말라 유대 지파의 사자 다윗의 뿌리가 이겼으니 그 두루마리와 그 일곱 인을 떼시리라 하더라."[23] 돌도 숭배돼야 할 것입니다. 왜냐하면 그리스도께서 십자가에 달려 죽으신 후 장사되신 곳이 돌무덤이기 때문입니다. 또한 사도께서 이렇게 말씀했기 때문입니다. "그 반석은 곧 그리스도시라."[24] 위와 같이 그리스도께서는 문자적이 아니라 비유적으로, 실질이 아니라 표의로, 반석과 어린 양과 사자 등으로 불렸습니다. 아마 가시 면류관도 숭배돼야 할 것인데, 이는 그리스도께서 수난 당하실 때 가시관을 쓰셨기 때문입니다. 갈대도 숭배돼야 할 것인데, 왜냐하면 로마 군병이 그리스도의 머리를 때렸을 때, 바람이 불어 갈대가 날렸을 것이기 때문입니다. 결국, 창도 숭배를 받아야 할 것입니다. 왜냐하면 로마 군병 중 한 명이 십자가에 달려 있는 그리스도의 옆구리를 찔러 피와 물이 쏟아져 내렸기 때문입니다. 바로 교회의 성례전이 거기서 형성된 것이 아닙니까?[25]

물론 그 모든 것들은 익살맞은 농담거리에 불과하지만 이러한 비유를 듣고 우리는 [그들의 어리석음으로 인해] 슬퍼질 수밖에 없습니다. 어리석은 자들에게는 어리석은 것들을 제시해 설명할 수밖에 없고, 돌같이 굳은 마음을 지닌 자들에게는 말과 감정의 화살이 아니라 냉혹한 바람을 쏘아야 합니다.[26] "너희 거짓말쟁이들아, 심

---

22. 요 1:29b.

23. 계 5:5.

24. 고전 10:4b.

25. Jonas, *op. cit.,* I (MPL 106,336BCD).

26. *Ibid.* (MPL 106,338D).

---

[*] 클라우디오는 여기서 화체설과 성상숭배 옹호론을 확실히 거부하고 있다. 따라서 그를 중세의 종교개혁가로 보는 것도 무리가 없을 듯하다.

판으로 보응되리라." 당신은 진리에서 떠나, 무상하고 헛된 것을 사랑하며, 결국 헛된 존재가 됐습니다.[27] [당신은 성상숭배를 함으로써] 하나님의 아들을 다시 십자가에 못 박습니다.* 그리고 그 못 박힌 모습을 조상으로 조각해 높이 들어 올려 온 세상에 드러내 보입니다.[28] 그리고 거기서 불쌍하고 비참한 자들의 영혼은 어지럽고 혼란스러운 군중 속에서** 마귀의 동반자가 됐습니다. 당신은 불경한 우상숭배의 신성모독 행위를 통해 그 불쌍한 자들을 그들 자신의 창조주 하나님에게서 떼 내버렸고, 또한 영원한 멸망의 형벌의 정죄 가운데로 던져 넣었던 것입니다.[29]

하나님은 다음과 같은 단 한 가지를 명령하셨습니다. 그러나 그들은 그와 반대로 행하고 있습니다.[30] 하나님은 십자가를 숭배하지 말고 그것을 짊어지라고 명령하셨으나, 그들은 영적이든 혹은 실질적이든 도무지 어깨에 짊어지려고 하지도 않는 그것

---

27. *Ibid.* (MPL 106.339A). 이 문장은 사 46:8의 내용을 포함하고 있다.***

28. *Ibid.* 히 6:6에 대한 암시로 보인다.

29. *Ibid.* (MPL 106.339B).

30. *Ibid.*, II (MPL 106.350C).

* 십자가에 달린 예수상을 숭배하는 것은, 그러한 성상을 계속 보고 있음으로써, 예수를 다시 십자가에 못 박는 것과 다를 바가 없다는 의미. 이는 클라우디오가 십자가 고난 신학보다는 영광의 신학에 더 기울어 있었다는 측면을 엿보게 하는 부분이다. 이는 화체설과 미사를 비판하는 모티브가 되는 것으로 사료된다. 곧, 이는 고난당하신 그리스도의 죽음과 몸에 집착하는 가톨릭 전례 신학의 근간이 흔들리는 처사가 될 것이고, 이에 대해 가톨릭 교권주의자들은 적극적으로 공격했다. 이로써 우리는 클라우디오 당시, 곧 중세 중반기인 주후 9세기경에 엄청난 대규모의 교리투쟁이 전개된 것으로 짐작할 수 있다. 곧, 클라우디오는 이단으로 몰려 공의회의 재판을 받게 된 것이다. 따라서 우리는 중세가 신학적으로 획일화된 사회와 시대가 아니라, 다양한 견해들이 공론의 장에서 피 튀기는 전쟁을 벌였던 것으로 여겨야 할 것이다. 성찬설, 예정설, 인간 의지와 타락론, 성상론 등에서 불꽃 튀는 교리전이 벌어졌던 시대가 중세였고, 라트랑이나 클라우디오가 바로 그 와중에 좌파로서의 역할을 감당했던 것이다. 결국, 이는 근대나 오늘날에 못지않은 사상투쟁이라고 할 것이다.

** 혹은 미사 가운데서. masses를 군중 혹은 미사로 해석할 수 있음. 후자일 경우 클라우디오가 미사를 적극적으로 부정한 것이 됨. 이러한 문제는 난외의 연구 과제임.

*** 사 46:7 "그것을 들어 어깨에 메어다가 그의 처소에 두면 그것이 서 있고 거기에서 능히 움직이지 못하며 그에게 부르짖어도 능히 응답하지 못하며 고난에서 구하여 내지도 못하느니라"는 구절이 바로 우상숭배의 어리석음과 우상의 무능함을 잘 표현해주고 있고, 다음 절인 8절에서 그러한 것들을 생각하고 마음에 두어 우상에 넘어지지 않는 믿음의 대장부가 되라는 것이 이사야의 예언과 권면이다. 그러나 이 8절은 성경마다 크지는 않지만 약간의 뉘앙스 차이가 존재하는 것처럼 보인다. "Remember this and consider, recall it to mind, you transgressors."– NRSV, "Remember this, and show yourselves men; Recall to mind, O you transgressors"– NKJV, "*Mementote istud, et confundamini; redite, prævaricatores, ad cor*"– Vulgate, וְשְׁאָתְהוּ תַאֱזֹרְכִי ·בְּלִי מַעֲשׂוּם וּבֵשׁוּ – BHS, "이를 생각하고 부끄러움을 알아라. 너 반역자들아, 이를 마음에 새겨 두어라."– 공동번역, "너희 죄인들아, 이것을 기억하여라. 그리고 확고하게 서라. 너희 반역한 죄인들아, 이 일을 가슴 깊이 간직하여라"– 표준새번역개정판. 그러나 이 모든 성경의 구절들은 우상숭배를 버리고 올바른 신앙을 가질 것을 권면한 것이다. 곧 클라우디오는 사 46:7-8을 염두에 두고서 성상숭배의 어리석음과 무상함을 비판했던 것이다.

을 간절히 숭배하기를 바라고 있습니다.[31] 그리하여 종국에 이르러서는 하나님을 예배하는 일이 바로 하나님을 떠나는 결과가 됐는데 그 이유는 이러합니다.[32] "이에 예수께서 제자들에게 이르시되 누구든지 나를 따라오려거든 자기를 부인하고 자기 십자가를 지고 나를 따를 것이니라."[33] 인간이 자신을 버리고 포기하지 않는다면, 인간 위에 존재하시는 하나님께 접근할 수 없습니다. 또한 만일 인간이 자기 자신과 그가 가진 모든 것을 다 바쳐 희생하는 방법을 모른다면, 그는 그 자신을 초월해 있는 것들을 결코 이해할 수가 없게 됩니다.[34]

만일 당신이 내가 사람들이 회개의 목적으로 로마를 향한 순례 여행을 못하도록 금했다고 말한다면, 당신은 거짓말을 한 것입니다.[35] 나는 그러한 참회의 순례 로마 여행에 대해 찬성한 적도 또한 반대한 적도 없습니다.[36] 왜냐하면 그러한 여행이 참여한 사람들에게 상처를 입히거나 혹은 이로운지, 아니면 도움이 되는지 혹은 해를 끼치는지 알 수 없기 때문입니다.[37] 만일 당신이 로마로 가는 것이 참회를 하는 것이라고 믿는다면, 나는 당신에게 이와 같이 묻고 싶습니다. 긴 시간 동안 무엇 때문에 당신이 대수도원장으로 있는 수도원 안에 그렇게 수많은 사람들을 회개를 위한 로마 순례 여행을 보내지 않고 감금해두어서 결국 그들의 영혼이 멸망되도록 내버려두었나요? 당신은 당신의 수도원에 참회하기 위해 모여든 자들을 받아들였고 또한 로마로 보내지 않고 오히려 당신을 섬기도록 했는데, 이러한 일은 그들의 영혼을 죽이는 일이 아닌가요?[38] 당신은 당신이 책임자로 있는 수도원에 참회를 위해 모여든 수사가 무려 140명을 넘어, 큰 무리를 이루고 있다고 자랑하고 있습니다.[39] 그들은 당신의 수도원에서 그들 자신의 인생을 송두리째 바친 자들입니다. 당신의 주장이 진리라면, 과연

---

31. *Ibid.* (MPL 106.351B).

32. *Ibid.* (MPL 106.352B).

33. *Ibid.* (MPL 106.352D); 마 16:24.

34. *Ibid.* (MPL 106.353C). 요나스는 클라우디오가 그레고리우스(Gregory the Great)로부터 이 구절을 도용했다고 비난했다.

35. *Ibid.* III (MPL 106.365D). 여기와 그 다음에서 'you'는 단수 대명사로 표기되어 있는데, 이는 분명히 데오데미르 개인을 가리키는 말이다.

36. *Ibid.* (MPL 106.366C).

37. *Ibid.*

38. *Ibid.* (MPL 106.369C).

39. *Ibid.* (MPL 106.371A).

그런 자들을 로마로 보내지 않고 어떻게 할 작정입니까? 그런데도 당신은 그들 중 한 사람도 로마로 가도록 허락하지 않았습니다.[40] 만일 이러한 것들이 (곧, 당신이 "로마로 가는 것은 참회를 행하는 것이다" 라고 말한 바가) 사실이라면, 당신은 이러한 주님의 말씀에 대해서는 어떻게 생각하고 처신할 것입니까? "누구든지 나를 믿는 이 작은 자 중 하나를 실족하게 하면 차라리 연자 맷돌이 그 목에 달려서 깊은 바다에 빠뜨려지는 것이 나으니라."[41] 영원한 순례 여행을 시작할 수 있는 자의 앞길을 가로막는 행위보다 더 큰 수치와 불명예는 결코 존재하지 않을 것입니다.[42]

실로, 당신은 복음서에 기록된 다음과 같은 말씀, 곧 우리 주님 구주께서 복된 사도 베드로에게 주신 말씀을 결코 이해하지 못했음이 분명합니다. "또 내가 네게 이르노니 너는 베드로라 내가 이 반석 위에 내 교회를 세우리니 음부의 권세가 이기지 못하리라. 내가 천국 열쇠를 네게 주리니 네가 땅에서 무엇이든지 매면 하늘에서도 매일 것이요 네가 땅에서 무엇이든지 풀면 하늘에서도 풀리리라 하시고."[43] 이러한 주님의 말씀 때문에, 무지한 인종들은, 그 말씀의 영적인 의미를 모두 무시한 채, 영원한 생명을 확보하기 위해 로마로 가기를 원하고 있습니다.[44] 천국 열쇠의 의미를 영적이지 않은 방식으로 이해하는 자는 어떤 특별한 지위를 지닌 복된 베드로의 중재가 필요하지 않습니다.[45] 그런데 만일 우리가 그러한 주님의 말씀의 적절한 의미에 관해 조심스럽게 숙고해본다면, 주님은 다음과 같이 말씀하시지 않았음을 잘 알 수 있습니다. "네가 하늘에서 무엇이든지 풀면 땅에서도 풀릴 것이요 네가 하늘에서 무엇이든지 매면 땅에서도 매이리라."[46] 여기서 사람들은 그러한 풀고 매는 사역이 교회의 주

---

40. 이 구절은 요나스의 발췌본에도 또한 둔갈의 초록에도 들어 있지 않다. 오직 MPL 105.463B에만 들어 있을 뿐이다. [아마도 이 구절은 데오데미르에게 너무나도 불리한 진술이므로 그 두 학자가 고의적으로 누락한 것으로 사료된다].

41. Jonas, *op. cit.*, III (MPL 106.373D–374A); 마 18:6.

42. *Ibid.* (MPL 106.375A).

43. 마 16:18–19.

44. Jonas, *op. cit.*, III (MPL 106.375BC).

45. *Ibid.* (MPL 106.376D).

46. *Ibid.* (MPL 106.378B).

교들에게 주신 것임을 반드시 알아야만 합니다.* 그들 역시** 죽을 운명의 육신을 지닌 잠시 잠깐의 이 세상을 지나가는 순례자에 불과합니다. 그러나 그들이 죽음의 빚을 갚게 될 때, 그들의 지위를 대신해 계승하는 후배들이 그들과 동일한 사법적인*** 권위를 지니게 됩니다. 바로 다음과 같은 말씀은 이를 두고 기록된 것입니다. "왕의 아들들은 왕의 조상들을 계승할 것이라 왕이 그들로 온 세계의 군왕을 삼으리라."[47]

다시 본래의 주제로 돌아가렵니다. 오! 당신은 눈이 멀었습니다. 그리하여 당신은 태어나서 이 세상 속으로 들어오게 된 모든 인간들의 앞을 비추어 주는 진리의 빛을 바라볼 수가 없게 됐습니다.[48] 왜냐하면 참 빛은 어둠을 밝히고, 또한 어둠은 빛을 덮어 가리지 못하기 때문입니다.[49] 그 참된 빛을 바라보지 못함으로써, 당신은 어둠 속에 존재하고 있습니다. 당신은 어둠 속을 걷고 있고, 또한 어디를 향해 가고 있는지도 모르는데, 그 이유는 어둠이 당신의 눈을 멀게 했기 때문입니다.[50]

로마 순례 여행을 통해 로마로 가서 사도의 중재를 찾는 어리석은 당신은 사람들을 우롱하고 농락했으니 제발 내 말을 듣고 좀 현명해지시기를 바랍니다. 당신 같은 자들로 인해 여기에 가장 잘 언급되는 복된 아우구스티누스의 말을 전하니 잘 들으시기 바랍니다.[51] 그의 저술인 *On the Trinity*(「삼위일체론」) 8권에서, 많은 내용 중에서도 특히 다음과 같이 언급한 것을 주목하시기 바랍니다.[52] "내게로 와서 우리가 왜 사도를 사랑해야만 하는지를 우리 함께 심사숙고해 보자. 사도 역시 우리와 동일한 아주 평범한 인간 형태를 지니고 있기 때문인가? 그래서 우리는 그가 그저 한 인간에 불과하기 때문에 그가 사랑을 받아야만 한다고 믿어야 할 것인가? 결코 그렇지 않다. 더

---

47. *Ibid.* (MPL 106,379C); 시 45:16 (불가타, 44:17).

48. 참고. 요 1:9.

49. 참고. 요 1:5.

50. Jonas, *op. cit.*, III (MPL 106,380BC).

51. *Ibid.* (MPL 106,383C).

52. Augustine, *De Trinitate*, VIII, 5, par(agraph). 8, in NPNF, 1st ser(ies)., III, 119.

---

* 클라우디오는 천국 열쇠가 하늘의 문을 열거나 잠그도록 주어진 것이 아니라, 땅의 문을 개폐하도록 주어졌다고 말하면서, 땅의 자물쇠를 열고 잠그는 일을 주교들의 일로 규정했다. 이런 일을 참회를 위해 로마로 순례 여행을 하는 것으로 해석하는 것은 어불성설이라는 것이 클라우디오의 주장이다. 곧, 클라우디오는 마 16:18-19를 참회를 위한 로마 순례 여행의 근거 본문으로 삼고 있는 어리석은 주장을 반박한 것이다. 곧, 그것은 주교직의 권위와 승계에 관한 말씀이라는 것이다.

** 하늘에서 천국 열쇠를 열고 잠그는 천상의 존재가 아니라 일반인처럼.

*** 매고 푸는.

욱이 우리가 사랑하는 사도가, 비록 그가 이미 존재하지 않더라도, 지금 존속해 살아 있는 것 같기 때문인가? 사실상 그의 영혼은 몸과 분리됐으나, 우리는 지금 여전히 우리가 그를 사랑하고 있다고 믿고 있다."[53]

신실한 믿음을 소유한 자는 누구나 인간과 구원의 약속을 맺으신 하나님을 반드시 믿어야만 합니다. 그리고 더욱이 하나님이 구원해 주시기를 맹세까지 하셨으니,[54] 우리가 얼마나 더 많이 하나님을 믿어야만 합니까? 무엇 때문에 다음과 같은 언급이 필요합니까? "오! 노아와 다니엘과 욥이 여기에 있었다."* 아무리 그들에게 대단한 거룩함과 의와 공로가 있었다고 하더라도, 곧 그들이 아무리 위대했더라도, 그들은 그들 자신의 아들과 딸들의 죄를 용서하여 구원할 수가 없을 것입니다.[55] 그러므로 아우구스티누스의 언급은 어떤 인간도 성인들의 공로나 중재에 의지해서는 안 된다는 의미를 내포하고 있습니다.[56] 왜냐하면, 사도들과 성인들이 소유했던 것과 동일한 믿음과 의, 그리고 또한 그들이 소유해서 하나님을 기쁘시게 했던 진리 등을 지니지 않는다면, 그 누구도 구원 받을 수가 없을 것이기 때문입니다.[57]

나를 고발하는 당신의 다섯 번째 항목은, 나로 인해 사도직의 우두머리인 당신이 노하여 불쾌하게 됐다는 것입니다. (더욱이 당신은 내가 당신을 노하여 불쾌하게 만든다고 언급했습니다).[58] 당신은 이러한 것을, 지금은 이 세상을 떠나고 없는 로마 교회의 주교, 파스칼 (Paschal)에게 고해바쳤습니다.[59] 사도직에 있는 사람은 사도의 안위를 살피는 보호자입

---

53. 이 구절 전체는 다음 자료에 실려 있다. Dungal, *op. cit.* (MPL 105.498C); 그 구절 후반부는 요나스의 사료에는 들어 있시 읺다.**

54. Jonas, *op. cit.*, III (MPL 106.381B).

55. *Ibid.* (MPL 106.381D)

56. *Ibid.* (MPL 106.382A).

57. *Ibid.* (MPL 106.383A).

58. *Ibid.* (MPL 106.385A).

59. *Ibid.* 이는 교황 파스칼 1세(Pope Paschal I)를 지칭하며, 그는 주후 824년에 세상을 떠났다.

---

* 신앙의 위인들이 하나님과 인간의 구원 언약 체결 장소에 증인으로 동석했다는 의미.

** 클라우디오는 로마 교회에 베드로 사도의 권능이 있으니 거기로 가서 참회를 해야 구원을 받을 수 있다고 주장하는 자들을 공박하기 위해, 이미 역사 속의 베드로는 사라지고 없으며, 따라서 사도의 존재와 권능은 영적 측면에서 찾아야 할 것이라는 주장을 펼친 것으로 사료된다. 즉, 이미 로마에는 베드로가 죽고 없는데, 거기로 가서 참회를 하기 위해 베드로의 매고 푸는 열쇠를 찾는 것은 말도 안 된다는 의미다. 결국 우리가 사도를 회상하고 공경하는 것은 영적인 의미에서 그렇다는 뜻이다.

니다.[60] 혹은 그는 사도의 직을 행사하는 자입니다.[61] 단지 어떤 자가 사도좌에 앉아 있다고 해서 사도적인 사람으로 불려서는 안 되고, 반드시 사도직의 기능을 충실히 이행하여 완수하는 자만이 사도로 칭해져야 합니다.[62] 우리 주님은 사도직의 기능을 행하지 않으면서, 그 자리를 차지하여 고수하고 있는 자에게 이렇게 말씀하셨습니다. "서기관들과 바리새인들이 모세의 자리에 앉았으니, 그러므로 무엇이든지 그들이 말하는 바는 행하고 지키되 그들이 하는 행위는 본받지 말라 그들은 말만 하고 행하지 아니하며."[63]

---

60. *Ibid.* (MPL 106.385B). Dungal, *op. cit.* (MPL 105.486AB). 둔갈은 그러한 언급을 인용하지 않았으나, 그러한 희롱조의 어원 사용을 각주로 처리해, 클라우디오가 직접적으로 데오데미르를 조롱하는 것으로 여겼다.

61. Jonas, *op. cit.*, III (MPL 106.385C).

62. *Ibid.* 요나스는 그 말을 이어서 이렇게 계속 언급했다. "우리는 또한 사도직의 기능을 수행하지 않는다면 그 어떤 자도 사도좌에 앉아, 사도의 위엄으로 높이 들어 올리어 칭송받을 수가 없다고 여기는 바다." 그러나 요나스의 그러한 열정은 그를 이단의 경계선까지 몰고 가지 않았는가! 그러므로 안젤로 마이 추기경(Cardinal Angelo Mai)은 황급히 서둘러 다음과 같은 저술에서 경고의 문구를 첨부시켰다. '*Caute lege*'(이 부분을 조심해서 읽어야 한다). Angelo Mai, ed., *Bibliotheca veterum patrum* (고대교부 총서, reproduced in MPL 106).

63. Jonas, *op. cit.*, III (MPL 106.386A); 마 23:2-3.

제4장

도이츠의 루페르트

제1절. 서론

주후 12세기 초엽 어느 날, 지그부르크(Siegburg)의 대수도원장 쿠노(Cuno)와 도이츠(Deutz; 오늘날의 콜로뉴(Cologne) 지방)의 대수도원장 루페르트(Rupert) 등이 성경의 권위에 관한 영적인 담화에 참여하고 있었다. 거기서 우연히 생겨난 특별 주제는 다니엘서 7장에 수록돼 있는 유명한 환상 [네 짐승 환상]에 관한 것이었다. 그 두 수도원장은 다니엘서 7장의 환상 중 세 번째 짐승인 표범이 바로 그리스 제국의 알렉산더와 그의 승계자들이라는 데 일치를 보았다. 그리고 나서 토론은 슬며시 애국자 마카비(Maccabees)*에 관한 언

---

* 주전 323년은 중동 역사에서 큰 획을 그은 해였다. 역사의 무대에 혜성처럼 나타나서 젊은 나이에 가장 넓은 영토를 정복한 알렉산더 대왕이 33세의 나이로 요절한 것이다. 오늘날 이라크의 바벨론에서 알렉산더가 열병으로 숨을 거두었을 때 그가 남겨놓은 거대한 제국은 어느 누구도 홀로 통치할 수 없는 광활한 영역이었다. 자연히 그의 부하 장군들 사이에 통치 영역이 분할됐다. 이집트는 프톨레마이오스 장군에게 돌아갔고 그는 항구 도시 알렉산드리아를 중심으로 프톨레미 왕조를 이루었다. 또 시리아를 중심으로 한 소아시아 지역은 셀레우코스 장군에게 할당되었고 안디옥(안티오크)을 수도로 셀레우코스 왕조를 이루었다. 이들 희랍의 통치세력 사이에 위치한 것이 유대인들의 땅 팔레스타인이었다. 약 100년 이상 팔레스타인 지역은 프톨레마이오스 왕가의 지배를 받았다. 프톨레마이오스 왕가는 관용주의 정책으로 정복민들을 다스렸고 이들의 통치기간에 팔레스타인의 유대인들은 평온을 유지했다. 그러나 주전 200년경 팔레스타인을 사이에 두고 양대 세력이 쟁탈전을 벌였다. 결과는 시리아의 셀레우코스 왕가가 승리했다. 이때부터 유대인들은 셀레우코스 왕가의 통치하에 들어가게 되었다. 셀레우코스 왕가의 통치 정책은 정복지 내의 다양한 민족과 문화를 희랍문명(헬

급으로 기울어지게 되었다. 그 상황에서 쿠노는 돌연히 다음과 같이 생각을 많이 해야 해결 될 사려 깊은 질문을 던졌다. "나는, 무엇 때문에 우리가, 거룩한 교회 내에서, 어떠한 방어도 취하지 않았던 거룩한 순교자들의 대단한 인내심을 찬양하는 것 이상으로, 호전적인 방어를 취했던 마카비 파가 자아낸 교훈을 매우 장엄하고 엄숙하게 기념하고, 또한 찬송가까지 지어 그들의 업적을 찬양하는지를 보다 자세하고 소상히 알고 싶습니다."1 그러한 질문은 특히 난해하고 골치 아픈 종류의 것이었다. 만일 "하나님의 나라가 참으로 평화와 자비, 형제애와 헌신, 진리와 정의 및 온유가 지배하는 제국이라면," 왜 실로 그들 유대인들은 "수많은 전쟁에서 무기를 들고 피에 굶주린 것처럼 잔인하고 야만적인 살상으로 저항을 했던가? … 그들 자신을 보호하기 위해 전개했던 피의 전쟁이 하나님의 교회 속에서 기억되고 회상될 만한 사건이었던가?"

그러나 도이츠의 그 대수도원장은 재빨리, 그리고 날카롭게 이렇게 답변했다. "하

---

1. 마카비(Maccabees)를 기념하는 축제는 8월 1일이다.

레니즘)으로 통일시키는 '희랍문명 통일화' 정책이었다. 특히 주전 170년대 안티오쿠스 에피파네스 4세(에피파네스는 현신이라는 의미)는 강력한 희랍화 정책을 추진했다. 팔레스타인에 살고 있던 유대인들에게 이러한 정책의 추진은 곧 종교적 탄압의 형태로 나타났다. 안티오쿠스 4세는 칙령을 내려 유대인들이 행해온 할례를 금지시켰고 이를 어긴 어머니는 아기와 함께 처형되었다. 안식일도 지키지 못하게 했고 성경책(당시는 모세5경)을 소지하는 것조차 금지되었다. 발견된 성경책은 불에 태워 없애버렸다. 이러한 일련의 조치들은 유대인들로서는 참기 어려운 것이었다. 특히 유대인들을 격분시킨 것은 예루살렘 성전 안에 희랍의 최고신 제우스를 위한 제단과 신상을 세우게 하고 제우스에게 유대인의 금기인 돼지 제물을 바치도록 강요한 것이다. 하나님을 예배하는 예루살렘 성전이 희랍의 신을 섬기는 우상숭배의 장소가 된 것이다. 이러한 상황에서 주전 167년 유다지역의 작은 마을 모디인(Modiin)에서 유대인 저항운동이 일어났다. 이들은 신앙의 순수성을 지키기 위해 순교를 각오하고 투쟁에 나섰다. 이러한 저항운동은 유대인 하스몬(Hasmon) 가문에 속한 '마타디아'와 그의 다섯 아들이 주동이 되어 시작됐다. 이들이 항거의 기치를 내걸자 많은 유대인이 그들 주변에 모여들었고 결국 혁명으로 확대됐다. 이 혁명의 지도자는 마타디아의 다섯 아들 중에 '유다'였다. 그의 별명은 '쇠망치'라는 뜻의 '마카비'(Maccabee)였다. 사람들은 그를 '유다 마카비'라고 불렀고 그가 주도하는 혁명을 '마카비 혁명'이라고 불렀다. 마카비 혁명군은 안티오쿠스 4세의 군대에 비해 수적으로나 장비 면에서 열세를 면치 못했다. 그러나 이들은 현지 지형과 지리에 익숙하다는 강점을 살려 게릴라식 기습공격으로 승리의 전기를 잡아나갔다. 3년간의 투쟁 끝에 '유다 마카비'가 이끄는 혁명군은 마침내 예루살렘을 장악하는 데 성공했다. 이들은 곧 성전산 위에 세워진 성전에 들어가 성전 안의 제우스 신상과 제단을 제거하고 정화하였다. 그리고 하나님께 성전을 새롭게 봉헌했다. 이 날이 구약시대 월력으로 키슬렙(Kislev)월 25일이었다. 이후 오늘날까지 유대인들은 이날을 '하누카'(Hanukkah) 절기로 지켜오고 있다. 성전을 '봉헌'했다는 뜻이다. 우리의 달력으로 12월 중순쯤 되는 하누카 절기에는 유대인 가정이나 회당에서 '하누카 촛불'을 켠다. 8개 촛대에 매일 저녁 하나씩 촛불을 켜 나가다가 마지막 여덟째 날은 8개 촛불을 모두 켠다. 이러한 촛불의식에는 유래가 있다. '유다 마카비'가 혁명군을 이끌고 예루살렘 성전에 들어갔을 때 성전을 밝히는 등불의 기름이 하루치밖에 남아 있지 않았다. 성전에서 사용하는 성유를 만들려면 여러 날이 걸리는데 기름이 하루치밖에 없었던 것이다. 그런데 놀랍게도 성유가 만들어질 때까지 하루치 기름은 기적적으로 8일간이나 성전을 밝혔다는 것이다. 이에 근거해서 하누카 절기에 촛불을 켜는 의식이 생겨났다. 그래서 하누카를 일명 '빛의 축제'(Feast of Lights)라고도 부른다. 마카비 혁명으로 예루살렘 성전은 정화됐다. 뿐만 아니라 셀레우코스 왕가는 예루살렘 성전의 관할권을 유대인들에게 이양해 주었고 이로써 마카비 혁명은 일단 목적을 달성했다. 그러나 유다 마카비와 그의 형제들은 더 큰 목적을 갖고 있었다. 그것은 유대인들의 정치적 독립이었다.

나님의 도움을 받아 일으킨 그들 유대인들의 투쟁과 군사 행동은 우리뿐 아니라 온 세계에 평가하여 헤아릴 수 없는 막대한 유익을 끼쳤음이 분명합니다. 왜냐하면 마귀가 안티오쿠스 에피파네스(Antiochus Epiphanes)를 통해, 아브라함과 맺으신 하나님의 약속, 곧 모든 족속이 아브라함의 자손을 통해 복을 받을 것이라는 언약[2]이 주는 모든 희망과 신앙의 기억을 송두리째 파괴하여 앗아가기 위해 막무가내로 준동을 했으며, 바로 유대인들이 이러한 저들의 악행을 과감히 저지시켰기 때문입니다. 안티오쿠스가 자행했던 일은 어떤 종류의 것이었습니까? 그는 하나님의 제단 위에 가증스러운 우상, 곧 증오와 혐오의 대상인 이방신을 세웠고, 또한 그의 수하들을 시켜 유대 전 지역의 도시에 이방신을 섬기는 지성소를 만들게 했습니다. 그리고 모든 집의 출입문과 길거리는 이방신에게 바치는 향과 희생 제물의 짐승을 태우는 냄새로 가득 차게 되었습니다.* 하나님의 율법 책들은 불꽃 속에 던져져 모두 재가 되어버렸습니다. 그리고 만일 누군가가 하나님의 약속의 책을 지니고 있다가 들키게 되거나, 혹은 율법을 준수하다가 발각되기에 이르면, 왕의 칙령에 근거하여 가차 없이 죽여 버렸습니다.[3] 이 모든 만행은 유대인 말살정책의 일환으로 생겨난 결과였습니다. 그리하여 아

---

2. 창 22:18.

3. 마카비상 1:54-57.

---

* 안티오쿠스의 역사와 만행에 대해서는 마카비상 1:1-64에 잘 수록됐다. "깃딤 출신의 마케도니아 사람으로 필립보의 아들인 알렉산더는 페르시아와 메대의 왕 다리우스를 쳐부수고 왕권을 차지하여 그리스 왕국을 손에 넣은 다음, 수없이 전쟁을 하여 숱한 성을 점령하고 세상의 많은 왕을 죽였다. 알렉산더는 땅 끝까지 진격하여 여러 나라에서 많은 재물을 약탈했다. 온 세상은 그 앞에 굴복하였고 그는 우쭐하여 오만해졌다. 그는 막강한 군대를 모아 여러 고을과 나라와 왕국을 굴복시키고 조공을 바치게 하였다. 그 후, 알렉산더는 앓아눕게 되었는데 죽음이 임박한 것을 알고 어릴 적부터 자기와 함께 자라난 장교들 중에서 뛰어난 사람들을 불러 죽기 전에 자기 왕국을 그들에게 나누어주었다. 알렉산더는 십이 년 동안 통치하고 죽었는데, 그의 장교들은 제각기 자기 영토를 다스리다가 알렉산더가 죽자 모두들 왕위에 올랐다. 그리고 그들의 자손들도 뒤를 이어 오랜 세월을 두고 집권하였다. 그들이 집권하는 동안 온 세상은 그들의 학정에 몹시 시달렸다. 그들 중에서 죄악의 뿌리가 돋아났는데 그는 안티오쿠스 왕의 아들로서 로마에 인질로 갔던 안티오쿠스 에피파네스였다. 그는 그리스 왕국 137년에 왕이 됐다. 그 무렵, 이스라엘에서는 반역자들이 생겨 많은 사람들을 선동하면서 '주위의 이방인들과 맹약을 맺읍시다. 그들을 멀리하고 지내는 동안 얼마나 많은 재난을 당하였습니까?' 하고 꾀었다. 이 말이 그럴듯하여 백성들 중에서 여럿이 왕에게 달려가, 이방인들의 생활 풍습을 받아들이자고 청하여 허가를 받았다. 그들은 곧 이방인들의 풍속을 따라 예루살렘에 운동장을 세우고 할례 받은 흔적을 없애고 거룩한 계약을 폐기하고 이방인들과 어울렸다. 이렇게 그들은 자기 민족을 팔고 악에 가담했다. 안티오쿠스는 자기 왕국을 튼튼히 세우고는 이집트 땅에까지 손을 뻗쳐 두 왕국을 함께 지배하려는 야심을 품었다. 그는 대군을 거느리고 병거, 코끼리, 기병, 큰 함대를 앞세워 이집트로 쳐들어가서 이집트 왕 프톨레매오를 공격하였다. 프톨레매오는 많은 사상자를 내고 도망쳤다. 안티오쿠스는 이집트의 여러 요새 도시들을 점령하고 많은 전리품을 빼앗았다. 143년에 이집트를 쳐부순 안티오쿠스는 돌아오는 길에 대군을 이끌고 이스라엘로 가서 예루살렘으로 쳐들어갔다. 그는 무엄하게도 성전 깊숙이 들어가서 금 제단, 등경과 모든 부속물, 제사 상, 술잔, 그릇, 금향로, 휘장, 관 등을 약탈하고 성전 정면에 씌웠던 금장식을 벗겨 가져갔다. 또 금, 은은 물론 값비싼 기물들을 빼앗고 감추어두었던 보물들을 찾아내는 대로 모두 약탈했다. 그는 이 모든 것을 차지하고 많은 사람을 죽인 다음, 오만 불손한 욕설을 남기고 자기 나라로 돌아갔다. 이스라엘 방방곡곡에는 큰 슬픔이 넘쳐, 지도자

브라함의 자손 안에서, 즉 그리스도 안에서, 천하 만민 모든 족속이 복을 받지 못할 위험 지경에 이르게 되었고, 또한 하나님의 목적과 약속이 무용지물이 될 상황에 봉착하게 되었습니다. 그러나 선량한 쿠노여! 아아! 하나님의 은혜가 그렇게도 고마울 수가 있겠습니까? 그러한 하나님의 약속의 근거는 성공적으로 방어되기에 이르렀고, 그로 인해 위대한 결과가 초래됐습니다. 하나님의 진리는 강력하게 성취되었고, 마카비파는 그러한 공적과 위업을 완수했던 장본인들이었습니다. 그러한 이유로 인해, 그들은 하나님의 교회 안에서 정당하게 그들의 행위에 상응하는 저명한 명성을 획득할 수가 있게 되었던 것입니다."

루페르트는 그러한 명쾌한 답변에다 다시 이러한 말을 더 보탰다. "그 밖의 다른 고대 성인들이 갖은 노력과 전쟁을 통해 이룬 것은, 하나님의 말씀이 인류를 구원하

와 원로들이 탄식을 하고 처녀 총각들은 기운을 잃었으며, 여인들의 아름다움은 간 곳이 없었다. 신랑들은 슬픔에 잠기고 신부는 신방에 앉아서 탄식만 했다. 온 땅은 주민들의 슬픔으로 초상집같이 되었고 야곱의 집은 온통 수치로 뒤덮였다. 그로부터 2년 후, 안티오쿠스 왕은 유다의 여러 도시에 조공 징수관을 파견했다. 그 사람은 대군을 이끌고 예루살렘으로 가서 거짓 평화 선전을 하여 그들을 안심시켰다. 그러고는 별안간 그 도시를 습격해 큰 타격을 주고 이스라엘 백성을 무수히 죽였다. 그는 그 도시를 약탈한 다음, 불을 지르고 가옥들과 사면의 성벽을 파괴하고 아녀자들을 포로로 삼고 가축을 빼앗았다. 그리고 그의 군졸들은 강한 성벽을 높이 쌓고 튼튼한 망대를 세워 다윗의 도시를 재건해 자기네들의 요새로 삼았다. 그리고 죄 많은 이방인들과 유다인 반역자들을 그 요새에 배치하여 기반을 굳혔다. 또 무기와 식량을 저장하고 예루살렘에서 거둔 전리품을 그곳에 쌓아두었다. 이렇게 하여 예루살렘은 크게 위협을 주는 성이 되었다. 예루살렘은 성소를 위협하는 복병이 되었고, 이스라엘 사람들을 밤낮으로 괴롭히는 사악한 원수가 되었다. 성소 주위에서 죄 없는 사람들이 무참히 죽어갔고, 그 성소는 원수들 손에 더럽혀졌다. 예루살렘 주민들은 그들을 피해 도망가 버려 예루살렘은 이국인의 거처가 됐고, 제 고장 사람들에게는 낯선 땅이 돼 그 자녀들이 그 땅을 버리고 갔다. 성소는 광야와 같이 황폐하고 축제일은 통곡의 날로 변하고 안식일은 웃음거리가 되고 명예스러웠던 것이 오히려 조롱거리가 되었다. 지난날 영광을 누린 만큼 수치를 당했고 찬란하던 때는 가 버리고 상복을 입게 됐다. 그 후 안티오쿠스 왕은 온 왕국에 영을 내려 모든 사람은 자기 관습을 버리고 한 국민이 돼야 한다고 했다. 이방인들은 모두 왕의 명령에 순종했고 많은 이스라엘 사람들도 왕의 종교를 받아들여 안식일을 더럽히고 우상에게 제물을 바쳤다. 왕은 또 사신들을 예루살렘과 유다의 여러 도시에 보내어 다음과 같은 칙령을 내렸다. 유대인들은 이교도들의 관습을 따를 것. 성소 안에서 번제를 드리거나 희생제물을 드리거나, 술을 봉헌하는 따위의 예식을 하지 말 것. 안식일과 기타 축제일을 지키지 말 것. 성소와 성직자들을 모독할 것. 이교의 제단과 성전과 신당을 세울 것. 돼지와 부정한 동물들을 희생제물로 잡아 바칠 것. 사내아이들에게 할례를 주지 말 것. 온갖 종류의 음란과 모독의 행위로 스스로를 더럽힐 것. 이렇게 하여 율법을 저버리고 모든 규칙을 바꿀 것. 이 명령을 따르지 않는 자는 사형에 처한다. 안티오쿠스 왕은 그의 온 왕국에 이와 같은 명령을 내리고 국민을 감시할 감독관들을 임명하고 유다의 여러 도시에 명령을 내려서 각 도시마다 희생제물을 바치게 했다. 많은 유대인들이 율법을 버리고 그들에게 가담하여 방방곡곡에서 나쁜 짓을 마구 저질렀다. 그 밖의 이스라엘 사람들은 숨을 곳을 찾아 피난을 갈 수밖에 없었다. 145년 기슬레우 월 십오 일에 안티오쿠스 왕은 번제 제단 위에 가증스러운 파멸의 우상을 세웠다. 그러자 사람들은 유다의 근방 여러 도시에 이교 제단을 세우고 집 대문 앞에나 거리에서 향을 피웠다. 율법서는 발견되는 대로 찢어 불살라 버렸다. 율법서를 갖고 있다가 들키거나 율법을 지키는 사람이면 누구든지 왕명에 의해 사형을 당했다. 그들은 여러 도시에서 권력을 휘두르며 왕명을 위반한 이스라엘 사람들을 매달 잡아들여 모질게 학대했다. 매달 25일에는 옛 제단 위에 새로 세운 제단에 희생제물을 바쳤다. 자기 아이들에게 할례를 받게 한 여자들은 법령에 따라 사형에 처하고 그 젖먹이들도 목매달아 죽였다. 그뿐 아니라 그들의 가족과 아이들에게 할례를 베푼 사람까지 모두 죽였다. 그러나 이에 꺾이지 않고 부정한 것을 먹지 않기로 굳게 결심한 이스라엘 사람들도 많았다. 그들은 부정한 음식을 먹어서 몸을 더럽히거나 거룩한 계약을 모독하느니 차라리 죽음을 달게 받기로 결심했고, 사실 그들은 그렇게 죽어갔다. 크고 무서운 하나님의 진노가 이스라엘 위에 내린 것이다."

시기 위해 성육하시기로 되어 있는 그 사람 [곧 그리스도 예수]을 지키기 위해 반드시 필요한 것이었습니다." 대수도원장 쿠노는 그러한 루페르트의 해설을 듣고 매우 기뻐서 이렇게 소리쳤다. "그러한 하나님의 말씀의 승리에 대한 책을 나를 위해 써 주십시오!" 쿠노의 강권으로 인해, 루페르트는 결국 설복되어 그러한 주제에 관한 논문을 저술했으며, 그 내용은 다음과 같은 그 자신의 논문 요약으로 잘 파악할 수 있다. "하나님의 말씀은 위대하고 강력하다. 하나님께 정복당한 그 적은 비록 또한 위대하지만 하나님은 그들을 쳐부수고 승리하셨다. 그것은 거대한 투쟁이었고, 또한 그 결과 역시 위대한 것이었다."[4] (이 논문 중의 독특한 부분이 다음 제2절에 실려 있다.) 그 두 수사는 그러한 대화로 인해 수도원 안뜰에서 만끽할 수 있는 명상과 침묵의 평온을 깨트려버리고 진지하게 학문적인 담화를 나눌 수 있게 되었다. 누구나 그러한 묵언과 평정을 누리기를 원하지만, 그것은 순간적인 환상이요 눈속임에 불과한 것이었다. 그 두 인물은 끊임없이 신랄한 논쟁들, 곧 신학적일 뿐만 아니라 격렬한 정치적인 논박 속으로 휘말려들곤 했다. 그리고 무엇보다도 먼저, 그 두 인물은 격동의 시대를 살아갔던 자들이었다. 원한이 사무친 성직 서임권 투쟁은 아직 불안한 타협 가운데서 가라 앉아 안정되어 있지 않았고, 제1차 십자군 원정이 바로 최근의 얼마 전에 발발했다. 학교에서 들려오는 잡음은 귀에 거슬릴 정도로 크게 삐걱거렸다.(실재론과 유명론* 논쟁) 이를 보다 간단히 언급한다면, "12세기 르네상스"가 그 날개를 활짝 펼치게 되었다. 당대의 인물들을 단순히 열거하라면, 아벨라르(Peter Abelard), 수거(Suger of Saint-Denis), 베르나르(Bernard

---

4. 이 모든 사건은 루페르트가 쿠노에게 보낸 한 서신에서 다시 자세히 기록됐디. 그리고 그것은 *On the Victory of God's Word*(하나님의 말씀의 승리에 대하여)라는 제목의 그의 한 논문의 서론 역할을 했다. 다음을 참고하라. MPL 169.1215-1218.

* 보편자 논쟁의 근원은 고대철학으로 거슬러 올라간다. 극단적 실재론자인 플라톤은 보편자(이데아)가 '사물 앞에'(ante rem) 존재한다고 했고, 온건한 실재론자인 아리스토텔레스는 '사불 안에'(in re) 존재한다고 했다. 전지가 실재론으로 후자는 온건한 실재론이나 유명론의 전조가 된다. 후에 유명론자들은 '사물 뒤에'(post re) 존재한다고 주장했다. 보편의 실재성 여부에 관한 이 논쟁은 원래, 보에티우스(Boethius, 주후 480-525)가 포르피리오스(Porphyrios, 주후 233-304)의 "아리스토텔레스의 범주론 입문"을 주석하면서 그것에 관해 잠시 소개한 뒤 이를 다루지는 않았는데, 보에티우스는 포르피리오스가 논의를 미뤘던 문제들을 다시 꺼내 논쟁의 물꼬를 트게 된 것이었다. 그러고 나서, 주후 11-12세기에 중세의 보편자 논쟁이 심화되었다. "하나님은 실재이며 완전한 보편자"라고 주장한 안셀름(Anselmus, 주후 1033-1109)은 실재론자의 대표로서, 보편자가 정신에만 있고 실재하지 않으며 이름뿐이라는 유명론자 로스켈리누스(Roscellinus, 주후 1050경-1124경)의 주장과 맞서게 되었다. 아벨라르(Pierre Abélard, 주후 1049-1142)는 이 두 극단적인 입장의 중재 입장에서 조정론자로 불린다. 곧 그는 보편자는 '언어'(sermo)라고 했다. 이는 보편자가 존재자인 개물 그 자체가 아니라 그것에 대해 '말해지는 것'이라 했다. 이러한 접근은 사고에 의해 파악되는 '뜻'의 영역을 '존재'의 영역과 다른 영역으로 구별해낸 것이다. 이는 중세철학이 근대를 향해 가는 진일보의 한 걸음이었다. 그리하여 주후 14세기에 다시 오캄에 의해 제기된 유명론이 바로 중세의 스콜라철학의 존재론적 신학을 무너뜨리고 근대 경험론을 여는 단초 역할을 했던 것이다.

of Clairvaux), 피터(Peter the Venerable) 등을 들 수 있고, 이들은 루페르트가 살아갔던 시대의 활기찬 생명력과 존속력을 제공했다고 말할 수가 있을 것이다.

루페르트는 어린 시절부터 리즈(Liége)에 소재한 성 로렌스(Saint Lawrence) 베네딕트 대수도원에서 수도 생활에 몸을 담기 시작했다. 그는 독일의 리즈 시 근처에서 출생한 것으로 추측된다. 그의 탄생 날짜는 알려져 있지 않으나 주후 11세기 4사분기 즈음에 태어난 것임에는 틀림이 없다. 대수도원장이었던 베렝가르(Berengar, 주후 1076-1115 재직)와 헤리브란트(Heribrand, 주후 1115-1130 재직) 슬하에서 성 로렌스 수도원에서 양육된 그는[5] 12세기 초엽 무렵에 사제로 서품되었는데, 아마도 그때가 대략 주후 1106년으로 추정되고 있다. 주후 1113년에 그는 지그부르크(Siegburg) 대수도원으로 옮겨갔고, 거기서 그는 대수도원장 쿠노의 막역하고도 절친한 친구가 되었다. 콜로뉴(Cologne)의 대주교 프레데릭(Frederick)의 영향을 받아, 그는 주후 1119년 혹은 1120년에 도이츠의 대수도원장으로 선출되었다. 거기서 (타 지역을 몇 번 우연히 방문한 일을 제외하고) 그는 대략 주후 1130년에 타계하기까지 다른 곳으로 옮기지 않고 주어진 성직의 임무를 모두 감당했던 것이다.[6]

아주 초기부터 그는 다작의 저술가로 유명했다. 리즈를 떠나기 전에 그는 몇 개의 긴 시들을 지었다. 성령 찬양시, 웅대한 성육신 찬가, 사포 시체(Sapphics; 사랑의 연가체)*로 쓰여진 그의 수도원에 관한 역사시, 성 데오다르(Theodard), 성 고아르(Goar), 성 세베루스(Severus) 등을 기념하는 찬양시, 그의 지그부르크 수도원에 대한 산문 연대기, 성 아우구스티누스와 오딜리아(Odilia)의 전기, 욥기 주석, 긴 분량의 예식서 등이 그의 주된 작품들이었다. 그는 또한 삼위일체 저술들에 관한 매우 광대하고도 해박한 논문을 작

---

5. 쿠노에게 보낸 루페르트의 서신에 들어 있는 내용이다. 그 서신 속에는 그의 논문, *De sancta Trinitate et operibus ejus*(성 삼위일체와 그의 활동사역) 서론 일부가 들어 있다. 이에 관해서는 다음을 참고하라. MPL 167.196A. 루페르트의 그 작품들은 그의 세부적인 전기에 관한 것으로 가득 차 있다.

6. 그러나 어떤 다른 곳에서는 그의 타계 연대를 주후 1135년으로 기록하고 있기도 하다.

---

* 사포(Sappho; 주전 600년 경의 그리스의 여류 시인, 곧 주전 610~580년 경 소아시아 레스보스 섬에서 활동한 유명한 서정시인)의 시체(詩體), 즉 서정적 연가체를 의미함. 애정, 질투, 증오 등을 소재로 하여 연인과 주고 받는 듯한 연애시가 사포의 시체의 주된 특징. 대부분 문어가 아닌 일상 속어로 시 작품을 썼으며, 간결하고 직선적이며 사실적인 표현을 사용했다. 자신의 환희와 고통을 객관적인 입장에서 비판적으로 판단할 수 있는 힘을 지니고 있다. 그러나 그녀의 감정은 비교적 냉정하게 표현됨에도 힘을 조금도 잃지 않았다. 그리스 최대의 여류 시인인 사포는 알렉산드리아 시대에는 많은 시집이 있었으나 현재는 2편의 장시 이외에 몇 편의 단편이 전할 뿐으로, 사포는 '사포 시체(詩體)'란 말을 만들 정도로 독특한 시체를 형성했다. 사포는 열 번째의 뮤즈(Muse)라고 칭해질 만큼 서정적인 사랑의 시를 많이 썼다. 그러나 중세에는 그의 시가 너무 에로스(eros)적이라고 하여, 모두 불태우라는 명령이 내려지기도 했다.

성하기 시작했다. (이 글 끝에 있는 그의 작품 목록 4번을 참고하라).

그러나 이미 그의 생애는 논쟁에 의해 혼란을 겪게 되었다. 먼저 그의 문학 작품들을 시샘하는 자들이 있었다. 그들은 신진 작가, 무명의 저술가, 권위 없는 저자들의 작품은 전혀 필요가 없고, 오직 거룩한 교부들의 저술만 있으면 충분하다고 생각하며, 그 외의 작품들에 대해서는 불평과 트집을 늘어놓는 자들이었다. 그 다음에, 샹뽀의 윌리엄(William of Champeaux, Châlons-sur-Marne의 주교, 주후 1113-1121 재직)의 추종자들이 그의 성찬 교리에 도전을 가해 왔다. 그들은 그를 투르의 베렝가르(Berengar of Tours)*를 지지하는 신봉자로 고발했고, 또한 '임파네이션' 교리**를 지닌 자로 비난했다.[7] 루페르

---

7. 임파네이션(impanation)은 성례전의 빵을 통해 신자가 그리스도의 몸과 합일됨을 나타내는 데 사용된 개념 용어다. 이 개념은 그리스도의 위격적 연합의 비유를 모방한 것이다. 하나님은 그리스도의 인격 속에 몸이 있게 만드셨다. 성례전 가운데서 "하나님은 빵으로 만들어진다". 그리스도의 신적인 속성은 그의 몸을 통해 성례전의 빵으로 나누어진다. 그것은 공재설과 유사한 것으로 여겨진다. 로마 가톨릭은 그것이 화체설을 반대했다고 하여 이를 이단으로 정죄했고, 루터교회 역시 공재설과 다르다고 하여 이를 거절했다.

---

* 라틴명으로는 베렝가리우스. 라드베르의 전통적인 화체설을 부정했던 라트랑의 상징설 내지는 기념설적 성찬설을 따랐던 주후 11세기의 학자. 이 책의 제1부 제3장 제1절 서론을 참고하라.

** 로마 가톨릭에 의해 이단으로 정죄된(로마 가톨릭은 화체설에서 조금만 벗어나도 이단으로 정죄함) 임파네이션 교리의 전모는 다음과 같다. 성례전 가운데서 그리스도는 그의 인간의 몸을 통해 실체상 빵과 포도주의 물질과 결합되었다. 그리하여 그리스도는 실재로 빵과 포도주가 되신 하나님으로 현존하신다: 하나님은 빵이 되신다(*Deus panis factus*). 성육신의 결과로, 하나님의 말씀(the Divine Word)의 특성은 인간 그리스도로 여겨질 수 있게 된다. 그리고 인간 그리스도의 특성 역시 말씀(the Word)으로 진술될 수 있게 된다(*communicatio idiomatum*; 속성의 교류). 그와 동일한 방식으로, 임파네이션(impanation; incarnation을 모방하여 주조된 용어로서 '성인격(成人格)'이라 칭할 것이다)의 결과로, 오직 그리스도의 몸의 중재를 통해, 하나님의 아들과 빵의 물질 사이에서 속성의 상호 교환이 일어나게 된다. 임파네이션 교리는 루터가 가르친 공재설 교리에 찬동한다. 이 두 설의 골자는 이렇다. 하나는, 빵과 포도주가 그리스도의 몸과 피로, 그 본질이 변한다는 화체설을 거부하며, 다른 하나는, 그럼에도 성례전 가운데서 그리스도의 실재적 현존(the Real Presence of Christ)이 일어난다는 것이다. 그러나 임파네이션 교리는 본질적으로 루터의 공재설과 다르다. 루터는 그리스도의 몸이 변하지 않은 빵의 물질을 관통하지만 임파네이션 교리의 핵심 골자인 위격적인 합일을 이룬다는 점을 거부하기 때문이다. 정통 루터교 신학 사상은 이것을 소위 그리스도의 몸과 빵의 물질 사이의 성례전적 연합이라고 표현한다. 그러한 견해를 잘 표현한 공식은 바로 이렇다. "그리스도의 몸은 '빵 안에, 빵과 함께, 빵 아래' 있다.(*in, cum et sub pane*) 그것은 참으로 신자에 의해 받아들여지는 순간에 현존한다.(*in usu, non extra usum*)". 개혁교회 신학자들은 루터파와 임파네이션파를 공격하여, 그러한 상세한 용어 개념을 수용하지 않고, 그것을 광범위한 개념으로 대체해버렸다. 임파네이션이라는 용어의 역사적 유래는 주후 11세기 말엽, 투르의 베렝가리우스를 공격했던 한 논쟁에서 비롯된다. 구트문트(Guitmund of Aversa, 주후 1195년 이전 사망)는 그의 작품 "*De corporis et sanguinis Christi veritate in Eucharistia*"에서 베렝가리우스의 제자들을 두 종류로 구분했다. 하나는 성례전 속에서 절대적으로 그리스도의 실제 현존을 거부하는 자들이고, 다른 하나는 비록 성례전 가운데 그리스도의 몸과 피가 실제로(*revera*) 현존함을 인정하지만, 화체설을 거부한 채, 임파네이션 개념으로 그리스도의 실제 현존을 설명하려는 자들이었다.(*Christum quodammodo impanari*) 구트문트는 베렝가리우스의 성찬 교리의 본질이 바로 임파네이션 교리라고 여겼다. 그러나 그것이 베렝가리우스의 교리든 아니든 간에, 우리는 명백하게 그것이 임파네이션 개념을 함축하고 있다고 말할 수 없다. 차라리 그것은 루터의 공재설(consubstantiation)과 일치하는 것으로 여기는 것이 더 나을 것이다. 알게르(Alger of Liège)는 그의 논문 "*De sacramento corporis et sanguinis Christi*"(그리스도의 몸과 피에 대해, 1131)에서 어떤 분명한 용어를 사용하지 않은 채 "그리스도의 인격(Person)은 빵 안에서 '성인격(成人格)'되었고', 이는 하나님이 인간의 육체 안에서 성육신(成肉身)하신 것과 정확히 동일한 방식으로 이루어졌다."(*dicunt ita personaliter in pane impanatum Christum sicut in carne humanâ personaliter incarnatum Deum*) 알게르는 그것을 이단으로 규정했고, 철저히 근절돼야만 할 것이라 주장했다. 왜냐하면 그것은 불합리한 진기

트가 사용한 용어는 추기경 벨라르민(Cardinal Bellarmine), 바스케즈(Vasquez) 등, 트리엔트 신앙(트리엔트 공의회⟨1545-1563⟩에서 결정된 로마 가톨릭 정통신앙)의 탁월한 해설자들이 보기에는 대단히 애매한 개념을 담고 있었으며, 그것은 사실상 자신들의 화체설을 공격하는 것이었다. 그리고 반교황주의 신학자들, 예를 들면 위클리프(Wyclif), 살마시우스(Salmasius) 등과 같은 인물들 역시 자신들의 성찬설을 내세우면서 임파네이션 교리를 공격했던 것이다. 그런데도 루페르트의 가르침은 주후 18세기 초엽, 유명한 마우루스회(Maurist) 소속의 게르베론(Gabriel Gerberon)과 (이전의 얀센주의자들⟨Jansenist⟩)에게 대단히 정교하고도 명확한 변증가(apologia)로 받아들여졌다.[8]

세 번째 주제는, 샹뽀의 윌리엄(William of Champeaux)과 라옹의 안셀름(Anselm of Laon, 주후 1117년에 사망함) 등과 연루된 예정 교리 논쟁에 관한 것이다. 이 투사들은 (혹은 그들의 추종자들) 어떤 방식으로든, 하나님께서 실재로 인간이 죄를 짓도록 의도하셨고, 그리하여 아담의 타락이 발생했다고 가르쳤다. 루페르트는 그러한 가르침을 전면 부정했다.[9] 그러므로 그들은 루페르트가 또한 하나님의 전능성을 부인한다고 고발했다. 이에 대한 그의 반박[10]은 우리로 하여금 레미기우스(Remigius of Lyons)에 의해 촉발된 논쟁을 연상하도록 만들어 준다. 루페르트는 자기 자신의 저술들이 기소되는 데 못마땅하여, 그를 기소했던 적수들을 만나기 위해 노새를 타고 길을 떠났다. 안셀름(Anselm)은 루페르트가 라옹에 당도했던 바로 그 날에 타계했다. 루페르트는 즉시 샬롱(Châlons)으로 나아가서 윌리엄 주교와 불꽃 튀는 논전을 전개했다.[11] 다행스럽게도 루페르트는 그의 필력에 큰 보탬이 되는 강력한 지지자들을 얻었으니 그가 곧 (후에 라티스본⟨Ratisbon⟩의 주교가 되었던) 쿠노(Cuno of Siegburg)와 프레데릭(Frederick of Cologne) 및 로마교황 특사사절이었던 윌리엄(William of Palestrina) 등이었다. 결국 루페르트가 그러한 존경과 평가를 받아 도이츠에 소재한 성 헤리버트(Saint Héribert) 수도원의 대수도원장이 되었다는 사실은 이미 앞에서 언

함(quia nova et absurda)에 불과한 것이기 때문이었다. 누가 이러한 이상한 새 이단을 소개했던가? 오랫동안 유명한 대수도원장 루페르트(Rupert of Deutz)가 그 진원지로 의심을 받아왔다. 추기경 벨라르민(Cardinal Bellarmine), 바로니우스(Baronius), 수아레즈(Francisco Suárez), 바스케즈(Vasquez) 등은 결국에 가서는 바로 루페르트를 이러한 임파네이션 교리 창시의 주모자로 여겼던 것이다.

8. 이 글 서론의 끝 부분에 자리 잡고 있는 작품목록 각주를 참고하라.

9. Rupert, De voluntate Dei (하나님의 뜻에 대해, 이 글 서론 말미에 있는 그의 작품 목록을 보라).

10. Rupert, De omnipotentia Dei (하나님의 전능에 대해, 이 글 서론 말미에 있는 그의 작품 목록을 보라).

11. Rupert, Super quaedam capitula regulae divi Benedicti, I, ad init. (MPL 170.482D-483A).

386

급한 바가 있다. 광범위한 루페르트의 저술 목록은 다음과 같다.

1. *Carmina de s. Laurentio*, ed. E. Dümmler, *Neues Archiv*, 11.175-194; 주후 1113년 이전에 지어진 13개의 신앙시.

2. *Chronicon s. Laurentii Leodensis*, ed. Wattenbach, MGH: Scriptores, 8.262-279; 주후 959년 수도원 설립 이후부터 주후 1095년까지.

3. *De divinis officiis per anni circulum libri XII*, MPL 170.13A-332D; 예배에 관한 이 방대한 연구는 주후 1111년에 완성되어 쿠노에게 헌정되었다. 이 저술은 주후 9세기 아말라리우스(Amalarius of Metz)의 예식서(Liber officialis)와 매우 비슷하다. 이 책은 루페르트가 유능한 예배학자 및 연구자의 반열 범주에 들도록 해주었다.

4. *De Trinitate et operibus ejus libri XLII*, MPL 167.199D-1828B; 쿠노에게 전해진 저술. 이 작품의 저술은 주후 1113년 이전에 시작되어서 주후 1117년에 완성되었다. 이 작품은 성경에 대한 신학적 주석의 시리즈로 구성되었다. 첫 부분인 세 권의 책은 이 세상의 시초부터 아담의 타락까지, 성부 하나님의 고유한 사역을 다루었다. 두 번째 부분인 4-33권은 아담의 타락 이후부터 그리스도의 성육신까지, 성자 하나님의 독특한 사역을 취급했다. 세 번째 부분인 34-42권은 그리스도의 성육신 이후부터 이 세상의 종말까지(주로 성령의 일곱 가지 사역에 대한 토론), 성령 하나님의 역사에 관해 언급했다. 이러한 그의 작품 구조는 훗날 대수도원장 요아킴(Joachim of Fiore, 주후 1202년 사망)의 "세 시대"를 예기하게 해주는 것으로 보이기도 한다.

5. *Super Iob commentarius*, MPL 168.963A-1196C; 아마도 초기 작품으로 보인다.

6. *In Cantica canticorum de incarnatione Domini Libri VII*, MPL 168.839A-962B; 앞의 작품과 같은 시기에 쿠노의 요청에 의해 저술된 책. 루페르트는 이 책이 환상에 의해 영감을 받아 저술된 것이라고 말했다. 루페르트는 비록 복된 동정녀 마리아가 성경의 말씀대로 탁월함과 특권을 지녔다고 하더라도 죄 없이 이 세상에 태어났다는 주장은 거부했다. 여기서 루페르트보다 젊은 그의 동시대인이었던 베르나르(Bernard of Clairvaux)의 견해와 루페르트의 생각을 비교할 수 있겠다.

7. *De voluntate Dei*, MPL 170.437A-454C; 주후 1113년에서 1115년 사이에 저

술됨.

8. *De omnipotentia Dei*, MPL 170.453D-478C; 이 작품과 앞의 저술은 같은 시기에 저술되었고, 샹뽀의 윌리엄과 라옹의 안셀름과 논쟁하면서 얻어진 작품이다.

9. *In evangelium s. Joannis Libri XIV*, MPL 169.203A-826A; 쿠노에게 헌정되었음. 부분적으로 이 작품은 투르의 베렌가르의 성례전 교리를 공격하는 내용을 포함하고 있는 것으로서 주후 1117년 이전에 저술되었다.

10. *In Apocalypsim Joannis apostoli libri XXII*, MPL 169.827A-1214C; 프레데릭(Frederick of Cologne)에게 헌정됨. 이 작품은 아래 12번 저술과 같은 시기에 지어진 것으로 여겨진다. 곧 그 저술 연대는 주후 1117-1126년 사이일 것이다.

11. *In duodecim prophetas minores libri XXXII*, MPL 168.11C-826D; 대략 주후 1126년 앞뒤 어간에 저술되었던 것으로 사료되며, 콜로뉴의 프레데릭(Frederick of Cologne)에게 헌정되었다.

12. De victoria Verbi Dei, MPL 169.1215A-1502B; 주후 1126년 이전에 저술된 작품으로서 쿠노에게 헌정됨. 마니티우스는 이 작품을 루페르트의 신학 명작이라 불렀다(Manitius, *Geschichte der lateinischen Literatur des Mittelalters*, 3.129; "중세 라틴 문학의 역사"). 루페르트 그 자신은 위에서 언급한 12소예언서 중 뒤의 여섯 소예언서 서문에서, 이 논문을 저술하기 위해 소예언서에 관한 저술을 잠시 중단한 적이 있었다고 술회했다. 또한 그는 이 책을 다음과 같은 그의 작품에 인용했다고 진술했다. *De glorifictione Trinitatis et processione sancti Spiritus*, III, 21; VII, 14; *De gloria et honore Filii hominis*, XII; 아래를 보라.

13. Vita s. Heriberti archiepiscopi Coloniensis, MPL 170.389D-428A; 주후 1126년 이전에 루페르트의 도이츠 선배인 대수도원장 마크워드(Markward)를 위해 저술함.

14. *Passio b. Eliphii martyris*, MPL 170.427B-436D; 대수도원장 알반(Alban of Saint Martin)을 위해 저술함.

15. *Anulus sive dialogus inter Christianum et Judaeum libri III*, MPL 170.561A-610C; 주후 1126년 이전에 저술되어 쿠노에게 보내어짐. 작품 제목은 누가복음 15:22에 기록되어 있는 방탕한 아들 이야기에서 도출되었다; 이 책 2권과 3권의 끝부

분에(MPL 170.578C와 610C) 대단히 재미있는 부분들이 있으므로 참고하라. 중세에 있어서의 그와 같은 논쟁에 관해서는 다음 자료를 참고하라. A. Lykyn Williams, *Adversus Judaeos* (Cambridge: Cambridge University Press, 1935). 루페르트가 이 책을 화려하게 저술하기 직전에, 스페인계 아랍인이었던 이븐 하즘(Abu Muhammad Ali ibn Hazm al-Andalusi, 주후 994-1064)이라는 인물이 *The Dove's Neck-Ring*이라고 알려진 책 한 권을 저술했다. 그것은 사랑과 사랑하는 연인에 관한 책이었다. 사람들은 루페르트의 작품과 이븐 하즘의 책 사이에 어떤 희박한 관계라도 있다면 놀라지 않을 수가 없다. 이에 관해서는 다음 책을 보라. A. R. Nykl, *A Book Containing the Risala Known as The Dove's Neck-Ring* (Paris: Geuthner, 1931). 이 책은 라이덴(Leiden) 대학교에서 1914년에 페트로프(D. K. Pétrof)가 편집한 독특한 사본을 저본으로 하여 번역된 것이었다.

16. *De laesione virginitatis et an possit consecrari corrupta*, MPL 170.545B-560B; 슈타벨로트(Stavelot)의 한 수사의 질문에 대한 답변서. 루페르트는 마음이 내키지 않아 마지못해 다음과 같이 말했다. 처녀성을 상실한 수녀는, 만일 그녀의 동의 없이 강간이 이루어졌다면, 신앙을 고백할 수 있다.

17. *Super quaedam capitula regulae divi Benedicti abbatis libri IV*, MPL 170.477D-538B; 몬테 캇시노(Monte Cassino)를 방문한 후에쿠노를 위해 저술됨. 이것은 가장 훌륭한 루페르트 자서전이다.

18. *Altercatio monachi et clerici quod liceat monacho praedicare*, MPL 170.537C-542C.

19. *De eodem epistola ad Everardum abbatem Brunwillarensem*, MPL 170.541D-544C.

20. *De gloria et honore Filii hominis: super Matthaeum Libri XIII*, MPL 168.1307A-1634C; 주후 1126년에 쿠노에게 헌정됨. 이때는 그가 막 라티스본(Ratisbon)의 주교가 되었던 때였고, 이 작품은 루페르트의 작품들 중에서 가장 비유적인 것이다.

21. *De glorioso rege David ex libris Regum*; 이 책은 아직 출판되지 않았음.

22. *De glorificatione Trinitatis et processione sancti Spiritus libri IX*, MPL 169.13D-202A; 대략 주후 1127-1128년 사이에 교황 호노리우스 1세(Pope Honorius II, 주후 1124-1130 재위)를 위해 저술됨.

23. *De incendio oppidi Tuitii sua aetate viso liber aureus*, MPL 170.333A–358A; 그의 수하에 있는 수사들에게 주기 위한 저술로서, 주후 1128년 8월 28일 밤에 일어났던 도이츠의 화재에 관한 것이다. 이 저술은 거룩한 주님의 기적적인 도피를 설명해주고 있다.

24. *De meditatione mortis libri II*, MPL 170.357B–390C; 도이츠 화재로 인해 자극을 받아 심도있게 명상하여 저술한 작품(미완성).

루페르트의 저작권이 의심되는 작품으로서는 전도서에 대한 주석(*In librum Ecclesiastis commentarius*, MPL 168.1197A–1306D)과 사도의 생애에 대한 다섯 권의 책들(*De vita vere apostolica dialogorum libri V*, MPL 170.611A–664A)이 있다.

루페르트의 작품들은 고전, 성경, 교부학 등의 분야에서 그가 얼마나 광범위한 학식을 소유하고 있었는지를 잘 보여주고 있다.[12] 비록 루페르트가, 대부분의 학자들과 마찬가지로, 권위 있는 작품들을 인용하는 경향이 있었더라도, 그럼에도 그는 대단히 높은 수준의 사상적 독립성을 여실히 보여주었다. 예를 들어, 그가 저술한 *Victory of God's Word*는 아우구스티누스의 *City of God*을 다소 압도하는 부분을 간직하고 있는 대작이었다. 곧 그의 작품에는 아우구스티누스의 것과는 다른 매우 흥미로운 관점이 포착되고 있는 것이다. 루페르트는 단순한 두 도성에 관한 이야기가 아니라, 삼위일체 하나님 중 두 번째 위격(the Second Person of the Trinity)과 교만한 옛 뱀 사이에서 벌어지는 불꽃 튀는 전쟁에 관해서 자세히 언급해주었다. 루페르트는 자신의 저술에서 오래 전의 옛 전쟁에서 패하여 가두어져 있던, 믿을 수 없으리만치 강력한 원수가 풀려 나와 활개치고 있는 이야기를 묘사해주었다. 그 전쟁의 전선은 루시퍼(Lucifer)의 타락으로부터 역사 시대의 종말에 하나님의 말씀(Word)의 최후 승리에 이르기까지 펼쳐져 있다. 루페르트는 이에 관해 이렇게 언급했다. "성경의 모든 책은 주님의 전쟁에 관한 작품이다.… 거기에 들어 있는 내용은 죄와 사망에 대한 하나님의 말씀(God's Word)의 투쟁 외에 무엇이란 말인가?"[13] 마우루스회 학자들은 그러한 그에 관해 이렇게 평가했다. "루페르트의 문체는 고상하고, 그의 신앙적인 사고방식은 고귀하며 또한 장대하다. 그러므로 그 책을 읽고 연구하는 일은 매우 즐거운 작업이 된다. 비록

---

12. Manitius, *op. cit.* 여기에는 루페르트가 인용했던 고전 문장들이 많이 수집되어 있다.

13. Rupert, *De victoria Verbi Dei*, II, 18 (MPL 169.1257 f.).

루페르트가 권위 있는 저술들을 인용했음에도 불구하고, 그는 매혹적인 새로운 방식으로 그의 작품을 진술해나갔던 것이다."[14] 다음 절에 실려 있는 발췌록은 그러한 작품의 특성을 적나라하게 잘 암시해주고 있다. 곧 루페르트가 저술한 요한복음 주석의 몇 단락은 중요하게 취급되고 있는데, 이는 그 구절들이 말씀(Word)에 대해 잘 설명해주고 있기 때문이다.

루페르트의 논문, *On the Victory of God's Word*(하나님의 말씀의 승리)는 루터파인 오지안더(Osiander)가 주석을 달아서, 주후 1525년 누렘베르크(Nuremberg)에서 최초로 출판되었다. 이미 그때 루페르트의 다른 작품들의 출판에 대한 협상이 진행 중이었고, 그리하여 주후 1526-1528년 사이에, 그 작품들은 로마 가톨릭 학자 코흐라이우스(Cochlaeus)가 편집하여 콜로뉴의 프란시스(Francis) 및 아놀드 비르크만(Arnold Birckmann) 출판사에서 출판되기에 이르렀다. 이후의 개정판들이 각각 주후 1540년과 1577년에 출간되었다. 주후 1602년과 1632년에는 마인츠(Mainz)에서, 그리고 주후 1638년에는 파리(Paris)에서, 주후 1748-1751년에는 베니스(Venice)에서 각각 출판되었다. 미카엘 플레우니히(Michael Pleunich)가 출판한 책 말미에 들어 있는 것은 MPL에 편입되어 있는 것과 동일하다. 루페르트의 작품이 자아내는 매력적인 흥미에 대한 암시는, 베셀 간스부르트(Wessel Gansvoort, 주후 약 1420-1489)가 루페르트의 저술을 열정적으로 다루었다는 데서 찾을 수 있다.[15] 성경에 대한 심오한 지식과 전심전력 외에, 그 두 인물의 공통점을 찾기란 쉽지가 않을 것이다. 베셀은 루페르트와는 달리 신앙의 신비한 직접성을 추적하는데 발군의 실력을 보였던 것이다. 베셀의 사고 유형은 직접적으로 루터(Luther)에게 전달되었고, 심지어 츠빙글리(Zwingli)에게는 루터보다 더 깊게 베셀의 신비사상이 각인되었던 것이다. 그와 반면에 루페르트의 보다 지속적인 명성은 예배학과 성례전에서 살아남게 되었다.

저술목록 각주

루페르트의 저술들은 대단히 많은 분량의 자서전적인 자료들을 함축하고 있으

---

14. MPL 170.778D에서 인용함.

15. 다음을 참고하라. E. W. Miller and J. W. Scudder, *Wessel Gansfort: Life and Writings*, 2 vols. (New York, Putnam's, 1917), 1.55 f.; 2.320 f.

며, 이는 다음과 같은 작품의 주요 자료가 되었다. Reiner von Lüttich(주후 1157-약 1182), *De ineptiis cujusdam idiotae*(MGH: Scriptores, 20). 루페르트에 관한 기본적인 연구 결과물들: Gabriel Gerberon, *Apologia pro R. D. D. Ruperto abbate Tuitiensi in qua de Eucharistiae veritate eum catholice sensisse et scripsisse demonstrat vindex*(Paris, 1669). 이는 편리하게 볼 수 있도록 MPL 167.23C-194C에 수록되어 있다. 그리고 마우루스회가 다루었던 루페르트의 생애와 작품들은 다음 자료에 실려 있다. *Histoire littéraire de la France*, II (1759), 422-587; MPL 170.703B-804A.* 그런데 대단히 놀라운 사실은, 몇 안 되는 소수의 학자들만이 루페르트의 작품에 대해 흥미를 느꼈다는 점이다. 곧 주로 일부 19세기 학자들만 그에 대한 특별한 관심을 보였을 뿐이다: N. C. Kist, "Rupertus Tuitiensis", in *Archief Kerk. Gesch. Nederl.* (1850); J. Daris, "La Vierge de Dom Rupert", in *Bull. Inst. Archéol. Liégeois* (1886); R. Rocholl, *Rupert von Deutz* (Gütersloh, 1886); J. Müller, *Über Rupert von Deutz und dessen Vita s. Heriberti*(Cologne, 1888). 가장 최근의 연구는 다음과 같다. O. Wolff, *Mein Meister Rupertus* (Freiburg i/B, 1920). 물론 무엇보다도 먼저 다음의 자료를 참고해야만 한다. Manitius, *Geschichte der lateinischen Literatur des Mittelalters*, 3.127-135.

---

* 역시 마우루스회에 관해서는 위의 각주 14번을 참조하라.

제2절. 요한복음 주석(*Commentary on Saint John*)[16] (발췌본)

서문

"예수께서 사랑하시고, 만찬석에서 예수의 가슴 품 가까이에서 누워있었던"[17] 그 제자는 자신의 복음서에서 참으로 그를 사랑하시는 분은 바로 하나님의 아들, 그리스도라고 증언하고 있다. 즉, 그분은 시대의 마지막에 동정녀에게서 태어나신 사람일 뿐만 아니라, 모든 시대 이전에 성부 하나님에게서 나신 똑 같은 하나님이시라는 것이다. 하나님의 영감을 입은 모든 성경의 책들은 이러한 진리에 대하여 증거하고 있고, 특히 요한은 자신의 복음서의 주장뿐만 아니라 저술 동기에 관해 상세히, 그리고 특히 알기 쉽고 명료한 방식으로 서술하였던 것이다. 요한이 도미치안(Domitian; 그리스도인들을 두 번째로 박해한 로마황제로서, 첫 번째 박해자는 네로)의 박해를 받아 추방되었을 때, 마침 이단들은 그 빈틈을 노리기나 한 듯이 마치 늑대와 이리들처럼 양우리인 교회에 침입해 들어와서는 양떼들인 신자들을 탈취해갔던 것이다. 그들이 소위 마르키온(Marcion),* 케린투

---

16. Rupert, *In evangelium s. Joannis commentariorum libri XIV*, MPL 169,203A-826A. 여기에 실린 짧은 발췌본은 요한복음에 관한 루페르트의 서문(MPL 169,203A-206C) 및 요 1:1-3, 14절의 비평적 설명이다. (MPL 169,205D-209B, 220C-223C).

17. 요 21:20.

---

* 초대교회는 내우외환에 시달렸는데, 밖으로는 로마의 박해와 안으로는 이단이 발흥했던 것이다. 특히 이단의 폐해는 기독교의 근간을 송두리째 흔들어서 기독교를 위기에 빠뜨리려고 했다. 영지주의(영지를 지녀야 구원받는다는 헬라 혼합주의 이원론- 물질과 영혼의 이분법- 사상, 가현설기독론 주장과 그리스도 구속론 거부)와 함께 초대교회 이단의 선두주자였던 마르키온주의는 주후 144년 로마교회로부터 이단으로 정죄되었다. 이원론(율법과 복음의 이분법)에 근거하여 물질을 악한 것으로 보고 구약의 하나님은 물질계를 창조했기에 악한 신으로 규정한 후, 구약율법을 배격하고 반유대주의 노선을 따랐다. 그래서 그들은 누가복음과 바울 10서신만 정경화했고, 따라서 초대교회는 신약 27권을 정경화했다. 그들은 영지주의처럼 헬라사상을 유입하여 혼합주의 기독교로 만들었고, 그리스도만이 온 세상을 구원하는 좋은 신이라 하여 삼위일체 하나님과 또한 창조주 하나님을 거부했다. 곧 가현설기독론을 주장하기는 했으나 영지주의처럼 그리스도의 구속을 거부하지는 않았다. 또한 마르키온주의는 영지주의처럼 영혼만의 구원(육체를 탈피하여 영지를 통해, 영혼이 충만한 데 이르는 것을 구원으로 봄)을 주장하기는 했지만, 그들과는 달리 불완전한 육체가 소멸되고 영혼만이 구원되는 것이라고 주장했다. 곧 그들은 육체의 부활을 거부했던 것이다.

스(Cerinthus),* 에비온(Ebion)** 등과 같은 적그리스도들이었다. 그들은 그리스도가 마리아 이전에 존재했다는 사실을 부인했다. 그들은 또한 사악하고 잘못된 가르침으로 복음 적인 순수한 신앙을 비틀어 곡해시켰다. 이러한 이유로 말미암아, 그 당시 아시아에 서 활약하던 거의 모든 감독들은 요한으로 하여금 이 문제를 해결하도록 재촉했고, 그들 모두의 간청에 의해 맡겨진 그러한 사명을 감당하기 위해 요한은 주님께 간절히 기도를 드렸다. 그리하여 성령의 은총에 흠뻑 빠진 요한은 자신의 복음서를 저술하게 되었고, 그로 인해 진리의 빛이 갑자기 발하게 되자 어둠이 폭로되어 사라지게 되었 고, 결국 어두컴컴하고 불명료한 모든 이단들의 사상은 쫓겨나게 되었던 것이다. 결국 요한복음의 저작 동기는 우후죽순처럼 발호하던 이단을 격퇴하기 위해 참 진리의 복 음을 증거하기 위함이었다.

요한복음은 전적으로 그러한 이단 척결 배경 하에서 저술된 것이었으므로, 합 법적이고 정당한 정통 복음에 대한 증언을 요구하였다. 두 요한이 적법한 신앙의 증 인이었는데, 바로 확실히 세례 요한이 그 중 일인이었고, 그는 요한복음의 저자인 사 도 요한과 깊은 관계가 있었다. 왜냐하면 증언이라는 것은 적어도 두 명 이상의 증인 들로부터 나온 것이어야만 효력을 발하기 때문이다.[18] 그러므로 요한은 다음과 같은 말씀을 보태어 증언의 효력성을 제고하려고 했다. 곧 그 자신의 증언뿐만 아니라 세

---

18. 신 19:15.

* 케린투스는 사도 요한의 시대에 살았던 인물로서, 성령으로 인한 예수님의 초자연적인 출생과 부활, 곧 신성을 부정하였다. 이런 까 닭에 사도 요한은 예수님이 바로 하나님의 아들 그리스도시며, 완전한 신성을 입으셨다는 사실을 강조할 필요가 있었다. 또한 세례 요한에 관한 그릇된 견해를 바로잡기 위한 목적도 생각할 수 있다. 그래서 요한복음은 그의 존재 의미는 오직 예수님을 증거하는 데 있었음을 강조한다(참고 1:19-23, 25-27, 29, 36; 3:27-36). 케린투스는 이처럼 요한에 의해 정죄된 주후 1세기 말경의 초기 영지 주의자로서 가현설기독론 주창자인 동시에 영지주의 창조론 초석을 놓았다. 변증가 이레니우스에 의하면 그는 최상의 존재가 세상 일에 관심을 가지고 있었고, 최상의 하나님에 대해 무시하려는 능력이 세상을 창조했다고 했다. 그리고 그 능력이, 즉 7명의 천사들이 세상을 창조했다고 한다. 마지막으로 창조된 인간은 신의 형상을 가졌으며, 최상의 하나님으로부터 나오는 능력은, 즉 덕은 세례 시 에 요셉과 마리아의 아들인 예수님에게 부여졌다는 것이다. 이러한 억지 주장은 결국 영지주의자들이 말하는 '에온들'에 관한 정보를 제공하게 되기도 한다. 이는 훗날 바실리데스에 의해 정교하게 된다. 그리고 이런 자들은 결혼과 자녀들을 낳는 것은 사탄의 일이고 사악한 일이라고 여긴다. 결혼을 사악한 일이라고 보는 것은 육적인 것을 생산하기 때문이다.

** 영지주의와 마르키온주의가 헬라 고대철학인 플라톤철학과 동방신비주의(오리엔트 메소포타미아 종교사상과 페르시아 이원론 등) 의 영향을 받아 혼합주의 양상을 띤 반면, 에비온파는 유대주의 색채를 지니고 주후 1세기 후반 팔레스타인 지방에서 발생한 후, 소 아시아에 전파되었고, 대부분 유대인계 그리스도인들로 구성되었으며, 유대적인 마태복음을 중시했다. 구원에 필요한 것은 모세율 법뿐이며, 바울에 대해 반감을 가졌다. 예수는 세례시 성령이 임한 인간일 뿐이라 하여 그리스도의 신성을 거부했다. 그들은 특히 천년왕국의 임박설을 강조했다.

례 요한의 증언까지 합하여 증언된 말씀의 권위를 높이려고 했던 것이다. "그가 증언하러 왔으니 곧 빛에 대하여 증언하고 모든 사람이 자기로 말미암아 믿게 하려 함이라."[19] 요한은 자기 스스로 요한복음의 끝부분에서 이렇게 언급했다. "이 일들을 증언하고 이 일들을 기록한 제자가 이 사람이라 우리는 그의 증언이 참된 줄 아노라."[20] 그러므로 요한은 하나님의 아들의 비길 데 없고 독특한 증인인 것이다. 요한이 천국의 한계와 법칙에 관해서라기보다는 우리의 왕의 바로 그 탄생에 대해 눈을 떠서 각성하게 되었을 때, 그리고 다른 증인들이 약화되거나 혹은 반대 목소리의 격렬한 외침에 의해 짓눌리게 되었을 때, 그는 예기치 않게 하늘과 땅의 공적인 외침 한 가운데로 뛰어들게 되었다. 그리고 강력한 그의 복음의 천둥소리와 또한 그의 말씀의 번쩍이는 번개섬광과 더불어, 그는 악을 행하는 모든 무리들[21]을 두렵고 떨리게 만들뿐 아니라 패주시키기까지 했다. 그의 명백한 증언은 그리스도만이 유일하게 오직 성자와 그 본질에 있어서 동일하며, 따라서 영원한 성부 하나님의 적법한 상속자가 된다는 것으로 귀결되었다.

게다가, 이러한 요한의 증언은 우리로 하여금 품위 있고 고상하게 만들어 준다. 곧 하나님 아버지가 없는 고아와 다를 바가 없는 모든 인간들을, 그리스도께서는 그 자신의 피로, 영원한 약속에 의해, 그의 상속자들로 등재해주셨다. 요한의 증언은 우리의 희망을 촉진시켜주지만, 그러나 그것을 열광적으로 소멸시키려고 발악하는 적들에 의해 위태한 지경에 빠지게 되었던 것이다. 무엇 때문에 그러한 사탄 마귀들이 발광을 했는가? 만일 그리스도 그 자신께서 합법적인 하늘 천국의 주인이 아니었다고 한다면, 그리스도께서 천국의 유업을 우리에게 물려주겠다고 한 그 약속이 어떻게 비준되어 확증될 수가 있었겠는가? 혹은 만일 그리스도 그 자신께서 하늘로부터 오지 않으셨다면, 그리고 만일 그리스노의 출처가 마리아에 불과했다면, 사실상 어떻게 천국이 그리스도의 소유가 되겠는가?* 그러므로 우리가 이미 진술한 바대로, 이러한

---

19. 요 1:7.

20. 요 21:24.

21. 시 26:5 (불가타, 25:5). "행악자의 집회"(*ecclesia malignantium*)라는 구절은 로마 교회를 공격하기 위한 일부 종교 개혁가들에 의해 적용된 것이었다. 그것은 곧 '제일차 스코틀랜드 신앙고백서'(the First Scots Confession)에는 그 구절이 "악성적인 교회"(the kirk malignant)로 표기되었다.

---

* 천국의 주인이신 그리스도께서 천국 유업을 믿는 자들에게 물려주는 일을 저지하기 위해 적그리스도가 준동했다는 의미.

신실한 목격자인 증인은 우리의 희망을 돕기 위한 바로 그 순간에 도래하는 법이다. 관대하고 고결한 그 유언자가 [세례 요한이] 옛 율법을 재차 단언하는 가운데서 그리스도에게 속한 하늘과 만물의 종말을 선언했다. 심지어 요한은 다음과 같이 진술하기도 했다. "만물이 그로 말미암아 지은 바 되었으니 지은 것이 하나도 그가 없이는 된 것이 없느니라."[22] 하나님의 아들의 증인이 되는 우리 모든 자는 또한 성경의 증인이 되며, 그리고 그러한 증언의 도상에서 우리는 모든 측면에서 부요한 만큼 그와 똑같이 크게 기뻐했던 것이다.[23]

　무엇보다도 먼저 우리는 이러한 증언에 관해 탐구해야 하며 또한 전심전력을 다해 묻고 조사해야만 한다. 우리는 우리의 온 영을 다해 그것을 갈망해야 하며 또한 금과 황옥보다 더 사랑해야만 한다. 만일 우리가 복음을 판매하는 상인이라면, 그래서 훌륭한 진주를 찾고 있다면 자, 이제 가장 값비싼 진주 한 개가 발견된 것을 보라![24] 어디에서 이보다 더 값비싼 진주를 발견할 수가 있겠는가? 그렇게 가장 귀한 하나의 진주는 바로 하나님이시며, 영혼을 참으로 사랑하시는 하나님께서는 요한에 대한 그의 특별한 사랑을 기리는 기념비처럼, 요한의 사랑하는 가슴속에 우뚝 자리 잡고 계셨던 것이었다. 동정녀 마리아에 비견될 수 있을 정도로, 모든 성인들 가운데서 가장 탁월한 동정과 순결을 지녔던 요한은 생생한 음성으로 사람들에게 동정녀 마리아 홀로 육체 속에서 잉태했던 말씀(the Word)을 드러내었다. 그러므로 만물의 결말이 반드시 그렇게 나게 될 때, 우리는 이러한 유일한 진주를 꼭 구입해야만 하며, 육체적 감정의 우물 속에 고여 있는 모든 썩은 오물들을 그리스도의 학교에서 존숭스럽고 복된 저술들을 연구하는 자들에 의해, 마음의 눈으로 볼 때 순결할 수 있도록 깨끗이 청소하여 소거해야만 할 것이다.[25] 그리하여 그들은 오직 다소 얼마간이라도 순수한 마음으로 즐거워하는 저 독수리를 따를 수가 있을 것이다.[26] 그리하여

---

22. 요 1:3.

23. 참고 시 119:14 (불가타, 118:14).

24. 참고 마 13:45-46. 아마도 이러한 비유담에서부터 중세 후기에 이르러 정교하게 공들인 '진주 숭배'(pearl cult)가 생겨난 것으로 보인다. 익명의 저자가 지었던 중세의 영국 시, '진주'(The Pearl)는 그러한 진주 숭배에 대한 가장 탁월한 예라 하겠다.

25. 상용되는 표현인 "그리스도의 학교"에 관해서는 다음 자료를 참고하라. E. R. Curtius, *Europäische Literatur und lateinisches Mittelalter* (Bern: Francke, 1948), 26, 217, 각주 3번, 그리고 특히 370, 각주 3번을 참고하라.

26. 독수리는 복음서 저자 성 요한의 전통적인 문학적 상징에 해당한다. 독수리에 대한 루페르트의 많은 언급은 동물 우화집에서 따온 민간전승에서 왔다. 이에 관해서는 다음을 참고하라. T. H. White, trans. and ed., *The Book of Beasts* (New York: Putnam's,

그들은 단지 현혹당하지 않는 예리한 마음으로, 다른 피조물들보다 더 오래, 하나님 그 자신에 대한 환상, 곧 영원하신 태양의 광채를 정관하고 또한 명상할 수가 있을 것이다.

주님은 순수한 길로 가서 참된 지혜에 도달한 그 자에 대해 이사야를 통해 이렇게 말씀하신다. "그는 높은 곳에 거하리니 견고한 바위가 그의 요새가 되며 그의 양식은 공급되고 그의 물은 끊이지 아니하리라. 네 눈은 왕을 그의 아름다운 가운데에서 보며 광활한 땅을 눈으로 보겠고"[27] 실로, 이러한 주제에 관해 보다 명확하게 어울리는 말씀은 축복받은 욥에게 주어진 것으로서, 그것은 다른 용어를 사용했으나 그 의미는 동일한 것이다. "독수리가 공중에 떠서 높은 곳에 보금자리를 만드는 것이 어찌 네 명령을 따름이냐 그것이 낭떠러지에 집을 지으며 뾰족한 바위 끝이나 험준한 데 살며 거기서 먹이를 살피나니 그 눈이 멀리 봄이며."[28] 말씀과 그 말씀의 영원한 시초를 명상하며 정관했던 최고로 빼어난 관찰자이자 목격자였던 요한은, 마치 독수리가 높은 하늘에 떠서 바라보는 것처럼, 광활하게 펼쳐져 있는 신성의 빛을 두 눈으로 바라볼 수가 있었던 것이다. 요한은 높은 하늘에 자신의 둥지를 틀었는데, 그것은 곧 그의 영원한 복음의 요새였던 것이다.[29] 그는 바위 사이에 거주했는데, 이는 곧 진리의 견고한 터 위에 있었다는 의미다. 그곳에서 그는 그의 먹잇감을 발견했는데, 이는 즉 다만 요한 홀로 깨우칠 자격이 있는 영원한 저 말씀의 영광을 지칭한다. 이는 바로 위에서 언급한 이사야서에 기록된 그대로다. "광활한 땅을 눈으로 보겠고." 또한 마찬가지로 바로 위에서 진술한 욥기에도 그와 동일한 의미의 말씀이 기록되어 있다. "그 눈이 멀리 봄이며." 그러나 심지어 이렇게 탁월하게 빼어난 독수리소자노 광재 가운데서 하나님을 보지 못하고 겨우 동경(구리로 만든 거울)을 통해 볼 뿐이다. 이는 마치 정확

1954), 105-107. 이 책은 주후 12세기의 라틴 동물 우화집을 번역한 것이다.*

27. 사 33:16-17.

28. 욥 39:27-29.

29. 우리는 여기서 다음과 같은 사실을 필연적으로 생각해내게 된다. 즉, 루페르트 사후에 세월이 얼마 지나지 않아 피오레의 대수도원장 요아킴(the Abbot Joachim of Fiore, 주후 1202년에 사망)이 '영원한 복음'에 대해 저술했다는 점이 그것이다. 물론 그 구절은 성경구절로서 계 14:6에서 온 것이었다. 루페르트는 그 자신의 요한계시록 주석에서와 마찬가지로, 여기에서도 '영원한 복음'과 성 요한에 의해 저술된 복음서, 곧 요한복음을 동일하게 보았다. (MPL 169.1095A).

---

* 독수리는 가장 높은 곳에 올라가서 제일 정확하게 볼 수 있는 눈을 가졌으며, 아마도 루페르트는 복음서 증인이 그런 독수리의 눈과 비슷한 탁월한 영적인 눈을 가지고 보았던 것을 증언한 것이라고 언급한 것같다.

하지 않은 알쏭달쏭한, 곧 알 것 같기도 하고 모를 것 같기도 한 수수께끼를 접하는 것과 다를 바가 없다.[30] 이는 다음과 같은 말씀과 일맥상통하게 된다. "우리가 지금은 하나님의 자녀라 장래에 어떻게 될지는 아직 나타나지 아니하였으나."[31]

"그 새끼들도 피를 빠나니."[32] 이 말씀의 의미는, 요한의 증언을 청취하는 자들이 서약되어 입증된 십자가에서 흘리신 주님의 보혈에 단지 만족할 뿐이라는 뜻이다. 그들은 하나님의 신성이라는 속성의 신비를 통찰해 간파할 수가 없기 때문에, 우리가 다소나마 그렇게 빼어나게 탁월하고 큰 독수리의 비행에 관해 식별하여 인식하기를 시도하는 것은 전적으로 비난받을 만한 일이 아니라는 것은 정당한 일이라 하겠다. 새끼 독수리는 둥지에서 어미의 보호로 길러지다가 훗날 어느 정도 성장해서 어미 품을 떠나 홀로 먹이를 찾아 훌쩍 날아가 버린다. 위대한 스승 아우구스티누스는, 힘이 넘치는 독수리처럼, 복음의 휘황찬란한 광휘 가운데 존재하는 고상한 신비를 통해 거침없이 쇄도하여 일어났다. 우리가 그와 함께는 아니지만, 그가 걸어갔던 길과 발걸음을 동일하게 따르기를 애쓰고 노력하고 있다는 것은 참된 진실이다. 그는 저 먼 높은 산꼭대기 위로 날아 올라갔다. 그러한 반면에 우리는 가장 낮은 언덕배기 주위 밖에 점령하지 못할 것이다. 그는 가장 높은 곳에 있는 모든 최상의 나무 열매들을 서둘러서 재빨리 모았다. 그러나 우리는 복음 서신의 작은 가지, 곧 땅에 가장 가까이 닿아 있는 작은 가지에라도 도달하려고 노력할 뿐이다. 그것은 아우구스티누스가 어린 자녀들을 위해 남겨 둔 것이며, 보다 큰 자녀들은 신비에 관한 보다 고상한 설명에 의해 만족되기에 이르렀다. 또한 인내력을 가지고 복음 서신을 통찰하려고 애쓰는 일은 우리와 같은 자들인 어린 자녀들에게는 큰 도움이 될 것이다.

주석

"태초에 말씀이 계시니라."[33] 보라! 진리는 땅에서 솟아났다.[34] 사탄 마귀에게서 우리를 자유케 하시려고 동정녀에게서 육신을 취하신 진리는 요한의 순결한 영혼 속

---

30. 고전 13:12.
31. 요일 3:2a.
32. 욥 39:30.
33. 요 1:1.
34. 시 85:11a (불가타, 84:12).

에 자리 잡으셨고, 또한 요한의 육성을 통해 오셔서 우리를 위해 모든 사악하고 불법적인 이단들과 싸워 그것들을 척결해주셨다. 비록 그분은 눈에 보이지 않는 비가시적인 말씀(Word)이셨지만, 그의 마음 깊숙한 곳에서부터 입 밖으로 나온 좋은 말씀[35]이신 그분은 동정녀의 태에서 눈에 보이는 가시적인 참 인간이 되셨다. 그분은 그와 동일한 말씀(the same Word)을 가지고 고상하고 순결한 포옹으로 사랑하시는 요한의 영혼을 품어 주시사 그의 영혼 속으로 스며드신 것이었다. 그분은 비록 말로 표현할 수 없는 말씀(Word)이셨지만, 들리고 또한 명료하고 알기 쉽게 이해할 수 있는 말씀(Word)으로 요한의 음성과 저술을 통해 그의 사역이 진행될 수 있도록, 그 말씀을 그 자신의 것으로 만드셨던 것이다. 그러므로 그는 이렇게 언급했다. "태초에 말씀(the Word)이 계셨도다!"

우리는 최근에 등장한 자들을 존경의 대상으로 섬기지 않는다. 케린투스(Cerinthus), 마르시온(Marcion), 에비온[36] 및 여타 다른 적그리스도들은 그들이 주장한 것들이 모두 거짓말이기 때문에 사람들을 기만했었다. 곧 그들은 그리스도가 마리아 이전에는 존재한 적이 없었다고 주장했던 것이다. 지금 현재, 그리고 영원히 인간이신 그리스도는 태초와 모든 시대 이전에는 말씀이셨다. 지금 현재의 그분이 성육신하셔서 모든 것을 이루신데 반해, 즉 그분이 현재 육신과 아울러 말씀이신데 비해, 그때 그분은 그러하지 아니하셨다. 단지 그때 그분은 말씀이셨다. 그러나 이제 그분은 비록 한 인격을 지니셨지만, 두 본질과 두 의지를 지니신 위대한 분이시다. 그러나 태초에 그분은 한 본질과 한 의지만을 지니신 말씀이셨다. 그리스도께서는 마리아의 모태 속에 육신으로 들어오시기 이선에는 그렇게 존재하셨다. "태초에 말씀이 계셨도다!"

여기서 말씀은 결코 하나의 학문적인 방식으로 취급되어서는 안 된다. 즉 그것은 오직 어원에 따라 다루어져야만 한다. 우리는 학생 시절에 도나투스의 문법을 배웠다. 그에 의하면, '말'이란 입 밖으로 나온 음성이 공기를 쳐서 형성되는 그 어떤 것이다. 그러한 종류의 '말'이란 연설하는 가운데서 공기를 통해 전해지는 것이다. 그러나 그 말씀은 바로 그 공기가 존재하기 이전, 곧 만물이 조성되기 이전인 태초에 "영

---

35. 시 45:1a (불가타, 44:2).

36. 잘 알려진 이단 창시자이자 우두머리들.

원 전부터 존재하던" 것이다.[37] 참으로 말씀은 영원한 근거와 도리이기 때문에, 영원한 지혜이자 말로 표현될 수 없는 지성과 이해인 동시에 변개될 수 없는 진리이시다. 게다가, '말'이라는 명사의 개념은 우리 사이에서 명확한 표현과 또한 말로 전달되지 않는 마음의 생각을 언급함에 있어 동일하게 적용될 수 있는 것이기 때문에, 곧 우리가 모두 합리성이라는 일반적인 능력을 지니고 있어서 말을 만들어 낼 수 있기 때문에, 그 영원한 근거와 도리가 말씀(the Word)으로 칭하지 못할 이유는 결코 없으며, 그렇게 호칭되는 것은 매우 정당하고 또한 당연한 일이다. 그리하여 사도는 이렇게 언급했다. "형제들아 지혜에는 아이가 되지 말고 악에는 어린아이가 되라 지혜에는 장성한 사람이 되라."[38] 말씀(the Word)이 공기를 쳐서 만들어지는 소리가 아니더라도, 또한 확실히 말씀이 우리가 사용하는 말처럼 조성되지 않는다고 하더라도, 말씀은 본질적이며, 또한 태초에 말씀이셨던 그리스도 바로 그분이시다.

그런데 이 말씀은 어디에 계셨는가? 그 말씀의 위치는 어디였는가? 어떤 사람도 복된 욥이 암시한 바와 같은 그 말씀의 가치를 모른다.[39] 그러나 성령의 계시에 의해 그 말씀은 점점 다음과 같은 진술을 통해 감지되어 인식된다. 곧 말씀이 태초에 계셨던 곳이 밝혀지게 된 것이다. "이 말씀이 하나님과 함께 계셨으니."[40] 자, 보라! "태초에 말씀이 계시니라" 라는 구절은 빛에 실려 날아가는 하나님의 화살이며, "이 말씀이 하나님과 함께 계셨으니" 라는 구절은 광채에 업혀 돌진하는 하나님의 번쩍이는 창이다. 이는 이미 선지가가 다음과 같이 언급한 바와 같다. "날아가는 주의 화살의 빛과 번쩍이는 주의 창의 광채로 말미암아 해와 달이 그 처소에 멈추었나이다."[41] 여기서 화살은 요한이 모든 이단들을 처음 퍼부어 쏘아대어서 꿰뚫었던 것으로서, 그것들은 동일한 악한 영의 사주를 받은 다양한 신성모독의 형태들이며, 그리스도께서 마리아가 존재하기 이전에 존재했다는 사실을 거부하는 자들이었다. 두 번째로 요한

---

37. 사 40:8.

38. 고전 14:20.

39. 참고. 욥 38장.*

40. 요 1:1.

41. 합 3:11.

---

* 루페르트는 욥 38장에 나타난 창조주 하나님의 지혜의 무한하신 권능과 말씀, 곧 로고스를 동일화하여, 욥기의 서술대로 그것은 인간이 결코 알 수 없는 초월적인 신비한 지식임을 밝혔다.

이 퍼부어 대었던 화살은 삼위일체를 거부하는 성부 수난설을 주장하는 이단을 향한 것이었다. 그들은 성부, 성자, 성령이 오직 하나의 위격이고, 셋이 아니라는 사실을 거부했다. 그러나 요한은 분명히 이렇게 언급했다. "이 말씀이 하나님과 함께 계셨으니." 그러므로 우리는 위격에 관한 언급에서, 한 위격이 다른 위격과 함께 존재하고 또한 존재했다는 사실을 결코 의심해서는 안 된다. 요한은 그래서 그 말씀의 고귀한 신성에 관해서도 다음과 같이 명쾌하게 언급했다. "이 말씀이 하나님과 함께 계셨으니." 이 구절은 그 말씀이 최고로 웅대한 영광과 가장 높은 공덕과 위대한 사랑 가운데 거하셨다는 뜻이 아니면 무엇을 의미하겠는가? 그러나 그 말씀은 부자의 수중에 있는 금으로 하나님과 함께 계신 것이 아니었다. 부자의 수중에 있는 그 금은 보석 상자에 들어 있으며, 바로 그의 실체 속에 들어 있지 않으며, 따라서 그것은 가련하고 불완전하며 심지어 한센병 환자처럼 불결하기까지 하다. 그러나 지혜로 하나님과 함께 계시는 그 말씀은 지혜로운 자와 함께 존재하며, 또한 권능으로 하나님과 함께 계시는 그 말씀은 권능을 가진 자와 함께 존재하고, 이는 복 받은 욥에게서 관측되는 말씀과 일맥상통하고 있다. "지혜와 권능이 하나님께 있고."[42] 부유한 자의 금은 그의 전대 주머니 속에 들어 있으나, 하나님의 말씀은 그의 심령 속에 들어 있는 것이다.

그러므로 그 말씀은 진실로 하나님과 함께 계셨다. 그러나 요한이 이미 다음과 같이 말함으로써 그 위격은 구별되었다. "이 말씀이 하나님과 함께 계셨으니." 그런데 이제 요한은 그 말씀의 본질을 하나님과 연관시키기 위해 또한 이렇게 언급했다. "이 말씀은 곧 하나님이시니라."[43] 이 짧은 말씀을 통해, 요한은 하나님의 두 위격[곧 성부와 성령 하나님]과 그의 말씀이 하나의 본질임을 증언했던 것이다. 사벨리우스주의자들(Sabellians)*은 이러한 신앙의 소항을 견뎌 내기를 싫어했고, 아리우스주의자들

---

42. 욥 12:13.

43. 요 1:1.

---

* 사벨리우스(Sabellius)는 리비아 태생의 로마 교회 신학자로서 정통 삼위일체 신론을 거부하였다. 그는 "아들과 성령은 아버지와 구별되는 고유성을 지닌 위격이 아니고 아버지인 신의 단순한 현현양태(顯現樣態)에 지나지 않는다"라고 하는 "양태론"(modalism)을 주장했다. 이러한 주장은 그리스도의 성육신을 하나님 아버지의 수난으로 보는 "성부 수난설"(patripassianism)이 되는 것이라 하여 비난을 받고 파문을 당했다.

(Arians)* 역시 받아들이기를 꺼려했던 것이다. 사벨리우스주의자들은 오직 단 하나의 하나님과 그 말씀의 본질만이 존재한다고 주장하기를 원했고, 그리하여 그들에게 있어서 하나님과 말씀은 오직 하나의 동일한 위격이었던 것이다. [일위일체] 한편 아리우스주의자들은, 아리우스가 주장한 대로, 확실하게 두 위격과 다른 두 본질이라는 표현을 사용했다. [이위이체] 그들에 의하면, 성부는 유일하신 창조주 하나님이고, 성자는 비록 권능과 초월성을 가졌다고 하더라도 피조 된 존재에 불과했다. 그러나 현존하는 증언의 진리의 음성은 청천벽력과도 같은 천둥소리를 발하면서 땅 끝까지 울려 퍼지고 있다. 즉 그 참된 증언의 육성은 모든 곳의 마비된 양심을 그와 동일한 강도로 두드리고 있는 것이다.[44] 그리하여 동일본질론자들(Homoousians; 성부와 성자, 곧 말씀의 위격들은 본질이 동일하다고 주장하는 자들), 즉 동일본질성(consubstantiality)을 기쁘고 즐거이 고백하는 자들은 그 위격들이 서로 혼동이 되지 않을 뿐만 아니라 그 본질이 나누어지지도 않는다는 사실을 확실히 적시했던 것이다. 곧 그들은 성부와 성자가 한 본질이면서도, 그러나 두 위격을 지니고 있다는 점을 인식하고 그에 대해 위대하게 증언을 했었다. 바로 이러한 점의 배경이 바로 요한의 위대한 언급, "이 말씀은 곧 하나님이시니라." 라는 것이었다.

그리하여 요한이 표현한 세 구절로 이루어진 한 문장의 성경말씀(요 1:1)은 매우 훌륭하게 모든 것을 표현해주고 있다.** 그리고 요한은 다음 절에서 그 세 진술을 잘 연결해서 다음과 같이 표현했다. "그(말씀)가 태초에 하나님과 함께 계셨고."[45] 그런데 어떻게 이 구절이 "말씀이 하나님과 함께 계셨으니"라는 구절보다 더 능가하여 나은 말

---

44. 참고. 딤전 4:2.

45. 요 1:2.

---

* 아리우스(Arius)가 주장한 종속적 군주신론을 일컫는다. 그들은 그리스 철학의 사변에 따라 하나님의 유일 절대성을 강조하였다. 따라서 예수 그리스도를 "하나님의 아들"이라고 부르기는 하지만(하나님과 그리스도의 유사본질을 주장함) 결코 아버지 하나님과 동등한 영원자로 인정하지는 않았고, 설령 절대적으로 뛰어난 위치를 차지한다 할지라도 그 역시 하나님이 무에서 창조해 낸 피조물이라고 하였다. 이것에 대하여 아타나시우스를 비롯한 정통적 삼위일체론자들은 주후 325년 니케아공의회에서 아리우스주의를 배척하고, 그리스도가 하나님과 동일본질을 갖는다는 것을 선언하였다. 그러나 아리우스주의는 그 후에도 정치권력과 손을 잡고 많은 영향력을 끼쳤다. 아리우스주의는 성경적이며 구속사적인 그리스도교 신앙이 철학적이며 우주론적인 헬레니즘 세계에 전해질 때, 필연적으로 대결할 수밖에 없었던 사상이었다.

** "태초에 말씀이 계시니라"는 성자라는 위격의 영원성과 성부와의 동일본질성을 함의하고 있고, "이 말씀이 하나님과 함께 계셨으니"는 성자라는 위격의 영원성과 하나님과의 다른 위격을 함축하고 있으며, "이 말씀은 곧 하나님이시니라"는 성부와 성자의 동일본질성을 나타내고 있다.

씀이 되는가? 무엇 때문에 요한복음의 저자는 "말씀이 하나님 안에 계셨으니"라고 하지 않고, 반복해서 "말씀이 하나님과 함께 계셨으니"라고 언급했을까? 이러한 작고 미묘한 차이는 바로 요한에게 보다 중요하고 큰 문제를 해설할 때 대단한 의미를 지닌 단초가 되었다. 곧 한 위격이 다른 위격 '안에'(in)가 아니라, '함께'(with) 계신다고 말하는 것은 미묘한 구별과 차이를 지닌 하나님의 관계성과 같은 특별하고도 중요한 문제를 설명하는 데 적절한 모티브가 된다. 다시 말해, 그 두 위격의 구별을 가능하게 하기 위해서는 '함께'라는 개념이 대단히 중요한 관건이 되는 것이다. 그렇다면 그 두 위격 사이에는 어떤 일치점이 존재하는가? 그 두 위격 사이를 중재하는 사랑이란 무엇인가? 그러한 질문에 대한 답변이 다음 구절에 진술되어 있다. "만물이 그로 말미암아 지은 바 되었느니."[46] 창조는 확실히, 하나님의 위격들의 서로 사랑함으로 인해 완성되었고, 그 사랑은 바로 성령이시다. 만일 누군가가 "누가 만물을 지었는가?"라고 묻는다면, 그 대답은 '하나님'이다. 만일 누군가가 '어떻게?'라고 묻는다면, 그 대답은 '그를 통해서', 곧 '말씀을 통해서'다. 만일 다시 누군가가 '왜?'라고 묻는다면, 그 답변은 "그는 선하시기 때문이다"이다. 그리고 그것은 완전한 삼위일체로 나아간다. "만물은 그로 말미암아 지은 바 되었으니."

만물이 말씀으로 말미암아 지은 바가 되었다는 사실은 그 얼마나 큰 찬양과 아름다운 예배를 받으시기에 합당한 가치를 지니고 있는가! 세상 만물을 제대로 볼 줄 아는 훌륭한 관찰자는 마음과 육신의 눈을 높이 들어 눈에 보이든 혹은 보이지 않든, 그렇게 지은 바 된 만물의 아름다움을 목도하게 된다.[47] 주의 깊게 명상해본다면, 만물은 마음과 목소리를 힙하여 이렇게 크게 외쳐 기뻐한다. "말씀 이외는 다른 분이 아니신 창조하시는 하나님의 권능은 매우 위대하고 강력하며 또한 아름다우시고, 실로 만물은 그러한 능력을 지닌 그 말씀으로 말미암아 지어졌기 때문에, 만물의 속성은 위대하고 강력하며 아름답도다!" 시편 말씀을 이를 두고 이렇게 명백하게 말씀하셨다. "그가 말씀하시매 이루어졌으며 명령하시매 견고히 섰도다."[48] 다시 말하자면, 그렇게 창조된 만물들은 단 한 가지 사실 곧, 창조주 하나님을 찬양하도록 재촉 받고

---

46. 요 1:3.

47. 참고. 롬 1:19-20. 지혜서 12-14장 역시 참고하라.

48. 시 33:9 (불가타, 32:9).

있다는 것이다. 그의 모든 천사, 군대, 태양과 달, 별과 빛, 가장 높은 하늘 아래와 바다 안에 있는 모든 만물이 하나님의 성호를 찬양하고 있다는 것이다.[49] 또한 다른 성경 구절도 이렇게 증언하고 있다. "하나님이 이르시되 빛이 있으라 하시매 빛이 있었고."[50] "하나님이 이르시되 물 가운데에 궁창이 있어 물과 물로 나뉘라 하시고 하나님이 궁창을 만드사 궁창 아래의 물과 궁창 위의 물로 나뉘게 하시니 그대로 되니라."[51] 그 모든 것들은 하나님의 말씀으로 말미암아 지은 바 되었고, (하나님은 영이시기 때문에)[52] 이는 자연적이거나 육체적인 소리와 음성으로 된 것이 아니었다. 곧 그것은 소리가 나지 않는 언어, 하나님의 형상대로 지은 바 된 영혼의 목소리와 같은 그런 종류의 소리가 분명할 것이다.

"말씀이 육신이 되어"(And the Word became flesh).[53] 케린투스(Cerinthus)나 여타 적그리스도들은, 이 구절에 '그리고'(and)라는 접속사가 들어 있는 이유를 깨달을 리 만무하다. 우리는 요한복음 1:1-14의 구조를 다시 파악할 필요가 있는데 이는 다음과 같이 요약할 수 있을 것이다. "처음에 요한이 이렇게 증언했다. '태초에 말씀이 계셨다. 그리고 그 말씀이 하나님과 함께 계셨다. 그리고 그 말씀은 하나님이셨다. … 만물이 그로 말미암아 지은 바 되었다'(요 1:1-3). 그 사이에 요한의 다른 증언이 들어가고(4-13절), 이제 다시 원래의 그 주제로 돌아가서 요한은 '그리고 그 말씀이 육신이 되셨다'(14절)라고 언급했다." 고아들과 유복자들은 그들 자신의 아버지의 고귀한 옛적 진리에 대해 귀를 기울여야만 한다. 그들은 그리스도를 통해 "만물이 지은 바 되었다"는 점을 인식해야 한다. 비록 유대인과 이단이 그리스도가 마리아 이전에 존재하지 않았다고 주장하면서 그리스도의 고귀한 탄생을 훼손시켰더라도, 그들은 그분이 세상이 만들어지기 이전, 곧 태초보다 그 이전에 존재한 분이심을 알아야만 한다.* "말씀

---

49. 시 148:2-4.

50. 창 1:3.

51. 창 1:6-7.

52. 참고. 요 4:24.

53. 요 1:14.

---

* 그리고 바로 그분이 육신이 되신 것이다. 요한이 여기서 '그리고'를 사용한 이유는 성부와 성자의 동격과 동질이라는 연속성을 강조하기 위함이었다. 여기서 '그리고'를 빼버리면, 그 다음에 기록된 말씀이 태초 이전부터 하나님과 함께 계셨던 분이신지의 여부가 애매해지기 때문이다. 그러하신 말씀이 육신을 입고 그리스도가 되셨다는 점을 강조하기 위해 요한은 '그리고'라는 접속사를 사용했다는 것이 루페르트의 해석이다.

이 육신이 되어"라는 구절은 이제 "말씀이 육신으로 변하여"로 이해되어선 결코 안된다. 그러한 해석은 이단적이다. 그러한 설명은 신앙과는 매우 낯설고 무관한 것이다. 그 말씀은 육신으로 변화된 것이 아니고, 단지 겸손하게 육체를 취했던 것이다. 그리하여 하나님과 함께 계셨던 그 말씀은, 지금 말하고 있는 우리처럼 동일한 육신이 되셨다. 그래서 그러한 성육신의 이치에 대해 이렇게 말하는 것은 매우 타당하리라. "나의 영혼 속에 있던 말이 음성이 되었다."

우리의 목소리가 우리의 마음에서 발출한 후 입을 통해 나와서 공간 속으로 울려 퍼져 '말'이 형성될 때, 그 '말'은 여전히 우리 마음속에 남아 있으며, 또한 청각을 통해서 타자의 마음속으로 들어가게 된다. 이러한 도리는 가시적인 육신을 지닌 그 말씀이 이 세상에 드러나게 될 때, 전적인 말씀 그 자체가 여전히 성부의 마음속에 남아 계시는 것과 동일한 이치가 된다. 물론 그 말씀 전체가 그리스도의 육신에 들어와서 바로 확실히 우리에게 그대로 전달되는 것은 아니다.* 그리하여 그 말씀은 "세상 이 끝에서 저 끝까지"[54] 완전하게 아버지 안에 계시고 또한 완전하게 육체 안에 거하신다. 또한 그 말씀은 "강물에서 흘러나오는 도관처럼"[55] 성부의 마음에서 흘러나와, 모든 천사의 위계질서[56]를 가로질러 위에서 아래로, 이 세상에서 더할 나위 없이 나쁘고 비열한 죄로 말미암아 무덤 속에서 썩어 없어질 우리의 육체 내로 들어오게 된

---

54. 지혜서 8:1에서 온 이 구절은 또한 예수강림 교독성가인 "오 지혜이시여"(O Sapientia)에도 들어 있다. 이것에 관해서는 다음 자료를 보라. Allen Cabaniss, "A Note on the Date of the Great Advent Antiphons" (*Speculum*, 23 [1947], 440–442).

55. 집회서 24:30.

56. 천사의 9층 단계 위계질서 개념은 다음과 같다. '치품천사'(seraphim; 9천사 중 제1위, 세 날개를 지님, 원래 루시퍼〈Lucifer〉로서 추락천사〈반역천사〉를 의미한다. 이 호칭은 사 14:12에 의거한 것으로, 초기의 교부시대로부터 추락천사의 이름으로 사용되었다. 처음에는 천사로서 모든 천사의 우두머리이기도 하였으나 후에 하나님과 적대하여 하늘에서 추방되었다고 한다. 또 이 추락천사는 계 12:7에 있는 미카엘과 용과의 싸움과 동일시되기도 한다. 미술에서는 중세 이후 성당 장식이나 사본화〈寫本畵〉 등에 나타난다. 하늘에 있을 때에는 대천사 또는 세라핌의 모습으로 묘사되기도 한다. 하늘에서 쫓겨나 지상으로 떨어진 후에는 뱀이나 용, 또는 추한 인간 등으로 변해 가는데 그 모습은 민간신앙을 반영하여 다양하다). '지품천사'(cherubim; 9천사 중 제2위 계급에 속하는 천사로서 지식을 맡음), '좌품천사'(thrones; 9천사 중 제3위), '주품천사'(dominions; 9천사 중 제4위), '역품천사'(virtues; 9천사 중 제5위), '능품천사'(powers; 9천사 중 제6위), '권품천사'(principalities; 9천사 중 제7위), '대천사'(archangels; 9천사 중 제8위), '천사'(angels; 9천사 중 제9위) 등이다. 이를 정리하자면, 치품(熾品; angeli seraphim), 지품(智品; angeli cherubim), 좌품(座品; angeli throni)의 상급(上級) 3대(隊), 주품(主品; angeli dominationes), 역품(力品; angeli virtutes), 능품(能品; angeli potestates)의 중급 3대, 권품(權品; angeli principatus), 대천사(大天使; archangeli), 천사(angeli)의 하급 3대. 이는 위-디오니시우스(pseudo-Dionysius)에 의해 유행되다가 중세의 에리우게나(Eriugena)에게까지 전달되었다.(*The Celestial Hierarchy*; "하늘의 위계질서" – 에리우게나 번역본) 물론 그것은 성경적인 개념을 가지고 있다. 참고. 롬 8:38; 엡 1:21; 3:10; 6:12; 골 1:16; 2:10; 2:15 등.

---

* 그리스도의 육신이 그 말씀 전체를 모두 담고 있다는 의미는 아니다.

다. 우리는 또한 여기서 육체의 이름과 본질을 따라 이성적인 영혼을 합리적으로 온당하게 이해해야만 한다는 사실을 결코 무시해서는 안 된다. 하나님의 말씀은, 아폴리나리우스주의자들(Apollinarian)* 이단의 주장과 같은 그러한 영혼을 지닌 육체를 입었던 것이 아니었다. "인자가 온 것은 잃어버린 자를 찾아 구원하려 함이니라."**57** 인간은 전체, 곧 몸과 영혼 모두인 전인을 상실해버린 존재다. 인간은 그의 몸 안에서 죽어서 소멸해갔고, 그의 영혼은 이미 죽었으며, 둘 다 영원히 정죄를 받았다. 그러므로 그 말씀은 인간 모두, 곧 영혼과 육신 전부를 구원하기 위해 완전한 육신과 인간이 지닌 것과 동일한 완전한 이성적인 영혼을 지니신 분이 되셨다. 만일 말씀이신 하나님께서 영혼을 소유하지 않은 채, 단지 육신만 취하셨다고 한다면, 말씀은 어디에 그 자신의 근거를 세울 수가 있을 것인가? 오직 이성적인 영혼만이 그러한 근거를 세울 수 있는 충분한 장소가 된다. 비록 그러한 언급이 다소 수사적이라 하더라도, 그럼에도 그것은 현명한 처사다. 각 개별 인간들이 마음으로 보는 것에 정통한 것처럼, 그들은 영혼으로써 인식하고 이해할 수 있게 된다. 그와 마찬가지로, 말씀이 육신을 입을 때 그 육신에서 어떤 특별한 것도 생략하지 않는다. 곧 인간이 지닌 것과 동일한 이성적이 영혼을 빠트리지 않고 그대로 수용했던 것이다. 성육하신 말씀에 희망을 거는 마음과 입술에서부터 그와 다른 그 어떤 가정도 터져 나올 수가 없는 법이다! 왜냐하면 특히 성부 하나님에 의해 성취된 성경말씀이 그 좋은 말씀(the good Word)에 대해 언급하신 바가 바로 영혼 안에서 이루어지기 때문이다. "내 마음이 좋은 말로 왕을 위하여 지은 것을 말하리니 내 혀는 글씨가 뛰어난 서기관의 붓과 같도다."**58** 그 말씀의 참되고 완전한 본성이 참되고 완전한 인간의 본성을 입었고, 또한 그 두 본성은 혼돈 없

---

57. 눅 19:10.

58. 시 45:1 (불가타, 44:2).

---

* 아폴리나리우스(Apollinarius, 주후 약310–약390)는 반(反)아리우스주의자로서, 360년경 라오디케아(시리아) 교구의 주교에 임명되어 아타나시우스와도 친교가 두터웠다. 그는 그리스도의 신성을 강조한 나머지 삼분법을 이용하여 그리스도에게는 육체와 혼(psyche)은 있으나 인간의 영혼(pneuma) 대신 신의 영혼(Logos)이 깃들여 있다고 주장하였다. 다시 말해, 이들은 변화가 없고 완전한 하나님의 존재가, 예수 그리스도 안에서 변화가 많고 불완전한 인간성과 연합하기 위해서는, 그 인간성이 반드시 불완전한 상태로 있어야 한다고 주장하였다. 인간의 본성이 몸, 혼, 영의 세 가지의 요소로 구성되어 있다는 고대 철학의 개념을 받아들여, 예수의 혼과 몸은 인간이었고, 그의 영이 신적 로고스로 대치됐다고 말한다. 일반적으로 이 용어는, 예수의 인격의 중심 요소가 신적 로고스로 대치되었음을 강조하는 기독론적 견해들을 가리킨다. 이 주장은 카파도키아의 교부 및 안티오키아 학파 신학자들에게 그리스도의 인성을 불완전한 것으로 본 것이라는 비판을 받았으며, 주후 381년의 콘스탄티노플 공의회에서 이단으로 단죄되었다. 그러나 이 설은 훗날 그리스도 단성론(單性論)의 길을 열었다. 저작은 거의 없어지고 단편만 남아 있다.

이 하나의 인격 안에서 연합되었다.

그리하여 이제 탁월한 합금이 발생하게 되었다. 인간의 무가치한 장식품이 전혀 그 광채를 상실하지 않은 신성의 황금에 녹아져서, 인성의 은은 그 자신의 광택을 더 환히 밝히게 되었다. 그러한 근거로 해서 다음과 같은 말씀이 선포되었던 것이다. "말씀이 육신이 되셨다." 아마도 그러한 요한의 언급은 "하나님이 성경에 묘사된 인간적인 방식대로 인간이 되셨다"라는 말과 다를 바 없을 것이다. 성경은 끊임없이 '육체'라는 말을 전체적인 인간, 곧 육체와 영혼을 가진 전인적인 완전한 인간과 연계해 사용하고 있다. 그러한 뜻에서 다음 말씀을 보라. "모든 육체가 하나님의 구원하심을 보리라."[59] 반면에, 또한 전인적인 인간은 '영혼'이라는 말에 의해 나타난다. "야곱이 75명의 영혼과 애굽으로 내려갔다."[60] 그러므로 하나님이 사람이 되셨다.

"우리 가운데 거하시매."[61] 말씀은 만물을 통해, 말씀 자신이 보이지 않는 것에서 우리의 눈에 보이는 것으로 통로를 마련하셨다. 우리 육신의 실재 가운데서, 인간 본성의 모든 율법 가운데서, 그는 우리 가운데 거하셨다. 단 하나의 예외 - 말씀의 어머니는 모든 인간 육체의 관습에 따라 인간의 씨에 의해 잉태된 인간을 출산하지 않으셨다. 그녀는 출산에 의해 모독되지 않고, 아기를 낳기 이전의 동정녀였으며, 심지어 아이를 출산한 이후에도 그녀는 동정녀로 남아 있었다[62] - 를 제외하

---

59. 눅 3:6. 참고. 사 40:5.

60. 행 7:15와 14를 혼합한 것이다.

61. 요 1.14.

62. 비록 그리스도의 어머니인 동정녀에 대한 심각한 공격이 여러 각도에서 성경 시대부터 지금까지 있어 왔지만, 여기서 루페르트에 의해 제기된 동정녀에 관한 교리는 성모 마리아(Saint Mary)의 영원한 동정성(혹은 처녀성)은 계속적으로 지지된다고 하는 교설이다. 심지어 주후 16세기의 일부 많은 종교 개혁자들조차도 이 교리에 집착했다. 예를 들어, 그 시대에 최고로 권위가 있고 또한 가장 널리 채택되었던 개혁파 신조들 가운데 하나였던 제2차 헬베티아 신앙고백(the Second Helvetic Confession)*은 특별히 "언제나 동정녀이신 마리아"(Mary ever Virgin)라는 용어를 공식적으로 사용했다. 이에 관해서는 다음 자료를 참고하라. Allen Cabaniss, "Some Neglected Features in the Early Reformed Confessions" (*Union Seminary Review*, 54 [1943] 291-321).

---

* 헬베티아 신앙고백은 스위스 개혁교회가 두 차례에 걸쳐 공식적으로 채택한 신앙고백문인데, 제1차 헬베티아 신앙고백(제2차 바젤 신앙고백이라고도 불림)은 주후 1536년 스트라스부르의 마르틴 부처의 도움을 받아 하인리히 불링거와 다른 스위스 대표들에 의해 작성되었고, 때때로 지나치게 루터주의적이라는 비판을 받기도 했지만 그것은 국가적 권위를 지닌 최초의 개혁교회 신조였음. 주후 1562년 불링거는 30개조의 긴 신학적 진술서를 썼고, 후에 그것을 수정해 자신의 유언장에 덧붙였으며, 이 문서가 제2차 헬베티아 신앙고백으로 알려지게 되었고, 주후 1566년 스위스 주들의 공식적 신조로 발표되었음. 그것은 팔츠에서도 채택되었고, 스코틀랜드(1566), 헝가리(1567), 프랑스(1571), 폴란드(1578)에서도 승인받았음. 네덜란드와 잉글랜드에서도 호의적으로 받아들여져 마침내 그것은 개혁 신학의 가장 권위 있는 신앙 진술서 중 하나로 인정받았음. 제2차 헬베티아 신앙고백은 삼위일체론과 그리스도론 등 고대

고, 인간의 참된 본성은 말씀의 전체 생애 속을 관통해나갔다. 그러나 유대인이나 혹은 저주받은 마니교도(Manichee)는 이렇게 말한다. "만일 처녀가 아이를 낳았다면, 그것은 연기처럼 피어오르는 유령이었을 것이다." 그러고 나서 그들은 인류의 첫 조상인 아담과 하와가 어떤 육체적인 부모에게서 나오지 않았기 때문에 그 둘을 실재적인 인간이 아니라 환영과 같은 존재로 여겼던 것이다. 그러한 주장은, 우리가 알고 있는 대로, 인간이 처음에는 여자의 태로부터 나오게 된 것이 아니라 흙으로 형성되었다는 사실과는 그 성격상 매우 거리가 먼 교설이었다. 남성과의 성적인 교섭 없이 인간의 씨가 잉태된다는 것보다 생명과 감각이 없는 물질에서 인간이 창조된다고 하는 것은 얼마나 더 불가사의한 일인가! 무감각한 물질에서의 인간 창조는 훨씬 더 기적적인 일이며, 그러나 무성 잉태 또한 얼마나 존경할 만한 사건인가!* 전자는 하나님의 권능의 행위이며, 후자는 마찬가지의 권능적 사역이지만 또한 하나님의 은총이기도 하다. 물론 어떤 자들은 가장 거룩하신 하나님이 여자의 태 속에 봉하여 갇혀져서 견뎌내신다고 하는 신앙에 대해 철저히 반대할 것이다. 그러나 내가 묻노니, 그러한 자들은 그들 자신이 갖는 반감과 혐오가 어떤 성질의 것인가를 알고 있다는 말인가? 한 측면에서 나오는 반감은 바로 이성적인 유추에서 온 것이고, 다른 측면의 것은 곧 지각과 인식의 문제에서 나온 것이다. 예를 들면, 이성의 방면에 근거해서 볼 때, 우리는 덕과는 정반대로 악에 대해 몹시 불안해하며 조바심을 낸다. (심지어 지각과 인식에 따라서도 우리는 여전히 덕보다는 악을 즐긴다).** 비록 우리가 이성에 근거하여, 생명 없는 돌의 형체보다는 감각을 지닌 살아 움직이는 뱀의 몸체를 의심할 나위 없이 더 큰 가치가 있다고 여긴다고 할지라도, 그러나 지각과 인식의 측면에서 볼 때, 우리는 돌보다는 뱀을 만져서 더 겁

의 교리들과 종교개혁으로 강조된 교리들, 즉 성서를 신앙의 유일한 표준으로 삼을 것과 예배·율법·복음·신앙에서 성상의 사용을 정죄하는 것을 논의했으며, 또한 섭리·예정·교회·목회·성례전 등에 대한 개혁교회 교리들을 논하고, 고대와 당시의 이단설들을 정죄했음.

* 여기서 루페르트는 인간의 원조를 환영으로 보는 마니교를 공격하기 위해, 곧 그리스도의 육체성을 부인하는 자들을 공박하기 위해, 제일 아담은 흙에서부터, 제이 아담인 말씀이신 그리스도는 무성으로 동정녀에게서 잉태되었음을 강조했다. 곧 무명무감한 물질에서, 또한 무성생식을 통해 인간이 탄생하게 된 것은 전적으로 하나님의 신비한 기적이라는 의미가 거기에 담겨 있는 것이다. 다시 말해 루페르트는 자연인의 탄생과 말씀의 탄생 모두 그 어떤 이원론적 이단사설과 다르게 오직 하나님의 능력과 계시에 의해 이루어졌다는 점을 강조한 것이었다.

** 이성은 악을 무서워하고 지각과 인식은 악을 향유한다는 의미.

을 내고 또한 위축되는 것이다.* 그렇다면 어째서 그들은 말씀을 잉태한 여성의 배태를 혐오한단 말인가? 지각과 인식적 측면에서인가 아니면 이성적 측면에서인가? 확실히 그 이유는 이성이 아니라 지각과 인식적 측면에서다. 왜냐하면 이성은 사실상 하나님이 만드신 어떤 물질이나 속성에 의해 위축되어 쪼그라들 수가 없기 때문이다.

그분이 이성 그 자체이시기 때문에, 하나님 혹은 그분의 말씀은 우리의 어떤 감정에 의해서도 영향을 받지 않으며, 또한 확실하게 다른 존재가 아니라 하나님이 만드신 어떤 속성이나 혹은 어떤 피조물도 회피하거나 미워하지 않으신다. 그분은 오직 속성의 타락과 부패만을 피하고 또한 혐오하실 뿐이다. 그러므로 하나님은 범해져서 손상되지 않은 동정녀의 모태를 혐오하지 않으셨다는 사실을 큰 진심으로 신실하게 믿는 것은 보다 적절한 일이다.**63 ** 그리하여 말씀이신 하나님은 우리 가운데 거하시고, 또한 죄에 감염되어 더럽혀지지 않고 9개월 동안, 우리 중 그 누구도 죄 없이는 태어날 수 없는 여성의 속성 속에 머무르셨다. 그로부터 다음과 같은 말씀이 증거 된다. "신랑이 그의 방에서 나와 하늘에 장막을 치는 것처럼."**64 그는 우리 가운데 거하셔서, 곧 인간 세상 속으로 오셔서, 연약한 육신 안에 거하시다가 모태 밖으로 나와 어린아이의 울음소리를 터뜨리시고 율법 아래서 요셉과 마리아의 슬하에서 자라나셨다. 그 후 다른 죄 아래 있는 인간들처럼 율법의 규정에 따라 할례와 정결례를 취하신 뒤, 배고픔과 사탄의 시험과 책략을 겪으셨던 것이다. 또한 인간들의 수중에서 온갖 박해와 수모를 받으시고, 죽음의 슬프고 쓴 잔을 마시기 위해 이리저리로 끌려다니셨고, 결국은 마지막 죽음에 이르기까지 복종하신 것이다.

이러한 자기비하 및 겸손과 연약함은 결국 어떤 복적지에 도달하게 되는가? 요한은 이에 관해 이렇게 언급했다. "말씀이 육신이 되어 우리 가운데 거하시매 우리가 그

---

63. 여기서 명백하게 찬송가 *Te Deum*(하나님을 찬양하라)이 회상된다.

64. 참고. 시 19:3-6 (불가타, 18:6). 루페르트는 여기서 5절 일부를 먼저 언급하고 이어서 4절 일부를 덧붙였다.***

---

* 이성의 측면에서는 무생물인 돌보다 생물인 뱀이 더 가치가 있지만, 지각과 인식의 측면에서는 돌보다 뱀이 더 무섭다는 의미.

** 하나님이 순결한 동정녀를 혐오하지 않으시는데, 하물며 인간들이 그것에 대해 반감을 가진다는 것은 어불성설이라는 루퍼터의 지적이다.

*** 이 구절의 의미는, 말씀이 마리아의 모태에서 잉태되어 9개월간 태 속에 머물다가 세상에 나온 후, 온 세상을 구원하기 위한 하나님의 영적인 교회를 세운다는 뜻일 것이다.

의 영광을 보니 아버지의 독생자의 영광이요 은혜와 진리가 충만하더라."[65] 요한은 우리가 그의 영광을 본다고 했다. 우리가 그것을 보았기 때문에, 그리하여 우리는 그것에 대한 적극적인 증언을 할 수 있게 된다. 우리는 참으로 기사와 이적에 의해 그러한 영광을 보기 시작했다. 그리스도께서는 결혼식에 초대되었을 때, 물을 포도주로 변화시키는 표적을 보여주셨다. 그러한 사건은 그리스도께서 그의 영광을 명백히 드러내실 때, 그의 제자들의 눈 앞에서 보여주신 이적과 기사의 시작이었다.[66] 그 후에 우리는 그리스도께서 눈먼 자의 눈을 뜨게 하시고, 한센병 환자에게 손을 대어 즉시 낫게 하시며, 열병을 치료하시고, 부패하고 있는 시체를 일으켜 세우시며, 벙어리의 혀를 풀어 주시고, 귀먹은 자의 귀를 열어 주셨다. 또한 물 위를 걸으시고, 바람을 명하여 잠잠케 하시며, 혈우병 환자에게서 계속해서 흐르는 피를 멈추게 해주셨다. 그러고는 빵 몇 조각으로 수천 명의 주린 배를 채워 주셨던 것이다. 우리는 또한 천사들의 합창으로만 드러날 수 있는 거룩하게 변화된 모습의 영광을 보게 되었다. 가장 위대하고 영광스러운 마지막 순간에, 우리는 그리스도께서 죽음에서 부활하신 사실을 목격했다. 우리는 그의 손과 발의 못자국을 보았다. 나는 말하노라! 우리는 보았고, 우리는 눈을 크게 떴고, 우리는 만져서 감촉으로 느꼈다. 바로 우리 손으로 주님의 옆구리에 깊이 찔리신 창 자국을. 우리는 부활하신 주님과 함께 먹고 마셨으며, 우리는 영광중에서 주님이 하늘로 승천하심을 실재 우리 눈으로 분명히 목도했던 것이다. 우리는 성령을 받았고, 그 보혜사(Paraclete) 성령은 주님이 가시면서 약속하신 것이었다. 우리는 이러한 영광을 목격했고, 그 영광은 아버지의 독생자의 영광이었다. 즉 이는 이 세상 모든 자들 가운데서, 하나님의 아들 외에는 결코 받을 수 없다고 간주되는 그러한 영광이었다. 그리스도 이외의 하나님의 다른 모든 아들들은 양자에 불과하다. 그러나 오직 바로 이분만이 하나님의 적자인 독생자이셨던 것이다. 다른 모든 아들들은 은혜로 말미암은 아들이다. 이 독생자만이 유일하게 본질상 성자이시다. 그러므로 이 독생자는 "사람들보다 아름다워,"[67] 우리가 보았던 그 영광을 합법적으로 지니시게 되었다. 이러한 영광은 다른 모든 양자인 아들들의 것과는 전혀

---

65. 요 1:14.

66. 참고. 요 2:1–11.

67. 시 45:2 (불가타, 44:3).

다른 영광이었다.

　끝으로, 우리는 이 복음서 서언의 마지막 결론을 힘써 들어보아야 할 것이다. 오, 요한 사도여! 당신이 목격했던 그 말씀은 얼마나 영광스러웠는가? 요한은 이렇게 표현했다. "은혜와 진리가 충만하더라."[68] 오, 고상한 선언이여! 아, 고귀하고 신실한 증언이로다! 당신은 독생자에게 속한 어떤 종류의 영광을 찾고 있는가? 그것은 금, 곧 순수한 황금이요, 죄에 사로 잡혀 죽을 수밖에 없는 우리를 속량하시는 값어치를 지닌 보석이다. 부유하고 고귀하신 그분은 가장 높음(the Most High)의 보물로부터 오셨다. 비록 그의 몸은 하찮은 것이었으나 가장 비싼 황금이 들어 있는 보석상자였던 것이다. 그러므로 그가 죽음의 바람에 의해 잘림을 당할 때 그를 붙들라. 그리고 그 속에 들어있는 은총과 진리의 은사를 움켜쥐어라.

---

68. 요 1:14.

제3절. 하나님의 말씀의 승리에 대해[69](발췌본)

XII, 9.

우리의 왕께서 마치 큰 죄를 지으신 것처럼, 왕의 칭호를 사용했다는 혐의로 빌라도 총독 앞에서 기소를 당했을 때, 자비로우시고 겸손하신 그분은 이러한 말씀으로 그 자신에게는 아무런 비난받을 혐의가 없으심을 입증하셨다. "내 나라는 이 세상에 속한 것이 아니니라 만일 내 나라가 이 세상에 속한 것이었더라면 내 종들이 싸워 나로 유대인들에게 넘겨지지 않게 하였으리라 이제 내 나라는 여기에 속한 것이 아니니라."[70] 역시 그분은 그와 동일한 자비로우신 음성으로 이렇게 말씀하셨을지도 모른다. "만일 내 나라가 이 세상에 속한 것이었더라면, 나는 3일 전에 나귀의 등에 앉아 오지 않고 말이나 전차를 타고 여기에 왔을 것이다. 나를 왕으로 여기고 갈채와 환호를 보낸 사람들은 들고 흔들어댔던 종려나무 가지 대신 전쟁무기와 같은 군 장비를 갖추어 나를 맞이했을 것이다. 그래도 만일 그 군중들이 만족하지 못했더라면, 나는 나의 아버지이신 성부께 12개 군단 이상의 천사 군대를 파송해주실 것을 요청했을 것이다." 또한 그분은 이렇게 말씀하셨을지도 모른다. "내가 오천 명의 군중들에게 보리떡 다섯 개로 배불리 먹인 후에, 군중들이 그 기적을 목도하고 열광하여 나를 그들의 왕으로 강제적으로 앉히고자 했을 때, 만일 내 나라가 이 세상에 속한 것이 아니라는 말이 진실이 아니었다면, 어찌 내가 그들을 피해서 다른 곳으로 숨었을 것이고 또한 그러한 경거망동한 행위에 대해 엄중한 경고를 할 수가 있었겠는가?" 내가 감히 말하건대, 빌라도 총독에게 말한 답변 중에서 그러한 말씀이 선포됐을지도 모른다. 그리고 다른 사람들과 마찬가지로 그분도 가이사(Caesar)에게 아무런 위해도 끼치지 않았음을 피력하여 자신의 무죄를 주장했을지도 모른다. 만일 빌라도 총독이 무관심하지 않았더라면, 또한 그분에 대해 "듣지 않는 데서는 너의 말을 쏟아내지 말라"[71]고

---

69. MPL 169.1470B–1477B, 1484D–1486D.

70. 요 18:36.

71. 집회서 32:4 (불가타, 32:6).

예언되어 있지 않았더라면, 그분은 그렇게 여러 말을 내뱉었을지도 모른다. 그분은 이러한 것들을 언급하지 않으시고 우리가 이해할 수 있도록 남겨두셨던 것이다. 그리고 그분의 적수들이 비록 이미 죽었다고 하더라도 그들을 비난하고 꾸짖는 일은 우리의 의무가 되는데, 그 이유는 그분은 인간 나라들을 파괴하시지 않았고, 또한 하늘 나라들을 주셨기 때문이다. 그리고 또한 그 이유는 그들이 지닌 교활하고 간악함이 속기를 원했던 그들 자신을 기만했기 때문이었다. 그들이 "우리가 이 사람을 보매 우리 백성을 미워하고 가이사에게 세금 바치는 것을 금하여 자칭 왕 그리스도라 하더이다."[72]라고 말했을 때, 이미 그들의 마음속에는 사악함이 왕성하게 깃들어 있었기 때문이었다. 그분은 결코 그 자신을 그러한 왕으로 만드시지 않았을 뿐만 아니라, 또한 가이사를 그러한 식으로 부정하지도 않으셨다. 그분은 오히려 그와는 아주 정반대로 이렇게 말씀하셨던 것이다. "가이사의 것은 가이사에게, 하나님의 것은 하나님께 바치라."[73]

XII, 10.

우리는 무엇을 더 언급해야 할 것인가? 그분의 죽음이 필요했고, 종종 언급된 대로 거기 하늘에 우뚝 서 있었으면서, 거기에 거하고 있었던 그 용이 거기서 그분이 죽기를 기다리고 있었다. 왜냐하면 그분은 그 자신이 하나님의 판단의 결과물이라고 생각하셨기 때문이었다.[74] 다시 말해 그분은 하나님의 뜻을 따라 그러한 죽음을 감수하실 수가 있었던 것이다. 곧, 그분 자신은 하나님의 섭리의 결과로 스스로가 죽게 되었음을 인식하고 있었다는 말이다. 내 생각에, 그 용은 죽음이라는 무기를 사용해 그분을 삼켜서 멸망시켜버릴 수가 있다고 생각했었던 것 같으며, 또한 하나님의 계획과 목표를 멸절시켜버릴 수도 있다고 여겼던 것으로 보인다. 그 결과로서, 주님에 대해

---

72. 눅 23:2.

73. 마 22:21.

74. 여기와 아래의 함축적인 암시는 계 12장에서 유래된 것이다. 이는 묵시 사상의 종말론적 담화로서, 하늘의 용이 한 여인이 해산하여 낳은 남아를 죽이기 위해 도사리고 있는 모습을 묘사한 것이었다. 그런데 루페르트는 그의 요한계시록 주석(MPL 169.1039B–1064B)의 12장 이 부분이나 혹은 다른 어떤 적당한 곳에서도 복된 동정녀와 그 여인이 동일한 인물임을 증거하지 못했다. 이러한 주제에 관해서는 다음과 같은 설명을 참고하라. B. J. LeFrois, *The Woman Clothed with the Sun* (Rome, Orbis Catholicus, 1954); 다음 자료도 참고하라. Allen Cabaniss, *Our Lady of the Apocalypse*, Oxford Essays, No. 1 (Oxford. Miss., 1954). 이 책은 LeFrois 이전의 책들을 짧게 요약하여 소개한 책이다.

예언된 것이 실현되지 않았을지도 몰랐다. ("그는 이방인들이 오랫동안 고대해왔던 소망이 될 것이다."[75] "또 네 씨로 말미암아 천하 만민이 복을 받으리니."[76]) 그러나 그 용은 그리스도가 유대인들에게 다음과 같이 말씀하셨기 때문에 이미 두려워하고 근심하기 시작했던 것이다. "너희가 나를 찾아도 만나지 못할 터이요 나 있는 곳에 오지도 못하리라."[77] (이 말씀은 유대인들이 서로 속삭이듯이 다음과 같이 물었을 때 응하신 답변이었다. "이 사람이 어디로 가기에 우리가 그를 만나지 못하리요 헬라인 중에 흩어져 사는 자들에게로 가서 헬라인을 가르칠 터인가?"[78]) 시편 기자는 다음과 같이 진실을 노래했다. "그곳에는 배들이 다니며 주께서 지으신 리워야단이 그 속에서 노나이다."[79] 그리고 주님은 그것에 관해 복된 욥에게 이렇게 말씀하시기도 했다. "네가 어찌 그것(리워야단)을 새를 가지고 놀 듯 하겠으며."[80] 또한 이렇게 다시 말씀하셨다. "참으로 (리워야단을) 잡으려는 그의 희망은 헛된 것이니라."[81] 참으로 그분은 조롱과 놀림을 당했으며, 용을 격파하여 죽음을 극복하려는 희망은 죽어가는 그리스도가 헛되이 죽음의 아가리 속으로 빨려 들어가 삼킴을 당했기 때문에 그야말로 헛된 것일 수도 있었다. 사망의 깊은 구멍에 의해 삼킴을 당했을 때, 그분이 흩어진 열방 민족에게로 다가가서 그들에게 복음을 전하여 가르칠 수 있게 되었고, 또한 그러한 그분의 죽음이 아니면 결코 그러한 일이 실현되어 성취될 수가 없었던 것이다.

이제 모든 민족이 그로 인해 복을 받았고 또한 복을 받을 것이라는 약속에 근거하여 성례에 관해 논의해 보도록 하자. 우리는 그 용이 그 자신을 만드신 하나님을

---

75. 창 49:10 (불가타).
76. 창 22:18.
77. 요 7:34.
78. 요 7:35.
79. 시 104:26 (불가타, 103:26).
80. 욥 41:5 (불가타, 40:24).
81. 욥 41:9 (불가타, 40:28).*

---

* 그리스도가 죽음에 이르렀기 때문에 용과 싸워 이긴다고 하는 것은 불가능한 일일지도 모르지만, 그러나 죽음을 이기고 부활하심으로, 대적할 수도 잡을 수도 없는 엄청난 괴력을 지닌 그 리워야단이라는 용을 파멸시킬 수가 있었다는 의미. 원래 욥 41장에서 채택된 리워야단이라는 용에 관한 기사는, 리워야단을 마음대로 제지할 수 없는 연약한 인생, 욥의 한계를 보여주기 위한 것이었다. 즉 리워야단을 만드신 하나님과 감히 변론을 벌이고자 하는 태도는 교만한 것이며, 만물을 창조하신 하나님께 복종하고 그분의 결정에만 따라야 한다는 점을 강조하기 위한 말씀이었다. 곧 한낱 연약한 인간에 불과한 자가 어찌 그 괴물 같은 용을 새 부리듯이 할 수 있거나 혹은 그물을 가지고 잡듯이 손아귀에 넣을 수가 있겠느냐 하는 비아냥이 그것이었다. 그리하여 여기서 루페르트는 이 성경 구절이 묘사한 대로 그렇게도 강력한 괴력을 지닌 용(리워야단)의 죽음 권세도 그리스도 앞에서는 초개와 같을 것이라는 암시를 내놓고 있다. 결국 이 구절은 용의 권능성을 표현하기 위해 도입된 성경구절인 동시에, 그렇게도 강력한 용의 권세도 향후 죽음을 이기시고 부활하실 그리스도 앞에서는 아무짝에도 쓸모없는 헛된 권세임을 드러내기 위한 복선과도 같은 장치라고 볼 수 있다.

조소하기 위해 그를 찬양하는 대신 얼마나 신성모독적인 크나 큰 조롱 – 그리스도를 제거하는 일 – 을 퍼부어댔는지를 알게 되면 크게 놀랄 것이다. 그 용이 하나님을 대적하고자 했을 때, 그 용 자체는 하나님의 목적에 예속된 하나의 도구에 불과했으며, 그 용이 그렇게도 위대한 복된 여성의 아들을 그 큰 아가리로 삼켜버리려고 계획했을 때, 이미 그는 하나님의 계획을 효과적으로 실현하는 하나의 수행자가 되어 있었던 것이었다.

XII, 11.

우리의 구원을 위해 중요한 성례는 무엇이며, 또한 그 수효는 어떠한가? 거룩한 세례, 그리스도의 몸과 피의 성찬, 그리고 성령의 이중적 선물, 곧 죄 용서와 다양한 은혜의 수여 등이 그것들이다.[82] 이러한 세 성례는 우리의 구원에 필수불가결한 요소들이다.[83] 그러나 이 세 가지 성례는 그리스도의 죽음과 부활을 제외하고선 생각될 수도 또 생각할 수조차도 없는 성질의 것이었다. 첫째, 세례에 관해서 생각해 보자. 우리는 세례가 그리스도께서 죽음의 아가리에 삼킨바 되었다고 추정됐던 바로 그 죽음에서부터 유래된 것으로 믿고 또한 알고 있다. 즉, 그리스도가 이미 돌아가셨을 바로 그때가 세례의 시초인 셈이다. 이에 관해 요한복음은 다음과 같이 보도했던 것이 아닌가? "(군인들이) 예수께 이르러서는 이미 죽으신 것을 보고 다리를 꺾지 아니하고 그 중 한 군인이 창으로 옆구리를 찌르니 곧 피와 물이 나오더라."[84] 그 뿌리신 피로 인하여 우리, 이방인뿐만 아니라 유대인들도 모두 구속함을 받게 되고, 그 흘리신 물로 말미암아 유대인이 먼저 그리고 나중에 이방인이, 혹은 차라리 죽은 자가 먼저, 그리고 나중에 산 자가 깨끗하게 씻음 받게 되는 것이다. 태초 이후로 사망했었던 자들, 그리고 숙은 자들 가운데서 복된 소망을 고내해오고 있었던 모든 믿는 자들이 이러한 구원의 열매를 맨 먼저 받아들이게 되었다. 그들은 (말하자면, 하나님의 눈으로 볼 때) 아직도 천국의 제단에 참여하지 않았었던 초신자나 예비신자와 유사한 존재들이었다. 왜냐하면

---

82. "성령의 이중적인 은사"는 (이에 관해서는 아래의 13장을 참고하라) 하나의 성례로 간주되지만, 실제적으로는 두 개, 곧 참회 (penance; 고백 혹은 고해성사)와 서품(ordination) 등이다.

83. 4세기 후에 루터는 그와 비슷하게 성례를 다음 세 가지로 규정했다. 세례, 성찬, 참회 등.

84. 요 19:33–34.

그들은 아직도 하나님에 대한 적의와 반항의 장벽을 허물지 않았기 때문이다. 그들은 이렇게 말한다. "전에는 우리도 다 그 가운데서 우리 육체의 욕심을 따라 지내며 육체와 마음의 원하는 것을 하여 다른 이들과 같이 본질상 진노의 자녀이었더니."[85] 그리고 또한 이렇게 언급하기도 했다. "우리의 의는 다 더러운 옷 같으며."[86] 그러나 그러한 예수의 몸에서 분출하는 억수에 의해 씻음을 받고 정결하게 된 자들은 하나님의 지성소인 전적으로 거룩한 하나님의 나라에 입성하게 되었던 것이다. 그리스도가 고난당하시던 바로 그때, 지나간 과거 세대의 모든 교회가 함께 세례를 받았기 때문에, 이러한 성례는 바로 그 교회 안으로 들어가는 대문으로 정해졌다. 그리하여 그 이후로 그 교회에 편입되기를 원하는 자들은 누구든지 자기 자신을 위해 세례를 받게 되었는데, 이는 그 교회가 그리스도의 죽음 가운데서 단번에 완벽하게 세례를 받았기 때문이었다. 그리스도의 죽음의 성례는 성령의 탄원과 더불어 물이 사용되고 십자가의 말씀이 선포될 때 현존하며 효험을 발휘할 수 있게 된다. 그러한 사실에 관해 사도는 다음과 같이 언급했다. "무릇 그리스도 예수와 합하여 세례를 받은 우리는 그의 죽으심과 합하여 세례를 받은 줄을 알지 못하느냐."[87]

세례에 관한 매우 오래 지속된 논쟁이 거룩한 로마 교회와 그리스 교회 사이에 존재해 왔었다. 그리스 교회는 엄숙한 세례 성례 의식을 주현절에 실시해야 한다고 주장했는데, 그 근거는 바로 주님이 그날에 요단강 가에서 세례 요한에게서 세례를 받았다는 사실이었다. 곧 그날에 우리 주님이 사람들 앞에 공적으로 나타나셔서 세례를 받으셨기 때문에 우리 모두가 그 공현절의 날에 세례를 받아야만 한다는 주장이 바로 그리스 교회의 지론이었던 것이다. 로마 교회는 위대한 레오(Leo the Great)로 하여금 합당한 논거를 제시해 그러한 그리스 교회의 주장에 대한 반박문을 저술하도록 했다. 곧 요한이 베푼 세례는 죄 용서가 아니라 단지 회개를 촉구함에 불과하다는 것이었다. 거기서 더 나아가 세례는 요한이 아니라 그리스도에 의해 제정된 것으로

---

85. 엡 2:3.

86. 사 64:6.

87. 롬 6:3.*

---

* 그리스도의 죽으심에서 세례가 비롯됐다는 루페르트의 주장은, 세례를 받는 자가 죄와 욕심을 지닌 그 자신을 죽이고 거룩한 존재로 부활하는 것임을 함축하고 있다.

서, 그 기원과 유래는 요단 강가의 예수 수세 사건이 아니라 바로 그의 죽음 사건이라는 것이다. (우리가 이미 앞에서 살펴본 대로) 그리스도의 옆구리가 창에 찔려서 피와 물이 쏟아져 내렸을 바로 그때가 세례 사건이 촉발된 시점이라는 것이 바로 로마 교회의 반박적 주장이었다. 그러므로 로마 교회의 주장에 따르면, 이러한 세례 성례는 주현절 혹은 공현절이 아니라 그리스도의 죽음과 부활을 기념하는 그 즈음에 연례행사로 거행돼야만 한다.[88]

XII, 12.

주님의 몸과 피의 성례를 언급해볼 때, 그것은 실로 주님의 고난과 죽음에 대한 독특하고도 특별한 기념인 동시에, 그 기원이 바로 명백히 그러한 주님의 고난과 죽음이 틀림없다. 곧 이러한 언급은 참으로 불필요한 시간 낭비에 불과할 것이다. 사실상 성찬의 성례는 주님이 배신을 당하신 그날 밤, 이미 죽음의 그림자가 드리워져서 거의 죽음 직전까지 내몰렸을 그때 제정된 것이나 다름없었다. 지금 살아서 이 땅에 남아 있는 우리를 위해 그러한 성찬이 보존되어 전수되었으며, 떡 조각과 잔의 포도주 아래 숨겨져 있는 주님의 죽음과 부활의 유익함이 우리에게 전해진 것이다. 그리고 이미 죽은 신자들에게 그 음료는 기이하고 놀라운 방식으로 준비되어 공급되었다. 곧 십자가에 달리신 주님의 몸의 조각들과 핏방울들이 죽은 자들에게 분배됐는데, 주님의 영혼과 육신이 삼일 밤낮을 꼬박 땅의 내부 중심부에 있는 하데스(Hades)에 내려가 거기 있는 죽은 자들의 영혼과 육신에게 그 음료를 제공하신 것이었다.

우리는 이제 더 이상 이러한 위대한 신비에 관해 다룰 필요가 없을 것이다. 그 이유는 왜 성찬이 우리에게 필요한 것인가에 대한 적절한 답변이 이미 하나도 남김없이 샅샅이 제시됐기 때문이다. 물론 그 근거는 이러하다. 첫 인간이 하나님께 불순종해, 보다 사악하게 되어, 이후로 모든 인간들은 마귀의 수하에 놓이게 되었다. 그들

---

88. 다음 자료들을 참고하라. 로마교회 미사집(*Missale Romanum*)에 들어 있는 거룩한 토요일의 예배의식(the service of Holy Saturday). G. L. Diekmann, ed., *The Easter Vigil Arranged for Use in Parishes* (Collegeville, Minn.: The Liturgical Press, 1953)에 들어 있는 (축약본 형태의) 거룩한 토요일의 예배의식(the service of Holy Saturday). Allen Cabaniss, "*Beowulf* and the Liturgy" (*Journal of English and Germanic Philology*, 54 [1955], 195-201. 이 자료는 세례 의식이 앵글로-색슨(Anglo-Saxon) 서사시 일부의 기초가 됨을 제시해주고 있다. 그리스 교회의 세례 관습에 대한 루페르트의 언급은 (우리에게) 재미와 즐거움을 공급해주는 그의 한 진술(*De divinis officiis*, 11, 22 [MPL 170.48D]에 들어있는)을 연상하게 해준다. "콘스탄티노플(Constantinople) 대주교의 오만방자함은 수많은 이단들의 어머니다."

이 선악을 구분할 수 있게 하는 맛있고 향기롭고 아름다운 나무의 열매 – "여자가 그 나무를 본즉 먹음직도 하고 보암직도 하고 지혜롭게 할 만큼 탐스럽기도 한 나무인지라…"(창 3:6) – 를 먹지 말라는 명령을 지키는 일에만 몰두했을 때, 그로 인해 그들 자신이 소유한 신성의 고유한 속성을 보존할 수가 있다고 믿었던 것이다. 그러나 그들 역시 마귀가 이렇게 말하는 것도 믿었다. "'만일 네가 그것을 먹는다면 죽을 것이다'라는 하나님의 말씀은 사실이 아닐 것이며, 오히려 '네가 만일 그것을 먹게 된다면, 신이 될 것이다'라는 나의 말은 진실일 것이다."[89] 이성적인 분별과 추리를 따르자면, 그러한 첫 인간의 불순종과 불의를 배격하고 의를 이루기 위해서는, 선악과라는 죽음의 음식 대신에 또 하나의 다른 음식이 공급돼야 함이 마땅했던 것인데, 그것은 곧 살리는 생명의 음식이었던 것이다. 그와 동일한 이성적 방식으로 추론한다면, 우리 인간의 마음이 눈으로 볼 수 없는 것이 현존한다는 사실을 믿어야 함은 필수불가결한 당연지사가 된다. 그렇게 되면, 참으로 우리는 주님의 살과 피가 들어 있는 떡과 포도주가 신성에 참여할 수 있는 참된 양식과 음료가 되는 것임을 믿을 것이고, 또한 비록 우리가 떡과 포도주에서 그리스도의 살과 피를 인식하고 감지할 수가 없다 하더라도, 그것들이 철저히 효력 있는 그리스도의 살과 피가 될 것이라는 점도 확실히 믿을 수가 있게 될 것이다. 바로 이러한 신앙으로 말미암아, 하나님은 인간이 이전에 마귀를 믿을 때보다 훨씬 그 이상으로 하나님을 더 신뢰할 때 큰 만족을 누리신다고 생각하신다.

XII, 13.

믿음을 지닌 우리 모두가, 그리스도의 죽음과 그의 대속의 피로 말미암아, 성령의 은사와 선물 – 성령께서 처음 선사하는 것은 죄 용서인데 – 을 지금까지 받아왔었고, 또한 받고 있다는 사실을 그 누가 모르겠는가? 그러한 이유로 말미암아, 그리스도가 죽은 자들에게서 벗어나 부활하신 그날에, 곧 어떤 늦은 밤에, 그의 제자들 중간에 서서 이렇게 말씀하셨다. "이 말씀을 하시고 그들을 향하사 숨을 내쉬며 이르시되 성령을 받으라."[90] 그리고 이어서 그 즉시 이렇게 덧붙여 말씀하셨다. "너희가 누

---

89. 창 3:3-5 이하를 바꿔 쓰기해서 부연 설명한 것이다.
90. 요 20:22.

구의 죄든지 사하면 사하여질 것이요 누구의 죄든지 그대로 두면 그대로 있으리라."[91]
시간이 지나, 주님의 부활이 있은 지 보름째 되던 날, 주님의 제자들은 은총의 분여
로 인한 성령의 두 번째 은사를 받았으며, 사도는 고린도전서에서 이렇게 그에 관해
회상했다. "어떤 사람에게는 성령으로 말미암아 지혜의 말씀을, 어떤 사람에게는 같
은 성령을 따라 지식의 말씀을"[92] 등. 그러한 은사는 다음과 같이 기록된 대로의 성격
을 지닌 것이었다. "그가 위로 올라가실 때에 사로잡혔던 자들을 사로잡으시고 사람
들에게 선물을 주셨다."[93] 이러한 성경구절들 중 가장 합당하고 훌륭한 것은 다음과
같다. "그가 어떤 사람은 사도로, 어떤 사람은 선지자로, 어떤 사람은 복음 전하는 자
로, 어떤 사람은 목사와 교사로 삼으셨으니."[94]

이러한 은사들은 보혜사 성령(Paraclete)의 위로였으며, 그리스도가 멀리 하나님 아
버지가 계신 하늘로 막 승천하시면서 그의 제자들에게 말씀하신 것이었다. "지금 내
가 나를 보내신 이에게로 가는데 너희 중에서 나더러 어디로 가는지 묻는 자가 없고
도리어 내가 이 말을 하므로 너희 마음에 근심이 가득하였도다. 그러나 내가 너희에
게 실상을 말하노니 내가 떠나가는 것이 너희에게 유익이라. 내가 떠나가지 아니하면
보혜사가 너희에게로 오시지 아니할 것이요 가면 내가 그를 너희에게로 보내리니."[95]
"내가 떠나간다"는 것은 물론 "내가 하늘로 승천한다" 혹은 "너희들에게서 나의 육신
적인 현존이 사라지게 된다"라는 의미로 이해되는 것이 옳다. 주님의 제자들은 주님
의 승천을 두고 슬퍼하지 않아야 했었는데, - 물론 그와는 정반대로 애통해하지 않
고 - 과연 그들은 크게 즐거워하고 기뻐했으며, 누가는 이것을 이렇게 회상했던 것이
다. "그들이 그에게 경배하고 큰 기쁨으로 예루살렘에 돌아가."[96] 그러나 그들은 주님
의 고난에 관해서는 대단히 슬퍼했었다. 다음과 같은 주님의 말씀이 그 증거가 된다.
"도리어 내가 이 말을 하므로 너희 마음에 근심이 가득하였도다."[97] 그러므로 우리는

---

91. 요 20:23.

92. 고전 12:8.

93. 엡 4:8; 참고. 시 68:18 (불가타, 67:19). 이것과 앞의 각주 성구는 루페르트의 세 번째 성례의 근거가 된다. 곧 거룩한 위계 질서
   (서품제도)가 그것이다.

94. 엡 4:11.

95. 요 16:5-7.

96. 눅 24:52.

97. 요 16:6.

다음과 같은 복음서의 말씀을 통해, 주님이 자신의 고난과 죽음을 염두에 두고 떠나가신다는 말씀을 하셨을 때, 그러한 고난과 죽음의 의도를 보다 정확히 이해할 수가 있게 된다. "유월절 전에 예수께서 자기가 세상을 떠나 아버지께로 돌아가실 때가 이른 줄 아시고 세상에 있는 자기 사람들을 사랑하시되 끝까지 사랑하시니라."[98]* 그렇다면 주님은 돌아가셔서 다시 부활해 사람들과 함께 걷고 또한 이 세상 수고를 겪는 일을 그만 두시기보다는, 오히려 처음으로 [아버지께로 돌아가시기 위해] 이 세상을 떠나가셨다는 것이 더 타당하지 않겠는가?

XII, 14.

이러한 세 가지 것들은 존재해야만 했다. 그리고 이것들 때문에 주님의 죽음은 모든 민족 만민을 위해 필수불가결한 것이었다. 왜냐하면 이것들은 그리스도이신 그 자손 가운데서 모든 족속들이 복을 받게 될 그런 축복이기 때문이었다. 죽음을 통해 그 성자와 그 인간을 삼켜버릴 수 있다고 생각했던 저 큰 용은 결코 이러한 사실을 알지 못했다. 내가 감히 말하건대, 그 악한 용은 지혜가 말씀한 진리이신 그분을 알지 못했다. 즉 그들은 주님이 통치하신다는 사실을 몰랐던 것이다. "악인들은 이렇게 뇌까리지만 그들의 생각은 그릇됐다. 그들의 악한 마음 때문에 눈이 먼 것이다. 그들은 하나님의 오묘한 뜻을 모르며…"[99] 사도는 이렇게 언급했다. "이 지혜는 이 세대의 통치자들이 한 사람도 알지 못하였나니 만일 알았더라면 영광의 주를 십자가에 못 박지 아니하였으리라."[1] 즉 이 지혜는 다음과 같은 것이다. "그러나 우리가 온전한 자들 중에서는 지혜를 말하노니 이는 이 세상의 지혜가 아니요 또 이 세상에서 없어질 통치자들의 지혜도 아니요 오직 은밀한 가운데 있는 하나님의 지혜를 말하는 것으로서 곧 감추어졌던 것인데 하나님이 우리의 영광을 위하여 만세 전에 미리 정하신 것이라."[2] 만일 바다에 있는 거대한 고래인 리워야단이 주님의 몸 안에 낚싯바늘이 숨겨

---

98. 요 13:1.

99. 지혜서 2:21–22a.

1. 고전 2:8; 이 구절의 중요성은 다른 저술에서도 취급된다. Allen Cabaniss, "The Harrowing of Hell, Psalm 24, and Pliny the Younger: A Note" (*Vigiliae Christianae*, 7 [1953], 65–74).

2. 고전 2:6–7.

---

* 곧 주님에게 고난과 죽음은 하나님 아버지께로 돌아가는 첫 과정에 불과한 것이다.

져 있다는 사실을 알았더라면, 결코 주님의 몸을 덥석 물지는 않았을 것이라는 점은 절대적으로 자명한 진리다.[3] 그 리워야단은 예수가 참으로 하나님의 아들이신 그리스도라는 사실을 알기는 했으며, 또한 그분이 인류를 구원하시기 위해 오셨다는 사실도 인지했던 것이다. 그러나 정작 그 리워야단은 세상이 알지 못하는 숨겨진 비밀, 곧 하나님의 지혜의 계획을 인식하지 못했다. 다시 말해 그것은 그분의 죽음으로 말미암아 모든 인간의 생명이 다시 새로워진다는 것이었다. 그리스도는 그 자신의 계획을 아셨다. 그러나 그것은 모든 세대에 대해 숨겨진 비밀이었고, 사실상 인간의 마음의 생각이 상상조차 할 수 없는 것이었기 때문에 바로 그 사도들조차도 이러한 사실에 관해 조금도 결코 이해할 수가 없었다. 비록 주님이 그의 제자들인 사도들에게 사적으로 누누이 그러한 비밀에 관해 (거룩한 복음서들은 수없이 많은 곳에서 선언한 대로) 알려주었지만, 그때는 그들이 이해할 수 있는 때가 아니었기 때문에 그것에 관해 알 수가 없었고, 결국 주님의 부활의 광채 가운데서 환하게 드러난 영광을 보았을 때 비로소 그러한 신비한 하나님의 섭리와 비밀스러운 계획을 인지할 수 있게 된 것이다.[4]

XII, 15.

그렇다면 누가 이러한 하나님의 섭리와 비밀을 이해할 수 있었는가? 그렇게 종종 언급된 바 있는 해를 입은 그 여인이 그리스도를 잉태했을 때, 그 용이 그리스도의 이름을 지워 없애기 위해서, 곧 그를 자신의 깊은 목구멍 속으로 삼켜버리기 위해 그렇게 오래 기다리는 동안(즉, 악한 자들이 그리스도의 육신을 파멸시키기 위해 기다리는 동안), 어느 누가 가장 깊은 애정을 가지고 저 인자의 마음속에 들어 있는 계획과 성향을 감지할 수가 있었는가? 만일 우리가 올바르게 생각한다면, 그는 그 큰 아가리를 최고로 크게 벌리고 그리스노를 삼키기 위해 일곱 번씩이나 기나렸던 것이나. 그는 그의 잔혹한 아가리를 일곱 번씩이나 크게 찢어 열어서 그리스도를 삼키려고 호시탐탐 노렸다. 여섯 번째까지는 모두 실패해 크게 실망스러웠지만, 드디어 일곱 번째 시도에 이르러서는 그리스도의 육체를 그의 큰 아가리에 담아 삼켜버릴 수 있게 되었다. 그러나 그 용은, 우리

---

3. 이러한 표현은 위대한 그레고리우스(Gregory the Great)가 속죄에 관한 초기 교리를 반영하는 투박하고 생경한 진술을 제시했었던 것을 인용한 것이다.

4. 참고. 눅 18:34.

가 위에서 언급한 대로, 그리스도의 몸에 장치되어 있던 매우 날카로운 낚싯바늘에 그 아가리가 걸려 치명적인 상처를 입게 되었다. 마태복음에 의하면, 그 용이 그리스도를 물기 위해 처음 시도한 것은 잔인한 헤롯(Herod)을 통한 유아 학살에서 비롯된 것이었다. 헤롯은 이미 앞에서 언급한 대로 메시아를 없애기 위해 새로 태어난 유아들을 찾아내서 닥치는 대로 학살을 시도했던 것이다.[5] 누가복음에 따르면, 그 용이 그리스도를 집어삼키기 위해 두 번째 시도한 것은 유대인들을 통해서였다. 그리스도가 그 자신이 성장한 곳인 나사렛의 한 회당에서 거기에 모인 유대인들에게 말씀을 가르치실 때에, 그 자신을 구약의 예언된 메시아와 동일시하자 유대인들은 다음과 같이 그를 죽이려고 했다. "일어나 동네 밖으로 쫓아내어 그 동네가 건설된 산 낭떠러지까지 끌고 가서 밀쳐 떨어뜨리고자 하되 예수께서 그들 가운데로 지나서 가시니라."[6]

요한복음에 따르면, 그 용이 그리스도를 한입에 물어 삼키려고 했던 세 번째 시도 역시 다음과 같은 그리스도의 말씀에 대한 유대인들의 회피적인 반응에 의한 것이었다. "예수께서 이르시되 내가 진실로 진실로 너희에게 이르노니 인자의 살을 먹지 아니하고 인자의 피를 마시지 아니하면 너희 속에 생명이 없느니라."[7] 이 말씀이 황당하다고 여긴 대부분의 유대인들은 제자들만을 제외한 채, 그리스도의 곁을 떠나갔고 그리스도 역시 유대인들에게서 몸을 피했던 것이다. 참으로 그러한 언급들을 통해, 그리스도는 그들에게서 그 자신을 도피시켜 숨겼으며, 이는 다음과 같은 시편 33편의 제목[8]과도 같은 처지였다. "다윗이 아비멜렉 앞에서 미친 체하다가 쫓겨나서, 대문짝을 퉁퉁 치다가 그적거리며, 침을 수염에 흘리다가 그 자신의 계교대로 도망에 성공하여 지은 시."[9] 아비멜렉(Abimelech)은 보다 초창기에는 아기스(Achish)로 불렸던 자였

---

5. 마 2:16. 참고, 계 12장.

6. 눅 4:29-30.

7. 요 6:53.

8. "다윗이 아비멜렉 앞에서 미친 체하다가 쫓겨나서 지은 시"라는 제목은 실제로 시 34편(불가타, 33편)의 제목이다.

9. 이 제목은 대단히 혼잡하고 기이하게 뒤범벅이 된 것이다. 여기서 'Abimelech'은 불가타에서는 'Achimelech'(혹은 'Ahimelech')으로 쓰였다. 또한 시 34편은 삼상 21장 (불가타, 왕상 21장)과 동일한 내용으로 되었다. 그러나 R.S.V.와 교황청 성서공회(the Pontificial Biblical Institute) 발행 새 라틴역본 성경(1945)은 'Achimelech'(혹은 'Ahimelech') 대신에 'Abimelech'이라고 표현하고 있다. 한편 "대문짝을 퉁퉁 치다가 그적거리며, 침을 수염에 흘리다가"라는 표현은 삼상 21:13 (불가타, 왕상 21:13)에서 온 것이다. 반면에 "그 자신의 계교대로 도망치는 데 성공했다"(이 구절의 앞부분은 이 시편 제목의 것과 동일함. 즉 이 시편 제목은 다음과 같음. "다윗이 아비멜렉 앞에서 미친 체하다가 쫓겨나서, 대문짝을 퉁퉁 치다가 그적거리며, 침을 수염에 흘리다가 그 자신의 계교대로 도망치는 데 성공해서 지은 시")라는 구절은 불가타에서는 "그가 기절한 채, 그들의 수중에 떨어지게 되었다" 고 되어 있다(그 구절 이하 몇 줄을

다. 아비멜렉의 의미는 "나의 아버지의 왕국"이지만, 아기스는 "어째서 그것이 존재하는가?"이다. 그러므로 '아비멜렉'이 의미하는 바는 그리스도가 처음에 그의 아버지의 왕국이라고 정당하게 불렀던 바로 그 유대인들을 함축하는 것이다. 그러나 이제 그들은 '아기스'로 칭해지는데, 그 이유는 그들이 이렇게 말했기 때문이었다. "어째서 이러한 일이 가능할 수 있는가?"[10]

거기서 그리스도는 그들 앞에서 그의 모습을 위장하여 미친 체했는가? 여기서 그리스도는 구약의 희생제사법을 새로운 것으로 변화시켰다. 또한 여기서 그리스도가 "너희가 인자의 살과 먹고 인자의 피를 마시지 않는다면"이라고 말씀하셨을 때, 이미 그리스도의 침은 수염을 적시게 된 셈이었다. 이러한 그리스도의 말씀은 그들 유대인에게는 재잘대는 어린아이들의 수다에 불과한 것으로 비쳐질 뿐이었다. 그리고 그들 유대인에게 그것은 어린아이들이 침을 흘려 대는 습관과 다를 바 없는 것이었다. 그리스도가 그의 말씀에 귀를 기울이려 하지 않고 머뭇거리는 자들에게 그의 수난(Passion)의 신비를 전파했을 때, 이는 다윗이 사울을 피하기 위해 일부러 미친 체 위장하여 성문의 대문짝을 퉁퉁 치고 그적거렸던 일과 다를 바 없었다. 이는 그리스도가 일부 사람들이 그 자신을 믿고 문을 열어줄 때가 반드시 도래할 것임을 알았기 때문이었다. 그리스도는 그 자신의 생각대로 도피해서 그의 손 안에 떡과 포도주를 넣고 쥘 수 있게 되어 이렇게 기록될 수 있었다. "그들이 먹을 때에 예수께서 떡을 가지사 축복하시고 떼어 제자들에게 주시며 이르시되 받아서 먹으라 이것은 내 몸이니라 하시고 또 잔을 가지사 감사기도 하시고 그들에게 주시며 이르시되 너희가 다 이것을 마시라 이것은 죄 사함을 얻게 하려고 많은 사람을 위하여 흘리는바 나의 피 곧 언약의 피니라."[11] "히브리 본문"에 따르면, 그 시편 제목의 마지막 구절을 증빙하는 문장은 "그 자신의 생각대로 도피를 해서"(RSV와 교황청 라틴역 성서) 대신에 "그는 그들의 수중에서 기절해 버렸다"이다.[12]

그 용의 그리스도에 대한 네 번째의 끈질긴 괴롭힘과 박해는 바리새파 우두머리

---

10. 요 6:52.

11. 마 26:26-28.

12. 삼상 21:13 (불가타, 왕상 21:23). 여기서 "히브리 본문"은 불가타를 의미한다. 이에 관해서는 다음 자료를 참고하라. Beryl Smalley, *The Study of the Bible in the Middle Ages*, 2d ed. (New York: Philosophical Library, 1952), 329–355.

가 그리스도에게 그들의 종을 보내 질문을 제기한 데서 비롯되었다. 그 두목은 자신이 파견한 종이 되돌아 왔을 때 이렇게 물었다. "왜 너희는 그를 데리고 오지 않았느냐?" 그들은 이렇게 답변했다. "그 사람이 말하는 것처럼 말한 사람은 이때까지 없었나이다."[13] 바리새파들은 그리스도를 고발하기 위한 지속적인 노력을 기울인 나머지, 드디어 간음한 여인을 그리스도 발 앞에 데려오기까지 했다.[14] 그 용이 시도한 다섯 번째의 박해와 괴롭힘은 그리스도께서 다음과 같이 말씀하셨을 때 일어났다. "예수께서 이르시되 진실로 진실로 너희에게 이르노니 아브라함이 나기 전부터 내가 있느니라 하시니 그들이 돌을 들어 치려 하거늘 예수께서 숨어 성전에서 나가시니라."[15] 그 용이 시도한 여섯 번째의 박해와 괴롭힘은 그리스도께서 역시 다음과 같이 언급하셨을 때 일어난 것이었다. "나와 아버지는 하나이니라 하신대 유대인들이 다시 돌을 들어 치려하거늘."[16] 그 용이 시도한 일곱 번째이자 마지막 괴롭힘과 박해는 대제사장들과 바리새인들이 공회를 모아 그리스도를 십자가에 달기까지 일치단결하는 책동이었다.[17]

XII, 16.

내가 묻노니, 누가 그렇게 장기간 지속되는 죽음과의 사투에서 견뎌내는 그리스도의 온유하고 겸손한 영을 이해할 수 있겠는가? 시편 기자는 다음과 같이 언급하지 않았던가? "가난한 자를 보살피는 자에게 복이 있음이여 재앙의 날에 여호와께서 그를 건지시리로다."[18] (다른 시편을 따르면) 그 용은 그렇게 가난하고 비천한 자들을 보살피고 구원하시려는 그리스도를, "가난하고 궁핍하며 마음이 상한 자들"[19]인 유대 백성 앞에서 죽여서 삼키려고 안간힘을 다 썼던 것이다. 우리 거의 모두는 그리스도가 다음과 같이 하신 말씀을 듣지 않거나 아니면 적어도 알아듣기는 해도 그 인지 속도가 대

---

13. 참고, 요 7:32, 45-46.

14. 요 8:1-11 (R.S.V.에는 각주가 없음).

15. 요 8:58-59.

16. 요 10:30-31.

17. 요 11:47, 53.

18. 시 41:1 (불가타, 40:1).

19. 시 109:16.

단히 느렸음이 틀림없다. "나는 마음이 온유하고 겸손하니 나의 멍에를 메고 내게 배우라 그리하면 너희 마음이 쉼을 얻으리니."[20] 우리는 그리스도가 우리를 위해 가난하고 온유하며 겸손하고 애통해하신 사실과 또한 극한 고난을 당하시기까지 하신 일들을 너무나도 이해하지 못하고 있다. 이에 관해 이사야 선지자는 이렇게 한탄했던 것이다. "의인이 죽을지라도 마음에 두는 자가 없고 진실한 이들이 거두어 감을 당할지라도 깨닫는 자가 없도다. 의인들은 악한 자들 앞에서 불리어가도다."[21] 시편 기자 역시 이렇게 외쳤다. "비방이 나의 마음을 상하게 하여 근심이 충만하니 불쌍히 여길 자를 바라나 없고 긍휼히 여길 자를 바라나 찾지 못하였나이다."[22]

그러나 복된 마리아가 그리스도께서 십자가에 달려 죽어가고 계시는 모습을 바로 그 옆에 서서 보고 있을 때 과연 몹시 슬퍼하고 또한 그리스도와 동시에 괴로워하지 않았겠는가? 물론 그렇다. 마리아는 가슴 깊이 매우 절통해 했으며, 또한 대단히 비통히 고통스러워했다. 그리고 (시므온이 예언했던 대로) 비수가 그녀의 영혼에 꽂혀 관통하는 체험을 겪었던 것이다.[23] 슬퍼서 감정에 북받쳐 오른 그리스도의 사랑하는 제자들 역시 죽어가는 그분을 바라보고만 있었다. 비록 다른 제자들이 그리스도를 버리고 도망쳤더라도, 그들 역시 그분을 잃어버려서 비통해했으며, 또한 그들의 가슴 속에는 슬픔으로 가득 차 있었다. "아무도 그리스도의 고난과 슬픔을 마음에 두지 않았다." 와 "나로 인해 슬퍼하는 자가 아무도 없었다."라는 언급이 이루어졌는데, 그것은 이성적인 도리에 근거한 것이 아니라 슬픔에 가득 차서 내린 판단에 따른 것이었다. 그러한 극한 비통함과 슬픔은 때때로 이성적인 도리를 허락하지 않는 법이다. 그리스도로 인해 슬퍼했던 자들이 그리스도를 조롱하고 야유했던 거대한 군중보다 양식이며 수적인 비교로 볼 때 훨씬 적었다는 사실은 거부할 수 없는 현실이었다. "내가 본즉 도와주는 자도 없고 붙들어 주는 자도 없으므로 이상하게 여겨 내 팔이 나를 구원하며 내 분이 나를 붙들었음이라"[24]는 언급은 하나의 단순한 불평이 아니었다. 그것은 단지 절대적으로 아무도 그렇게 하기를 원하지 않았다는 사실을 단언한 것이었다. 즉

---

20. 마 11:29.

21. 사 57:1.

22. 시 69:20 (불가타, 68:21).

23. 참고, 눅 2:34-35; 후기 찬송가 "슬픔의 성모에 대한 성가"(*Stabat Mater* = Stood the Mother).

24. 사 63:5.

그것은 그 어떤 자도 그리스도를 멸망시키기 위해 쳐들어 왔던 이 세상의 군주와 옛 죄인과 죽음의 우두머리 등의 세력들과 벌이는 전투와 조우에서 그분을 도와줄 수 없게 되었다는 점을 확언한 것이었다. 왜냐하면 악한 자들에 대해 "그는 내게 관계할 것이 없으니"[25]라고 말할 수 있는 자가 단 한 명도 없었기 때문이다. 아무도 그분을 도와주는 자가 없었고, 오직 인간적인 무죄와 연계된 신성의 팔과 분노 (즉. 열정과 용기)만 이 그분 안에 내재해있었던 것이다.

XII, 17.

그렇다면 도대체 어떠하다는 말인가? 한 명의 조력자를 찾기를 기대함으로써 그리스도가 죽지 않을 수 있다는 말인가? 그리스도가 그러한 목적을 지니고 도래하셨다는 말인가? 그분은 하나님이자 인간이셨기 때문에, 또한 고난당하시던 바로 그 순간에 두 의지, 곧 신적 의지와 인간적 의지를 지니고 계셨다. 물론 인성은 당연히 죽음의 맛을 보고 두려워했을 것이고 또한 그로 인해 주춤하기도 했었다. 영혼은 육체에 대한 자연스러운 사랑에 의해 포섭됐고, 또한 계속해서 육신 안에 거하기를 원했다. 그럼에도, 신성은 분별 있고 사리에 맞는 정당한 결정에 의해 인류를 구원하기 위해 필요한 일들을 하려고 의도했던 것이다. 그리고 인성은 그 자신의 의지를 따라 인간 본성의 의지를 선호했으며, 이는 다음과 같은 기도를 통해 입증되었다. "조금 나아가사 얼굴을 땅에 대시고 엎드려 기도하여 이르시되 내 아버지여 만일 할 만하시거든 이 잔을 내게서 지나가게 하옵소서 그러나 나의 원대로 마시옵고 아버지의 원대로 하옵소서 하시고."[26] "이르시되 아버지여 만일 아버지의 뜻이거든 이 잔을 내게서 옮기시옵소서 그러나 내 원대로 마시옵고 아버지의 원대로 되기를 원하나이다 하시니."[27] 그러므로 그리스도께서 자신을 도와줄 자를 찾았던 것으로 보이는 일은 신성의 결정에 따른 것이었다. 그러나 그와 반면에 "참으로 이 장막에 있는 우리가 짐진 것같이 탄식하는 것은 벗고자 함이 아니요 오히려 덧입고자 함이니 죽을 것이 생명에 삼킨바

---

25. 요 14:30.

26. 마 26:39.

27. 눅 22:42.

되게 하려 함이라"[28]는 사도의 말씀대로, 그리스도가 거룩한 자들이 선택한 바로 그러한 일을 원하신 것은 육신의 자연스러운 감정을 따른 것이었다.

무엇 때문에 그리스도는 자신을 도와줄 자를 찾으셨고 또한 찾고 계실 뿐만 아니라, 다음과 같이 큰 목소리로 외치셨던 것인가? "제 구시쯤에 예수께서 크게 소리 질러 이르시되 엘리 엘리 라마 사박다니 하시니 이는 곧 나의 하나님, 나의 하나님, 어찌하여 나를 버리셨나이까 하는 뜻이라."[29] 우리는 그 외침을 다음과 같은 그분의 말씀을 들어 가장 정확하게 해석할 수 있다. "오! 내 안에 거하시는 신성의 충만함이시여![30] 어째서 당신은 자신을 깊숙이 숨겨두시는가? 어째서 당신은 내가 죽어갈 때 침묵을 지키고 계셨는가? 오직 그들이 나를 체포하러 오기 바로 직전에, 당신은 잠깐 동안 한 마디를 던졌던 것 아닌가? '내가 너희가 찾던 그 사람이다.' 그리고 즉시 그들은 뒤로 물러가서 땅에 엎드리지 않았는가?[31] 최근에 당신은 또한 죽음 가운데서 눈이 멀어져갔던 맹인의 눈을 뜨게 함으로써 수많은 군중을 놀라게 하지 않았는가? 그리고 당신이 노끈으로 채찍을 만들어 성전을 숙청한 사건은 수만 군대로도 할 수 없었던 일이 아니던가? 그러한 사건들은 다음과 같은 선지자의 예언을 연상시키는 것이었다. '그들에게 이르시되 기록된바 내 집은 기도하는 집이라 일컬음을 받으리라 하였거늘 너희는 강도의 소굴을 만드는도다 하시니라.'[32] 그렇다면 왜 오! 전능자시여! 가장 강력한 말씀의 신성이시여! 왜 당신은, 마치 칼집에서 뽑혀 나오지 않으려고 하는 칼처럼 당신 자신을 깊이 숨기시고, 나, 곧 당신 자신의 육신을 버리셨단 말인가?"[33]

[XII, 18-26은 생략됨]

---

28. 고후 5:4.

29. 마 27:46.

30. 참고, 골 2:9.

31. 참고, 요 18:6.

32. 마 21:13; 참고, 렘 7:11.

33. 이 단락 전체는 거의 '프란시스회'(Franciscan)의 정념적(pathos) 특성을 보여주고 있다.

XII, 27.

그리스도가 요한복음의 어떤 한군데서 다음과 같이 유대인에게 말씀하셨던 것이 이루어졌다. "예수께서 대답하여 이르시되 인자가 영광을 얻을 때가 왔도다."[34] 내가 말하거니와, 다윗의 음성을 통해 아버지께서 그 입으로 전하신 말씀의 선포가 이루어진 것이었다. "하나님이여 내 마음을 정하였사오니 내가 노래하며 나의 마음을 다하여 찬양하리로다. 비파야, 수금아, 깰지어다. 내가 새벽을 깨우리로다."[35] 여기서 비파는 무엇이며 또한 수금은 어떤 것인가? 바로 무덤 안에서 안식을 누리고 있는 바로 그리스도의 그 몸이 비파이자 또한 수금이었다. 감미롭고 달콤하기까지 한 멜로디가 흘러나오는 것처럼, 주옥과도 같은 설교를 연주하는 수금 − 곧 그리스도 − 을 산산조각 내버린 자들이 바로 그 유대인들이었다. 바로 그 수금은 자비의 탄탄한 현으로 그들에게 들려 준 사랑의 소리였던 것이다. 그러나 저 수금이 산산조각으로 박살나게 된 일은 오히려 성장과 가장 큰 발전의 계기가 되었다. 그 십현금 비파, 곧 달콤한 소리를 내는 저 비파인 그리스도가 다시 부활하여 일어나 결코 두 번 다시는 부서져서 파괴되는 일이 생겨나지 않게 되었고, 또한 영원히 모든 민족과 사람들에게 찬양의 소리를 들려줄 수 있게 되었으며, 이제 이후로는 그 어떤 자의 손도 그 비파의 현을 꺾어서 뜯어낼 수 없게 되었다. 또한 그 비파의 나무로 된 공명통은 어떤 충격을 받아도 부서지지 않을 만큼 강력한 구조를 지니게 되었던 것이다. 그리하여 사도는 다음과 같이 언급했었다. "이는 그리스도께서 죽은 자 가운데서 살아나셨으매 다시 죽지 아니하시고 사망이 다시 그를 주장하지 못할 줄을 앎이로라."[36] 이러한 일이 바로 그 자신의 사역 가운데서 가장 풍성한 자비를 베풀어 자랑하시는 하나님 아버지의 영광

---

34. 요 12:23.

35. 시 108:1−2 (불가타, 107:3); 참고, 시 57:8 (불가타, 56:9) ["내 영광아 깰지어다 비파야, 수금아, 깰지어다. 내가 새벽을 깨우리로다." 여기서 '내 영광'과, 불가타와 LXX(70인역 헬라역 구약성경)에서의 그것에 상응하는 단어는 문자적으로 히브리 단어에서 번역된 것이다. R.S.V.는 일관성 있게 '나의 영(soul)'으로 바꾸어 썼다. 이는 역시 교황청 성경 공회(the Pontifical Biblical Institute; 이하 P.B.I.로 표기함)에서 발행한 새로운 라틴역에서도 마찬가지다. 또한 시 16:9 (불가타, 15:9 "이러므로 나의 마음이 기쁘고 '나의 영'도 즐거워하며 내 육체도 안전히 살리니")과 30:12 ("이는 잠잠하지 아니하고 '내 영광'으로 주를 찬송하게 하심이니 여호와 나의 하나님이여 내가 주께 영원히 감사하리이다.")도 참고하라. (P.B.I. 라틴역, 15:9과 29:13). 그러나 만일 문자적인 번역이 채택되지 않는다면, (비록 그러한 문자적인 번역이 전적으로 위의 네 군데 시편 구절에서 적절했다고 하더라도) '나의 혀(tongue)'로 번역하는 것이 '나의 영혼'으로 옮기는 것보다 훨씬 더 적합하고 타당할 것이다. 한 예를 들면 바로 위에서 언급한 대로 시 16:9의 경우다. 불가타는 '나의 영' 대신에 '나의 혀'(mea lingua)로 번역했다. 녹스(Knos) 역본 성경은 '나의 솜씨(skill)'라고 옮기기도 했다.]

36. 롬 6:9.

이다. 하나님은 다윗의 입술을 통해 이렇게 선포하셨다. "내 영광아 깰지어다. 비파야, 수금아, 깰지어다!" 저 영혼은 아버지의 이러한 선포를 듣지 않으며, 이러한 말씀(the Word)의 노력을 인식하지 않으며, 또한 신랑과 신부가 끝이 없는 키스를 나누고 서로 떨어질 수 없는 강력한 포옹을 나누는 것처럼, 그 말씀과 강력한 유대 관계를 맺고 있지 않는가? 아니다! 저 영혼은 명백히 아버지와 말씀의 소리를 들었으며, 완벽히 그 음성을 인식했었던 것이다.

사실상, 그 영혼은 말씀의 이 모든 것들을 알고 있었고, 아내가 가진 그러한 직관 이상의 것을 갖고 그 모든 것을 이해하고 있었다. 그러므로 그 영혼은 매우 기쁘고 즐겁게 이렇게 선언했던 것이 아닌가? "내가 새벽을 깨우리로다."[37] 이러한 응답보다 더 기쁘고 즐거운 일이 어디에 있겠는가? 어떤 자의 마음이 그보다 더 쉽게 이와 같은 반응을 자아낼 수가 있겠는가? 그 근거와 이유는 우리에게 숨겨 있지 않으며, 이는 그 시편의 초두인 첫 절에서[38] 그 시편 기자가 그 자신의 이름으로 이렇게 언급했기 때문이다. "하나님이여 내 마음을 정하였사오니 내가 노래하며 나의 마음을 다하여 찬양하리로다." 그 마음이 흔들리지 않게 정해졌고, 또한 하나님의 명령에 기꺼이 순응하기로 깨어 있었기에, 그분의 감미로운 명령은 '깰지어다!' 라고 선언할 수 있었다. 그 마음이 이러한 명령을 받아들여 준행할 준비가 됐을 때, 이렇게 응답할 수 있었다. "내가 새벽을 깨우리로다." 그러나 그 마음이 단지 이러한 깨우라는 명령만을 받아들이기 위해 준비를 했었는가? 아니다. 사실상 그 마음은 심지어 죽음에 이르기까지 복종하는 자세를 준비했던 것이다. 그 마음은 전적으로 그 자신의 몸을 치고 학대하는 자들에게 바로 그 봄을 내어주기로 준비했었고, 또한 그분의 뺨을 세차게 때리는 자들에게 바로 그 뺨을 내어주기로 예비되어 있었다. 역시 그분은 그 자신을 경멸하기 위해 얼굴에 침을 뱉는 모욕을 피하지도 않을 마음의 각오도 준비하고 계셨

---

37. 시 108:2 (불가타, 107:3). 참고, 시 57:8 (불가타, 56:9).*

38. 시 108:1 (불가타, 107:2). "그 시편의 초두"라는 구절은 루페르트가 시 57:7(불가타 56:8,)보다는 다음과 같이 기록된 시 108:1(불가타, 107편)을 인용한 것으로 판명된다. 왜냐하면, 그 두 절이 (곧, 시 108:1과 시 57:7) 그 내용에서 대동소이하지만, 전자는 초두이고, 후자는 초두가 아니기 때문이다. 또한 시 57:6 다음에 시 57:7이 연속되는데, 이 시 57:6(LXX, 56:7) 끝부분의 히브리어 '셀라'(selāh; LXX의 *diapsalma*)가 6절을 분기점으로 이 시 57편을 양분하고 있으며, 따라서 시 57:7은 이 시편의 초두가 되지 않기 때문에 루페르트가 '시편 초두'라고 언급한 내용은 필시 시 108:1을 함축한다고 볼 수 있다.

---

* 그리스도라는 수금과 비파가 아름다운 설교와 가르침의 연주를 통해 어둠에 잠겨 있는 세상의 어둠을 깨워 밝힌다는 의미.

다. 그리하여 결국에 가서는, 십자가에 달려 죽음에 이르기까지 갖은 수욕과 온갖 고난을 모두 감내하시기로 작정되어 있었던 것이다.[39] "나는 그들에게 반박하지도 않았고, 또한 물러서서 되돌아가지도 않았다."[40] 저 마음이 "내가 새벽을 깨우리로다" 라고 반응하기로 준비된 것은 매우 적절한 사안이었다. 왜냐하면 그 마음은 우리를 위해 그분을 아끼시지 않았던 그의 아버지의 명령에 순종하기로 되어있었기 때문이다. 그러므로 감히 내가 말하건대, 그 시편 초두에서 천둥소리처럼 내리치는 "내 마음이 정해졌다"는 말씀의 원인이 우리에게 숨겨지지 않게 되었다. 그리고 그분이 그러한 선언을 단 한 번만이 아니라 계속적으로 반복해서 언급하셨던 이유도 이제 우리는 확실히 알게 되었다. "하나님이여! 내 마음이 정해졌사오니, 내 마음이 정해졌사오니."[41]

XII, 28.

이제 다음과 같이 지혜(Wisdom)가 언급하신 그분, 곧 순종하여 승리의 힘을 지니신 분은 누구신가? "거짓 증인은 패망하려니와 확실히 들은 사람의 말은 힘이 있느니라."[42] 비록 수많은 자들이 순종의 아들들이거나 혹은 그러한 자손들이었더라도, 그리스도와 같은 방식으로 순종하신 분은 결코 없었고, 또한 없으며, 향후 앞으로도 존재하지 않을 것이다. 그분은 유일무이하고 독특하신 순종의 아들이셨다. 이 절대적으로 죄가 없으신 유일한 분만이 홀로 그렇게 복종하시고, 그 스스로를 죽음에 이르기까지 낮추시며, 심지어 십자가에 달려 죽으시기까지 하신 것이었다.[43] 따라서 이러한 복종의 사람이 항상 승리를 선언하실 수 있다는 점은 당연한 사실이다. 그리고 보라! 그분은 그러한 사실에 대해 그치시지 않고 끝없이 선포하셨던 것이다. 그분의 설교는 그러한 특징을 주요 골자로 지니고 있었고, 대단히 명쾌하고 큰 목소리로 그렇게 외치셨던 것이다. 왜냐하면 그러한 선포는 그러한 순종에 의해 복종하셨던 그분의 학대받으신 상처의 직접적인 증거가 되었기 때문이다. 그분이 입으신 치명적인 다

---

39. 빌 2:8.

40. 비록 이 문장은 직접적인 성경말씀의 자구 인용이 결코 아니더라도, 아마도 그것은 딛 2:9와 요 18:6을 섞은 것으로 사료된다.

41. 시 108:1 (불가타, 107:2); 참고, 시 57:7 (불가타, 56:8). 여기서 사용된 루페르트의 언어는 '거룩한 마음'(the Sacred Heart)을 숭배하기 위한 예배의식을 염두에 두고 예비된 것인가?

42. 잠 21:28. 여기서 불가타는 LXX와 다르고, 그 둘 다 히브리 성경과도 다르다.

43. 참고, 빌 2:8.

섯 군데의 상처는 그분이 말씀하신 다섯 마디의 말과 동일하다. 그러한 연유로, 그리
스도의 몸에는 그러한 상처 자국이 남아있게 되었다. 그리하여 그분은 항상 그 상처
를 통해 자신의 승리를 선언하셨던 것이다. 그 상처들은 주님이 몸으로 하신 말씀 자
체와 동일했다. 그분은 누구에게 말씀하셨는가? 물론 첫째는 하나님 아버지께다. 그
러고 나서 천사와 인간, 모든 성인들, 모든 선택된 자들에게다. 하나님 아버지는 이
를 보시고 저 고귀한 승리의 증거로 인해 기뻐하셨다. 천사들이 이를 보고 찬양과 영
광의 갈채와 환호를 보냈다. 구속받은 자들은 이를 보고 그칠 새 없이 감사를 드리고
또 드렸던 것이다.

XII, 29.

우리는 신앙의 의의 봉인인 할례의 증표를 아브라함이 후손에게 전해준 사실에
대해 사도가 언급한 그 내용의 의미를 이해할 수 있다고 단언한다. 하나님을 신뢰했
던 아브라함은 비록 아들이 없었고, 또한 이미 그 자신은 늙어서 노인이 되었지만, 그
리고 또한 비록 그의 아내 역시 늙어서 아이를 잉태할 수가 없었지만, 다음과 같은
하나님의 말씀을 철저히 믿었다. "네 씨로 말미암아 천하 만민이 복을 받으리니 이는
네가 나의 말을 준행하였음이니라."[44] 할례는 중대한 행위의 증표였고, 또한 신앙의
중요한 봉인이었다. 그것은 하나님 앞에서 위대한 의의 승리를 아브라함과 그의 자손
들에게 선포하는 것이었다. 그것은 하나님의 약속을 그에게 상기시켜주는 것이었고,
또한 그의 후손들에게 "천하 만민이 복을 받으리라"는 축복의 약속이 실현되지 않는
불쾌한 일이 때때로 어니선가 발생하시 않도록 해주는 것이었다. 아브라함이 서 약속
의 봉인을 인식하는 한, 이는 그가 스스로 신실하고 참되다는 점을 선포하는 일이 되
었다.

그러나 여기 십자가에 들어 있는 수많은 봉인들, 곧 의와 신앙의 수많은 봉인들,
다시 말해 저 복종하는 의롭고 신실한 인간이 인간 구원을 위해 겪어서 생겨난 다섯
가지 상처들[45]을 보라! 이사야 선지자 그 자신은 사실상 확실히 그렇게 제시된 조건

---

44. 창 22:18.

45. 중세 동안, 정식 미사를 통해 예수께서 입으신 다섯 가지 상처들을 숭배하는 예배가 드려졌다. 그러한 미사는 폐지됐으나, 그
　　것을 숭배하는 관습은 여전히 때때로 희미한 형태로 남아 있다. 다음 자료를 참고하라. A. Franz, *Die Messe im Deutschen*

과 상황을 알지 못했다. "여호와께서 그에게 상함을 받게 하시기를 원하사 질고를 당하게 하셨은즉 그의 영혼을 속건 제물로 드리기에 이르면 그가 씨를 보게 되며 그의 날은 길 것이요 또 그의 손으로 여호와께서 기뻐하시는 뜻을 성취하리로다. 그가 자기 영혼의 수고한 것을 보고 만족하게 여길 것이라. 나의 의로운 종이 자기 지식으로 많은 사람을 의롭게 하며 또 그들의 죄악을 친히 담당하리로다."[46] 그러므로 의로운 신성은, 단지 의의 봉인으로서 (할례로 인한) 하나의 상처뿐만 아니라, 심하게 얻어맞아 생긴 그 의로운 인간의 다섯 상처들로 인해서도, 칭의와 구원의 영예와 상을 아브라함의 후손인 우리에게 직접 정당하게 수여하시지 않으시겠는가? 곧 부정한 우리의 육체가 오감을 총동원해 저지른 것은 무엇이든지 낙담시키는 법이므로, 그러한 육신의 상처들로 인해 칭의와 구원이 결정적으로 이루어지지는 않는다는 말이 참이겠는가? 세례 가운데서 우리는 그리스도가 고통을 겪음으로써 얻게 된 의와 신앙의 봉인을 즐겁게 견뎌낼 수 있게 된다. 하나의 봉인의 증언에 의해, 곧 할례에 의해 주님이 인간을 구속할 수 있다고 한때 기대했었으나, 이제 다섯 상처들의 봉인으로 말미암아, 즉 우리의 이마에 새겨진 십자가의 봉인에 의해, 주님이 산 자와 죽은 자를 심판하러 다시 오실 것임을 기대하게 되었다.

Mittelalter (Freiburg i/B: Herder, 1902), 155–177.
46. 사 53:10–11.

제3부

설교자의 음성

PART III
THE VOICE
OF THE PREACHER

제1장

노장의 기베르: 설교작성법

제1절. 서론

노장의 기베르는 주후 1053년 보우바(Beauvais) 근처에 있는 클레르몽(Clermont)에서 출생해서, 주후 1124년 라옹(Laon) 근처의 노장-수-쿠치(Nogent-sous-Coucy)에서 타계했다. 12세 때 그는 보우바의 주교 관구인 플레이(Flay) 소재 생 제르망(St. Germain) 수도원에 들어갔고, 거기서 그는 당대의 일반적인 고전학과 신학을 배웠으며, 흔히 인구에 회자되는 대로, 당시에 벡(Bec)의 부수도원장이었던 안셀름(Anselm)*의 영향 아래에 들어가게

---

* 캔터베리의 안셀름(Anselmus Cantuariensis, Anselm of Canterbury, 주후 1033/1034~1109)은 중세 이탈리아의 신학자이자 철학자로서, 에리우게나와 함께 스콜라 철학의 시조로 불린다. 주후 1093~1109년 동안 캔터베리 대주교를 지냈다. 스콜라 철학의 창시자로서, 하나님의 존재에 대한 존재론적 논증을 제시한 것과 십자군에 공개적으로 반대한 것으로 유명하다. 그는 주후 1033년 혹은 1034년에 부르고뉴 왕국의 아오스타(현재 이탈리아 북부 피에몬테 주)에서 귀족 가문인 아버지 곤돌포(Gondulfo)와 어머니 에르멘베르가(Ermenberga) 사이에서 장남으로 태어났다. 안셀름은 초기 스콜라 철학자로서 신앙을 전제로 해서 이성을 추구는 신학적 방법론을 제시했다. (fides quaerens intellectum; '이해(앎)를 추구하는 신앙', "이해하기 위해, 곧 알기 위해 믿어라" = credo ut intelligam = "믿으면 이해하게, 곧 알게 될 것이다") 안셀름은 이성과 철학이 항상 신앙 아래 있다는 정통적인 견해를 견지했으나, 신앙을 유지하는 데 이성과 철학이 매우 중요한 역할을 한다고 보았다. 즉, 그는 신앙을 갖고 있더라도 이성과 철학을 통해 신앙을 이해하지 못하면 아무 소용이 없다고 보았다. 이 점에서 그는 교부 아우구스티누스를 스콜라적으로 계승했다. 그는 철저한 극단적 실재론자로서 현실에서의 신의 존재를 존재론적 방법을 통해 증명했다. 그는 저서 「프로슬로기온」(Proslogion)에서 다음과 같이 신의 존

되었다. 주후 1104년에 그는 노장-수-쿠치(Nogent-sous-Coucy) 소재의 생 마리아(St. Mary) 수도원의 대수도원장이 되었으며, 거기서 그의 인생 마지막 여정이 전개되었다.

우리가 여기서 번역한 작품 외에, 그는 다른 많은 저술들을 내놓았다. 기베르는 라옹의 주교 바르톨로마이우스(Bartholomaeus)에게 10권으로 구성된 「창세기의 교훈」(*Moralia on Genesis*)[1]을 헌정했으며, 이는 후대에 위대한 그레고리우스(Gregory the Great)가 기베르의 저술 방식을 모방해 저작한 주석에 큰 영향을 주었다. 그리고 다음과 같은 저술들은 반드시 소개돼야만 한다. 「호세아, 아모스, 그리고 예레미야 애가 등에 대한 비유」(*Tropologies on Hosea, Amos, and Lamentatio"*)[2], 「유대인을 반박하기 위한 성육신에 관한 논문」(*On the Incarnation against the Jews*)[3], 「복된 마리아를 찬양함에 관한 책」(*On Praise of the Blessed Mary*)[4], 「동정에 대한 소책자」(*On Virginity*)[5], 「유다에게 주어진 떡에 대한 서신과 주님의 몸의 진리에 관해」(*Letter on the Bread Given Judas, and On the Truth of the Lord's Body*)[6], 그리고 그 외 보다 큰 흥미를 주는 세 작품들 등.

그 세 작품들 중 첫째 것은, 네 권으로 구성된 「성인들의 유물」(*On Saints' Relics*)[7]인데, 이는 성 메드라르(St. Médard)의 수사들이 그리스도의 이를 갖고 있다고 거짓말을 했기 때문에, 이를 공박하기 위해 저술됐다. 기베르는 일반적으로 유물숭배를 공격하지 않았으나, 반드시 그 유물들의 진정성이 수립돼야 하며, 실로 그것들의 거룩함이 필연코 입증돼야 함을 역설했다. 그는 유골과 유물을 찾아내기 위한 시체 발굴과 성인들의 몸의 수족 절단을 반대했다. 또한 그는 하늘에 계신 주님의 육신 외에 주님의 몸의 어떤 육체적인 부분이 이 지상에 존재한다는 주장도 거부했다. 그는, 당대 사회가

---

1. MPL 156.31-338.

2. *Ibid.*, 337-488.

3. *Ibid.*, 489-529.

4. *Ibid.*, 537-578.

5. *Ibid.*, 579-608.

6. *Ibid.*, 527-538.

7. *Ibid.*, 607-680.

재를 증명했다. "대전제: 신은 그 이상 큰 것이 생각될 수 없는 존재다. 소전제: 그러나 이 이상 큰 것이 생각될 수 없는 것은 정신 안에만 아니라 정신 밖에도 존재하지 않으면 안 된다. 결론: 그러므로 신은 정신 안에만 아니라 정신 밖에도 존재한다." 그리고 그는 보편논쟁에 관해서는 철저한 실재론의 입장에 섰다. 그에 의하면 보편자는 현실에서 실재로 존재한다. 따라서 신은 사람들의 머릿속뿐 아니라 현실에서도 존재한다고 여겼다. 이러한 그의 견해는 가우닐로의 격렬한 반대에 부딪히기도 했다. 또한 그는 극단적인 실재론의 입장에 섰기 때문에, 유명론의 대표자인 로스켈리누스(Roscellinus, 주후 1050-1125?)와 격렬하게 대립했다. 그리고 그는 「왜 신은 사람이 되었는가?」(*Cur Deus homo*)에서 그의 성육신에 관한 개념을 논했다.

기대하던 대로, 화체설(transubstantiation) 교리를 변호했고, 또한 미사에서 필수불가결한 역할을 담당했던 사제의 의미와 취지를 강조했다.

두 번째 작품은 제1차 십자군에 관한 가장 초기의 역사를 다룬 것으로서, 그 제목은 다음과 같다. 「프랑크족을 통한 하나님의 행위의 역사」(Histories of God's Deeds through the Franks) 혹은 「예루살렘 역사」(Jerusalem History).[8] 이 역사책은 주후 1095-1099년 사이에 일어난 사건을 다루었으며, 저술 연대는 대략 주후 1108년이었다.

마지막 세 번째 작품은 세권으로 구성된 것으로서, 「추도시 혹은 애가」(Monodies) 또는 「그 자신의 생애에 대해」(On His Own Life)[9]이다. 이는 중세에서 가장 독창적이고 고유한 자서전으로 여겨져 왔다. 앞의 첫 저술은 실로 자서전적인 작품으로서 기베르가 대수도원장으로 뽑히게 된 내력이 담겨 있다. 두 번째 저술은 노장의 수도원에 헌정된 것이었고, 마지막 세 번째 저술은 라옹의 주교 갈데리히(Galderich)에게 헌정되었다.

여기서 우리가 번역한 작품은, 우리가 알고 있는 한, 처음에는 라틴어 제목 *Quomodo sermo fieri debeat*(설교는 어떻게 작성돼야 하는가?)가 달린 채, 대부분 영어로 번역되었다. 그러나 그것은 설교의 필요성에 대한 권고보다는 덜 중요한 설교방법론에 관한 지도서에 불과하다. 우리의 번역본은 루카스 아케리 판(Lucas d'Achery's edition, Paris, 1651)에 근거한 것이다. 이것은 다음의 미네 전집에 재수록됐다. *Migne's Patrologia latina* 156:21-32. 아케리(d'Achery)가 단 각주들은(ibid. 1017-1202) 이 작품에 대해 관심을 보이지 않았다. 기베르에 대한 글은 그리 많지가 않다. 그에 관해서는 다음 자료를 보라. J. Beckmann, "Guibert von Nogent, OSB" (LTK 4.736); L. d'Achery, "Synopsis Venerabilis Guiberti vitae" (MPL 156.17f., with *testimonia*, ibid. 17-20); S. M. Deutsch, "Guibert of Nogent" (NSH 5.94); A. Piolanti, "Guiberto di Nogent" (EC 6.1278f.).

---

8. *Ibid.*, 679-838.

9. *Ibid.*, 837-1018.

제2절. 본문

가르침의 의무에 매여 있는 자는 정통 교리에서 벗어나게 될 때 가장 위험한 지경에 빠지게 된다. 왜냐하면, 사악한 예를 보여주는 것은 매우 괘씸하고 비난할 만한 일이 되기 때문이다. 또한 가르침을 통해 죄인들을 치료하기를 기꺼워하지 않는 자는 정죄와 저주의 가장 가까이에 서 있는 자며, 이는 확실한 진리다.

그러나 사람들은 이 문제에 관해서 저마다 다른 의견들을 지니고 있다. 일부 사람들은 이러한 가르침을 주려고 하지 않는데, 그 이유는 그들이 교만에 압도당해서 타인들을 싫어하거나 질시하기 때문이다. 내가 말하노니 그들은 교만으로 인해, 그리고 자신들의 경력과 능력을 훨씬 앞서가는 일을 하려는 욕심 때문에, 또한 단지 허례 허식과 과시욕 때문에 설교하여 가르치기를 거절하곤 한다. 그들은 설교자로 칭해지려고 설교하지 않으며, 보통 복부의 힘으로 웅변을 늘어놓는 족속으로 소문나 있는데, 그러한 연유로 말미암아, 그레고리우스(Gregory of Nazianzus)는 이들을 두고 복화술사라고까지 칭했던 것이다.[10] 그들은 지나치고 과도한 오만으로 인해 경멸의 대상이 되었다.

허식과 과시로 인해 오직 그 자신에게만 해를 끼치지만 타인들에게 가르침을 베푸는 설교자가 있는 반면, 그 자신이 인식하는 가치관을 그가 지니고 있는 자만심 아래 숨기고 우쭐대는 자도 있는데, 그는 그 자신을 위해서도 선혜 이로운 것들을 산출할 수 없을 뿐만 아니라 타자들에게도 결코 그 어떤 도움도 줄 수 없을 뿐이다. 여기서 둘 중 하나를 선택하라고 한다면, 우리는 전자가 후자보다 훨씬 더 유용한 자라고 평가할 것이다.

일부 사람들은 질시로 말미암아 불성실하게 거룩한 설교를 무시하곤 한다. 그 이유는 타인들의 훌륭한 인격을 시기함으로써, 그들에게 어떻게 하면 보다 더 나은 인격을 가질 수 있는가에 대해 전언하기를 꺼려하기 때문이다. 그리고 심지어 그들은 그

---

10. Gregory of Nazianzus, *Orat.* 2:46 (MPG 35.453–454, tr. NPNF, 2d ser., 7.214).

들 자신이 지니고 있는 성경에 관한 지식조차도 가지고 있지 않은 것처럼 가장하기도
한다. 또한 그들은 성경말씀을 해설하는 일에 무관심해서 청중이 말씀을 이해하는
일에 열정을 쏟지도 않는다. 역시 그들은 그들의 가르침이 청자들의 지적 수준을 높
이는 것을 원하지 않고 있다. 그들은 청중의 지적 수준이 그들의 지적 수준이나 혹은
그보다 더 높은 경지에 오르는 일을 극구 반대하고 있다.

　　질시에 가득 차 있는 세 번째 종류의 설교자가 있다. 이런 자는 훌륭한 설교를 듣
기를 갈망하면서 쫓아다니는 청중을 질시하고 미워하기 시작할 때 생겨나는 법이다.
그러한 질시는 원래, 보다 더 열정적으로 설교하고자 하는 욕망에서 불타오르곤 한
다. 그러한 자가 지닌 것은 애매모호한 성경구절들을 설명하고, 친숙하지 않은 구절
들을 해설하며, 준비된 토론 가운데서 엄숙하고 신성한 선포의 말씀 전하기를 애쓰
고, 청중이 선행을 하도록 교화하는 목적이 아니라, 사소한 영광을 염원하면서 설교
자 자신이 소유한 박학다식이 타자의 것보다 훨씬 더 크고 훌륭한 것임을 보여주기
위한 의도다. 그런데 하여간, 어떤 자는 나쁜 방식으로도 선하고 좋은 것들을 나누어
줄 수 있다. 그러나 그는 그렇게 함으로써 그 자신을 파괴시킬 뿐이다. 하여간 우리는
어떤 경로를 통하든지 간에 "전파되는 것이 그리스도의 도(道)"이면 기뻐해야만 할 것
이다.[11] 물론 신앙의 언어와 담화를 전하는 자는 수많은 유익을 제공하기 때문에 그
누구도 거부의 대상이 되어선 안 된다.

　　또한 선하고 아름다운 것을 말하기 싫어하는 자들도 존재한다. 그들의 손이 모든
경건한 행위에서 위축되어 오그라들 때, 열정적인 신성한 설교를 통해 그것을 위장하
려고 하는 일*과, 그들의 혀가 무감동하고 열의가 없게 되는 일은 이상하지 않다. 그
런데 만일 그가 선행을 원하지 않는다면 어떻게 나를 만족시킬 수 있도록 즐겁고 기
쁘게 말씀을 전할 수 있으며, 또한 선한 생각들을 어떻게 그리 오랫동안 마음에 품을
수가 있겠는가? 결국, 훌륭하고 고상하며 순결한 인생을 사는 자들도 존재하는 법이
다. 그러나 그들이 거룩한 말씀을 전함으로써 그들의 형제들에게 부담을 주지 않는
이유는 그들이 교회 내에서 목회직을 보유하고 있지 않기 때문이다. 그 사람의 성격

---

11. 빌 1:18.

---

* 또한 지행불합일로 인해.

과 인품과 조건 등에 따라 하나님의 말씀의 진위와 능력이 좌우된다고 하는 주장은 대단히 불합리하고 또한 부조리한 일이다. 만일 단 한 마디의 말도 하지 못하는 짐승을 통해, 즉 복된 베드로가 언급했었던 "말하지 못하는 나귀"[12]를 통해, 하나님이 그 선지자(발람)의 어리석음을 기꺼이 책망하셨다면, 하물며 그러한 짐승보다 훨씬 더 가치가 있고 그것과 비교할 수조차 없이 우월한 인간성으로 그를 따르는 자들에게 학식을 가르치고 지식을 전하는 일에 대해선 더 말해 무엇 하겠는가?*

거룩한 책에 대한 지식을 알고 있는 우리는 하나님에게서 온 것에 대해 언급하며, 다시 말해, 우리의 모든 담화의 기원은 하나님의 것에서 유래한 것이다. 또한 하나님의 현존 가운데서 그 누구도 설교를 준비함에 오직 하나님 외에는 기쁨을 추구할 수가 없다. 만일 설교의 모든 것이 영혼에 대한 권고에 속해 있는 것이라면, 그리하여 설교가 인간적인 근원에서 아무것도 나올 수 없는 성질의 것이라면, 오직 하나님만을 전해야 하며, 또한 오직 하나님만이 찬양을 받아 마땅한 신적인 행위로 감히 자신이 찬양받기를 추구한다면, 이는 얼마나 큰 신성모독적 행위에 해당하는 것인가? 만일 도둑질이 인간적으로 가장 비난받을 만한 괘씸한 행위라면, 하나님께 속한 것을 훔쳐서 자신의 소유물로 삼는 것이 얼마나 심각하고 큰 범죄가 될 것이라고 생각이나 해 보았는가?

우리는 또한 상기와 같은 사악하고 난잡한 무리들 속으로 들어가지 않도록 노력해야 할 것이다. 우리는 그들을 교회 속에서 형제로 받아들여서도 안 되며, 관용을

---

12. 벧후 2:15-16.

---

* 기베르의 설교자론은, 성례전에서 '사효론'(*ex opere operato*, '그 자체의 작용에 의해서' = '되어진 일에서') 계열에 들어 있는 견해와 그 속성상 동일하다. 이러한 사효론은 12세기 말에 등장했던 '인효론'(*ex opere operantis*, '그 행위자의 작용에 의해서' = '행한 일에서')에 대응하는 개념으로 등장했다. 곧 이는 타락한 이단이나 타락한 사제들의 설교권을 부정하는 신호탄이 되었다. 그런데 사효론은 이미 주후 3세기에 등장한 이단과 관련된 개념이었다. 곧, 이단에 속한 자가 수여한 세례의 유효성 여부에 대한 논쟁에서부터 형성된 개념이었다. 원래 이단을 따랐던 자들이 다시 가톨릭교회로 돌아올 경우 다시 세례를 받아야 하는가에 대한 문제로 인해 발생한 것이 바로 '사효론-인효론 논쟁'이었다. 카르타고의 주교, 키프리아누스(?-258)는 성령이 참 교회인 가톨릭교회 안에 머물고 계시기 때문에, 참 교회 밖에서 이루어진 세례는 성령을 전해 주지 못하므로 무효라고 주장했다. 그러나 로마 교회는 단 한 번의 세례를 강조했다. 교황 스테파노 1세(주후 254-257 재위)는 어디서든지 삼위일체 하나님의 이름으로 성례가 베풀어지면 그것은 유효하다고 주장했다. 결국 사효론이 인효론을 제치고 로마 교회의 정통설이 되었고, 이는 향후 키프리아누스와 아우구스티누스 대 도나투스(박해를 받아 배교한 지도자의 성례를 부인함), 노바티아누스(3세기 배교자들의 교회 재영입 문제) 및 펠라기우스(원죄 거부와 자유의지 구원 주장) 논쟁에서도 확인됐으며, 지금까지 가톨릭 정통설이 되었다. 기베르 역시 사효론을 따라 설교론을 전개했던 것으로 사료되는데, 곧 하나님의 말씀 자체가 중요한 관건이며, 도구에 불과한 인간은 하나의 나팔에 불과한 것으로, 이는 사제직을 옹호하는 교리인 동시에 향후 종교개혁파나 재세례파의 평신도 설교권에 지대한 영향을 준 견해로 보인다.

베풀어야 할 적으로 여겨야 할 것이다. 그들은 그릇 되게 행하고 또한 올바르게 행하기를 달가워하지 않는 자들이다. 그들은 유다의 두 아들인 불순종하고 악한 엘(Er)과 오난(Onan)으로 비유할 수 있다.[13] 그들 중 장자는 여호와께서 보시기에 사악해서 죽임을 당했다. 그는 자신이 지은 죄로 인해 하나님께 처벌을 받은 대표적인 사악한 인물로 우뚝 서 있다. 유다의 차자는 형의 이름으로 자신의 씨가 제공되는 일을 달가워하지 않아서, 여호와의 사자에 의해 살해당할 만했다. 그는 그리스도의 명예와 영광을 위해, 신실한 자들의 마음속에 하나님의 말씀(Word)의 씨로 인해 생겨나는 선한 일의 열매인 자손 보기를 거절한 대표적인 인물로 상징된다. 그들은 스스로 사악한 행위를 일삼는 자들보다 훨씬 더 무서운 정죄와 저주 아래로 떨어지게 되었다.

복된 암브로시우스에 따르면,[14] 만일 한 친구에게서 주어지는 위해를 격퇴하지 않는 자나 또한 그에게 상해를 가하는 자가 모두 동일한 잘못을 저지르는 것이라고 여겨진다면, 곧 그러한 일의 발생이 가능하다면, 친구의 범죄 사실을 인지하고 직접적으로 그를 교정하기 위해 고발하기를 거절하는 자에게 어떤 종류의 비난을 가할 수 있을 것인가? 물론 사도의 말씀을 따르면,[15] 악행을 일삼는 자들뿐만 아니라 그러한 악행자를 두둔하고 눈감아주는 자도 모두 죽음에 처하게 된다.

그러므로 비록 그가 주교나 대수도원장이나 혹은 어떤 구별되는 직책을 맡은 자가 아니더라도, 복된 아우구스티누스의 말씀처럼,[16] 자신이 쓰고 있는 탈의 역할대로 행동해야만 할 것이다. 만일 그가 그리스도인의 양식과 관습대로 살기를 원한다면, 그는 그리스도인이다. 그렇다면 그는 다른 사람들에게 그가 스스로 행한 일에 걸맞은 그리스도인이라는 이름을 분명하게 드러낼 것이다….

그러므로 우리는 죽은 자들의 회가 아니라 거룩한 교회의 지체들이 돼야만 한다. 또한 우리는 주님의 몸에 적합한 의무를 다하기 위해, 먼저 외적으로 우리를 최고로 선에 가까이에 데려다주는 가장 거룩한 신비의 실행에 동참해야 하며, 그다음은 내적으로 성례가 지닌 전적인 경건의 감정과 효과에 일치되도록 애를 써야만 한다. 우리

---

13. 창 38:6-10; 46:12.

14. Ambrose, *De officiis* 1:36 (MPL 16:81 = NPNF, 2d ser., 10.30).

15. 롬 1:32.

16. 기베르는 여기서 아우구스티누스의 인용구절을 대지 못하였다.

의 설교 텍스트들이 만들어 낸 우리의 책은 순수한 양심 그 자체가 되도록 해야만 한다. 설교자의 입이 듣는 자들에게 선한 것들을 전하는 동안, 죄에 대한 기억이 내적으로 우리를 갉아먹지 않도록 해야 하고 또한 숨겨진 정죄에 의해 우리의 말씀의 능력이 속박당하지 않도록 심혈을 기울여야만 한다. 기도는 설교에 선행해야 하며, 그리하여 하나님의 사랑으로 환하게 불타오르는 영혼이 하나님에게서 느끼는 것을 선포하도록 해야만 한다. 또한 원래 내적으로 그 영혼이 불타오르는 것처럼, 설교자의 영혼은 듣는 자들의 마음에 등불을 켜주어야만 한다. 어떤 한 설교가 너무 미적지근하고 지루해서, 설교 그 자체가 설교하는 자를 즐겁게 하지 못할 때, 그 설교가 다른 어떤 자들을 기쁘게 할 수 있다면 이는 대단히 기이하고 놀라운 일이 될 것이다. 또한 만일 어떤 한 설교가 고난으로 인해 납작 엎드려 있는 자들에게 아무렇게나 툭툭 던지듯이 주어진다면, 과연 그러한 설교가 주저앉아 있는 그들의 다리를 일으켜 세울 수 있겠는가? 이러한 종류의 말씀은 습관적이고 타성적인 것이어서 듣는 자들의 영혼을 결코 달래줄 수가 없게 될 것이고, 오히려 청중을 싫증과 혐오의 바윗돌로 짓눌러 으깨어놓고 말 것이다. 또한 그러한 지루하고 괴로운 설교는 청중이 크게 분노하도록 만드는 선동의 자극제가 될 것이다. 그리고 우리가 우리 이성의 날카롭고 예리함이 우리 안에서 보다 덜 활기차다는 사실을 느낄 때, 또한 우리의 능변이 무디어져서 둔하게 되고, 전해져야 할 것이 쏟아 부어지지 않을 때, 역시 그러한 환경과 상황하에서 좁은 범위에 제한받는 마음이 설교의 실패를 겪게 될 때, 내 생각에 그러한 때에는 아무짝에도 쓸모없는 설교가 반향 없는 메아리로 전락될 뿐이고, 어떤 청중도 감동 받을 수 없게 된다.

만일 선포된 말씀이 대단히 풍성한 내용을 지니고 있을 때, 그리고 설교자의 혀가 청중의 마음을 기쁘고 즐겁게 할 때, 또한 설교가 너무 길지 않을 때, 그 설교는, 전해져야 하는 내용을 충분히 기억하지 못해서 설교 자체가 방해를 받는 동시에 청중을 혼미하게 만들어 졸게 하는 설교보다 얼마나 더 훌륭한 설교가 될 것인가? 여기서 우리는 복된 암브로시우스의 언급에 귀를 기울일 필요가 있다.[17] 그에 의하면, 지루한 설교는 분노를 일으키고, 같은 내용이 중언부언될 때, 그리고 설교 내용이 일관

---

17. Ambrose, *De off.* 1:22 (MPL 16,58 = NPNF, 2d ser., 10,18).

성 없고 또한 한계를 넘어서서 한참 확장될 때, 지루함에 지쳐버린 청중은 설교의 서론과 본론과 결론 모두를 동일하게 무가치한 것으로 여기는 결과에 직면하게 된다. 그러한 설교에서 청중이 건질 수 있는 유익한 항목은 전혀 존재하지 않는다. 설교가 분간할 수 없는 극단적인 데로 확장될 때, 그러한 설교는 혐오의 대상이 되고 때때로 증오로 전환하여 치닫게 된다.

영양이 잘 공급되어 몸의 양육이 원만하게 진행되기 위해서는 적절한 음식 섭취가 필요하다. 그러나 과식을 해서 음식물을 꿀꺽꿀꺽 삼키듯이 게걸스럽게 먹어치우게 되면 오히려 몸에 해롭고, 토하는 경우까지 생기게 된다. 또한 합법적이고 과도하지 않은 성생활은 자녀를 생산하도록 만들어 주는 반면에 무절제한 탐닉과 방종한 성행위는 몸에 아무런 유익을 주지 못하고 오히려 해를 입히게 된다. 그와 마찬가지로 말이 많은 다변은 이미 청중의 마음에 심겨진 것들을 오히려 소멸시키는 결과를 초래한다. 또한 지루하고 장황한 설교는 청중의 마음속에 깊이 새겨져 있는 유익한 것들을 단번에 지워버리기 마련이다. 설교자가 그의 영혼 속에 큰 열정을 지니고 있을 때, 그리고 그의 기억력이 취급할 다양한 문제에 대처하여 부족하지 않을 때, 또한 설교자가 그 필요성에 충분히 부응하여 능변과 우아한 화술을 지니고 있을 때, 설교자는 침묵하며 듣고 있는 청중의 나약한 능력을 항상 염두에 두고 그것에 관해 심사숙고하며 설교를 전해야만 한다. 그리고 또한 설교자는 아무도 지니고 있을 필요가 없는 수많은 허황된 내용보다는 기쁨과 즐거움을 제공해줄 수 있는 몇 가지의 요점만을 청중이 받아들이도록 하는 것이 훨씬 낫다는 점도 항상 가슴에 새겨두어야만 한다. 그리고 설교자는 설교할 때마다 결론 제시를 미루면 안 된다. 그렇게 함으로써 청중은 그의 설교를 계속해서 듣기를 열망할 것이다.

거기에 덧붙여, 한 가지 사실이 더 언급돼야 한다. 즉, 설교자는 쉽고 용이하게 설교해야 하며, 교육받지 못한 자들에게 진리를 명확히 전해야만 한다. 또한 설교자는 교육을 받은 자들도 지루하게 설교를 듣지 않도록, 교양인들에게도 보다 고상한 진리를 적절하게 설교 속에 용해시키는 수고도 아끼지 않아야 한다. 이처럼 설교자가 각각의 청중의 수준과 능력에 맞추어 기쁨과 즐거움을 부여할 수 있는 설교 요점들에 접근하게 될 때, 그는 설교를 통해 말하자면, 방앗간에서 곡식을 정성스럽게 선별하여 빻고 가는 것처럼, 청중에게 적절하게 설명할 수 있고 또한 합당하게 해설해줄 수도 있게 된다. 그리고 이로 인해, 심지어 배운 자들에게도 이전에는 어렵고 난해하게 여겨졌던 것이, 설교자가 설교를 통해 매우 명쾌하고 쉽게 설명해줌으로써 잘 알게 해주고, 무식하고 단순한 청중도 설교 내용을 잘 이해할 수 있게 된다. 마치 우유가 어린 아기들의 성장에 대단히 필수불가결한 영양분인 동시에 자양분인 것처럼, 어린아이들은 우유 없이는 결코 생존할 수가 없다. 또한 어린아이 시절을 지난 유아들에게 잘게 부순 빵조각을 우유에 타 먹임으로써 소년과 청년으로 성장할 수 있는 기초를 다지게 된다. 대부분의 경우에 신앙생활도 그와 마찬가지다. 단순한 교리가 사람들 앞에 놓여 있고, 또한 지식을 최대한 동원해 보다 차원 높은 이해력을 요하는 교리도 학식을 가진 교양인들 앞에 진열되어 있다. 그러한 것은 보통 지루한 이해력이라는 음식을 섭취해야만 이해가 가능한 교리다. 그것은 실제 음식에 비유한다면 어른이 먹을 수 있는 보다 딱딱한 음식물에 해당한다. 즉, 보다 중량이 무거운 견해가 삽입되는 교리가 바로 소화하기 힘든 단단한 음식물에 비유될 수 있다. 그것은 지혜가 풍부한 현명한 자들을 기쁘게 하는 법이다. 복음서에 관한 설교에서 관례상 청중의 주의를 끌기 위해 구약성경의 말씀을 인용하곤 했다. 왜냐하면 구약성경에서 어떤 새로운 것이 청중의 귀를 강타하기 때문이며 즉, 즐거운 음성을 들음으로써 그들의 영이 새로워지기 때문이었다. 이러한 일은 숨겨 있는 성경말씀의 의미를 자유롭게 탐구하는 자들이나 그것을 알기를 추구하고 갈망하는 자들에게 종종 발생했다. 또한 우리는 단순한 이야기들이 사람들을 즐겁게 만들어준다는 점도 인지할 수 있게 되었다. 그리고 우리의 설교에서 노인의 행위를 인용하고, 또한 이 모든 고안물들을 마치 다양한 물간들로 그림을 그리는 것처럼 장식하고 꾸미는 일이 필요하나.

또한 우리는 특별히 교사들에게 전해야만 하는 설교가 무엇인지를 언급해야만 한다. 마치 바퀴가 회전하는 것처럼, 모든 페이지가 순환하는 성경에는 네 가지 규칙이 존재한다.[18] 이에 관해 상술해보자. 역사적 해석은 일어난 행위와 사실과 연관되

---

18. 성경은 두 의미로 설명되는데, 문자적 혹은 역사적 의미와 영적 의미가 바로 그것들이다. 그러나 이것들은 카시아누스에 의해 네 가지로 확장되었다. [John Cassian, *Conferences* 14.8 (CSEL 13.2.404 ff.)] 곧 우화적(allegorical), 비유적(tropological), 영적 혹은 신비적(anagogical), 역사적(historical) 의미 등이 그것들이다. 여기서 기베르는 명백하게 이러한 네 의미를 사용한 가장 명확한 주석들 중 하나를 택해 따르고 있다. 이에 관해서는 다음 자료를 참고하라. John T. McNeill in *The Interpreter's Bible* (New York, Abingdon-Cokesbury, 1952), 1.115–123; 또한 다음 자료도 보라. Beryl Smalley, *The Study of the Bible in the Middle Ages* (New York, Philosophical Library, 2d ed., 1952).

어 있다. 우화적 해석은 어떤 것이 다른 것에서부터 이해되는 것과 관련되고, 비유적 해석은 도덕의 수립과 조절이 논의되는 도덕적 담화와 연관되어 있다. 영적 혹은 신비적 해석은 가장 고상하고 천상적인 것들을 통해 보다 높은 경지에 오를 수 있는 영적 이해와 관련되어 있다. 예를 들어 보자. 역사적으로 말하면, 예루살렘은 하나의 어떤 도시다. 우화적으로 접근하면, 그것은 거룩한 교회를 묘사한다. 비유적으로 해석하면, 그것은 도덕적으로 영원한 평화의 환상을 위해 탄식하는 어떤 자의 신실한 영을 지시한다. 영적 혹은 신비적으로 예루살렘이 지니는 의미는 시온에서 그의 얼굴 모습이 드러나게 될 때, 신들의 하나님(the God of gods)을 보게 되는 하늘 시민들의 삶을 지칭한다. 이러한 네 가지 양식에서부터 모든 설명이 이루어질 수 있음에도 그중 단 하나의 해석 방식이 설교를 통해 내적인 영적 인간을 돌봄에 보다 유용하고도 탁월한 효능을 확실히 지니고 있으니, 그것은 곧 우화적 해석이다. 이는 도덕적인 해석 양식으로써 보다 큰 가치와 이해의 명료함을 제공해 준다.

이러한 우화적 해석은 예언서와 사도의 서신서에도 사용되고 있으며, 그것은 신앙을 교화하는 데 활용되고 있다. 그 이유는, 예언서를 조심스럽게 읽어 보면, 옛 시대에 하나님이 다양한 방식으로 다양하게 말씀하셨음이 확실히 드러나 있는 반면, 그리스도교 시대의 성례는 의심할 나위 없이 그 구약성경의 말씀 속에 선포됐기 때문이다. 그리하여 하나님의 은총으로 말미암아 모든 자의 마음속에 신앙이 알려졌다. 또한 비록 우리가 종종 벌이는 논의로 말미암아 우리의 청중에게 그러한 우화적 의미를 통한 신앙에 관해 크게 강조했더라도, 어쨌든 보다 더 자주 그러한 우화적 해석을 통한 신앙이 지니고 있는 성격에 관해 가르칠 수 있는 것들을 전하는 것은 매우 타당한 일이다. 우리가 어떤 사람들에게 매우 적당히 중간 정도로 언급해야만 하는 신앙의 성례에 관해 논쟁하는 것보다는 덕의 본성을 논의하는 것이 더 쉽고 안전한 법이다. 이해할 수 있는 자들에게 난해한 설교를 하면 오류가 덜 발생하기 마련이다. 도덕적인 가르침에서부터 신중함과 분별력의 장점이 가장 자주 획득되는 법이다.

때때로 설교에 우화적 해석이 사용된다면, 가장 자주 즐거운 효과와 결과가 초래될 것이다. 비록 어떤 것이 언급된다면, 그리고 그것이 하루에도 몇 번씩 전달 되어야 한다면, 그것은 우리를 신앙과 성경에 대한 정확한 이해로 인도해 줄 수 있을 것이지만, 그러나 우리의 설교 내에서 내적인 인간의 영적인 운동에 관해서는 항상 모든 조심과 경계를 힘써 기울여야만 할 것이다. 바꿔 말하면, 나의 사고방식에 견주어 볼 때, 설교자의 사상과 생각의 경험이 모든 자에게 보편적이고 평범하기 때문에, 그렇게 일반적인 종류의 그 어떤 설교도 불명확하게 전달될 수 없는 법이다. 특히 각 사람마다 그 자신 안에서, 마치 책에 기록된 것처럼 생각하게 될 때, 이미 그들은 일상적인 사고방식에 젖어 있기 때문에 더욱 그러하며, 따라서 설교자가 다양한 유혹과 시험에 관해 어떤 말을 하더라도 명백하게 일반적인 의미로 전달되기 마련이다.

그러나 사악하고 부도덕함에 족쇄를 채워 추방하는 일보다 덕스러움을 주입하고 보호하는 일에 더 많은 훈계와 경고가 주어져선 안 될 것이다. 거기서 선생은, 조심스럽고 명확하게 악의 본성과 본성을 초월하는 것과 악이 다른 것에서부터 성장한다는 사실과 원래 악이 어떻게 사악하게 되었는가 하는 점과, 그 이유가 바로 악이 다른 것에서부터 점점 자라나서 왕성해졌기 때문이라는 등의 사실을 가르칠 때, 대단한 가치의 열매를 수확할 수가 있게 된다. 성경에 들어 있는 파악하기 어려운 것들이 단순하고 교육을 받지 못한 무식한 자들에게 해설하여 제시될 때, 그것들은 즉시 망각의 늪 속으로 빠져들기 마련이다. 왜냐하면 그것들은 단지 그들에게 육신적인 것으로만 취급되기 때문이다. 그들은 그들 자신이 보지 못하는 영적인 것들에 관한 해설에 대해서는 기이하고 이상하게 간주할 뿐이며, 심지어 그들이 느끼고 볼 수 있는 육신적인 것에 관해서도 기억할 수 있는 능력을 가지고 있지도 않다. 일부 무지한 자들은 동물과 다를 바 없어서, 물질적인 것 외에는 그 어떤 것도 거의 이해할 수가 없다. 그리고 또한 그들은 짐승처럼 사물을 보고 대하기 때문에, 더 나아가 그늘에게 수어지는 충동조차도 전혀 인식하지 못하고, 뿐만 아니라 그들의 몸과 영혼의 악한 특성도 인식하지 못하기 때문에, 본시부터 그들은 다른 자들에게서 전해지는 말을 계속해서 들으면서, 그들이 가장 확고하게 붙들 수 있는 것을 듣기까지, 끊임없는 고통을 겪기 마련이다….

하나님은 우리 마음이 유혹의 전투로 인해 가라 앉아 있거나 혹은 잠들어 있을 때, 다시 일어날 수 있는 수단을 우리에게 허락해주셨다. 하나님은 우리의 이성에 후회와 양심, 가책의 영을 심어주셨는데, 그것은 곧 우리로 하여금 우리 자신의 의지의 비참하고 가련한 상태를 점검하게 해준다. 하나님이 우리에게 부여하신 또 다른 하나

의 수단은 하나님이 처분해주신 것인데, 이는 우리가 스스로 누군가의 칭찬을 듣는
다는 점이다. 곧 이는 타인들에게 권고의 설교를 함으로써 그들이 들을 수 있다는 사
실이다. 그리고 이러한 수단을 통해 우리는 우리 자신을 검토할 수 있는 기회를 권유
받게 된다. 곧 이를 통해 우리는 우리가 누구인가 하는 우리의 정체성, 우리가 어디에
드러누워 있는가 하는 우리의 위치, 우리가 신음의 소리를 토하고 있다는 우리의 한
계성 등을 잘 인식할 수 있게 된다. 대단히 고귀한 설교의 설득력과 능변으로 인해,
혹은 성경말씀을 읽음으로써, 아니면 무수한 다른 수단들 중 어떤 한 가지 방편을 통
해서, 우리는 영적인 마비와 무감각 상태에서 확실히 벗어나서 전혀 예기치 않게 선
한 행위로 점철된 삶으로 다시 초대받게 되는 것이다.

그러므로 특히 '바다로'[19] 내려 간 자들에 의해, 즉 시험의 폭풍우 가운데서 비천
하게 되었으나 그럼에도 배 안에 거하는 자들에 의해, 다시 말해 거룩한 의도에 의해
자극을 받는 자들에 의해 여호와를 향한 고백이 이루어져야만 하는데, 그 이유는 그
들이 바다에 내던져짐을 당해도 '큰물에서 일을 하는 자는'[20] 결코 물에 가라앉지 않
을 것이기 때문이다. 환원하면, 육신적이며 또한 영적인 세력이 그들을 공격하여 대
단히 고통스럽게 만드는 투쟁과 전투 가운데 그들은 선한 일에 복종하고 있는데, 이
는 열정적으로 적대 세력과 싸우는 일에서 도망하지 않으며, 또한 악이 그들을 괴롭
혀서 그들이 절망이나 자포자기의 구덩이로 빠져 들어가게 될 때, 오직 하나님이 그
들의 이성의 눈이 올바른 것을 응시하게 하심으로써 그들을 붙들어주시기 때문이다.
이제 그들은 스스로 적진을 향하여 앞으로 전진하고 또한 돌진할 수 있게 된다. "여
호와께서 행하신 일들과 그의 기이한 일들을 깊은 바다에서 보나니."[21] 즉, 영혼이 낙
담하여 폭풍의 어두움 속에서, 죄악의 공포 가운데서 하나님이 행하신 일들을 보게
된다. 다시 말해, 그들은 그러한 하나님의 행위를 경험하게 된 것이다. 그들이 당한
시험이 클수록, 그들이 받는 구원은 더 큰 법이며, 그들은 가장 큰 감사의 빚을 지게
된 것이다.

그러므로 이러한 위험에서 피해 나올 때, 그들은 그들 자신이 처해 있었던 좋은

---

19. 시 107:23 (불가타, 106:23).
20. *Ibid.*
21. *Ibid.*, 24절.

상황을 심사숙고하게 된다. 또한 그로 인해 생겨난 커다란 안전을 통해, 두려움이나 경고를 받을 필요도 없이, 그들은 그 자신들의 신앙심을 순수하고 견고하게 지킬 수 있게 된다. 혹은 그들은 하찮은 기쁨을 통해서도 그들이 지닌 재산이나 계속되는 행운보다 더 크게 즐거워한다. 또한 그들은 다른 자들의 게으르고 나태한 자세와 태도를 경멸함으로써 그에 대한 분노를 표출한다. 나태하고 게으른 삶 때문에 인간의 가치는 최저로 하락하기 때문이다. 혹은 그들은 유혹의 시험이나 게으름과 나태함 속으로 잠길 만했으며, 때때로 포기하든지 아니면 때로는 열정으로 다시 일어나기도 했다. 다시 말해, 그들은 활활 불타오르는 그들의 욕망의 아궁이에서 도망쳐 나온 것이다. 자기 자신에게 불리하고 역전의 상황 가운데서, 그러한 악조건과 불리한 상황을 견뎌낸 자가 이해할 수 있는 것들은 대단히 기이하고 매우 유용하다. 그것은 또한 저술이나 책 없이도 이해하는 영에 대해 강력한 가르침을 제공해준다.

가르침의 의무를 지니고 있는 자는 누구든지 무엇보다 먼저 그 자신이 원한다면 그러한 영적인 것이나 그와 유사한 주제에 관해 심도 있는 가르침을 받을 수 있다. 그리고 그러한 자는 내적인 투쟁의 경험 때문에 우리가 언급하여 제시할 수 있는 것보다 훨씬 더 완벽하게 가르칠 수 있다. 또한 그는 그 자신이 겪었던 경험을 통해 그에게 인상을 주어 기억할 필요에 부응하여 지니게 된 장점과 단점을 따라 건전하고 유익한 가르침을 사람들에게 줄 수 있다. 어떤 게으르고 나태한 자, 곧 심지어 결코 전쟁에 참전하려 하지 않는 자도, 그러한 전투에 참가한 자들을 보았거나 혹은 전쟁에 관한 이야기를 사람들이 언급하는 것을 들었기 때문에, 전쟁에 관한 수많은 것들을 언급할 수 있게 된다. 그러나 그러한 전투에서 실제로 싸웠던 자와 또한 공격을 받은 자, 전쟁에 복무하여 고난을 당했던 자는, 전쟁 경험을 결여한 일반적인 자들과 훨씬 다른 방식으로 전쟁을 기억하게 된다.

영적인 문제에서도 상기와 같은 전쟁 사건과 마찬가지의 경우가 생기게 된다. 곧 우리는 어떤 사람들이 책에서 읽었던 것이나 혹은 타인들에게서 들었던 것에 관해 유창하게 연설하는 소리를 듣게 된다. 그러한 연설보다 훨씬 차원 높은 권위를 지닌 설교가 어떤 자에 의해 영적인 상황을 내용으로 하여 전달된다. 말하자면 그는, 그의 손가락으로 그가 설교를 통해 언급하는 것을 지적하여 나타낸다.* 그가 가진 지식은 그가 입으로 선언한 것들의 증인으로 우뚝 서 있게 된다. 그리고 사실상, 만일 그들 자신이 알고 있는 것이 유창하고 감동적인 형태로 청중에게 언급된다면, 설교자가 지니고 있는 영적 지식은 교육을 받은 자들에게 매우 유익한 것이 된다. 그러나 만일 이러한 지식이 비교적 덜 수사학적인 관심으로 전달된다면, 이는 그 교양인들에게 혐오와 멸시의 대상이 될 뿐이다.** 그 이유는 우리가 교육을 받은 유식한 자나 그렇지 못한 무식한 자들 모두를 동시에 훈계하게 될 때, 평범하지만 알기 쉽고 명료한 것들을 전해야만 하기 때문이다. 그로 인해 우리는, 우리가 전하고 있는 설교 내용을 잘 알고 있는 자들이 지루하고 고통스러운 시간을 갖지 않도록 해줄 수 있다. 이러한 일은, 거룩한 복음의 내용을 해설할 때 우리가 기존의 관습적인 주석과 다른 방식으로 표현된 도덕적 주석 양식을 채택하도록 만들어 주곤 한다. 이는 우리가 때때로 낡아서 더러워진 벽에 회반죽을 칠하여 새롭게 만드는 것과 같은 이치다. 복음서 내에는 교부들의 주장에 따라, 오직 우화적인 의미로써만 접근해야 할 내용이 확실히 존재한다. 그리고 그것은 대개 유대인과 이방인을 언급하여 해설할 때 사용되는 방식이다. 그러나 그러한 것은, 만일 어떤 명민한 성경 학도가 그와 다른 주석 규칙에 따라 탐구하게 된다면, 결코 올바르게 이해될 수가 없게 될 것이다. 그러나 독자의 영과 의지가 어디로 향해 가든지 타고 갈 것, 곧 바로 손에 넣을 수 있는 성경이 존재할 것이다.*** 반면에, 비록 성경 지식을 충분히 지니고 있는 자들에게 이러한 유형의 해석을 적용하는 것이 가장 큰 효과를 가져다주더라도, 다양한 언술 형식에 관한 오랜 연습을 통해 그러한 해석 방법을 완벽히 습득하지 못한다면, 그 누구도 감히 그러한 방식을 활용할 수 없게 된다. 곧 다양한 의미를 지닌 하나의 동일한 내용에 대해, 우화적인 해석이 종종 적용되는 법인데, 이를 활용하는 일은 숙련 작업을 거쳐야만 한다.

내가 앞에서 언급한 대로, 박식하게 문학적인 지식을 습득하지 않고서는, 그 누구도 감히 동일한 것과 명칭이 갖고 있는 다양한 의미의 가르침을 이해할 수 없게 된다. 한 예를 들어 보자. 바위와 샘, 물과 하늘, 풀과 나무, 태양과 달, 그 외 셀 수 없

* 손가락으로 또박또박 어떤 사물을 가리키듯이, 명확하게 하나씩 설교자가 지니고 있는 지식들을 지적하여 드러낸다는 의미.

** 설교가 수사학적 기교를 잘 사용하여 누구든지 알아듣기 쉽게 전달돼야 한다는 의미.

*** 성경을 우화적으로 해석하게 되면 독자의 영과 의지를 올바른 방향으로 인도할 수 있다는 의미.

이 많은 것들, 성경에서 이것들은 다양한 의미가 있다. 성경의 애매모호한 어떤 구절을 해석하는 자는 그 일반적인 사물들에 얼마나 다양한 의미가 있는지를 알아차려야만 한다. 성경 해석자는 이러한 여러 단어 중 한 단어에 직면하게 될 때, 반드시 다중적인 의미가 있음을 직시해야만 한다. 예를 들어, '금'이라는 단어에는 신성, 지혜, 생의 빛남 등 다중적인 의미가 있으며, 해석자는 이 단어가 지니는 모든 의미들을 염두에 둔 다음, 그중 해석 상황에 가장 적합한 의미를 선택해 안전하게 해석하도록 한다. 그리하여 성경 해석자는 매일 축적되는 자신감과 신뢰감을 지닌 채, 성경이 그에게 미소 지으며 호의적으로 나타내 주는 의미를 인식함으로써, 보다 더 중요한 문제를 향해 계속 진행해 나아가서, 이전에는 그가 결코 할 수 없었던 것을 발견해 깨달아 알 수 있게 되었다. 또한 그는 항상 더 나은 것들에 대한 소망에 의해 자극을 받아 진보를 이루고, 큰 무리를 지어 그에게 몰려와 그의 거룩한 설교의 증언을 듣는 자들이 높은 수준의 감동을 받을 수 있을 정도로 그의 감화력이 더욱 증강된다. 그런데 이러한 일은 두 가지 방식으로 일어나는데, 즉 예를 드는 것과, 추론하는 것이다. 성경의 선례를 제시하는 것이 내가 말했던 예를 드는 것이고, 물론 선례의 제시가 불가능할 때에 추론한다. 당면한 문제의 성격을 심사숙고함으로써 우의나 도덕성에 따라 어떤 의미가 발견되는데, 여기서 보석, 새, 짐승, 비유 혹은 상징적으로 언급되는 것 등에서 어떤 우의성과 도덕성이 추론되는 것이다. 그것들의 본성이 지니고 있는 의미 때문이 아니면 그 어떤 의미나 가치도 제시되지 못한다. 이러한 예의 경우에, 어떤 구절이 다른 곳에서는 그 의미를 입증할 수가 없더라도, 그러한 본성을 검토함으로써 그 의미를 결정할 수 있다.

불가사의할 정도로 훌륭한 학자였던 그레고리우스(Gregory of Nazianzus)는 그의 한 책에서[22] 그가 보았던 것은 무엇이든지 영혼의 계몽과 교화를 위해 우화적으로 해석하기를 시도하는 습관을 길러왔다고 증언하고 있다. 만일 어떤 자가 예리한 이성으로 이러한 일을 습관적으로 시도해 점점 익숙하게 되면, 거룩한 책들뿐만 아니라 심지어 그의 눈앞에 보이는 거의 모든 것들 속에서, 그는 예들을 들어서 매우 풍성하게 적절

---

22. Gregory of Nazianzus, *Orat.* 26.9 (MPG 35.1237D–1240A). 이는 아마도 주목받은 자료로 사료된다.

한 비교를 발견할 수 있게 된다. 그는 그러한 방식을 통해 불변하는 항구적인 정통함과 친숙함으로는 아무것도 알 도리가 없는 것들의 유용한 의미도 파악할 수 있게 된다. 이러한 방식들은 사고에 있어, 청중에게 보다 친절하게 언급되는 것에 비례해 유용한 법이다. 그리고 그러한 방식들이 청중에게 덜 친숙한 만큼, 그만큼 더 청중은 보다 더 많은 기쁨을 누리게 된다.*

이성적 추론을 통해 발견되는 대단히 수많은 것들이 설교에서 활용될 수가 있지만, 만일 내가 이러한 주제에 관해 언급하기를 시작해야 한다면, 내 생각에 이러한 논의가 한계를 넘어 장황하게 길어질까 몹시 두렵기까지 하다. 그리고 나는 내가 좋아하는 만큼 명확하게 그것에 관해 설명할 수 있을지에 대해서도 잘 알 수가 없다.

게다가, 청중의 지식이 오직 이해되는 것만 추구되는 앎으로서 하나님에 관한 주제와 인간 구원에 관한 일과 연관된 것일 때, 그러한 설교자가 그러한 주제들을 자신의 영광과 영예를 위해 이끌어내지 않을 때, 그리고 그의 웅변력과 자만심이 주목받지 않을 때, 칭찬을 받으려는 목적을 떠나 신실한 자세로 말씀을 전하는 자는 일반적으로 그의 청중에게 특별한 도움을 줄 수 있다. 일반적으로, 청중에게는 그 자신들이 설교자가 돈이나 과시욕 때문에 설교하는 것으로 인식하고 있거나 생각한다고 여겨지는 것보다 더 불쾌하거나 기분 나쁜 일은 없다.

청중에 의해서, 설교를 한다기보다는 오히려 그러한 분노를 청중이 표출하도록 만드는 자로 인정되는 설교자는, 그러한 약점을 덮기 위해 보다 뛰어난 연설로 그가 사용하는 언어들을 꾸미려고 시도하기 때문에, 통렬하고 가차 없이 그 앞에 앉아 있는 청중의 가슴을 더 심하게 넌더리나게 만들곤 한다. 슬프다! 그리하여 설교자가 아무리 잘한 설교 내용도 심지어는 경멸당하기 일쑤다. 그럼에도 마음을 움직일 수 있는 힘으로 선포된 설교는 겸손한 영에 의해 하나님의 말씀으로 받아들여야만 한다.

당신이 설교에서 이러한 주제들을 다루어야 하는 방법에 대해, 나는 나의 능력이 허락하는 한도 안에서 나의 가장 소중한 분에게 이미 언급했었다. 이제 하나님의 도우심으로, 나는 당신이 얻을 수 있는 어떤 설교 자료와 근거에 관해 언급하려고 한다.

사악함과 부도덕함의 혼란한 소용돌이 속에 빠져서 허우적대는 사람들에게, 사

---

* 처음 듣는 기이한 방식의 설명은 청중으로 하여금 새롭고 도전적인 감흥을 누리게 한다는 의미.

실상 지옥의 형벌이 얼마나 무시무시한 것인가를 말해 주는 일은 대단히 유익하다고 하겠다. 그들에게는 말로 형언할 수 없는 극단적이며 끝나지 않는 공포의 상태가 주어진다. 그런데 하늘 천국에는 결코 부족함과 결핍이 없는 지복이 넘쳐흐르며, 반면에 영원히 정죄를 받은 자들은 가장 비참한 형벌의 상태에 놓일 수밖에 없게 된다. 그들은 잠깐 동안의 편안함도 누리지 못한 채 고통을 당할 것이라는 점과, 특히 전혀 이해할 수 없는 방법으로 이러한 형벌이 저주 받은 자들의 영혼을 괴롭힐 것이라는 사실, 또한 수없이 긴 세월이 지나간 후에도 그러한 극심한 고난에서 도피할 소망이 전혀 없기 때문에, 그들은 오직 영원토록 결코 죽지 않으면서 겪어야만 할 고통을 당하게 된다는 사실을 잘 알게 된다. 물론, 그릇된 희망이 종종 잠깐이나마 역경과 불행 속에 잠겨 있는 영혼들을 새롭게 만들어 주기도 하겠지만, 그러나 거기에는 그들을 위로해 줄 수 있는 참된 희망도, 그릇된 소망도 존재하지 않을 것이다. 그러나 짐승 같은 인간'(육에 속한 사람),[23] 즉 짐승처럼 사는 사람, 다시 말해 "하나님의 성령의 일들을 받지 아니하는 자"[24]이기 때문에, 오직 육신적인 것에만 매달려 보이는 것들만 감지하는 자는 눈이 먼 맹인과 다를 바가 없다. 미래에 관해 그에게 언급된 것— 예를 들어, 잘못하여 범죄를 저지르면 감옥에 가거나 교수형에 처해진다는 말—들 중에 그 어떤 것도 그의 잘못된 행위를 저지할 수 없도록 그 자신이 지닌 이 세상 욕망의 습관으로 인해, 그의 멀어 버린 눈은 결코 뜰 수 없게 된다. 그리고 만일 때때로 그렇게 잘못될 수 있는 미래에 대한 경고가 그의 앞을 가로막아 선다 하더라도, 지금까지 그에게 그러한 불행한 일이 생겨나지 않았으며, 또한 그로 인해 앞으로도 그러한 일이 발생하지 않을 것이라고 믿는 망상 때문에, 그는 재빨리 그러한 체포의 가능성과 두려움을 자신의 마음에서 제거할 수도 있을 것이다. 따라서 그는 결코 그 자신만은 범죄를 저질러도 붙잡히지 않을 것이라는 망상에 젖어서 용감무쌍히 범죄의 전선에 뛰어들게 된다.

그러므로 그러한 욕망이 소멸되기 위해서는 그가 나아가는 삶 전면에 이 세상 삶의 비행과 범죄의 현장에서 그가 반드시 당할 수밖에 없는 불안과 두려움의 고통이 던져져야만 한다. 그에게는 그러한 악행과 범죄, 혹은 가장 수치스러운 비통함과 고

---

23. 참고, 고전 2:14. 불가타는 '동물 같은 인간'(animalis homo)으로 표기했다.

24. *Ibid.*

통으로 인도하는 일 외에는 아무것도 남아 있지 않기 때문에, 그로 인해 그는 극심한 양심의 가책에 시달리게 된다. 예를 들면, 만성적이고 상습적인 도둑은 어떠한 겁이나 두려움도 없이, 어떤 물건을 차지하고 싶은 욕망의 유혹에 이끌려 도둑질을 감행하곤 한다. 내가 말하건대, 나 같으면 제정신을 잃어버릴 그러한 극심한 밤의 공포를 그는 겁내거나 두려워하지도 않고, 또한 심지어 도둑질에 대한 형벌의 대가로 수족 절단형이나 교수형에 처해지는 것도 겁내거나 무서워하지 않는다. 결국 도둑질을 하다가 잡히면 도망칠 수 없음을 알고 있으면서도 그러한 범법 행위를 과감히 시행하는 것이다. 물론 그는 극심한 전율과 공포로 인해 두려워하며 떨기까지 한다. 그러나 그것도 잠시뿐이며, 물건을 갖고 싶은 욕망의 힘이 그러한 공포와 두려움을 압도하게 된다. 그리하여 그러한 자는 이내 체포되어 재판에 회부되어 유죄 선언을 받고 교수대에 목이 걸려 처형되기 마련이다.

나는 또한 근친상간에 대해 언급하고자 한다. 곧 고귀한 보에티우스(Boethius)가 주장한 바를 제시한다면 그것에 관해 훨씬 더 나은 언급이 나올 것이다.[25] "근친상간을 함으로써 말로 형언할 수 없는 엄청난 불안과 후회가 물밀듯 밀려들 것인데, 거기서 무슨 즐거움에 대해 언급할 것이 남아 있겠는가?" 이에 관해 이보다 더 진실된 언급이 과연 어디에 있겠는가? 그는 육욕적인 범죄 가운데 처해 있기 때문에 그로 인한 열병적인 생각에 사로잡혀 매우 괴로워하면서 고통을 당하게 되고, 또한 색욕적인 사악한 감정이 얼마나 무가치한 결과를 초래하는지를 인식해야만 한다. 그리고 그가 행하고 있는 것을 인식하기를 두려워하는 동안, 그는 무섭고 참을 수 없는 고통으로 불타오르게 된다. 또한 열광적으로 매우 성급히 그 자신에게서 해방되기 위해 싸우는 동안, 그는 싫든 좋든 간에 그 자신의 행위에 의해 압도당하게 된다. 욕망으로 격렬하게 달아올라 있는 동안, 그는 그가 겪고 있으며, 또한 가엾은 자신을 향해 외쳐대고 있는 투쟁에 대해 스스로 지독히도 불평을 늘어놓기 마련이다. 그리하여 그는 자기 자신이 싫어져서 넌더리를 내며, 그 자신의 삶은 피곤에 찌들게 된다. 그리고 그가 욕망하는 것이 성취될 때, 그 불행한 사람에게 얼마나 혹독한 고통과 괴로운 신음 소리, 또한 때늦은 후회의 연속이 뒤따라 다니겠는가!

---

25. Boethius, *De consol. phil.* 3.7(prose).

나는 이 문제에 관해 아무런 주저함도 보이지 않고 다음과 같이 언급해야만 한다. 만일* 참된 후회와 회개의 열매를 맺는 일의 어려움이, 그 자신의 욕망에 따라 어떤** 실정법적인 죄를 범한 후에 회개하는 일의 곤혹스러움과 별반 차이가 없다면, 그가 처음 범죄하기 이전에 회개하기가 얼마나 힘든 것인가 하는 점을 생각하는 가운데, 죄에 대한 후회는 다른 잡념 없이 장장 한 시간 정도 지속되기 마련이다. 그러나 확실히 그 후에는 습관적인 열정으로 돌아가서, 그는 하나님께 그 모든 것을 받으시기에 합당한 대단히 큰 통한의 열매를 제시하곤 한다. 그러므로 다음과 같은 언급은 보다 생생한 확실한 진리다. "주인이 이 옳지 않은 청지기가 일을 지혜 있게 하였으므로 칭찬하였으니 이 세대의 아들들이 자기 시대에 있어서는 빛의 아들들보다 더 지혜로움이니라."[26] 사도들 역시 그에 관해 이렇게 언급했다. "너희는 어찌 유다가 잠자고 있지 않음을 보지 않게 될 것인가!"[27]*** 그 이유는 그러한 사도들의 신중한 경계가 유다가 잠자고 있을 때보다 더 낫다는 것이 아니다. 그 반대로 악 가운데 도사리고 있는 지혜가 오히려 선함 가운데서 사도들과 더불어 존재해야만 한다는 것이다. 그리고 인간적인 언어로 언급하고 있는 바울은, 우리 인간 육신의 나약함으로 말미암아, 우리가 우리의 몸을 불법을 섬기는 데 내어주는 것처럼, 만일 그것보다 더 나쁘지 않다면, 이제 어쨌든 바울은 우리의 몸을 우리가 신성함을 섬기는 데 바치도록 원하고 있다.[28]

그들 사도들은[29] 악에 대한 인간 영혼의 쓰라림과 지혜를 알고 있었으며, 그들이 만일 오직 선한 것들에 대한 열정을 지니고 있었다면, 그러한 주제는 위대한 찬양의 제목이 될 만한 중요한 가치가 있는 것이었다.

그러므로 창으로 찌르는 듯한 고통 아래서 초라하고 부족한 즐거움을 견뎌내고

---

26. 눅 16:8.

27. 이 구절은 성경에서 인용된 것으로 보이는데, 그러나 정경이나 경외서(Apocrypha)에서도 발견되지 않았다. 그리고 여기서 유다는 Judas이기 보다는 Judah가 될 것이다.

28. 롬 6:16.

29. MPL 156,32: noverat(그가 알다 = he knows)라는 표기는 noverant(그들이 알다 = they know)의 오기이다.

* 아담의 범죄 이후에 타락한 인간의 죄 된 본성에게, 예수 그리스도를 통해 주어지게 된.

** 살인, 강도, 강간 등의.

*** 유다가 항상 깨어 있음을 보게 된다는 의미.

있는 자들 앞에서 그러한 것들이 내던져져야만 한다. 드러난 혹은 가려져 있는 비난에 의해 이러한 불행한 자들의 평판이 더럽혀져 모독을 당함 가운데서도, 수치스럽고 불명예스러운 생각일랑 내팽개쳐져야만 한다. 만일 지금까지 그들이 그들의 눈앞이나 옆구리에 악한 것들을 두지 않았기 때문에 미래의 악을 두려워하지 않고 있다 하더라도, 어쨌든 그들에게는 위험과 훌륭한 평판의 손실 외에는 아무것도 남지 않을 것이기 때문에, 그들은 그 어떤 즐거움과 기쁨도 주지 않는 발광하는 고통 아래에 복속되는 일을 두려워해야 할 것이다. 나는 앞서 말한 작가의 언급을 빌려, 꿀벌의 은유를 통해 이러한 즐거움을 언급하고자 한다.[30] 꿀벌은 꿀을 그의 입안으로 날라 오지만, 즉 다소 어떤 하찮은 즐거움 속으로 운반해 오지만, 그 꼬리에 벌침을 지니고 있어서, 그 아래에 놓여 있는 달콤한 꿀이 방출된 후에는 대단히 고통스러운 불신의 고통으로 보답하곤 한다.*

성 그레고리우스는 단순한 마음보다 더 복된 것은 없다고 언급했다.[31] 반면에, 어떤 자는 더럽고 나쁜 양심으로 인해 고통 받는 마음은 그 자신의 가시 독침으로 인해 항상 동요되기 마련이라고 주장하기도 했다. 곧 악행을 지속적으로 하고 또한 이미 실행된 악을 두려워하는 것은 가장 쓰라린 인간 내적으로 타오르는 불이라는 것이다.[32] 따라서 만일 그가 영원한 파멸의 지옥을 염두에 두고 있다면, 그로 하여금 역시 현재의 수치스러운 감정을 생각하도록 만들어 주어야 한다. 그리고 그의 가슴속에 회개의 역사가 일어나도록 하여, 그로 하여금 그 자신의 나쁜 습관을 조심스럽게 살펴보아서 그것에 저항할 수 있도록 해주어야만 한다. 다시 말해, 그가 육체와 영, 곧 육신적인 것과 영적인 것의 차이점을 구별할 수 있도록 해서 육신의 것을 따르지 않도록 해야만 한다. 이는 마치 군인이 적에 대항해 싸울 단단한 마음의 준비 자세를 갖지 못한다면, 무기를 들고 전투에 임하라는 상관의 명령을 따를 수 없는 것과 같은 이치라 하겠다. 만일 이성이 게으르고 나태해서 적군과 싸우기 위해 떨쳐 일어나지

---

30. Boethius, *loc. cit.* (시, 곧 운문).

31. Gregory the Great, Moralia 12.21.

32. Lucretius 3.1018 f.

* 순간적으로 달콤함을 주는 꿀이 지나가면 극심한 고통이 온다는 점을 명심해야 한다는 의미, 곧 달콤한 범죄 이후에는 엄청난 불안과 고통이 엄습하게 된다는 뜻.

않으려고 한다면, 육체적인 즐거움의 호적수인 미덕을 실현하기 위해 어떤 선한 것이 시행될 수가 있겠는가?

그러므로 우리는 일부 참된 역사의 진리를 한 예로 취해야만 할 것이다. 우리가 역사의 숨겨진 의미를 논의하는 동안, 수많은 역사적 교훈의 의미가 우리를 깨우칠 수가 있을 것이다. 이러한 일은 다음과 같은 한 시인의 언급을 이해할 수 있게 된다면, 가히 혁명적인 일을 행하는 것이 아니라 하겠다. "현재의 기록이 각인된 이름이 생겨나는 일은 정당한 것이었고 또한 항상 앞으로도 합당할 것이다."[33] 이는 성경의 지식을 배우는 모든 자들에게도 해당되는 언급이다. 그들은 고대 주석가들이 세운 주석 규칙들에 따라 다양한 의미의 해석을 통해 지속적으로 성경의 풍부한 내용을 찾아낼 수 있고, 또한 결국 신앙을 보존할 수가 있게 될 것이다. 따라서 우리로 하여금 말씀을 전하도록 하라.

---

33. Horace, Ars Poet. 58 f. 기베르는 nummum(화폐 혹은 건축물 머릿돌)을 nomen(이름)으로 잘못 인용했다.

제2장

마인츠의 라바누스 마우루스: 다섯 설교문

제1절. 서론

제2장의 설교가는 라바누스 마우루스 마그넨티우스(Rabanus Maurus Magnentius)라는 격조 높은 이름의 다재다능한 성직자[1]이다. 먼저, '라바누스'는 때때로 흐라바누스(Hrabanus)로 불리기도 했던 튜턴식의 이름(Teutonic name)이었고, 이는 '갈가마귀'라는 영어 단어와 동일한 의미를 지닌 것이었다. 그다음의 '마우루스'(Maurus)는 앨퀸(Alcuin)이 붙여 준 것으로써, 이는 성 베네딕트(Saint Benedict)의 친구를 연상하게 해주었다. 마지막의 '마그넨티우스'는 단지 '마인츠의'(of Mainz)라는 의미이다.

그는 주후 대략 776년경에 마인츠에서 태어나서, 주후 868년 2월 4일에 마인츠의 인근 마을인 빙켈(Winkel)에서 타계했다. 그는 성인으로 추앙되지는 않았으나, 시성(諡聖)

---

1. 루돌프(Rudolph)는 라바누스 마우루스의 초기 생애에 관해 썼으며 이는 MPL 107.40-68에 수록됐다. 또한 거기에는 그의 초기 생애에 관한 다음과 같은 마빌론의 저술도 함께 수록됐으니 루돌프의 것과 함께 참고하라. Jean Mabillon, *B[eati] Rabani Mauri elogium historicum*. 라바누스의 초기 작품을 간직한 바티칸 사본인 *De Laude sanctae crucis* (cod. Reg. lat. 124, fol. 2v., saec. ix)는 대수도원장 알비누스(Albinus = Alcuin)의 세밀 초상화를 간직하고 있으며, 이는 라바누스 마우루스가 뚜르의 생 마르탱(Saint Martin)에서 선물한 것이었다.

456

바로 아래 단계인 '복자'(blessed) 칭호를 누렸던 것이다.

라바누스는 주후 801년에 풀다(Fulda) 소재의 베네딕트회 수도원에 딸린 학교에서 교육을 받기 시작했다. 그러나 그는 바로 이내 투르(Tours)로 가서, 주후 804년에 타계한 앨퀸의 수하에서 신학과 교양을 배우게 되었다. 다시 라바누스는 풀다로 돌아와서 주후 814년에 장로로 서품을 받았다. 주후 817년에 그는 풀다 학교의 교장이 됐고, 주후 822년에는 대수도원장이 되었다. 그는 이러한 역량을 발휘하여 대수도원 재건축을 완수했고, 수많은 교회와 예배당을 세웠으며, 또한 수사들의 예술적인 재능을 개발시키는 동시에, 수도원의 재산과 과세면제 특전을 증가시켰다. 그러나 또한 그는 성경을 가르치고 설교를 하는 목회 사역의 일에서도 타고난 그의 역량과 재능을 아끼지 않았다.

그러나 주후 842년 봄에, 그는 대수도원장직을 사임하고 은퇴하여, 이웃 도시인 페테르스베르크(Petersberg) 소재의 한 교회에 물러나서 영적인 훈련과 집필 활동에 전념하게 되었던 것이다. 행정적인 책무에서 해방된 이 시기는 주후 847년 6월 26일에 끝이 났고, 그는 오르가르(Orgar)를 이어 마인츠의 대주교로 선출됐다. 그는 그해 10월에 그 자신이 처음 개최한 지방 공의회를 열게 되었고, 그 이듬해와 주후 852년에 다시 지방 공의회를 개최하기도 했다. 대주교로서 그는 주후 850년에 휩쓸었던 기근을 잠재우기 위해 자비를 베풀어 이름을 날리기도 했는데, 이때 그는 매일 300명씩이나 되는 기근자들에게 음식을 제공했다.

라드베르(파샤즈 라드베르)와 라트랑(Ratramnus)의 성찬 논쟁이 진행되는 동안, 라바누스는 고트샬크(Gottschalk)를 정죄하면서 보수적인 입장에 서게 되었다.* 성경, 교부들, 교회법 등에서 그의 시대에 프랑크 땅에서 그가 지녔던 지도적인 막강한 권위는 타의 추종을 불허할 정도였고, 그의 사상은 당내 교육의 근거로 작용할 정도로 가장 위대한 역할을 감당했던 것이다. 그 결과 그는 *preceptor Germaniae*(게르만의 스승)라는 위대한 칭호로 불렸다.

그의 저술들 중에서 대부분을 차지하는 작품들이 바로 구약성경과 외경에 대한 주석이었으며, 뿐만 아니라 두 복음서(마태, 요한)와 바울서신들에 관한 주석 등도 거기에

---

* 성찬논쟁에 관해서는 이 책 제1부 제2장과 제3장의 각 서론들을 참고하라. 여기에는 라트랑(반 화체설)과 라드베르(화체설)의 성찬논쟁에 관한 전모가 소개됐고, 고트샬크가 화체설을 반대한 라트랑을 지지하여 고초를 겪었던 점이 상술됐다.

포함되었다. 또한 라바누스는 상당히 다양한 교리에 관한 저술들도 남겼는데, 그것들 중 일부는 카시오도루스(Cassiodorus)와 아우구스티누스(Agutstine)의 영향을 크게 받은 것으로 보인다. 게다가 예전, 제의, 마술, 목회자가 직면하는 여러 다양한 문제들, 시 등에 관한 저술들이 그의 작품집의 내용을 이루었다.[2]

설교 분야에서 그는 두 개의 설교 선집을 남겼는데, 그 중 하나는 주전 826년 이전에 하이스툴프(Haistulf)에게 헌정된 것이었고, 다른 하나는 로타르(Lothair)에게 바쳐진 것이었다. 그것들 중 여기에 번역되어 실리는 다섯 개의 설교들은 다음과 같다. (I) "우리 주님의 탄생 이전 강림절에 관한 설교"(Sermon before Our Lord's Nativity)[3]; (VII) "주현절 설교"(Sermon on the Lord's Epiphany)[4]; (XXII) "오순절 설교"(Sermon on the Day of Pentecost)[5]; (XLV) "믿음, 소망, 그리고 사랑에 관한 설교"(Sermon on Faith, Hope, and Love)[6]; (LVII) "이 세상에 대한 경멸과 다가올 미래의 보상에 관한 설교"(Sermon on Contempt for the World and on Future Reward).[7] 우리 책에 실리기 위해 사용된 텍스트는 다음과 같은 것이다. J. Pamelius, A. de Henin, and G. Colvenerius in six volumes (Cologne 1626–1627), reprinted in Migne's *Patrologia latina*, vol. 110. 다음 자료를 보라. A. Hauck (NSH 9.376 f.); Max Manitius, *Geschichte der lateinischen im Mittelalter* (Munich, Beck, 1925) 1.288–302; G. Mollat (EG 10.439); Michael Otto (CE 12.617). John Mason Neale, *Mediaeval Preachers and Mediaeval Preaching* (London, Mozley, 1856) 29–43, 여기에는 두 개의 다른 번역된 설교가 게재됐다.

---

2. MGH PLAC, 2.154–244; MGH Epist, 5.379 이하., 517 이하. 등에 내재한 서신들.

3. MPL 110.10–12.

4. MPL 110.18–19.

5. MPL 110.43–45.

6. MPL 110.83–85.

7. MPL 110.106–108.

제2절. 본문

I. 우리 주님의 탄생 이전 강림절에 관한 설교[8]

고맙게도 우리 주님이 인간 세상의 사람들 사이에서 태어나신 가장 거룩한 축제일이 다가오고 있는 이때에, 우리 가장 친애하는 형제자매님들은 위대한 능력으로 내림하신 주님의 강림절을 주의해서 잘 준비해야 할 것입니다. 곧 우리는 그분께 찬양과 영광을 돌리면서 그분을 우리의 왕과 주님으로 맞아들여야만 합니다. 또한 우리는 주님의 면전에서 복된 성인들의 무리와 더불어 감사를 드리면서 축하하고 기뻐해야만 합니다. 우리는 더러운 죄악으로 영원히 저주받아 마땅한 죄인들 사이에 들어서 주님께 거부당하는 일은 결코 당하지 말아야만 합니다. 나는 여러분들에게 간절히 권고합니다. 여러분들은 가능한 한 하나님의 도우심을 입어, 주님이 탄생하신 그날을 대비하고, 신실하고 순전한 양심을 보전하며, 깨끗한 마음과 순결함 몸으로 주님의 제단에 나아가 우리의 판단대로가 아니라 우리의 영혼이 치유 받기 위해, 그분의 몸과 피를 받아야만 합니다.

왜냐하면 그리스도의 몸 안에는 우리의 생명이 존재하기 때문입니다. 주님은 이렇게 직접 말씀하셨습니다. "예수께서 이르시되 내가 진실로 진실로 너희에게 이르노니 인자의 살을 먹지 아니하고 인자의 피를 마시지 아니하면 너희 속에 생명이 없느니라."[9] 생명을 소유하기 원하는 사는 그리스도의 생명으로 변화되어야 합니다. 그가 지닌 죄의 생명을 그리스도의 생명으로 변화시켜 의롭게 살아가지 않는다면, 그가 받는 그리스도의 몸은 그가 받을 심판의 빌미가 되고야 말 것입니다. 불의한 죄를 저지르면서 받는 그리스도의 몸은 그를 더욱 더 전적인 타락의 나락으로 빠트리게 될 것이며, 참된 생명을 회복하기는커녕 영원한 죽음의 구덩이로 빠지게 할 뿐입니다.

사도 바울은 그것에 관해 이렇게 말씀하셨습니다. "그러므로 누구든지 주의 떡이나 잔을 합당하지 않게 먹고 마시는 자는 주의 몸과 피에 대하여 죄를 짓는 것이니

---

8. MPL 110,10-12.

9. 요 6:53.

라."[10] 우리는 항상 주님께 영광을 돌리기 위해 우리 몸을 선행의 천으로 둘러싸야 합니다. 특히 주님의 탄생을 맞이해서는 더 열심히 선행을 준수해야 할 것입니다. 주님은 직접 복음서에서 우리의 선행이 사람들 앞에서 빛나도록 해야 하며, 그렇게 해야만 하나님이 모든 것 가운데서 영광을 받으실 것이라고 말씀하셨습니다.[11] 형제자매들이여! 바로 이 점을 명심하십시오. 만일 지상의 왕이나 혹은 어떤 큰 가문의 수장이 여러분을 생일잔치에 초대했다면, 여러분은 그 생일잔치에 입고 갈 예복에 대해 큰 걱정을 하게 될 것입니다. 초라하거나 더럽지 않고, 나이에 걸맞는 산뜻하고 우아하며 단정한 새 옷을 입고 가야만 잔치에 초청한 주인의 눈 밖에 나지 않고 그의 기분을 흐뭇하게 만들어 줄 수 있을 것입니다. 그와 마찬가지입니다. 우리는 주님의 생일잔치를 정말로 열심히 준비해야 합니다. 할 수 있는 한 온 힘을 다해 지극 정성으로 성탄을 맞이해야 합니다. 우리의 도움 되시는 그리스도의 탄생을 위해, 우리의 영혼은 온갖 미덕으로 만들어진 장식품으로 꾸며져야만 합니다. 순박함의 주옥같은 보석과 절제의 꽃과 순결한 양심으로 치장한 우리의 영혼은, 우리의 구주이신 영원하신 주님의 생일잔치에 가장 앞장서서 나아가야 할 것입니다. 그렇게 아름답게 꾸며진 우리의 영혼은 순수함으로 빛나고, 사랑으로 환한 빛을 밝힐 것이며, 자비로운 행위들로 번쩍일 것이고, 의와 겸손으로 밝게 타오를 것이며, 모든 만물 앞에서 하나님의 사랑으로 눈부시게 빛날 것입니다.

우리 주 그리스도께서는 성탄을 축하하기 위해 입은 여러분의 영적인 옷을 바라보시게 될 것이며, 직접 우리 영에 찾아오셔서, 우리 영 가운데 머물러 거주하실 것임이 하나님의 직접적인 말씀에 의해 증언되어 있습니다. "내가 그들 가운데 거하며 두루 행하여 나는 그들의 하나님이 되고 그들은 나의 백성이 되리라."[12] "나는 그들의 하나님이 되리라."[13] 그리스도를 내주자와 손님으로 모시기 위해 선행을 시도하는 영혼은 얼마나 행복하고 즐거우며 또한 기쁘고 자유로운지 말로 형언할 수 없을 것입니다. 그는 모든 악의 공포에서 해방된 자입니다. 그와 반대로, 악행으로 인해 오염되고

---

10. 고전 11:27.

11. 마 5:16을 바꿔서 부연 설명한 것이다.

12. 고후 6:16.

13. 창 17:8.

더럽혀져서 그리스도가 그 안에 머물지 않는 자의 양심은 얼마나 불행합니까? 이제 그의 영에는 마귀가 지배하기 시작하는 것입니다! 참회를 통한 치유를 적시에 재빨리 받지 못한다면, 그 영은 빛에 의해 버림을 받게 되고, 어둠의 그림자가 그를 사로잡아 꼼짝 못하게 만들 것입니다. 그의 영은 아름다움과 사랑스러움과 친절함은 사라져 텅 비게 되고, 슬픔과 괴로움이 가득 차서, 죽음의 침투를 받아 생명이 떠나가게 될 것입니다.

그럼에도 그러한 영혼조차도 주님이 베풀어주시는 선하신 은혜를 입기를 포기하지 말아야 하며, 또한 죽음의 절망의 그림자에 의해 파괴당하지 않아야 합니다. 그러한 영혼은 재빨리 회개하고 돌이켜서 주님께 돌아와야만 하며, 그가 입은 죄의 상처는 비록 그 염증은 남아 있더라도 그 자신이 흘리는 눈물이라는 치료 연고제를 발라 새롭게 치유를 받을 수 있게 될 것입니다. 우리를 치료해주시는 전능하신 의사 선생님은 우리의 상처 자국을 치료해주시곤 하셔서 어떤 흔적도 남기지 않게 해주십니다.

우리는 오직 그리스도를 믿는 신앙을 소유해야만 합니다. 그리고 우리는 가능한 한 선행을 지속해야만 합니다. 또한 결코 주님의 자비를 얻기를 단념해서는 안 될 것입니다. 그러므로 나의 가장 친애하는 형제자매들이여! 반드시 이 점을 염두에 두시기 바랍니다. 선행 가운데서 하나님의 은혜를 얻기를 지속적으로 갈구하는 자들은 시작에서 멈추지 말고 구원에 이르는 데까지 끝까지 견뎌내야 한다는 사실 말입니다. "또 너희가 내 이름으로 말미암아 모든 사람에게 미움을 받을 것이나 끝까지 견디는 자는 구원을 얻으리라."14 그러나 선행과 시혜 베풀기를 더디 하고 미루는 자, 곧 욕망의 습관에 기울어져 있는 자는 분노의 길을 준비하는 사람에 불과합니다. 이러한 자들은 주님의 도우심을 받아 그들 자신을 악에서 구원해내도록 서둘러야만 할 것입니다. 그렇게 되면 그들은 선한 것을 성취하는 공덕을 얻을 것이며, 심판 날이 이르렀을 때 사악한 죄인들과 더불어 형벌을 받지도 않을 것이고, 반대로, 그들은 성부와 성령과 더불어 영원무궁토록 생존하시며 통치하시는 우리 주 예수 그리스도의 보호 아래서 의롭고 자비로운 영원한 보상을 누리게 될 것입니다.

---

14. 마 10:22.

VII. 주현절 설교[15]

가장 친애하는 나의 형제자매 여러분! 우리는 얼마 전에 하나님이 허약한 약점을 지닌 인간의 옷을 입으시고 이 땅에 강림하신 사실을 기념하는 대강절과 성탄절 절기를 성대하게 잘 보냈습니다. 성탄 이후 주님은 얼마간의 시간이 지난 후에, 율법의 규정에 따라 할례를 받으셨습니다. 이제 우리는 하나님의 은총과 섭리의 전능하심과 오묘하심을 찬양하는 가운데, 권능[16]에 의해 하나님이 직접 인간의 모습으로 계시하신 유일하신 그분의 내림을 축하하고 기념하는 축제를 거행해야만 합니다. 이 축제는 그리스어에서 유래한 것으로서 'Epiphany'(주현절 혹은 현현절)로 불리곤 하는데, 이것은 'manifestation'(현시 혹은 현현)으로 번역됩니다. 이날에 하늘에 별이 떠서 그로부터 하나님의 메시지가 전달되었습니다. 먼 동방에서부터 그 별을 따라 부지런히 달려온 박사들은 말구유에 놓이신 주님을 만나 뵙게 되었으므로, 곧 말구유에 놓인 어린 아기의 모습이 보였기 때문에 현현절로 불리게 되었습니다. 혹은 구주께서 인류를 중생 구원시키기 위해 요단강의 자연적인 물로 세례를 받았을 때 직접 자신의 모습을 드러냈기 때문에 이를 기념하여 현현절로 정하기도 합니다. 우리 주님이 세례를 받으실 때 성령이 내려오셔서 그분이 참 하나님이심을 입증했는데, 이는 성부 하나님이 직접 그 때 하늘에서부터 큰 음성으로 들려주신 데서 잘 알 수가 있습니다. 혹은 복음서가 증언하는 바에 따라, 갈릴리 가나의 혼인잔치에서 우리 주님이 물을 포도주로 변화시킨 기적을 주님의 영광의 표적이 드러나기 시작한 출발점으로 볼 수도 있을 것입니다. 이 때 주님의 제자들은 그 표적을 보고 주님을 하나님으로 믿기 시작했던 것입니다. 혹은 오병이어의 사건을 통해 수천 명의 무리를 먹이셨을 때 터져 나온 군중들의 다음과 같은 고백에서 현현절의 시발점을 잡을 수도 있을 것입니다. "그 사람들이 예수께서 행하신 이 표적을 보고 말하되 이는 참으로 세상에 오실 그 선지자라 하더라."[17]

그때 제시된 이 모든 성례들은 거룩한 교부들이 우리에게 전수해준 것이었고, 그러한 표적들에 의해 하나님이신 그리스도께서 사람으로 나타나신 사실을 이 날을 기해 받들어 존숭하고 공경하여 예배드리기에 이른 것입니다.

---

15. MPL 110,18–19.

16. *Virtutibus*: virtues(덕 혹은 힘), 선행(good deeds), 기적(miracles).

17. 요 6:14.

사실, 이 모든 사건들은 예배해야 할 신비한 성례의 대상들입니다. 오늘날 가톨릭 신앙이 우리에게 위탁하고 명령한 바와 달리 그때 초기에는 이에 관한 아무런 축하나 기념행사도 존재하지 않았고, 그에 관한 초기 교부들의 가르침은 단지 곧, 사랑을 통해 역사하신 그분의 행위를 따라, 우리의 모든 행위 가운데서 창조주 하나님을 기쁘시게 하는 삶을 살아가라고 하는 것뿐이었습니다. 그러나 형제자매들이여! 나는 오늘, 그때 동방박사들이 우리 구주께 드린 세 가지 선물에 관해 당부하고 싶은 말이 있습니다. 그들은, 복음서에 기록된 대로, 황금과 유향과 몰약을 아기 예수께 바쳤습니다. 이러한 세 선물 속에는 삼중의 의미가 함축되어 있습니다. 그들이 바친 유향은 하나님의 그리스도께 드리는 명예를 의미합니다. 황금은 왕적인 특권을 상징합니다. 몰약은 예수의 무덤을 뜻합니다. 가장 사랑하는 형제자매들이여! 우리 또한 모두 우리 하나님께 가장 신실하고 거룩한 예물을 바쳐야만 합니다. 즉 믿음, 소망, 사랑이 그것입니다. 우리는 하나님께 지혜의 황금, 헌신된 기도의 유향, 육신의 고행을 위한 몰약 등을 바쳐야만 합니다. 우리는 우리의 몸을 거룩하게 구별하여 바쳐야만 합니다. 순수한 말과 정직한 행위를 하나님께 드려야만 합니다. 우리는 순수한 마음과 깨끗하고 순결한 몸과 방심하지 않고 주의 깊은 겸손함을 예물로 하나님께 바쳐야만 합니다. 우리는 동정심, 인내, 절제 등을 하나님께 보여드려야만 합니다. 우리는 친절함, 절주(節酒), 자비심을 하나님께 바쳐야만 합니다. 이러한 것들은 하나님을 기쁘시게 하는 은사들이며, 또한 하나님이 흡족하게 받으실 만한 선물들입니다. 이러한 선물과 은사를 바치는 자들은 하나님이 주시는 큰 유익을 누리게 될 것입니다. 하나님은 아무것도 필요하지 않은 분이시며, 그 어떤 선물이나 은사도 부족함이 없으신 전능자이십니다. 그러나 하나님께 바쳐지는 이러한 우리의 은사와 선물은, 하나님이 형언할 수 없을 정도로 무한정 되돌려 갚아 주시는 은사와 선물의 가장 훌륭한 근거가 되는 것입니다. 하나님은 우리가 받을 구원 외에는, 우리에게 아무것도 더 이상 바라지도 요구하지도 않으십니다. 하나님은, 만일 우리가 하나님의 뜻대로 행하여 하나님께로부터 오는 모든 것들을 받게 된다면, 그 모든 것들이 하나님 자신에게 바친 것으로 간주하실 것입니다.

그러나 우리는 이러한 것들의 효력이 발휘되어서 하나님의 자비하심이 우리에게 임하도록 노력하고 애써야 할 것입니다. 또한 그러한 하나님의 자비가 우리의 생애 내

내 따르도록 해야만 할 것입니다. 그렇게 되면 우리는 우리의 삶 동안 항상 주님의 집에 거주할 수 있게 될 것입니다. 우리 주님께서 이러한 선물과 은사를 주신다면, 우리는 영원무궁토록 주님과 더불어 살며 통치하게 될 것입니다. 아멘.

XXII. 오순절 설교[18]

가장 사랑하는 형제자매 여러분! 오늘 우리가 누리는 축하 예배의 기쁨과 즐거움이 크면 클수록, 우리는 더 큰 노력을 기울여서 성령을 추구해야 할 것입니다. 그리고 우리가 더 열렬히 갈급함을 시원하게 해결해주는 성령의 생수를 마실수록, 우리는 성령에 대한 갈망으로 더욱 더 불타오르게 됩니다. 그런데 오늘, 우리는 오순절 예배를 드리고 있는데, 이는 곧 주님의 부활 이후 보름째 되는 날에 드리는 예배입니다. '보혜사'(保惠師; Paraclete)로 불리는 성령은 그리스어에서 유래한 것으로서 '위로자'(Comforter)라는 의미를 지니고 있습니다. 성령은 그리스도의 약속에 따라 사도들에게 내려왔습니다.[19] 그리고 성령은 사도들의 마음이 사랑으로 불타오르게 만들었고, 또한 모든 지식의 빛이 그들에게 비추었습니다. 그리하여 그들은 유대인들의 혹독한 박해 가운데서도 확고하게 서 있을 수가 있었고, 그로 인해 하늘의 기쁨과 즐거움을 충만하게 누릴 수가 있었습니다.

먼저 우리는 다음과 같은 사실을 인식해야 합니다. 즉, 복음의 은혜로 이 축제 절기가 신성하고 거룩하게 되도록 만들어야 할 뿐만 아니라, 이 절기는 오래 전에 율법의 신비와 여호와의 계명에 의해 예표된 것으로서 오랜 세월 동안 거룩한 의식을 통해 준수됐다는 점입니다. 우리가 알다시피, 이날에 사도들이 모두 함께 모여 다락방에 앉아 있었는데, 갑자기 하늘에서부터 큰 소리가 나더니, 불같은 모습으로 성령이 임재하여 모든 언어의 지식을 부여하였습니다. 게다가 이렇게 방언하는 소리가 크게 퍼져나갔을 때, 거기에는 여러 지역에서 유월절을 보내기 위해 예루살렘으로 모여든 수많은 신실한 자들이 서로 함께 떼를 지어 모여 있었습니다. 그들은 이러한 일을 목격하고 경이에 차 놀랐으며, 그러한 방언의 소리를 들었던 각 사람들은 그들의 모국어로 하나님이 행하신 위대한 일들을 증언하게 되었습니다. 그리고 사도들은 놀라서

---

18. MPL 110.42-45.
19. 행 2:1-4.

함께 모여 있는 그 사람들에게 이렇게 증언했던 것입니다. 그들이 보았던 은혜가 바로 성령의 역사이며, 또한 이는 예언자들의 목소리를 통해 오래 전에 약속된 것이었고, 이제 그것은 그리스도께서 하사하셔서 보냄을 받게 되었다는 것입니다. 그러자 모인 그들 중 삼천 명이 믿고 세례를 받았고, 그들은 또한 성령의 은사를 받게 되었습니다.

오늘은 그렇게 엄청난 성령의 사건이 일어났던 그날을 기념하는 날이며, 또한 하늘의 축복을 받는 복된 절기이기도 합니다. 왜냐하면 신실한 자들의 마음에 그날에 대한 기억이 확고하게 새겨져야 하기 때문입니다. 이날을 기념하기 위해 거룩한 교회의 가장 아름다운 관습이 생겨났습니다. 매년 이날에 베풀어졌습니다. 이때, 믿는 자들은 구원의 샘에서 씻음을 받게 되었습니다. 거룩한 성전은 성령의 도래하심을 대망하고 준비해야 합니다. 이를 통해 과거에 일어났던 일을 기억하고 기념하는 동시에, 또한 성령의 새로 오심도 대망하게 됩니다. 새롭게 된 양자들은 이를 통해 축하받게 됩니다.

그런데 율법에 있는 절기의 유형과 특성이 어떻게 우리의 오순절 절기와 일치를 하는지, 이제 사모하는 마음으로 알아보도록 합시다. 이스라엘 자손들은 애굽의 노예살이에서 벗어나 해방되었고, 유월절 어린 양의 희생 후에 광야를 관통하여 약속의 땅으로 나아가게 되었으며, 드디어 시내산[20]에 오르게 되었습니다. 여호와께서는 시내산 꼭대기의 불 가운데 내려오셨고, 그때 나팔소리와 번개와 엄청나게 큰 우레 소리가 터져 나왔습니다. 유월절로부터 보름째 되던 날에 이스라엘 자손들에게 십계명[21]의 율법이 계시되었고, 그들은 율법을 수여 받은 그날을 기념하기 위해 그날을 절기로 세웠습니다. 즉, 두 돌 판을 받았던 그날을 기념하기 위해 첫 곡식의 열매로 만든 떡 두 덩이를 제단에 올렸습니다.

또한 "그리스도는 우리의 유월절을 위해 희생되셨기"[22] 때문에, 그렇게 그리스도이신 참된 어린 양이 희생되신 이후, 곧 보름째 되던 날인 오늘에 성령의 은혜가 사도들에게 주어졌고, 이를 기념하기 위한 축제가 설립됐으며, 하늘 교사들의 고상함이 외적으로 눈에 보이는 불로 드러났습니다. 성령은 사도들의 마음을 비가시적인 지식

---

20. MPL 110.44. 여기에는 산이 *mortem*으로 표기됐는데, 이는 잘못된 것으로서, *montem*으로 고쳐야만 한다.
21. 출 20:3–17.
22. 고전 5:7.

의 빛으로 비추어주었으며, 또한 끌 수 없는 사랑의 불길이 그들 가운데서 활활 타오르도록 만들어 주기도 했습니다. 또한 즉시 사도들은, 성령의 은사들을 받아들이게 되자마자 즉시 그들은 두 덩이의 떡, 곧 두 사람을 새로운 희생물로 바쳤습니다.* 그들이 오순절에 모인 자들에게 복음을 전했을 때, 수많은 자들이 회개하여 믿음을 갖게 됐고, 성령의 은사로 말미암아 거룩하게 변화되어 세례의 샘에서부터 중생하게 된 이들을 신약성경의 살아 있는 첫 열매로 드리게 되었습니다. 이들은 주님의 제단에서 거룩한 교제를 나누게 되었습니다.

그러므로 나의 형제자매 여러분! 우리는 그러한 점들을 항상 염두에 두어야만 합니다. 그리고 순수한 마음과 순전한 신앙으로 그것을 면밀히 살펴보고 검토해야만 합니다. 우리 자신의 육체의 모든 더러움과 오욕을 깨끗이 씻어버리면 우리는 공덕을 얻어 성령을 받게 될 것입니다. 그러므로 만일 우리가 이 세상의 분주함과 덧없음에서 벗어난다면, 사도들처럼, 성부 하나님이 우리에게 보내어주신 진리의 영이신 보혜사를 받아들일 수 있게 됩니다. 사람들은 성부 하나님을 평가할 수 없습니다. 그러나 만일 우리가 사도들이 행했던 사역과 염원과 행위들에 대해 순복하고 따른다면, 사도들의 약속은 우리에게 큰 유익을 줍니다.

그러나 만일 흠 없고 순전하며, 또한 우리의 영혼을 회개케 하여 변화시키는 여호와의 법을 보존하고 준수한다면, 곧 하나님의 계명을 실현한다면, 우리는 여호와의 상속자와 그리스도의 공동 상속자로서 우리 자신을 그리스도의 은혜에 위탁할 수 있고, 영원한 기업을 물려받는 동시에 천사와 더불어 동거할 수가 있게 될 것입니다.

극진하게 사랑하는 나의 형제자매 여러분! 이러한 이유로 나는 여러분들께 간절히 부탁드립니다. 손상되지도 줄어들지도 않은 믿음으로, 여러분들은 삼위 가운데서 한 하나님이시며, 또한 일체 가운데서 삼위이신 성부와 성자와 성령을 믿으시기 바랍니다. 여러분의 생각의 발이 불구가 되어 절지 않도록 조심해야 합니다. 여러분의 눈이 보이지 않게 되거나, 혹은 손이 말라버리지 않도록 주의를 기울여야 합니다. 가톨릭 신앙을 잘 따르지 않는 모든 자들은 연약한 발과, 말라버린 손을 지닌 불구자와 다를 바가 없습니다.

---

* 구약의 십계명 두 돌 판을 기념하기 위해 유대교인들이 오순절에 두 덩이의 떡을 제단에 바친 것처럼, 신약은 그 두 덩이의 떡 대신에 회개하여 믿고 중생하게 된 자들을 하나님의 제단에 바쳤다는 의미.

나의 가장 사랑하는 형제자매 여러분! 이것을 행하고 실시하시기 바랍니다. 그렇게 되면 여러분들의 그 어떤 몸의 부분도 이러한 약함에 의해 부패하지 않을 것입니다. 육체의 욕망이 여러분을 놀라게 하지 않기를 바랍니다. 여러분의 탐욕이 여러분을 불쾌하게 하지 않기를 바랍니다. 여러분의 불성실함이 여러분을 쇠약하게 만들지 않기를 바랍니다.

철저하게 여러분을 순수하고 깨끗하게 만드시기를 바랍니다. 그렇게 되면 여러분은 하나님의 전이 될 것입니다. 오늘 사도들 머리 위에 내려오셨던 성령께서 여러분 속에 영원히 거주하실 것입니다. 사도들에게 임하신 것과 동일한 성령을 약속하신 우리 주 예수 그리스도의 보호 아래서, 성령의 하나 되게 하심 가운데 통치하시는 하나님 아버지와 더불어 영원무궁토록 여러분들에게 오순절의 성령의 은혜가 함께하시기를 바랍니다. 아멘.

XLV. 믿음과 소망과 사랑에 관한 설교[23]

친애하는 형제자매 여러분! 크리스천의 이름을 지닌 모든 사람들, 그리고 거룩한 성례에 의해 영감을 받은 모든 자들은 기독교 신앙의 계획을 알아야만 하고, 또한 신앙의 사랑을 이해해야만 합니다. 물론 이 신앙은 사도에 의하면, "사랑을 통해 역사하는" 믿음입니다.[24] 그러한 믿음은 이 세상 생애 가운데서 우리 믿는 자들에게 위로와 힘을 주며, 또한 미래를 위해 우리로 하여금 하나님을 명상하는 데로 인도해 주기도 합니다. 이방인들을 위한 복되고 탁월한 스승이었던 사도 바울은 우리 영혼에 필수불가결한 세 덕목을 다음과 같이 제시해 주었습니다. "그런즉 믿음, 소망, 사랑, 이 세 가지는 항상 있을 것인데 그중의 제일은 사랑이라."[25]

첫째로, 가톨릭 신앙은 크리스천에게 필수적입니다. 그 이유는 이 신앙을 바탕으로 하나님의 아들들과 마귀의 자식들이 구별되고, 또한 빛의 자녀들과 어둠의 자식들이 판가름 나기 때문입니다. 이 신앙을 통해, 말씀에 기록된 대로, 우리는 세례 가운데서 중생하고 또한 영원한 생명을 얻게 됩니다. "믿고 세례를 받는 사람은 구원을

---

23. MPL 110.83-85.
24. 갈 5:6.
25. 고전 13:13.

얻을 것이요 믿지 않는 사람은 정죄를 받으리라."**26** 이 신앙은 영생의 문이며 천국의 입구입니다. 이 신앙을 통해 진리에 관한 지식이 습득되고 또한 하나님에 관한 이해가 가능하게 됩니다. 이 신앙을 통해 우리는 하나님의 은총을 발견하게 되고, 그러나 그와 반면에 이 신앙이 없으면 하나님을 기쁘시게 할 수가 없는데, 그 이유는 "믿음이 없이는 하나님을 기쁘시게 하는 일이 불가능하기"**27** 때문입니다.

올바르게 믿는 삶을 매우 잘 영위하며, 또한 살아가면서 올바른 신앙을 잘 지키는 자는 참으로 복을 받은 자입니다. 그러므로 선행이 없으면 헛되고 무익한 신앙이 되는 것처럼, 선행은 올바른 신앙 없이는 무익하고 아무짝에도 쓸모가 없게 됩니다. 그러한 이유로 복된 야고보 사도는 다음과 같이 말씀했습니다. "내 형제들아 만일 사람이 믿음이 있노라 하고 행함이 없으면 무슨 유익이 있으리요 그 믿음이 능히 자기를 구원하겠느냐 만일 형제나 자매가 헐벗고 일용할 양식이 없는데 너희 중에 누구든지 그에게 이르되 평안히 가라, 덥게 하라, 배부르게 하라 하며 그 몸에 쓸 것을 주지 아니하면 무슨 유익이 있으리요 이와 같이 행함이 없는 믿음은 그 자체가 죽은 것이라."**28** 그렇습니다. 숨을 쉬지 않는 몸이 죽은 것처럼, 행함이 없는 믿음은 죽은 것입니다.

나의 형제자매 여러분! 모든 사람들 앞에서, 올바르고 흠 없는 신앙, 또한 사도적 가르침의 표준에 따른 신앙을 갖도록 힘쓰시기 바랍니다. 거룩한 교부들에 의해 작성된 신조와 신앙고백을 기억하기 바랍니다. 그리고 신실한 삶을 통해 여러분이 그러한 신앙을 열심히 잘 준수하고 있다는 점을 보여주시기 바랍니다. 죽음을 선포하는 이단들의 견해를 피하시기 바랍니다. 마법사와 마술사의 치명적인 독을 두려워하기 바랍니다. 마귀와 소통하는 예언자와 마술사와, 언어도단의 입에 담기도 싫은 점쟁이의 올무와 덫을 철저히 거부하시기 바랍니다. 그리고 여러분들의 마음속에 신앙고백을 간직하시기 바라며, 또한 가톨릭 신앙을 찬양하고 사랑하며 전하는 것 외에는 어떤 행위도 널리 드러내지 마시기를 바랍니다.

이러한 신앙을 가진 이후에, 눈에 보이지 않는 것들에게로 우리의 영혼을 인도해

---

26. 막 16:16.

27. 히 11:6.

28. 약 2:14-17.

주는 확고한 소망을 붙들기를 배우시기 바랍니다. 그리고 우리의 관심과 주의를 영원한 하늘의 것에 접목시켜, 마치 풀 수 없는 끈처럼 묶어버리시기를 바랍니다. 그러한 소망은 우리를 기만하지 않으며, 이를 신실하게 보존하기만 하면, 그것은 우리를 영원한 축복으로 인도해 줄 것입니다. 그렇게 되면, 우리가 지고 가는 죄 짐이 아무리 무겁더라도 거룩한 경건의 선함 가운데서 소망을 잃거나 포기하지 않게 될 것입니다. 그러나 하나님 안에서 소망과 더불어 확실한 자비는 매일 눈물을 흘리며 드리는 용서의 간구를 통해 주어지게 됩니다. 악한 행위를 멈추게 된다면 우리는 그 모든 것을 확실하게 소망할 수가 있습니다. 그러므로 우리는 죄 사함 받을 것이라는 소망으로 인해 죄를 계속해서 지어서는 안 될 것입니다. 또한 우리는 죄 사함 받기를 단념해서도 안 될 것입니다. 그 이유는 하나님은 반드시 정당하게 죄를 벌하시기 때문입니다. 그러므로 우리는 죄를 짓지도 말고, 또한 죄 사함 받기를 단념하지도 않으면서, 곧 이 두 가지가 주는 위험을 피하면서, 악에서 돌아서서, 하나님의 선하심에서 오는 죄 사함의 소망을 기대해야 합니다.

그와 마찬가지로 또한 깊은 고난과 시련을 받을 때마다, 모든 좌절의 시간을 보낼 때마다, 우리는 보다 고귀한 경건의 위로를 소망하면서 달려갈 길을 경주해야만 합니다. 왜냐하면 오직 미래에 대한 의심의 안개와 구름이 걷힐 때에라야 모든 소망과 구원이 주어지기 때문입니다. 이것에 관해 시편 기자는 다음과 같이 설파했습니다. "하나님 안에 나의 구원과 영광이 있으며, 하나님은 나의 도움이시며, 내 소망은 하나님 안에 있습니다."[29]

형제자매 여러분! 저는 여러분에게 올바른 믿음과 확고한 소망을 가지라고 권면했습니다. 특히 또 하나 권고할 것은 여러분 속에 유의해서 사랑을 간직하라는 것입니다. 그리고 행함을 통해 모든 일들 가운데서 그 사랑을 드러내라는 것입니다. 사랑을 통해, 그리고 사랑 안에서 여러분은 참된 축복을 갖게 될 것임을 알게 되는데, 이는 사랑이 없으면 그 어떤 자도 하나님을 볼 수가 없기 때문입니다.

바로 이러한 특성 때문에 사도는 믿음과 소망보다 사랑이 더 위대하다고 말씀하신 것입니다. 왜냐하면 믿음과 소망은 다 사라지더라도 사랑만은 홀로 남게 될 것

---

29. 시 62:5-7 (불가타, 61:8).

기 때문입니다. 소망은 신앙을 따르고, 축복은 소망을 따르지만, 그러나 사랑에는 변함이 없습니다. 사랑은 홀로 완전을 추구하기 위해 인내합니다. 사랑은 모든 덕목들의 요새,[30] 곧 마지막 거점입니다. 사랑은 천국의 약속이며 모든 거룩한 자들이 거기서 받는 보상입니다. 왜냐하면 영원한 기쁨과 즐거움 속에서 거룩한 자들은 오직 그보다 더 달콤한 것이 없는 하나님의 완전한 사랑을 즐거워하며 향유할 수 있기 때문입니다. 그들은 사랑을 완전하게 목격하게 될 것이며, 또한 그것을 더욱 더 사모하게 될 것이고, 결국 사랑의 선하심을 보다 달고 향기롭게 맛보게 될 것입니다.

형제자매 여러분! 여러분은 하나님의 모든 가르침 가운데서 사랑이 가장 귀하고 소중함을 잘 알아야만 합니다. 사도 바울의 증언에 따르면, 사랑을 완전히 이루지 못하고서는 결코 하나님을 기쁘게 하실 수가 없습니다. 사랑의 의무를 다하지 못한다면, 순교나 세상을 경멸함이나 그 어떤 자선도 다 소용이 없습니다.

바로 이것은 주님이 이렇게 말씀하신 데서 비롯됩니다. "네 마음을 다하고 목숨을 다하고 뜻을 다하여 주 너의 하나님을 사랑하라."[31] 또한 다음과 같은 말씀도 덧붙이셨습니다. "네 이웃을 네 자신 같이 사랑하라 하셨으니 이 두 계명이 온 율법과 선지자의 강령이니라."[32] "네 마음을 다하고 목숨을 다하고 뜻을 다하여"라고 하신 주님의 말씀은 모든 이해와 모든 의지와 모든 기억을 총동원해 하나님이 사랑을 받으셔야만 한다는 점을 지적하신 것입니다. 어쨌든 하나님의 사랑은 하나님의 계명을 완전하게 준수하는 데서 비롯되며, 이에 관한 주님의 말씀은 이러합니다. "너희가 나를 사랑하면 나의 계명을 지키리라."[33] 이에 관해 진리 그 자신은 이렇게 말씀합니다. "너희가 서로 사랑하면 이로써 모든 사람이 너희가 내 제자인 줄 알리라."[34] 이에 관한 사도의 말씀 역시 이러합니다. "사랑은 율법의 완성이니라."[35] 사도 요한 역시 이렇게 말씀했습니다. "우리가 이 계명을 주께 받았나니 하나님을 사랑하는 자는 또한 그 형

---

30. MPL 110.84에는 *ars*(art; 예술, 기술)로 표기되어 있으나 문맥상 이는 *arx*(citadel; 성채, 요새, 아성, 마지막 근거)로 바꾸어야 한다.

31. 마 22:37-40; 눅 10:27.

32. 마 22:39-40.

33. 요 14:15.

34. 요 13:35.

35. 롬 13:10.

제를 사랑할지니라."[36]

만일 누군가가 누가 이웃이냐고 묻게 된다면, 모든 그리스도인들은 모든 자의 이웃이 돼야 한다고 올바르게 답변해야 합니다. 왜냐하면 우리 모두는 하나님의 자녀로 인침 받는 세례를 통해 거룩하게 구별되었기 때문입니다. 그렇기 때문에 우리는 완전한 사랑 가운데서 영적으로 한 형제자매가 됩니다. 육신의 혈육보다 영적인 혈통이 보다 고귀합니다. 이에 관해 진리 그 자신은 복음서에서 이렇게 말씀하셨습니다. "어떤 사람이라도 물과 성령으로 거듭 나지 않으면, 그는 하나님의 나라에 들어갈 수가 없도다."[37]

그러나 이러한 가르침을 잘 이해하고 그의 이웃을 사랑하는 자는 확고하게 참된 사랑을 그 자신 안에 간직할 수 있습니다. 형제자매 여러분! 바로 이러한 점을 조심스럽게 생각하고, 믿음과 사랑을 통해 여러분의 구원을 이루시기를 바랍니다. 확고한 소망을 가지십시오! 여러분이 이 세상에 사는 동안 선을 행하는 것은 무엇이든지 반드시 미래에 가서, 우리의 상상을 초월하는 방법으로, 하나님이 주시는 큰 보상을 받게 될 것입니다. 왜냐하면 우리의 구원의 주권자이자 보호자가 바로 예수 그리스도 우리 주님이시기 때문입니다. 우리를 구원하신 그분께서 성부와 성령과 더불어 성자 하나님으로서 영원무궁토록 존재하시며 통치하실 것이기 때문입니다. 아멘.

LVII. 이 세상에 대한 경멸과 그에 대한 미래의 보상에 관한 설교[38]

나의 가장 친애하는 친구들이여! 복된 사도 요한은 이 세상 잠시 잠깐 사는 동안의 일시적이며 덧없고 무상한 세상 일들을 경멸하라는 권고의 설교를 해주었습니다. "이 세상이나 세상에 있는 것들을 사랑하지 말라 누구든지 세상을 사랑하면 아버지의 사랑이 그 안에 있지 아니하니."[39] 그 이유는 다음과 같습니다. "이 세상도, 그 정욕도 지나가되 오직 하나님의 뜻을 행하는 자는 영원히 거하느니라."[40]

또한 그와 마찬가지로 복된 사도 바울 역시 디모데에게 쓴 편지에서 우리에게 다

---

36. 요일 4:21.

37. 요 3:3-5.

38. MPL 110.106-108.

39. 요일 2:15.

40. 요일 2:17.

음과 같은 교훈을 주었습니다. "네가 이 세대에서 부한 자들을 명하여 마음을 높이지 말고 정함이 없는 재물에 소망을 두지 말고 오직 우리에게 모든 것을 후히 주사 누리게 하시는 하나님께 두며 선을 행하고 선한 사업을 많이 하고 나누어 주기를 좋아하며 너그러운 자가 되게 하라. 이것이 장래에 자기를 위하여 좋은 터를 쌓아 참된 생명을 취하는 것이니라."[41]

나의 형제자매 여러분! 바로 이점에 유의하시기 바랍니다. 조심스럽게 사도 바울이 언급한 말씀을 상고해보시기 바랍니다. 여기서 바울 사도는, 부자를 미래를 위해 그들 자신을 위한 선한 기초를 비축해두는 자라고 규정하고 있습니다. 그리하여 그들은 그렇게 선한 사업을 함으로써 참된 생명을 보장받게 된다는 것입니다. 여기서 우리는 거짓된 생명이 있다는 점에 대해 의심할 수가 없습니다. 특별히 이러한 부자들은 이 말씀을 귀를 쫑긋 세우고 열심히 귀담아 들어야만 합니다. 가난한 자들이 그들 부자들을 쳐다볼 때 그들이 받는 칭찬과 찬사를 시기해서 불평하고 신음소리를 토해 냅니다. 그러고는 그들과 같은 부자가 되기를 갈망합니다. 대부분의 가난한 자들은 그들의 불평등한 처지를 탄식하며, 부자들이 찬양과 공경을 받을 때 한 푼이라도 얻어먹고 살기 위해 이렇게 아부의 목소리를 외쳐대곤 합니다. "그들만이 유일한 최상의 존재들이다. 그들만이 살아갈 수 있는 유일한 자들이다." 이러한 말들 때문에, 하찮은 빈자들은 부자들에게 빌붙어 아첨이나 하며 얻어먹고 사는 존재라고 규정되기도 합니다. 그리고 부자는 가난한 자들의 아첨소리에 의기양양해져서 자만의 멸망의 구렁텅이로 빠지기 십상이기도 합니다. 따라서 부자는 참되게 사는 삶을 배워야 합니다. 우리는 "네가 이 세대에서 부한 자들을 명하여 마음을 높이지 말고 정함이 없는 재물에 소망을 두지 말고 오직 우리에게 모든 것을 후히 주사 누리게 하시는 하나님께 두며 선을 행하고 선한 사업을 많이 하고 나누어 주기를 좋아하며 너그러운 자가 되게 하라"는 사도 바울의 권고를 진심으로 수용해야만 합니다. 그들이 부자라고 한다면, 도대체 어디에서의 부자입니까? 바울은 선행함에서 부자가 되라고 했습니다. 바울은 부자들에게 관대하고 후해지라고 권면합니다. 왜냐하면 부자들은 남에게 준 것에 대해 손해를 보지 않고 반드시 되찾으려고 하기 때문입니다. 부자들은 갖지 못

---

41. 딤전 6:17–19.

한 자들과 나누어 가져야 합니다. 이러한 일은 그들의 미래를 위한 선한 보물의 기초를 쌓는 일이기 때문입니다. 그래서 그들은 참된 생명을 허락받게 되고, 이로 인해 부자들만이 살아갈 가치가 있는 유일한 존재들이라고 읊어대는 아첨하는 자들의 말에 현혹되거나 동의하지 않을 수 있게 됩니다. 그러나 그러한 삶은 하나의 꿈에 불과합니다. 물질은 꿈속에서처럼 훌쩍 흘러가버립니다.

시편 말씀을 들어보게 되면 여러분은 매우 가난한 부자입니다. "그들은 꿈속에서 잠들었고, 그들 모든 부자들은 그들의 손에서 아무것도 발견하지 못했다."[42] 그러나 때때로 땅에 엎드려 있는 거지는 추위에 떨며 꿈을 꾸고 있었는데, 그 꿈의 내용은 보물을 얻어 기쁨을 누리는 것이었고, 매우 자랑스럽게 되어 그의 갈가리 찢겨진 평등은 더 이상 인식할 필요가 없게 되었습니다. 그는 잠들어 있는 동안은 부자인 셈입니다. 그러나 부자가 꿈에서 깨어났을 때, 꿈의 내용이 사실이 아닌 것을 알고 매우 기뻐합니다. 그러나 가난한 자가 깨어나게 되면 그는 참으로 서글픈 신세라는 점을 새삼 다시 인식하게 됩니다. 죽은 듯이 잠자고 있는 부자는 깨어 있는 가난한 자와 같습니다. 그는 꿈속에서 온갖 보물과 보화들을 보았습니다. 어떤 한 부자는[43] 자색 옷과 고운 아마포의 베옷을 입고 있었고, 이름 없는 한 가난한 사람, 이름 지어질 필요조차 없는 그 빈자, 가난해서 온갖 멸시천대를 받아왔던 그가 그 부자의 대문 앞에 버려져 있었습니다. 그 부자는 복음서의 증언대로 자줏빛 옷과 고운 아마포 옷을 입고 있었고, 날마다 훌륭한 음식으로 호화롭게 즐기고 있었습니다. 그는 죽어서 장사되어 묻혔는데, 깨어나 보니 그 자신이 불길 속에 들어 있음을 발견하게 되었습니다. 그는 잠들어 꿈을 꿀 때는 그 자신의 손에 어떤 물질도 들어 있지 않음을 알게 되었습니다. 왜냐하면 그는 그의 손에 어떤 선행도 지니고 있지 않았기 때문이었습니다. 그러므로 삶과 생명을 위하여 물질이 추구돼야 하며, 물질을 위해 삶과 생명이 추구돼선 안 될 것입니다. 얼마나 많은 사람들이 모든 것을 앗아가고 심지어 생명을 빼앗기 위해 그들의 적수인 부자에게 한편인 양 속였겠습니까! 무엇을 소유하고 있든지 간에, 지니고 있는 그것으로 그만큼의 생명을 샀어야 했습니다. 영생을 취하기 위해 지불해야 하는 대가가 아무리 크더라도 이를 치러야만 합니다. 만일 멸망 받을 생명의

---

42. 시 76:6(불가타). R.S.V.에는 이 구절이 없다.

43. 눅 16:19-31.

가치가 그렇게 크다고 한다면, 그 대가를 치르지 않을 이유가 어디 있겠습니까!

그리스도에게 물질을 바친다면 여러분은 축복 가운데서 살게 될 것이고, 적수에게 모든 것을 바치게 된다면 여러분은 거지 신세로 살게 될 것입니다. 여러분의 덧없이 무상한 인생에서부터 여러분이 그러한 대가로 구속을 얻기 위해서는, 여러분이 등한시하곤 하는 영원한 영생의 삶이 번성하도록 하는 대가를 치러야만 합니다. 여러분은 얼마간의 세월 동안 삽니다. 여러분이 노인의 연세에 도달하더라도, 어린아이 때로부터 노년에 이르기까지의 모든 날들은 아침에 피어나 이내 스러지는 안개와 같이 매우 짧습니다. 만일 아담 자신이 오늘 죽는다면, 우리처럼 얼마 동안밖에 살 수가 없을 것입니다. 그 이유는 그가 모든 인간을 멸망시켰기 때문입니다. 그러므로 수고로 가득 찬 얼마 되지 않는 잠시 잠깐의 인생 동안 엄청난 가난과 시험 가운데서 여러분은 구원을 받게 됩니다. 여러분은 당신 자신을 소유하기 위해 기꺼이 아무것도 소유해서는 안 될 것입니다. 오늘 구원을 받는다면 아마도 내일 어떤 자에 의해 죽임을 당할지도 모릅니다. 오 인간이여! 연약한 몸, 시간의 흐름에 따른 변화, 죽음의 파괴성, 억누르는 인생의 짐, 온갖 걱정 근심으로 인한 황폐화 등을 겪는 인생들이여! 나의 권고에 귀를 기울이기를 바랍니다. 여러분의 노고로 번 물질을 가난한 자들에게 주게 됨으로써 여러분 자신을 맑고 깨끗하게 새롭게 만들기를 바랍니다. 갖지 못한 자에게 여러분이 가진 것을 나누어 주기 바랍니다. 왜냐하면 여러분 또한 아무것도 갖고 있지 않은 존재이기 때문입니다. 그렇지 않으면 여러분은 결코 영생을 취하지 못할 것입니다. 그러므로 여러분이 원래 소유하지 못하고 있다가 받은 것이기 때문에, 여러분이 소유하고 있는 것을 나누어주기 바랍니다. 거지가 여러분의 주님의 문을 두드리고 있고, 하나님은 여러분이 여러분의 물질로 행하는 것으로 그의 거지들에게 행하고 계십니다. 그러므로 나누어 주기 바랍니다. 그러면 여러분에게 그것이 주어지게 될 것입니다.

만일 여러분이 주기를 꺼려한다면, 여러분은 가난한 자가 이렇게 외쳐대는 소리를 듣게 될 것입니다. "나는 빵을 구했으나 당신은 주지 않았다. 당신은 생명을 구했으나 받지 못하게 될 것이다. 나는 빵 한 조각으로 인해 당신에게 업신여김과 속임을 당했고, 따라서 당신이 그보다 얼마나 더 큰 손실을 입을 것인지를 두고 보겠다. 당신은 영생을 박탈당할 것이다. 나의 배는 벌을 받았으나, 당신은 마음의 벌을 받을 것이다. 결국 나는 배고픔으로 인해 시들어가며 죽을 것이지만, 당신은 영원히 타오르는 불꽃 속에서 소멸돼버릴 것이다." 나는 교만한 부자가 이러한 가난한 거지의 목마른 외침에 대답할 수 있을지는 잘 알 수 없습니다.

주님이 말씀하셨습니다. "네게 구하는 자에게 주라."[44] 얼마나 엄청나게 수많은 궁핍하고 가련한 자들의 야위고 창백한 모습이 여러분에게 말없이 구걸하고 있는지 모릅니다. 그들의 혀는 침묵하고 있지만, 그들의 불결함과 신음소리는 여러분의 자비를 구하고 있습니다. 오 부유한 자들이여! 그러므로 여러분은 나의 말에 정성을 다해 귀를 기울여야만 합니다. 그리고 나의 권면이 여러분을 기쁘게 하기를 바랍니다. 여러분의 죄를 자비로운 시혜로 속량하기 바랍니다. 더 이상 금붙이에 의존하지 말기를 바랍니다. 여러분은 모태에서 아무것도 가지지 않은 벌거벗은 적신(赤身)의 몸으로 왔다가 적신으로 땅에 묻혀 흙으로 돌아가게 되어 있습니다.[45] 그리고 만일 여러분이 알몸인 채로 흙으로 돌아가게 된다면, 여러분은 땅에서 사는 동안 도대체 무엇을 모으겠습니까? 만일 여러분이 물질을 여러분의 것으로 취하여 소유한다면, 여러분은 살아 있는 사람을 먹어버리는 것과 다를 바가 없는 일을 한 것이 됩니다. 보십시오! 여러분은 알몸으로 돌아갈 것입니다. 무엇 때문에 여러분은 모은 돈을 훌륭한 수단이나 혹은 나쁜 용도로 사용합니까? 여러분은 돈을 여러분이 가는 발걸음 앞으로 보내기를 바랍니다. 썩어서 후패될 것들을 가난한 자들에게 전하기 바랍니다. 그렇게 하면 여러분은 천국에 도달하게 될 것입니다. 만일 여러분이 어떤 사람에게 동전 열 개를 준다면 그는 훗날에 동전 백 개를 갚아 줄 것입니다. 여러분의 기쁨은 얼마나 크겠으며, 또한 마음의 즐거움은 그 무엇으로 다 형언할 수 있겠습니까? 그러므로 만일 여러분이 이익을 보아서 기뻐한다면, 주님께 받은 그 이익을 그 자신의 하나님께 돌려드리시기를 바랍니다. 그러면 그는 여러분에게 여러 곱절의 돈을 돌려줄 것입니다. 여러분은 그가 여러분에게 몇 배의 이익을 돌려줄지 알기 원합니까? 한 조각의 빵, 동전 한 닢, 옷 한 벌을 준다면, 여러분은 영생, 곧 끝이 없는 지복이 지속되는 천국을 얻게 될 것입니다. 영생, 곧 영원한 부를 위하여 여러분의 빵 한 조각을 지불하기를 바랍니다. 그것은 돈으로 살 수 있는 물건이 아닙니다. 그는 썩어지게 될 흙을 지불하

---

44. 눅 6:30.
45. 욥 1:21.

고 하늘과 땅을 지으신 하나님을 받게 됩니다. 그분은 우리의 보상 그 자체이십니다. 그분이 없으면 부자는 거지가 되고, 그분이 있으면 가난한 자는 엄청난 부자가 됩니다. 만일 부자가 하나님을 갖지 않았다면, 그 부자는 무엇을 갖고 있습니까? 만일 가난한 자가 하나님을 갖고 있다면, 그 가난한 자는 무엇을 갖고 있지 않은 것입니까?

형제자매 여러분! 그러므로 만일 여러분이 부자가 되기를 소원한다면, 참된 물질을 사랑하기 바랍니다. 만일 여러분이 고귀하고 참된 명예를 추구한다면, 천국을 향하여 나아가기를 바랍니다. 여러분이 성무(聖務)를 사모한다면, 보다 높은 천사들의 모임에 가입하기를 바랍니다. 여러분은 귀로 들을 수 있는 하나님의 말씀을 기억하기 바랍니다. 그리고 행위로 그 말씀을 실현하기를 바랍니다. 자! 보세요. 여러분이 세상에서 행한 모든 일들은 속히 지나가 버립니다. 그리고 여러분이 원하든 원하지 않든 간에 종말은 다가오고 있고, 그러한 마지막 심판 날, 곧 두 번 다시 돌아오지 않을 마지막 기회를 향해, 여러분은 매일매일 재촉하고 서둘러야만 합니다. 그러므로 왜 남아 있는 그날을 사모해야 합니까? 무엇 때문에 그날의 장래가 어떻게 될 것인가 하는 점이 등한시돼야 합니까? 천국을 사모하고, 이 땅을 멀리하십시오. 영원한 것을 구하고, 덧없고 무상한 일시적인 것을 무시하십시오. 그러면 여러분은 영원한 천국을 소유하게 될 것입니다. 그곳은 성령 하나님과 하나 됨 가운데서 성부 하나님과 더불어 영원무궁토록 존재하며 통치하시는 그리스도가 계신 곳입니다. 아멘.

제3장

샤르트르의 이브: 두 설교문

제1절. 서론

프랑스인들에게 성 이브(Saint Yves)로 알려진 샤르트르의 이브(Ivo of Chartres)는 대략 주후 1040년, 보바(Beauvais) 인근 지역에 살았던 한 고귀한 가문[1]에서 태어나서, 주후 1115년 12월 23일, 샤르트르에서 세상을 떠났다. 그는 파리와 노르망디(Normandy) 소재 벡(Bec)에서, 동료 문하생인 안셀름(Anselm)과 함께 - 훗날에 캔터베리(Canterbury)에 거주한 - 랑프랑크(Lanfranc)의 문하에서 철학과 신학을 수학했던 것으로 알려졌다. 피카르디(Picardy)에 소재힌 네슬(Nesle)에서 대성당 참사회원으로 봉직한 후에, 그는 대략 주후 1080년, 보바(Beauvais)의 성 퀘탕(St. Quentin) 수도 참사회원의 수장이 되었다. 이 기간 동

---

1. 그는 하일로리(Haelori)의 아들인 성 이브(St. Yves)와 조심스럽게 구별돼야만* 한다. 아버지의 이름을 따 이브 헬로리(Yves Hélory)로 불린 그는 주후 1253년, 케르마르탱(Kermartin)의 장원 영지에서 태어나 거기서 주후 1303년에 세상을 떠났다. 법적으로 공인된 이 수호성인에 대해서는 다음 자료를 살펴보라. *Lorousse du XXe Siècle* (Paris, 1933) 6.1116. 법률가 마세롱(Alexandre Masseron)이 쓴 소책자: Alexandre Masseron, *Saint Yves d'après les témoins de sa vie* (Paris, Michel, 1932). 명백하게, 코르니쉬(Cornish)뿐만 아니라 헌팅돈셔(Huntingdonshire) 마을의 성 이브(St. Ives)는 이브 헬로리와 다른 동명이인들이다. 이에 관해서는 다음 자료를 보라. *Encycl. Brit.*, 11th ed., 24.10; Baedeker's *Great Britain* (Leipzig, 8th ed., 1927), 156, 335.

안 그는 프랑스에서 가장 유능한 교사들 중의 일인이 되었고, 훗날에 유명한 샤르트르의 학교에 새로운 생명을 불어넣을 수 있는 능력을 갖추게 되었다. 또한 그는 주후 1090년 우르반 2세(Urban II)에 의해 샤르트르 주교관구의 주교로 임명되었다.

이브가 활약하던 시기는 서임권 투쟁이 발발한 때였고, 그의 선배 전임자였으면서 성직매매 혐의로 면직됐던 게오프로이(Geoffroy)의 일당은 최초로 이브에 대해 반기를 들었다. 심지어 센(Sens)의 대주교인 리허(Richer)조차도 이브를 축성하여 성직에 임명하기를 거부했다. 그러나 이브는 로마로 건너가서 직접 교황에 의해 서임을 받았고, 교황은 카푸아(Capua)에서 주후 1090년 11월 25일에 샤르트르의 성직자와 시민들에게 이 사실을 기록한 서신을 보냈다.[2] 교황이 직접 이브를 성직에 임명했음에도, 리허는 감히 이브를 에땀프(Etampes) 공의회에 소환했으나, 거기서는 아무 일도 벌어지지 않았다.

초기 주교 임기 동안에, 이브는 당시 프랑스 왕의 결혼을 강력히 반대하고 나섰다. 곧 당시 프랑스 왕 필립 1세(Philip I)가 앙주(Anjou)의 풀끄(Foulque)의 아내였던 베르타드 드 몽뜨포르트(Berthade de Montfort)와 간통하여 불의한 결혼을 한다는 것이 바로 그 혼사에 대한 이브의 반대 이유였다. 그리하여 그는 용감하게 이를 비판하는 편지(제15호)를 써서 왕에게 보냈고, 이로 인해 이브는 프랑스 왕의 봉신이었던 위그(Hugues)와 샤르트르의 비꽁트(Vicomte of Chartres)에 의해, 샤또 드 뿌이세뜨(Château de Puiset)에 소재한 감옥에 즉시 투옥됐던 것이다. 몇 달 후에 방면된 이브는 다시 주후 1093년 11월에 재차 로마로 갔다. 주후 1095년, 필립 1세가 끌레르몽(Clermont)에서 출교된 이후 그 다음해에, 왕의 첫 사면 협상을 주도한 장본인은 바로 공교롭게도 이브 그 자신이었다. 그의 전 생애 동안, 이브는 교황과 자신의 조국 모두에게 가장 헌신된 충성을 보여주었다. 서임권 투쟁이 벌어지는 기간 동안 내내 이브는 변함없이 온건파에 속해 있었고, 안정된 논쟁이 진행되도록 큰 영향력을 행사하곤 했다.[3] 그러나 주후 1122년, 이러한 가열된 뜨거운 논쟁의 문제를 타결 지었던 보름스 협약(Concordat of Worms)이 맺어지기 채 이전에 그는 이 세상을 하직했던 것이다. 그는 때때로 골 해방주의자(Callican liberties)들의 보호

---

2. MPL 151,325.

3. 서임권 투쟁에서 이브가 견지했던 견해에 관해서는 다음 자료를 보라. Epist. 60, 189, 232, 236, 237.

자로 보이기도 했다. 그리하여 그는 플라키우스 일리리쿠스(Flacius Illyricus) 목록(*Catalogue*)[4]에서, 훗날 종교개혁에서 구체화되었던 종교개혁 이전의 진리의 증인들 중 한 사람으로 자리 잡았던 것이다.

이브의 저술들은 특히 교회법 문제에서 종종 참고서 역할을 했으며, 또한 그는 그라티안(Gratian) 이전에 서방 교회에서 가장 중요한 교회법학자로 신뢰를 한 몸에 받았다 해도 과언이 아니다. 그의 인격은 그의 서신과 설교에서 잘 묘사되고 있다. 이브는 신실하고 고결한 마음씨를 지녔고, 열정과 경건으로 가득 차 있었으며, 건전한 판단과 예리한 능력을 소유한 교회 법률가였던 것이다.

내용이 가장 방대한 그의 작품 두 개를 손꼽으라고 한다면, 이는 *Decretum*[5]과 *Panormia*[6]인데 이는 둘 다 교회법에 관한 저술들로 주후 1096년 이전에 완성되었다. 데크레툼보다 파노르미아가 더 완성도가 높은 성공작이었는데, 파노르미아는 그보다 더 일찍 보름스의 부카르트(Burchard of Worms, 주후 1025년에 타계함)가 저술한 교회법 책자를 훨씬 능가하는 진보를 보인 저술이었다. 이브는 파노르미아에서 엄청난 분량의 교회법을 다루었던 것이다. *Decretum*의 서문(*Prologue*)[7]은 교부들의 저술과 공의회의 기록들 사이의 모순과 불일치를 해결하는 원칙을 제공해주고 있다. 이브의 교회법에 관한 세 번째 저술은 소위 *Collectio tripartita*(삼중적인 조정과 합의를 통한 판례집)인데, 이는 삼중적인 조정과 합의를 통해 교회에서 일어나는 제반 문제들을 해결하는 판례집에 해당한다. 그러나 이 저술은 아직 발간되지 않고 있다.

보존되어 있는 이브의 전체 서신은 328통이며,[8] 설교로는 25개가 현전하고 있

---

4. Matthias Flacius Illyricus (1520–1575), *Catalogus testium veritatis qui ante nostram aetatem reclamarunt papae* (Basel, 1556).

5. MPL 161.59–1022, 14부로 구성됨.*

6. MPL 161.1037–1344, 8권으로 구성됨.**

7. *Prologus in Decretum a se concinnatum et partibus seu libris septem ac decem digestum* (MPL 161.47–60).

8. MPL 162.11–290에는 이브가 쓴 228개의 서신이 수록됐다; Merlet, *Lettres de Saint Yves, évêque de Chartres* (1885), 이는 40회 이상 인쇄 출판됨. 서신과 설교들은 다음 자료에 수록됐다. MGH, *Liber imperatorum et pontificum* 2.64–67. Jean Leclercq는 다음과 같은 이브의 서신들을 새롭게 인쇄출판을 시작했다. *Yves de Chartres: Correspondences classiques de l'histoire de France au moyen age* (Paris, Belles Lettres, 1949), vol. 1: years 1090–1098.

* "교황 교령집"을 의미함.

** 교회법에 관해 광범위하게 조사한 것을 개관한 책.

고,[9] 설교의 내용에는 예배, 교리, 도덕 문제 등에 관한 것이 들어 있다. 그 설교들 중에서 이 책에서 텍스트로 다루고 있는 것은 22번째 설교인 주기도문에 관한 설교, *On the Lord's Prayer*와 23번째 설교인 사도신경에 관한 설교, *On the Apostles' Creed*이다.

이브는 시편 주석을 저술했는데, 이것은 아직 출판된 적이 없다. 이브의 *Micrologus de ecclesiasticis observationibus*[10](소 교회규칙집)가 베르놀트(Bernold of Constance, 주후 1110년 죽음)에 의해 출판되었다. 이브의 축일은 주후 1570년 이래로 5월 20로 지켜져 왔으나, 그가 언제 성인으로 추앙되어 시성됐는지에 관해서는 알려져 있지 않다.

이브의 생애와 작품에 관해서는 다양한 연구가 축적되어 있다. F. P. Bliemez-rieder, "Zu den Schriften Yves von Chartres" (*Sitzungsberichte d. Akad. Wien* 182 [1918] 6 ff.); J. DeGhellinck, *Le Mouvement Théologique du XIIe Siècle* (Bruges, 2d ed., 1949), 445–459; John Manson Neale, *Mediaeval Preachers and Mediaeval Preaching* (London, Mozley, 1856), 91–101; Leopold Schmidt, "Der heilige Ivo, Bischof von Chartres" (*Studien und Mitteilungen aus dem kirchengeschichtlichen Seminar der theologische Fakultät der k.-k. Universität in Wien 7* [Wien, Mayer, 1911], 1–129); A. Sieber, *Bischof Ivo von Chartres und seine Stellung zu den kirchenpolitischen Fragen seiner Zeit* (Königsberg, 1885); 다음 자료에 들어 있는 익명의 논문들. *Gallia Christiana* 8.1126; MPL 161.1–50. 다음 자료에 들어 있는 논문들. E. Amann and L. Guizard (DTC 15.3625–3640); K. Guggenheimer (LTK 5.736); Antonio Rota (EC 7.534 f.).

---

9. Sermons (MPL 162.506–610).

10. MPL 162.609–610., 151.974–1022.

제2절. 본문

XXII. 주기도문에 대한 설교

친애하는 친구 여러분! 우리에게는 마땅히 주의를 기울여야 할 두 가지 항목이 있는데, 그것은 곧 하나님의 창조의 존엄성과 개심(구속)의 탁월성입니다. 전자에 대해서는 죄를 두려워함이 연관되고, 후자는 구속의 은총을 감사하는 일과 연계되어 있습니다. 오직 창조주 하나님의 뜻에 따라 인간은 땅의 낮은 지위에서 들어 올림을 받아 이성의 특권을 지닌 하나님의 형상을 지니는 높은 경지로 오르게 되었습니다. 마귀의 유혹에 설득 당해 넘어간 불쌍한 인간이 이러한 위엄을 상실했을 때, 그 가련한 인간은 그가 지닌 교만으로 인해 그를 만들어 주신 창조주 하나님의 명령과 지시에서 이탈했습니다. 시편 기자는 이러한 인간의 타락을 염두에 두고 다음과 같은 말로 위로했습니다. "인간은 명예로웠던 때를 깨닫지 못했도다. 인간은 지성이 없는 짐승에 필적할 만하도다. 인간은 짐승과 똑같이 만들어졌도다."[11] 가장 높은 위치에까지 고양되었던 인간이 하나님께 불순종하여 자신의 뜻대로 하다가 타락한 이후, 가장 낮은 자리로 격하되기에 이르렀습니다. 인간은 그 자신의 행위로 인해 타락할 수밖에 없었습니다. 그러나 다시는 회복하여 원래의 위치로 돌아갈 수가 없도록 정죄를 당하게 되었습니다. 인간의 연약함은 매일의 탄식을 통해 이러한 타락에 대해 통곡해야만 합니다. 이러한 매일의 탄식을 통해 인간은 헛된 유혹에 넘어가 타락하기 이전의 상태로 돌아갈 수 있을지도 모릅니다. 또한 교만의 발걸음에 의해 타락했던 상태가 순종의 발걸음에 의해 반드시 회복돼야만 합니다. 시편 기자는 이렇게 언급했습니다. "교만한 자의 발이 내게 이르지 못하게 하시며 악인들의 손이 나를 쫓아내지 못하게 하소서 악을 행하는 자들이 거기서 넘어졌으니 엎드러지고 다시 일어날 수 없으리

---

11. 시 48:13 (불가타) *"Et homo, cum in honore esset, non intellexit. Comparatus est jumentis insipientibus, et similis factus est illis."* 이와 병행구인 불가타 외의 시편은 49:12로써 다음과 같다. "사람은 존귀하나 장구하지 못함이여 멸망하는 짐승 같도다." (R.S.V., "Man cannot abide in his pomp, he is like the beasts that perish.") 이처럼 라틴역과 다른 영어본은 뚜렷이 차이를 보이고 있다.

이다."[12] 내적으로 평안하지 못함으로 인해 "악을 행하는 자들이 넘어졌습니다." "그들은 엎드러져서 다시는 일어날 수 없습니다." 즉 악을 행하는 그들은 오! 다시금 그들 자신의 행위로 돌아갔습니다. 이러한 악한 자들에 대해 다시금 시편 기자는 이렇게 외칩니다. "그들은 육체이며 가고 다시 돌아오지 못하는 바람임을 기억하셨음이라."[13] 회개와 부활을 위해 구주의 치유하시는 은총이 필요합니다. 하늘을 찌르는 교만에 의해 타락해버렸던 본성이 겸손함을 통해 치유 받아야만 합니다. 그러므로 하나님의 말씀(Word)은 종의 형체를 입었고,[14] 그러한 그분은 그를 따르는 자들을 말씀으로 가르치는 동시에, 자신의 모범적인 삶을 통해 도덕적인 삶의 교훈을 주셨던 것입니다. 말씀과 삶의 모범을 통해 그분의 겸손과 순종이 알려졌고, 이는 곧바로 그의 제자들을 권고하는 수단이 되었습니다. "나는 마음이 온유하고 겸손하니 나의 멍에를 메고 내게 배우라 그리하면 너희 마음이 쉼을 얻으리니 이는 내 멍에는 쉽고 내 짐은 가벼움이라 하시니라."[15] 그분의 순종의 멍에는 정당하게 쉽기 때문에, 마땅히 지배하게 된 자를 섬길 수가 있고, 또한 그분은 운반하여 메고 가는 짐의 무게를 가중하지 않으시며 오히려 은혜를 주셔서 도착지에 잘 안착하도록 도우심을 주시는 연고로 그분의 가르침의 짐은 아주 가볍습니다. 그분은 또한 다음과 같이 진지하게 말씀하셨습니다. "너희는 스스로 조심하라 그렇지 않으면 방탕함과 술 취함과 생활의 염려로 마음이 둔하여지고 뜻밖에 그 날이 덫과 같이 너희에게 임하리라."[16] 그분은 자신을 따르는 군중의 주린 배를 채워주셨는데, 이는 기름진 좋은 음식이 아니라, 예를 들어 가르치실 때 제시하시곤 하셨던 보리떡[17] 조각이었습니다. 그분께서는 우리에게 열심히 살아가는 법을 가르치실 때에 내적으로 선한 것들을 가지고 할 것을 금식의 예를 들어 제시해주셨습니다. "금식할 때에 너희는 외식하는 자들과 같이 슬픈 기색을 보이지 말라 그들은 금식하는 것을 사람에게 보이려고 얼굴을 흉하게 하느니라

---

12. 시 36:11-12 (불가타, 35:12).

13. 시 78:39 (불가타, 77:39).

14. 빌 2:6-7.

15. 마 11:29-30.

16. 눅 21:34.

17. 마 14:13-21; 막 6:32-44; 눅 9:10-17; 요 6:5-14.

내가 진실로 너희에게 이르노니 그들은 자기 상을 이미 받았느니라."[18] 그들은 금식의 어려움을 가장하기 위해 추잡한 통곡의 소리를 서슴지 않고 발하기도 합니다. 그리하여 그들은 많은 사람들에게 자신이 금식하고 있다는 사실을 알리게 됩니다. 또한 그들은 구제를 베풀 때 조용히 그냥 넘어가는 법이 없이 얼마나 요란하게 떠들어대는지, 주님은 이렇게 말씀하실 정도였습니다. "너는 구제할 때에 오른손이 하는 것을 왼손이 모르게 하여"[19] 이 말씀은 무엇을 의미합니까? 우리가 실시하는 모든 구제와 자비의 행위는 사람들의 칭찬을 받기 위함이 아니라 마땅히 해야 할 것을 행하는 바 외에는 아무 것도 아니라는 말씀이 아니겠습니까? 이는 열심을 다해 영원한 영생의 삶을 추구하는 것입니다. 그것이 곧 주님이 말씀하신 "오른손이 하는 것"입니다. 그리고 주님은 다음과 같이 말씀하심으로써 기도하는 방법에 관해 교훈해주셨습니다. "너는 기도할 때에 네 골방에 들어가 문을 닫고 은밀한 중에 계신 네 아버지께 기도하라 은밀한 중에 보시는 네 아버지께서 갚으시리라."[20] 이는 모든 소란스럽고 야단 법석하는 행동에서 해방되어 마음을 조용히 가다듬고 기도하라는 뜻이고, 또한 모든 공상이나 망상을 버리고 하나님께 기도하라는 의미입니다.

여기서 우리 주님은 어떻게 기도할 것인지 모범을 보이시기 위해 "우리의 아버지"로 시작하는 기도하는 법을 언급해주셨습니다.[21] 이 주기도문은 간결하게 일곱 가지 기원으로 구성되었으며, 하나님께 드려야만 하는 모든 형식의 기도를 포함하고 있습니다. 곧 주기도문에는 우리가 구해야 할 선한 것들과 또한 피해야만 될 악한 것들, 그리고 우리를 파멸시키고야 말 악행들에 대해 언급되어 있습니다. 이러한 일곱 가지 청원 중에서 처음 세 가지는 영원에 속해 있는 것이고, 그 다음 나머지 네 가지는 이 세상 삶에 필수불가결한 것들에 관한 항목입니다. 먼저 주님은 하나님의 이름이 거룩하게 되시고, 또한 하나님의 나라가 여기에 임하시라고 기원하셨습니다. 이는 그분이 영광 가운데서 도래하시며 하늘에서처럼 여기 땅에서도 하나님의 뜻이 이루어진다는 사실로 이해돼야만 합니다. 의로운 자나 죄인들이나, 영혼과 육신, 그리스도와 교

---

18. 마 6:16.
19. 마 6:3.
20. 마 6:6.
21. 마 6:9-13.

회 등 이 모든 존재 위에 하나님의 뜻이 임한다는 말씀입니다. 비록 그 나라가 비천하게 강림하신 그리스도의 도래에서 시작했지만, 그럼에도 그 나라는 오직 세상 종말에 완성될 것이며, 하나님과 하나님의 나라와 하나님의 뜻 등 이 세 가지는 영원토록 남을 것입니다. 그런데 남은 네 항목은 이 일시적인 무상한 세상 삶 속에 나타나게 됩니다. 여기서 일용할 양식은 영원한 영적인 양식을 상징하고 있습니다. 비록 그것이 이 세상 삶 가운데 속한 것일지라도, 상징으로써 우리의 영혼을 섬기고 도우며 보살펴주는 기능을 지니고 있습니다. 그러한 일용할 떡은 선포되고 기록된 영의 양식을 상징하는 것으로 설명되고 작동함으로써 생명의 떡으로 불립니다. 우리의 목 안으로 그것이 삼켜져 내려갈 때 우리는 거기서 영생을 취하게 됩니다. 이제[22] 또한 우리는 죄 용서함을 받게 되고, 그리고 우리는 다른 사람들을 용서하게 됩니다. 죄 사함의 항목은 세상의 것에 관계된 네 가지 중 두 번째 기원[23]에 해당합니다. 그리고 이제 이 세상 삶 속에서 받는 시험이 우리의 삶에 출몰하여 노략질하기 시작합니다. 이 세상 삶 속으로 악한 세력이 가져다주는 이러한 유혹과 시련은 하나님의 정의를 따라 사망선고를 받게 됐습니다. 이러한 이유로 하나님의 자비가 우리의 삶 속에 흘러들어와야만 합니다. 사실이 이러하므로, 이러한 기원의 내용은 대단히 조심스럽게 취급돼야만 합니다. 이러한 기도는 마음에 보다 큰 감흥을 불러일으켜줄 것이고, 간구하는 바가 보다 빠르게 응답될 것입니다. 그러므로 우리는 "우리 아버지"로 기도를 시작해야 합니다. 우리는 하나님을 두려워하거나 무서워하기 때문에 강압적으로 복종하여 아버지로 부르는 것이 아니라, 하나님께서 사랑이 많으시기 때문에 그렇게 부르는 것입니다. 창세와 유사 이래로 일찍이 그 어떤 자들도 아버지에게 기도한 바가 없었습니다. 그러나 여호와께 순종하는 자들은 모두 하나님을 아버지라 부르며, 아버지께 기도해야만 합니다. 그러나 이는 효성적인 사랑이 아니라 종이 상전에게 두려움을 가지고 순종하는 심정으로 하나님께 드리는 기도입니다. "우리 아버지"라는 호칭에서 특히 부자와 귀족들은 매우 중요한 교훈을 받아야만 합니다. 곧 가난한 자들과 평민들도 하나님을 "우리 아버지"로 여기기 때문에 그들을 업신여겨서는 안 된다는 말씀입니다. 곧 부

자와 귀족은 그리스도인이 된 이상 그들 자신을 가난한 자와 평민 위에 두고 군림해서는 안 된다는 의미입니다. 왜냐하면 모두가 하나님을 아버지로 부르는 형제자매요, 그것이 바로 그리스도인이기 때문입니다. 지위 고하, 빈부격차, 남녀노소 등 신분과 물질과 성의 차별 없이 모두가 다함께 그들은 하나님을 "우리 아버지"로 부르기 때문입니다. 만일 모든 그리스도인들이 그들 스스로가 한 형제 자매인 줄로 인식하지 못한다면, 그들은 진실 되고 헌신적인 기도를 한다고 말할 수가 없습니다. 따라서 "우리 아버지"라는 호칭에 의해, 사랑의 실천이 자극을 받게 됩니다. 왜냐하면 자녀들은 그들의 아버지보다 더 큰 애정을 지닌 존재를 발견할 수 없기 때문입니다.* 그리고 또한 "우리 아버지"라 부를 때, 겸손한 감정을 지니게 되어 있으며, 역시 우리가 간구하는 것을 받을 수 있는 가능성을 소유할 수 있게 됩니다. 곧 "우리 아버지"라 부를 수 있을 때, 우리는 자세한 것을 구하기 전에 이미 대단히 좋은 선물을 받은 것과 다를 바 없게 됩니다. 이미 아들이라는 신분을 바로 그 선물로 주신 하나님 아버지께 그 아들이 무엇인가를 구하고 요청할 때, 그것이 무엇인들 주시지 못할 이유가 어디 있겠습니까? 아들이 아버지에게 정당한 것을 요청하는데 주지 않을 아버지가 과연 어디에 있겠습니까? 결국 하나님이 "우리 아버지"라고 말하는 자의 상처 난 마음을 얼마나 지극정성으로 어루만져 주시겠습니까? 그렇게 위대하신 아버지에 대해 참으로 무가치하고 별 볼일 없는 자라고 하더라도 "우리 아버지"라고 부르기만 하면 놀라운 일들을 경험하게 될 것입니다. 그러므로 영원의 시간 속으로 초대 받은 새로운 백성들은 신약성경이 선포하고 있는 "우리 아버지"라는 위대한 호칭을 사용해야만 합니다. 주기도문은 형제의 연대를 강조합니다. "나의 아버지"라고 부르지 않습니다. "우리 아버지"입니다. "나의 아버지"라 부르는 것은 오직 그 자신만을 위한 기도밖에 되지 않습니다. 그러나 "우리의 아버지"라는 호칭으로 시작되는 주기도문을 모두가 하기만 한다면, 이는 그들 모두가 그리스도 안에서 한 형제자매가 된다는 사실을 포용하고 있음을 인식하게 해줍니다. "하늘에 계신"[24]이라는 구절은 이 세상의 삶의 태도와 방식

---

24. 불가타는 그리스역본과 동일하게 *es*(있다)를 사용하지만, 이브는 *habitas*(거주하다)로 대체했다.

---

* 곧 아버지를 사랑한다면, 아버지를 기쁘게 하기 위해서는 자녀들끼리 사랑을 해야 하기 때문이다.

을 하늘의 것으로 대체해 살아가는 자들을 염두에 둔 말씀입니다.[25] 하늘과 땅을 대비하는 그러한 은유는, 의로운 자와 죄인 사이의 거리가 마치 자연적 차원에서 하늘과 땅의 거리가 아득한 것처럼, 서로 닿을 수 없도록 멀리 떨어져 있음을 적절히 묘사해주는 표현입니다. 이에 관한 창세기의 언급은 매우 적절합니다. "너는 흙이니 흙으로 돌아갈 것이니라 하시니라."[26] 그리고 우리가 기도할 때 이러한 사실을 상징하기 위해, 하나님이 자연 하늘에 계시기 때문에 우리의 시선을 거기에 두는 것이 아니라, 하나님이 이 세상이 아닌 다른 곳에 계시기 때문에 그러한 것입니다. 곧 우리의 영혼은 보다 탁월하고 초월적인 본성이신 하나님께 올라가도록 권면을 받게 되는 것입니다. 이제 우리는 간구해야만 하는 내용을 유념해야만 합니다. "이름이 거룩히 여김을 받으시오며." 이는 하나님의 이름이 거룩하지가 않기 때문에 거룩하게 여김을 받아야 한다는 말이 아닙니다. 오히려 그것은 사람들에 의해 반드시 거룩하게 여겨져야 한다는 의미이며, 또한 하나님의 이름이 그들에게 알려져서 그들이 오직 하나님만을 거룩하게 받아들인다는 뜻을 지니고 있습니다. 이는 하나님께 불순종하고 거스르는 것보다 더 무섭고 두려운 일이 없다는 점을 상기시켜주는 것입니다. 왜냐하면 하나님의 이름을 거룩하게 여긴다는 것은 하나님을 두려워한다는 의미이기 때문입니다. 이에 관해서는 다음과 같은 시편 기자의 말씀이 적절합니다. "여호와를 경외함이 지혜의 근본이라."[27] 또 다른 곳에서는 이렇게 언급되어 있습니다. "여호와를 경외함이 영원무궁토록 거룩하게 남아 있으리라."[28] "당신의 나라가 임하옵시며." 이는 이 세상 가운데 하나님의 나라가 명백히 임한다는 의미입니다. 눈이 먼 자들은 이러한 현존하는 빛을 받을 수가 없습니다. 그리하여 하나님의 나라는 도처에 임하지만, 그럼에도 이를 알지 못하는 자에게는 임하지 않습니다. 또한 하나님의 은사를 통해, 우리 안에서 하나님이, 그리고 우리가 하나님 안에서 통치하게 될 것입니다. 이러한 두 번째 부분

---

25. 빌 3:20 "그러나 우리의 시민권은 하늘에 있는지라 거기로부터 구원하는 자 곧 주 예수 그리스도를 기다리노니." 불가타에는 *conversatio*(= πολίγευμα = way or manner of life)로 적절히 표기되어 있으나 A. V.는 무의미하게 'conversation'(대화 혹은 담화)로 표기하고 있다.
26. 창 3:19b. [불가타, *quia pulvis es et in pulverem reverteris.*] R. S. V. 의 'dust'(먼지 혹은 흙)는 하늘과 땅을 대비하는 개념에서는 적절하지 못하고 요점을 놓쳤다.
27. 시 111:10a (불가타, 110:10).
28. 잠 10:23 혹은 27을 다소 허술하게 인용한 듯함.

의 간구는 경건함을 포함하고 있으며, 팔복 가운데서 두 번째 복에 해당합니다.[29] 만일 경건함이 온유함의 지복에 의한 것이라면, 하나님의 나라가 우리에게 임할 것임을 간구해야만 합니다. 곧 우리는 온유해져야 하며 또한 그것에 대해 저항해서는 안 될 것입니다. "하나님의 뜻이 하늘에서 이루어진 것같이 땅에서도 이루어지이다." 천사나 인간, 혹은 의로운 자나 죄인 사이에서 하나님의 뜻이 이루어져야 합니다. 그리하여 우리의 영혼과 마찬가지로 땅의 육신이 하늘의 아버지께 올라가게 될 것입니다.

이러한 주기도문의 전반부의 세 번째 간구는 팔복 중 애통하는 자가 받을 복과 연관된 것이 아니겠습니까? 애통하는 자가 복이 있다면, 하나님의 뜻이 하늘에서처럼 땅에서도 이루어지도록 애통하며 기도합시다. 곧 육신이 영에 동의하여 따를 수 있도록 기도해야 합니다. 왜냐하면 인간은 그 어떤 다른 것이 아니라, 그 자신의 비참함과 불행으로 크게 애통해야 할 운명에 처해 있기 때문입니다. 곧 인간의 육신은 영에 대항하여, 그리고 영은 육체에 대항하여 갈등하기 때문에 인간이 애통해 하지 않을 수가 없는 것입니다. 바울 사도는 이러한 인간 실존의 운명적 처지에 대해 이렇게 외치지 않을 수가 없었습니다. "오호라 나는 곤고한 사람이로다 이 사망의 몸에서 누가 나를 건져 내랴."[30] 이제 다음으로, 주기도문의 네 번째 간구에 귀를 기울여 봅시다. "오늘 우리에게 일용할 양식을 주옵시고." 여기서 양식은 단순히 물질적인 음식을 의미할 수도 있으나, 또한 영적인 의미로 하나님의 말씀(the divine Word)의 떡으로 받아들여야만 합니다. 만일 물질적인 떡으로만 받아들인다면, 기도하는 자는 그 자신의 기도를 미래에까지 확장시킬 수가 없게 됩니다. 그러한 자는 다음과 같은 복음서의 가르침에 귀를 기울여 경청해야만 할 것입니다. "그러므로 내일 일을 위하여 염려하지 말라 내일 일은 내일이 염려할 것이요 한날의 괴로움은 그날로 족하니라."[31] 또한 복된 사도는 이에 관해 나음과 같이 언급했습니다. "우리가 먹을 것과 입을 것이 있은즉 족한 줄로 알 것이니라."[32] 그러나 만일 그 떡을 영적인 의미로 받아들인다면 두 가지 뜻을 지니는 것으로 볼 수 있습니다. 그중 한 가지는 이 세상 물질을 초월한, 곧 초물질적

---

29. 다음에 이어지는 내용을 보면, 실제로 이는 두 번째가 아니라 세 번째 복일 것이다. (마 5:5 "온유한 자는 복이 있나니 그들이 땅을 기업으로 받을 것임이요.")

30. 롬 7:24.

31. 마 6:34.

32. 딤전 6:8.

인 떡으로서의 영을 함의하는 바, 이는 모든 물질적 차원을 넘어서게 됩니다. "나는 하늘에서 내려 온 살아 있는 떡이다."[33] 다른 한 의미는 하나님의 말씀(the divine Word)으로 이해하는 것인데, 이는, 현재 그렇게 여겨지고 있는 대로, 손상된 우리의 영이 회복해서 부흥하기 위해 반드시 필수불가결한 요소가 됩니다. 이러한 주기도문의 네 번째 간구는 가장 높은 지복에 오를 수 있는 용기를 북돋워줍니다. 왜냐하면, 만일 의에 주리고 목말라 함에 의해 복을 받은 자가 용기가 있는 사람이라고 여긴다면, 우리는 의에 주리고 목말라 있어서 일용할 양식을 달라고 간구해야 하기 때문입니다. 이로 인해 우리는 용기를 얻은 상태가 되어[34] 만족스러운 속죄의 완전한 상태에 도달할 수가 있을 것입니다.

그 다음 간구는 "우리의 죄를 사하여 주옵시고"입니다. 아마도 어떤 자가 여러분을 대항하여 괴롭히는 죄를 저질렀을지도 모릅니다. 그런데 만일 그가 여러분에게 죄사함을 받기를 원한다면 용서해야 합니다. 여러분은 여러분의 형제자매에게 자비를 베풀기를 거절해서는 안 될 것입니다. 그렇지 않으면 여러분은 아버지에게서 용서함 받기를 거부당할 것입니다. 이에 관해 야고보 사도는 다음과 같이 말씀했습니다. "긍휼을 행하지 아니하는 자에게는 긍휼 없는 심판이 있으리라 긍휼은 심판을 이기고 자랑하느니라."[35] 이러한 간구는 팔복 중 다섯 번째 복과 연관된 권고와 관련이 있습니다. 긍휼을 베푸는 자는 복이 있다는 것입니다. 우리는 우리에게 죄를 지은 자들의 죄를 용서해주어야 합니다. 또한 우리의 죄도 용서함을 받을 수 있도록 기도해야 할 것입니다. 만일 우리가 우리의 형제자매들의 죄를 재빨리 서둘러 용서해주지 않는다면, 우리 역시 죄 용서를 구하거나 획득함에 있어서 큰 방해에 직면할 것이기 때문입니다.

그 다음은 "우리를 시험에 들게 하지 마시옵고"입니다. 즉, 이는 유혹하는 자에게 이끌려 길을 잃고 타락하지 말게 해달라는 간구입니다. 그런데 우리가 간구하는 이러한 기도는, 하나님이 우리에게 참지 못할 시험을 허락하신다는 뜻이 아니라, 오히려

---

33. 요 6:41. 이브는 "살아 있는"이라는 구절을 첨가했다.

34. *Confortati*(strengthened, consoled, encouraged; 강화된, 위로되는, 용기를 얻은)는 *fortitudo*(strength, courage; 힘, 용기)의 pun(동음이의의 익살)이다.

35. 약 2:13.

우리에게 시험을 허락하셔서 그것을 참아냄으로써 기쁘고 행복하게 해주신다는 의미를 내포하고 있습니다. 이러한 간구는 팔복 중 여섯 번째 복인 "마음이 청결한 자가 받을 복"과 연관되어 있습니다. 그들은 하나님을 볼 것입니다. 그들의 마음의 눈은 땅의 정욕을 말끔히 씻어 낸 깨끗한 눈이며, 그 눈으로만 하나님을 보고 알 수 있는 지식과 이해력을 지니게 됩니다. 우리는 시험에 들어 유혹에 빠지지 않도록 기도해야만 합니다. 즉 우리는 표리부동한 이중의 마음을 지녀서는 안 될 것입니다. 오직 순전한 한 가지 마음을 가지고 선을 추구해야 할 것입니다.

그 다음은 "다만 악에서 구하시옵소서"입니다. 물론 이는 우리가 악에로 이끌림을 받을 수 있는 것에서가 아니라, 오히려 단지 우리가 악에로 이끌림을 받아왔었던 데서 건짐을 받는 일을 의미합니다. 이러한 방식으로써, 우리에게는 후회해야만 할 것이 하나도 남지 않게 됩니다. 이러한 간구는 팔복의 일곱 번째 지혜와 조화를 이루어 상통하게 됩니다. 곧 화평케 하는 자가 지혜를 얻어 하나님의 자녀라고 일컬음을 받게 된다면, 그러한 지혜로써 그들의 모든 행위와 움직임이 통제되기 때문에, 그 모든 이루어진 일들은 자동적으로 강력히 영에 대해 순복하게 되어, 악에서 구출해달라고 하는 기도는 반드시 응답되고야 말 것입니다. 그러한 악에서의 구출 그 자체는 우리를 해방시켜왔고, 또한 우리를 하나님의 자녀로 만들어 주었으며, 그 결과 양자의 영을 받아 "아바 아버지"[36]라 부를 수가 있게 되었습니다. 그러나 진실로 우리는, 마지막 최종적인 창조의 언약이 확고하게 유지되는 한, 이 모든 간구들을 통해, 아무런 의심할 나위 없이, 요구되는 모든 것은 하나님이 주신다는 사실을 잊지 말아야만 합니다.

우리가 특히 애를 써서 노력해야 할 세 항목은 바로 자비와 금식과 기도인데, 이는 하늘 의사께서 우리에게 베풀어주시는 세 가지 종류의 약 처방전이라 하겠습니다. 우리는 이 세 가지 치료약을 복용함으로써 장기간 동안 감염된 악이라는 병균을 제거해 치료를 받을 수 있게 될 것입니다. 또한 이로써 현재 감염되어 있는 질병도 격퇴할 수 있을 것이고, 또한 이로 인해 건강을 유지함으로써 미래에 다가와 걸릴 수 있는 병도 미리 막을 수가 있게 될 것입니다. 이 세 가지 종류의 치료제는 세 종류의 타락

---

36. 롬 8:15.

과 부패를 물리쳐서 이기게 만들어주는 적절한 처방약입니다. 모든 죄는 하나님의 전을 더럽히는 사악한 생각에 대해 동의함으로써 영혼 안에서 발생할 뿐만 아니라, 육체를 악용하여 이웃에게 상처를 입히는 범죄 행위를 통해서 일어나거나, 혹은 육신의 악용으로 인해 직접 그 몸이 부패하고 타락하는 가운데서 생겨나기도 하는데, 이는 매우 수치스러운 범죄이기도 합니다. 살인, 강탈이나 성폭행, 절도 등과 같은 범죄는 육신의 작용을 통해 일어나기 마련이지만, 그러한 죄를 지은 범죄자 그 자신의 몸에 영향을 주거나 해하지는 않습니다. 이에 관해 사도는 다음과 같이 언급했습니다. "음행을 피하라 사람이 범하는 죄마다 몸 밖에 있거니와 음행하는 자는 자기 몸에 죄를 범하느니라."[37] 그러나 수치스러운 행위는 몸을 통해 일어나고, 그 몸에 영향을 주어 나쁜 것으로 감염시키는데, 이에 관해 역시 사도는 다음과 같이 언급했던 것입니다. "간통죄를 저지르는 자는 그 자신의 몸을 거스려 죄를 지으니라."[38] 따라서 연고제를 발라 상처를 치유하는 것처럼, 자비와 시혜라는 연고약을 발라 몸 외부에 난 죄의 상처를 깨끗이 낫게 해야만 합니다. 왜냐하면 그러한 범죄의 상처는 이웃에게 전염될 수 있어서 해롭기 때문입니다. 그리하여 우리의 몸을 사용하여 외적으로 드러나는 자비와 시혜 행위는 이웃에게 마땅히 큰 유익을 주게 됩니다. 그러나 수치스럽고 부끄러운 죄악 된 행위들은 금식이라는 치료약을 통해 적절하게 청결히 제거돼야만 합니다. 왜냐하면 자발적으로 행하는 우리의 육신이 통제되지 않는다면 잘못을 저지르기 때문이며, 그리하여 우리 몸이 괴롭힘을 당할 때, 우리는 죄 용서함으로 도로 인도될 수 있을 것입니다. 그러나 만일 이러한 약들을 사용할 형편이 허용되지 않는 자들이 있다면, 곧 극도로 빈한한 관계로 시혜를 베풀 수가 없거나 혹은 연약한 위장으로 인해 금식도 할 수 없는 자들은, 세 번째의 약을 처방하면 될 것입니다. 그것은 곧 기도인데, 만일 그의 영혼의 질병을 치료하기를 거절하지 않는다면, 그는 기도를 하지 못한다는 변명을 할 수가 없게 될 것입니다. 곧, 건강한 영을 소유하기 위해서는 기도만큼은 반드시 하게 될 것입니다. 그러므로 어떤 영혼도 지니고 있는 이러한 기도의 약을 우리는 열심히 그리고 헌신적으로 자주 사용해야만 합니다. 사도는 기도에 관해

---

37. 고전 6:18.

38. *Ibid.*

490

이렇게 언급했습니다. "쉬지 말고 기도하라."[39] 이러한 기도라는 치료제는 모든 질병 치료에 효력이 있기 때문에, 부지런히 복용하기만 하면, 그 결과 모든 질병을 몰아낼 수 있고 또한 우리 주 예수 그리스도의 도우심으로 모든 병든 몸을 건강하게 회복할 수 있게 됩니다. 우리 모두 영원무궁토록 그분에게 영광과 명예를 돌립시다. 아멘.

XXIII. 사도신경에 관한 설교

사랑하는 여러분! 이 세상 군병들은 세상 군주와의 서약에 묶여 있으면서, 그들에게 충성을 다하고 신의를 지킬 것을 맹세하여 의무를 다하면 그 대가로 녹봉을 하사받게 된다는 사실을 잘 알고 계실 것입니다. 하물며 영원하신 왕을 위해 싸워서 영원한 보상을 받는 우리의 경우는 그야말로 어떠해야 하겠습니까? 우리는 하늘의 서약에 묶여 있어서 온 천하에 드러나게 신앙을 고백해서 하늘의 군주를 기쁘게 해드려야 하지 않겠습니까? 사도는 이에 관해 이렇게 언급했습니다. "믿음이 없이는 하나님을 기쁘시게 하지 못하나니."[40] 우리의 마음과 기질을 감찰하시는 분은 우리 마음에 있는 모든 것을 다 알고 계십니다. 그러나 오늘 이 시대의 섭리 가운데서, 교회의 하나 됨을 보존하기 위해, 마음속 깊이 간직한 신앙을 보여줄 수 있는 입에서 흘러나오는 신앙고백이 반드시 필요하기에 이르렀습니다. 사도는 그 이유를 이렇게 대고 있습니다. "사람이 마음으로 믿어 의에 이르고 입으로 시인하여 구원에 이르느니라."[41] 이러한 신앙고백은 설교자나 듣는 자 모두에게 반드시 필요한 법입니다. 다른 어떤 방식으로도 어떤 한 형제가 다른 한 형제를 만족시킬 수가 없습니다. 교회의 평화를 유지하는 일도 마찬가지입니다. 오직 신앙고백을 통해 모든 자의 신앙을 하나같이 확인함으로써 교회의 화평이 유지되기 마련입니다. 하나의 신앙고백으로만 어떤 자가 다른 자를 가르칠 수 있거나 혹은 다른 자에게 배울 수 있게 됩니다. 매개체인 언어적 신조를 통해, 그가 마음속에 간직하고 있는 것을 다른 사람의 마음속에 전하는 방식 외에는, 달리 구원에 필수불가결한 지식들을 전할 길이 없습니다. 그러므로 믿음은 마음속에 보존되어야 할 뿐만 아니라, 입술로 표현돼야만 합니다. 왜냐하면 신앙은

39. 살전 5:17.
40. 히 11:6a.
41. 롬 10:10.

모든 선한 것의 기초이며 인간 구원의 출발점이기에, 반드시 타자가 인식할 수 있도록 고백돼야 하기 때문입니다. 이러한 신앙고백 없이는 그 어떤 자도 하나님의 자녀의 반열에 들 수가 없습니다. 그 이유는, 그것이 없으면 이 세상에서 칭의의 은총을 얻을 수 없을 뿐만 아니라, 미래의 저 세상에서도 역시 영원한 생명을 소유하지 못할 것이기 때문입니다. 그리고 만일 누군가가 믿음으로 전진하지 않는다면, 그가 볼 수 있는 곳에 도달하지 못할 것입니다. 이러한 점을 간파한 거룩한 사도들은 우리에게 예수님의 제자들의 숫자와 일치하는 열두 주제의 항목을 지닌 하나의 신앙의 규칙을 전승해주었습니다. 그들은 그러한 신앙규칙을, 믿는 자들이 지녀야만 하는 보편적인 가톨릭적 단일성 유지와, 또한 이단적인 사악함과 신성모독을 깨트려버리는 일에 필요한 신조로 여겼습니다. 어떤 단체의 구성원들은, 그들이 자신의 신앙공동체에 다른 형제들을 입회시킬 때, 신조를 습득하게 하는 관습을 따르고 있으며, 이로 인해 신앙의 첫 행위가 강화되는 것입니다. 이와 유사하게, 거룩한 사도들은 신령한 신앙공동체를 설립한 후, 개종한 형제를 자신의 공동체 속에 묶어 두기 위해 그 초입자가 자신들이 만든 신조를 받아들이도록 요구했던 것입니다. 그리하여 그들은 하나같이 하늘의 식탁을 함께 나눌 수가 있게 됐습니다. 그러므로 모든 자들이 사도적인 신앙을 선언하도록 해야 합니다. 수년 동안의 신앙의 이해 기간이 흐르고 나면 세례를 받게 되는데, 이러한 세례의 보증으로서 그들로 하여금 입으로 이렇게 신조를 고백하도록 만들어야만 합니다. "나는 하나님을 믿습니다." 그리고 입으로 고백하는 것이 그 초신자로 하여금 마음속에서 명상하도록 만들어야만 합니다. 따라서 단순히 "나는 하나님을 믿습니다"(credo Deo)[42]라고 말하게 해서는 안 됩니다. 물론 하나님을 믿는 일은 구원에 필수 요건이지만, 단순히 믿는다고만 고백하게 하면 너무나도 부족한 부분이 많습니다. 하나님을 믿는다는 것은 그분이 하나님이시기 때문에 믿는다는 것이고, 또한 그분이 신실하시기 때문에 믿는다는 뜻도 내포됐습니다. 이에 관해 야고보 사도는 이렇게 언급했습니다. "네가 하나님은 한 분이신 줄을 믿느냐 잘하는도다 귀신들도 믿고 떠느니라."[43] 그러나 귀신들은 하나님을 믿지 않는데, 그 이유는 하나님의 뜻을 따

---

42. 라틴어로 *credo Deum*과 *credo Deo*는 비슷하지만, 전자는 "I believe that God…"을 의미하고 후자는 "I believe God."을 의미한다.

43. 약 2:19.

라 믿음으로 감동되지 않기 때문입니다. 그러므로 영을 경외하는 일은 그들에게는 무가치한 일인데, 그 이유는 그들 속에는 사랑의 영이 존재하지 않기 때문입니다. 그러나 은총으로 양자됨을 통해 하나님의 자녀가 된 우리는 이렇게 선포해야만 합니다. "나는 전능하신 하나님 아버지를 믿습니다." 즉, 우리는 사랑을 통해 그분에게 매달려 의존하고 있음을 믿어야만 하는 것입니다. 전능하신 하나님을 믿는다는 그것은 창세전에 하나님 자신과 더불어 영원히 공존하시는 성자가 낳음을 입었다는 의미입니다. "전능하신 하늘과 땅의 창조주"는 곧 그분의 전능하심으로 하늘과 땅의 만물을 창조하신 바로 유일하신 그분을 의미합니다. 즉, 그분은 눈에 보이는 것이나 보이지 않는 모든 것을 창조하셨으며, 따라서 그 누구도 하나님이 모든 것을 하실 수 있다는 사실을 의심할 수가 없습니다. 누가 이 모든 일을 행하셨는지에 대해 추호의 의심의 여지도 있을 수가 없음을 경청해야만 합니다. 그러나 이방인들은 이러한 하나님에 대해 대항하는 말들을 하곤 합니다. 그들은 그들 자신의 불신앙으로 말미암아, 그들 자신을 만들어주신 참된 하나님을 무시하고 오직 그들이 만든 우상 신에게 절하며 믿고 있습니다. 그러나 우리는 "하나님의 독생자이신 우리 주 예수 그리스도를 믿습니다." 우리가 하나님 아버지를 믿는 것처럼, 또한 성자를 믿어야만 합니다. 성자께서는 성부와 영광 가운데서 동일하시기 때문에, 우리는 하나님 아버지께 영광과 존귀를 돌려드리는 만큼 성자께도 그렇게 해야 합니다. 그런데 "예수"는 "구세주"로 이해됩니다. "그리스도"라는 말은 chrism[44]에서 왔습니다. 옛날 왕들은 대관식을 할 때 머리 위에 거룩한 기름을 쏟아 부었습니다. 그와 마찬가지로 우리 주 예수 그리스도께서는 성령의 기름을 쏟아 부음 받아 구세주로 등극하셨던 것입니다. 이러한 사실은 그분이 아버지와 동등 되는 신분을 지니셨다는 점뿐만 아니라, 우리를 구원하시는 구세주가 되신다는 점을 보여주는 증거이며, 따라서 우리는 당연히 그분을 올바르게 믿어야만 합니다. 또한 그분은 왕이신 그리스도로서 우리를 통치하시고 유일한 우리의 주님 되시며, 우리를 받아들이시고, 옛적부터 적들을 쳐부수시는 유일한 분이심을 믿어야만 합니다.

---

44. "그리스도"의 실제적 기원은 오히려 그리스어 형용사인 $X\rho\iota\sigma\tau\delta\varsigma$('anointed'[기름부음 받은] = 히브리어, *Messiah*)에서 왔다. Chrism은 (라틴어 *chrisma* = 'anointed'[기름부음 받은] 혹은 *crisma* = 'judgement') 의심할 나위 없이 이브에게 보다 친숙한 용어였다.

"성령으로 잉태하셨고." 이는 즉 그분이 수태되게 하신 유일한 존재는 바로 성령이라는 사실을 보여주는 고백입니다. 따뜻한 햇빛 아래서 단순한 진흙에서부터 형성된 벌레와 다를 바 없는 인간 처녀의 마음이 성령의 영감을 받고 거룩하게 성별되었을 때, 그리스도의 육신은 어떤 육체적인 씨앗의 활동도 없이 오직 처녀의 육체에서 잉태되었습니다. 시편 기자에 따르면, 바로 그분이 그 자신을 벌레로 비유한 이유가 거기에 있었던 것입니다. "나는 벌레요 사람이 아니라."[45] 이는 곧 인간의 생식적인 방식으로 잉태된 것이 아니라는 말씀입니다. "동정녀 마리아에게 나시고." 이는 그분께서 잉태되었을 때 어머니의 자궁을 여시지 않았던 것처럼, 또한 태어날 때도 그와 마찬가지였음을 의미합니다. 우리는 어떤 자들이 가장 사악하고 신성 모독으로 생각하는 것처럼 말하지 않습니다. 곧 성령께서 창조주의 권능과 능력을 통해 작용하여 처녀와 육체적인 접촉을 가졌다는 주장이 그것이나 이는 망발에 해당합니다. "말씀(the Word)이 육신이 되시고."[46] 곧 이는 말씀이 인간이 되셨다는 뜻입니다. 성부와 성령의 협력을 통해 처녀에 의해 말씀이 인간으로 잉태되셨습니다. 처녀에게서 나신 것은 말로 형언할 수 없는 종류의 '선(先)-창조'의 일대 사건이었습니다. 성령을 통해- 출생이 아니라- 그 자신이 창조의 결과물이 되신 그분은 처녀 안에서 그 자신 스스로를 창조하신 창조주이십니다.

"본디오 빌라도에게 고난을 받으사." 빌라도에 대한 언급은 고상한 귀족의 인격을 보여주기 위함이 아니라 시대성을 나타내주는 것이었습니다.

"십자가에 못 박혀 죽으셔서 장사되시고." 성육신하신 말씀(the incarnate Word)의 연약성이 여기서 회상되고 있습니다. 이에 관해 사도는 이렇게 언급했습니다. "하나님의 약하심이 사람보다 강하니라."[47] 그러므로 그리스도께서 고난을 당하셔서 우리도 고난에 무력한 상태의 존재로 재창조되기에 이르렀습니다. 따라서 그리스도께서 십자가에 달리셔서 우리를 영원한 고통에서 해방시켜 주셨습니다. 그러므로 그분은 참된 출생에 의해 태어나신 대로, 참된 죽음을 맞이하셔서, 우리를 영원한 죽음에서 자유

하게 해 주셨습니다. 따라서 그분은 장사되셨는데, 이때 우리는 그분 자신과 함께 묻히게 되었습니다. 그때 우리는 우리의 정욕과 죄악을 그리스도와 함께 묻어버리게 된 것이었습니다. 그렇기 때문에 바울 사도는 이렇게 언급했습니다. "그러므로 우리가 그의 죽으심과 합하여 세례를 받음으로 그와 함께 장사되었나니 이는 아버지의 영광으로 말미암아 그리스도를 죽은 자 가운데서 살리심과 같이 우리로 또한 새 생명 가운데서 행하게 하려 함이라."[48] 그러므로 옛것을 모두 떨쳐 버리고, 그리스도의 형상으로 새롭게 지은 바를 덧입어야만 합니다. 왜냐하면 그리스도의 연약함은 세상의 모든 권세를 정복하셨기 때문입니다. "죽은 지 사흘 만에 다시 살아나시고." 장사된 지 사흘이 지났다는 것은, 그리스도의 시신이 사흘 동안 무덤 속에 누여 있었다는 사실을 명백히 보여 주는 일인데, 이는 그리스도의 영혼이 지하 세계를 이겨서 정복했음을 의미합니다. "하늘에 오르사." 이는 그리스도께서 인간 어머니에게서 취하셨던 인간 본성의 상태대로 하늘에 계신 아버지의 오른편에 좌정해 계심을 보여 주는 고백입니다. "앉아 계시다가." 이는 하늘의 구성원의 하나로 좌정하고 계신 것이 아니라, 심판주의 권능으로 앉아 계심을 의미합니다. "전능하신 하나님 아버지 우편에." 여기서 '우편'은 '가장 고귀한 축복 가운데서'를 함축하는 것으로 이해돼야만 합니다. 이에 반해 염소들은 왼편, 곧 가장 가련하고 비참한 상태에 놓이게 됩니다.[49] "거기서부터 그리스도는 산 자와 죽은 자를 심판하러 오시리라." 그리스도께서는 살아 있는 자와 이미 죽은 자를 심판하실 것입니다. 곧 그리스도의 재림으로 아직 인간적인 죽음을 겪지 않은 자와 이미 죽어 있는 자들은 공중으로 끌어올림을 당할 것입니다. 혹은 여기서 산 자는 의로운 자요, 죽은 자는 죄인을 의미하기도 합니다. 이러한 신앙을 고백하는 자들은 이러한 신조를 유념해야만 합니다. 그리스도의 인성이 하나님과 인간 사이를 화해시켜 주었기에 기념되고 공경받아야만 할 것이며, 따라서 우리는 구세주의 그 은혜를 결코 잊어버리지 말아야만 합니다. 그리스도께서는 자신의 인성을 통해 인간들이 하나님과 화해하도록 만들어 주었으며, 그분의 신성으로 말미암아 인간들은 죄 용서함을 받게 되었습니다. 은혜를 모르고 저버리는 배은망덕함 때문에, 하나님의 법에 따라, 인간에게 주어진 아버지의 선물을 박탈당하지 않도록 유의해야만 합

---

48. 롬 6:4.

49. 참고. 마 25:33.

니다.[50]

"나는 성령을 믿습니다." 성령은 성부와 성자와 동등하며 동일 본질을 지니고 있습니다. 성령은 성부와 성자로부터 동등하게 나아옵니다.[51] 그러므로 누구나 성부와 성자를 믿는 것처럼 성령도 그렇게 믿어야만 합니다. "거룩한 보편적인 교회와." 전 세계에 있는 모든 교회를 의미합니다. 그것은 "여기 있다 저기 있다."[52]라고 언급되는 그런 하나의 유일한 교회가 아닙니다. 곧 그것은 침실이나 혹은 광야 등과 같이 지칭 되는 장소 개념을 함의하지 않고, 전 세계에 걸쳐 확산되어 있으면서 신앙의 단일성을 유지하고 있는 그런 보편 교회를 상정하는 것입니다. "성도가 서로 교통하는 것과." 이는 교회의 참된 성례전을 통해, 단일한 신앙으로 이 세상 삶과 분리해서 살고 있는 성도들이 서로 교제를 나눔을 의미합니다. "죄를 사하여 주시는 것과." 세례를 통해 죄 용서함을 받음은 물론, 겸손한 신앙고백의 기도를 통해서도 죄 용서함을 받아 보속의 속죄 가운데서 순결하게 되는 것입니다. "몸의 부활과." 성도의 보편적인 부활은 주님께서 재림하실 때 일반적으로 이루어지게 됩니다. 그러나 악과 선을 구별하는 심판은 그와 다릅니다. 이에 관해 사도 바울은 다음과 같이 언급했습니다. "우리 모두 부활하여 모두가 변화될 것이다."[53] 이러한 바울의 말씀이 그 구절에 대한 보다 나은 이해일 것입니다. "영원한 생명." 이 역시 사도 바울이 언급한 말씀과 동일합니다. "이 썩을 것이 반드시 썩지 아니할 것을 입겠고 이 죽을 것이 죽지 아니함을 입으리로다."[54]

가장 엄격하게 참된 신앙의 규칙에 의존하고 있는 이러한 열두 개의 신조 항목은 신실하게 믿어져야만 하고, 강력하게 보존돼야 하며, 참으로 지속적으로 수호돼야만 합니다. 그리고 만일 어떤 자들이 이러한 신조와 반대되는 그리스도교 신앙의 가르침

---

50. 즉, 이러한 심판의 장소는 마치 이 세상에서 재산을 상속 받는 후손을 검증하는 유언 검증 법원과 비슷하다.

51. 여기서 이브는 소위 성령의 이중발현 교리를 따르고 있다. (니케아-콘스탄티노플 신조의 *Filioque*["그리고 아들과" = "and the Son"]를 인정함).*

52. 마 24:23. 이 구절은 교회에 대한 것이 아니라 그리스도에 관한 언급이다.

53. 고전 15:51.

54. 고전 15:53.

---

* 동방교회는 종속적 군주신론(성부가 가장 높고 성자와 성령은 열등하다는 주장)을 따르기 때문에 성령이 성부에게서만 나온다고 주장한 반면, 서방교회는 삼위일체 교리를 주장했기에 자연히 성령이 성부와 성자에게서 나온다고 주장했다.

을 제시하고 있는 사실을 알게 된다면, 우리는 그들을 힘써 피해야만 합니다. 그들은 믿음의 후패하게 만드는 악성 전염병을 퍼트리는 이단자들에 불과합니다. 비록 이 사도 신조가 12개의 항목으로 간략하게 기술되어 있다고 하더라도 가톨릭 신앙과 일치와 조화를 이루고 있기 때문에, 그리고 이단적인 사악함과 신성모독과는 정반대의 가르침을 지니고 있기 때문에, 이러한 신앙 규칙에 확고히 매달려 있는 자들은 신앙의 오류를 허락해서도 안 되고, 또한 올바른 신앙의 경로에서 이탈해서도 안 될 것입니다. 그러나 우리의 사도 신조와 다르게 생각하기를 원하는 자들 누구에게나, 하나님께서 올바른 신앙을 계시해 주시도록 우리 모두 간절히 힘을 합하여 기도합시다. 우리가 받은 것을 가지고, 또한 우리에게 확실한 것을 짊어지고, 확고하게 인내하며 힘차게 우리에게 주어진 삶의 길을 걸어 나갑시다. 이 신조를 세례 받을 때 하나님께 약속드린 여러분의 영적인 자녀들, 곧 거룩한 샘에서부터 선사받은 여러분의 영적인 믿음의 아들딸들에게 힘써 가르치시기를 바랍니다. 이 사도 신조를 여러분들의 육신을 받아 탄생한 육체의 자녀들에게도 가르치시기를 바랍니다. 이 신앙 고백문을 여러분들의 영적 보호를 수용한 자들에게 가르치시기를 원합니다. 여러분의 신앙적인 가르침을 통해 그들 모두는 모든 신앙적인 잘못과 영적인 오류를 피할 수 있을 것이며, 또한 그리스도교 신앙을 적대시하는 모든 자들에게서 해방될 수가 있습니다. 그리고 결국, 그들 모두는 모든 적절한 신앙덕목들을 성취할 수 있게 될 것입니다. 성부와 성자와 더불어 살아서 영광을 받으시는 우리 주 예수 그리스도의 도움이 영원무궁토록 여러분에게 임재하실 것을 축원합니다. 아멘.

제4장

리용의 아고바르

제1절. 서론

리용의 제44대 주교(주후 816-840년 재위)였던 아고바르는 아마도 추측하건대 스페인 북부 지방에서 주후 769년에 출생했던 것으로 여겨진다. 13세 때, 그는 갈리아 나르보넨시스(Gallia Narbonensis)로 이주하였고, 주후 792년에는 다시 리용으로 건너가게 되었다. 주후 804년부터 816년 중반까지 그는 부주교 혹은 보조 주교로서 주교 관구를 섬겼다. 그의 상관이었던 라이드라트(Leidrad) 주교는 주후 815년 12월 28일에 타계했고, 아고바르는 그를 이어 주교로 선출되었다. 그가 리용의 주교좌에 서임된 때는 바로 주후 816년 8월이었고, 바로 그 직후에 교황이 주관하는 경건 왕 루이(Emperor Louis the Pious)의 대관식이 개최되었다.

아고바르의 생애는 매우 왕성한 생산력을 과시한 삶으로 점철되었다. 심지어 주교 관구의 상임 주교로 봉직하기 이전에도, 그는 다시 재발된 기후와 연관된 마술의 형태를 지닌 이교와 싸워왔었다.[1] 그가 리용 교회를 담당하여 지도하게 됐을 때, 옛날부터 전래되어 내려오던 튜턴 민족이 쓰던 전통적인 죄인 판별법- 열탕에 손을 넣게 하여 화상을 입지 않으면 무죄로 여기는 따위- 으로 윤리적인 문제를 다루지 않고, 오히려 그러한 관습에 대해 적극적으로 저항해나갔던 것이다.[2] 이내 아고바르는 잠깐 동안 다시 재발한 스페인 양자론 이단에 의해 직면하여 시달림을 받기도 했다.[3] 주후 820-830년 사이를 통틀어 유대인 문제로 인해 법조계가 당황을 금치 못하고 있을 때, 아고바르 주교는 다소 위험한 성격의 운동을 전개하는 데 앞장서게 되었는데, 그것은 곧 카롤링거 영역 내에서 점증하고 있었던 유대인의 영향력과 맞서는 형국이 되었다.[4] 그러나 다른 문제들도 또한 아고바르의 주의를 끌었다. 그는 궁정에 대해 크게 분노하면서, 오래 전에 샤를 마르텔(Charles Martel)이 몰수했던 교회 영지를 반환해주기를 강력히 요청했다.[5] 그리고 아고바르는 뒤늦게 성상파괴 논쟁에 참여했는데, 상상력과 흥미를 결여한 샤를마뉴의 초기 온건한 입장을 따랐다.[6] 또한 그는 인간의 가정과 추측을 제한하려는 목적으로 성경에 관한 소책자를 저술하기 시작했다.[7] 아고바르는 그의 예하에 있는 유명한 성직자들에게 돌릴 회람도 준비하였다.[8] 그는 격하된 성직자의 상태와 조건을 교정하기 위해 공의회 소집을 서두르기도 했다.[9] 아고바르는 만연하는 부정의를 교정하기 위해, 정치권력이 더 큰 책임감을 가질 것을 주문했다.[10] 또다시 그는 우체(Uzès)에서 발생한 민중 이교를 억누르기 위해 그에게 주어

---

1. *De grandine et tonitruis* (MPL 104.147A-158C), c. 815.

2. *Adversus legem Gundobadi* (MGH:EpKA, 3.158-164; MPL 104.113B-126B) 또한 *Contra judicium Dei* (MPL 104.249C-286C), c. 817.

3. *Adversum dogma Felicis Urgellensis* (MPL 104.29C-70A; MGH:EpKA, 3.153, *prooemium* [서문]만 있음), c. 819.

4. *De baptismo Judaicorum mancipiorum* (MGH:EpKA, 3.164-166; MPL 104.99D-106B), c. 823; *Contra praeceptum impium* (MGH:EpKA, 3.179-182; MPL 104.173D-178C), c. 826; *De insolentia Judaeorum* (MGH:EpKA, 3.182-185; MPL 104.69B-76B), c. 827; *De Judaicis superstitionibus* (MGH:EpKA, 3.185-199; MPL 104.77A-100C), c. 827; *De cavendo convictu et societate Judaica* (MGH:EpKA, 3.199-201; MPL 104.107A-114B), c. 827.

5. *De dispensatione ecclesiasticarum rerum* (MGH:EpKA, 3.166-179; MPL 104.227A-250B), c. 825 초기.

6. *De imaginibus* (MPL 104.199B-228A), c. 825.

7. *De spe et timore* (MGH:EpKA, 3.222 f.; MPL 104.323A-326B), c. 826 (?).

8. *De modo regiminis ecclesiastici* (MPL 104.189A-200A), c. 826.

9. *De privilegio et jure sacerdotii* (MPL 104.127A-148A; MGH:EpKA, 3.203-206, 11-20장만 그것에 관해 다룸), c. 826 혹은 827 초기.

10. *De injustitiis* (MGH:EpKA, 3.201-203; MPL 104.185C-190A), 827 말기 혹은 828 초기.

진 특권을 사용하기도 했다.[11] 그리고 그는 뚜르(Tours)의 대수도원장이었던 앨퀸(Alcuin)을 승계한 프레데기수스(Fredegisus)의 가증스러운 신학적 공격을 열심히 방어하고 나섰다.[12]

아고바르는, 그의 뜨거운 활동의 열기 가운데서, 그의 교구민에 대한 목회적인 의무와 책임도 등한시하지 않았다. 곧 주후 829년 혹은 830년에 그의 유일한 설교, 「신앙의 진리와 모든 선의 확립에 대하여」(On the Truth of the Faith and the Establishment of All Good)[13] – 이 책의 텍스트로 번역됨 – 가 선보이기도 했던 것이다. 아고바르의 다른 설교들은 의심할 바 없이 대단히 많이 있었다. 그러나 이 책의 텍스트가 된 설교가 아마도 아고바르의 설교 양식을 꽤 잘 보여주는 것이다. 이 설교는 대단히 영적이고 추론적인 문체를 가지고 심오한 신학적 문제를 다루고 있다. 그리고 이 설교의 구성은 다음과 같다.

> 서론: 성지참배에 대한 부드럽고 온순한 책망과 질책, I, II.
>> A. 삼위일체 교리, III–V.
>> B. 성육신 교리, VI–IX.
>> C. 그리스도와의 합일과 구원 받은 자들, X, XI.
>> D. 구원 받은 자들이 받을 고난과 시련, XII–XV.
>> E. 정죄 받은 자들의 무리, XVI–XVIII.
>> F. 구원 받은 자들의 의무, XIX–XXVI.
> 결론: 하나의 간곡한 권고, XXVII, XXVIII.

주후 830–840년 어간에, 카롤링거 제국은 왕자들의 내전으로 인해 무질서의 소용돌이 속으로 빠지게 되었고, 아고바르의 나이 60세 때가 가장 치열한 투쟁의 시기였다. 여론에 민감했던 아고바르는 주후 833년에 발발한 반란에 대해 루이 왕에게 경

---

11. *De quorundam inlusione signorum* (MGH:EpKA, 3.206–210; MPL 104.179A–186A), c. 829.

12. *Contra objectiones Fredegisi abbatis* (MGH:EpKA, 3.210–221; MPL 104.159A–174C), c. 830.

13. *Sermo exhortatorius ad plebem de fidei veritate et totius boni institutione* (MPL 104.267C–288A), c. 829 혹은 830 (?).

고를 가했으나 별 효과가 없었다.[14] 그는 루이 왕에게 항명하여, 비록 루이 왕의 아들들이 그들의 아버지에 대해 반란을 일으켰음에도, 그들의 주장을 공개적으로 지지하고 나섰다.[15] 여기서 아고바르는 왕비 유디트(Judith)에 격렬히 반대하는 장광설을 늘어놓았다.[16] 그리고 아고바르는 결국 루이 왕의 폐위를 정당화했던 것이다.[17] 그 결과, 다시 루이 왕이 권좌에 복귀했을 때, 아고바르는 주후 834-838년 사이에 주교직에서 축출당했다. 그의 마지막 작품들은 유배 기간 사이 혹은 복귀 직후에 저술된 것들이었다.

아고바르가 리용을 떠나 있는 동안, 리용의 주교좌(locum tenens)는 메츠의 아말라리우스(Amalarius of Metz, 대략 주후 775-850년)가 그 대신 차지하고 있었다. 그는 서방교회에서 최초의 예배 학자였다. 아말라리우스는 로마교회의 표준 예식을 선호하면서도, 그의 심중에는 대담한 개인주의적 발상이 자리 잡고 있어서, 리용 교회의 옛 예식들을 몰아내고 다소 기발하고 새로운 사고방식들을 가미하려고 했던 것이다. 이에 대한 반동으로, 부제 플로루스(Deacon Florus, 대략 주후 800-860년)는[18] 일부 리용교회의 성직자들을 선동하여 심각한 아말라리우스 반대 운동을 펼치기 시작했다. 곧 이들은 주후 838년 9월에 아말라리우스를 이단으로 몰아 정죄하기에 충분할 정도로 그 세력을 결집하고 있었던 것이다. 그럭저럭 하는 사이에 아고바르는 아말라리우스를 반대하는 세 권의 책을 저술했었다. 짧은 소논문, 「거룩한 성가영창에 대하여」(On Divine Psalmody)[19] - 다음에 소개된 텍스트를 읽어보라 - 보다 포괄적인 내용을 지닌 논문, 「응답송가의 교

---

14. *De divisione imperiii Francorum inter filios Ludovici* (MGH:EpKA, 3.223-226; MPL 104.287B-292B), c. 831 말기.

15. *De comparatione regiminis ecclesiastici et politici* (MGH:EpKA, 3.226-228; MPL 104.291C-298B), 주후 833년 4월 13일과 6월 1일 사이에.

16. "Manifesto" (MGH:Scriptores, 15.274 f.; MPL 104.307C-315B), 주후 833년 6월 1일부터 24일 사이에. 이 성명서의 첫 여섯 장은 보통 *Liber apologeticus*라고 칭해지고 있다. (다음 각주를 참고하라.)

17. *Liber apologeticus pro filiis Ludovici pii imperatoris adversus patrem* (MGH:Scriptores, 15.276-279; MPL 104.315B-320C), 주후 833년 11월 중순경에. 상기 제목을 지닌 변증서는 각주 16번에 언급된 "Manifesto"의 7-13장에 보존되어 있다. 아고바르는 또한 루이 왕의 폐위를 확고히 주장하는 다음과 같은 짧은 성명도 발표했다. *Chartula porrecta Lothario in synodo Compendiensi* (MGH:Leges, 1.369; MPL 104.319D-324A), 주후 833년 11월에.

18. M. Manitius, *Geschichte der lateinischen Literatur des Mittelalters* (Munich: Beck, 1911), 1.560-567; Cabaniss, "Florus of Lyons". 여기서 다루어진 주제들은 고전과 중세(*Classica et Mediaevalia*)의 떠오르는 주제가 되었다.

19. *De divina psalmodia* (MPL 104.325C-330A), 주후 835-838년에. 이 논문은 서론의 형식으로 저술되었고, 분리된 논문은 아닌 것으로 보인다.

정에 대해」(*The Correction of the Antiphonary*),**20** 아말라리우스의 *magnum opus*(대전집)와 *Liber officialis*(예배에 관한 책)**21**를 격렬하게 비판하는 글**22** 등이 그것들이다. 어떤 거의 금욕에 가까울 뿐만 아니라 대단히 엄격한 성향을 지닌 채, 아고바르는 교회 내에서, 인간적인 사고방식으로 된 것을 모두 배격한 후, 오직 성경적인 것들만 찬양돼야 한다고 주장했다. 그리고 그는 교회 내에서 "연극적인 억양과 현란한 멜로디"를 배제한 채, 성가가 불려야만 할 것이라고 강조했던 것이다.**23** 그는 이에 관해 다음과 같이 언급했다. "가톨릭 신조로 우리의 신앙을 고백할 때, 우리는 우리 자신의 표현이 아니라 사도들의 진술과 주기도문을 토대로 한다. 우리는 우리 자신의 말로써가 아니라 우리 구주께서 직접 하신 말씀으로 신앙을 고백해야만 한다. 또한 우리는 예배를 드릴 때, 인간이 작곡한 것이 아니라 사도들을 따라서, 거룩하고 영적인 시와 찬양과 성구송영을 드려야만 한다."**24**

아고바르는 아말라리우스가 정죄된 이후에 제국의 호의를 다시 사서 자신의 책무와 기능을 회복했다. 그는 황제가 죽기 2주 전인 주후 840년 6월 6일에 타계했다. 그러나 결과적으로 볼 때 아고바르는 아말라리우스에게 패배한 것이나 마찬가지일 것이다. 왜냐하면 그는 두세 명의 추종자를 제외하고, 어떤 뚜렷한 학파도 만들지 못했기 때문이다. 사실상, 그는 실질적으로 주후 1605년에 이르기까지 잊혔던 존재로 잠재되어 있었다. 맨슨(Papire Masson)은 오늘날 우리가 아고바르에 관한 지식과 정보에 유일하게 접할 수 있는 사본을 주후 1605년에 발견했던 것이다.**25** 그와 반면에, 아말라리우스의 것들은 필사되어 발췌되고 인용되기에 이르렀으며, 또한 그 자신의 당대로부터 오늘에 이르기까지 지속적으로 편집 발간되었다. 이러한 점은 역사의 아이러

---

20. *De corretione antiphonarii* (MGH:EpKA, 3.232–238; MPL 104.329B–340A), 주후 835–838년에.

21. J. M. Hanssens, ed., *Amalarii episcopi opera liturgica omnia, Liber officialis* (*Studi e Testi*, 1.139; Città del Vaticano: Biblioteca Apostolica Vaticana, 1948). 다음 자료도 보라. Hanssens, "Le Teste du 'Liber Officialis' d'Amalaire", *Ephemerides Liturgicae*, 47 (1933), 113–125, 225–424, 493–505; 48 (1934), 66–79, 223–232, 549–569; 49 (1935), 413–435. 또한 다음 자료도 참고하라. Cabaniss, "The Personality of Amalarius." (*Church History*, 20 [1951] 34–41); "The Literary Style of Amalarius: A Note." (*Philological Quarterly*, 31 [1952] 423–426); *Amalarius of Metz* (Amsterdam: North-Holland Publishing Co., 1954).

22. *Contra libros quatuor Amalarii* (MPL 104.339A–350B), 주후 835–838년에.

23. *De correctione antiphonarii*, XII (MPL 104.334C): "theatralibus sonis et scenicis modulationibus…".

24. *Ibid.*, XIX (MPL 104.338D–340A). 이에 관한 성경적인 언급으로는 엡 5:19를 들 수 있을 것이다.

25. MPL 104.9B; MGH:Scriptores, 15.274; MGH:EpKA, 3.150.

502

니, 곧 뜻밖의 결과다.

이 책에 소개된 아고바르의 설교문은, 당시 주교의 일반적인 신학적 접근 방법을 탁월하게 보여주는 예시인 동시에, 당시 교구민에게 전하는 설교의 전형적인 방법론을 제시해주고 있다. 무엇보다도, 그 설교는 리용 학파의 설교에 대한 대단한 관심을 보여주고 있다는 데서 큰 특징을 찾을 수 있다. 성가 영창에 관한 그의 짤막한 진술은, 향후 예배학에 있어서 성경의 권위와 연관된 끝없는 논쟁을 불러일으키는 촉매제가 되었다. 이후에 청교도 신앙은 그의 주장을 오래도록 크게 외쳐댔던 것이다. 이 책에 소개된 그의 두 작품 모두 미묘하고도 수줍어하는 문체를 지니고 있으나, 솔직성과 올바른 상식을 내포하고 있다.

사본(*Manuscripts*)으로는 다음과 같은 것들이 있다. Bibliothèque Nationale(Paris), 2853, saec. ix. 여기에는 그의 *Contra libros IV Amalarii*(아말라리우스 비판서 제4권)를 제외한 모든 산문이 수록되어 있다. Bibliothèque de Lyon, 618 (ex 535), saec. xii. 이 자료는 *Contra libros IV Amalarii*와 아고바르의 다른 논문 한 작품을 수록하고 있다. 이 두 작품은 모두 중요한 저술이다. 이들은 다섯 개의 사본들 중에 두 개의 사본 속에 수록되어 있었던 것이었으며, 나머지 세 사본은 소실된 것으로 보인다. 아고바르의 것으로 추정되는 세 "시편"은 다른 사람이 저술한 것으로 여겨진다.[26]

편집본(*Editions*)으로는 다음과 같은 것들이 있다. *Editio princeps*(첫 편집본, 오직 BN 2853에만 근거함): *Sancti Agobardi episcopi ecclesiae Lugdunensis opera*(거룩한 루그두넨시스 교회 주교 아고바르의 전집). Quae octingentos annos in tenebris deliruerant, nunc e PAPIRII MASSONI jurisconsulti bibliotheca proferuntur. Accesserunt binae epistolae Leidradi non antea excusae. Parisiis: Excudebat Dionysius Duvallius, sub Pegaso, in vico Bellovaco, MDCV, cum privilegio regis. (주후 800년경에 어둠에 묻힌 것이 이제 마소니 파피루스에서 성경적인 판단 근거가 발견되기에 이르렀다. 그들은 변명할 수 없는 두 통의 라이드라두스의 서신에 대해 동의한다. 벨로바코 마을에서, 페가수스 아래서, 디오니시우스 두발리우스를 위조한 것이 MDCV 안에 특별히 들어 있다.) 이 편

---

26. 여기에는 다음과 같은 작품들이 들어 있다. *De translatione reliquiarum sanctorum martyrum Cypriani, Sperati, et Pantaleonis ad urbem Lugdunensem* (MGH:PLAC, 2. 544–545., 플로루스의 작품들 중에 있음; MPL 104.349C–352B), c. 807 혹은 808; *Epitaphium Caroli magni imperatoris* (MGH:PLAC, 1.407–408., MPL 104.349BC), c. 814; 이합체(離合體) 시(acrostic; 각 행의 처음과 끝 글자를 맞추면 어구가 이루어져 시가 형성됨)인 *Agobardo pax sit* (MGH:PLAC, 2.118–119.); L. Traube, *Karolingische Dichlungen* (Berlin, Weidmann, 1888, 152–155), 날짜 표시가 없음.

집본이 출판되던 바로 그 해에, 그것은 "그때까지 편집된"(donec corrigatur) 금지 색인 목록에 들어 있었다. 이러한 정죄는 아마도 주후 1929년 그러한 목록이 편집된 때까지 여전했던 것으로 보인다.

두 번째 편집본(기본적인 것)은 다음과 같다. Étienne Baluze, Paris, Chez Muguet, 1666, 2 vols. 이 편집본은 BN 2853과 B. de Lyon 618(ex 535) 둘 다에 의존하고 있다. 이 편집본의 특징은 매우 유용한 다량의 각주를 포함하고 있다는 점에 있다.

그 외에는 다른 진본 편집본이 발견되지 않고 있다. 미네(Abbé Migne)는 발루즈 판을 다시 발간했다: MPL 104.29D-352B. 여기에는 발루즈 판의 각주와 맨슨 판의 서문, 및 아고바르의 전기와 짧은 개요가 함께 수록됐다. 이 편집본은 세 개 혹은 네 개의 다른 선집들 속에 다양한 분량의 책으로 수록됐다. MGH의 여러 권에 편집되어 수록된 논문들은 이러한 서론에 대한 각주로 보인다.

이 책에 수록되어 있는 설교(Sermon)와 거룩한 성가 영창(On Divine Psalmody) 모두 MPL보다 이후에 편집되어 발간된 것이 아니었다. 그러한 연유로 인해, 이 책에 소개된 텍스트는 MPL보다 이후에 발간된 작품집에서 대본을 취하여 영어로 번역된 것이다. 또한 이는 BN 2858의 것을 사진 복제하듯이 번역 출판됐다는 평가를 받고 있기도 하다. 그러나 MPL의 것은 수많은 곳에서 오류를 보여주고 있다. 이들 중 대부분의 오류는 교정돼왔으나, 다수의 보다 두드러진 오류들이 각주들 속에 포함되어 있다.

번역본(Translations)들로는 발췌 본 형태로 제시되었다. 지금까지 어떤 아고바르의 작품도 완벽하게 번역되어 나온 것이 없다. 물론 비록 많은 발췌본이 나와서 아고바르에 관해 다루었더라도, 완전한 체계를 갖추지는 못하고 있는 실정이다.

짧은 전기(Brief Bibliography)로는 다음과 같은 것들이 있다. 1. P. A. Klap, "Agobard van Lyon", *Theologisch Tijdschrift*, 29 (1895), 15-48, 121-151, 385-407; 30 (1896), 39-58, 379-401, 469-488.

2. J. Leonardi, *Agobard von Lyon und seine politische Publizistik* (Vienna, Lichtner, 1927).

3. Mgr. Bressolles, *Saint Agobard Évêque de Lyon* (Paris, Librairie J. Vrin, 1949). 주후 1933년에 완성된 이 책은 타자기로 친 문서 형태로 가톨릭 성서공회(Bibliothèque de l'Institut Catholique, Paris)에 소장돼 있었고, 또한 일부 개인 도서관에도 보관돼 있었다. 그것은 결

국 1947년에 책으로 인쇄되었고 2년 후에 출판된 것이다.

4. Allen Cabaniss, *Agobard of Lyons: Churchman and Critic* (Syracuse, Syracuse University Press, 1953). 전기적인 각주가 98-113쪽에 수록됐고, 이는 아고바르의 작품과 연대에 관해 모두 언급됐다. 이 책은 다음과 같은 박사 논문을 통해 완벽히 재조명됐다. "Agobard of Lyons: A Ninth Century Ecclesiastic and Critic", University of Chicago, 1939. 이 논문은 방대한 번역을 인용하고, 다량의 주석을 달았다. 이 논문의 마지막 장인 "아고바르의 사상"(Agobard's Thought)은 주후 1941년 시카고 대학교 도서관이 석판 인쇄하여 사적으로 배포하기도 했다.

카바니스가 편집한 여타 아고바르의 기타 저술들은 다음과 같다. "Agobard of Lyons" (*Speculum*, 26 [1951] 50-76); "Agobard and Amalarius: a Comparison" (*Journal of Ecclesiastical History*, 3 [1952] 125-131); "Saint Agobard as Art Critic", *Studies Presented to David Moore Robinson*, ed. G. E. Mylonas and D. Raymond (Saint Louis, Washington University, 1953), 2.1023-1028; "Agobard of Lyons: Rumour, Propaganda, and Freedom of Thought in the Ninth Century" (*History Today*, 3 [1953] 128-134). 이는 다음 자료에서 재인쇄됐다. "Agobard of Lyons" in *Diversions of History*, ed. Peter Quennell (London, Allan Wingate, 1954), 41-51.

제2절. 신앙의 진리와 모든 선의 확립에 대해 – 교구민에게 행한 권면설교[27]

I.

최상의 목자의 양떼로서 그리스도의 한 가족인 우리의 형제들이여! 그의 수중에 있는 양떼와 같은 그의 목장의 백성들이여! 나의 말씀에 귀를 기울여 경청하시기를 바랍니다. 신앙고백으로써 영원하신 왕의 문으로 들어가시기를 바랍니다. 그리고 찬양함으로써 그의 궁정으로 나아가기를 바랍니다.[28] 다음과 같은 말씀을 여러분은 들으시기를 바랍니다. "보라! 여호와의 집 우리 여호와의 성전 곧 우리 하나님의 성전 뜰에 서 있는 여호와의 모든 종들아! 여호와를 송축하라.[29] 너희는 여호와를 만날 만한 때에 찾으라 가까이 계실 때에 그를 부르라.[30]" 실로 여호와 하나님은 얼마나 우리와 가까이 계십니까! "우리가 그를 힘입어 살며 기동하며 존재하느니라."[31] 여호와 하나님께서는 우리 모두의 마음속 깊은 곳에 좌정해 계시고, 또한 우리의 모든 육체 주위를 둘러싸주시고 계십니다. 그분은 우리 내부에 가득 차 계시고, 우리 외부를 둘러 싸 주시고 계십니다. 그분은 우리 아래에서 우리를 업어서 지탱해 계시고, 또한 우리 위를 포근히 덮어서 안아주십니다.[32] 그러나 지금 그렇게 가까이 계시는 그분이 발견될 수 없는 그때가 곧 다가올 것입니다. 그런데 무엇 때문에 모든 곳에 계시며, 또한 아니 계신 곳이 없는 그분을 찾을 수가 없을 때가 올 것입니까? 그 이유는, 주님을 찾을 시간이 없을 것이기 때문이 아니라, 단지 그분을 찾지 않는 자들이 받을 형벌의 고통으로 인해 그러하기 때문입니다. 시편을 저술한 시인의 당부를 우리는 시행해야만

---

27. MS.의 제목은 단순히 "아고바르의 설교"(*Agobardi sermo*)다.

28. 시 100편(불가타, 99편)의 구절에서 옴.

29. 시 134:1과 135:2(불가타, 133:1과 134:2)이 융합됨.

30. 사 55:6.

31. 행 17:28a.

32. 성 패트릭(St. Patrick)의 회상록 저자가 쓴 찬송시 'Breastplate'(갑옷, 마구 따위의 가슴받이). "모든 육체 주위를"(around all bodies)이라는 구절이 MPL에는 *cunctis corporibus interior*(모든 육체 내부에)로 되어 있으나, MS.에는 명확히 *cunctis corporibus exterior*(모든 육체 외부에)로 나와 있다. "모두의 마음 속 깊은 곳"(deep in all minds)과 병행되는 구절은 *cunctis mentibus interior*(모든 마음의 내부에)이다.

합니다. "여호와여 주께서 지으신 모든 것들이 주께 감사하며 주의 성도들이 주를 송축하리이다."[33] 여호와께서 행하신 일들을 보고 우리 모두 여호와를 송축합시다. 그분이 행하신 모든 업적들을 보고 여호와께 감사를 드립시다.

II.

여러분이 이곳저곳으로, 이 나라 저 나라로 여호와를 찾아 방황하는 일은 불필요합니다.[34] 그분 자신이 여러분에게 자유롭게 말씀하시고 행하시도록 하십시오. 그분이 이렇게 말씀하시지 않으셨습니까? "볼지어다 내가 문 밖에 서서 두드리노니 누구든지 내 음성을 듣고 문을 열면 내가 그에게로 들어가 그와 더불어 먹고 그는 나와 더불어 먹으리라."[35] 무엇이, 그리고 어떤 경험이 그렇게 감미롭고, 그토록 즐거웠습니까? 게다가 그분은 또한 이렇게 덧붙여 말씀하셨습니다. "이기는 그에게는 내가 내 보좌에 함께 앉게 하여 주기를 내가 이기고 아버지 보좌에 함께 앉은 것과 같이 하리라."[36] 보십시오, 그분은 여러분에게로 오셔서 여러분이 그분과 함께 먹기를 원하고 계십니다. 여러분이 문을 열게 되면 지루하거나 지치지 않을 것입니다! 그분은 여러분의 마음속에서 여러분과 함께 잡수시기를 원하고 계실 뿐만 아니라 여러분을 그분의 보좌 옆에 앉히셔서 높이 들어 올리시기를 바라고 계십니다. 주님이 그러한 약속을 해주셨는데, 우리가 여기서 무엇을 더 바랄 수가 있겠습니까? 주님은 또한 이러한 약속을 하셨습니다. "사람이 나를 사랑하면 내 말을 지키리니 내 아버지께서 그를 사랑하실 것이요 우리가 그에게 가서 거처를 그와 함께 하리라."[37] 그러므로 여러분은 크게 분발해서, 여러분의 손에 쥔 등불을 밝히시기를 바랍니다. 그래서 주님이 혼인 잔치에 돌아오실 때 잘 준비하여 기다리고 있는 신부처럼 되시기를 바랍니다. 그분이

---

33. 시 145:10 (불가타, 144:10).

34. 이와 같이 순례의 관습을 온건하게 질책하는 것은 아고바르가 사용하곤 했던 예배에서 반대 의견에 관한 표현('pictures'; 묘사)과 다를 바 없다. 뿐만 아니라 그러한 온건한 비난은 거룩한 예배의 음악과 연관된 부분에서 오직 성경 말씀 외에는 사용해서는 안 된다는 거부 의사와도 연관돼 있다. [예배의 찬송가를 세상 곡조나 내용으로 채워서는 안 된다는 표현을, 하나님을 이곳저곳에서 찾아서는 안 된다는 묘사로 대신한 것이다. 곧 세속 문화의 내용을 가지고 하나님을 찬양하는 노래의 가사나 곡조로 사용해서는 안 된다는 의미다].

35. 계 3:20.

36. 계 3:21.

37. 요 14:23.

다시 돌아오셔서 문을 두드리실 때 즉시 열어드릴 수 있기를 원합니다.[38] 성부와 성자를 주인으로 모시는 종들은 복이 있습니다. 그러나 성부와 성자를 손님으로 내몰아 버리는 자들에게는 화가 있을 것입니다. 왜냐하면 사악한 영에게는 지혜가 들어가지 않을 것이기 때문입니다. 또한 죄에 매여 있는 육체 가운데 지혜가 거주하지도 않을 것이기 때문입니다. 거룩한 훈계의 영은 책략과 속임을 피할 수가 있게 해줍니다. 또한 이해함이 없는 생각들을 제거해주기도 합니다.[39] 그러므로 헛된 것들에 대해 깊이 생각하지 마시기 바랍니다. 멸망할 것들에 대해 갈망하지 마시기 바랍니다. 더욱이 어리석고 허황된 이야기들을 피하십시오. 하나님을 경외함으로써 여러분 자신들을 훈련시키기 바랍니다.[40] 문을 두드리고 계시는 주님께 문을 열어드리십시오. 그렇게 되면 주님은 여러분에게 들어가서 여러분과 더불어 먹고 마시며, 그분의 집을 여러분의 것으로 만들어주실 것입니다. 주님은 조용히 두드리시지 않고 모든 자에게 이렇게 말씀하시며 두드리십니다. "나의 누이, 나의 사랑, 나의 비둘기, 나의 완전한 자야! 나에게 문을 열어 다오."[41] "그러므로 너희가 더욱 힘써 너희 믿음에 덕을, 덕에 지식을 (더하라)."[42] 믿음과 소망을 반영함으로써 여러분은 하나님에 관한 지식과 이해를 더 증가시킬 수가 있기 때문에, 무가치하거나 열매 없는 삶을 영위해서는 안 될 것입니다. 그러므로 여러분은 항상 주님을 여러분의 최상의 손님으로 극진히 모시고 섬겨야만 할 것입니다.

III.

신앙(faith)은, 전능하신 유일한 하나님과, 성부와 성자와 성령의 삼위일체를 믿는 (believe)[43] 것입니다.[44] 셋 중 자기 스스로 저절로 태어난 존재는 아무도 없고, 아무도

---

38. 마 25:1-13.

39. 지혜서 1:4-5.

40. 딤전 4:7.

41. 아 5:2.

42. 벧후 1:5.

43. "Fides est qua credimus…"(신앙은 우리가 …를 믿는 것입니다). 아고바르는 faith와 belief를 구별하고 있는데, 전자는 후자의 방편이나 혹은 수단으로 여긴다.* 이는 루터 파 견해와 유사한 것으로서 다소 시대착오적인 용어론(terminology)적 발상이다.

44. 이곳과 그 외 어떤 다른 신조들(*Symbolum quicunque*)의 구절들을 주목해서 비교해 보라.

---

* 예를 들면, "하나님에 대한 신앙(faith)으로써 기독교 신앙(belief)을 확립한다"에서 faith는 belief를 이루기 위한 방편과 수단이 된다.

그 자신에게서 생겨나지 않았으며, 오직 다른 존재에게서 그 자신이 나온 참된 삼위일체(Trinity)시여! 다시 말해, 성자는 성부에게서 나셨고(begotten), 성령은 성부와 성자에게서 생겨나셨습니다(proceed). 그러므로 낳으신(has begotten) 한 분과, 나신(has been begotten) 다른 한 분과, 그 두 분에게서 생겨나신(proceed) 또 한 분이 계시다는 사실은 의심할 나위가 없습니다. 오! 참된 일체시여! 그 속에는 성부의 한 영이나, 성자의 다른 영이 아니라, 그 두 분의 한 영이 존재하고 계십니다! 성령께서는 성부에게서 먼저 생겨나신 후에 이어서 그 다음에 성자에게로 들어가신 것이 아닙니다. 성령은 성자에게서 발산하여 믿는 자들의 심령 속에 자비의 은총을 심어주십니다. 그러나 그 은총은 그 두 분에게서 동시에 발산됩니다. 성부의 한 신성이나, 성자의 다른 한 신성이나, 성령의 또 다른 한 신성은 존재하지 않습니다. 오직 그 세 분 삼위의 한 신성만이 존재할 뿐입니다. 그러하기에 참으로 그분은 한 하나님이십니다. 만일 그것이 하나와 다른 하나로 존재한다면, 그것은 일체가 되지 않을 것입니다. 그러므로 하나의 신성만이 존재합니다. 하나의 영원성, 한 위엄성, 유일한 전능성, 단일한 의지, 하나의 행위, 하나의 감동, 하나의 영광만이 있을 뿐입니다. 하나의 위격(person)과 다른 하나의 위격이 구별되게 존재하기 때문에 - 그러므로 삼위일체가 성립된다. 단 하나의 존재자만 존재하지 않고 다른 존재자도 존재하기 때문이다 - 일체가 존재하게 된다. 왜냐하면, 성자이신 그분이 성부 그 자신이 아니시며, 또한 성부이신 그분은 성자나 혹은 성령 그 자신이 아니시기 때문이다.- 그러므로 참된 삼위일체가 수립된다. 성자가 성부라는 것과, 또한 성부와 성령이 성자라는 것 때문에- 참된 일체(Unity)⁴⁵가 성립되는 것이다.

성부의 능력뿐만 아니라 성부의 의지도 성자의 탄생에 선행하지 않았습니다. 성령의 발현(procession)에 선행해서 존재한 것은 아무것도 없습니다. 우리는 성자를 낳으신 분이 하나님이심을 인식합니다. 더욱이 그분은 천지와 모든 눈에 보이는 것이나 보이지 않는 만물을 만드신 창조주이십니다.⁴⁶ 우리는 성자를 성부의 독생자로 인식하며, 그분은 하나님의 하나님, 빛의 빛, 바로 그 하나님의 바로 그 하나님(very God of

---

45. MS.는 *Trinitas*로 기록하고 있으나, MPL은 *Unitas*로 고쳤으며, 이것이 보다 더 신빙성이 있다.

46. 이 문장과 다음 두 문장은 니케아 신조(Nicene Creed)에서 나온 것이다. 이 문장 다음 문장에 나오는 그리스 단어 *homoousion*은 MS.에 들어 있고, 라틴어 문자로는 homousyon으로 표기된다.

very God), 피조 되지 않고 나신 분, 성부와 동일본질(*homoousios*)이신 분(즉, 성부와 동일한 본질의 = of the same substance with the Father)이십니다. 그분으로 인해 하늘과 땅의 만물이 창조되었고, 그분을 통해 천사들이 성부의 위엄과 영광을 찬양하며, 성부의 통치하심을 경배하고, 그분 앞에서 하늘의 모든 권세와 권능들이 떨고 있습니다.[47] 우리는 성령을 생명을 주시는 분으로 인식합니다. 그분은 성부와 성자에게서 생겨나셨고, 성부와 성자와 함께 더불어 예배와 영광을 받으십니다. 그분은 선지자들을 통해 말씀하셨습니다. 우리는 성부, 성자, 성령 이 세 분이 함께 더불어 은혜를 베풀어 주신다고 인식합니다. 그 세 위격은 서로 각각 혼동됨이 없이(without confusion) 나뉘지 않습니다. 그들은 무시간적으로 영원하시며, 차이가 없이 동등하십니다. 등급을 넘어서서 찬양받으시기에 합당한 위대하신 한 주님이십니다. 그들의 위대성은 끝이 없고, 그들의 지혜는 측량할 수가 없습니다. 참으로 그 크기와 가치를 헤아릴 수가 없습니다. 육신이라는 물질 속에서 지금 여기에 존재하시는 그분은 무제한적인 초월적 존재로서 안 계신 곳이 없으신 무소부재의 하나님이십니다.

IV.

하늘과, 하늘 높이 있는 모든 천사들과, 모든 권세들과, 태양과 달과, 별들과 빛과, 하늘들의 하늘들과, 하늘들 위에 있는 물들이 이러한 참된 삼위와 참된 일체와 한 분 하나님께 찬양을 드리고 있습니다. 왜냐하면, 그것들은 모두 그분에 의해 만들어졌다고 언급되기 때문입니다. 그분이 명령하시고 그것들은 피조됐습니다. 땅에서부터 그것들이 하나님을 찬양하고, 용들과 모든 땅 속 깊은 곳의 피조물들, 불과 우박, 눈과 얼음, 폭풍과 산과 언덕들, 열매 맺는 나무들과 삼목들, 짐승들과 모든 가축들, 뱀들과 각종 나는 새들, 지상의 왕들과 모든 민족들, 땅 위의 군주와 방백과 심판관들, 소년과 소녀들, 노인과 젊은이들 모두가 하나님의 이름을 높이 들고 있습니다. 하나님의 영광이 땅과 하늘 위에 있고, 그를 찬양하는 소리가 성도의 무리 가운데 가득차 있습니다. 실로 그의 성도들, 그의 권능의 천계, 그의 능력들 속에서, 그의 위대하심의 풍부함을 따라, 나팔 소리와 수금과 하프, 탬버린과 춤, 각종 현악기와 관악기

---

47. 초기의 Mass. 서문에 들어 있는 구절이다.

들, 은은한 기쁜 소리가 울려 퍼지는 심벌즈 등이 하나님의 성호를 찬양합니다.[48]

V.

이성을 가졌거나 아니면 그렇지 않거나 간에 모든 피조물들이 쉬지 않고 하나님을 찬양하고 있기 때문에, 하나님의 형상과 유사함으로 지은 바 된 인간은 하물며 어떻게 해야 하겠습니까? 하나님의 영광을 찬양함에 그러한 피조물들보다 더 늦거나 게으르거나 혹은 더 못해서야 되겠습니까? 실로 저 피조물들도 항상 주님을 찬양하고 있지 않습니까? 우리는 저들 자연처럼 항상 하나님을 쉬지 않고 찬양하고 있지는 못하더라도, 적어도 종종 하나님의 성호를 찬양해야만 할 것입니다. 우리는 사도께서 이렇게 선포하신 말씀에 귀를 기울여야 할 것입니다. "그러나 너희는 택하신 족속이요 왕 같은 제사장들이요 거룩한 나라요 그의 소유가 된 백성이니 이는 너희를 어두운 데서 불러내어 그의 기이한 빛에 들어가게 하신 이의 아름다운 덕을 선포하게 하려 하심이라."[49] 또한 선지자는 이렇게 예언했습니다. "그의 모든 기사를 전할지어다. 그가 행하신 일을 만민 중에 알릴지어다. 그의 영광을 모든 민족 중에 선포할지어다."[50] 성경 말씀은 그러한 권능과 기사를 이렇게 단언하고 있습니다. "바람을 자기 사신으로 삼으시고 불꽃으로 자기 사역자를 삼으시며 땅에 기초를 놓으사 영원히 흔들리지 아니하게 하셨나이다."[51] "그 모퉁잇돌을 누가 놓았느냐? 그때에 새벽 별들이 기뻐 노래하며 하나님의 아들들이 다 기뻐 소리를 질렀느니라."[52] "그는 능력으로 바다를 잔잔하게 하시며 지혜로 라합을 깨뜨리시며."[53] "바다가 그 모태에서 터져 나올 때에 문으로 그것을 가둔 자가 누구냐? 그때에 내가 구름으로 그 옷을 만들고 흑암으로 그 강보를 만들고 한계를 정하여 문빗장을 지르고 이르기를 네가 여기까지 오고 더 넘어가지 못하리니 네 높은 파도가 여기서 그칠지니라 하였노라."[54] "그가 물방

---

48. 시 148, 149, 150편의 찬미들에서 나온 구절들임.

49. 벧전 2:9.

50. 대상 16:8-9과 24가 연결됨(1 Para. 16:8-9, 24, 불가타); 시 105:1-2 (불가타, 104:1-2); 사 12:4-6.

51. 시 104:4-5 (불가타, 103:4-5).

52. 욥 38:6b-7.

53. 욥 26:12.

54. 욥 38:8-11.

울을 가늘게 하시며 빗방울이 증발하여 안개가 되게 하시도다.”(다른 성경 번역본에는 "헤아릴 수 없이 많은 빗방울들"로 언급됨)[55] “누가 손바닥으로 바닷물을 헤아렸으며 뼘으로 하늘을 쟀으며 땅의 티끌을 되에 담아 보았으며 접시 저울로 산들을, 막대 저울로 언덕들을 달아 보았으랴”[56] “내가 보니 왕좌가 놓이고 옛적부터 항상 계신 이가 좌정하셨는데 그의 옷은 희기가 눈 같고 그의 머리털은 깨끗한 양의 털 같고 그의 보좌는 불꽃이요 그의 바퀴는 타오르는 불이며 불이 강처럼 흘러 그의 앞에서 나오며 그를 섬기는 자는 천천이요 그 앞에서 모셔 선 자는 만만이며 심판을 베푸는데 책들이 펴 놓였더라.”[57] 하늘의 모든 무리가 하나님 앞에 나아와서 좌우편에 도열해 섰는데, 선지자는 한 영이 여호와께 나아와 이렇게 하는 말을 들었습니다. “내가 나가서 거짓말하는 영이 되어 그의 모든 선지자들의 입에 있겠나이다.”[58] 즉 왕의 예언자들은 속아서 현혹되어서 왕궁으로 나아가 아합 왕이 죽음을 맞이할 준비를 했던 것입니다.

VI.

거룩한 사람이었던 욥은 탐날 정도로 부럽고 바람직한 인물이었기 때문에, 하나님 왼편에 있던 무리 중 한 위인 혹은 방백은 여호와께서 욥을 사탄에게 내어주시도록 간청했습니다. 그런데 그 목적은 욥이 바라지도 않는데 사탄을 통해 행해진 것을 시험하기 위함이 아니라, 사악함으로 가득 차 있었던 사탄이 추구했던 바를 정죄하여 비난하기 위함이었습니다. 시기와 질투의 불로 이글이글 타올라서, 하나님의 보좌 왼편에 좌정하고 있던 무리의 수장은, 선하신 하나님[59]에 의해 대단히 선하게 창조된 첫 인간에게 접근해서는, 그를 현혹하여 거짓말쟁이로 만든 후, 타락시킬 온갖 방

---

55. 욥 36:27. 여기에 언급된 "다른 성경번역본"은 의심할 나위 없이 옛 라틴 역을 가리킨다. 아고바르는 그의 작품들 속에서 다양한 성경 번역본들을 상당히 친숙하게 보여주고 있다. 그는 그리스어 성경이나 히브리어 성경도 능수능란하게 참고했다. 카바니스가 'evidence'라고 하는 표제로 다음과 같은 자료에서 언급한 부분을 참고하라. Cabaniss, *Agobard of Lyons*, 116–118. *Contra objectiones Fredegisi* (프레데기수스에 반대하여), 9 (MPL 104.164D–165A)에서, 아고바르는 다음과 같은 자료들을 언급하였다. LXX, LXX의 라틴 역, 아퀼라 역(Aquila), 데오도시우스 역(Theodotion), 심마쿠스 역(Symmachus), 히에로니무스 역(Jerome's LXX), 여타 다른 히에로니무스 역. 위의 각주 45번과 46번이 그 증거다.

56. 사 40:12.

57. 단 7:9–10.

58. 왕상 22:22를 참고하라.

59. 인간이란 존재는 "선하신 하나님"(불어로 le bon Dieu)에게 귀를 기울일 수 없는가?*

---

* 왜 하나님께 순종하지 않고 유독 사탄의 말을 듣고 순종했는가 하는 의미.

식을 동원해 무릎을 꿇게 만들었습니다. 천사들의 무리에서 내어밀침을 당한 사탄은 아담을 그의 부하로 만들었고, 또한 천사의 빛 아래에 있던 그를 끌고 나와 그 자신의 어둠에 복속시켜 엎드리게 만들었던 것이며, 이로 인해 인간은 영원한 죽음을 면할 수 없게 되었습니다. 그러나 최고로 선하시고 친절하신 여호와 하나님은 그토록 큰 타락과 상처를 회복시켜 인간을 되찾기 위해 그 자신의 아들이신 성자, 곧 하나님의 말씀(God the Word)을 보내셔서 육신을 지니신 인간(즉, 참 인간)이 되게 하셨습니다. 그리고 그분을 우리 가운데 거하게 하셨습니다. (즉, 완전한 인간성 속에서, 그분은 우리를 위해 우리에게서 몸을 취하셨습니다. 즉, 이러한 목적을 위해 "준비되고 보존된"[60] 거룩한 처녀에게서 그 몸을 입으셨습니다.) 더욱이 은총의 선물에 의해, 다른 거룩한 자들과 더불어 영적이 아니라 육적으로 거주하셨으니 이에 관해 다음과 같이 기록되었습니다. "주와 합하는 자는 한 영이니라."[61] 그런데 비록 그들이 주와 합하여 하나가 되어 그들 안에 하나님께서 거하신다고 하더라도, 거기서 그들이 본성상 신이 된다는 것은 아닙니다.[62] 그러나 그리스도 안에, 모든 신성의 충만함이 육체적으로 거하시기에, 그리스도는 바로 그 본질상 하나님이십니다. 그리스도께서 취하신 인간성은 하나님과 다른 것이 될 수 없습니다. 그리고 유일하신 성자는, 참 하나님이 되시기 위해 독생자로서 육신을 취하셨기 때문에, 참 인간이자 유일하신 하나님이십니다. 그리고 그분이 비록 인성을 지닌 육신과 신성을 가졌다고 하더라도, 그분은 육체 속에서 한 인격도 아니시고, 신성 가운데서도 다른 인격이 아니시며, 두 성품 가운데서 하나의 그리스도, 곧 "신-인"(God-man)이십니다. 각 본성의 실체(reality)와 완전무결(integrity)이 그리스도 안에 남아 있습니다. 인성은 신성으로 변화되지 않으며, 또한 신성이 인성으로 전환되지도 않습니다. 두 본성의 한 분 그리스도는 하나님이시고, 성부와 더불어 함께 예배를 받으십니다. 그리고 위에서 언급한 대로, 성자는 말씀(the Word)이 육신이 되기 이전부터, 성부께서 받으시는 것과 동일하게 예배를 받으십니다. 죽을 수밖에 없는 허약한 육신으로 성육신하신 불변하시는 신성

---

60. Mgr. Bressolles, *Saint Agobard Évêque d Lyon*, 126, n. 1. 브레솔은 여기서 "준비되고 그리고 보존된"(prepared and preserved)이라는 어구가 무오수태(Irnmaculate Conception) 교리의 암시를 포함하고 있는지의 여부를 묻고 있다.

61. 고전 6:17.

62. 여기서 언급된 개념에 관해서는 다음 자료들을 참고하라. E. Kantorowicz, "*Deus per Naturam, Deus per Gratiam*: A Note on Mediaeval Political Theology" (*Harvard Theological Review*, 45 [1952] 253–277). (자연을 통한 하나님, 은총을 통한 하나님: 중세 정치신학 개요).

은 감소되지도, 또한 증가되지도 않습니다.[63]

VII.

그리하여 참 하나님이시며 참 인간이신 유일하신 우리 주 예수 그리스도는, 그 자

---

63. 스페인 양자론(Spanish adoptionism; 예수는 본래 보통 사람이었으나 성령에 의해 하나님의 아들이 되셨다는 주장)의 암시가 보인다. 아래의 각주 81번을 보라.*

---

* 초기의 삼위일체 이단에는 양태론적 단일신론과 역동적 단일신론이 있었는데 후자가 바로 양자론과 연계된다. 전자는 로마의 장로로 추측되는 사벨리우스(주후 217경~220경 활동)가 주장했다. 그에 관한 것은 잘 알려져 있지 않으나, 가장 상세한 정보는 단일신론을 반대하는 동시대의 로마 신학자 히폴리투스의 편견에 찬 글에 담겨 있다. 당시 로마교회 내에서는 단일신론자(양태론자)들과 신격 안에 항구적인 위격의 구별이 있다고 주장하는 사람들과 그런 구별이 있을 수 없다고 주장하는 단일신론자들 사이에서 논쟁이 벌어졌다. 사벨리우스는 신격은 단일체이며 세 가지 작용으로 자신을 표현한다고 가르쳤다. 즉 창조에서는 성부로, 구속에서는 성자로, 성화에서는 성령으로 표현한다는 것이다. 교황 칼릭스투스는 처음에는 사벨리우스의 가르침에 동조하는 경향을 보였으나 후에는 사벨리우스를 정죄하고 파문했다. 사벨리우스주의는 30년 후에 다시 리비아에 나타났다. 주후 375년경 사벨리우스주의는 네오카이사리아에 다시 나타났고 바실리우스의 공격을 받았다. 스페인에서는 프리스킬리아누스가 사벨리우스의 입장에서 하나님의 단일체 교리를 주장했다. 종교개혁 때는 사벨리우스주의가 스페인의 신학자이며 의사인 미겔 세르베투스에 의해 재정립되었는데, 그는 그리스도와 성령은 하나의 신격, 즉 성부의 대행적 형태에 불과하다고 주장했다. 주후 18세기에는 스웨덴의 신비주의 철학자이며 과학자인 에마누엘 스베덴보리가 역시 이 교리를 가르쳤고, 새 교회(New Church)를 설립한 그의 제자들도 그렇게 가르쳤다. 양자론은 그리스도 양성론에 대한 반대 주장이다. 그러므로 양성론을 먼저 살펴보는 것이 양자론을 이해하기 위해 더 나을 것이다. 양성론은 성삼위에서 제2위격이 예수 그리스도의 인격 속에서 성육신했을 때, 예수는 한 인격의 단일체 안에 신성과 인성 모두를 소유한다는 주장이다. 양성(두 본성)이라는 표현은 그리스도가 참 하나님인 동시에 참 사람이라는 사실을 가리켰다. 처음 주후 1세기부터 4세기까지 삼위일체 교리, 즉 한 하나님이 세 위격으로 어떻게 구별되느냐 하는 문제에 관한 논쟁이 계속되다가, 주후 5세기에는 그리스도의 신성과 인성에 관한 논쟁으로 발전했다. 북 아프리카의 알렉산드리아에서는 그리스도의 신성을 강조한 반면, 안디옥에서는 인성을 부각시켜 실제 사람인 그리스도를 강조했다. 북아프리카의 알렉산드리아의 주교 네스토리우스가 주장한 것은 이러한 양성론을 반대한 견해였다. 그는 성모 마리아가 하나님을 잉태한 자, 하나님의 어머니였다는 주장을 부인함으로써 그의 견해를 제시하기 시작했다. 성자의 반신(半神)을 주장하는 네스토리우스의 견해가 에베소 공의회(431)에서 정죄되었고, 칼케돈 공의회(451)에서 다음과 같은 내용을 공식적으로 선포함으로써 이 문제가 결정적으로 매듭지어졌다. "우리 모두는 만장일치로 가르친다. 한 분 우리의 주 예수 그리스도인 성자는, 완전한 신과 완전한 인간으로 섞이거나 변화되거나 나뉘거나 혹은 분리됨이 없는 두 본성이다. 두 본성 사이의 구분이 연합을 통하여 결코 없어지지 아니하며, 오히려 각 본성의 동일성은 보존되면서 한 인격과 존재에서 동시에 나타난다." 이처럼 처음의 양자론은 주후 2-3세기에 발전했던 "역동적 단일신론"(Dynamic Monarchianism)을 의미하며, 다른 하나는 주후 8세기 스페인에서 시작하여 톨레도의 대주교 엘리판두스의 가르침과 관련된 이단설을 말한다. 그런데 이러한 스페인 양자론은 정확한 의미로는 예수 그리스도의 완전한 인성을 강조하려 하였던 8세기 스페인의 신학자들의 기독론을 가리킨다. 즉, 삼위일체의 제2위가 유일하신 독생자라고 칭해질 수 있으나(하나님과 동일 본성), 인간 예수가 "은혜로 말미암아 양자가 되었다"는 것이다. 바꾸어 말하면, 오직 입양된 인자만이 고통 받고 죽어 장사될 수 있었다. 이 이론이 그 이전의 견해들과 유사하므로 교리사가 하르낙(Adolf von Harnack)은, 예수가 본질적으로는 인간이었으나 그의 생애의 어떤 한 시점에서 하나님의 아들로 그 지위가 격상되었다는 제 이론들을 총칭하기 위하여 이 용어를 사용했다. 그리하여 오늘날은 그러한 견해를 모두 양자론이라 부른다. 하여간 주후 8세기경 스페인의 엘리판두스는 인성을 지닌 그리스도를 그 본질상 하나님의 아들인 신적인 그리스도와 구별해서 '양자'로 불렀다. 따라서 '말씀'에 의해 수태된 마리아의 아들은 본질상 하나님의 아들이 아니라 양자에 불과하다고 했다. 그리스도에 대한 이러한 견해는 곧 반박을 받았고, 교황 아드리아누스 1세가 개입하여 이 가르침을 단죄했던 것이다. 엘리판두스는 우르헬의 주교 펠릭스의 지지를 받았는데, 결국 펠릭스는 이 교리를 놓고서 요크의 앨퀸과 문서 논쟁을 벌이게 되었다. 주후 798년 교황 레오 3세는 로마에서 공의회를 소집하여 펠릭스의 '양자론'을 단죄하고 그를 파문했다. 주후 799년 펠릭스는 이 견해를 어쩔 수 없이 철회하고 감시를 받는 처지에 몰리게 되었다. 그러나 엘리판두스는 이를 철회하지 않고 계속 톨레도의 주교직을 수행했다. 그의 사후 양자론은 거의 전지역에서 영향력을 잃었다가 주후 12세기에 페트루스 아벨라르두스 및 그의 추종자들의 가르침 속에서 잠시 되살아나기도 했다.

신에 관해 성경에 예언된 대로 수난을 당하시고, 온갖 고초와 시련을 견뎌내셨습니다. 그로 인해 주님은 체포를 당하시고, 묶이셔서 채찍질을 당하시면서 십자가 위에 달리셔서 조롱을 받게 되셨습니다. 그리하여 그 자신의 힘으로 그 자신의 목숨을 내려놓으신 바로 그 시간이 도래했습니다. 그러나 바로 그 능력으로 그 목숨을 다시 회복할 수가 있었습니다. 주님은 십자가상에서 큰 목소리로 이렇게 외치셨습니다. "다 이루었다." 그리고 이렇게 운명하셨습니다. "예수께서 신 포도주를 받으신 후에 이르시되 다 이루었다 하시고 머리를 숙이니 영혼이 떠나가시니라."[64] 참되게 태어나신 그리스도는 참된 육체의 참된 고난을 겪으시고, 결국 참된 죽음까지도 견디셨던 것입니다. 또한 참된 육체의 부활에 의해 다음과 같이 행하셨던 것입니다. "그가 고난 받으신 후에 또한 그들에게 확실한 많은 증거로 친히 살아 계심을 나타내사 사십 일 동안 그들에게 보이시며 하나님 나라의 일을 말씀하시니라."[65] 그리스도께서는 그들의 면전에서 먹고 마셨습니다. 이는 필요한 이유 때문이 아니라 권능을 보여주기 위함이었습니다.[66]

"이 말씀을 마치시고 그들이 보는데 올려져 가시니 구름이 그를 가리어 보이지 않게 하더라. 올라가실 때에 제자들이 자세히 하늘을 쳐다보고 있는데 흰 옷 입은 두 사람이 그들 곁에 서서 이르되 갈릴리 사람들아 어찌하여 서서 하늘을 쳐다보느냐 너희 가운데서 하늘로 올려지신 이 예수는 하늘로 가심을 본 그대로 오시리라 하였느니라."[67] 그리하여 그리스도는 우리를 위해 취하신 바로 그 육체를 입은 채 하나님 보좌 우편에 앉아 계시다가, 다시 영광 중에 산 자와 죽은 자를 심판하러 오실 것입니다. 그리하여 그의 나라는 끝이 없이 영원할 것입니다.[68] 신실로 그분은 우리의 죄를 씻어주시기 위해 바쳐진 속죄 제물이셨습니다. 그분은 죽음에서 부활하신 첫 열매로서, 그에 관한 확실하고 신실하신 증거 그 자체이셨습니다. 지상의 모든 왕들 중의 왕이시며 하나님의 어린 양이신 그리스도는 세상의 모든 죄를 다 지시고 없애버리셨습

---

64. 요 19:30.

65. 행 1:3.

66. 눅 24:43.

67. 행 1:9-11.

68. 니케아신조에서 왔음.

니다.**69** 그분은 성부와 더불어 천사들의 찬양을 받으시기에 합당하신 분입니다. "내가 또 들으니 하늘 위에와 땅 위에와 땅 아래와 바다 위에와 또 그 가운데 모든 피조물이 이르되 보좌에 앉으신 이와 어린 양에게 찬송과 존귀와 영광과 권능을 세세토록 돌릴지어다 하니"**70** 그리스도는 그 자신과 하나님 아버지의 위엄 가운데서 도래하실 것입니다. 그들은 산과 바위들에게 부탁하여 진노의 심판을 막아줄 것을 애원합니다. 심판하실 그리스도는 그들에게 공포의 대상이 될 것입니다. "산들과 바위에게 말하되 우리 위에 떨어져 보좌에 앉으신 이의 얼굴에서와 그 어린 양의 진노에서 우리를 가리라. 그들의 진노의 큰 날이 이르렀으니 누가 능히 서리요 하더라."**71**

종말의 완성의 날이 이를 때, 모든 나라와 모든 종족, 모든 민족과 모든 어족 가운데서 선택된 자들이 어린 양 면전의 보좌 앞에 나아가 서게 될 것입니다. 그들은 흰 옷으로 갈아 입고 손에 종려나무 가지를 들고 주님을 맞이할 것입니다. 그들은 이렇게 큰 목소리로 다함께 외쳐댈 것입니다. "구원하심이 보좌에 앉으신 우리 하나님과 어린 양에게 있도다!"**72** 이때 이러한 대화가 일어날 것이니 우리는 이 시간 이를 귀담아 들어야만 할 것입니다. "장로 중 하나가 응답하여 나에게 이르되 이 흰 옷 입은 자들이 누구며 또 어디서 왔느냐? 내가 말하기를 내 주여 당신이 아시나이다 하니 그가 나에게 이르되 이는 큰 환난에서 나오는 자들인데 어린 양의 피에 그 옷을 씻어 희게 하였느니라. 그러므로 그들이 하나님의 보좌 앞에 있고 또 그의 성전에서 밤낮 하나님을 섬기매 보좌에 앉으신 이가 그들 위에 장막을 치시리니 그들이 다시는 주리지도 아니하며 목마르지도 아니하고 해나 아무 뜨거운 기운에 상하지도 아니하리니 이는 보좌 가운데에 계신 어린 양이 그들의 목자가 되사 생명수 샘으로 인도하시고 하나님께서 그들의 눈에서 모든 눈물을 씻어 주실 것임이라."**73** "여호와의 속량함을 받은 자들이 돌아오되 노래하며 시온에 이르러 그들의 머리 위에 영영한 희락을 띠고 기쁨과 즐거움을 얻으리니 슬픔과 탄식이 사라지리로다."**74**

---

69. 요일 2:2; 4:10; 계 1:5; 요 1:29를 연속적으로 요약하여 서술한 것임.

70. 계 5:13.

71. 계 6:16-17.

72. 계 7:10.

73. 계 7:13-17. 시 23:1-2(불가타, 22:1-2)에는 이에 대한 내적인 암시가 있는가?

74. 사 35:10.

　　이러한 하나님의 도성(즉, 모든 거룩한 자들이 함께 모여 사는 완전한 공동체 사회)은 "그 성은 해나 달의 비침이 쓸 데 없으니 이는 하나님의 영광이 비치고 어린 양이 그 등불이 되심이라"[75]는 말씀과 그대로 일치할 것입니다. 그러한 하나님의 도성에 관해서는 다음과 같은 말씀이 이루어질 것입니다. "다시는 강포한 일이 네 땅에 들리지 않을 것이요 황폐와 파멸이 네 국경 안에 다시 없을 것이며 네가 네 성벽을 구원이라, 네 성문을 찬송이라 부를 것이라. 다시는 낮에 해가 네 빛이 되지 아니하며 달도 네게 빛을 비추지 않을 것이요 오직 여호와가 네게 영원한 빛이 되며 네 하나님이 네 영광이 되리니 다시는 네 해가 지지 아니하며 네 달이 물러가지 아니할 것은 여호와가 네 영원한 빛이 되고 네 슬픔의 날이 끝날 것임이라. 네 백성이 다 의롭게 되어 영원히 땅을 차지하리니 그들은 내가 심은 가지요 내가 손으로 만든 것으로서 나의 영광을 나타낼 것인즉."[76] "이방 나라들이 네 공의를, 뭇 왕이 다 네 영광을 볼 것이요 너는 여호와의 입으로 정하실 새 이름으로 일컬음이 될 것이며 너는 또 여호와의 손의 아름다운 관, 네 하나님의 손의 왕관이 될 것이라. 다시는 너를 버림 받은 자라 부르지 아니하며 다시는 네 땅을 황무지라 부르지 아니하고 오직 너를 헵시바라 하며 네 땅을 쁄라라 하리니 이는 여호와께서 너를 기뻐하실 것이며 네 땅이 결혼한 것처럼 될 것임이라. 마치 청년이 처녀와 결혼함같이 네 아들들이 너를 취하겠고 신랑이 신부를 기뻐함 같이 네 하나님이 너를 기뻐하시리라."[77] "무엇이든지 속된 것이나 가증한 일 또는 거짓말하는 자는 결코 그리로 들어가지 못하되 오직 어린 양의 생명책에 기록된 자들만 들어가리라."[78] 뿐만 아니라 기름을 준비하지 못한 미련하고 어리석은 처녀들 역시 그곳에 들어가지 못할 것입니다.[79] 어린 양의 생명책에 기록된 자들 외에는 결코 늘어가

---

75. 계 21:23.

76. 사 60:18–21.

77. 사 62:2–5.*

78. 계 21:27.

79. 참고. 마 25:1–13.

---

* 사 62장에서, 한 번만 말씀하셔도 모든 것을 뜻대로 하실 수 있는 하나님은, 유다가 바벨론 포로에서 돌아오는 일을 위해 쉬지 않으시겠다고 말씀하셨다. 뿐만 아니라 하나님은 예루살렘에 새 이름을 주신다고 말씀하셨다. 여기서 '헵시바' 실제로 히스기야 왕의 아내 이름이었는데 '내 기쁨이 너에게 있다' 라는 뜻이고, '쁄라'는 '갓 결혼한 여인'이라는 뜻이다. 그러므로 이것은 교회가 마치 하나님과 신혼관계에 있는 신랑과 신부처럼 기쁨이 넘치는 관계가 된다는 의미다. 하나님은 우리를 기뻐하시고 사랑하시며, 동시에 우리와 하나님의 관계는 사람의 노력과 수고가 아닌, 오직 하나님의 기쁘신 뜻과 긍휼(무조건적 사랑)에 의한 것임을 나타내준다.

지 못할 것이며, 그들은 영원토록 거기서 어린 양과 함께 통치하게 될 것입니다.[80]

VIII.

성경의 거룩한 증언들은 보좌 위에 앉아계신 하나님과 어린양이 하나이며 동등함을 드러내 주고 있습니다. 즉, 성부와 성자는 분노의 심판 날에 일체가 되었음을 성경은 증언하고 있습니다. 그리스도는 성부보다 열등하게 만들어진 후에도 성부와 동일하게 남아 있습니다.[81] 그러므로 또한 교회의 박사인 거룩한 교부들은 찬송가와 교독시가와 응답송에 추가되는 간략한 찬송시를 전승해주었습니다. "성부와 성자와 성령께 영광을 돌리세. 끝이 없는 세계에서 태초에 계셨고, 지금도 계시며, 미래에 영원무궁토록 계실 분께 찬송을 드리세!"[82] 모든 민족과 백성 중에서 선택된 자들은 어린양의 앞에 놓여 있는 보좌에 나아가 서 있게 된다고 언급되어 있습니다. 그리고 오직 하나의 '구원'이 보좌 위에 앉으신 그분과 어린양에게서 난 것으로 찬양되고 있기 때문에, 또한 그들이 동등하게 그들의 도성을 비추고 있기 때문에,[83] 다음과 같은 사실이 드러나게 됩니다. 즉 열등하게 만들어진 그리스도께서 십자가 위에서의 죽음에 순종하게 된 이후,* 성부 하나님과 하나가 되셨음이 그것입니다. "이러므로 하나님이 그를 지극히 높여 모든 이름 위에 뛰어난 이름을 주사 하늘에 있는 자들과 땅에 있는 자들과 땅 아래에 있는 자들로 모든 무릎을 예수의 이름에 꿇게 하시고 모든 입으로 예수 그리스도를 주라 시인하여 하나님 아버지께 영광을 돌리게 하셨느니라."[84] 이 말씀은 높여진 머리가 그의 몸을 얼마나 높이 들어 올리시는지를 보여줄 뿐만 아니라, 또한 다음과 같은 선지자의 예언처럼 그 머리와 몸이, 마치 신랑과 신부가 하나 됨같이, 연합함을 잘 드러내주고 있습니다. "내가 여호와로 말미암아 크게 기뻐하며 내 영

---

80. 계 21:27.

81. 여기서 아마도 스페인 양자론의 암시가 드러나고 있는 것처럼 보인다. 위의 각주 63번을 참고하라. 아고바르의 논문, "우르겔의 펠릭스 교리에 반대하여"(Against the Dogma of Felix of Urgel)는 주요 이단자(스페인 양자론자)인 펠릭스와 그의 가르침에 대한 중요한 정보와 자료를 제공해준다. 다음의 논문 자료를 참고하라. Cabaniss, "The Heresiarch Felix" (*Catholic Historical Review*, 39 [1953] 129–141). "이단 창시자 펠릭스."

82. 보다 덜 친숙한 하나님을 찬미하는 시다.

83. 참고. 계 7:9–10; 21:23.

84. 빌 2:9–11.

---

* 이 구절 역시 양자론적 특징을 보여주는 문구로 사료된다.

혼이 나의 하나님으로 말미암아 즐거워하리니 이는 그가 구원의 옷을 내게 입히시며 공의의 겉옷을 내게 더하심이 신랑이 사모를 쓰며 신부가 자기 보석으로 단장함 같게 하셨음이라."[85] 이처럼 그리스도는 그 자신이 신랑도 되고 신부도 된다고 언급하셨습니다. 이러한 위대한 연합은 하나님이 하나님 그 자신을 사랑하는 자들을 위해 예비하신 것으로서, 사람의 눈으로 볼 수도 없고, 혹은 귀로 들을 수도 없으며, 또한 마음으로도 짐작할 수 없는 것입니다.[86] 실로 어린 양은 그 자신의 몸의 신랑이며, 또한 그 자신의 양떼들의 목자이십니다. 더욱이 그분은 고난(Passion) 받음 가운데 어린 양이시며, 부활에 있어서 사자이시며, 승천에 있어서 독수리이시며,[87] 또한 모퉁잇돌이십니다.[88] 그리고 산에서 손으로 잘라 내지 않은 돌이 큰 산이 되어 온 땅을 가득 채웠습니다.[89] 이것은 결코 파괴되지 않을 천국이며, 다른 백성에게 주어질 나라도 아니고, 이 나라는 오직 스스로 영원히 서 있을 것입니다.[90] 이러한 머리와 몸의 연합과 말로 다 이루 형언할 수 없는 그러한 일치와 결합의 고상함에 대해 일찍이 다니엘은 이렇게 설파했던 것입니다. "내가 또 밤 환상 중에 보니 인자 같은 이가 하늘 구름을 타고 와서 옛적부터 항상 계신 이에게 나아가 그 앞으로 인도되매 그에게 권세와 영광과 나라를 주고 모든 백성과 나라들과 다른 언어를 말하는 모든 자들이 그를 섬기게 하였으니 그의 권세는 소멸되지 아니하는 영원한 권세요 그의 나라는 멸망하지 아니할 것이니라."[91]

IX.

머리와 몸의 이러한 연합과 고귀한 고양(高揚)은, 실제적으로 더욱 더 크게 빛나는 영광의 광채 가운데서, 모든 감동적인 노력을 다 쏟아 부어, 우리의 믿음과 소망 가운데 깃들여져야만 합니다. 사노 바울은 이와 같은 사실을 다음과 같이 높이 받들었

---

85. 사 61:10.

86. 고전 2:9.

87. 이 세 동물은 성경에서 온 것이 아니라 아마도 문학 작품에서 온 것으로 보인다. 다음 자료를 참고하라. Cabaniss, "Saint Agobard as Art Critic"(문학비평가로서의 성 아고바르).

88. 엡 2:20. 그리고 그 외의 성경 구절.

89. 단 2:34, 45.

90. 단 2:44.

91. 단 7:13-14.

던 것입니다. "내리셨던 그가 곧 모든 하늘 위에 오르신 자니 이는 만물을 충만하게 하려 하심이라. 그가 어떤 사람은 사도로, 어떤 사람은 선지자로, 어떤 사람은 복음 전하는 자로, 어떤 사람은 목사와 교사로 삼으셨으니 이는 성도를 온전하게 하여 봉사의 일을 하게 하며 그리스도의 몸을 세우려 하심이라. 우리가 다 하나님의 아들을 믿는 것과 아는 일에 하나가 되어 온전한 사람을 이루어 그리스도의 장성한 분량이 충만한 데까지 이르리니 이는 우리가 이제부터 어린아이가 되지 아니하여 사람의 속임수와 간사한 유혹에 빠져 온갖 교훈의 풍조에 밀려 요동하지 않게 하려 함이라. 오직 사랑 안에서 참된 것을 하여 범사에 그에게까지 자랄지라 그는 머리니 곧 그리스도라. 그에게서 온 몸이 각 마디를 통하여 도움을 받음으로 연결되고 결합되어 각 지체의 분량대로 역사하여 그 몸을 자라게 하며 사랑 안에서 스스로 세우느니라."[92] 다시 사도 바울은 이렇게 말했습니다. "온 몸이 머리로 말미암아 마디와 힘줄로 공급함을 받고 연합하여 하나님이 자라게 하시므로 자라느니라."[93] 또한 다른 데서도 이렇게 언급했습니다. "평안의 매는 줄로 성령이 하나 되게 하신 것을 힘써 지키라. 몸이 하나요 성령도 한 분이시니 이와 같이 너희가 부르심의 한 소망 안에서 부르심을 받았느니라. 주도 한 분이시요 믿음도 하나요 세례도 하나요 하나님도 한 분이시니 곧 만유의 아버지시라. 만유 위에 계시고 만유를 통일하시고 만유 가운데 계시도다."[94] 이와 비슷하게 사도 바울은 지체의 하나 됨에 관해서도 이렇게 언급했습니다. "몸은 하나인데 많은 지체가 있고 몸의 지체가 많으나 한 몸임과 같이 그리스도도 그러하니라. 우리가 유대인이나 헬라인이나 종이나 자유인이나 다 한 성령으로 세례를 받아 한 몸이 되었고 또 다 한 성령을 마시게 하셨느니라. 몸은 한 지체뿐만 아니요 여럿이니."[95]

X.

사도는 더욱이, 하나님과 인간 사이의 화해를 위한 중보자이신 우리 주 예수 그

---

92. 엡 4:10-16.
93. 골 2:19.
94. 엡 4:3-6.
95. 고전 12:12-14.

리스도께서 중재를 위해 모든 선택된 자들의 멍에를 아버지께로 지고 가셨음을 가르쳐주고 있습니다. 사도의 그러한 가르침을 따르면, 중보자께서는 말로 나타낼 수 없는 이러한 영의 연합에 의해, 인종과 배경과 조건, 혹은 성 등으로 인한 그 어떤 차별도 없애버리셨습니다. 하나의 가족인 하나님의 도성은 사람들뿐만 아니라 천사들로 구성됐으며, 이는 하나의 머리이신 그리스도와 위대하고 기이하게 연합됐습니다. "너희가 서로 거짓말을 하지 말라 옛 사람과 그 행위를 벗어 버리고 새 사람을 입었으니 이는 자기를 창조하신 이의 형상을 따라 지식에까지 새롭게 하심을 입은 자니라. 거기에는 헬라인이나 유대인이나 할례 파나 무할례 파나 야만인이나 스구디아인이나 종이나 자유인이 차별이 있을 수 없나니 오직 그리스도는 만유시요 만유 안에 계시니라."[96] 그리고 사도 바울은 다시 이렇게 언급했습니다. "누구든지 그리스도와 합하기 위하여 세례를 받은 자는 그리스도로 옷 입었느니라. 너희는 유대인이나 헬라인이나 종이나 자유인이나 남자나 여자나 다 그리스도 예수 안에서 하나이니라."[97] 또 다른 곳에서도 사도 바울은 이렇게 말씀했습니다. "그러나 나는 너희가 알기를 원하노니 각 남자의 머리는 그리스도요 여자의 머리는 남자요 그리스도의 머리는 하나님이

---

96. 골 3:9-11. 아고바르는 다음과 같은 그의 저술에서 이 구절을 다음과 같이 날카롭게 번역했으니 이를 참고하라. *Adversus legem Gundobadi*, 3 (MPL 104.115A): "거기에는 이방인이나 유대인, 할례자나 무할례자, 야만인이나 스키티아인(Scythian), 아퀴타니인(Aquitanian)이나 롬바르도인(Lombard), 부르군트인(Burgundian)이나 알라만인(Alaman), 종이나 자유인 등의 차별도 없고 오직 그리스도가 전부이시며 또한 모든 것 안에 계신다."*

97. 갈 3:27-28.

---

* '스키티아인'은 주전 7세기에 북방에서 소아시아로 이주한 종족으로서, 그들에 관해 처음으로 기록한 이는 헤로도토스였는데, 그는 스키티아인들을 매우 흉폭하고 잔인한 습성을 가진 유목민으로 다음과 같이 묘사했다. "그들은 아시아를 침공하였고 키메르족〈Cimmerians〉을 유럽으로 쫓아 낸 후 아시아의 지배자가 되었다. 그리고 그들은 이집트를 향해 진군했다. 그들이 팔레스타인 지역으로 불리는 시리아 국경을 넘었을 때 이집트 왕 프삼메티쿠스가 재물을 주어 더 이상 이집트로 오지 않도록 설득했다. 그들은 28년간 아시아를 지배했고, 그들의 횡포와 약탈로 아시아는 황폐하게 되었다. 그들 가운데 많은 사람이 나중에 메디아(메데) 왕 키악사레스(Cyaxares)에 의해 살해되었다. 그들은 전쟁에서 죽인 첫 번째 적군의 피를 마셨으며, 머리 가죽으로 수건을 만들었고, 죽은 자의 해골을 그릇으로 사용했다. 그들은 아주 나쁜 습관을 가지고 있었으며, 절대 물로 씻지 않았다." 바울 시대에도 스키티아인들은 야만성의 대명사로 불렸다. 한편, 갈리아 전기에는 지금의 프랑스 지역인 골 지방에 세 종족이 거주하고 있었다고 기록되어 있다. 벨가이(Belgae), 아퀴타니(Aquitani), 켈타이(Celtae) 족 등이 그것인데, 특히 그중에서 '아퀴타니족'은 켈트족도 아리안족도 아닌 이베리아족의 일파로 여겨졌다. '롬바르도인'은 원래 다뉴브강 상류에 살고 있었으나 북부 이탈리아 지방으로 이동하여 롬바르디아 왕국(주후 568-774년: 프랑크에 정복당함)을 건립하여 다스렸던 게르만족의 일파였다. '부르군트인'은 원래 오데르강 유역에 거주하였는데 점차 남하하여 갈리아 동부 지방에 부르군트 왕국(주후 443-534년: 프랑크 왕국에게 멸망)을 건설하였다. '알라만인'은 게르만 인의 한 부족으로서, 3세기 무렵 다뉴브 강과 라인 강 상류 지방에서 형성되었으며, 민족 대이동 때 알자스 지방에 살았으나 프랑크 왕국에 정복당하였다.

시라."[98] 역시 또 다른 곳에서도 이렇게 언급했습니다. "바울이나 아볼로나 게바나 세계나 생명이나 사망이나 지금 것이나 장래 것이나 다 너희의 것이요. 너희는 그리스도의 것이요 그리스도는 하나님의 것이니라."[99] 다시 바울 사도는 다른 곳에서 이렇게 말씀했습니다. "그는 보이지 아니하는 하나님의 형상이시요 모든 피조물보다 먼저 나신 이시니 만물이 그에게서 창조되되 하늘과 땅에서 보이는 것들과 보이지 않는 것들과 혹은 왕권들이나 주권들이나 통치자들이나 권세들이나 만물이 다 그로 말미암고 그를 위하여 창조되었고 또한 그가 만물보다 먼저 계시고 만물이 그 안에 함께 섰느니라. 그는 몸인 교회의 머리시라 그가 근본이시요 죽은 자들 가운데서 먼저 나신 이시니 이는 친히 만물의 으뜸이 되려 하심이요. 아버지께서는 모든 충만으로 예수 안에 거하게 하시고 그의 십자가의 피로 화평을 이루사 만물 곧 땅에 있는 것들이나 하늘에 있는 것들이 그로 말미암아 자기와 화목하게 되기를 기뻐하심이라."[1] 그리고 사도 바울은 다시 이렇게 언급하였습니다. "그 안에는 신성의 모든 충만이 육체로 거하시고 너희도 그 안에서 충만하여졌으니 그는 모든 통치자와 권세의 머리시라."[2]

XI.

'하나님–인간' 그 자신이신, 하나님과 인간의 중보자의 말로 형언할 수 없는 오묘한 연합으로 인해, 그리스도 예수는 수난(Passion)을 당하실 때 성부 하나님께 이렇게 기도하셨습니다. "그들을 진리로 거룩하게 하옵소서. 아버지의 말씀은 진리니이다. 아버지께서 나를 세상에 보내신 것같이 나도 그들을 세상에 보내었고 또 그들을 위하여 내가 나를 거룩하게 하오니 이는 그들도 진리로 거룩함을 얻게 하려 함이니이다. 내가 비옵는 것은 이 사람들만 위함이 아니요 또 그들의 말로 말미암아 나를 믿는 사람들도 위함이니 아버지여, 아버지께서 내 안에, 내가 아버지 안에 있는 것같이 그들도 다 하나가 되어 우리 안에 있게 하사 세상으로 아버지께서 나를 보내신 것을 믿게 하옵소서. 내게 주신 영광을 내가 그들에게 주었사오니 이는 우리가 하나가 된

---

98. 고전 11:3.
99. 고전 3:22–23.
1. 골 1:15–20.
2. 골 2:9–10.

것같이 그들도 하나가 되게 하려 함이니이다. 곧 내가 그들 안에 있고 아버지께서 내 안에 계시어 그들로 온전함을 이루어 하나가 되게 하려 함은 아버지께서 나를 보내신 것과 또 나를 사랑하심 같이 그들도 사랑하신 것을 세상으로 알게 하려 함이로소이다. 아버지여 내게 주신 자도 나 있는 곳에 나와 함께 있어 아버지께서 창세전부터 나를 사랑하시므로 내게 주신 나의 영광을 그들로 보게 하시기를 원하옵나이다."[3]

이렇게 위대하고 탁월하며, 또한 장대하고 숭고한 연합이 이루어질 때, 사도는 가장 열렬하게 이렇게 언급했습니다. "아담 안에서 모든 사람이 죽은 것같이 그리스도 안에서 모든 사람이 삶을 얻으리라. 그러나 각각 자기 차례대로 되리니 먼저는 첫 열매인 그리스도요 다음에는 그가 강림하실 때에 그리스도에게 속한 자요 그 후에는 마지막이니 그가 모든 통치와 모든 권세와 능력을 멸하시고 나라를 아버지 하나님께 바칠 때라. 그가 모든 원수를 그 발 아래에 둘 때까지 반드시 왕 노릇 하시리니 맨 나중에 멸망 받을 원수는 사망이니라. 만물을 그의 발 아래에 두셨다 하셨으니 만물을 아래에 둔다 말씀하실 때에 만물을 그의 아래에 두신 이가 그 중에 들지 아니한 것이 분명하도다."[4] 또다시 그에 관해 사도 바울은 이렇게 언급했습니다. "보라 내가 너희에게 비밀을 말하노니 우리가 다 잠 잘 것이 아니요 마지막 나팔에 순식간에 홀연히 다 변화되리니 나팔 소리가 나매 죽은 자들이 썩지 아니할 것으로 다시 살아나고 우리도 변화되리라. 이 썩을 것이 반드시 썩지 아니할 것을 입겠고 이 죽을 것이 죽지 아니함을 입으리로다. 이 썩을 것이 썩지 아니함을 입고 이 죽을 것이 죽지 아니함을 입을 때에는 사망을 삼키고 이기리라고 기록된 말씀이 이루어지리라. 사망아 너의 승리가 어디 있느냐 사망아 네가 쏘는 것이 어디 있느냐 사망이 쏘는 것은 죄요 죄의 권능은 율법이라. 우리 주 예수 그리스도로 말미암아 우리에게 승리를 주시는 하나님께 감사하노니."[5] 사람이면 누구나 노력하고 애쓰지 않으면 이러한 승리에 도달할 수가 없습니다. 합법적으로 힘쓰고 노력하지 않으면 승리의 면류관을 결코 쓸 수 없을 것입니다.

---

3. 요 17:17-24.

4. 고전 15:22-27; 참고. 시 8:6; 엡 1:22.

5. 고전 15:51-57. 라틴 역 성경의 51절과 그리스어 성경의 51절은 대단히 다름에 주의하라. 참고. 사 25:8; 호 13:14.

XII.

이러한 연합에서는, 여기 이 땅 위에서 해내야 할 순례 여행의 부분이 여전히 잔존하고 있습니다. 그러한 순례 여행은 간단없이 끈질기게 투쟁해야 할 적들과의 싸움을 의미합니다. 왜냐하면 그리스도 예수 안에서 경건하고 독실하게 살아가기를 원하는 자들은 누구나 모두 박해를 겪어야 하기 때문입니다. 우리의 첫 번째 적은 마귀와 그의 수하들이며 사도는 우리가 이들과 잘 싸워 이기도록 무장하기를 원합니다. "마귀의 간계를 능히 대적하기 위하여 하나님의 전신 갑주를 입으라. 우리의 씨름은 혈과 육을 상대하는 것이 아니요 통치자들과 권세들과 이 어둠의 세상 주관자들과 하늘에 있는 악의 영들을 상대함이라. 그러므로 하나님의 전신 갑주를 취하라. 이는 악한 날에 너희가 능히 대적하고 모든 일을 행한 후에 서기 위함이라. 그런즉 서서 진리로 너희 허리 띠를 띠고 의의 호심경을 붙이고 평안의 복음이 준비한 것으로 신을 신고 모든 것 위에 믿음의 방패를 가지고 이로써 능히 악한 자의 모든 불화살을 소멸하고 구원의 투구와 성령의 검 곧 하나님의 말씀을 가지라. 모든 기도와 간구를 하되 항상 성령 안에서 기도하고 이를 위하여 깨어 구하기를 항상 힘쓰며 여러 성도를 위하여 구하라."[6]

우리의 두 번째 적수는 공개적으로 박해를 가하는 자들입니다. 이러한 적들에 관해서는 우리 주님이 다음과 같이 말씀하셨습니다. "보라 내가 너희를 보냄이 양을 이리 가운데로 보냄과 같도다. 그러므로 너희는 뱀 같이 지혜롭고 비둘기 같이 순결하라. 사람들을 삼가라 그들이 너희를 공회에 넘겨주겠고 그들의 회당에서 채찍질하리라. 또 너희가 나로 말미암아 총독들과 임금들 앞에 끌려가리니 이는 그들과 이방인들에게 증거가 되게 하려 하심이라."[7] 또한 증오와 적개심, 악의와 원한, 거부와 고발, 위해와 투쟁, 그 외의 다양한 가혹한 처사 등으로 몰아대는 여타 박해자들이 있습니다. 우리는 그들에 대항하여 무기가 아니라 자제와 관용과 인내로 싸워나가야 합니다. 사도는 모든 자에 대해 인내해야만 할 것을 가르쳤고, 또한 우리 주님은 악에게 저항할 것을 명령하셨습니다. "나는 너희에게 이르노니 악한 자를 대적하지 말라. 누

---

6. 엡 6:11–18.

7. 마 10:16–18.

구든지 네 오른편 뺨을 치거든 왼편도 돌려 대며.”[8] “그러나 너희 듣는 자에게 내가 이르노니 너희 원수를 사랑하며 너희를 미워하는 자를 선대하며 너희를 저주하는 자를 위하여 축복하며 너희를 모욕하는 자를 위하여 기도하라.”[9] “이같이 한즉 하늘에 계신 너희 아버지의 아들이 되리니 이는 하나님이 그 해를 악인과 선인에게 비추시며 비를 의로운 자와 불의한 자에게 내려주심이라.”[10] “너희가 사람의 잘못을 용서하면 너희 하늘 아버지께서도 너희 잘못을 용서하시려니와 너희가 사람의 잘못을 용서하지 아니하면 너희 아버지께서도 너희 잘못을 용서하지 아니하시리라.”[11]

우리의 세 번째 원수는 신앙의 적들인데, 이에 관해서는 사도 바울이 이렇게 언급했습니다. “그러나 성령이 밝히 말씀하시기를 후일에 어떤 사람들이 믿음에서 떠나 미혹하는 영과 귀신의 가르침을 따르리라 하셨으니 자기 양심이 화인을 맞아서 외식함으로 거짓말하는 자들이라.”[12] 그러한 적들에 대항해서, 우리는 육신적인 무기가 아니라 영적인 무기로 무장하여 싸워야 합니다. 예를 들면 그것은 곧 성경의 권위와, 신앙과 진리의 추론(reasoning)[13] 등과 같은 것입니다. 마지막 네 번째의 우리의 적은, 매일 싸워야 하는 원수들입니다. 우리는 그들을 시와 때를 가리지 말고 피해야만 합니다. 사도는 그러한 적들의 공격에 대해 다음과 같이 일일이 열거해 주었습니다. “내가 이르노니 너희는 성령을 따라 행하라 그리하면 육체의 욕심을 이루지 아니하리라. 육체의 소욕은 성령을 거스르고 성령은 육체를 거스르나니 이 둘이 서로 대적함으로 너희가 원하는 것을 하지 못하게 하려 함이니라. 너희가 만일 성령의 인도하시는 바가 되면 율법 아래에 있지 아니하리라. 육체의 일은 분명하니 곧 음행과 더러운 것과 호색과 우상 숭배와 주술과 원수 맺는 것과 분쟁과 시기와 분냄과 당 짓는 것과 분열함과 이단과 투기와 술 취함과 방탕함과 또 그와 같은 것들이라 전에 너희에게 경계한 것 같이 경계하노니 이런 일을 하는 자들은 하나님의 나라를 유업으로 받지 못할 것

---

8. 마 5:39.

9. 눅 6:27–28.

10. 마 5:45.

11. 마 6:14–15.

12. 딤전 4:1–2.

13. 아고바르가 언급하는 이성(reason)에 대해 주시하라.

이요."[14] 그러한 적들에 대항하여 우리는 이성의 추론에 의해서뿐만 아니라 전심전력과 절제, 금욕과 철야기도 등으로 투쟁해야 합니다.[15] 사도는 이에 관해 다음과 같은 그 자신의 예를 보여 주었습니다. "내가 내 몸을 쳐 복종하게 함은 내가 남에게 전파한 후에 자신이 도리어 버림을 당할까 두려워함이로다."[16] 그리하여 사도 바울은 그의 생애의 마지막이 가까이 왔을 때 다음과 같은 자랑으로 이러한 투쟁에 대한 보증을 제시하여 교훈해 주었습니다. "그러나 너는 모든 일에 신중하여 고난을 받으며 전도자의 일을 하며 네 직무를 다하라. 전제(奠祭)*와 같이 내가 벌써 부어지고 나의 떠날 시각이 가까웠도다. 나는 선한 싸움을 싸우고 나의 달려갈 길을 마치고 믿음을 지켰으니 이제 후로는 나를 위하여 의의 면류관이 예비되었으므로 주 곧 의로우신 재판장이 그날에 내게 주실 것이며 내게만 아니라 주의 나타나심을 사모하는 모든 자에게도니라."[17]

XIII.

이러한 모든 일을 행함에 믿는 자들은 전적으로든 혹은 부분적으로든 그 자신의 힘을 믿고 의지하지 않도록 조심하고 경계해야만 합니다. 오직 하나님의 도우심으로 선의 최고 정상에 도달해야 하며, 또한 선한 일들 가운데서 끝까지 참고 견뎌내야만 합니다. 우리 주님은 이것에 관해 이렇게 말씀하시지 않았습니까? "나는 포도나무요 너희는 가지라 그가 내 안에, 내가 그 안에 거하면 사람이 열매를 많이 맺나니 나를 떠나서는 너희가 아무것도 할 수 없음이라."[18] 또한 사도도 이렇게 언급했습니다. "너희 안에서 행하시는 이는 하나님이시니 자기의 기쁘신 뜻을 위하여 너희에게 소원을 두고 행하게 하시나니."[19] 그리고 다시 사도는 이렇게 말씀합니다. "너희는 그 은혜에 의하여 믿음으로 말미암아 구원을 받았으니 이것은 너희에게서 난 것이 아니요 하

---

14. 갈 5:16-21.

15. 앞의 각주 13번을 보라.

16. 고전 9:27.

17. 딤후 4:5-8.

18. 요 15:5.

19. 빌 2:13.

---

* 제사 때 제단에 술을 부어 바치는 일.

나님의 선물이라."[20] 사도는 또 이렇게 덧붙입니다. "우리가 무슨 일이든지 우리에게서 난 것같이 스스로 만족할 것이 아니니 우리의 만족은 오직 하나님으로부터 나느니라."[21] 주님은 이에 관해 이렇게 또한 말씀하셨습니다. "나를 보내신 아버지께서 이끌지 아니하시면 아무도 내게 올 수 없으니 오는 그를 내가 마지막 날에 다시 살리리라."[22] 하나님은 사람이 행하지 않는 수많은 선한 일들을 사람 안에서 행하십니다. 그러나 사람은 하나님이 사람에게 그 행하는 방법을 보여주지 않았던 선행을 행하지 않는 일, 곧 불법만을 자행하고 있습니다. 실로 인간들은 하나님의 뜻이 아니라 그들 자신의 의지대로만 행하고 있습니다. 그들이 저지르는 일은 모두가 다 하나님을 불쾌하게 하여 노하게만 만들고 있습니다. 그러나 그들이 시행하기를 원하는 바가 하나님의 뜻에 합당하게 순복하여 지키는 것이었더라도, 하지만 비록 그들이 행한 일이 그들 스스로가 자발적으로 시행한 것이었더라도, 그것은 이미 예견되고 정해진 하나님의 의지에 의해 이루어진 일인 것입니다. 하나님은 우리 자신의 공로에 의해서가 아니라, 오직 그의 은총에 의해서만 될 우리를 사랑하십니다. 하나님은 그 자신의 선하심으로 우리 안에서 예견하시고 예지하시며, 또한 도와주시고 보상해주십니다. 하나님 한 분 외에는 선한 존재가 존재하지 않습니다. 하나님은 그 자신 외의 어떤 다른 선으로부터 선하신 존재가 아닙니다. 그러나 인간들은 그들 자신의 선함에 의해서가 아니라, 오직 하나님의 선하심에 의해 선하게 됩니다. 하나님은 선의 샘과 근원이십니다. 모든 선을 초래하게 하시는 선하신 분이십니다. 그리고 그분 없이는 아무것도 선한 것이 존재할 수가 없습니다.[23]

XIV.

이러한 (진리의 기둥과 보루인[24]) 가톨릭교회의 믿음과 소망이 율법과 예언서, 시편과 찬송가 가운데서 사도들에 의해 선포되었고, 순교자들에 의해 입증되었으며, 또한 교사들에 의해 설명되어 왔었습니다. 이러한 신앙에 반대되는 것은 그 무엇이든지, 또

---

20. 엡 2:8.

21. 고후 3:5.

22. 요 6:44.

23. 여기서 예정론이 암시되고 있음을 주목하라. 예정교리는 주후 9세기에 대단히 뜨겁게 달구어진 교리적 논쟁거리였다.

24. 딤전 3:15.

한 그러한 신앙에 조화되어 일치하지 않으며 다른 것은 어리석고 신성모독이며 헛된 망발에 불과합니다. 그러한 공허하고 무익한 가르침들은 사악함에게 이득이 될 뿐이며, 따라서 그러한 이유로 말미암아 그러한 사악한 가르침들은 사탄 마귀와 적그리스도들의 교리가 될 뿐입니다. 이에 관해 요한 사도는 이렇게 언급했습니다. "아이들아 지금은 마지막 때라 적그리스도가 오리라는 말을 너희가 들은 것과 같이 지금도 많은 적그리스도가 일어났으니 그러므로 우리가 마지막 때인 줄 아노라."[25] 그리고 이에 관해 다른 사도는 또한 다음과 같이 설파했습니다. "이 사람들은 원망하는 자며 불만을 토하는 자며 그 정욕대로 행하는 자라 그 입으로 자랑하는 말을 하며 이익을 위하여 아첨하느니라."[26]

사도 바울은 그 모든 사악한 존재들의 우두머리인 적그리스도(Antichrist)에 대해 다음과 같이 언급했던 것입니다. "형제들아 우리가 너희에게 구하는 것은 우리 주 예수 그리스도의 강림하심과 우리가 그 앞에 모임에 관하여 영으로나 또는 말로나 또는 우리에게서 받았다 하는 편지로나 주의 날이 이르렀다고 해서 쉽게 마음이 흔들리거나 두려워하거나 하지 말아야 한다는 것이라. 누가 어떻게 하여도 너희가 미혹되지 말라 먼저 배교하는 일이 있고 저 불법의 사람 곧 멸망의 아들이 나타나기 전에는 그 날이 이르지 아니하리니 그는 대적하는 자라. 신이라고 불리는 모든 것과 숭배함을 받는 것에 대항하여 그 위에 자기를 높이고 하나님의 성전에 앉아 자기를 하나님이라고 내세우느니라. 내가 너희와 함께 있을 때에 이 일을 너희에게 말한 것을 기억하지 못하느냐? 너희는 지금 그로 하여금 그의 때에 나타나게 하려 하여 막는 것이 있는 것을 아나니 불법의 비밀이 이미 활동하였으나 지금은 그것을 막는 자가 있어 그 중에서 옮겨질 때까지 하리라. 그 때에 불법한 자가 나타나리니 주 예수께서 그 입의 기운으로 그를 죽이시고 강림하여 나타나심으로 폐하시리라. 악한 자의 나타남은 사탄의 활동을 따라 모든 능력과 표적과 거짓 기적과 불의의 모든 속임으로 멸망하는 자들에게 있으리니 이는 그들이 진리의 사랑을 받지 아니하여 구원함을 받지 못함이라. 이러므로 하나님이 미혹의 역사를 그들에게 보내사 거짓 것을 믿게 하심은 진리를 믿

---

25. 요일 2:18.

26. 유 16.

지 않고 불의를 좋아하는 모든 자들로 하여금 심판을 받게 하려 하심이라."27 주님은 그때에 관해 복음서에서 다음과 같이 또한 말씀하셨습니다. "이는 그때에 큰 환난이 있겠음이라 창세로부터 지금까지 이런 환난이 없었고 후에도 없으리라. 그 날들을 감하지 아니하면 모든 육체가 구원을 얻지 못할 것이나 그러나 택하신 자들을 위하여 그 날들을 감하시리라. 그때에 사람이 너희에게 말하되 보라 그리스도가 여기 있다 혹은 저기 있다 하여도 믿지 말라. 거짓 그리스도들과 거짓 선지자들이 일어나 큰 표적과 기사를 보여 할 수만 있으면 택하신 자들도 미혹하리라. 보라 내가 너희에게 미리 말하였노라."28

선지자 다니엘은 적그리스도에 관해 다음과 같이 예언했습니다. "그가 장차 지극히 높으신 이를 말로 대적하며 또 지극히 높으신 이의 성도를 괴롭게 할 것이며 그가 또 때와 법을 고치고자 할 것이며 성도들은 그의 손에 붙인 바 되어 한 때와 두 때와 반 때를 지내리라. 그러나 심판이 시작되면 그는 권세를 빼앗기고 완전히 멸망할 것이요. 나라와 권세와 온 천하 나라들의 위세가 지극히 높으신 이의 거룩한 백성에게 붙인 바 되리니 그의 나라는 영원한 나라이라. 모든 권세 있는 자들이 다 그를 섬기며 복종하리라."29 그리고 다니엘은 이렇게 덧붙였습니다. "그 중 한 뿔에서 또 작은 뿔 하나가 나서 남쪽과 동쪽과 또 영화로운 땅을 향하여 심히 커지더니 그것이 하늘 군대에 미칠 만큼 커져서 그 군대와 별들 중의 몇을 땅에 떨어뜨리고 그것들을 짓밟고 또 스스로 높아져서 군대의 주재를 대적하며 그에게 매일 드리는 제사를 없애 버렸고 그의•성소를 헐었으며 그의 악으로 말미암아 백성이 매일 드리는 제사가 넘긴 바 되었고 그것이 또 진리를 땅에 던지며 자의로 행하여 형통하였더라."30 노한 다니엘은 이렇게 점점 더 첨가하고 있습니다. "이 네 나라 마지막 때에 반역자들이 가득할 즈음에 한 왕이 일어나리니 그 일굴은 뻔뻔하며 속임수에 능하며 그 권세가 강할 것이나 자기의 힘으로 말미암은 것이 아니며 그가 장차 놀랍게 파괴 행위를 하고 자의로 행하여 형통하며 강한 자들과 거룩한 백성을 멸하리라. 그가 꾀를 베풀어 제 손으로 속

27. 살후 2:1–12.

28. 마 24:21–25.

29. 단 7:25–27.

30. 단 8:9–12 (라틴어 성경, 그리스 성경, 히브리 성경 모두 그 의미가 대단히 모호함).

임수를 행하고 마음에 스스로 큰 체하며 또 평화로운 때에 많은 무리를 멸하며 또 스스로 서서 만왕의 왕을 대적할 것이나 그가 사람의 손으로 말미암지 아니하고 깨지리라."[31] 또 다니엘은 이렇게 덧붙입니다. "그 왕은 자기 마음대로 행하며 스스로 높여 모든 신보다 크다 하며 비상한 말로 신들의 신을 대적하며 형통하기를 분노하심이 그칠 때까지 하리니 이는 그 작정된 일을 반드시 이룰 것임이라. 그가 모든 것보다 스스로 크다 하고 그의 조상들의 신들과 여자들이 흠모하는 것을 돌아보지 아니하며 어떤 신도 돌아보지 아니하고."[32]

그것에 관해 요한계시록은 다음과 같이 기록하였습니다. "내가 보니 바다에서 한 짐승이 나오는데 뿔이 열이요 머리가 일곱이라. 그 뿔에는 열 왕관이 있고 그 머리들에는 신성 모독하는 이름들이 있더라. 내가 본 짐승은 표범과 비슷하고 그 발은 곰의 발 같고 그 입은 사자의 입 같은데 용이 자기의 능력과 보좌와 큰 권세를 그에게 주었더라. 그의 머리 하나가 상하여 죽게 된 것 같더니 그 죽게 되었던 상처가 나으매 온 땅이 놀랍게 여겨 짐승을 따르고 용이 짐승에게 권세를 주므로 용에게 경배하며 짐승에게 경배하여 이르되 누가 이 짐승과 같으냐? 누가 능히 이와 더불어 싸우리요 하더라. 또 짐승이 과장되고 신성 모독을 말하는 입을 받고 또 마흔두 달 동안 일할 권세를 받으니라 짐승이 입을 벌려 하나님을 향하여 비방하되 그의 이름과 그의 장막 곧 하늘에 사는 자들을 비방하더라. 또 권세를 받아 성도들과 싸워 이기게 되고 각 족속과 백성과 방언과 나라를 다스리는 권세를 받으니."[33] 요한 사도는 이어서 다음과 같이 덧붙입니다. "내가 보매 또 다른 짐승이 땅에서 올라오니 어린 양 같이 두 뿔이 있고 용처럼 말을 하더라. 그가 먼저 나온 짐승의 모든 권세를 그 앞에서 행하고 땅과 땅에 사는 자들을 처음 짐승에게 경배하게 하니 곧 죽게 되었던 상처가 나은 자니라. 큰 이적을 행하되 심지어 사람들 앞에서 불이 하늘로부터 땅에 내려오게 하고 짐승 앞에서 받은 바 이적을 행함으로 땅에 거하는 자들을 미혹하며 땅에 거하는 자들에게 이르기를 칼에 상하였다가 살아난 짐승을 위하여 우상을 만들라 하더라."[34]

---

31. 단 8:23-25.

32. 단 11:36-37.

33. 계 13:1-7. 아고바르는 라틴 역 혹은 그리스 성경을 정확하게 따르지 않는다. 이는 아마도 잘못된 기억이나 바꿔 쓰기로 인해 명백히 틀린 인용의 경우로 보인다.

34. 계 13:11-14.

　　요한 사도는 또다시 이렇게 첨언을 합니다. "천사가 이르되 왜 놀랍게 여기느냐 내가 여자와 그가 탄 일곱 머리와 열 뿔 가진 짐승의 비밀을 네게 이르리라. 네가 본 짐승은 전에 있었다가 지금은 없으나 장차 무저갱으로부터 올라와 멸망으로 들어갈 자니 땅에 사는 자들로서 창세 이후로 그 이름이 생명책에 기록되지 못한 자들이 이전에 있었다가 지금은 없으나 장차 나올 짐승을 보고 놀랍게 여기리라. 지혜 있는 뜻이 여기 있으니 그 일곱 머리는 여자가 앉은 일곱 산이요 또 일곱 왕이라. 다섯은 망하였고 하나는 있고 다른 하나는 아직 이르지 아니하였으나 이르면 반드시 잠시 동안 머무르리라. 전에 있었다가 지금 없어진 짐승은 여덟째 왕이니 일곱 중에 속한 자라 그가 멸망으로 들어가리라. 네가 보던 열 뿔은 열 왕이니 아직 나라를 얻지 못하였으나 다만 짐승과 더불어 임금처럼 한동안 권세를 받으리라. 그들이 한 뜻을 가지고 자기의 능력과 권세를 짐승에게 주더라. 그들이 어린 양과 더불어 싸우려니와 어린 양은 만주의 주시요 만왕의 왕이시므로 그들을 이기실 터이요 또 그와 함께 있는 자들 곧 부르심을 받고 택하심을 받은 진실한 자들도 이기리로다."[35] 또다시 요한 사도는 이렇게 언급하여 덧붙입니다. "또 내가 보매 그 짐승과 땅의 임금들과 그들의 군대들이 모여 그 말 탄 자와 그의 군대와 더불어 전쟁을 일으키다가 짐승이 잡히고 그 앞에서 표적을 행하던 거짓 선지자도 함께 잡혔으니 이는 짐승의 표를 받고 그의 우상에게 경배하던 자들을 표적으로 미혹하던 자라. 이 둘이 산 채로 유황불 붙는 못에 던져지고 그 나머지는 말 탄 자의 입으로부터 나오는 검에 죽으매 모든 새가 그들의 살로 배불리더라."[36] 그리고 또한 이렇게 요한 사도는 부언했습니다. "천 년이 차매 사탄이 그 옥에서 놓여 나와서 땅의 사방 백성 곧 곡과 마곡을 미혹하고 모아 싸움을 붙이리니 그 수가 바다의 모래 같으리라. 그들이 지면에 널리 퍼져 성도들의 진과 사랑하시는 성을 두르매 하늘에서 불이 내려와 그들을 태워버리고 또 그들을 미혹하는 마귀가 불과 유황 못에 던져지니 거기는 그 짐승과 거짓 선지자도 있어 세세토록 밤낮 괴로움을 받으리라."[37]

---

35. 계 17:7-14.

36. 계 19:19-21.

37. 계 20:7-10.

XV.

우리를 적대하는 세 세력이 언급되고 있습니다. 적그리스도(Antichrist)인 악마와 짐 승, 그리고 거짓 기사와 이적을 보여주고 또한 적그리스도의 모든 능력에 놀라 감탄 하는 거짓 예언자가 그것입니다. 사탄의 행위에 의해 움직이는 두 짐승은 멸망당하 는 모든 무리 중 가장 탁월한 발군의 존재입니다. 그러나 사실상 사탄은 육신을 따라 사는 인간들에게 비록 눈에 보이지는 않더라도, 모든 악의 창조자와 원인입니다. 그 는 또한 처음부터 살인자입니다.[38] 사탄은 그 자신이 약속하여 관계했던 모든 악들을 성취했고, 또한 지금도 여전히 인간들을 통해 이루어나가고 있습니다. 그런데 사탄이 범했던 첫 번째 악행은 처음 인간을 속이고 기만하는 일이었으며, 이는 교활한 뱀을 통해 이루어졌습니다. 왜냐하면 그 첫 인간을 속이고 기만할 인간이 없었기 때문에 그 교활한 뱀이 그러한 기만행위를 담당하게 되었던 것입니다. 그 교활한 뱀을 통해 사탄은 이브에게 말을 걸었고, 이브는 아담에게 다시 그 유혹의 말을 전했던 것입니 다. 그리고 난 후에, 사탄은 가인을 통해 아벨을 죽였습니다. 이를 기화로 모든 악이 싹이 터서 발육 성장하기 시작했습니다. 불법과 죄악이 증가했고 또한 여전히 증가하 고 있으며, 그것은 하나님이 허락하셔서 그 한계를 정하신 악의 정점에 이르기까지 증가일로에 있는 것입니다. 사탄은 자신의 악을 이루어 성취함에 가장 적합한 도구로 서 인간을 채택하여 그가 정죄 받고 타락하도록 만들었습니다. 이제 그는 모든 타락 한 인간들 중의 우두머리가 되었습니다. 이제 그러한 악은 거대한 사악함으로 눈덩 이가 굴러가듯이 크게 자라나게 될 것이고 따라서 인간은 모든 피조물들 중에서 가 장 더럽고 추악한 존재로 그 자신을 온 우주 만방에 보여줄 것입니다. 그리고 그 자신 을 마치 하나님인 양 드러내어 행세하고, 또한 만물을 적대해 일어나서 그 자신을 드 높이고 있으며, 역시 그 자신이 만물 위에 군림해 하나님으로 불리고 하나님으로 예 배 받는 어리석고 교만한 행동을 취하고 있는 것입니다. 여호와 하나님은 이러한 사 실에 대해 일찍이 이렇게 말씀해주셨습니다. "땅 위에는 그것 같은 것이 없나니 두려 움 없게 지음을 받았음이라. 모든 높은 것을 낮게 보고 모든 교만한 것의 왕이 되느 니라."[39] 우리는 그러한 악한 존재에 대해 일찍이 이렇게 언급됐음을 알 수 있을 것입

---

38. 요 8:44.

39. 욥 41:33-34.

니다. "칼로 칠지라도 쓸데 없고 창이나 살이나 작살도 소용이 없구나."[40]

XVI.

길을 잃어 타락한 모든 자가 모인 집단 하나가 있습니다.[41] (그 무리의 우두머리는 적그리스도 그 자신입니다.) 이러한 사실은 다음과 같은 말씀을 보면 잘 알 수 있습니다. "그 살의 조각들이 서로 연하고 그 몸에 견고하여 움직이지 아니하며."[42] 이에 관한 이러한 말씀도 있습니다. "견고한 비늘은 그의 자랑이라 서로 연함이 봉한 것 같구나 이것, 저것이 한데 붙었으니 바람도 그 사이로 들어가지 못하겠고 서로 연하여 붙었으니 능히 나눌 수도 없구나!"[43] 악의 무리로서의 몸과, 그 유기체 집단의 머리인 사탄 혹은 적그리스도에 관해 선지자 에스겔은 다음과 같이 예언했습니다. "너는 말하여 이르기를 주 여호와의 말씀에 애굽 왕 바로야 내가 너를 대적하노라 너는 자기의 강들 중에 누운 큰 악어라 스스로 이르기를 내 이 강은 내 것이라 내가 나를 위하여 만들었다 하는도다. 내가 갈고리로 네 아가미를 꿰고 네 강의 고기로 네 비늘에 붙게 하고 네 비늘에 붙은 강의 모든 고기와 함께 너를 네 강들 중에서 끌어내고 너와 네 강의 모든 고기를 들에 던지리니 네가 지면에 떨어지고 다시는 거두거나 모음을 입지 못할 것은 내가 너를 들짐승과 공중의 새의 식물로 주었음이라."[44]

히브리어 성경의 시편이 보여주는 사탄의 능력에 관한 말씀이 바로 여기에 있습니다. "여호와의 영광이 그룹에서 올라 성전 문지방에 임하니 구름이 성전에 가득하며 여호와의 영화로운 광채가 뜰에 가득하였고 그룹들의 날개 소리는 바깥뜰까지 들리는데 전능하신 하나님의 말씀하시는 음성 같더라. 하나님이 가는 베옷 입은 사에게 명하시기를 바퀴 사이 곧 그룹들 사이에서 불을 취하라 하셨으므로 그가 들어가 바퀴 옆에 서매 한 그룹이 그룹들 사이에서 손을 내밀어 그 그룹들 사이에 있는 불을 취하여 가는 베옷 입은 자의 손에 주매 그가 받아 가지고 나가는데 그룹들의 날개 밑에 사람의 손 같은 것이 나타났더라. 내가 보니 그룹들 곁에 네 바퀴가 있는데 이 그

룹 곁에도 한 바퀴가 있고 저 그룹 곁에도 한 바퀴가 있으며 그 바퀴 모양은 황옥 같
으며 그 모양은 넷이 한결 같은데 마치 바퀴 안에 바퀴가 있는 것 같으며."[45]

XVII.

또 다른 시편의 말씀은 이러한 악마의 무리의 본성에 대해, 그리고 그들에게 남
아 있는 미래에 관해 이렇게 언급해주고 있습니다. "포악한 자여 네가 어찌하여 악한
계획을 스스로 자랑하는가? 하나님의 인자하심은 항상 있도다."[46] 또한 지혜서 역시
이러한 길을 잃어 타락한 무리에 관해 언급하고 있습니다. 곧 이 말씀은 종말의 때에,
영원한 불행과 비참함으로 짓눌리게 된 인간이 때늦은 열매 없는 회개를 해도 아무
소용이 없음을 잘 보여주는 것입니다. "그때에 의인은 자신 있게 일어서서 그를 핍박
한 자들과 그가 고통을 받을 때에 멸시한 자들과 맞설 것이다."[47] 그러한 일에 관해서
지혜서의 말씀이 이렇게 이어지고 있습니다. "분명히 우리가 진리에서 빗나간 길을 걸
었고 우리에게 정의의 빛이 비치지 않았으며 우리 위에는 태양이 일찍이 떠본 적이 없
었구나. 우리는 인적조차 없는 황야를 걸어온 셈이다. 죄와 파멸의 길치고 걸어보지
않은 길이 없었건만 주님의 길은 알지 못하였다. 우리의 오만이 무슨 소용이 있었으
며 우리가 자랑하던 재물이 우리에게 무엇을 가져다주었는가? 그 모든 것은 이제 그
림자처럼 사라지고 뜬소문처럼 달아나 버렸다. 거센 물결을 헤치고 가는 배와 같이,
한번 지나가면 그 흔적조차 찾아볼 수 없고 바닷물에는 용골이 지나간 흔적도 없구
나."[48] 잘못된 길을 갔던 타락한 천사와 인간들로 구성된 한 무리가 있을 뿐인데, 이
들은 공동의 운명에 처하게 되었으며, 주님은 복음서에서 이들이 받을 심판에 관해
이렇게 선포하셨습니다. "또 왼편에 있는 자들에게 이르시되 저주를 받은 자들아 나

---

45. 시 10:4-10 (불가타, 9:25-31). 여기에는 히브리 성경에 근거한 것으로 보이는 어떤 다른 번역본 성경의 말씀이 인용되었다. 만일
아고바르가 손쉽게 히브리 성경을 볼 수가 없었다면, 그에게 예속된 현명한 젊은 부제 플로루스가 읽고서 해석해주었을 것이다. 다
음 자료를 참고하라. Florus, *Opuscula adversus Amalarium*, I, 10 (MPL 119.79A; 아말라리우스를 비난하는 소책자): "극도로
오류를 범하는 무식한 저자[아말라리우스]에 의해 성경이 오염되지 않도록 반드시 주의를 기울여야만 한다. 왜냐하면 그는 시종일
관 히브리 성경으로 토론하고 있으나, 그 자신의 언어와 문학에 정통하지 못하기 때문이다. 그래서 나는 그가 종종 온당한 것들을
원형을 훼손시킬 정도로 틀리고 왜곡되게 만들어버린다는 소리를 듣고 있다." 이에 관해서는 또한 "Florus of Lyons"이라는 제목의
논문을 읽어보라. 이는 곧 출판될 *Classica et Mediaevalia*에 수록되어 나올 것이다.

46. 시 52:1 (불가타, 51:3). 그 외에 이에 관한 시편 말씀이 다수 있다.

47. 지혜서 5:1.

48. 지혜서 5:6-10.

를 떠나 마귀와 그 사자들을 위하여 예비된 영원한 불에 들어가라."**49** 이사야 선지자는 자신의 예언서 말미에서 악의로 가득 차 있는 천사와 인간들의 운명, 곧 최후의 심판에 관해 이렇게 예언했습니다. "그들이(거룩한 자들이) 나가서 내게 패역한 자들의 시체들을 볼 것이라 그 벌레가 죽지 아니하며 그 불이 꺼지지 아니하여 모든 혈육에게 가증함이 되리라."**50**

복음서에 보면, 이러한 형벌과 형벌의 장소가 "바깥 어두운 데"로 표기되고 있습니다. 사기 협잡을 해서가 아니라, 이익을 남기지 못했기 때문에 유죄 선고를 받은 그 종은, 주인이 남긴 이익을 셈하여 정산할 때에 그 받은 바 달란트를 증식시키지 못했기 때문에 형벌을 받게 되었던 것입니다.**51** 결혼식에 예복을 입지 않고 참예한 자는 손과 발이 묶여 던져질 것입니다. "임금이 사환들에게 말하되 그 손발을 묶어 바깥 어두운 데에 내던지라 거기서 슬피 울며 이를 갈게 되리라 하니라."**52** 성경에서는 종종 "바깥 어두운 데"는 '스올'(Sheol)로 표기되고 있습니다. 잠언의 말씀은 이렇게 언급합니다. "지혜로운 자는 위로 향한 생명 길로 말미암음으로 그 아래에 있는 스올을 떠나게 되느니라."**53** 의로운 왕 히스기야는 여호와 하나님께 이렇게 말했습니다. "스올이 주께 감사하지 못하며 사망이 주를 찬양하지 못하며 구덩이에 들어간 자가 주의 신실을 바라지 못하되."**54** 그리고 시편의 시인은 이렇게 노래했습니다. "사망 중에서는 주를 기억하는 일이 없사오니 스올에서 주께 감사할 자 누구리이까?"**55** 다시 시편 기자는 이렇게 언급합니다. "죽은 자들은 여호와를 찬양하지 못하나니 적막한 데(스올)로 내려가는 자들은 아무도 찬양하지 못하리로다."**56** 복된 욥은 이렇게 말합니다. "우리가 흙 속에서 쉴 때에는 희망이 스올의 문으로 내려갈 뿐이니라."**57** 또다시 복된 욥은 여호와께 이렇게 말합니다. 거기서 스올을 의미하는 또 다른 이름이 등장하고

---

49. 마 25:41.

50. 사 66:24.

51. 마 25:30.

52. 마 22:13.

53. 잠 15:24.

54. 사 38:18.

55. 시 6:5 (불가타, 6:6).

56. 시 115:17 (불가타, 113:25).

57. 욥 17:16.

있습니다. "내 날은 적지 아니하나이까? 그런즉 그치시고 나를 버려두사 잠시나마 평안하게 하시되 내가 돌아오지 못할 땅 곧 어둡고 죽음의 그늘진 땅으로 가기 전에 그리하옵소서. 땅은 어두워서 흑암 같고 죽음의 그늘이 져서 아무 구별이 없고 광명도 흑암 같으니이다."[58] 여기서 "어두운 암흑의 땅"은 타르타루스(Tartarus)[59]의 영토가 아니라면 무엇을 의미합니까? 스올이 지하 땅의 이름으로 불리는 것은 온당치 못한 일이 아닙니다. 왜냐하면 스올[사탄?]에 의해 사로잡힌 자들은 단단히 그 지하세계에 갇히게 되기 때문입니다. 그러므로 바쁘신 재판장 심판주가 보좌에 앉아계신 법정 면전에서 추방당하는 자들은 꼼짝 못하게 "비참한 불행과 어두움의 죽음의 그늘의 땅" 아래로 억류될 것입니다. 왜냐하면, 내적인 영적인 참된 빛에서 떨어져 나와 눈이 멀어 어둡게 된 자들은 괴로워서 슬피 울며 이를 갊이 있을 것이기 때문입니다. 죄에 대해 앙갚음하는 타오르는 저주의 불꽃이 쉬지 않고 일어나 그 빛과 힘을 발휘하여 영원히 그들을 태우게 됩니다.

XVIII.

우리 모두는 다양한 공로에 따라 "아버지의 집에는 거할 방이 많은 것처럼"[60] 그와 마찬가지로 범죄한 자들은 그 죄목에 따라 차이 나게 다양한 형벌에 처해지게 되는 바, 이는 게헨나(Gehenna)의 불에 정죄를 받아 던져지게 됩니다. 비록 게헨나는 단 하나만 존재하더라도, 하나 같이 동일한 강도로 불타오르는 곳이 결코 아닙니다. 영원한 지옥의 심판을 받은 자들이 이러한 게헨나 불에 던져지는 형벌은 인간의 한계와 상상을 초월하는 이루 말로 형언할 수 없는 벌에 해당합니다. 게헨나 불에서 생명의

---

58. 욥 10:20-22.

59. 이것과 관련된 언급은 다음 자료에서 찾을 수 있다. Cabaniss, "The Harrowing of Hell, Psalm 24, and Pliny the Younger: A Note" (*Vigiliae Christianae*, 7 [1953] 65-74).*

60. 요 14:2.

---

* "지옥의 정복, 시 24편과 젊은 플리니: 개요": The Harrowing of Hell은 예수가 지옥에 빠진 영혼을 구하는 일을 의미함. 타르타루스는 그리스 신화에 나오는 계보상으로, 하늘의 신 아이테르와 대지의 신 가이아의 사이에서 태어난 신이다. 혹은 카오스에서 형성된 신으로, 어머니인 가이아와 관계를 맺어 거인 티폰과 괴물 에키드나의 아버지가 되었다고 전해지기도 한다. 지하의 명계(冥界) 가장 밑에 있는 나락(奈落)의 세계를 의미하며 지상에서 타르타루스까지의 깊이는 하늘과 땅과의 거리와 맞먹는다고 한다. 주신(主神) 제우스의 노여움을 산 티탄신(神) 일족이나, 대죄를 저지른 탄탈로스, 시시포스, 익시온 등과 같이 신을 모독하거나 반역한 인간들도 이곳에 떨어졌다고 한다.

성채가 결코 죽지도 않고 극심한 고통을 받으며 타고 있는 형벌은 끝없이 생생하게 지속되기 마련입니다. 그것은 잠깐 동안의 중지도 없는 극단적으로 불에 타고 있는 고통의 연속이며, 이는 끝간 데 없이 견뎌내야 하는 고문과도 같은 것입니다. 그러므로 그러한 극한적인 형벌은 영벌의 심판을 받았던 비참한 자들에게 죽음 없는 죽음이고 종말 없는 종말이며 중지 없는 중지인 셈입니다. 여기에서는 죽음이 살아나고, 끝이 시작되며, 중지함이 결코 중지하는 방법을 모르게 됩니다.[61] 또한 거기에서는 용기를 북돋워주기 위해 빛을 비추어주는 것이 아니라, 고문하듯이 괴롭히기 위해 강렬한 불꽃이 작렬하게 됩니다. 자녀들을 사랑한답시고 저지른 범죄로 인해 작렬하는 불구덩이 속에서 극심한 고통으로 허우적대는 정죄 받은 자들은 그 타오르는 불빛에 반사되어 드러나 보이는 자손들의 모습을 바라보게 될 것입니다. 창조주 하나님은 자신의 명령에 정반대로 육신을 따라 정욕을 사랑하며 살았던 바로 그런 자들의 생명을 빼앗아 죽음에 처하게 함으로써 그들을 괴롭히시며, 결국 그들의 정죄는 더욱 더 증가하게 됩니다. 이러한 형벌의 장소는 못으로 칭해지는데, 그러나 역시 그것은 물이 없는 곳이며, 이에 관해 스가랴 선지자는 다음과 같이 전해주었습니다. "또 너로 말할진대 네 언약의 피로 말미암아 내가 네 갇힌 자들을 물 없는 구덩이에서 놓았나니."[62] 의로운 히스기야 왕은 또한 이렇게 말했습니다. "스올이 주께 감사하지 못하며 사망이 주를 찬양하지 못하며 구덩이에 들어간 자가 주의 신실을 바라지 못하되."[63] 그 못의 깊은 곳은 바닥으로 불리고 심연 혹은 나락(abyss)의 깊은 곳으로 칭해집니다.[64]

XIX.

그러므로 여러분은 세례의 물로 정화되어야 하며, 또한 그리스도인이라는 이름으로 명예로워져야 합니다. 또한 구원의 징표로 봉인돼야만 합니다. 우리가 의롭게 경외하는 것을 가지고 있는지, 혹은 우리가 전심전력을 다해 피해야 할 것을 가지고 있지는 않은지를 조심스럽게 심사숙고하고 또한 열렬히 검토해 보아야만 합니다. 그러

---

61. 참고. Gregory the Great, *Moralia in Iob*, 9.48.

62. 슥 9:11.

63. 사 38:18.

64. 현대인들이 이를 이해하기 위해서는 불가피하게 에드워즈의 유명한 다음과 같은 설교를 읽어보아야 할 것입니다. "Sinners in the Hands of an Angry God."(분노하시는 하나님의 손 안에 있는 죄인들).

고나서 우리는 다음과 같은 거룩한 시편이 가르쳐주는 대로 심사숙고를 결코 등한시 하거나 게을리해서는 안 될 것입니다. "내 죄악을 아뢰고 내 죄를 슬퍼함이니이다."[65] "무릇 나는 내 죄과를 아오니 내 죄가 항상 내 앞에 있나이다."[66] 거기에 덧붙여, 우리 는 그 안에 명상으로 가득 찬 우리의 마음뿐만 아니라, 전파하는 우리의 혀도 채워야 만 합니다. 여타 세상의 일시적인 위험이 점점 더 줄어드는 한, 우리의 마음은 덜 혼 란스럽고, 또한 더 적게 불안을 느끼게 될 것입니다. 그러나 세상의 위험이 점점 더 커 지는 한, 깊은 슬픔과 한숨과 신음으로 그만큼 더 많이 불안하고, 괴로우며, 짜증나 고, 애타며, 마음이 산란하게 될 것이지만, 그러나 우리에게는 다음과 같이 기록된 대로의 일이 일어나, 세상에서 받는 어려움과 고난을 극복하게 될 것입니다. "내 육 체가 주를 두려워함으로 떨며 내가 또 주의 심판을 두려워하나이다."[67] 우리는 복된 욥이 자신의 처지를 수용했던 사실을 신실하게 깊이 생각해보아야만 합니다. "나는 하나님의 재앙을 심히 두려워하고 그의 위엄으로 말미암아 그런 일을 할 수 없느니 라."[68]

만일 세상을 두려워하는 자들의 마음이 헛된 생각으로 가득 차 있거나, 그의 입 술에 무관심하고 냉담한 말들이 걸려 있다면, 여러분은 그들을 보고서, 마음의 눈을 온 사방으로 돌려 유한한 시간 내에서 죽을 인간의 운명을 통찰해보아야 할 것입니 다.[69] 여러분은 그러한 그들이 의도하는 바를 알고 있습니까? 그들은 무엇을 생각하 고 말하며 행동하고 있습니까? 사도가 다음과 같이 요구하는 바들에 순종하기를 애 쓰고 노력하는 자가 과연 얼마나 되겠습니까? "무릇 더러운 말은 너희 입 밖에도 내 지 말고 오직 덕을 세우는 데 소용되는 대로 선한 말을 하여 듣는 자들에게 은혜를 끼치게 하라."[70] "그리스도의 말씀이 너희 속에 풍성히 거하여 모든 지혜로 피차 가르 치며 권면하고 시와 찬송과 신령한 노래를 부르며 감사하는 마음으로 하나님을 찬양 하고 또 무엇을 하든지 말에나 일에나 다 주 예수의 이름으로 하고 그를 힘입어 하나

---

65. 시 38:18 (불가타, 37:19). 이 구절의 시작 부분은 세례 예전에서 사용된 것이다.

66. 시 51:3 (불가타, 50:5).

67. 시 119:120 (불가타, 118:120).

68. 욥 31:23.

69. 아고바르의 이러한 훌륭한 설교적인 지혜는, 그에게 속한 회중과 환경에 유의하고 있는 모습을 보여주고 있다.

70. 엡 4:29.

님 아버지께 감사하라."[71] "그런즉 형제들아 어찌할까 너희가 모일 때에 각각 찬송시도 있으며 가르치는 말씀도 있으며 계시도 있으며 방언도 있으며 통역함도 있나니 모든 것을 덕을 세우기 위하여 하라."[72] "그런즉 너희가 먹든지 마시든지 무엇을 하든지 다 하나님의 영광을 위하여 하라."[73] 이에 관해 우리 주님께서는 참으로 완벽하게 이렇게 말씀해주셨습니다. "선한 사람은 그 쌓은 선에서 선한 것을 내고 악한 사람은 그 쌓은 악에서 악한 것을 내느니라."[74] 그러므로[75] 마음속에 선이라는 보물을 지니고 있는 자는 반드시 선한 생각과 착한 말을 할 수밖에 없고, 그 외는 달리 할 것이 없다는 사실이 참으로 진리인 것처럼, 공허하고 무익한 것에 대해 말하는 자는 그 스스로가 영적인 은혜를 결여하고 있거나 혹은 회피하고 있음을 입증해서 보여주는 것과 다를 바가 없습니다. 만일 그가 그러한 자가 아니라면, 그는 의심하지 말고 서둘러서 믿음의 덕과 품성을 함양하고, 또한 그러한 자의 말과 기도에 귀를 기울여 들어주시는 하나님에 감사와 영광을 돌려드려야 할 것입니다.

XX.

자 보십시오! 여러분은 지금 선한 것들에 관해 들어왔습니다. 그런데 그것을 여러분은 온 마음을 다해 사랑하고 염원해야만 합니다. 역시 여러분은 또한 악한 것들에 관해 들어왔습니다. 그러나 여러분은 온 힘과 노력을 다해 분발하여 거기서 회피해 달아나야만 합니다. 그러므로 멸망할 것들에 대한 사랑과 일시적이고 덧없는 손해와 위험에 관한 두려움 사이의 차이점을 반드시 유념하고 심사숙고해야만 합니다. 불법적이고 무질서한 일시적인 선을 사랑하는 것이 죄가 되는 것처럼, 과도하게 두려워하는 것도 역시 죄가 된다는 점을 반드시 명확하게 이해해야만 합니다. 큰 죄의 항목에 들어가는 이러한 죄를 저지른 자들은 천국에서 배제될 것이며, 또한 요한계시록의 말씀처럼 영원한 형벌의 심판을 받게 될 것입니다. "그러나 두려워하는 자들과 믿지 아니하는 자들과 흉악한 자들과 살인자들과 음행하는 자들과 점술가들과 우상 숭배자

---

71. 골 3:16–17.

72. 고전 14:26.

73. 고전 10:31.

74. 마 12:35.

75. MPI는 ego(1인칭 대명사, '나')라 되어 있으나, MS.는 명백히 ergo(therefore, 그러므로)라 되어 있다.

들과 거짓말하는 모든 자들은 불과 유황으로 타는 못에 던져지리니 이것이 둘째 사망이라."[76] 그리고 복된 베드로 사도는 이렇게 가르쳐 주었습니다. 곧 박해자를 두려워할 필요도 없고, 또한 그러한 박해자가 입히는 악한 짓들마다 모두 손해를 입히는 것으로 생각하지 말라는 것입니다. 즉, 그러한 고난이 오히려 유익한 기회가 될 수도 있다는 말씀입니다. 이에 대한 증인들로 베드로 사도는 시편 기자와 이사야를 들었습니다. "주의 눈은 의인을 향하시고 그의 귀는 의인의 간구에 기울이시되 주의 얼굴은 악행 하는 자들을 대하시느니라." "또 너희가 열심으로 선을 행하면 누가 너희를 해하리요?"[77] 이는 선을 행하는 의인에 대한 베드로 사도의 열렬한 변호입니다. 역시 여호와 하나님은 또한 이사야 선지자를 통해 이렇게 명령하셨습니다. "의를 아는 자들아, 마음에 내 율법이 있는 백성들아, 너희는 내게 듣고 그들의 비방을 두려워하지 말라. 그들의 비방에 놀라지 말라. 옷같이 좀이 그들을 먹을 것이며 양털 같이 좀벌레가 그들을 먹을 것이나 나의 공의는 영원히 있겠고 나의 구원은 세세에 미치리라."[78] 그와 유사하게 주님은 복음서에서 그를 따르는 사람들에게 이렇게 명령하셨습니다. "내가 내 친구 너희에게 말하노니 몸을 죽이고 그 후에는 능히 더 못하는 자들을 두려워하지 말라."[79]

XXI.

몸을 박해하는 자들을 두려워하지 말라는 것은 여호와 하나님의 커다란 선물이며, 이는 예언자 예레미야를 통해 말씀해주신 바입니다. "그러므로 너는 네 허리를 동이고 일어나 내가 네게 명령한 바를 다 그들에게 말하라. 그들 때문에 두려워하지 말라. 네가 그들 앞에서 두려움을 당하지 않게 하리라. 보라 내가 오늘 너를 그 온 땅과 유다 왕들과 그 지도자들과 그 제사장들과 그 땅 백성 앞에 견고한 성읍, 쇠기둥, 놋 성벽이 되게 하였은즉."[80] 이와 비슷한 말씀을 여호와 하나님께서는 에스겔 선지자를 통해 이렇게 말씀해주셨습니다. "보라 내가 그들의 얼굴을 마주보도록 네 얼굴을 굳

---

76. 계 21:8.
77. 벧전 3:9-14. 아고바르는 이 구절을 이사야의 것으로 돌렸는데, 실제로는 베드로의 언급이다.
78. 사 51:7-8.
79. 눅 12:4.
80. 렘 1:17-18.

게 하였고 그들의 이마를 마주보도록 네 이마를 굳게 하였으되 네 이마를 화석보다 굳은 금강석 같이 하였으니 그들이 비록 반역하는 족속이라도 두려워하지 말며 그들의 얼굴을 무서워하지 말라 하시니라."[81] 오직 몸에만 상해를 입힐 수밖에 없는 적을 두려워하는 것은 중대한 실책이기 때문에, 시편 기자는 우리에게 이렇게 기도할 것을 주문했던 것입니다. "하나님이여 내가 근심하는 소리를 들으시고 원수의 두려움에서 나의 생명을 보존하소서!"[82] "적들로 인한 두려움에서 나를 해방시키시고, 오직 당신에 대한 두려움 아래 무릎 꿇어 복종하게 하소서!"[83] 시편의 다른 구절은 이렇게 말씀하고 있습니다. "내 원수가 종일 나를 삼키려 하며 나를 교만하게 치는 자들이 많사오니 내가 두려워하는 날에는 내가 주를 의지하리이다."[84] 곧 이러한 말씀입니다. "사실상 참으로 수많은 자들이 나를 대항하여 싸움을 걸어오고 있습니다. 그러나 당신의 은총의 도움으로, 당신 안에서 소망을 가지고, 나를 강하게 만드시면, 나는 적의 거대한 머리수를 보고 두려워하지 않을 것이며, 오히려 당신의 숭고하심이 빛을 발할 것입니다."[85] 그러므로 나를 대항해서 싸우는 자들은, 열두 사도들이 비추어주는 빛나는 시간[86]의 탁월함을 지닌 나날들을 자세히 살펴서 이해할 수가 없습니다.

XXII.

의심이 없는 확고한 자들, 곧 여호와를 진실하게 신뢰하는 그들은 스스로 그리하여 이같이 말합니다. "내가 하나님을 의지하고 그 말씀을 찬송하올지라. 내가 하나님을 의지하였은즉 두려워하지 아니하리니 혈육을 가진 사람이 내게 어찌하리이까?"[87] "여호와는 나의 도움이시라."[88] "내가 하나님을 의지하였은즉 두려워하지 아니하리니 사람이 내게 어찌하리이까?"[89] 사도는 이와 같이 반문해서 물어보았습니다. "누가 능

---

81. 겔 3:8-9.

82. 시 64:1 (불가타, 63:2).

83. 명백한 아고바르 그 자신의 바꿔 쓰기 수법이다. 이에 관해서는, 아래 각주 96번과 위의 각주 33번을 참고하라. 또한 아래 각주 85번과 11번을 참고하라.

84. 시 56:2-3 (불가타, 55:3-4).

85. 다시 아고바르의 대단하고도 명백한 바꿔 쓰기가 보인다. 다음을 참고하라. 각주 96, 33, 83, 11번.

86. MS.는 ore(말; mouth, speech)로 표기하고 있으나, MPL은 올바르게 horae(시간; hour, time)로 번역했다.

87. 시 56:4 (불가타, 55:5).

88. 아마도 이 구절은 시 30:10 (불가타, 29:11)나 그 외 다른 구절들을 어렴풋이 회상한 것으로 보인다.

89. 시 56:11 (불가타, 55:11).

히 하나님께서 택하신 자들을 고발하리요?"[90] 그리고 바울 사도는 다시 이렇게 말씀합니다. "누가 우리를 그리스도의 사랑에서 끊으리요? 환난이나 곤고나 박해나 기근이나 적신이나 위험이나 칼이랴? 기록된 바 우리가 종일 주를 위하여 죽임을 당하게 되며 도살당할 양 같이 여김을 받았나이다 함과 같으니라. 그러나 이 모든 일에 우리를 사랑하시는 이로 말미암아 우리가 넉넉히 이기느니라."[91] 그러한 이유로 말미암아 그리스도인들은 환란과 고난과 시련을 두려워하지 않습니다. 오직 환란과 시련 가운데서, 환란은 인내를, 인내는 연단을, 연단은 소망을 이루는 줄 알기 때문에 하나님께 영광을 돌릴 수 있게 됩니다. 그러나 소망은 그들 그리스도인들을 현혹시키지 않습니다. 그 이유는 그리스도인들에게 주어졌던 성령에 의해 하나님의 사랑이 그들 심령 속에 부어져 확산되었기 때문입니다. 그들은 다양한 시험에 빠져들 때마다, 그러한 환란과 연단과 시련 등 모두를 즐거움과 기쁨으로 여깁니다. 그들은 그들 자신이 받는 환란과 시련과 근심 걱정을 찌꺼기나 지푸라기처럼 여기지 않고, 풀무불 용광로에 들어가 정금이나 은과도 같이 순수하게 정제되어 나와 중요하게 여겨질 수 있는 기회로 여기게 됩니다. 곧 그들은 자신들이 풀무불의 연단을 거쳐 나온 정금과도 같은 존재임을 애매하게 여기지 않고 잘 알게 됩니다.[92] 이러한 목적을 위해 하늘의 아버지께서는, 그들이 재로 되돌아가지 않도록 시련과 환란의 연단 불을 통해 오물과 찌꺼기와 불결한 것들을 씻어내도록 다그치시는 것입니다. 그러므로 시편을 보면, 거룩한 자들의 목소리가 이렇게 외치고 있습니다. "하나님이여 주께서 우리를 시험하시되 우리를 단련하시기를 은을 단련함같이 하셨으며 우리를 끌어 그물에 걸리게 하시며 어려운 짐을 우리 허리에 매어 두셨으며 사람들이 우리 머리를 타고 가게 하셨나이다. 우리가 불과 물을 통과하였더니 주께서 우리를 끌어 내사 풍부한 곳에 들이셨나이다."[93] 이러한 말씀들은 그리스도인들이 다양한 환란과 시련을 겪게 된다는 점을 보여주고 있습니다. 그들은 그들 자신이 알고 있는 존재인 신앙에서 열등한 자들보다 더 뛰어난 우월한 자로서 모든 시련과 환란을 겪게 됩니다. 그들은 시련과 환란을 겪

---

90. 롬 8:33a.

91. 롬 8:35-37. 이 구절 속의 인용문은 시 44:22 (불가타, 43:22)이다.

92. 이러한 언급은 다음과 같은 성경 구절들에서 연속적으로 추출된 것이다. 롬 5:3-5; 약 1:2; 겔 22:18-22; 벧전 1:6-7; 고전 3:12-13. 그 외 비슷한 구절들.

93. 시 66:10-12 (불가타, 65:10-12).

을 뿐만 아니라, 또한 불과 물에 들어가는 시험과 연단을 경험하게 됩니다. 곧 그들은 순경과 번영의 상황뿐만 아니라 극심하게 힘들고 어려운 역경과 불행에도 직면하게 됩니다. 그때마다 그들은 불이 그들을 사르고, 물이 그들을 삼켜 멸망시키지 못하도록 늘 조심하고 경계해야만 합니다. 그러나 결국에 가서는, 불과 물, 곧 순경과 역경을 통과하여 풍부한 곳에 들어갈 수 있게 되는데, 거기서 그들은 더 이상 그 어떤 적수의 공격에도 두려워하지 않게 되고, 또한 어떤 고난과 수고를 겪지 않게 될 것이며, 이는 끝없이 지속되는 영원한 회복과 안식이 거기에 있기 때문입니다.[94]

XXIII.

무수히 견뎌내고 또한 피해내야만 하는 그렇게 수많은 덧없고 불변하는 죄악들의 소용돌이 가운데서, 모든 믿는 자들이 저 천국 거기에 도달하기 위해서는 반드시 무엇을 해야만 합니까? 우리 주님 구주께서, 곧 우리의 해방자이며 통치자께서 그것을 위해 다음과 같이 그의 제자들에게 명령하셨습니다. "이러므로 너희는 장차 올 이 모든 일을 능히 피하고 인자 앞에 서도록 항상 기도하며 깨어 있으라."[95] 또한 주님께서는 그 자신이 직접 고난을 받으실 때 이렇게 경고하셨습니다. "시험에 들지 않도록 기도하라."[96] 일찍이 바리새인들이 주님께 천국이 언제 임하는지를 물었습니다. 그때 주님은 이렇게 답변하셨습니다. "항상 기도하고 낙심하지 말라."[97] 그리고 그러한 말씀에 대한 예로 불의한 재판장과 불운한 과부의 비유를 들어주셨던 것입니다.[98] 또한 주님은, 비유를 통해, 한 사람이 어떤 다른 사람을 찾아가서 여행중인 친구에게 먹일 양식을 요구하는 자에게 어찌 주시 않을 사람이 있겠느냐고 반문하시면시 이렇게 말씀하셨습니다. "내가 또 너희에게 이르노니 구하라 그러면 너희에게 주실 것이요 찾으라 그러면 찾아낼 것이요 문을 두드리라 그러면 너회에게 열릴 것이니 구하는 이마

---

94. 성경뿐만 아니라 전례 회고록들에 나타나 있다. 다음을 참고하라. second *Memento* of the Canon of the Mass. (미사에 관한 교회법의 두 번째 회상록).

95. 눅 21:36.

96. 눅 22:40, 46. 이 구절의 병행구들을 참고하라.

97. 눅 18:1.

98. 참고. 눅 18:2-8.

다 받을 것이요 찾는 이는 찾아낼 것이요 두드리는 이에게는 열릴 것이니라."[99] 또한 그 말씀을 하신 직후에 이어서 다시 이렇게 주님은 말씀하셨습니다. "너희가 악할지라도 좋은 것을 자식에게 줄 줄 알거든 하물며 너희 하늘 아버지께서 구하는 자에게 성령을 주시지 않겠느냐?"[1]

XXIV.

기도함에 있어 끈덕진 인내와 끈질기게 조름에 관해서, 믿는 자들은 간절히 열망하는 태도를 지녀야 한다는 사실을 가르쳐주는 예화와 가르침들은, 신구약성경 전체를 통틀어 관통하는 중요한 주제입니다. 그것은 인간에게는 너무나도 불가해한 것이어서, 전능하신 하나님이 약속해주신 어떤 일들이 지연되더라도, 기도를 통해 열심히 간구한다면 즉시 응답되는 경우가 허다하기도 합니다. 하나의 예를 들어 봅시다. 베드로 사도가 헤롯에 의해 체포되어 투옥되기에 이릅니다. 그때 교회는 간단없이 하나님께 베드로 사도가 풀려나오게 해달라고 기도했습니다. 그 즉시로 베드로는 기이한 이적을 통해 해방되기에 이릅니다.[2] 사도 바울도 그의 청중들에게 이렇게 교훈했던 것입니다. "모든 기도와 간구를 하되 항상 성령 안에서 기도하고 이를 위하여 깨어 구하기를 항상 힘쓰며 여러 성도를 위하여 구하라. 또 나를 위하여 구할 것은 내게 말씀을 주사 나로 입을 열어 복음의 비밀을 담대히 알리게 하옵소서 할 것이니 이 일을 위하여 내가 쇠사슬에 매인 사신이 된 것은 나로 이 일에 당연히 할 말을 담대히 하게 하려 하심이라."[3] 또한 사도 바울은 다른 곳에서도 이렇게 언급했습니다. "기도를 계속하고 기도에 감사함으로 깨어 있으라. 또한 우리를 위하여 기도하되 하나님이 전도할 문을 우리에게 열어 주사 그리스도의 비밀을 말하게 하시기를 구하라. 내가 이 일 때문에 매임을 당하였노라. 그리하면 내가 마땅히 할 말로써 이 비밀을 나타내리라."[4]

---

99. 눅 11:9-10.

1. 눅 11:13.*

2. 참고. 행 12장.

3. 엡 6:18-20.

4. 골 4:2-4.

---

* 11-12을 앞에 붙여야만 13이 제대로 이해될 수 있으므로, 다음과 같은 11-12을 참고하라. "너희 중에 아버지 된 자로서 누가 아들이 생선을 달라 하는데 생선 대신에 뱀을 주며 알을 달라 하는데 전갈을 주겠느냐?"

XXV.

각 사람들은 기도를 할 때 특히 주의 깊게 마음을 쓰고 세심하게 배려해야만 합니다. 즉 자신뿐만 아니라 성도를 위해, 그리고 모든 자들을 위해 기도해야 합니다. 복된 사도 바울은 다음과 같이 명령했습니다. "그러므로 내가 첫째로 권하노니 모든 사람을 위하여 간구와 기도와 도고와 감사를 하되 임금들과 높은 지위에 있는 모든 사람을 위하여 하라. 이는 우리가 모든 경건과 단정함으로 고요하고 평안한 생활을 하려 함이라."[5] 이어서 사도 바울은 항상 때를 가리지 말고, 또한 모든 곳에서, 곧 어디서든지 장소도 불문하고 기도할 것을 권고했던 것입니다. "그러므로 각처에서 남자들이 분노와 다툼이 없이 거룩한 손을 들어 기도하기를 원하노라. 또 이와 같이 여자들도 단정하게 옷을 입으며 소박함과 정절로써 자기를 단장하고 땋은 머리와 금이나 진주나 값진 옷으로 하지 말고."[6]

XXVI.

무엇보다도 기도하는 자는 누구나 반드시 분노하고 다투면서, 또한 의심하면서 기도해서는 안 되고, 오직 신뢰와 확실한 믿음을 가지고 해야 한다는 점을 명심해야만 합니다. 이러한 사실에 대해 수많은 성경구절이 예증하고 있지만, 특히 베드로 사도와 주님 사이에서 일어난 한 대화는 매우 탁월합니다. "베드로가 생각이 나서 여짜오되 랍비여 보소서 저주하신 무화과나무가 말랐나이다. 예수께서 그들에게 대답하여 이르시되 하나님을 믿으라. 내가 진실로 너희에게 이르노니 누구든지 이 산더러 들리어 바다에 던져지라 하며 그 말하는 것이 이루어질 줄 믿고 마음에 의심하지 아니하면 그대로 되리라. 그러므로 내가 너희에게 말하노니 무엇이든지 기도하고 구하는 것은 받은 줄로 믿으라. 그리하면 너희에게 그대로 되리라."[7] 복된 야고보 사도는 역시 그와 같은 방식으로 기도할 것을 교훈했습니다. "너희 중에 누구든지 지혜가 부족하거든 모든 사람에게 후히 주시고 꾸짖지 아니하시는 하나님께 구하라. 그리하면 주시리라. 오직 믿음으로 구하고 조금도 의심하지 말라. 의심하는 자는 마치 바람에

---

5. 딤전 2:1–2.

6. 딤전 2:8–9.

7. 막 11:21–24.

밀려 요동하는 바다 물결 같으니 이런 사람은 무엇이든지 주께 얻기를 생각하지 말라. 두 마음을 품어 모든 일에 정함이 없는 자로다.”[8]

대단히 풍성하신 하나님의 달콤하신 사랑스러움은 강력한 믿음과 신뢰를 불러 일으켜줍니다. 그러한 자에게 다음과 같은 시편의 말씀이 선포되었습니다. “주는 선하사 사죄하기를 즐거워하시며 주께 부르짖는 자에게 인자함이 후하심이니이다.”[9] 역시 이사야 선지자도 그것에 관해 이렇게 설파하여 예언해주었습니다. “내가 기뻐하는 금식은 흉악의 결박을 풀어 주며 멍에의 줄을 끌러 주며 압제 당하는 자를 자유하게 하며 모든 멍에를 꺾는 것이 아니겠느냐? 또 주린 자에게 네 양식을 나누어 주며 유리하는 빈민을 집에 들이며 헐벗은 자를 보면 입히며 또 네 골육을 피하여 스스로 숨지 아니하는 것이 아니겠느냐? 그리하면 네 빛이 새벽같이 비칠 것이며 네 치유가 급속할 것이며 네 공의가 네 앞에 행하고 여호와의 영광이 네 뒤에 호위하리니 네가 부를 때에는 나 여호와가 응답하겠고 네가 부르짖을 때에는 내가 여기 있다 하리라. 만일 네가 너희 중에서 멍에와 손가락질과 허망한 말을 제하여 버리고.”[10] 이 성경말씀 가운데서, 우리는 경건하게 여호와 하나님의 말씀을 청종하는 자의 기도를 그 여호와 하나님께서 자비롭게 들어주신다는 사실을 명백하게 깨달을 수 있게 됩니다. 또 다른 번역본 성경은 이 구절을 이렇게 언급했습니다. “꼼짝 못하게 꽁꽁 묶은 결박을 풀어주고, 승리한 자들로 하여금 해방시켜 보내주게 하며, 모든 사악한 기록들을 갈가리 산산조각 나게 찢어버리는 자에게는 여호와께서 ‘내가 여기 있다’라고 응답하실 것이다.”[11] 우리는 특별히 선포되어 응답되기에 필요한 것이 하나님께 들려져서 성취되도록 해야 할 것입니다.

XXVII.

전능하시고 자비로우신 여호와께서는 선지자 에스겔을 통해 그 자신의 풍성하신 사랑의 달콤함을 이렇게 우아하게 전해주셨습니다. “주 여호와의 말씀이니라. 이스라

---

8. 약 1:5-8.

9. 시 86:5 (불가타, 85:5).

10. 사 58:6-9.

11. 어떤 번역 성경인지에 관해서는 불분명하다. 그러나 그것은 어떤 지역의 번역인 것으로 보인다. 아고바르나 그와 연관된 어떤 자가 이를 바꿔 쓰기 한 것으로 여겨진다. 다음과 같은 앞의 각주들을 참고하라. 각주 96, 33, 83, 85번.

엘 족속아 내가 너희 각 사람이 행한 대로 심판할지라. 너희는 돌이켜 회개하고 모든 죄에서 떠날지어다. 그리한즉 그것이 너희에게 죄악의 걸림돌이 되지 아니하리라. 너희는 너희가 범한 모든 죄악을 버리고 마음과 영을 새롭게 할지어다. 이스라엘 족속아 너희가 어찌하여 죽고자 하느냐? 주 여호와의 말씀이니라. 죽을 자가 죽는 것도 내가 기뻐하지 아니하노니 너희는 스스로 돌이키고 살지니라."[12] 그와 동일하게 이사야 선지자도 이렇게 선포했습니다. "악인은 그의 길을, 불의한 자는 그의 생각을 버리고 여호와께로 돌아오라. 그리하면 그가 긍휼히 여기시리라. 우리 하나님께로 돌아오라. 그가 너그럽게 용서하시리라."[13] 또한 여호와께서는 이러한 자비의 긍휼하심을 역시 이사야 선지자를 통해 이렇게 말씀하셨습니다. "야곱아 이스라엘아 이 일을 기억하라. 너는 내 종이니라. 내가 너를 지었으니 너는 내 종이니라. 이스라엘아 너는 나에게 잊혀지지 아니하리라. 내가 네 허물을 빽빽한 구름 같이, 네 죄를 안개 같이 없이하였으니 너는 내게로 돌아오라. 내가 너를 구속하였음이니라."[14] "나 곧 나는 나를 위하여 네 허물을 도말하는 자니 네 죄를 기억하지 아니하리라."[15]

XXVIII.

이 세상에 사는 동안 이렇게 가장 감미로운 하나님의 소환장을 무시하는 자들, 곧 하나님이 발견하시고 가까이 두셔서 소환 명령을 내리셨으나 이를 등한시한 자들에게는 더 이상 활동할 수 없는 시간이 다가오게 될 것이며, 그리하여 각 사람들은 자신이 행한 일에 따라 각각 상이한 보응을 받게 될 것입니다. 그런 자들은 이렇게 쓰라린 비난과 서주를 받아 마땅합니다. "내가 불렀으나 너희가 듣기 싫어하였고 내가 손을 폈으나 돌아보는 자가 없었고 도리어 나의 모든 교훈을 멸시하며 나의 책망을 받지 아니하였은즉 너희가 재앙을 만날 때에 내가 웃을 것이며 너희에게 두려움이 임할 때에 내가 비웃으리라."[16] 여호와 하나님은 예언자들을 통해서 모든 사람들에게 열매를 맺지 못한 회개한 자들에 대해 이렇게 말씀하셨음을 명심하시기 바랍니다. "그

---

12. 겔 18:30-32.

13. 사 55:7.

14. 사 44:21-22.

15. 사 43:25.

16. 잠 1:24-26.

때에 너희가 돌아와서 의인과 악인을 분별하고 하나님을 섬기는 자와 섬기지 아니하는 자를 분별하리라. 만군의 여호와가 이르노라. 보라 용광로 불 같은 날이 이르리니 교만한 자와 악을 행하는 자는 다 지푸라기 같을 것이라. 그 이르는 날에 그들을 살라 그 뿌리와 가지를 남기지 아니할 것이로되 내 이름을 경외하는 너희에게는 공의로운 해가 떠올라서 치료하는 광선을 비추리니 너희가 나가서 외양간에서 나온 송아지 같이 뛰리라. 또 너희가 악인을 밟을 것이니 그들이 내가 정한 날에 너희 발바닥 밑에 재와 같으리라. 만군의 여호와의 말이니라."[17]

---

17. 말 3:18-4:3.

제3절. 거룩한 찬송가에 대하여[18]

대단히 어리석고 사악함으로[19] 인해 모든 사람들에게 잘 알려져 있었던 한 궤변가가 최근에 기운차게 튀어나와서는 온갖 감언이설과 글을 통해 거룩한 리용 교회를 괴롭히고 난도질하기를 쉬지 않고 또한 그칠 생각도 하지 않고 있습니다.[20] 말하자면 그는 신앙의 아버지들이 전수해준 관습에 따라 올바른 방식으로 하나님을 장중하게 찬양하는 일을 경시하고 제멋대로 하고 있습니다. 그러므로 일 년 내내, 성가대원들의 관습적인 찬송 사역을 통해 드려지는 거룩한 예배가 반복적으로 진행되는 일이 필요하게 되었습니다. 즉, 리용 교회 내에서 하나님의 은총에 의해 조심스럽고 완벽하게 보존되었던 책의 지침을 따라 예배를 드려야 할 필요성이 생겨났다는 뜻입니다. 곧 그 지침서는 소위 일반적으로 말해서 "교창(交唱) 성가집"(antiphonary)이라는 용어로 명명되어 왔습니다. 그러한 형식은 일찍이 경건하고 정통한 신앙의 선조에 의해 만들어진 것입니다.[21] 그가 지녔던 가장 고귀하게 공인된 신앙과 교훈에 근거한 그러한 예배 형식이야말로 우리 주 여호와 하나님을 예배할 때 장중하고도 매우 빈번하게 애용되었던 것으로 모든 사람들에게 널리 잘 알려져 왔습니다. 그리하여 그러한 예배 형식을 담은 책을 전승받았던, 그리고 평화를 사랑하면서, 선견지명이 있고 분별력을 지닌 교회의 모든 자녀들은, 동일한 주 그리스도의 지배와 보호 아래서, 앞서 말한 그리스도의 교회가 결코 신앙의 정도에서 일탈하지 않았음을 가장 진실되고 명백하게 인식하게 되었던 것입니다. 그와 반면에, 이러한 전통에 반대되는 것이 생겨나, 하나

---

18. MS.에는 제목이 없다.

19. 아말라리우스(Amalarius of Metz)를 지칭한다. 그는 아고바르가 정죄되어 추방당한 기간 동안(주후 834 혹은 835–838년) 리용의 주교좌를 차지하고 있었다. (*locum tenens*)

20. "*Nuper … erupit … sed etiam … lacerare non cessat …*" (최근에… 갑자기 등장했다… 그뿐만 아니라… 난도질하여 엉망진창으로 만들기를 그치지 않고 있다…"). 이러한 언급을 통해 우리는 아고바르가 아직 추방당한 뒤로 귀환하지 않았음을 잘 짐작할 수 있으며, 또한 아말라리우스가 여전히 리용 교회를 다스리고 있음도 추측 가능하다 하겠다. 그 혼란 기간은 주후 834년에서 838년 사이다.

21. 주후 약 798년에서 815년 사이에 리용의 주교좌를 지켰던 라이드라트(Leidrad)를 가리킨다. 아고바르는 그의 후견과 교육 아래서 교회 경력을 쌓기 시작했다. 그러나 리용의 부제였던 플로루스(Florus)가 저술한 것으로 여겨지는 소논문은 아고바르 그 자신의 것으로 보인다. 이에 관한 논의에서는 다음 자료를 살펴보라. Cabaniss, *Agobard of Lyons*, 107.

님의 교회의 고대적 예식과 결코 다르지 않았던, 곧 교회의 지시와 명령을 따랐던 신앙의 선조들의 관습을 가로막고 있습니다. 그러나 우리는 만일 그것이 훌륭한 것이라면, 어떤 다른 자의 관습을 경멸하지는 않습니다. 사도의 말씀을 따르면, 그것은 가장 유용하고 탁월한 것들을 따르고 있습니다. "내가 기도하노라. 너희 사랑을 지식과 모든 총명으로 점점 더 풍성하게 하사 너희로 지극히 선한 것을 분별하며 또 진실하여 허물없이 그리스도의 날까지 이르고."[22] "너희는 이 세대를 본받지 말고 오직 마음을 새롭게 함으로 변화를 받아 하나님의 선하시고 기뻐하시고 온전하신 뜻이 무엇인지 분별하도록 하라."[23] "너희는 더욱 큰 은사를 사모하라 내가 또한 가장 좋은 길을 너희에게 보이리라."[24] "형제들아 지혜에는 아이가 되지 말고 악에는 어린아이가 되라 지혜에는 장성한 사람이 되라."[25]

게다가 복된 교부들이 모여 만든 공의회 신조는 저속하고 통속적인 시들[26]이 교회 내에서 결코 낭송되어서는 안 된다고 규정했습니다. 곧 거룩한 찬양이 드려지는 가운데서 "그 어떤 것도 시 형식으로 편집된 것이 사용되어서는 안 된다"[27]고 하는 것이 그 금지규정입니다. 그 외의 다른 자들 중에서 복된 교황 위대한 그레고리우스(Pope Gregory [the Great])는 사람들로 하여금 그 자신의 입지를 위해서가 아니라 선한 것들을 위해 사랑받아 마땅한 것을 시행하라고 가르쳤습니다. 곧 우리 자신의 위치에 근

---

22. 빌 1:9-10.

23. 롬 12:2.

24. 고전 12:31.

25. 고전 14:20.

26. 이러한 언급에 관한 발루즈(Baluze)의 각주는 다음과 같다.(MPL 104.327D): "그것들은 지난번에 개최되었던 라오디게아(Laodicea) 공의회에서 채택된 법규에서 온 것이었다. 그 내용은 다음과 같다. '교회 내에서 세속적인 시나 교회법이 인정하지 않는 서적이 탐독되는 현상은 부적절하다. 그러나 거룩한 신구약 성경만이 오직 읽혀져야 한다.' 그러므로 교회법은 세속적인 시들을 교회가 사용하는 일을 금지한다. 즉 비공식적이거나 비전문적인 인물들이 만든 비공인된 것들이 예배에 이용되어서는 안 된다. 왜냐하면 수많은 인사들이 그리스도의 영광과 명예 가운데서 시와 찬송가를 지어왔고 또한 그것들이 교회 내에서 불려지게 했으며, 결국 그것들이 유세비우스(Eusebius)의 수많은 저술들 속에서 입증되었던 전통적인 관습이 그 모든 세속적인 것들을 극복했기 때문이다. – 유스텔루스(Justellus)와 발레시우스(Henry Valesius)가 편집한 유세비우스의 「교회사」(Church History), VII, 24를 보면 라오디게아 공의회가 결정한 법규집에 대한 언급을 살펴볼 수 있다 – 이러한 이유로 말미암아 라오디게아 공의회는 교회 내에서 그러한 세속적인 시들이 노래되거나 낭송되지 못하도록 금지시켰던 것이다. 이는 기독교인들이 성경 말씀이 아닌 다른 것으로 하나님을 찬양해야 한다면 하나님의 위엄이 사라지게 될 것이라고 믿었기 때문이다." 찬송가에 관한 이러한 이론은 명백하게 종교개혁 교회에 지대한 영향을 끼쳤다. 라오디게아 공의회의 연대는 주후 381년 이후다.

27. 이러한 구절은 제1차 브라가(Braga) 공의회(주후 561년)의 결의사항에서 인용된 것이다. 이러한 내용은 다음의 저술에 수록돼 있는 성 마르탱(St. Martin of Braga)의 작품들 속에 들어 있다. C. W. Barlow (ed.) *Martini Episcopi Bracarensis Opera Omnia* (Paper and Monographs of the American Academy in Rome, 12, New Haven, Yale University Press, 1950), 112.

거하여 행위 하도록 애쓰지 말고, 또한 자기 시대의 어떤 사람들이나 관습을 따르지 않고 봉사하기를 매우 강력히 권고했던 것입니다. 그는 로마교회 내에서 비난받아 마땅한 예배 관습의 풍이 일어났을 때, 파문의 협박을 받으면서도 그러한 잘못된 관행을 저지시키는 일을 두려워하지 않았습니다. 그가 발행하여 포고한 교령집은 그러한 사실을 명백하게 잘 보여주고 있습니다.[28] 그러나 만일 앞에서 언급한 그 궤변가가 겸손하고 고분고분하게 심사숙고하기를 힘쓴다면, 그는 더 이상 어리석음의 나락으로 떨어지지 않을 수도 있을 텐데 하는 생각이 듭니다. 그러한 어리석음은 마치 그가 전혀 알지 못하는 자의 이름과 사상과 신앙을 성경 말씀인 양 둘러대는 것이고, 또한 그러한 것들을 공상적이고 변덕스럽게 익살맞은 우의와 풍유로 설명하기를 시도하는 일 그 자체이기도 합니다. 만일 그가 건전한 것에 대해 명상하기를 원한다면, 자신을 가라앉히고 교정시켜서 오직 매일 낮에 거행되는 미사에서는 일반적으로 사용되는 거룩한 문체로 언술하고, 매일 밤의 거룩한 축일 전야 철야 금식 기도에서는 확실히 그와 같은 철저한 방식으로, 곧 성경 말씀에 따라 준수돼야 하는 기도를 하나님께 드려야 할 것입니다. 그와 같이 전능하신 주님은 다음과 같이 기록된 말씀대로 언제나 매시간마다 유일하신 여호와 하나님으로 예배되고 찬양받으셔야만 합니다. "낮도 주의 것이요 밤도 주의 것이라 주께서 빛과 해를 마련하셨으며."[29]

---

28. Gregory the Great, *Decreta*(법령), IV, indict. (기소장) 13, epist. (서한) 44: "하나님의 거룩하신 섭리가 이렇게 거룩한 로마교회 내에 있는 나에게 임하시기를 원하시고 계신다. 가장 크게 비난받아 마땅한 하나의 관행이 생겨나서, 어떤 종류의 가수들이 거룩한 제단의 사역을 위해 뽑혀서는 감히 부제직 봉사까지 감당하고 있는 실정이다. 그 이유는 그들의 목소리의 선율이 아름다운 특질을 가지고 있기 때문이다. 그들을 교회의 설교 임무와 자신사업 책무에서 해방시키자는 안건이 교인들의 동의에 의해 가결되었다. 거기서부터 거룩한 사역에 있어서, 그들 음악담당 부제들의 아름다운 목소리는 그들 자신의 조화로운 삶을 추구하는 데 역행하도록 하는 일이 종종 발생하게 만드는 역할을 할 뿐이었다. 그리고 주님의 종으로서 그 가수는 그 타고난 목소리의 은사로 평신도를 기쁘게 만들어야 함에도, 도덕적인 방종으로 인해 소란을 일으켜 평신도를 괴롭히고 고통스럽게 만들고 있다. 그러므로 지금 내가 포고하고 있는 법규에 의해서, 나는 우리 주교 관구 사역자들이 거룩한 제단에서 엄숙하고 법에 정한 미사를 시행함에서, 오직 복음서에서 유래한 교훈만을 수용한 찬송가를 반드시 불러야 할 것을 선포하노라! 나는 선언하노라! 오직 차부제나 혹은 필요한 경우에, 그보다 낮은 직급의 봉사자가 찬송과 성구낭독을 맡아야 할 것임을. 만일 그 누구든지 나의 이러한 결정을 반대하려는 자들은 반드시 파문될 것이다." 다음 자료에서 인용되었음. Agobard, *De correctione antiphonarii*, XV (성가대 응답송의 개정에 대해) (MPL 104,336BD).*

29. 시 74:16 (불가타, 73:16).

---

* 그레고리우스 교황은 성직 서품의 반열에 있는 부제가 찬송을 담당하는 일을 배격하고 있다. 부제의 도덕성을 문제 삼고 있음을 볼 때, 당대 찬송 담당 부제들과 평신도 여성 간의 스캔들을 짐작할 수 있다. 따라서 그레고리우스는 부제 아래의 직급인 차부제나 그보다 낮은 직급의 교회 종사자들이 성가대 임무를 맡을 것을 법으로 정했던 것이다. 우리는 그레고리우스 교황의 법령 포고문을 통해 이처럼 중세 중반기에 로마교회의 생활문화상을 짐작할 수가 있게 된다.

　　그러나 저 어리석고 헛된 자의 수고는, 덜 논쟁적이고도 신중하게 하나님을 경외하는 자들의 마음속에 커다란 불안 덩어리를 던져 집어넣게 되므로, 그러한 종류의 발전과 과실을 피하기 위해, 우리는 교회의 거룩한 권위와 법에 보다 강력하고 정성스럽게 매달려 의존하게 되는 것입니다. 신앙과 규칙 준수 방법에 대한 이렇게 철저한 주의 사항, 즉 하나님의 성전 안에서 그리고 거룩한 제단 앞에서, 오직 들려야만 하는 찬송에 관한 규칙은, 반드시 권위 있는 구약성경 속에서 신성한 말씀의 곡조와 가사가 추출돼야 한다는 점입니다. 특히 역대기서에는 하나님의 복된 왕이자 예언자인 다윗이 최초로 성막으로 된 성전과 또한 여호와를 찬양하기 위한 레위인 성가대를 설립했다고 기록되어 있습니다. 그들은 하나님의 거룩한 섭리를 영감을 받은 말씀, 시와 찬송, 다윗 자신뿐만 아니라 다른 선지자에 의해 그 자신에 관해 예언된 송영 성구, 거룩한 번제와 희생제물을 바치는 아침과 저녁에 부르도록 법으로 정해진 송영 성구 등으로 여호와 하나님을 찬양했던 것입니다.[30] 거룩한 선지자들에게서 전승받아, 그 후 교회 선조들에 의해 가장 조심스럽게 보존돼 왔으며, 신약시대에 이르기까지 전해진 이러한 예배 관습은 대단히 적절한 것입니다. 성전이 파괴되고 난 이후에도 그러한 찬송 규칙은 필요했고, 그것을 독실하고 경건하게 계속적으로 존중하는 일은 반드시 적절한 법이라 하겠습니다. 그러므로 우리가 참으로 그러한 규칙을 조금도 범하지 않고 한 치의 주저함도 없이 하나님을 찬양하기를 열망하는 일은 특별히 필요한 부분입니다.

　　그러므로 우리 모두, 그 어떤 오류와 그릇됨도 없고, 그 무슨 애매모호함도 결여한 거룩한 말씀을 철저히 전념해서 전하도록 합시다. 역대기에는 거룩한 찬양을 맡았던 레위인들에 대한 언급이 이렇게 제시되어 있습니다. "아침과 저녁마다 서서 여호와께 감사하고 찬송하며 또 안식일과 초하루와 절기에 모든 번제를 여호와께 드리되 그가 명령하신 규례의 정한 수효대로 항상 여호와 앞에 드리며."[31] 또한 솔로몬이 성전을 건축하여 봉헌할 때에 관해서 이렇게 언급되었습니다. "솔로몬 왕이 드린 제물이 소가 이만이천 마리요 양이 십이만 마리라. 이와 같이 왕과 모든 백성이 하나님의 전의 낙성식을 행하니라. 그 때에 제사장들은 직분대로 모셔 서고 레위 사람도 여호

---

30. 대상 23-25장 (불가타, 23-25장).

31. 대상 23:30-31 (불가타, 23:30-31). "초하루"(on new moons)로 번역된 단어는 *kalendis*(1st of month; 초하루)임을 유념하라.

와의 악기를 가지고 섰으니 이 악기는 전에 다윗 왕이 레위 사람들에게 여호와께 감사하게 하려고 만들어서 여호와의 인자하심이 영원함을 찬송하게 하던 것이라제사장들은 무리 앞에서 나팔을 불고 온 이스라엘은 서 있더라."[32] 이와 비슷하게, 히스기야 왕이 그와 동일한 성전을 수축하고 정화한 데 대한 말씀 역시 이렇게 기록되어 있습니다. "히스기야 왕이 귀인들과 더불어 레위 사람을 명령하여 다윗과 선견자 아삽의 시로 여호와를 찬송하게 하매 그들이 즐거움으로 찬송하고 몸을 굽혀 예배하니라."[33] 또한, 그와 비슷하게 요시야 왕이 유월절을 기념하는 모습에 관해 이렇게 기록되어 있습니다. "아삽의 자손 노래하는 자들은 다윗과 아삽과 헤만과 왕의 선견자 여두둔이 명령한 대로 자기 처소에 있고 문지기들은 각 문에 있고 그 직무에서 떠날 것이 없었으니 이는 그의 형제 레위 사람들이 그들을 위하여 준비하였음이더라."[34]

이러한 찬송 전통은 얼마나 장중하고도 성실하게 설립되었습니까! 여타의 인물들 가운데서, 가장 복된 다윗이 만든 빼어나게 탁월한 찬송에 관한 관습들이 얼마나 아름답고 경건하게 모방되어야만 하겠습니까! 외경의 집회서는 이를 잘 증언해주고 있습니다. "그는 자기의 모든 공적을 지극히 높으시고 거룩하신 분께, 찬양의 노래로 감사드렸으며 마음을 다하여 거룩한 시를 읊어 창조주께 대한 사랑을 표시하였다. 그는 제단 앞에 악사들을 세워, 그들의 노래로 가락을 더 아름답게 하였다. 축제를 성대하게 벌이고 장엄하게 예식을 치르게 하여 주님의 거룩한 이름을 찬양하게 하였으며, 성소에는 새벽부터 거룩한 노랫소리가 울려 퍼지게 하였다. 주님은 다윗의 죄를 씻어주셨고 그의 힘을 영원히 높여주셨으며, 그에게 왕통을 약속하시고 이스라엘의 영광스러운 왕좌를 주셨다. 다윗은 현명한 아들 솔로몬에게 대를 이어주었고, 솔로몬은 부왕 덕분에 행복하게 살았다."[35] 또한 사무엘서에는 이러한 찬양의 영적인 은총이 가장 거룩한 왕인 다윗에 의해 예언되어 있습니다. "이는 다윗의 마지막 말이라. 이새의 아들 다윗이 말함이여 높이 세워진 자, 야곱의 하나님께로부터 기름 부음 받은 자, 이스라엘의 노래 잘하는 자가 말하노라. 여호와의 영이 나를 통하여 말씀하심

---

32. 대하 7:5-6 (불가타, 7:5-6).

33. 대하 29:30 (불가타, 29:30).

34. 대하 35:15 (불가타, 35:15).

35. 집회서 47:8-12.

이여 그의 말씀이 내 혀에 있도다."[36]

그러므로 각자 가르침을 받는 믿는 자들이 그러한 거룩한 권위와 명백한 진리에 대해 자유롭게 동의할 것은 추호의 의심도 없는 명약관화한 사실입니다. 그러나 만일 다투어서 논쟁하기를 좋아하여 일삼거나 혹은 완강하고 고집 센 어떤 부류의 사람들이 이러한 전통을 수락하지 않는다면, 또한 가장 깨끗한 샘에서가 아니라 진흙투성이의 흙탕 개울물에서 퍼낸 물을 마시기를 소원하는 자가 있다면, 그러한 자들은 고대 교부들 중 어떤 한 분이 현명하고 간략하게 경고하여 훈계했던 대로, 가장 큰 파멸과 황폐함을 초래하는 쇠약함과 무기력함으로 인해 병들어 나쁘고 사악하게 되지 않는다는 사실을 반드시 명심해야만 할 것입니다. 진리가 멸시받고 있는 데도 스스로 관습에 동의하고 있다고 상상하는 그러한 자는 진리가 계시된 형제들에 대한 질투심이 대단히 강할 뿐만 아니라 그들에 대해 원한과 악의를 품은 자가 아닐 수 없습니다. 또한 그들은 질서 속에서 영감을 따라 교회에 주어진 하나님의 은혜를 감사히 여길 줄 모르는 존재일 뿐입니다.

---

36. 삼하 23:1-2 (불가타, 왕하 23:1-2).

제4부

이상적인 성직자상

PART IV

IDEALS OF THE PRIESTHOOD

제1장

익명의 저자: 성직자에 대한 연설

제1절. 서론

여기에 번역된 「성직자에 대한 연설」이라는 제목의 소논문은, 저자의 위대한 이름에 의탁해서가 아니라, 비록 익명으로 된 것이더라도, 그 내용이 지닌 본질적인 가치의 탁월성 때문에, 이 책의 한 부분으로 선택되었다. 이 소논문에 관한 비판적인 글은 지금까지 발견돼지 않고 있으며, 또한 프랑스어로 된 짧은 요약문을 제외하고는, 그 어떤 나라의 언어로도 번역된 적이 없는 특이하고도 희귀한 저술이다.[1]

이 소논문의 형식은 주교가 그의 관구에 속한 성직자들에게 사제로서의 의무에 대해 밝힌 연설 형식을 취하고 있는데, 이는 다음 장에 소개 될, 이 소논문과 같은 목적을 지닌 오를레앙의 데오둘프의 한 연설문과 잘 비교될 수 있다. 데오둘프의 것은 몇 개의 번역을 지니고 있는데, 그러나 그것도 여러 저자의 이름으로, 또한 익명을 포함해 보통 미완성본으로 출판되어 나와 있다. 물론 불가능한 것은 아니지만, 저작권

---

1. G. Morin, "L'auteur de *l'Admonition Synodale* sur les devoirs du clergé" (*Revue Bénédictine* 9 [1892] 99–108), 이 소논문에 관한 단연 최고의 글로 평가됨.

문제와 후대의 첨가된 내용에 관한 진위 여부에 관한 것을 명확히 결정하여 규명하는 일은 매우 어려운 일이다.

주후 1832년에, 마이 추기경(Cardinal Angelo Mai)은 한 바티칸 사본에서 발견된 *Exhortation to Presbyters*(장로들에게 주는 권면)라는 작품을 출판하였다.[2] 그리고 이것은 교황 유티키아누스(Pope Eutychianus, 주후 275-283년 재위)의 작품들 가운데서 미네(Migne)의 *Patrologia latina*(라틴교부집)에서 재출판됐다.[3] 유티키아누스가 가장 초기의 수많은 저술가들 중의 일인이었기 때문에 이 소연설문의 저자로 여겨져 왔으나, 아무데도 그가 저자라고 단언할 만한 증거가 없다. 또한 이 연설문의 대본이 그 형식에서 원작이라는 증거도 결코 명확히 드러나 있지 않은 형편이다. 「익명의 어떤 교회에 속한 수도회 소속 예하 장로와 다른 성직자들에게 어떤 주교가 주는 권고」(Commonitory of any bishop to his subordinate presbyters and other ministers of any ecclesiastical order)라는 제명을 지닌 또 다른 번역본이 미네(Abbé Migne)에 의해 역시 출판되었다. 그런데 그것은 주후 8세기의 익명의 저술들 중 하나였다.[4] 이것은 47개 항목으로 구성됐는데, 그 중에서 뒤의 삼분의 일이 소실됐다. 랍(Labbe)은 "교황 레오 4세의 설교"(Sermon of Pope Leo IV [주후 847-855년 재위])를 또 다른 짧은 번역본으로 출판했다.[5] 그러나 레오 4세는 확실히 그 설교의 저자가 아니었고, 또한 저작권을 주장하지도 않았다. 왜냐하면 그 설교에는 "우리가 [그 설교가] 다른 곳에 수록되어 있음을 인지해왔던 대로"[6]라는 문구가 삽입되어 있기 때문이다. 곧 이 교황은 자신이 흡족해하는 설교를 다른 데서 인용해 사용했던 것이다. 이는 명백히 이러한 설교의 저작권이 레오 4세 교황 자신에게 있지 않음을 보여 준 증거다. 사실상, 두케스네(Monsignor Duchesne)[7]는 어떤 교황도 그러한 문서를 기록힐 수 있었다고 여기지 않는다. 두케스네의 주장에 따르면, 거기에는 독특한 로마식 용례가 발견되지 않고 있다. 또한 로마 주교 관구는 단 하나로서 시골 지방의 본당 교구들을 여럿 거느

---

2. Angelo Card. Mai, *Scriptorum veterum nova collectio* (1832), 6.2.124-126.

3. MPL 5.163-168.

4. MPL 96.1375-1379, 이것은 다음 자료에 근거한 텍스트를 사용했다. E. Martène, *Veterum scriptorum et monumentorum… amplissima collectio* (Paris, 1724-1733) 7.1.

5. P. Labbe, *Sacrorum conciliorum nova et amplissima collectio* (Paris-Venice, 1759-1798), 11.1075; MPL 115.675-684에 재수록됨.

6. *Sicut alibi scriptum invenimus* (다른 기록에서 발견되는 것처럼) (MPL 115.673).

7. L. Duchesne, *Liber pontificalis* 2. 135, 각주 13번.

리고 있는데, 그 저자는 그 자신을 베드로가 아니라 사도들의 대리자로 소개하고 있는 것으로 보아, 그 설교의 저자는 로마 관구의 교황이 아니라 아마도 한 시골 본당 교구의 사제인 것으로 여겨진다.

주후 852년, 힝크마르(Hincmar of Reims)가 개최한 어떤 한 공의회의 결의문(Capitula Synodica) 중에서 처음 다섯 장[8]은 여기에 실린 텍스트가 의존하고 있는 것으로 보인다. 레기노(Regino of Prüm, 주후 915년에 죽음)는 그의 두 번째 책인 「교회적인 가르침과 그리스도인의 신앙에 대해」(De ecclesiastica disciplina et religione Christiana)를 출판해 내놓았다. 이 책은 95개의 질문 조항을 지니고 있는데, 이는 주교와 그의 수하 성직자들이 주교 관구를 방문하는 동안 했던 질문이었다. 또한 거의 이 모든 질문들은 역시 궁극적으로 그와 동일한 자료, 곧 전술한 대로 힝크마르가 개최했던 공의회의 결의문에서 온 것이었다.[9] 그리하여 그 이후로, 모든 서구 교회들은 일반적으로 짧은 설교 형식을 채택했다. 발루즈(Baluze)는 앞에서 언급한 대로 레기노가 저술했던 책을 편집했는데, 그 편집본 끝에 레기노 책의 다른 번역본을 실었다.[10] 주후 1009년에 필사된 한 책자, 곧 주후 923년에서부터 973년에 이르기까지[11] 아우그스부르크(Augsburg)의 주교였던 울리히(Ulrich)의 저술로 여겨졌던 소책자가 네레샤이멘시스 사본(Codex Neresheimensis) 속에 들어 있었다. 이어서 울리히가 그 책자의 참 저자인지의 여부에 대해 상당한 논쟁이 전개됐는데, 일반적으로 울리히를 그 소책자의 저자라고 인정하는 학자들은 그 소책자가 참으로 그의 것이라는 증거가 나타났다고 주장한 반면, 갖은 노고를 아끼지 않고 그 설교(sermo) 자체의 역사에 대한 연구를 수행했던 자들은 일관되게 자신들을 그들과 정반대 입장에 놓았다.[12]

그에 관한 거의 모든 텍스트는 라티어(Rathier of Verona)에 의해 그의 *Synodica ad*

---

8. MPL 12. 773-792.

9. MPL 132.185-191.

10. MPL 132.445-458.

11. MPL 135.1071-1074, 텍스트가 여기에 번역되었다.

12. Alfred Schroeder (KL 12.197-219); Ulrich Schmid, *Ulrich, Bischof von Augsburg* (Augsburg, 1st ed., 1901; 2d ed., 1904), 그리고 그의 논문 (CE 15.123); Max Manitius, *Geschichte der lateinischen Literatur im Mittelalter* (Munich, 1925), 2.203–210. 이것은 모두 울리히의 진정한 저작권을 인정하는 자료임. 그와 반대되는 견해에 관해서는 다음 자료를 보라. A. Bigelmair (LTK 10.365-368); A. Hauck (NSH 12.59) 그리고 그의 *Kirchengeschichte Deulschlands* (Leipzig, 1920) 3.47, 각주 6번; Clemente Schmitt (EC 12.722-723.) Bigelmair는 역시 다음 자료를 참고한다. A. M. Koeringerm, *Sendberichte* 1 (1907) 23, 각주 2번. 그러나 우리는 여기서 그것을 보지 않았다.

Presbyteros(주교 공의회)에 병합되었으며, 또한 그것은 주후 966년 사순절 설교를 위해 작성된 것이었다.[13] 종교개혁의 여파로 반동적인 성격을 띠고 일어난 가톨릭의 자체 종교개혁(Counter Reformation) 이후조차도 그 설교(*sermo*)는 계속해서 재발행됐고, 물론 표면상으로는 새로운 저술이라 표방했던 것이다. 예를 들면, 피엔자(Pienza)의 주교, 아고스티노 파트리찌(Agostino Patrizzi)에 의해 로마 교황의 설교가 출판됐고,[14] 또 다른 로마 교황의 것도 역시 소개되었다.[15]

다음과 같은 사실은 그 문서 안에서 명백히 거부할 수 없는 매우 오래된 자료들을 접할 수 있다는 것보다 더 놀라운 사실이었다. 즉, 여성들은 사제들의 거주지에서 배제돼야만 한다, 야간 성무(聖務)가 있어야만 한다, 무가치하고 부족한 고해자들은 공적으로 주교 앞에 서는 것을 금지시켜야 한다, 고해성사자의 응분의 몫은 다른 이가 행한 자선행위에 의해 용서받게 될 것이다, 성찬식은 일 년에 세 번 개최될 것이다, 남자들은 교회 절기 때 아내와의 성적인 접촉을 해서는 안 된다, 교회 축제들의 축하 행사는 유대의 안식일 규칙에 따라서 저녁에 시작돼야 한다(*vespera ad vesperam*; 저녁에 시작해서 저녁에 이르기까지), 그리고 사제들은 이 모든 것을 기억할 수 있는 어떤 상징들(*Symbolum Quicumque*)을 제시해야만 한다. 이 모든 특징들은 초기의 신앙 관습을 지적해 주고 있다.

바로 최근 주후 1881년에, 그 특성에서 교황 레오 4세(Pope Leo IV)의 것으로 보이는 비슷한 텍스트가 바텐바흐(W. Wattenbach)에 의해 발견됐다.[16] 그것은 그라티안(Gratian)의 *Decretum*(교리)의 한 베를린 사본(a Berlin codex) 내에 있었다. 그리고 그것은 에발트(P. Ewald)에 의해 즉시 수정되기까지 진정헌 그라디인의 직품으로 여겨졌던 깃이다.[17] 이러한 언급들에서 저술 연대는 레오가 죽던 해보다 더 앞서지 않으면 안 된다. 그의 죽음은 주후 855년의 일이었으며, 저술 장소는 갈리아가 강력한 가능성을 가지고 대두된다.

---

13. MPL 136.553–568; 발레리니(Ballerini)가 주석을 단 중요한 편집본들을 보라.

14. MPL 132.458–459., part 3.

15. *Ibid.*, part 4, 259–262.

16. *Neues Archiv* 6.192.

17. *Ibid.*, p. 652.

주후 1892년, 모린(Dom Morin)[18]은 호노리우스(Honorius of Autun, 주후 1152년에 죽음)의 *Speculum Ecclesiae*(교회의 거울)의 무니히 사본(Munich codex, 5515-Diess. 15, saec. xii)[19] 내에서 그것이 다양한 설교 모음집이라는 사실을 보고해 주었다. 곧 거기에는 *sermo beati Caesarii episcopi ad clerum*(복된 카이사리우스 주교가 성직자에게 주는 설교)로 나와 있었다. 그리고 이 설교는 우리의 *sermo synodalis*(공의회 설교)로 판명되었다. 이것은 호노리우스의 작품 편집본, 또한 카이사리우스의 편집본보다 초기의 것이 아니다. 모린(Dom Morin)은 매우 그럴 듯한 새로운 저작권에 관한 주장을 펼쳤다. 즉, 그는 그 텍스트 속에서, 아를스의 카이사리우스(Caesarius of Arles, 대략 주후 469-542년)의 다른 작품들에서 발견됐던 단어와 구절과 주제 등에 관한 특징적인 용례를 지적해냈다. 모린(Dom Morin) 이래로 그 어떤 사람도 저작권에 관한 문제에 대해 그렇게 깊이 연구에 몰두한 학자가 없었다. 그러나 우리가 여기서 소개하는 텍스트는, 저자가 진정 누구인지에 관한 편견을 버리고, 익명의 저자가 썼다고 간주할 것이다. 우리가 설교하는 이 설교는 확실히 비평적인 편집을 가했다는 명예를 지닐 만한 가치 있는 번역본이다.

---

18. 위의 각주 1번을 보라.

19. MPL 172,1103.

제2절. 본문

우리의 형제 장로와 사제들이여![20] 여러분은 우리 성직자 단체[21]의 동역자들입니다. 그런데 비록 우리는 무가치한 존재더라도, 제사장 아론의 지위를 계승해서 유지하고 있고, 여러분은 엘르아살(Eleazar)과 이다말(Ithamar)의 직분을 이어받았습니다.[22] 우리는 열두 사도의 직분의 의무를 실행합니다. 여러분은 70인 제자들에 상응합니다. 우리는 여러분의 목자입니다. 여러분은 여러분에게 위탁된 영혼들의 목자들입니다. 우리는 목자장이신 주 예수 그리스도께 여러분에 관한 하나의 결산서를 제출할 것입니다. 여러분은 여러분에게 맡겨진 사람들에 관한 결산서를 역시 그 목자장께 바칠 것입니다. 그러므로 가장 친애하는 나의 친구들이여! 여러분들이 직면한 위험한 상황을 바라보기 바랍니다. 우리는 여러분의 형제애가 우리의 권고에 주의하여 귀를 기울이도록 권면하고 간구합니다. 여러분은 조심스럽게 여러분이 공유하고 있는 구원에 관해 심사숙고하기 바랍니다. 우리가 여러분에게 제시하는 것을 명심하기 바랍니다. 또한 열심을 다해 여러분이 맡은 임무를 수행하기 바랍니다.

무엇보다도 먼저, 우리는 여러분의 삶과 인격이 비난을 받지 않도록 권면하는 바입니다. 즉, 여러분이 거처하는 작은 방은 교회 가까이에 있는데, 여러분은 그 방 안에 그 어떤 여성도 들여놓아서는 안 됩니다.[23] 매일 밤 저녁기도회에 일어나서 참석해야 합니다. 규정된 시간에 열리는 강의에 빠지지 않아야 합니다. 미사 예배를 신실하게 드려야만 합니다. 주님의 몸과 피를 두려움과 경외함으로 받아야 합니다. 여러분의 두 손으로 거룩한 그릇들을 깨끗이 씻고 닦아야 합니다. 금식을 하지 않은 자는 그 누구도 미사곡을 부르게 해서는 안 됩니다. 개두포(蓋頭布, amice)*와 장백의(長白衣,

---

20. 사용된 용어는 *sacerdotes*이다.

21. 주교회, 곧 주교들의 회합체.

22. 민 3:32; 4:28.

23. 의심할 필요도 없이, 이것은 니케아공의회(the Council of Nicaea)의 교회법 3권(Canon 3)에서 유래한 것이다. 다음 장의 데오둘프(Theodulph)의 텍스트, 각주 29번을 참고하라.

---

* 사제가 미사 때 어깨에 걸치는 직사각형의 흰 천.

alb),* 영대(領帶, stole)**와 파논(fanon),*** 그리고 플라네타(planeta)**** 등을 갖추지 않고서는 아무도 미사곡을 부르게 해서는 안 됩니다. 이러한 제의들은 깨끗이 세탁해야 하고 또한 결코 다른 사람들이 입도록 해서는 안 됩니다. 아무도 감히 다른 미사 때 착용했던 장백의를 다시 입고 미사곡을 부르게 해서도 안 될 것입니다. 어떤 여성도 주의 제단에 접근하게 해서도 안 되고 또한 주님의 성배(聖杯, chalice)***을 만지게 해서도 안 될 것입니다. 성체포24(聖體布, corporal)***를 아주 깨끗이 세탁하고 제단은 정결한 아마포로 잘 덮어두도록 해야 할 것입니다. 캅사이(capsae),25 성골(聖骨)이나 성유물(聖遺物), 네 복음서, 병자를 위한 주님의 몸을 담아 둔 상자(pyxis) 외에는 그 어떤 것도 제단 위에 올려놓아서는 안 될 것입니다. 그 외 다른 물건들은 깨끗한 장소에 보관해야만 합니다.

각 교회는 완벽한 미사 예식서, 교회에서 낭독하는 성구집, 교창(交唱) 성가집을 갖추어야 합니다. 성물실(聖物室; sacristy)이나 제단 가까이에는 성별된 그릇을 씻은 물을 쏟아 버릴 수 있는 개수대(漑水臺)가 준비되어 있어야만 합니다. 그리고 거기에는 물을 담을 수 있는 깨끗한 그릇이 걸려 있어야 하고 또한 사제가 성찬식(Communion) 후에 물로 손을 씻을 수 있도록 만반의 준비를 잘 갖추어야 합니다. 교회 건물은 비가 새지 않도록 지붕을 잘 보전해야 하고, 또한 본당 회중석을 종종 깨끗하고 튼튼하게 수리를 잘

---

24. 고대에 성찬식 때 입던 제의(祭衣), 혹은 여기서처럼 미사 대 사용되던 성별된 천을 의미한다. 그것을 가지고 성찬식 후에 남은 성체를 덮어 둔다.

25. 캅사이(capsae; 원통형 상자)와 북시스(buxis; 회양목으로 만든 나무상자) 및 픽시스(pyxis; 작은 보석상자)는 키보리아(ciboria; 성감[聖龕; 거룩한 것을 담는 그릇]이나 감실[龕室; 사당 안에 신주를 모셔두는 장])나 혹은 성체(Host; 성찬식에 사용되는 떡과 포도주)를 담아 두는 용기나 그릇.

---

* 흰 삼베로 만든 미사 제복.

** pallium이라고도 함. 성직자가 성사를 집행할 때 목에 걸쳐서 무릎까지 늘어뜨리는 좁고 긴 헝겊 띠.

*** 초기에 파논이 어떤 재료로 만들어졌는지에 관해서 알 수 있는 결정적인 정보와 단서는 전무하다. 파논의 앞부분은 금으로 자수된 작은 십자가 하나가 장식돼 있다. 파논 위에는 영대가 위치한다. 가장 오래된 것으로 알려진 로마교회 서품 예식서에 파논이 언급되어 있는 것으로 보아 파논의 착용 시기는 비교적 초기인 것으로 보인다. 곧 파논의 사용은 8세기부터 시작된 것으로 판명된다. 그리고 주후 15세기에 이르러 파논은 사각형 모양을 지니기 시작했다. 오늘날의 파논의 색깔과 모양은 대략 주후 16세기나 그 이후에 결정된 것으로 여겨진다. 파논은 스톨 아래 놓이고, 또한 제의 위에 자리잡으며, 흰 영대 아래 위치한다. 파논은 개두포와 비슷하지만 장백포 아래가 아니라 위에 입는다.

**** chasuble이라고도 함. 사제가 미사 때, 장백의 위에 입는 옷으로서 의식용의 소매 없는 제의.

*** 신성한 술잔 혹은 예수께서 최후의 만찬에 쓴 술잔.

*** 성찬식의 떡과 포도주를 덮는 천.

해야만 합니다. 교회 밖에서, 곧 가정집에서나 지붕이 없는 옥외에서 결코 그 누구도 미사곡을 부르지 못하도록 단속해야만 합니다. 모든 장로들은 서신과 일과(日課, lesson; 조석으로 읽는 성서 중의 한 부분)를 읽기 위하여 글쓰기 능력과 학식을 갖추어야 합니다. 곧 그들은 미사곡에 대한 시편 응답송을 부를 수 있도록 글을 알아야만 합니다. 그 어떤 자도 미사곡을 혼자 불러서는 안 될 것입니다.

그 어떤 자도 시골 지방에서 스포로네스(sporones)[26]로 부르는 신발이나 칼날이 달린 신발을 신고 미사곡을 부르게 해서는 안 됩니다. 왜냐하면 이러한 신발을 착용하는 것은 적절하지 않을 뿐더러 교회법에도 위반되기 때문입니다.

성배를 지키고, 여러분들 중 수많은 사람들이 하는 방식대로 원을 그리거나 손가락을 바꾸어가며 성호를 긋지 말고, 직선으로 십자 성호를 긋도록 하시오. 삼위일체를 상징하기 위해 두 손가락 사이에 엄지손가락을 넣어 성호를 그으시오. 이러한 상징이 적절히 시행되도록 최선을 다해 노력하시오. 다른 방식으로 하면 여러분은 결코 복을 받지 못할 것입니다. 병자들을 심방해서 그들을 회복시키시오. 그리고 사도들의 전통을 따라 그들에게 거룩한 기름을 발라주시오.[27] 그리고 그들의 입에 당신의 손으로 직접 성체를 집어넣어 주시오. 그리고 어떤 일이 있어도 평신도 남성이나 여성이 병자에게 성체를 전달해주는 일이 발생하지 않도록 하시오.

여러분 중 그 어느 누구도 유아 세례를 베풀거나 병자를 심방하거나 장례식을 치를 때 보수나 선물을 요구해서는 안 됩니다. 어떤 유아도 여러분이 게으르거나 무심하여 세례를 받지 못하고 죽는 일이 없도록 유념하기 바랍니다. 여러분 중 그 어떤 사람도 술에 취해서 싸움을 해서는 안 됩니다. 왜냐하면 여러분은 주님의 종으로서 당연히 다투는 일을 삼가야 하기 때문입니다. 여러분 중 그 어느 누구도 싸우기 위해 무기를 들어서는 안 됩니다. 그 이유는, 여러분의 무기는 영적인 것이어야 히기 때문입니다. 여러분 중 그 어떤 자도 투견이나 닭 또는 새 싸움의 노예가 되지 말아야 합니다.

선술집에서 술을 마시지 말아야 합니다. 여러분 각자는 자신의 능력에 따라서 교우들에게 주일날 복음서 설교나 사도 [서신] 설교를 해야 하며, 또한 축일에도 그에

---

26. 즉, 박차가 달린 신발.

27. 약 5:14. 이 성경구절이 병자에게 기름을 발라주라는 유일한 말씀으로 보인다.

적합한 설교를 해야 합니다. 여러분은 반드시 주님의 말씀을 전해야만 합니다. 가난한 사람들, 순례자들, 그리고 고아들을 돌보고 그들을 여러분의 식탁으로 초대하시오. 사람들이 여러분에게서 훌륭한 삶을 교훈 받을 수 있도록, 그들을 호의로써 맞이하고 후히 대접하시오.

　　매 주일날, 미사 전에, 교우들에게 뿌려줄 수 있는 성수를 악에서 지키고 오직 이러한 목적으로 성수 그릇을 보전하시오. 거룩한 그릇과 사제의 제의를 상인이나 선술집 주인에게 저당을 잡히지 마시오. 여러분 중 그 어느 누구도 여러분 자신의 이익을 위해 돈을 빌려주거나 이자를 받지 않도록 해야 합니다. 여러분이 서품을 받은 날부터 획득한 부와 재산은 모두 교회에 속한 것임을 잘 알아야만 합니다. 그 누구도 우리의 인정과 동의 없이는 교회를 취득하여 손에 넣도록 해서는 안 될 것입니다. 그 어떤 사람도 세속적인 권위를 통해 교회를 획득하게 해서는 안 될 것입니다. 그 어느 누구도 할당되어 지정된 교회를 떠나거나 또한 이익을 얻기 위해 다른 곳으로 옮겨가게 해서는 안 될 것입니다. 그 누구도 다른 장로들의 협조 없이는 여러 개의 교회를 맡아서 돌보게 해서는 안 될 것입니다. 어떤 교회도 여러 개로 나누어지도록 해서도 안 될 것입니다. 어떤 사람도 여행 중이거나 혹은 본당 교구의 허락을 받지 않고 함부로 다른 교구민이 미사에 참여하도록 해서는 안 될 것입니다. 그 어떤 자도 다른 교구에 가서 미사곡을 부르게 해서도 안 될 것입니다. 시혜와 자선에서 제공되고 베풀어지는 경우를 제외하고, 그 누구도 참회하고 있는 자를 초대해서 고기와 술을 먹게 해서는 안 됩니다. 임종 직전에 있는 사람의 경우를 제외하고, 아무도 부활절과 오순절 전야 이외의 날에 감히 세례를 베풀려고 해서는 안 될 것입니다. 각자는 세례 소반을 지니고 다녀야 하며, 돌로 만들어진 것을 지참해서 가지고 다닐 수 없다면, 그것과 비슷한 것으로서 다른 용도로 한 번도 사용된 적이 없이 새 그릇을 휴대해야만 할 것입니다. 여러분은 여러분의 모든 교구민에게 신조와 주기도문을 낭송해주어야 함을 명심하기 바랍니다. 여러분은 여러분의 모든 교구민에게 네 계절과, 예수 승천축일 전 3일간과 (rogations), 보다 큰 탄원(litany)* 때 반드시 금식 규정이 완벽하고 철저하게 지켜지도록 힘써야만 할 것입니다. 사순절 이전 네 번째 축제일에는, 교우들을 초치하여 죄를 회개

---

* 호칭(呼稱) 기도, 곧 일련의 탄원 기도로서, 사제·성가대 등이 선창하고 신자들이 응답하는 형태의 기도를 의미함.

하도록 해야 하며, 고해한 대로 그 죄의 성격에 따라 고행을 부과해야 합니다. 그것은 여러분의 마음대로가 아니라, 반드시 고해 규정서(penitential)에 기록된 대로 시행돼야만 합니다.[28] 일 년에 네 번, 즉 성탄절과 주님께서 만찬을 제정하신 날, 부활절, 오순절 등의 날에는, 모든 신실한 자들은 주님의 몸과 피를 나누는 성찬식에 참석하도록 권고해야만 합니다. 결혼한 남성들은 정해진 절기에는 아내와의 성적 교섭을 금하도록 엄히 권계해야만 합니다. 축일에는 미사 후 교우들에게 선물을 주어야 합니다. 여러분은 결코 평신도가 입는 옷을 입어서는 안 됩니다. 그 어떤 자도 교회의 재산과 소유와 권리를 어떤 방식으로든지 팔거나 교환하거나 양도해서는 안 될 것입니다.

주일과 다른 축일에는 그날 저녁부터 다음날 저녁까지 모든 노예와 종들이 안식을 하고 노동을 하지 않도록 자유롭게 해주어야만 합니다. 교회 본당 회중석에서는 여성들이 노래하거나 춤을 추게 해서는 안 될 것이며, 이를 철저히 금지시켜야만 합니다. 전능하신 하나님이 증인이 되십니다. 민속 신앙에서, 한밤중에 버릇과 습관이 되다시피 한 죽은 자에 대한 악마적인 주문과 마술을 반드시 척결하고 금지시켜야만 합니다. 그리고 그들이 탐닉해 빠져들어서, 그리고 그런 마법과 주술 행위를 통해 만족하고 기뻐서, 온 마을에 거슬릴 정도로 무질서하고 소란스럽게 웃고 떠드는 행위를 하지 못하도록 철저히 단속해야만 합니다. 출교당한 자들과는 결코 교제를 해서는 안 됩니다. 그 누구도 출교된 자들 앞에서 감히 미사곡을 부르려고 해서는 안 될 것입니다. 이러한 사실조차도 여러분의 교구민들에게 발설하려고 해서도 안 될 것입니다. 여러분 중 그 어떤 자도 혼인 잔치에 참여해서는 안 될 것입니다. 모든 사람들에게 그 누구도 공적인 결혼축하연 없이는 결혼식을 거행할 수 없다고 선포하시오. 남녀가 눈이 맞아 달아나는 일이 없도록 철저히 단속하기 바랍니다. 그 누구도 근친 여성에게 접근하지 말도록 하시오. 그리고 다른 사람과 약혼한 자와는 결코 결혼이 성사되지 않도록 하시오. 돼지나 양을 치는 가정은 적어도 주일 미사에는 참여하도록 독려하시오. 대부모(godparents)는 대자녀(godchildren)에게 사도신경과 주기도문을 늘 들려주도록 하시오. 성유식에 사용되는 거룩한 기름은 불순한 불신자가 탐하지 못하도록 밀랍으로 잘 봉인해두시오. 우리는 이제 여러분 각자에게 위탁된 사역에 관해 여러분들에게 조

---

28. 다음 자료를 참고하라. John T. McNeill and Helena M. Gamer, *Medieval Handbooks of Penence*, in "Records of Civilization" 29 (New York, Columbia Press, 1938). [고해성사에 관한 중세의 핸드북들].

심스럽게 권면하고자 합니다. 가능한 한, 사도신경과 주기도문을, 전승된 책에 기록된 정통의 전통에 따라 반드시 가르치도록 해야 합니다. 교우들이 그것을 완전히 이해하도록 잘 가르치시오. 그들이 그것에 대해 잘 알게 되었다면, 이제 여러분에게 맡겨진 교우들을 설교를 통해 조심스럽게 가르치기 바랍니다. 만일 사도신경과 주기도문을 교우들이 잘 깨닫지 못한다면, 적어도 그 내용을 지키고 믿도록 만들기 바랍니다. 교우들이 미사 기도와 규칙을 잘 이해하도록 만드시오. 만일 그들이 그것을 잘 이해하지 못하더라도, 적어도 잘 기억은 할 수 있도록 철저히 암송시키기를 바랍니다. 여러분은 서신서와 복음서를 잘 읽도록 훈련해야만 합니다. 그렇게 해야만 여러분은 성경의 의미를 명확하게 이해할 수 있게 됩니다. 여러분은 시편 말씀을 낭독하는 방법을 배워야만 합니다. 마음으로 관습적인 리듬에 따라 적절한 방식으로 잘 나누어서 낭독해야만 합니다. 우리가 앞에서 언급한 대로, 삼위일체 신앙에 관한 아다나시우스(Athanasius) 주교의 연설을 잘 기억해야만 합니다. 그 연설의 서두는 이렇게 되어 있습니다. "누구든지 [이 교리를 지키지 않는 자들은 저주를 받을] 것이다"(Whosoever will).²⁹ 적어도 여러분은 귀신을 물러가게 하는 글귀를 잘 읽어야만 합니다. 또한 예비신자를 만들기 위한 기도문과, 세례반을 축성하는 기도문과, 다수의 남녀가 혼합하여 세례를 받을 시 남성 및 여성 각각을 위한 기도문 등에 관해 역시 잘 알고 있어야만 합니다. 그리고 여러분은 교회법이 보존해 온 방식에 따라 병자에게 도움을 주는 기도와 그들에 대한 교회의 복종 명령, 그리고 병자에게 기름을 바르는 방법과 도유(塗油) 기도 등에 관해 철저히 숙지하고 있어야만 합니다. 그와 마찬가지로 여러분은 장례식에서 낭송될 기도와 식순에 대해서도 능숙하게 인지하고 있어야 합니다. 귀신 축출 기도문을 잘 기억하고 또한 물과 소금으로 악마를 저주해야 합니다. 여러분은 낮과 밤에 부르는 성가를 잘 알고 있어야 합니다.

여러분은 이제 그 밖의 소소한 것들, 곧 날짜를 계산하는 방식도 잘 이해하고 있어야만 합니다. 즉 축제 기간에 합산되는 날들의 규칙적인 계산 방법, 부활절 기간의 마지막 날 등등 가능하다면 더 많은 세세한 것들에 대해서도 정통하게 숙지하고 있어야만 합니다. 여러분은 순교록과 고해성사집을 지니고 있어야만 합니다. 대단히 친애

---

^{29.} 소위 아다나시우스 신조 혹은 *Quicumque*(누구든지).

하는 형제들이여! 우리는 우리가 여러분에게 전승해준 것들을 여러분이 잘 받아서 반드시 열심히 실천해주기를 간절히 바랍니다. 선하게 그리고 훌륭하게 맡겨진 과업을 잘 수행해 나간다면, 비록 인간의 나약함이 고통을 주고 이를 막으려고 하더라도, 성부와 성령과 함께 우리 주 예수 그리스도께서 반드시 도와주실 것입니다. 하나님께서 영원히 살아서 통치하시리라! 아멘.

제2장

오를레앙의 데오둘프: 그의 주교 관구
사제들에게 주는 교훈

제1절. 서론

오를레앙의 데오둘프(Theodulph of Orléans)의 생애에 관한 모든 것은 거의 추측으로 난무할 뿐이다. 확실한 것은 그가 8세기 중반에 태어났다는 사실에 불과하며, 태어난 장소는 알려져 있지 않다. 그에 대한 가장 그럴싸한 추측은, 그가 스페인이나 혹은 고트 원주민 출신이었을 것이라는 점이다. 그가 딸에게 보내기 위해 썼던 17개로 된 애가를 보면, 그에게 딸이 있었고, 그녀의 이름이 기슬라(Gisla)라는 사실이 확인될 수 있다.[1] 그의 아내에 관한 것들, 한 아내를 두었는지 혹은 8세기 마지막 10년 동안 그의 가정생활에 대한 세부적인 내용들에 관해서는 비밀의 베일에 가려져 있을 뿐이다. 그가 수도원에 들어갔던 사실은 틀림없는데, 그는 베네딕트 수도회가 설립한 한 유명한 수도원(Fleury-sur-Loire)의 대수도원장이라는 사실을 발견할 수 있기 때문이다. 그러나 그 연대에 관해서는 알려진 바 없다. 주후 794년, 그는 샤를마뉴 대제의 궁정에 합류

---

1. *Carmina* 3:4 (MPL 105.326 f.).

하게 되었다. 그는 앨퀸(Alcuin)에 이어서 두 번째로 중요한 문학자가 되었고, 또한 카롤링거 시대에 첫째가는 시인이 되었다. 그 해에 그는 펠릭스(Felix)와 엘리판두스(Elipandus) 등의 양자론자들을 정죄했던 프랑크포르트(Frankfort) 공의회에 참석했다. 그들을 정죄했던 성명서의 기초자는 바로 오를레앙의 주교였던 앨퀸이었고,[2] 샤를마뉴가 앨퀸을 주교로 임명한 일반적인 연대는 대략 주후 798년으로 추정되고 있다.

오를레앙의 데오둘프는 주교로서 성직자와 평신도 개혁과 학교 설립에 강력한 관심사를 표명한 인물이었다. 이런 점은 사제직에 대한 두 작품에서 추론될 수 있으며, 본서에 수록된 것은 그 둘 중 첫 번째 저술이다. 그것들은 바로니우스(Baronius)에 의해 처음으로 편집됐으며, 그는 그 작품들의 연대를 대단히 그릇되게 책정하여 데오둘프가 죽은 지 아주 오래 후인 주후 835년으로 여겼던 것이다. 그것들은 데오둘프 주교직 초기에 저술된 것으로 보인다. 리용의 라이드라트(Leidrad)와 더불어 주후 798년에, 그는 주의 사자(missus dominicus), 곧 왕실 대사로 프랑스 남부로 파송되었다. 거기서 그는 프랑크 왕국의 궁정법을 개혁하는 작업에 참여할 기회를 갖게 되었고 또한 "재판관에 대항하여"(Versus contra iudices)[3]라는 시를 지었으며, 재판과 법정에서 보다 큰 도덕성과 자비가 발휘돼야 함을 주장했다.

811년에 그는 샤를마뉴 유언장의 증인들 중 한 명이 되었으나, 818년 이탈리아 국왕인 버나드(Bernard) 반란에 연루되어 추방되기에 이르렀다. 그의 주교직은 박탈됐고, 앙거(Angers)에 있는 감옥에 투옥됐다. 주장대로라면, 그는 거기서 821년 10월 18일에 독살되어 죽었던 것이다. 누군가가 그의 죽음에 대해 증거 없이 단언하기 이전에 그가 오를레앙 주교직에 복귀했다는 섬은 요나(Jonas)가 주후 818년에 그의 주교직을 승계했다는 사실과 연계시켜볼 때, 그의 주교 복귀설은 사실무근으로 보인다. 그의 묘지에 있는 묘비명은 이렇게 되어 있다. "이 무덤 안에는 이전에 그 지역 주민들의 대수도원장이자 주교였던 분의 유골이 보존되어 있습니다."[4]

데오둘프에 대해서는 그의 저술활동과 그 외 활약상에 관한 사실보다는 그의 시

---

2. 앨퀸(Alcuin), 에긴하르트(Eginhard), 레임스의 힌크마르(Hincmar of Reims), 페리에르의 루푸스(Lupus of Ferrières) 경건자 루이스(Louis the Pious)의 생애, 옛 연대기(*Chronicon Vetus*) 등은 MPL 105.189–192에 수집됐다.

3. H. Hagen, *Theodulfi de judicibus versus* (Berne, 1882).

4. MPL 105.192: *Illius cineres saxo servantur in isto*(이 돌무덤 안에 보존되어 있는 그의 유골은) / *Qui quondam populis praesul et abba fuit*(그 백성의 주교와 대수도원장이었던 어떤 자의 것입니다.)

작으로 더 잘 알려져 있다.[5] 그것들 중 가장 유명한 시는 39개의 애가로 구성된 시 "*Gloria, laus et honor, tibi sit, rex Christe redemptor*"(영광과 찬양과 존귀를 받아 마땅하신 왕이시며 구세주이신 그리스도 당신이시여!)이다. 그것은 승리의 주일을 위한 로마 예식에 편입되었고, 닐(John M. Neale)은 이렇게 우아하게 번역했다. "All glory, laud, and honor, to Thee, Redeemer, King." 또한 그 시는 테슈너(Melchior Teschner)의 감동적인 음악으로 편곡되었고, 수많은 개신교 찬송가집에 실린, 신자들에게 매우 친숙한 찬송가가 되었다.[6]

그 외에 *On the Holy Spirit*(성령에 대해서)[7]라는 한 저술에서, 그는 성령의 이중발현 교리를 천명했고, 이는 유명한 "필리오케 논쟁"(Filioque Controversy)에서 옹호한 견해였던 것이다. 또 다른 작품인 *On the Order of Baptism*(세례의 질서에 대해)[8]에서, 데오둘프는 두 개의 산문 작품을 저술했는데, 이는 이미 사제직에 관한 주제를 함축한 것으로서 언급된 바 있다. *Precepts to the Presbyters of his Diocese*(그의 주교관구 내 사제들에게 주는 교훈들)[9]과 *Capitulary to the Same*(참사 회원에게 주는 교훈).[10] 본서는 전자를, 서몬드(Jacques Sirmond)가 파리에서 1656년에 편집한 텍스트를 대본으로 해서 번역해 실었다. 이는 미그네(Migne)의 *Patrologia latina* 105.191-208에 다시 수록됐다.

물론 이 작품은, 바로 앞장에 수록한 익명의 저술인 "성직자에 대한 연설"(Address to the Clergy)과 비교해보면, 아를의 카이사리우스(Caesarius)의 것으로 보인다. 데오둘프의 수많은 서신왕래의 면목을 살펴보게 되면, 그가 "연설"(Address)의 사본들 중 하나를 목격해 그것을 하나의 모형으로 삼아서, 그것에 대단히 높은 가치를 부여하고, 독창성 없이 이전의 선배들을 무의미하게 모방하지 않았다는 사실을 잘 알 수 있게 된다. 게다가, 그의 작품은 문학적으로나 지성적 측면에서 대단히 훌륭한 저술이다.

그의 「교훈들」(Precepts)은 고해규정집과 비슷한 관계성이 있음을 보여주고 있으며, 그리고 「교훈들」의 26, 30-31, 36절과 법령집(Capitulary)의 두 절 등은 고해규정집에 관

---

5. 일곱 권의 책들 속에 들어 있는 *carmina*(시가들)는 MPL 105.283-376에 수록됐다. 추가된 시들은 377-380에 있다; MGH, PLAC, 1, pt. 2, 437-581.

6. *Carmina*, Bk. 2, no. 3, MPL 105.308 f.; *Analecta Hymnica*(단편 찬송) 50.160; Ruth Messenger, *The Medieval Latin Hymns* (Washington, Capitol Press, 1953), p. 29.

7. *De spiritu sancto* (MPL 105.239-276).

8. *De ordine baptismi* (MPL 105.223-240).

9. *Capitula ad presbyteros parochiae suae* (MPL 105.191-208).

10. *Capitulare ad eosdem* (*ibid.* 105.207-224).

한 맥닐-가머(McNeill-Gamer)의 책 속에 포함돼 있다.[11] 어떤 이들은 데오둘프가 고해규 정집에 대해 이의를 제기했고 또한 칼론(Chalons) 공의회에서 부각된 대로 '반-고해규정 집 무리'의 창시자이자 안내자였다고 주장하기도 한다. 하여간 데오둘프는 그의 「교훈 집」에서 고해규정에 관한 수많은 주제들을 최고조의 논의 상태로 올려놓았다. 그가 고해규정집의 저자들이 고무시켰던 동기와 같은 종류의 것을 지니고 있었다는 점은 매우 분명한 사실이다. 즉, 성직자뿐만 아니라 평신도의 도덕성과 영적 본질에 생명 을 불어넣어 개선시키려는 의지가 매우 강했던 것이다.

다음의 자료는 참고할 만한 것들이다: L. Baunard, *Théodulphe, évêque d'Orléans* (Paris-Orléans, 1860); Cuissard, *Théodulphe, évêque d'Orléans: sa vie et ses oeuvres* (Orléans, 1892). 또한 다음의 것들도 보라: A. S. Napier, *An Old English Version of the Capitula of Theodulph Together with the Latin Original*, in "Early English Text Society" 150 (London, Kegan Paul, 1916). B. Thorpe prints "Ecclesiastical Institutes" in his *Ancient Laws of England* 2.394-443, 즉, 그것은 첫째 법령집(*Precepts*)의 앵글 로-색슨 판이다. E. Power, "Corrections from the Hebrew in the Theodulfiah MSS. of the Vulgate" (*Biblica* 5 [1924] 223-258), 이는 과도한 수정은 불쾌한 결과를 초래함 을 보여주는 예의 저술이다.

---

11. John T. McNeill and Helena M. Gamer, *Medieval Handbooks of Penance*, in "Records of Civilization" 29 (New York, Columbia Press, 1938), pp. 395-397.

제2절. 본문

—데오둘프가 오를레앙: 주교 관구[12] 사제인 형제와 동료 장로들에게 보내는 교훈들[13]

1.

나의 가장 사랑하는 형제들이여! 나는 여러분이 방심하지 않고 매우 조심스럽게 여러분에게 속해 있는 교우들이 신앙의 진보와 발전과 개선을 이룰 수 있도록 최선의 노력을 다해 주기를 간청합니다. 그렇게 하기 위해서는 여러분이 그들에게 구원의 길을 명확히 보여주고 또한 말과 행함의 본으로 그들을 신실하게 가르쳐야만 합니다. 그렇게 된다면 여러분은 우리 주 예수 그리스도의 도움을 받아 그분에게 풍성한 추수의 열매를 돌려드릴 수 있게 될 것이며, 따라서 그들의 진보가 여러분의 것이 되고, 여러분의 진보가 우리의 것이 될 것입니다. 또한 나는 여러분 형제들에게 내가 주는 이러한 짧은 교훈[14]을 조심스럽게 잘 읽고 가르쳐서, 여러분에게 맡겨진 교우들이 이 교훈들을 잘 기억하여 그들의 삶이 개선될 수 있기를 바랍니다. 이 교훈을 면밀하게 잘 읽고 깨달음으로써, 성령께서는 여러분이 교우들을 도덕적으로 하자가 없도록 잘 다스리게 하시며, 또한 여러분의 슬하에서 그들의 삶이 개선되도록 해주실 것입니다. 그리고 그들과 더불어 여러분의 조력자이신 주님은 여러분이 고군분투해 하늘 천국에 오르도록 해주실 것입니다. 사람들의 영혼을 정성으로 돌보도록 위탁받은 분께, 마지막에 여러분이 결산 보고를 해야 한다는 사실을 진심으로 깨닫고 또한 항상 기억해야만 할 것입니다. 그 일을 등한시하여 게으름을 피운 자는 멸망의 구렁텅이에 빠질 것이고, 그 반면에 말씀과 행위의 본을 보여서 많은 사람들의 영혼을 구한 자들은 영원한 생명으로 보상을 받을 것입니다. 주님은 우리에게 이렇게 말씀하셨습니다. "너희는 세상의 소금이니."[15] 왜냐하면, 만일 신실한 백성이 하나님의 양식이라면, 우

---

12. *Parochia*

13. *Capitula*

14. 여기에 발췌된 텍스트에서는 '사제'(priest)라는 용어는 보통 *sacerdos*를 지칭한다.

15. 마 5:13.

리는 그의 양식의 양념이기 때문입니다. 여러분의 신분 계급은 우리 다음에 두 번째 임을 명심해야 합니다. 그리고 우리 두 계급은 거의 서로 결합되어 있습니다. 주교는 교회 내에서 사도의 직분을 보유하는 것처럼, 장로는 주님의 다른 제자들의 지위를 차지하고 있습니다. 주교직은 최고 사제[16]인 아론(Aaron)과 같은 위치를 보유하고 있으나, 장로는 아론의 아들들의 신분과 같습니다. 이러한 근거 때문에 여러분은 항상 대단히 위대한 권위를 가지고 있음에 큰 자부심을 지녀야만 합니다. 또한 여러분이 손수 받았던 성직과 거룩한 도유 기름을 항상 기억해야만 할 것입니다. 그러므로 여러분은 이러한 권위를 스스로 낮추지 말며, 또한 여러분의 성별된 수임 성직을 무가치하게 만들지 말고, 그리고 거룩한 기름을 바른 손을 죄로 더럽히지 말아야만 합니다. 여러분은 마음과 몸의 순결성을 보존하고, 사람들에게 정당하고 올바른 삶의 표본을 보이며, 천국을 안내하는 소임을 최선을 다해 수행해야만 할 것입니다.

2.

여러분은 지속적으로 독서를 하며, 끊임없이 기도해야만 합니다. 왜냐하면 의로운 자의 삶은 독서를 통해 가르침을 받고 지식적인 준비를 갖추어야 하기 때문입니다. 그리고 꾸준한 성경 읽기와 좋은 서적의 독서를 통해 사람은 죄와 싸워 이길 수 있는 강력한 능력을 보유할 수 있음을 다음과 같은 시편 말씀이 보증하고 있습니다. "내가 주께 범죄하지 아니하려 하여 주의 말씀을 내 마음에 두었나이다."[17] 이러한 성경 읽기와 기도는 무기가 되어, 이를 통해 마귀를 물리칠 수 있습니다. 이러한 성경 읽기와 기도는 또한 영원한 축복을 획득할 수 있게 하는 수난이 됩니다. 이러한 무기들로 말미암아 악은 정복됩니다. 이러한 양식들로 인해 미덕과 선행은 점점 양육되고 번성하게 됩니다.

3.

그러나 또한 독서와 성경 읽기에서 어떤 방해 요소가 존재한다면, 그것들을 제거하기 위해 손을 부지런히 사용해야만 합니다. 왜냐하면 "게으름은 영혼에 대한 적"이

---

16. *Pontifex*(High priest; 최고위 대제사장).

17. 시 119:11 (불가타, 118:11).

기 때문입니다.[18] 그리고 고대의 적은 성경 읽기와 기도를 등한시하는 자들을 발견하여 그들을 악에게로 쉽게 유괴해갔던 것입니다. 독서와 성경을 통해, 여러분은 살아가는 방법과 다른 사람들을 가르치는 방식을 배울 수가 있을 것입니다. 기도를 함으로써 여러분은 여러분 자신은 물론, 사랑 가운데서 여러분과 연합하는 자들을 가치 있게 해 줄 수 있을 것입니다. 손의 수고와 몸의 질책과 응징을 통해서, 여러분은 악이 자라나는 것을 막을 뿐만 아니라 여러분 자신에게 필요한 것은 물론 고난당하는 자들에게도 필요한 것들을 공급해줄 수 있을 것입니다.

4.

관습에 따라 여러분이 공의회에 참석할 때; 의복과 책, 거룩한 기구 등을 지참하여 여러분의 사역을 수행하고 또한 사무를 감당해야 합니다. 여러분은 두세 명의 하위 사제를 대동하고 엄숙하게 거행되는 미사를 집전해야만 할 것입니다. 왜냐하면 미사는 대단히 조심스럽고 열성적으로 시행돼야 하는 하나님께 드리는 의식이기 때문입니다.

5.

여러분이 성찬을 위해 하나님께 바치는 빵은 여러분이 직접 굽거나 아니면 여러분이 보는 앞에서 하인들이 만들도록 해야 합니다. 여러분은 청결하고 조심스럽게 빵이 구워지는지 잘 살펴보아야만 합니다. 또한 정결한 포도주와 물이 준비되도록 해야 합니다. 그러한 만반의 준비가 없이는 결코 미사가 거행될 수 없습니다. 이 모든 것들은 대단히 깨끗이 준비되고 또한 조심스럽게 다루어져야만 합니다. 저열한 품질의 것들이 사용돼선 안 될 것입니다. 여러분은 다음과 같은 성경 말씀이 반드시 입증되도록 노력해야만 합니다. "너희는 진실과 성심을 다하여 여호와를 경외하라."[19]

6.

사제가 미사를 집전하여 거행할 때 여성들은 결코 제단에 가까이 가서는 안 됩니

---

18. 다음 자료에서 인용됨. Benedict, *Regula Monachorum* 48 (MPL 66,703). [수도사 규칙].
19. 대하 19:9 (LXX, 불가타, 어떤 개혁파 성경도 이를 따르지 않음).

다. 그러나 여성들은 정해진 회중석에 서서, 사제가 하나님께 바친 성찬을 받을 수가 있습니다. 왜냐하면 여성들은 자신의 나약함과 성적인 나약함과 결함을 유념해야 하기 때문입니다. 그러므로 여성은 교회의 사역에서 어떤 거룩한 것도 만지는 일을 두려워해야만 합니다. 실로 평신도들은 이러한 것들에 두려움을 느낄 줄 알아야만 합니다. 그들은 웃사(Uzzah)가 받았던 형벌을 결코 되풀이해서 겪지 않도록 해야만 합니다.[20] 그는 여호와의 궤를 정해진 방식을 위배하고 만졌기 때문에 여호와의 징계의 매를 맞아 죽었던 것입니다.

7.

사제 혼자서 미사를 집전해서는 결코 안 됩니다.[21] 왜냐하면 한 명의 사제가 인사, 교우들의 응답, 사제의 권면, 교우들의 재 응답 등과 같은 미사의 순서를 다 감당할 수가 없기 때문입니다. 그러므로 결코 한 명의 사제가 홀로 미사를 거행해서는 안 될 것입니다. 교우들은 사제의 주위에 빙 둘러서서 그의 인사를 받게 되며, 또한 교우들은 그에게 응답 인사를 건넵니다. 그리고 다음과 같은 주님의 말씀을 회상하도록 합니다. "두세 사람이 내 이름으로 모인 곳에는 나도 그들 중에 있느니라."[22]

8.

우리는 자주 교회 안에서 수확된 알곡과 건초가 차곡차곡 쌓여 있는 것을 봅니다.[23] 그러나 이것은 잘못된 처사입니다. 교회에는 교회용 제의, 거룩한 그릇과 용기, 책 등을 제외하고는 그 어떤 것도 저장되거나 비축되어선 안 될 것입니다. 왜냐하면 교회는 우연이라도 세상의 장사꾼처럼 장사나 사업을 해서는 안 되기 때문입니다. 우리는 다음과 같은 주님의 음성을 들어야만 합니다. "그들에게 이르시되 기록된바 내 집은 기도하는 집이라 일컬음을 받으리라 하였거늘 너희는 강도의 소굴을 만드는도다 하시니라."[24]

---

20. 라틴명으로는 오자(*Oza*)다. 다음 성경구절을 참고하라. 삼하 6:6-8.

21. 이러한 금지 규정은 오늘날의 로마 가톨릭교회에서는 준수되지 않고 있다.

22. 마 18:20.

23. 이것은 명백히 십일조를 의미하며, 수확제의 장식물이 아니다.

24. 마 21:13.

9.

이러한 지역들에서, 옛 시대에는, 교회가 죽은 자들을 묻어 장사지내는 곳으로 사용됐습니다. 그리고 거룩한 예배를 드리는 장소와 하나님께 희생을 바치기 위해 준비된 장소는 묘지나 혹은 *polyandria*[25]내에 건축됐습니다. 이러한 이유로 말미암아, 나는 이러한 관행이 금지되기를 원합니다. 결코 어떤 자도 죽어서 교회 안에 묻히는 일이 없도록 해야 합니다. 만일 어쩌면 사제나 어떤 의인이라면, 그가 살아왔던 방식과 그의 생의 공적으로 죽은 그의 몸을 보관할 장소를 교회 내에서 획득할 수는 있을 것입니다. 그러나 과거에 교회 내에 묻힌 유골은 결코 다시 밖으로 나와서는 안 될 것입니다. 그리고 눈에 보이는 묘는 보다 땅 속 깊이 낮은 곳에 조성돼야 합니다. 또한 묘는 포장해서 만들어야 하며, 무덤의 흔적이 보이지 않도록 해야 합니다. 왜냐하면 교회를 위한 존중감이 보존돼야 하기 때문입니다. 그러나 시체가 너무 많이 묻혀있는 곳에서는 교회의 행사를 원활히 수행할 수 없기 때문에, 그러한 곳은 공동묘지로 간주돼야 합니다. 그리고 제단은 경외롭고 순수하게 하나님께 희생제사를 바칠 수 있는 공간으로 간주되어 확고한 자리를 잡아야만 합니다.

10.

여러분은 주님을 찬양하거나 또한 예배를 드리는 일 외에 그 어떤 다른 목적으로 교회 내에서 회집해서는 결코 안 됩니다. 논쟁과 소동, 그리고 공허하고 헛된 연설과 소송 변론 등은 전적으로 그렇게 거룩한 장소에서 벌어지지 않도록 금해야만 합니다. 하나님의 이름을 불러 기도하고 탄원하는 곳, 하나님께 희생 제사를 드리는 곳, 그리고 추호도 의심할 나위 없이 수많은 천사들이 운집하는 곳에서, 그러한 장소에 합당하지 않은 언행을 일삼는 것은 상당히 위험한 일입니다. 주님은 그 자신에게 바치기로 되었던 제물을 사고파는 자들을 성전에서 추방해버리신 일이 있었는데,[26] 성전 내에서 거짓말과 헛되고 무익한 말, 조롱과 그러한 종류의 하찮은 이야깃거리 등으로 거

---

25. 그리스 단어로서 "수많은 사람들을 위한 장소"라는 의미를 지닌다. 이는 '묘지'(cemetery)와 동일한 뜻이다. 이에 관해서는 다음 자료를 보라. H. Leclercq, 'Polyandre', in DACL 14.1349–1355. 여기서 이것은 인용된 두 번째 예며, 그것은 이러한 의미로 사용된 유일한 것이다.

26. 마 21:12–13.

룩한 것을 더럽히는 자들은 얼마나 더 큰 하나님의 분노를 자아내겠습니까? 그러한 자들은 추방되는 것이 마땅합니다. 교회의 성전은 오직 거룩한 예배만을 드리는 장소인 것입니다.

11.

미사 예배의 집전은 결코 교회 밖의 어떤 다른 장소에서[27] 시행되어서는 안 될 것입니다.[28] 법적으로 정당하게 정해지지 않은 어떤 집이나 혹은 초라하고 하잘 것 없는 장소에서 미사가 거행되어서는 안 될 것이며, 반드시 다음의 성경말씀처럼 주님께서 선택하실만한 장소를 택하여 미사를 집전해서 시행해야만 합니다. "너는 삼가서 네게 보이는 아무 곳에서나 번제를 드리지 말고 오직 너희의 한 지파 중에 여호와께서 택하실 그 곳에서 번제를 드리고 또 내가 네게 명령하는 모든 것을 거기서 행할지니라."[29]

12.

그 어떤 여성도 한 집안에서 장로와 동거를 해서는 안 됩니다. 비록 교회법이 사제가 전혀 의심할 필요가 없는 종류의 사람들인 그의 모친과 누이와 함께 살도록 허락하더라도, 우리는 이러한 사제의 동거 특권을 폐지하는 것이 더 바람직할 것입니다. 왜냐하면 그 사제의 모친과 누이를 빌미로, 곧 그들과 거래를 하거나 호의와 친교를 나누는 여성들이 그 사제관을 드나들다가, 다른 여성들이 그 사제와 모종의 관계를 맺을 가능성이 다분하기 때문입니다. 다시 말해, 가족 외의 다른 여성이 결코 그 사제와 관계를 맺지 못하도록 해야 하며, 또한 그 사제가 그 다른 여성을 통해 죄를 짓도록 유혹하는 일이 발생하게 해서는 안 될 것입니다.

---

27. 물론, 지금 현재의 미사는 요구되는 경우에 드려질 수 있다. 곧, 공식적으로 헌정된 교회당이 아니더라도 가능하다. 그러나 제단과 그 도구들을 정해진 대로 합법적이고 적절한 예식에 맞추어서 미사를 드리게 되어 있다.

28. 이러한 규정은 의심할 나위 없이 니케아 공의회(the Council of Nicaea)가 결의한 교회법 법규 3(Canon 3)을 개정해 언급한 것이었다. 이에 관해서는 다음 자료를 보라. C. J. Hefele, *History of the Councils of the Church*, tr. by H. W. Oxenham, 1.379–381. 그리고 이와 비슷한 것으로는 다음과 같은 자료가 있다. 엘비라 종교회의(the Synod of Elvira)에서 결정된 교회법(*ibid.*, 1.148).

29. 신 12:13–14.

13.

　여러분은 술 취하지 않도록 조심해서 절제하고 금주해야만 합니다. 그리고 여러분의 보호 아래 있는 교우들이 금주를 하도록 설교해야만 합니다. 또한 여러분은 먹고 마시기 위해 선술집에 가는 일이 있어서는 결코 안 될 것입니다. 혹은 호기심이 발동해 [심방의 목적을 제외하고] 마을과 집들을 방문해서는 안 될 것입니다. 또한 여성들이나 혹은 어떤 불순한 자들과 함께 축제에 참석해서도 안 될 것입니다. 만일 아내와 자녀들을 거느린 어떤 한 가정의 가장이 여러분을 그의 집으로 초대하지 않으려 한다면, 여러분은 영적인 즐거움만으로 기쁨을 누리기를 바랍니다. 그리고 여러분은 오직 말씀을 전한 대가로 음식물을 제공받아야 하며, 육체를 배불리는 그 음식물은 사랑의 의무로 평신도가 여러분에게 제공하는 것임을 결코 잊지 말고 명심해야 할 것입니다. 믿음을 지닌 어떤 평신도라도 여러분에게 원기를 회복시켜주는 육체의 음식물을 어떤 때라도 제공하는 일은 적합한 일이며, 그들은 여러분에 의해 영적인 자양분을 반드시 공급받게 될 것입니다.

14.

　어떤 장로도 다른 장로의 교구에 속해 있는 하나님의 거룩한 교회의 신자들이 그들 자신의 교회를 떠나도록 설득해선 안 됩니다. 또한 다른 장로가 맡고 있는 교회에 와서, 그 교회와 교우들의 동의도 받지 않은 채, 그 교회의 십일조를 탈취해가서도 안 될 것입니다. 우리는 다음과 같은 복음서의 말씀처럼, 자기 자신이 원하지 않는 행위를 다른 사람에게 행하는 일이 결코 일어나지 않도록 해야만 합니다. "그러므로 무엇이든지 남에게 대접을 받고자 하는 대로 너희도 남을 대접하라 이것이 율법이요 선지자니라."[30] 게다가 이렇게 주님이 세우신 원칙을 위반하는 자들, 혹은 우리가 수용해야 할 이러한 경고에 저항해 대들기를 시도하는 자들은 누구나 그 자신의 지위를 잃어버리게 될 뿐만 아니라 장기간 투옥돼야 할 것임을 명심하기 바랍니다.

---

30. 마 7:12.

15.

우리는 다음과 같은 것을 절대로 금지시켜야 합니다. 즉, 여러분 중 그 누구도 다른 장로에게 속한 부하 성직자들을[31] 받아들이거나 혹은 유혹해서는 안 됩니다. 왜냐하면 거룩한 교회법에는 이러한 탈취 행위에 대한 중벌 조항이 명시돼있기 때문입니다.

16.

만일 어떤 장로가 뇌물을 수수한 일이 발각된다거나, 혹은 다른 장로의 교회에 몰래 잠입해 그 교회를 편취하기 위해, 그 사람이 성직자든 아니면 평신도든 간에, 그 교회에 속한 어떤 자에게 뇌물을 준 일을 들키게 된다면, 이러한 절도 행각과 지독스러운 탐욕 행위는 그의 지위를 박탈하게 만들 뿐만 아니라, 또한 장기간 동안 쓰라린 감옥에 갇혀 참회의 고통을 겪어야만 할 것입니다.

17.

만일 병든 아이가 다른 교구에서 세례를 받기 위해 다른 장로에게로 오게 된다면, 결코 그 유아에게 세례 성사를 베푸는 일을 금해서는 안 될 것입니다. 누구든지 이런 일이 요청될 때 거절하는 자, 곧 그로 인해 세례의 은총을 받지 못하고 그 유아가 죽어가게 된다면, 그 아이에게 세례를 베풀기를 거부했던 자는 반드시 영혼의 심판을 받게 될 것임을 명심해야만 합니다.

18.

어떤 상로도 서룩한 예배를 위해 따로 싱별된 성배(chalice)나 성빈(聖盤, paten 혹은 *patena*)*이나 혹은 거룩한 기구와 도구들을 다른 목적을 위해 감히 사용해서는 안 될 것입니다. 성찬식에서 받는 그리스도의 피 외에는 어떤 종류의 물질도 담을 수 없는 성별된 성배로 다른 음료를 부어 마시는 자, 또한 성반을 제단의 사역 이외의 다른

---

31. 하위 성직자를 말함.

＊ 성찬의 떡을 담는 얕은 접시.

용도로 사용하는 자는 벨사살의 경우처럼 반드시 저주의 죽음을 당하게 될 것입니다.[32] 그는 성전에서 공공의 목적을 위해 사용되던 여호와의 그릇을 탈취했을 때, 그의 생명과 왕국이 모두 멸망당하고 말았던 것입니다.

19.

만일 어떤 장로들이 그들의 조카나 다른 친척 자녀들을 학교에 보내기를 원한다면, 그들 자녀들은 거룩한 십자가(the Holy Cross) 교회[33]나 성 아이그난(Saint Aignan) 수도원,[34] 혹은 성 베네딕트(Saint Benedict) 수도원[35]이나 성 리파르트(Saint Lifard) 수도원,[36] 그리고 교회법에 정해진 대로 각 다른 수도원 학교의 입학이 허용될 것입니다.

20.

장로들은 마을의 학교와 교회가 없는 마을을 잘 지켜야만 합니다. 만일 그들에게 위탁된 신자들이 자신의 자녀들이 글을 알도록 교육을 부탁한다면, 그들을 가르치기를 거절해서는 안 될 것입니다. 장로들은 지극한 사랑으로 그들을 가르쳐야 하며, 다음과 같이 기록된 말씀을 항상 염두에 두어야 할 것입니다. "지혜 있는 자는 궁창의 빛과 같이 빛날 것이요 많은 사람을 옳은 데로 돌아오게 한 자는 별과 같이 영원토록 빛나리라."[37] 그러므로 장로들이 교구민의 자녀들을 가르칠 때, 이러한 교육에 대한

---

32. 라틴식으로는 *Baltassar*로 표기됨.

33. 오늘날의 오를레앙의 대성당(Cathedral of Orléans). 그러나 현재 서 있는 교회는 연대상 보다 후대에 건축된 것이다. 오를레앙의 주교 관구에 관해서는 다음 자료를 참고하라. DACL 12.2678–2719.

34. St. Anianus 혹은 Aignan은 오를레앙의 제5대 주교로서 에부르키우스(Evurcius)의 뒤를 이었다. 그는 주후 451년 아틸라(Attila)의 침공 때 그 도시를 방어했다. 그를 기념하는 축일은 11월 17일이며, *Martyrologium Hieronymianum*(히에로니무스의 순교자 열전)속에 그에 관한 것이 들어 있다. 그의 성유골은 주후 1562년, 위그노 교도(Huguenot; 주후 16~17세기 프랑스 신교도)에 의해 파괴되었다. 성 아이그난 교회는 주후 617년, 베네딕트회 대수도원장이 오를레앙에 설립한 교회였다. 이에 관해서는 다음 자료를 참고하라. Mario Scaduto, "Aniano di Orleans, S." in EC 1. 1288; DACL 12.2685; C. Duhan, *Vie de S. Aignan, évêque d'Orléans* (Orleans, 1877).

35. 이는 의심할 바 없이, 유명한 베네딕트 대수도원장, 플레우리(Fleury)를 가리킨다. 이에 관해서는 다음 자료를 참고하라. H. Leclercq, "Fleury–sur–Loire", in DACL 5.1709–1760; G. Chennesseau, *L'Abbaye de Fleury à St. Benoît-sur-Loire* (Paris, 1931).

36. 메웅 대수도원장(abbot of Meung–sur–Loire), 성 리파르트(St. Lifard)의 기념 축일은 「히에로니무스의 순교자 열전」(*Martyrologium Hieronymianum*)에 따르면, 6월 3일이다. 이에 관해서는 다음을 보라. EC 9.356.

37. 단 12:3. 이 숭고한 구절은 당시에 손에 넣을 수 있었던 가장 고귀한 초기 중세 교육이념을 표방한다.

수업료를 요구해서는 안 될 것이며, 또한 그들의 부모가 열성과 사랑으로 자유롭게 장로들에게 물질을 제공하는 것을 제외하고는 그 어떤 것도 받아서는 안 됩니다.

21.

그러므로 성경의 각 페이지마다 선행의 수단과 방편들이 가득 차 있기 때문에, 또한 성경의 들판에는 악을 쳐부수고 선행과 미덕을 앙양하고 키우는 무기들로 가득 차 있기 때문에, 이것을 주로 해서, 그리고 거기에 어떤 교부[38]의 견해를 삽입해 덧붙여, 이들을 우리의 신앙규범[39]의 주된 내용으로 삼으면 될 것입니다. 바로 이 규범이 선행의 도구가 돼야 합니다. 가장 간결한 규칙을 포함하고 있는 이 규범은 우리가 해야 할 것과 마땅히 하지 말아야 할 것을 다음과 같이 지시하고 있습니다.

"먼저 온 마음과 온 영혼과 온 힘[40]을 다해 여호와 하나님을 사랑해야만 합니다. 그러고 나서, 우리 이웃을 우리 몸처럼 사랑해야만 합니다. 살인하지 말아야 합니다. 간음하지 말아야 합니다. 도적질하지 말아야 합니다. 이웃의 것을 탐내지 말아야 합니다. 거짓증거하지 말아야 합니다. 모든 사람을 존경해야 합니다. 어떤 사람이 그 자신이 원하지 않는 것을 다른 사람에게 행해서는 안 됩니다. 그리스도를 따르기 위해서는 그 자신이 자신을 거부하는 것, 곧 자기부정이 필요합니다. 쾌락과 즐거움에 탐닉하지 않기 위해서는 몸에 가하는 매질이 필요합니다. 금식을 사랑하시오. 가난한 자들을 회복시켜 주시오. 벌거벗은 몸에 옷을 입혀 주시오. 병자를 심방하시오. 죽은 자를 묻어 주시오. 고난과 시련에 빠져 있는 자를 도와주시오. 슬퍼하는 자를 위로해주시오. 이러한 삶의 행위에서 자기 자신을 분리시키지 않도록 자신을 지키시오. 그리스도의 사랑 앞에 아무것도 두지 말아야 합니다. 분노하면서 직무를 수행해서는 안 됩니다. 분노를 위한 시간을 가져서는 안 됩니다. 마음속에 배반감을 두지 말아야 합니다. 거짓 평화를 퍼뜨리지 마시오. 사랑하기를 멈추

---

38. 그 교부는 베네딕트다. *Regula Monachorum* 4.
39. *Capitulare*(규정; prescript).
40. *Virtute*(힘: strength 혹은 power).

지 마시오. 행여나 거짓 맹세하면 안 되므로, 맹세하지 말아야 합니다. 마음과 입술에서 나온 진실만을 말해야만 합니다. 악으로 악을 갚지 말아야 합니다. 그릇된 행위를 하지 말아야 합니다. 그러나 자신에게 주어진 고난을 인내하며 견뎌내야만 합니다. 원수를 사랑하고 여러분을 저주하는 자들을 저주해서는 안 됩니다. 오히려 그들을 축복해야만 합니다. 정의에 대한 보답으로 박해를 참아야만 합니다. 교만하지 말며, 술 취하지 말고, 음식을 게걸스럽게 탐하지 말며, 졸지 말고, 게으르지 말며, 불평하지 말고, 남을 헐뜯거나 비방하지 말아야 합니다. 소망을 하나님께 두어야만 합니다. 기본적으로 선한 것을 보게 될 때 그것을 자신이 아니라 하나님과 연계시켜야 합니다. 그러나 자신에 의해 악한 것이 행해졌다는 사실을 잘 인식하고 그것을 자신에게 돌려야 합니다. 심판의 날을 두려워하시오. 지옥에 가는 것을 두려워하시오. 모든 영적인 열망을 가지고 영원한 생명을 염원하여 바라보시오. 바로 눈앞에 죽음이 있다는 것을 명심하시오. 매시간 자신의 생명의 행위를 보호하시오. 모든 곳에서 하나님이 확실히 지켜보신다는 사실을 알고 있어야만 합니다. 그리스도에 대한 마음속으로 악한 생각이 들이닥칠 때, 즉시로 물리쳐 꺾어버려야만 합니다. 그리고 영적인 장로 앞에 그러한 나쁜 생각들을 제시해야만 합니다. 악함과 사악한 말에서 자신의 입을 보호해야만 합니다. 말을 많이 하는 일을 삼가야만 합니다. 헛되고 무익하며 공허한 말과, 웃기는 말을 삼가야 합니다. 기분 좋아서 너무 많이 떠들어대지도 말고 또한 너무 많이 웃지도 말아야만 합니다. 거룩한 말씀 낭독에 기쁨으로 귀를 기울여야 할 것이며, 지속적으로 기도 안에 거주해야 합니다. 매일 눈물과 신음으로 자기 자신의 지나간 과거의 잘못된 행위를 기도로 고백해야만 합니다. 잘못된 행위는 고쳐야 하며, 육신의 정욕을 채우지 않도록 각별히 유념해야만 합니다. 자기 자신의 뜻과 의지를 미워하고 사제와 교사의 모든 가르침에 순종해야만 합니다. 아무리 그들이 다른 방향으로 - 하나님이 금하시는 - 간다고 할지라도 여러분은 다음과 같은 주님의 가르침을 염두에 두어야만 합니다. '그러므로 무엇이든지 그들이 말하는 바는 행하고 지키되 그들이 하는 행위는 본받지 말라 그들은 말만 하고 행하지 아니하며.'[41] 먼저 거룩하다고 불리기를 원하지 말고, 보다 참되다고 언급된 일에 선두가 되시오. 매일 하나님의 가르침을 행함으로 실천하고, 순수함을 사랑하며, 아무도 미워하지 말고, 아무도 시기하거나 질투하지 말며, 싸우기를 좋아하지 말고, 자기 칭찬과 자랑을 피하며, 노인을 존경하고, 젊은이를 사랑하고 아끼기 바랍니다. 그리스도의 사랑 가운데서 원수를 위해 기도해야 합니다. 해가 지기 전에 의견의 불일치로 다툰 자들과 서로 평화롭게 화해해야만 합니다. 그리고 결코 하나님의 자비를 멸시해서는 안 될 것입니다."

이것들은 영적인 기술의 도구라는 사실을 인식해야만 합니다. 우리가 그러한 도구들로 끊임없이, 밤낮으로 무장해 있으면, 인침을 받는 심판 날에 주님은 우리에게 다음과 같이 약속하신 대로 큰 상급을 내려주실 것입니다. "기록된바 하나님이 자기를 사랑하는 자들을 위하여 예비하신 모든 것은 눈으로 보지 못하고 귀로 듣지 못하고 사람의 마음으로 생각하지도 못하였다 함과 같으니라." "주 외에는 자기를 앙망하는 자를 위하여 이런 일을 행한 신을 옛부터 들은 자도 없고 귀로 들은 자도 없고 눈으로 본 자도 없었나이다."[42]

22.

믿음을 가진 신실한 자들은, 가장 하찮고 적은 자부터 가장 위대하고 큰 자에 이르기까지, 그들 모두는 함께 주기도문과 사도신경[43]을 반드시 배워야만 합니다. 그리고 그들은 그러한 두 기도문이 기독교 신앙이 근거하고 있는 전체 기초가 되는 것으로 언급해야만 합니다. 또한 만일 그 어띤 자도 그 두 기도문을 기억하지 않는다면, 그리고 그것들을 전심을 다해 믿지 않는다면, 역시 대단히 자주 그 기도문을 암송하지 않는다면, 그는 가톨릭 신자라고 할 수 없습니다. 만일, 어려서 말하는 법을 아직 배울 수 없는 연령의 유아들을 제외하고, 그 이외의 사람들이 사도신경과 주기도문

---

41. 마 23:3.

42. 고전 2:9; 사 64:4.

43. 아마도 여기서 말하는 사도신경에 관해서는 샤르트르의 이브(Ivo of Chartres)의 저술을 보면 좋은 참고가 될 것이다.

을 기억해 두지 못한다면, 그 어떤 자에게도 기름을 발라줄 수 없거나 혹은 세례를 베풀 수도 없으며, 곧 세례의 샘의 원천에 잠긴 후 위로 올라올 기회조차 받을 수 없거나 혹은 주교 앞에서 견진성사(堅振聖事)*의 안수를 받을 수가 없게 됩니다.[44]

23.

그들은 자주 기도할 시간이 없는 사람에 대해서는 적어도 매일 두 번 정도는 기도하도록 지도해야만 합니다. 즉, 아침과 저녁에 사도신경이나 주기도문을 암송하도록 하든지, 혹은 "오! 당신께서는 나를 지으셨습니다!"[45] "하나님이시여! 죄인인 저에게 자비를 베푸소서!", "여호와 하나님께 감사하나이다!" 등의 기도를 반복해서 매일 하도록 인도해야만 합니다. 왜냐하면 하나님은 자신의 형상대로 인간을 창조해 주시고, 또한 짐승과 구별해 주셨기 때문입니다. 이러한 기도를 드린 후에, 그리고 유일하신 창조주 하나님이 예배를 받으신 다음에, 성인의 이름을 부르며 기도해야만 합니다. 그들은 거룩하신 주권자와 우리를 중재해줍니다. 교회 근처에,[46] 혹은 교회 안에서 이러한 기도를 해야 합니다. 그러나 여행중인 사람이나 그밖에 피치 못할 사정을 지닌 사람은 숲이나 들판에서도 이런 기도를 할 수 있습니다. 어디서든 아침과 저녁에 그러한 기도를 해야 하며, 그렇게 함으로써, 사람들은 하나님이 어디에나 현존하신다는 사실을 알게 됩니다. 이에 관해 시편 기자는 이렇게 찬양했습니다. "여호와의 지으심을 받고 그가 다스리시는 모든 곳에 있는 너희여 여호와를 송축하라 내 영혼

---

44. 이는 의심할 나위 없이, 세례와 도유를 받는 자격에 대해 말하고 있는 것이다.

45. 이 기도는 로마 교회 미사나 오늘날의 일과 기도서에도 살아남지 않은 것이다. 그것은 명백하게 70인역 성경(Septuagint Version; 주전 270년경에 완성된 가장 오래 된 그리스어 역 구약성경)의 사 27:11에 근거를 두었던 기도문이다.

46. *Basilica*는 여기서 특별히 '교회' 이상의 다른 특별한 의미를 갖고 있지 않은 것으로 보인다.**

---

* 칠성사(七聖事)의 하나로서, 영세를 받은 신자에게 은총을 더하기 위해 주교가 신자의 이마에 성유를 바르고 성신과 그 칠은(七恩)을 받도록 하는 성사.

** 원래 바실리카는 로마 가톨릭교회와 그리스 정교회에서 교회법에 따라 특정 교회 건물들에 붙이는 명예로운 이름을 의미한다. 특별히 역사가 오래된 교회이거나 위대한 성인, 중요한 역사적 사건, 또는 정교회에서 전국 총대주교 등과 관련을 갖고 있어 국제적인 예배 중심지 역할을 하는 교회에 그 이름을 붙인다. 바실리카라는 이름이 붙은 교회는 특별한 권한을 가지며, 특히 교황·추기경·총대주교를 위해 대제단을 보유할 수 있는 권리와 특별사면권이 있고 이러한 특권들 때문에 바실리카는 지역 관할권을 넘어 국제적 지위를 갖기에 이른다. 건축학에서 보면 초기에는 '바실리카'라는 말이 고대 로마와 그리스도교 시대 이전 이탈리아의 시장, 관공서, 지붕이 덮인 야외극장, 강당 등 큰 지붕이 있는 공공건물을 가리키는 데 쓰였으나 점차 특정 형태(직사각형, 측랑과 익랑; 기둥을 기준으로 한 복도)를 지닌 건물만을 가리키게 되었다.

아 여호와를 송축하라."[47] "내가 하늘에 올라갈지라도 거기 계시며 스올에 내 자리를 펼지라도 거기 계시니이다"[48] 등.

24.

그러나 주일에는, 그날에 하나님이 빛을 비추시기 때문에, 그리고 그날에 사막과 광야에 만나의 비를 내려주시기 때문에, 또한 그날에 인류의 구세주께서 자발적으로 우리의 구원을 위하여 죽은 자 가운데서 다시 살아나 주시기 때문에, 역시 그날에 하나님이 그의 제자들에게 성령을 부어주시기 때문에, 기도뿐만 아니라 장엄한 미사를 집전해 거행해야만 합니다. 그리고 그날에는 육체적인 일과 먹는 데 속한 것에 관해서는 일절 금해야만 합니다. 그 이유는 만일 주의 날에 선박 항해와 여행 등이 금지되지 않는다면, 거기에 참여한 자들이 거룩한 미사와 기도에 참여할 수 없기 때문입니다. 각 그리스도인들은 초를 지참해 안식일에 교회에 출석해야 합니다. 그들은 밤에 와서 철야기도를 하거나 혹은 아침 미사에 참여해야만 합니다. 그들은 또한 장엄한 미사에 바칠 헌물을 가지고 와야만 합니다. 그리고 그들이 교회에 머무는 동안, 어떤 사건에 관해서도 청원을 하거나 들어서도 안 되며, 어떤 법적인 송사가 열려서도 안 될 것입니다. 그러나 하나님이 유일하게 자유롭게 허락하신 일들이 있습니다. 즉 거룩한 예배, 자선의 시혜, 축일에 이웃과 나그네와 교우들과 함께 영적으로 하나님을 찬양하는 일 등은 허락됐습니다.

25.

그들은 항상 후한 대접과 환대를 하도록 반드시 권면을 받지 않으면 안 됩니다. 그들은 그 어떤 자들에게도 피난처를 제공하는 일을 거절해서는 안 됩니다. 어떤 사람에게 안식처를 제공해 줄 경우에는 결코 그에게 돈을 받아서는 안 됩니다. 물론 안식처를 제공받는 자가 그 자신의 의향에 따라 일부 물질을 자발적으로 내놓는 일은 예외가 될 것입니다.[49] 그들은 후한 접대와 환대의 의무 이행을 통해 얼마나 하나님을

---

47. 시 103:22 (불가타, 102:22).

48. 시 139:8 (불가타, 138:8).

49. 오늘날의 수도원 시설은 때때로 여행자들에게 환대를 제공하는 장소로 허용되고 있지만 그 체류 대가를 받지 않는다. "그러나 손님

크게 기쁘시게 할지 모릅니다. 이에 관해 사도는 다음과 같이 언급했습니다. "손님 대접하기를 잊지 말라 이로써 부지중에 천사들을 대접한 이들이 있었느니라."[50] "서로 대접하기를 원망 없이 하고."[51] 그리고 우리 주님은 직접 심판하실 때 이렇게 하실 것이라고 말씀하셨습니다. "내가 주릴 때에 너희가 먹을 것을 주었고 목마를 때에 마시게 하였고 나그네 되었을 때에 영접하였고 헐벗었을 때에 옷을 입혔고 병들었을 때에 돌보았고 옥에 갇혔을 때에 와서 보았느니라."[52] 그러므로 또한 후한 접대와 환대를 좋아하는 자마다 모두 그리스도의 손님으로 영접 받을 것임을 잘 알아야만 합니다.[53] 손님 접대를 제한하는 일은 비인간적인 일일뿐 아니라 심지어 잔인하기까지 한 일입니다. 손님을 대접하는 가운데서, 손님이 결코 최고로 대접을 받지 못할 상황에 직면한다면, 손님을 받아들여서는 안 될 것입니다. 주님이 천국을 소유하기 위해 실천하도록 명하신 것은, 땅의 것을 받기 위해서도 그대로 실행해야만 합니다.

26.

여러분은 하나님을 믿는 신앙을 가진 신실한 자들이 거짓 맹세나 위증죄에 관해 잘 알아야 하고, 절대로 그러한 죄나 행위를 범하지 않도록 가르치고 전해야만 합니다. 또한 여러분은 이러한 행위가 율법[54]과 예언서[55] 및 복음서[56]가 금지한 대단히 큰 범죄 사실임을 그들이 인식하도록 만들어야 합니다. 우리는 일부 사람들이 이러한 범죄를 별로 대수롭지 않게, 곧 중대한 범죄로 인식하지 않는다는 말을 들었습니다. 또한 우리는 그러한 위증한 자에게 별로 중요하지 않은 강도로 고해성사를 시행하도록

들은 출구 근처에 설치된 자선함에 적어도 호텔 비용에 맞먹는 돈을 넣는다.": Baedeker, *Southern Italy* (Leipzig, 1930), p. 19, "몬테카시노 대수도원장에 대해" (apropos of Monte Cassino Abbey).

50. 히 13:2.

51. 벧전 4:9.

52. 마 25:35-36.

53. 이 텍스트의 번역자(라틴어를 영어로 번역한 자)는 주후 1931년, 한 동안 프라스카티(Frascati) 위쪽에 위치한 카말돌레세 (Camaldolese) 수도원의 대수도원장의 독방에 머문 적이 있었다. 그는 대수도원장에게 자신을 환대해준 것에 사의를 표명하자, 그는 이렇게 답변했다. "수사는 손님을 돌보는 일보다 더 큰 의무를 지닌 것이 없습니다. *In hospitibus Christus adoretur!* (손님 접대 가운데서 그리스도께서 경배를 받을지어다!)"

54. 예를 들면, 레 19:12.

55. 예를 들면, 사 48:1; 렘 5:2; 7:9.

56. 마 5:33.

한다는 말도 다소 듣고 있습니다. 그러나 그들은 위증죄가 간통죄와 동일한 정도의 나쁜 범죄임을 반드시 알아야만 합니다. 간통죄에 해당하는 형벌을 위증범에게 부과하는 것이 마땅합니다. 위증은 간통이나 살인이나 그 밖의 다른 악한 범죄와 동일한 처벌을 부과 받게 됩니다. 그러나 만일 어떤 사람이 위증이나 그 밖의 어떤 범죄를 저질렀다면, 그래서 장기간의 고행과 속죄의 고통이 두려워서 고해성사를 행하는 일을 회피하고자 한다면, 그는 당연히 교회에서 파문당하여 추방되고, 또한 성찬식은 물론 성도와의 교제에서 축출되어, 아무도 그와 함께 식사를 하거나, 마시거나, 말하거나, 그를 집에 들이지도 않을 것입니다.

27.

그들은 거짓 증언을 삼가라는 말씀을 새겨들어야만 합니다. 이 역시 대단히 심각하고 중한 범죄임을 명심하고, 이는 여호와 하나님이 시내산에서 직접 다음과 같이 금하신 규정입니다. "네 이웃에 대하여 거짓 증거 하지 말라."[57] "거짓 증인은 벌을 면하지 못할 것이요 거짓말을 하는 자도 피하지 못하리라."[58] 거짓 증거를 제시하는 자는 누구든지 앞에서 위증에 관해 언급되어 있는 대로, 고해성사를 통해 순결하게 정화를 받아야 함을 명심하기 바랍니다. 그렇지 않으면 그는 정죄되어 마땅하고, 정해진 대로 동일한 벌과 출교의 처벌을 받게 될 것입니다. 거짓 증언은 가장 나쁘고 더러운 사악한 범죄임을 반드시 기억하기를 바랍니다. 나는 그러한 거짓 증언의 어리석음에 대해서는 다시 말하고 싶지 않습니다. 오직 이것 한 가지만은 명심합시다. 은과 금, 혹은 의복이나 다른 어떤 재물 등에 대한 욕심, 그리고 흔히 종종 일어나는 비와 같은 술 취함 등으로 초래되어 벌어지는 거짓 증언은 중대한 범죄로 간주되어 7년 징역이나 혹은 교회에서 추방되어 출교를 당하기도 합니다. 우리 주님은 이에 관해 이렇게 말씀하셨습니다. "사람이 만일 온 천하를 얻고도 제 목숨을 잃으면 무엇이 유익하리요 사람이 무엇을 주고 제 목숨과 바꾸겠느냐?"[59] 비록 사람은 다른 사람에게 더

---

57. 출 20:16.

58. 잠 19:5.

59. 마 16:26.

잔인한 법이더라도, 참으로 그는 자신에게 그래야만 합니다.[60]

28.

우리는 여러분에게 사람들을 가르칠 준비를 하라고 권면합니다. 성경을 읽을 줄 아는 사람은 성경을 가르쳐야만 합니다. 그러나 성경을 모르는 자는 적어도 사람들에게, 들어서 아는 친숙한 말씀을 전해주어야 합니다. "악을 버리고 선을 행하며 화평을 찾아 따를지어다. 여호와의 눈은 의인을 향하시고 그의 귀는 그들의 부르짖음에 기울이시는도다"[61] 등등의 말씀. 그러므로 그 누구도, 글을 모르기 때문에 다른 사람들을 교화할 수 없다는 변명을 늘어놓아서는 안 될 것입니다. 여러분은 누군가가 잘못된 일을 저지르는 것을 목격하게 될 때, 즉시 최대의 능력과 힘을 발휘해, 논증과 간청과 질책과 징계를 통해, 그가 과오에서 멀리 떨어지도록 만들 수 있을 뿐만 아니라, 도리어 그에게 선행을 일삼도록 권면할 수가 있을 것입니다. 그러나 주님의 도우심을 받아, 우리가 종교 회의에 모이게 될 때, 여러분 각자는 주님의 도우심을 받아 이루어 놓은 업적과 결실을 우리에게 보고할 수 있어야만 합니다. 그리고 만일 누군가가 우리의 도움이 필요하다고 인식한다면, 우리는 그에게 사랑으로 이것들을 말해줄 수 있을 것입니다. 그리고 우리는 확실한 사랑으로 가능한 한 그에게 도움을 주는 일을 뒤로 미루지 않을 것입니다.

29.

여러분은 믿음을 가진 자들이 중단 없는 기도와 열정적인 기도를 할 수 있도록 권고해야만 합니다. 그런데 기도는 먼저 신앙의 영속적인 기초를 다져주는 사도신경을 한 후, 사람들로 하여금 세 번 정도 다음과 같은 기도를 하도록 가르치기 바랍니다. "오! 나를 조성하신 창조주 하나님 당신이시여! 나에게 자비를 베풀어 주소서!" 그리고 또다시 세 번 이렇게 기도하시오. "오! 하나님이시여! 죄인인 저를 불쌍히 여기시

---

60. 이 문장 곧, *Quippe cum aliis videatur plus existere, sibimet crudelis existat* (명백히, 다른 사람에게 보다 더 잔인하게 보이는 것보다는 그 자신에게 잔인하게 보여야 한다)는 앞에 언급된 주님의 말씀과는 거의 무관한 것으로 보인다. 따라서 우리는 그 문장이 다른 곳에서 온 것임을 잘 알 수 있다.

61. 시 34:14-15 (불가타, 33:15-16) 적절하지 못한 성구가 인용되었음.

옵소서!"[62] 그리고 주기도문으로 기도를 마치도록 해야만 합니다. 그러므로 만일 공간과 시간이 허락된다면,[63] 그를 중재해 줄 수 있는 거룩한 사도와 순교자들에게 기도해야 할 것입니다. 그리고 기도할 때, 십자가 표식으로 무장하고 그의 손과 마음을 높이 들어 하나님께 감사를 올려 드려야만 합니다. 그러나 이러한 기도를 하기에 시간이 역부족이라면 이렇게 기도하는 것도 충분합니다. "오! 나를 조성하신 창조주 하나님 당신이시여! 나에게 자비를 베풀어 주소서!" "오! 하나님이시여! 죄인인 저를 불쌍히 여기시옵소서!" 그리고 마음의 통회와 신음을 하면서 주기도문을 암송하여 기도 시간을 끝마치면 됩니다.

30.

매일 하나님께 드리는 우리의 기도는, 한 번이든 혹은 두 번이든 아니면 가능한 한 더 자주 할수록 좋습니다. 우리는 기도할 때 다음과 같이 선지자가 말씀한 대로 우리의 죄를 고백해야만 합니다. "내가 이르기를 내 허물을 여호와께 자복하리라 하고 주께 내 죄를 아뢰고 내 죄악을 숨기지 아니하였더니 곧 주께서 내 죄악을 사하셨나이다."[64] 주님께 죄의 고백 기도를 드릴 때 신음과 눈물로 시편 51편,[65] 25편,[66] 32편[67] 등을 암송해야만 합니다. 혹은 그것과 동일한 주제에 속한 다른 말씀들을 낭송해야 합니다. 그렇게 할 때, 기도는 끝이 나서 완성되기에 이릅니다. 우리가 사제에게 한 고해성사는 또한 시편 말씀과 같은 그러한 원조를 우리에게 제공해주기 때문에, 그들에게서 주어지는 건전하고 유익한 권면을 받아들이는 일이 옳습니다. 우리는 그러한 고해성사를 통해 가장 유익한 참회의 준수를 실행함으로써 죄의 더러운 얼룩과 오점을 씻을 수가 있고, 또한 침묵[68]의 기도를 통해서도 그렇게 할 수 있습니다. 그러나 오직 하나님께 드리는 고해성사는 우리 스스로 우리 자신의 죄를 염두에 두고 있

---

62. 눅 18:13 "세리는 멀리 서서 감히 눈을 들어 하늘을 쳐다보지도 못하고 다만 가슴을 치며 이르되 하나님이여 불쌍히 여기소서 나는 죄인이로소이다 하였느니라."

63. 여기에 사용된 *exegerit*는 '요구하다'(demand)라는 뜻을 지니고 있으나, 여기서는 '허락하다'(permit)는 뜻으로 보아야 한다.

64. 시 32:5 (불가타, 31:5).

65. 시 51편.

66. 시 25편.

67. 시 32편.

68. 본 텍스트는 *mutuis*(서로)로 기록하고 있으나, 우리는 이를 *mutis*(침묵의, 벙어리의)로 수정해야만 한다.

는 한, 그래서 주님이 그러한 우리의 죄를 기억하고 계시는 한에서만 유용할 것입니다. 그러나 그와 반면에, 우리가 우리 자신이 스스로 지은 죄를 잊어버리고 있는 한, 주님은 그러한 우리의 죄를 잊어버리실 것입니다.* 이에 관해 선지자 예레미야는 다음과 같이 강력하게 설파했습니다. "그들이 다시는 각기 이웃과 형제를 가리켜 이르기를 너는 여호와를 알라 하지 아니하리니 이는 작은 자로부터 큰 자까지 다 나를 알기 때문이라. 내가 그들의 악행을 사하고 다시는 그 죄를 기억하지 아니하리라 여호와의 말씀이니라."[69] 그러나 여러분은[70] 선지자 다윗이 지은 죄를 보고한 다음과 같은 내용을 명심해야만 합니다. "무릇 나는 내 죄과를 아오니 내 죄가 항상 내 앞에 있나이다."[71]

31.

행위든지 아니면 생각으로든지, 아무튼 저질러진 모든 죄는 고해를 해야만 합니다. 여덟 가지의 중한 죄악이 있습니다. 여기서는 그 누구도 자유롭게 풀려날 수 없게 됩니다. 첫째는 '대식 곧 폭음폭식'(gluttony)입니다. 즉 배를 가득 채우기 위한 탐욕의 죄입니다. 둘째는 '간통 혹은 간음'(fornication)입니다. 셋째는 '무기력함'(languor) 혹은 '슬퍼함'(sadness)입니다. 넷째는 '탐욕 혹은 허욕'(avarice)입니다. 다섯째는 '자만 혹은 허영'(vainglory)입니다. 여섯째는 '시기 혹은 질투'(envy)입니다. 일곱째는 '분노 혹은 화냄'(anger)입니다. 여덟째는 '교만'(pride)입니다.[72] 그러므로 그 어떤 사람도 고해성사를 행할 때, 이러한 여덟 가지의 죄를 염두에 두고, 이러한 죄에 자신의 죄가 해당되지 않는가를 유심히, 그리고 부지런히 살펴보아야만 합니다. 자신이 저지른 죄의 행위가 속죄를 해야 할 대상의 것인지를 그 죄의 목록은 잘 지적해 줄 것입니다. 그가 사악한 생각을 가진 것

---

69. 렘 31:34.

70. 이 대명사는 2인칭 단수임을 유념하라.

71. 시 51:3 (불가타, 50:5).

72. 이러한 죄의 목록은 대개 그레고리우스(도덕 26.28, MPL 76.364)의 것이 아니라 카시아누스(John Cassian, *Collationes* 5.2, CSEL 13.121, 17.81)의 것을 따른다. 그러나 카시아누스는 *tristitia*(슬퍼함; sadness)와 *accedia*(자살; suicide)를 함께 한 항목에 넣었고, 또한 *invidia*(증오; hatred)를 추가시켰다는 점에서 이 텍스트의 목록과 다른 점을 보여주고 있다. 이에 관한 주제에 관해서는 다음 자료를 살펴보라. John T. McNeill and Helena M. Gamer, *Medieval Handbooks of Penance*, in "Records of Civilization" 29 (New York, Columbia Press, 1938), pp. 18-20.

---

* 그리하여 주님께 자신이 지은 죄를 고백하지 않게 되면, 그 죄는 용서 받을 수가 없다는 의미.

만으로도 고해성사를 받아야 함을 명심해야 합니다. 그는 여덟 가지 주요한 죄악에 대해 고해성사를 받아야만 할 것입니다. 그리고 사제는 그들이 지은 죄목을 일일이 각각 지적해서 나열해야만 합니다. 그리고 그 구체적인 죄목을 가지고 고해성사를 받아야만 할 것입니다.

32.

굶주림과 배고픔은 채워져야만 합니다. 목이 마른 자에게 물을 마시게 해야 합니다. 벌거벗어 헐벗는 자는 옷을 공급받아야만 합니다. 병자와 감옥에 갇힌 자를 방문해야만 합니다. 나그네는 후한 접대를 받도록 들여져야만 합니다. 이에 관해 주님은 다음과 같이 말씀하셨습니다. "내가 주릴 때에 너희가 먹을 것을 주었고 목마를 때에 마시게 하였고 나그네 되었을 때에 영접하였고 헐벗었을 때에 옷을 입혔고 병들었을 때에 돌보았고 옥에 갇혔을 때에 와서 보았느니라."[73] 이러한 모든 자선 행위를 행할 때, 각자는 기본적으로 그 자신은 영적인 태도로 수행해야만 합니다. 그리고 다른 사람들에 대해서는 물질적으로 시혜를 반드시 베풀어야만 합니다. [입으로만 자선을 해서는 안 된다는 의미]. 왜냐하면 이 모든 것들은, 호색하며 음탕하게 사는 자, 교만스럽게 사는 자, 질투와 시기심이 가득한 자, 두말 할 필요 없이 이기적으로 사악함을 휘두르고 통제가 되지 않는 자, 다른 사람에게 선행을 베풀지 않고 인색한 자에게는 영생을 얻기 위해서는 거의 무가치하기 때문입니다.* 그러므로 "나는 하늘에서 내려 온 살아있는 떡이다"[74]라고 말씀하신 그리스도를 소유하지 않은 자, 그리고 영혼의 양식인 사랑을 갖지 않은 자는 실로 굶주리고 있는 자임을 우리는 직시해야만 합니다. 그러나 만일 선행을 함으로써 그리스도와 그 자신이 연합되어 있는 자, 곧 달콤한 사랑이 그 자신 안에 가득 채워서 있는 자는 스스로 완벽하게 굶주림을 채운 자라 하겠습니다. 성경말씀과 성령의 가르침의 생수의 흐름이 부족한 자는 갈급한 자입니다. 그러나 만일 그가 하나님의 말씀(God's Word)의 강가에서 스스로 물을 공급해 올

---

73. 마 25:35-36.

74. 요 6:41.

* 그렇게 죄를 일삼는 자들에게 물질만을 채워주면 멸망을 받게 되므로, 반드시 영적인 갈증을 채워주어서 말씀까지도 전해 구원을 받게 하라는 의미.

린다면, 그리하여 그의 영혼이 영적인 달콤한 잔의 생수로 흠뻑 적셔진다면, 그는 갈증을 해결하게 된 것입니다. 그 자신이 의롭지 않고 선행의 여타 증거를 지니고 있지 않음을 스스로 인식하는 자는, 추호도 의심하지 말고 의와 미덕과 선행의 옷을 입고 자신의 벗은 몸을 가려야만 할 것입니다. 만일 어떤 자가 사악함의 침대 위에 누워 있다면, 그리고 부정과 불법과 죄악과 부당행위의 질병으로 신음하고 있다면, 실로 그는 중병에 걸려 있다고 하겠습니다. 그러나 만일 사악함의 진창과 수렁에서 빠져나와 죄를 회개하고 참회의 탄식을 서두른다면, 그는 죄의 굴레에서 해방될 것이고 또한 선행의 빛 가운데 인도함을 받게 될 것이며, 아울러 그는 의심하지 않고, 자신이 갇혀 있는 영적 감옥으로 찾아가 병들어 있는 자신을 심방할 수 있을 것입니다. 만일 이 세상 삶과 생애의 도상에서, 험악하고 무자비하며 냉혹한 현실에 포위되어 자신이 고군분투하며 고난을 당하고 있다는 사실을 안다면, 다시 말해, 사악함의 폭풍우로 인한 가혹한 상황을 직시하고 있다면, 그때 그는 선행의 안식처를 소유하고 있지 못하다는 결론에 도달할 수밖에 없습니다. 그러므로 그는 순례 여행 중의 피난처와 안식처가 필요한 존재라는 사실을 자인하고 이를 현실로 받아들여야만 합니다. 여기서 만일 그가 그 자신을 선행과 미덕의 집으로 인도해간다면, 그리고 또한 그 자신을 사악함에서 보호해줄 수 있는 도피처로 향하게 한다면, 그때 그는 불쌍한 나그네를 후하게 영접한 결과를 맛보게 될 것입니다. 그는 영적인 방식으로 이 모든 종류의 친절함과 자애로움을 그 자신에게 보여줄 수 있기 때문에, 스스로 먹고 마시며 옷을 입고, 그리스도의 지체된 자의 자격으로 그리스도를 방문할 수 있게 됩니다. [참된 회개를 통해 영적인 양식과 미덕 및 선행의 옷을 입을 때 예수 그리스도를 참으로 영접하여 만날 수 있다는 의미].

33.

하나님의 거룩한 교회의 독실한 신자들은 그들의 아들과 딸에게 부모에게 순종할 것을 확실히 가르치고 권면해야만 합니다. 이에 관해 주님은 이렇게 말씀하셨습니다. "네 마음을 다하여 아비를 공경하고 너를 낳으실 때 겪은 어미의 고통을 잊지 말아라. 네가 세상에 태어난 것은 부모님의 덕택임을 잊지 말아라. 그들의 은덕을 네가 어떻게 무엇으로 갚을 수 있겠느냐? 네 마음을 다하여 주님을 두려워하고 주님의 사제들을 공경하여라."**75** 또한 부모는 그들의 자녀들에게도 역시 온화하게 대해야 하며, 사도는 이에 관해 이렇게 언급했습니다. "아비들아 너희 자녀를 노엽게 하지 말고 오직 주의 교훈과 훈계로 양육하라."**76** 만일 부모가 이 말씀을 지키기 위해, 또한 부모의 애정 때문에 그들의 자녀들의 마음을 다치게 하지 않기 위해, 잘못을 저지른 자녀들을 징계하지 않는다면, 이는 주님이 허락하시지 않는 일이라 하겠습니다. 만일 그러한 자녀들이 징벌을 받지 않아 가치 있는 참회가 보이지 않는다면, 이는 하나님이 진노하시는 결과를 초래하게 될 것입니다. 하나님의 분노에 부딪히기보다는 차라리 부모가 잘못을 저지른 자녀에게 매질을 하는 것이 훨씬 더 쉬운 일이 될 것입니다.

34.

사람들은 자신보다 하나님과 이웃을 더 사랑하는 것이 참된 사랑이라는 사실을 반드시 교훈 받아야만 합니다. 또한 그 자신이 원하지 않는 것은 다른 사람에게도 행해지지 않기를 갈망해야만 합니다. 그리고 이러한 것들을 일일이 열거하여 더 많이 이야기하는 것은 긴 시간이 걸릴 것입니다. 사랑이 먹고 마심 안에 존재한다는 사실, 그리고 도움을 주고받음에 있다는 점을 받아들이는 사람들은 누구나 적절한 조화를 결여한 오류를 범하고 있는 법입니다. 이에 관해 사도는 이렇게 언급했습니다. "하나님의 나라는 먹는 것과 마시는 것이 아니요 오직 성령 안에 있는 의와 평강과 희락이라."**77** 바로 그들이 사도가 말씀한 그러한 것들을 사랑으로 행할 때, 그들은 선하고 또한 선을 행한 자로 결산을 받을 것입니다.

35.

사업과 상업을 하는 자들은 이 땅의 이득보다는 영원한 생명을 얻도록 교훈을 받아야만 합니다. 그 자신의 영혼의 구원보다는 이 지상의 문제를 더 많이 생각하는 사람은 진리의 길에서 이탈해 유리방황하는 자에 불과합니다. 그리고 어떤 현자는 자신

---

75. 집회서 7:27–29.

76. 엡 6:4.

77. 롬 14:17.

의 생애 동안 그의 가장 깊숙한 부분이 파괴될 것이라고 했습니다.**78** 여기서 우리는 사도의 말씀을 반드시 따르지 않고서는 안 될 것입니다. "이 일에 분수를 넘어서 형제를 해하지 말라 이는 우리가 너희에게 미리 말하고 증언한 것과 같이 이 모든 일에 주께서 신원하여 주심이라."**79** 이는 사업을 할 때 이웃을 범하거나 해치지 말라는 의미입니다. 왜냐하면 하나님이 이 모든 일들의 보호자가 되어주시기 때문입니다. 양식과 의복과 기타 생필품을 얻기 위해 들판이나 밭에서 과도하게 농사를 짓는 농민들조차도 반드시 십일조와 시혜의 물품을 바쳐야만 합니다. 이러한 점은 상업에 종사하는 상인들도 마찬가지입니다. 각자에게 하나님이 먹고 살 수 있는 기술을 주셨고, 또한 몸을 지탱하고 보존할 수 있는 생필품들을 도출해낼 수 있는 기술도 허락해주셨습니다. 그러므로 그들은 반드시 몸에 대해서보다 더 필요한 영혼의 지탱과 보존을 위해 더 많은 것을 공급해야만 합니다.

36.

사순절이 시작되기 일 주일 전에, 사제는 교우들의 참회와 고해성사를 받아들이고, 싸움과 분쟁을 조정하고 화해시키며, 모든 논쟁을 가라앉히고, 충심으로 용서하는 마음을 지녀야만 합니다. 그렇게 해야만 그들 모두는 자유롭게 주님께 이렇게 간절히 기도드릴 수가 있을 것입니다. "우리가 우리에게 죄 지은 자를 사하여 준 것같이 우리 죄를 사하여 주시옵고."**80** 이렇게 서로 용서하고 화해함으로써 복된 사순절 기간에 들어가게 되면, 그들은 깨끗하고 순결한 마음으로 거룩한 부활절에 다가갈 수가 있게 됩니다. 그리고 참회의 속죄(penitence)를 통해 그들 자신은 다시 새롭게 될 것이고, 그것은 두 번째 세례가 되는 것입니다. 세례가 죄를 씻어주는 것처럼, 참회도 마찬가지로 죄를 씻어 정결하게 해줍니다. 세례를 받은 후에, 죄를 지은 자들은 다시 세례를 받을 수 없기 때문에, 주님의 손길을 통해 참회를 통한 죄의 치료가 죄를 지은 그들에게 주어지는 것입니다. 세례를 대신하여 참회를 통해, 세례 이후에 지은 죄가 씻음을 받게 됩니다. 성경말씀은 일곱 가지 방식을 통해 죄가 용서될 수 있

---

78. 집회서 10:9–11.
79. 살전 4:6.
80. 마 6:12.

음을 밝혀 주고 있습니다.[81] 첫 번째, 세례를 통한 죄 용서입니다. 세례는 죄를 용서해주기 위해 베풀어집니다. 두 번째, 순교를 통해 죄가 용서됩니다. 시편 기자는 이렇게 언급했습니다. "마음에 간사함이 없고 여호와께 정죄를 당하지 아니하는 자는 복이 있도다."[82] 왜냐하면 다윗이 이렇게 말했기 때문입니다. "허물의 사함을 받고 자신의 죄가 가려진 자는 복이 있도다."[83] 세례를 받음으로 죄 용서함을 받습니다. 죄는 참회를 통해 덮입니다. 순교를 통해 하나님께 죄로 인해 고소당하지 않게 됩니다. 세 번째, 자선을 통해 죄 용서를 받습니다. 다윗은 이방 왕 느부갓네살에게 이렇게 말했습니다. "그런즉 왕이여 내가 아뢰는 것을 받으시고 공의를 행함으로 죄를 사하고 가난한 자를 긍휼히 여김으로 죄악을 사하소서. 그리하시면 왕의 평안함이 혹시 장구하리이다."[84] 그리고 이런 말씀도 있습니다. "물은 뜨거운 불을 끄고 자선은 죄를 없앤다."[85] 그리고 복음서에서 주님은 이렇게 말씀하셨습니다. "그러나 그 안에 있는 것으로 구제하라. 그리하면 모든 것이 너희에게 깨끗하리라."[86] 네 번째, 만일 누군가가 그에 대해 죄를 지은 어떤 자를 용서해준다면, 그도 다른 자에게 지은 죄를 용서 받을 수 있게 됩니다. "비판하지 말라 그리하면 너희가 비판을 받지 않을 것이요 정죄하지 말라 그리하면 너희가 정죄를 받지 않을 것이요 용서하라 그리하면 너희가 용서를 받을 것이요."[87] 또한 마태복음에는 이렇게 언급되어 있습니다. "너희가 사람의 잘못을 용서하면 너희 하늘 아버지께서도 너희 잘못을 용서하시려니와 너희가 사람의 잘못을 용서하지 아니하면 너희 아버지께서도 너희 잘못을 용서하지 아니하시

---

81. 여기서 논의되고 있는 일곱 가지 죄 용서는 직접적으로는 다음과 같은 자료에서 인용한 것이다. Caesarius of Arles, *Hom.* XII (MPL 76.1075). 그리고 카이사리우스를 거쳐 카시아누스에게서는 간접적으로 그에 관해 참고할 수 있다. John Cassian (*Collationes* 20.8, CSEL 13.561 ff.). 또한 카시아누스를 통해 결국 오리게네스에게로 그 죄 용서에 관한 내용이 전승되었다. Origen's *Second Homily on Leviticus* (MPG 11.418). 오리게네스의 설교에서 제시된 죄 용서 목록은 다음과 같다. 세례, 순교, 자선 혹은 시혜, 다른 자를 용서함, 죄인의 개종 혹은 회개, 충만한 사랑, 눈물의 참회 등. 이에 관해서는 다음을 보라. McMeill and Gamer, *op. cit.*, 99, 각주 5번.

82. 시 32:2 (불가타, 31:2).

83. 시 32:1 (불가타, 31:1). 순교자는 '축복받은'(blessed) 자로 불렸고, 따라서 '축복받은' 자는 순교자를 의미했으나, 이 용어가 등장하는 수많은 예를 볼 때, 그것이 일반적인 의미는 아닌 것으로 보인다. 곧 '축복받은' 자가 항상 순교자를 의미하는 것만은 아니었고, 그렇게 쓰일 경우도 있었다는 말이다.

84. 단 4:27 (불가타, 4:24).

85. 집회서 3:30 (불가타, 3:33).

86. 눅 11:41.

87. 눅 6:37.

리라."**88** 다섯 번째, 만일 누군가가 설교를 듣고 마음이 동해, 잘못을 뉘우치고 선행을 실천한다면 죄 용서를 받을 수 있게 됩니다. 이에 관해 사도는 이렇게 언급했습니다. "너희가 알 것은 죄인을 미혹된 길에서 돌아서게 하는 자가 그의 영혼을 사망에서 구원할 것이며 허다한 죄를 덮을 것임이라."**89** 여섯 번째, 우리 주 예수 그리스도를 통한 사랑으로 말미암아 죄 용서를 받습니다. "무엇보다도 뜨겁게 서로 사랑할지니 사랑은 허다한 죄를 덮느니라."**90** 마지막 일곱 번째, 참회를 통해 죄 용서함을 받게 됩니다. 다윗은 이렇게 언급했습니다. "주의 손이 주야로 나를 누르시오니 내 진액이 빠져서 여름 가뭄에 마름 같이 되었나이다."**91***

37.

사순절은 철저히 지켜져야만 합니다. 사순절 기간 동안 주일을 제외하고 금식 규정이 깨져서는 안 될 것입니다. 주일이 금식에서 제외되는 이유는 그 날들이 한 해의 십일조에 해당하기 때문입니다. 우리는 사순절을 온갖 정성과 성의를 다해 신성하고 헌신적으로 지켜야만 합니다. 사순절 기간 동안 어떤 경우에도 정해진 금식 규칙이 범해져서는 안 됩니다. 다른 때의 금식은 사랑을 실천하기 위한 것입니다. 곧, 금식으로 모은 물질을 가난한 자들에게 분배하는 목적을 지녔으며 이는 우리가 지닌 관습입니다. 그러나 사순절의 금식은 그와는 다른 성격을 지녔습니다. 다른 때의 금식은 개인의 의지와 판단에 근거한 것이지만, 사순절 기간의 금식 위반은 하나님의 의지를 넘어서는 행위가 됩니다. 그리고 사순절 외의 다른 때의 금식은 금식에 대한 보상을 받을 수가 있습니다. 그러나 사순절의 금식은, 병자와 어린아이들을 제외

---

88. 마 6:14-15.

89. 약 5:20.

90. 벧전 4:8.

91. 시 32:4 (불가타, 31:4). 히브리 성경이나 라틴어 성경 모두 애매하다.**

* 데오둘프가 인용한 성경구절. 곧 시편 32:4는 이렇게 되어 있다. "가시가 나를 찌르니 내가 고통에 빠지게 되었습니다."(I turned in my affliction, while it is transfixed with a thorn.) 이는 그가 사용한 성경이 어떤 것인지 궁금증을 자아낸다.

** 데오둘프가 여기서 5절을 빠트린 것으로 보인다. 왜냐하면 다음과 같은 5절이 참회를 통한 죄 용서 개념을 확실히 드러내주기 때문이다. 그리고 이 텍스트 번역자는 4절이 히브리어나 라틴어 성경 모두 죄 용서를 나타내기에는 애매한 구절이라고 했는데, 그것은 데오둘프가 실수로 5절을 빠트린 것을 포착하지 못했기 때문인 것으로 사료된다. "내가 이르기를 내 허물을 여호와께 자복하리라 하고 주께 내 죄를 아뢰고 내 죄악을 숨기지 아니하였더니 곧 주께서 내 죄악을 사하셨나이다."

하고, 금식에 참여하지 않는 자는 누구든지 형벌을 받게 될 것입니다. 왜냐하면 이
와 같은 주님의 날들은 모세와 엘리야와 주님을 통해 금식이 거룩하게 축성되었기
때문입니다.

38.

금식을 하는 날에는, 반드시 자선이 베풀어져야만 합니다. 그 이유는 만일 당연
히 해야 하는 금식에 참여하지 않는 자가 있다면, 그러한 사람이 가난한 자들에게 음
식과 마실 것이라도 분배할 수 있도록 해야 하기 때문입니다. 금식을 하고 또한 저녁
까지 점심용 음식을 남겨두는 것은 보상의 증가가 아니라 음식물이 증가하기 때문입
니다.

39.

금식에 참여하고 있다고 생각하는 많은 사람들은 제9시 기도를 알리는 종소리를
듣자마자 음식을 먹어대는 습관을 갖고 있습니다. 그러나 저녁기도를 알리는 종소리
가 울려 퍼지기 전에 음식물을 섭취한다면, 이는 참된 금식으로 믿어서는 안 된다는
점을 명심해야 합니다. 누구나 반드시 미사에 참석해야만 합니다. 모든 사람은 꼭 미
사곡의 장엄한 소리를 들어야만 합니다. 누구나 반드시 저녁기도 봉사에 참여해야만
하며 또한 자선을 베풀어야만 합니다. 그들은 음식물을 가까이 하기 전에 자신이 참
여하려는 일을 시행해야만 합니다. 만일 어떤 자가 필연적으로 이러한 일에 대해 제
한을 받을 지경에 처해 있다면, 그는 미사에 참여할 수 없게 됩니다. 또한 그는 저녁
기도 시간까지 정해져 있는 금식을 중단해야 하며, 또한 진행하고 있던 기도도 멈추
어야만 합니다.

40.

사순절 기간 동안에는 모든 즐거움을 절제해야만 합니다. 그리고 성도들은 술을
마시지 말고 또한 순결하게 지내야만 합니다. 계란, 치즈, 물고기, 포도주 등을 삼가
는 자는 선행을 위한 큰 공적을 쌓은 셈이 됩니다. 그러나 질병이나 그 밖의 그와 비
슷한 힘든 경우 때문에, 그러한 것들을 절제해서는 안 되는 자들은, 사용할 수밖에

없습니다. 금식은 저녁기도 시간에 이르기까지 계속돼야만 합니다. 금식이 끝나면 마셔서 취하기 위해서가 아니라, 오직 몸의 회복을 위해 포도주를 마실 수가 있습니다. 그러나 치즈, 우유, 버터, 계란 등을 금하고 [와인을][92] 금하지 않는 것은 대단히 어리석은 일인 동시에 이성을 전적으로 상실한 행위에 해당합니다. 우유나 계란 등이 아니라, 술을 마시고 방탕하게 행동하는 일이 금지됐음을 명심해야만 합니다. 사도는 "우유와 계란을 먹지 말라"고 말씀하지 않았고, "술 취하지 말라 이는 방탕한 것이니 오직 성령으로 충만함을 받으라"[93]고 언급했던 사실을 우리는 분명히 인식해야만 합니다.

41.

사순절 기간 중 매 주일에는 그리스도의 몸과 피의 성찬식이 개최돼야만 하고, 여기에는 출교 당한 자들을 제외한 모든 교우들이 참여해야만 합니다. 그리고 주의 만찬과, 유월절 전야의 준비의 날, 또한 주님이 부활하신 날에는 절대적으로 모든 사람들은 성찬에 참여해 성도의 교제를 나누어야만 합니다. 그리고 유월절 주간 내내 사순절과 동일한 신성한 의무가 지켜져야만 합니다.

42.

금식하는 기간 중에는 법률 송사로 서로 다투어서는 안 될 것입니다. 어떤 분쟁 사건도 일어나서는 안 됩니다. 오직 이 기간에는 지속적으로 하나님을 찬양하고 그 기간에 필수적인 일만 시행돼야 합니다. 왜냐하면 주님은 사순절 기간에 다투거나 송사를 일삼는 자들을 꾸짖으시기 때문입니다. 채무자에게 빚 갚기를 독촉하는 채권자는 이러한 선지자들의 입에서 나오는 예언의 소리를 반드시 들어야만 합니다. "보라, 너희가 금식하는 날에 너희의 기쁨이 발견되리라. 너희는 너희에게 빚진 모든 자를 지켜보리라. 그러나 보라, 너희가 송사와 분쟁을 위해 금식하면, 너희가 하는 금식이 사악한 너희를 세차게 치리라."[94]

---

92. '와인을'이라는 단어가 첨가되어야 한다.

93. 엡 5:18.

94. 사 58:3-4에 대한 의역.

43.

가장 거룩하게 성별된 날에 어떤 남편도 누구나 아내를 멀리하고 삼가야 합니다. 그리하여 순결하고 경건한 삶을 영위해야만 합니다. 그리하여 이 거룩한 날들이 거룩하게 된 마음과 몸으로 지나가도록 노력해야만 합니다. 그리하여 거룩한 부활절에 이르기까지 부부 행위로 그 자신들의 믿음이 더럽혀진다면, 그 어떤 금식도 무가치하게 되며, 또한 어떤 기도나 철야기도나 자선 행위도 하나님의 호감을 살 수 없게 됩니다.

44.

주님의 몸과 피를 가장 거룩하게 성별한 거룩한 성찬식에 다가설 때는 다음과 같은 점을 반드시 명심해야만 합니다. 곧, 성찬식을 부당하게 연기하거나 제한하지 말라는 것입니다. 그와 반대로, 정해진 시간대로, 온갖 정성을 다하여 부지런히 준비해야만 합니다. 성찬에 임하는 자들은 부부의 성생활을 금지하고 악에서 그들 자신을 부지런히 살펴 깨끗이 정결케 하며, 화려하고도 휘황찬란한 보석이나 장신구가 아니라 선행으로 그들 자신을 장식하여 꾸미고, 지속적으로 자선을 베풀고 기도하며, 그러한 신앙 삶의 방식을 통해 위대한 성찬식에 다가서야만 합니다. 왜냐하면 순결하지 못한 자가 위대한 성찬식에 접근한다는 것은 대단히 불손하고 위험한 행동이기 때문입니다. 또한 장기간 동안 성찬식을 거행하지 않고 미루는 일 역시 매우 위험스러운 행위입니다. 출교자 목록에 기재된 자들을 제외하고, 모두 성찬식에 참여해야만 합니다. 사람들이 즐거울 때가 아니라 특별히 정해진 절기에 이러한 성찬식이 거행돼야만 합니다. 독실하고 경건하게, 그리고 거룩한 방식으로 삶을 영위하는 자들은 거의 매일 이러한 성찬에 참여해도 무방할 것입니다.

45.[95]

주일에 사제에 의해 찬양되는 특별한 미사곡은 교회법으로 제정되어 있습니다.

---

95. 이 텍스트의 마지막 두 장은, 서몬트(Sirmond)가 심각할 정도로 원형이 훼손된 텍스트를 따라 만든 사본에서 나온 것도 있다. 그러나 이 텍스트의 마지막 끝부분의 두 개 장(MPL 105,208)은 서몬트의 것을 따른 것이 아니라 보다 나은 다른 텍스트에서 가져 온 것이다. 그런데 데오둘프가 저술한 수에시오니쿠스 사본(*Codex Suessionicus*)에는 이 두 장이 하나로 합쳐 있다. 우리가 번역하기 위해 채택한 텍스트는 보다 순수하고 훨씬 더 큰 흥미를 자아내게 하는 자료임이 명백히 입증될 것이다.

그러한 특별 미사곡은 공적으로 사람들이 들을 수 있는 방식으로 불러서는 안 됩니다. 특히 교회법에 정해져 있는 대로, 1일 7회의 기도시간 중 세 번째 기도시간, 곧 공적인 미사에서 부르는 장엄한 미사곡들을 특별 미사곡으로 연주하는 일은 부당합니다. 그리고 주일 혹은 다른 거룩한 날에 미사곡 듣기를 기대하는 아주 나쁜 습관을 지닌 일부 사람들이 있기도 합니다. 그러한 미사곡은 사제들이 사적으로 찬양하는 곡으로서 죽은 자나 다른 목적을 위해 부르는 미사곡일 가능성이 높습니다. 게다가 이렇게 나쁜 생각을 지닌 자들은 아침부터 온종일 하나님께 봉사하기보다는 술에 취해서 축제를 즐기며 온갖 헛되고 무익한 말들만 주절주절 늘어놓곤 합니다.

46.

그러한 불경하고 모독적인 사람들 때문에, 장엄한 미사곡과 설교를 들으러 거룩한 모교회에 공적으로 모두 함께 모이는 자들은 각별히 그러한 자들에게서 성별되도록 조심해야만 합니다. 한 주교가 세워져 있는 한 도시에서,[96] 그 도시뿐만 아니라 인근 근교의 모든 장로들과 교우들은 정해진 제의를 착용한 채, 주교의 축도와 성찬식이 끝날 때까지 성실한 마음으로 미사에 참여하여 반듯하게 서 있어야만 합니다. 그것은 교회법으로 정해진 의무입니다. 미사 후에 만일 그들이 원하기만 한다면, 그들은 허락을 받아 그들 자신의 지위로 되돌아가게 됩니다. 그러나 반드시 주교의 축도와 성찬식에 참석한 후에 그렇게 할 수 있습니다. 그리고 사제들은 작은 예배당이나 기도실, 시골에 있는 수도원이나 교회당 밖에서도 부지런히 사람들을 살펴보아야만 합니다. 그들은 두 시 기도시간 이전에 크게 조심할 필요 없이 대담하게 미사곡을 불러야만 합니다. 그리고 예배당 문을 잠근 채, 교우들이 결코 공적인 장엄한 미사와 주교의 설교 경청에 빠지지 않도록 힘써야만 할 것입니다. 도시 내에 임명된 사제들뿐만 아니라 도시 근교의 사제들과 모든 교우들은, 우리가 앞에서 언급한 대로, 공적으로 거행되는 미사 의식에 함께 참여해야 합니다. 어린아이들과 병자들을 제외하고는, 도시나 지역 교회 모두에 속한 자들 중 어느 누구도, 비록 미사에 참여했더라도, 공적인 예배와 봉사가 끝이 나기 전까지는 먹고 마시는 일을 감행해서는 안 될 것입

---

96. 데오둘프가 재차 변형시킨 이 단어('decreed'; 정해진)는 결코 우리의 신앙을 무효화하지 않는다. 그 단어는 보다 높은 교회 권위(교황이나 공의회)의 행위를 의미한다.

니다.

　이러한 법적인 규칙들을 위반하기를 시도하는 그 어떤 자도, 다시는 범법행위를 저지르지 않을 때까지, 곧 하나님을 만족시켜드릴 수 있을 때까지, 지속적으로 교회 법정의 재판관 앞에 설 수밖에 없게 될 것입니다.[97]

---

97. 여기에는 (MPL 105,206-208) 이 두 장의 후대 요약본이 실려 있다. 그런데 그것들은 우리 텍스트보다 그 양의 크기에서 오분의 일밖에 되지 않는다.

제3장

가경자* 비드: 아당 주교에 대해

제1절. 서론

매우 저명한 교회 역사서인 「영국민족의 교회역사」 *Ecclesiastical History of the English People*의 한 짧은 각주는,[1] 그 역사서의 저자 자신이 바로 비드(Baeda; 현대어로는 Bede)라고 밝혔다. 그는 거기서 그 자신을 그리스도의 노예(famulus) 혹은 종으로 칭하면서, 그가 위우라이무다(Uiuraemuda; 오늘날의 Wearmouth)와 인기루움(Ingyruum; 오늘날의 Jarrow)에 위

---

1. Bede, *Hist. Eccl.* 5.24 Plummer's ed., 1.356–60, *ibid.* ix–x부분이 번역됨. 비드의 생애와 저술활동에 대한 훌륭한 개론은 다음을 보라: Plummer, *ibid.* ix–lxxix.

* Venerable은 1차적인 의미로는 존경할 만한, 훌륭한, 덕망 있는 등의 의미를 지닌 형용사이며, 그 외에 장엄한, 고색창연하여 숭엄한, 유서 깊은 등의 의미를 지닌 형용사다. 영국 국교에서는 이를 "… 부주교님"이라는 존칭으로 사용하고, 가톨릭교회에서는 '가경자'(可敬者; 시복[諡福] 과정에 있는 사람에 대한 존칭)라는 의미로 사용된다.

치한 축복받은 사도 베드로 수도원과 바울 수도원의 장로라고 밝혔던 것이다.[2] 그의 말에 따르면, 그는 상기한 수도원 건물이 서 있던 주위 지역에서 태어났다. 즉, 그가 어린 시절에 건립된 그 수도원 부속 영지 – 그 땅은 수도원 건물이 들어 선 이후에 부속됨 – 에서 태어났다는 것이다. 그는 일곱 살의 어린 나이에 친척에게서 양육됐고, 대수도원장 베네딕트[3]와 그 후임 케올프리드[4]가 그의 교육을 도맡았던 것이다. 따라서 그는 그의 전 생애를 그 수도원에서 보낸 셈이었고, 전적으로 성경 묵상과 수도원 규칙 준수와 매일의 일상적인 찬양에 온 힘을 쏟아 부었다. 그는 수도원 안에서 주어진 날까지 이 모든 것을 배우고 가르치며 저술하는 일을 매우 즐겁게 여겼던 것이다. 19세 되던 해, 그는 부제(deacon)[5]가 되었는데, 그 지위는 그 수도원에서 사제 대기 서열 30번째에 해당되는 것이었다. 이러한 서품은 대수도원장 케올프리드가 요한 주교[6]에게 요청해 이루어진 일이었다. 그때부터 시작해서 59세에 이르러서야 (꼬박 만 40년 이후에) 사제직에 서품될 수 있었다. 이때는 그가 그의 저명한 교회 역사서, *Ecclesiastical History* 저술을 마친 직후였다. 그는 그 자신과 그의 형제동료들의 교회사 지식 향유열에 부응하기 위해 최선의 노력을 기울였다. 존경할 만한 교부들의 저술 속에 들어 있는 성경말씀에 대한 짧은 각주를 달아, 그 자신의 저술이 교부신학이 가진 의미와

---

2. 그 두 수도원 건물 모두 비스코프(Benedict Biscop)에 의해 설립되었다. 웨어마우스에 설립된 수도원은 주후 674년, 에오스터와인(Eosterwine; 주후 686년에 별세)의 감독 하에 성 베드로에게 헌정되었고, 그를 이어 지그프리드(Sigfrid; 주후 688-689년에 별세)가 수도원 건축을 맡게 되었다; 주후 681년 혹은 682년, 재로우에서 바울에게 헌정된 수도원은 케올프리드(Ceolfrid)가 건축 감독을 맡았다. 그러한 건축 작업은 동일한 한 수도원이 두 건물을 세우는 계획에 의해 시행됐으나, 대수도원장 베네딕트는 수도원 건축 사업에 종종 자리를 비웠거나 혹은 다른 사업에 종사하곤 했다. 실제로는, 지그프리드와 케올프리드가 이름만 대수도원장이 아니지, 베네딕트 대신 대수도원장 역할을 도맡아 했던 것이다.

3. 베네딕트(Benedict Biscop; 대략 주후 628-689-690)는 약 주후 665년경에 레렝스에서 수도사가 됐다. 교황 비탈리안(Vitalian; 주후 657-672)은 주후 668년에, 베네딕트에게 다소(Tarsus)의 테오도레(Theodore)를 캔터베리(Canterbury)로 안내해 데려다줄 것을 명령했다. 그는 로마는 여섯 번씩이나 방문했고, 로마교회 관습을 연구했으며, 다시 풍성한 제의와 서적들, 그리고 그림들을 가지고 되돌아왔다. 이에 관해서는 다음 자료를 보라: Bede's *Hist. Abbatum* 1-13, Plummer's ed., 1. 364-377.

4. 대략 주후 642년경에, 노스움버란트(Northumberland)에서 태어난 케올프리드는 주후 716년 10월 24일, 로마를 향해 가던 중, 프랑스 랑(Langres)에서 타계했다. 로마에서 그의 나머지 생애의 안식을 보내려고 했던 그는 주후 716년에 은퇴를 선언하고 로마를 향해 전진했으나, 결코 그 영원한 도시에 도달해 안기지 못했다. 그를 이은 후임 대수도원장은 화이트버트(Hwaetbert)였고, 그는 비드보다 더 오래 살았다.

5. 보통 11세가 되면 부제로 서품 받는데, 비드가 19세에 부제직을 수여받았다고 해서, 이러한 일이 그의 무능함과 결격사유를 입증하는 것은 아니다. 중세의 부제직(diaconate)은, 현대의 개념처럼, 단순히 사제직을 받기 이전의 예비 단계를 의미하는 것이 아니었다. 수많은 탁월한 성직자들도 결코 부제직을 넘어서지 못했다. 교황 그레고리우스가 부제직에서 교황으로 승차되는 시점에서, 그 유명한 원프리드(Warnfrid)의 부제 바울이나 코르비의 대수도원장 라드베르(파샤즈 라드베르) 등은 부제직을 벗어나지 못하고 있었다.

6. 비드가 머문 수도원은 헥삼(Hexham)의 주교, 요한(John)의 주교관구 내에 위치해 있었다. 이에 관해서는 플루머(Plummer)의 색인(2.484)을 보면 많은 참고사항을 얻을 수가 있다.

해석에 적절히 부합하도록 부단히 노력했다. 그런 연후에, 그는 당대에 이르기까지 35개나 되는 그의 저작 목록을 소개했고, 끝으로 다음과 같은 아름다운 기도로 끝을 맺었다.

"나는 좋으신 예수님 당신께 기도올리나이다. 영광스럽게도 당신께서는 저에게 당신에 관한 지식의 말씀들을 기쁘고 달콤하게 마실 수 있도록 이 모든 것을 주셨습니다. 자비롭게도 모든 지혜의 원천이신 당신께서는 언젠가 당신께 도달할 수 있는 그날을 허락하시고, 또한 영원토록 당신의 면전에 서 있도록 해주셨습니다."[7]

Ecclesiastical History(교회 역사) 저술이 완성된 시기는, 비드 자신에 의하면, 주후 731년이 된다. 그렇다면 그의 출생 연도는 주후 672년이나 혹은 673년임이 분명하다. 또한 그가 부제로 서품 받은 때는 주후 691년 혹은 그 이듬해일 것이고, 사제서품은 주후 702년 혹은 703년이 될 것이다. 그러한 비드의 언급을 제쳐두고, 우리는 그가 적어도 린디스파른(Lindisfarne)[8]을 한 번 방문했고, 주후 733년[9]에는 요크(York)에 있었으며, 그리고 역시 때때로 켄터베리(Canterbury)에도 있었던 것으로 짐작할 수 있다.[10] 어떤 자는 그가 로마에 다녀온 적이 있었다고도 언급했는데,[11] 아마도 이는 거의 있음직하지 않은 가능성 없는 주장에 불과할 것이다. 그는 결코 로마 방문을 언급한 바가 없었기 때문이다. 그러나 우리는 상술한 대로 그 자신이 전혀 수도원을 떠난 적이 없었다는 언급에서, 섣부른 가정이나 판단을 내려서는 안 될 것이다. 익명으로 저술된 *History of the Abbots*(대수도원장의 역사) 속에는, 그가 장년기에 재로우에서 사제가 되었고, 케올프리드를 제외하고 유일하게 재로우에서 번진 페스트에서 애처롭게 살아남게 됐

---

7. *Hist. Eccl.* 5.23 (end), Plummer's ed. 1.351.

8. 주후 721년 이전에 저술된 쿠트버트(Cuthbert)의 생애 서문을 보라.

9. *Epist. ad Ecberctum Episcopum* 1 and 17.

10. 이런 점은 다음과 같은 자료에 의해 언급됐다. M. L. W. Laistner, *Trans. of the R. Hist. Soc.*, 4th ser., 16.92. 어떤 드물게 보는 책들은 그를 비드로도, 알델름(Aldhelm)으로도 인식했다.

11. 다음을 보라. Plummer 1.xvi f.

다는 사실이 언급돼 있다.[12]

History of the Abbots(대수도원장의 역사)로부터 우리는 비드가 성경뿐만 아니라 교부학에서 가장 심원한 경지의 학자이자 부지런한 연구가였음을 충분히 인식할 수 있다. 또한 비록 제한된 숫자이지만 그가 이교 작가들의 저술들에 대해서도 대단히 해박했다는 사실도 잘 알 수 있다.[13] 긴 생애를 지나오는 동안, 그는 지속적으로 연구와 가르침과 저술 등에 열중해 왔으며, 또한 결코 사제와 수도사의 임무를 게을리하지 않았으며, 그와 접촉하는 모든 사람들에게 좋은 친구가 돼주었다. 그는 예수 승천일이었던 주후 735년 5월 25일 수요일에 재로우에서 타계했다. 그의 지나온 생애와 환경은 그의 제자들, 곧 강사였던 커트윈(Cuthwin)과 커트버트(Cuthbert)에게 보내는 서신에 감동적으로 묘사되어 있다.[14]

비드에게 지속적으로 적용되어 붙여진 'Venerable'(가경자; 可敬者)라는 호칭은, 그가 성인으로 추앙받지 못했다는 사실로 받아들여선 안 될 것이다.[15] 그가 얼마나 그 호칭을 즐겁게 받아들였는가 하는 점은 정확히 잘 알려져 있지 않지만 대개 이에 관한 세 가지 설명이 있다. 첫째, 비드가 나이가 들어 눈이 멀게 되었는데, 그를 비방하는 마귀들이 그를 꼬드겨 그 앞에 회중이 앉아 있다는 그릇된 가정 하에서 설교를 하도록 만들었으며, 설교가 끝나자 이를 안 천사들이 이렇게 외쳤다는 것이다. "아멘, 대단히 존경 받아 마땅한 가경자 비드여!" 두 번째, 비드가 여행하는 중 한 좁은 바위 골짜기를 지나게 되었는데, 그 바위들이 이렇게 외쳤다는 것이다. "아멘, 대단히 존경을 받아 마땅한 신부님!" 세 번째, 비드의 묘비명에 그를 기리기 위해 밤새도록 육보격의 시를 새겨 넣던 수사가 다음과 같이 한 난어를 비워둔 채 미완성으로 남기자, 아침에 천사가 그것을 발견하고 그 빈칸에 '*venerabilis*'를 새겨 넣었다는 것이다.

"*Hic sunt in fossa Bedae … ossa.*"(여기 무덤 안에 … 비드의 뼈가 묻혀 있습니다.)[16]

---

12. *Hist. Anon. Abbatum* 14 (Plummer 1.393). 26–E.M.T.

13. 다음을 보라. Laistner, *loc. cit.*

14. *De obitu Baedae* (베다의 죽음에 관해): 다음 자료에 수록됨. Plummer 1.clx–clxiv, tr. *ibid.* lxxii–lxxvii.

15. 성인의 반열에 올리는(canonization), 곧 시성식을 하는 과정은 최근까지 성체거양(elevation), 시복과정에 있는 가경자 추대 (*venerabilis*), 복자 추대(*beatus*) 등을 거쳐 성인(*sanctus*)으로 추대하는 순서를 거친다.

16. Plummer 1.xlviii–xlix.

수많은 비드의 저작 사본들 속에서 기록과 암시를 통한, 직간접적으로 발견되는 오십두 개의 비드에게 붙여진 저작권들은, 더 이상 현존하지 않고 있고, 10개의 저작권은 가짜로 판명 났다. (운율학, 문법, 일반역사, 혹은 연대기 등에 대한) 7개의 저작권은 엄정하게 판명해 그의 것으로 분류되었다. 비드가 저술한 연대기인 *De Temporibus*(시간에 대하여)와 *De Temporum Ratione*(이성의 시대에 대해)를 읽어보면, 부활절 날짜에 대한 그의 관심사가 잘 표명돼 있다. 성경에 관한 저술들로는 열네 개의 주석이 전해진다. (창세기, 사무엘, 열왕기, 에스라-느헤미야, 잠언, 아가서, 하박국, 토빗, 마가, 누가, 두 행전, 가톨릭 서신들, 요한계시록) 찬송과 설교를 포함한 다른 저술들은 성구, 실천신학, 다양한 주제들 등을 서술하였다.

역사에 관한 비드의 저술들은 아홉 개가 있는데 성 펠릭스(Felix), 성 아나스타시우스(Anastasius), 성 커트버트(Cuthbert) – 두 개가 있는 데, 그 중 하나는 시로 되어 있음 – 등의 생애에 관한 저술들이 있다. 그리고 나머지는 다음과 같다. 이 세상의 여섯 시대에 관해 서술한 *Letter to Plegwin*(펠권에게 보내는 서신), *Ecclesiastical History*(교회역사) 사본을 포함하고 있는 *Letter to Albinus*(알비누스에게 보내는 서신), 익명서인 *History of the Abbots*(대수도원장에 관한 역사)와 혼동되지 않는 *History of the Abbots of Wearmouth and Jarrow*(웨어마우스와 재로우 대수도원장에 관한 역사), 비드가 유명하도록 만들어준 가장 위대한 작품인 총 5권으로 된 *Ecclesiastical History of the English People*(영국민족의 교회역사).

본서의 대본은 상기한 것들에서 대표적인 것으로 정평이 나 있는 사본에서 선택된 것으로서, 비드의 가장 훌륭한 역사적 저술뿐만 아니라, 중세 영국 성직자에 대한 전형적인 저술들도 포함된 것이다.

라틴어로 저술된 비드의 작품들은 길스(John Allen Giles)가 12권으로 편집한 *Patres Ecclesiae Anglicanae*(London, Oxford, and Paris, 1843-1844)에 들어 있다. 스티븐슨(Joseph Stevenson)이 편집해 영국 역사 협회(English Historical Society)가 출판한 *Bedae Opera Historica Minora*도 거기에 속한다. 미네(Migne)가 편집한 *Patrologia latina*, vols. 90-95에도 비드의 작품들이 실려 있다. 그것들을 훨씬 능가하는 단연코 가장 훌륭한 비드의 역자 저술들은 두 권으로 편집된 플루머(Charles Plummer)의 것(Oxford, Clarendon Press, 1896)이다. 거기에는 비드가 저술한 훌륭한 서론과 비평적이고 해석적인 주석이 들어 있고, 또한 다음과 같은 비평적인 텍스트 자료들이 수록됐다. *Historia Ecclesiastica Gentis Anglorum*(영국민족의 교회역사), *Historia Abbatum*(대수도원장에 대한 역사), *Epistola ad*

Ecgberctum(에크그베르투스에게 보내는 서신), 익명의 *Historia Abbatum*(대수도원장에 대한 역사) 등. 본서의 내용은 이러한 탁월한 텍스트를 대본으로 해 번역된 것이다. 비드 저작집 구 영어본은 초기 영어 텍스트 협회(Early English Text Society; London, Trubner, 1890–1898)가 기획하여 밀러(Thomas Miller)가 편집한 것이다. 그 외 훌륭한 비드의 가작들은 다음과 같은 선집들에 수록되어 있다. J. E. King, *Baedae Opera Historica*, Loeb Classical Library (London, Heineman; New York, Putnam, 1930), 2 vols; G. F. Brown, *The Venerable Bede: His Life and Writings* in "Studies in Church History" (London, S.P.C.K., 1919); Henry Martin Gillet, *Saint Bede the Venerable*(London, Burns, Oates, and Washbourne, 1935); Putnam Fennell Jones, *A Concordance to the Historica Ecclesiastica of Bede*(Cambridge, Mediaeval Academy, 1929); M. L. W. Laistner, "Bede as a Classical and Patristic Scholar" (*Trans. of the R. Hist. Soc.*, 4th ser., 16 [1933], 68–94); Alexander Hamilton Thompson, *Bede, His Life, Times, and Writings*(Oxford, 1935).

제2절. 본문

3.

오스왈드(Oswald)[17]가 왕위에 오르게 되었을 때, 그가 통치하기 시작했던 모든 나라 구석구석에 기독교 신앙의 은총이 가득 스며들기를 열망했습니다. 이미 오스왈드는 수많은 야만족들을 정복하는 데 성공을 거두었기 때문에, 그는 그곳에 스코틀랜드*의 장로들[18]과, 유배 당시에 그를 수행했던 기사들을 함께 로마로 보내 자신의 왕국에 주교 한 명을 파송해 줄 것을 청원하게 됐습니다. 그가 한때 유배되었던 곳은 세례 의식을 경험했던 장소였습니다.[19] 오스왈드는 자신의 신민들이 올바른 믿음을 가질 수 있도록 하기 위해 주교를 한 분 모시고 싶어 했던 것입니다. 그는 주교를 통해 그 자신이 지배하고 있던 앵글족의 나라를 선교해 믿음을 가르치고 싶어 했습니다. 그는 자신이 정복한 앵글족 사람들이 하나님 신앙의 은사들을 배우고 또한 성례를 받아들이기를 간절히 원하고 있었습니다. 멀지 않아, 그의 요청은 그대로 수락됐고, 그리하여 아당 주교가 그 나라에 부임하게 된 것입니다. 그는 가장 고상한 겸손과, 경건함과, 자기부정 등을 소유한 인격자였고, 또한 그는 하나님에 관한 지식에는 그리 완벽하지 못했지만, 하나님을 향한 열심[20]을 가장 많이 품은 자들 중 한 사람에 속했습니다. 그는 자기 자신의 종족 관습에 따라 부활주일을 익숙하게 지켰습니다. 그것은 우리가 종종 언급한 대로, 음력 14일부터 20일까지의 기간을 지키는 것입니다. 이러

---

17. 노섬브리아(Northumbria)의 왕, 성 오스왈드(St. Oswald, 605-642)는 펜다(Penda of Mercia)와의 전투에서 전사했다.

18. '의원' 혹은'총독'(Alderman)을 의미함. 이 텍스트 전편에서, 'Scots'는 항상 아일랜드 거주지를 의미하며, 이는 오늘날의 스코틀랜드를 지칭하지 않는다.

19. 시메온(Simeon of Durham, 1.18)은 오스왈드의 양친이 모두 기독교인이 아니었다고 말한다. 그러나 「오스왈드의 생애」(*Life of Oswald*)는 그의 어머니 아카(Acha)가 기독교인이었다고 서술했다.

20. 비드의 앵글로-색슨 번역본은 이 장의 나머지를 생략하고 있다. 플룸머(Plummer, 2.124, *ad loc.*)는 이렇게 말했다. "한결같은 선한 성품과 감정을 지녔다." 이에 관해 다음 자료를 보라. Plummer (2.348-353). 부활절 예배와 의식에 관한 켈트와 로마의 연대 차이에 관한 탁월한 논의가 들어 있다. *Hist. Eccl.* 3.17(p. 161, Plummer)에는 비드가 아일랜드 식의 연대기를 사용한 아당을 싫어했다고 서술되어 있다.

---

* 오늘의 아일랜드.

한 날짜는 스코틀랜드 북부 지방에서 지키던 관습을 그대로 보여주는 것입니다. 픽트 사람들(Picts; 옛날 스코틀랜드의 북동부에 살던 민족)로 구성된 모든 나라들은 그 당시에 부활주일을 지켰고, 그들은 이러한 절기를 준수하는 일이 바로 거룩하고 칭송받을 만한 교부 아나톨리우스(Anatolius)[21]의 가르침을 따르는 것이라고 믿었습니다. 그것이 사실인지 아닌지의 여부는 잘 모르지만, 학식을 갖춘 자는 알기 쉬운 것이었습니다. 그러나 아일랜드 섬 남쪽에 거주하고 있었던 스코틀랜드 부족들은 로마 주교(Apostolic See)의 권고를 따랐습니다. 그들은 오래 전부터 교회 전례에 따라 부활절을 준수하는 방식을 배웠던 것입니다.[22]

그때 그 주교가 궁정에 도착했을 때, 왕은 린디스파르네(Lindisfarne) 섬에 그의 감독좌를 위한 장소를 할당해 주었습니다.[23] 그런데 그곳은 그 주교가 스스로 왕에게 요청한 곳이었습니다. 물론 이러한 장소는 하루 두 번 생기는 밀물과 썰물의 큰 파도, 곧 조수 간만의 차이 때문에 육지와 하루 두 번씩 접하게 되어 해변은 건너편 땅과 뭍으로 연결되었습니다.[24]

겸손히 그리고 기꺼이 즐겁게 모든 방식으로 그 주교의 가르침을 경청함으로써, 그 왕은 자신의 왕국 내에서 그리스도의 교회가 설립되고 확장되는 일에 총력을 기울여 노력하게 된 것입니다. 가끔씩 보기에 가장 아름다운 일이 일어나곤 했습니다. 불완전하나마 앵글족의 언어를 알고 있었던 그 주교는 복음을 전했고, 왕은 직접 그 주교 앞에 서서 천국 말씀의 통역자처럼 그의 휘하 장군과 신하들[25]에게 그 주교의 말씀을 앵글어로 통역해 주었습니다. 물론 그렇게 통역이 가능했던 이유는, 오랜 추

---

21. 주후 3세기, 라오디게아(Laodicea)의 주교 아나톨리우스(Anatolius)는 유세비우스(Eusebius) 교회사에 등장한다. (*Hist. Eccl.* 7.32. 14-20); 부활절 법전(*Canon Paschalis*)에 관해서는 MPG 10.207-231을 참고하라. 그러나 여기서 이 자료는 크뤼거를 따라(G. Krüger, NSH 1.167) 주후 6세기의 것으로 나와 있다. 이에 관해서는 다음 자료들을 참고하라. B. Krusch, *Studien zur mittelalterlichen Chronologie* (Leipzig, 1880) 311-327 [중세 연대기에 관한 연구]; Plummer 2.191.

22. 주후 631년, 남 아일랜드 공의회(개최 연도는 주후 630년으로 추정됨)에서 위임된 것으로서, 이 공의회는 부활절 문제에 관해 조문을 받기 위해 로마를 방문했다. 그들이 귀환한 후, 다른 공의회(주후 632년 혹은 633년)에서는 로마식 부활절이 채택되었다. (Plummer 2.125).

23. 윌리엄(William of Malmesbury, *Gesta Pontificum* [주교 통치], ed. Hamilton, p. 266)은 우리들에게 린디스파르네가 조그만 섬이며, 아당에 의해 선택된 곳으로서, 요크(York)처럼 군중이 많지 않고 그러한 소란스러움에서 해방되어 조용함을 누리기에 적합한 곳이었기 때문에 그곳이 주교좌의 장소로 정해졌다는 보고를 해주고 있다 (Plummer 2.125-126을 참고하라).

24. 하루 두 번 그 섬과 육지가 뭍으로 연결될 때, 마차가 양쪽을 건너다닐 수가 있었다. (*Vita Anon. Cudb.* 44, 46, Plummer, 2.126에서 인용함).

25. 앵글로-색슨어로 그들을 aldermen(주장관 혹은 총독)과 thanes(귀족과 자유민 중간의 향사나 호족 혹은 영주나 귀족)라 칭했다.

방과 유배 기간 동안 완벽하게 스코틀랜드 언어를 익힐 수 있었기 때문입니다. 그후 보다 많은 사람들이 매일 스코틀랜드 지역[26]에서 브리튼(Britain)과 오스왈드 왕이 통치하는 앵글 지방으로 넘어오기 시작했습니다. 그들에게 그는 대단히 헌신적으로 신앙의 말씀을 전파했습니다. 그리고 새로 들어온 이주자들 중에는 감독의 반열[27]에 올랐던 사람들이 있었는데, 그 왕은 그들로 하여금 믿는 자들에게 세례를 주도록 시켰습니다. 수많은 곳에 교회가 우뚝 서게 되었습니다. 군중들은 기쁜 마음으로 모여 하나님의 말씀을 들었습니다. 왕이 소유한 물질은 아낌없이 제공되었습니다. 수도원을 설립할 부지도 기꺼이 제공됐습니다. 앵글족의 어린아이들은 스코틀랜드 교사들에 의해 교육의 혜택을 받게 되었습니다. 그들은 함께 모여 세월이 갈수록 점점 더 수준 높은 교육을 받게 되었고, 또한 수도원 규칙을 잘 준수해 나갔던 것입니다.

특히 말씀을 전하는 자는 수도사들이었습니다. 아당 주교는 그 자신이 수도사였습니다. 그 자신이 하이이(Hii)[28]라 불리는 섬으로 건너가 복음을 전했습니다. 그곳의 수도원은 스코틀랜드 북부 지방[29]과 픽트 지역 가까이에 자리 잡고 있었는데, 오랜 기간 중요한 위치를 차지하면서 그 지역 주민들을 관장하는 책무를 지게 되었습니다. 물론 이 섬은 조그만 해협을 사이에 두고 브리튼의 지배와 영향력 하에 놓여 있었습니다. 그러나 브리튼의 한 지역을 차지하여 거주해 있었던 픽트 사람들의 선물로 말미암아, 그 섬은 오래 전부터 스코틀랜드 수도사들의 수중에 떨어지게 되었고, 그들의 전도와 말씀 전파로 인해 그곳 주민들이 기독교 신앙을 받아들이게 된 것입니다.

[4장은 아이오나의 역사를 기술함: 생략함]

---

26. 아일랜드(Ireland) 뿐만 아니라 아이오나(Iona)까지 의미함.

27. *Sacerdotali … gradu.*

28. 아이오나(Iona)를 말한다. 이는 아담난(Adamnan)이 Ioua insula를 잘못 옮겨 표기한 것이다. (Plummer 2.127을 보라). 그것은 잘못된 추측에 의해 생겨난 상투적인 문구에 해당하는 것이다. 그것은 히브리 단어 iona(비둘기)에서 왔으며, 성 콜룸바(Saint Columba)의 이름을 암시한 것으로 추정되고 있다.

29. 아일랜드 북부 지방을 말함.

5.

이 섬에서부터, 그러고 나서, 이 수도사들의 단체에서 감독직을 수여받은 아당은 그리스도 안에서[30] 복음을 가르치기 위해 앵글족 사람들이 사는 지방으로 보내졌습니다. 그날에[31] 대수도원장이면서 장로인 세게니(Segeni)[32]는 이 수도원을 감독 관리하고 있었습니다. 그[33]는 인생을 어떻게 살아야만 할 것인가 하는 가르침들 가운데서, 가장 철저한 절제와 순결의 삶의 표본을 지닌 인생론을 그의 수하 성직자들에게 남겨주고 떠났습니다. 그의 교리와 가르침은, 그가 수하의 수도사들과 더불어 살았던 방식과 다른 삶은 결코 가르치지 않았다는 사실에서, 특별히 모든 사람들에게 호감을 주었던 것입니다. 그는 이 세상의 것은 아무것도 구하려 하지 않았고, 또한 사랑하지도 않았습니다. 왕들이 주었던 모든 물질과 또한 이 세상의 부를, 그에게 구걸했던 가난한 자들에게 주자마자 이내 그는 기뻐했던 것입니다. 그는 반드시 말을 타야만 할 급박한 경우를 제외하고는, 말을 타지 않고 걸어서 온 도시와 시골 지방을 샅샅이 돌아다니며 여행하기를 즐기곤 했습니다.[34] 그가 걸어서 여행을 할 때마다, 부자뿐만 아니라 가난한 자도 목격하곤 했는데, 그들이 참된 믿음을 지니고 있지 않음을 인식할 때마다 그는 즉시 그들을 향해 믿음을 가지고 성찬에 임할 것을 권고했던 것입니다. 곧 그는 도보여행을 하면서 만나는 사람마다 믿음으로 성사를 수용하는 신앙을 지닐 것을 권면했습니다. 혹은 만일 신실한 믿음을 가진 자들을 목격했을 때는, 항상 그는 그들이 지닌 믿음을 한층 더 강화시켜주곤 했습니다. 또한 그들이 절제와 선행의 행위를 통해 언행일치의 신앙을 실천하도록 격려해주곤 했습니다.[35]

그의 삶은 우리 시대[36]의 게으름과는 전혀 달랐으며 모든 사람들은 그가 식발

---

30. 어떤 MS.는 "그리스도에 관하여"(on Christ's behalf)로 되어 있다.

31. 아당은 주후 651년 8월 31일에 죽었다(Bede 3.14 말미). 그해는 그가 감독직에 있은 지 17년째 되었던 해였다(*ibid.* 3.17). 그리고 주후 664년 7월에 개최됐던 휘트비(Whitby) 종교 공의회는 스코틀랜드 감독직(*Episcopatus Scottorum*) 30년째 되던 해에 모인 회의였다. 그리하여 아당은 이로 보건대, 주후 635년 7월 이전에 성직에 임명된 것이 틀림없다.

32. 이오나의 대수도원장이었던 세그히네(Seghine)는 주후 623년에서 652년 사이에 대수도원장 직을 역임했다. (Reeve's ed. of Adamnan's *Life of Columba*, pp. 373-374). Plummer, 2.113을 보라.

33. 물론 당연히 세게니가 아니라 아당을 가리킨다.

34. 오스윈(Oswyn)에 의해 그에게 주어진 말에 관한 이야기는 Bede 3.14를 참고하라.

35. 이 구절은 캔터베리 이야기(*Canterbury Tales*) 서론에서 초서(Chaucer)가 성직자에 관해 묘사한 내용에 영향을 주었을 가능성이 있다.

36. 비드 자신의 시대를 의미함.

을 하든지 아니면 머리를 엮든지 간에, 그대로 보조를 맞추어 따라하곤 했습니다. 또한 그는 명상하기를 의무화했고 성경 읽기와 시편 배우기[37]에 주의를 기울이곤 했습니다. 이러한 것은 그의 일상적인 일이었고, 또한 그와 함께 하는 모든 자들의 과제였으며, 그들은 어떤 곳이든 가서 그렇게 행동했던 것입니다. 거의 드문 일이지만, 만일 우연히 왕이 베푸는 연회에 초대를 받았을 때는 한두 명의 사제를 데리고 참석했는데, 그가 음식을 약간 섭취한 후에는, 재빨리 서둘러 그 자리를 빠져나와서는 그의 수도사들과 함께 성경을 읽거나 혹은 기도에 전념하곤 했습니다. 그의 거룩한 삶에 자극을 받았던 당대의 수많은 신실한 자들[38]은, 남성 혹은 여성을 막론하고 그를 본받아 연중 관례를 세웠습니다. 곧 부활절 기간 동안 금식의 면제가 있는 성령 강림절(Whitsunday; Pentecost)을 제외하고,[39] 금식기간을 수요일[40]과 금요일마다 오후 2시까지 연장하는 일이 그것이었습니다.[41] 그는 결코 존경과 두려움 때문에 부자들 앞에서 침묵을 지키지 않았습니다. 그들이 어떤 잘못된 길을 가게 되면, 그는 가차 없이 날카로운 비판의 채찍을 그들에게 휘둘렀습니다. 그는 결코 이 세상에서 강력한 권력을 지닌 자들에게 돈을 바치지 않았습니다. 그는 단지 그를 찾아오는 손님들에게 음식물을 제공하는 일 외에는 달리 물질과 돈을 허비하지 않았습니다. 권력자에게 뇌물을 바치는 대신에 그는, 우리가 앞에서 언급한 대로, 가난한 자들이 꼭 필요한 곳에 요긴하게 쓸 수 있도록 자신의 물질을 잘 분배해주었습니다. 부자에게서 받은 물질과 돈은 그의 손을 통해 빈자를 위한 증여의 재물이 되었으며, 또한 부당하게 팔린 자들을 되사는 데 사용됐습니다. 결국 이러한 혜택을 받은 수많은 자들이 후에 그의 문하생이 되었으며, 그들을 잘 가르쳐서 그들이 사제의 반열에 오르기까지 만들어주었던 것입니다.[42]

---

37. *Discendis*(learn; 배움). 그러나 어떤 MS.에서는 그 단어의 첫 s가 생략되어 dicendis(say; 말함)로 표기되어 있기도 하다. 그리고 시편을 읊는다는 것은 시편을 배운다기보다는 도보 여행을 하면서 그 말씀을 실천하는 것으로 볼 수도 있을 것이다.

38. 하나의 종규(宗規; rule) 아래 있던 자들.

39. 부활절부터 성령강림절까지. 연중 최고의 축제기간.

40. 아일랜드(Irish)에서 수요일이라는 이름은 *cetain*, 곧 '첫째 금식'을 의미하며, 이러한 명칭은 그러한 금식 관습을 기념하고 있음을 함축하고 있다. 그것은 바로 주님이 당하신 배신을 기억하기 위함이었다.

41. 제9시(ninth)라는 말에서 'noon'(정오)이 파생됐는데, 이는 정오까지 금식이 뒤로 밀려 연장된다는 의미를 지니며, 이는 이러한 금식이 너무나도 혹독한 것이었음을 입증해주고 있다.

42. *Ad sacerdotalem … gradum*(사제 … 지위까지)이라는 구절은 아마도 주교의 지위를 의미하는 것으로 보인다.

더욱이 오스왈드 왕이 자기 자신과 신민을 위해 신앙의 말씀을 전할 수 있는 스코틀랜드 지방[43] 출신의 주교[44]를 파송해달라고 요청했을 때, 처음에는 엄격한 영의 소유자가 주교로 파송되었던 것입니다. 그 주교가 앵글족 사람들에게 때때로 설교할 때마다 그들을 감화시키는 데 성공하지 못했으며, 또한 사람들은 기쁨을 누리며 설교를 듣지도 못했습니다. 그는 고향으로 돌아가 장로들의 공의회에서 자신의 사역에 관해 보고했습니다. 곧, 그가 파송 받았던 곳의 사람들을 가르치는 데 실패했던 이유는 그들이 길들일 수 없는 사람들이며 또한 거칠고 야만적인 성품을 지닌 자들이었기 때문이라는 것이었습니다. 공의회에 참석한 장로들은 그곳 야만인들이 구원 받을 수 있기를 소망하면서, 거기서 발생한 일에 대해 장시간의 토론을 시도했으나, 애통하게도 그들이 파송했던 그 선교사는 공의회에서 인정받지 못하게 되었습니다. 그 공의회에 출석해 있었던 아당은 그러한 토론에 연루됐던 주교에게 이렇게 말했습니다. "형제 사제들이여! 제가 보기에, 여러분이 학식이 없는 무지한 민중들을 다룸에서 정당한 길로 가기보다는 더 어려운 방식을 택하고 있는 것으로 보입니다. 여러분은 사도의 가르침에 역행하여, 신앙에서 갓난아이와 같은 저들에게 처음에 보다 부드러운 가르침의 우유를 제공하여 하나님의 말씀의 점진적인 성장을 꾀하지 못했습니다. 이처럼 점진적인 이유식을 통한 가르침의 방법을 취하지 않고서는 저들을 보다 완전한 가르침과 장대한 하나님의 말씀으로 인도할 수 없게 됩니다." 공의회에 모인 장로들이 이러한 그의 말을 들었을 때, 그들의 모든 시선은 아당에게로 향했고, 그의 언급에 대한 철저하고도 주도면밀한 검토와 토론을 마친 후에, 그들은 아당이야말로 주교직에 합당한 자격을 갖춘 인물이라는 결정을 내렸습니다. 그리하여 아당은 믿음과 학식을 갖추지 못한 백성들을 가르치기 위해 그곳으로 파송을 받기에 이르렀습니다. 무엇보다도 거기서 아당은 공의회에서 미덕과 권능의 어머니인 식별의 은총을 하나님께 부여받은 인물로 평가된 것입니다. 공의회에 모인 장로들은 그를 주교로 임명하여 그곳으로 복음 사역을 위해 파송했습니다. 그는 복음 선교 사역의 세월을 보내면서, 일찍부터 그가 받았던 조심성 있는 통찰력을 가지고, 그 외 다른 덕목과 능력을 소유하고

---

43. 앵글로-색슨 언어로는 "of Scotta ealonde"라는 의미를 지니는바, 이는 보통 아일랜드(Ireland)를 지칭하나, 여기서는 아이오나(Iona)를 가리킨다.

44. *Antistes*(주교). 상황이나 언어학에서 볼 때 분명히 주교를 의미한다.

있음을 만방에 널리 보여주었습니다.

6.

이 주교[45]의 가르침을 받아 교화되었던 오스왈드 왕은, 그가 수장으로 있던 앵글족 사람들과 더불어, 그들의 선조들에게는 알려지지 않았던 천국에 대한 소망뿐만 아니라 천지를 창조하신 하나님[46]께 그의 선조들의 영역을 훨씬 넘어선 지상 왕국을 수여받게 되었습니다. 드디어 오스왈드 왕이 브리튼 지방의 모든 민족을 그의 지배하에 두게 되었을 때, 그곳의 언어는 네 개로 나뉘어져 있었습니다.[47] 곧 브리튼(Britons), 픽트(Picts), 스코틀랜드(Scots), 앵글(Angles) 등이 그것이었습니다. 왕권이 이렇게 높이 고양되어 강화됐음에도, 그 왕은 가난한 자와 나그네들 앞에서 교만하지 않고 또한 이전보다 덜 친절한 것도 아니고 또한 덜 관대하지도 않았습니다. 이런 일은 참으로 탁월한 경우입니다. 한번은 그 왕이 거룩한 부활절에 위에서 언급한 아당 주교와 더불어 저녁 식탁 자리에 앉아 있었습니다. 그 식탁 위에는 왕의 음식이 가득 담긴 큰 은 접시가 놓여 있었습니다. 왕은 손을 펼쳐 음식을 축복한 후, 갑자기 왕이 필요한 것들을 위탁 맡은 종들[48]의 방으로 들어가서는, 그들에게 이렇게 명령했던 것입니다. 그것은 곧 사방에 퍼져 있는 가난한 백성들을 모두 궁중으로 불러들여 왕의 시혜 음식을 먹게 하라는 지시였습니다. 왕은 즉시 또 하나의 명령을 내렸습니다. 그것은 곧 자신 앞에 놓여 있는 음식물을 가난한 자들에게 나누어 주고, 커다란 빈 은 접시를 여러 작은 조각으로 나누어 거기에 모인 가난한 백성들에게 분배해 주라는 것이었습니다.[49] 오스왈드 왕 옆에 앉아서 이러한 사실을 죽 지켜보고 있었던 아당 주교는 그러한 왕의 신실하고 경건한 행동에 감화돼 이렇게 왕의 손을 잡으면서 즐겁게 외쳤던 것입니다. "왕의 손이 결코 늙어 후패하지 않기를 축복합니다!" 아당 주교의 축복 기도는 그대로 실현되었습니다. 오스왈드 왕이 전투에 참여하여 전사했을 때, 그의 손과 팔은 상하지 않고 고스란히 오늘날까지 썩지 않고 남아 있었던 것입니다. 결국, 이전

---

45. *Sacerdotem*. 앵글로 색슨 언어로는 그를 '주교'(bishop)라 부름.

46. 어떤 MS.는 *domino*(주님)이라 표기했는데, 이는 앵글로−색슨 언어로는 'gode'로 표현됐다.

47. 비드(Bede 1.1)는 브리튼에 다섯 언어가 있었다고 기록했는데, 그러나 이는 교회 언어인 라틴어가 포함된 것에 불과하다.

48. 이후에는 왕의 시여물 담당관.

49. 그 당시에 그러한 커다란 은 접시에서 조각 난 작은 은 조각은 주도된 은 동전과 동일하게 같은 돈으로 취급됐다.

왕비의 이름을 따서 지은 베바(Bebba)[50]라고 불리는 왕의 도시에서, 그렇게 썩지 않은 왕의 손과 팔이 성 베드로 교회 내 은그릇에 담겨 보존되어 있습니다. 그리하여 왕의 드높은 명예는 모든 백성들에게 칭송을 받게 되었던 것입니다.

오스왈드 왕의 노력으로 말미암아, 데리(Deri)[51] 지방과 베르니키이(Bernicii) 지방은 그때까지 거의 대부분의 기간 동안 서로 평화와 협력 관계를 유지할 수 있었으며, 하나의 민족으로 변형되어 적응해갔던 것입니다.

그는 에드윈(Edwin) 왕과 그의 누이 아카(Acha) 사이의 조카였습니다.[52] 그리고 그가 그 자신의 혈육들에게 종교와 왕권을 함께 물려준 위대한 선구자로 여겨진 것은 마땅하고 적합한 일일 것입니다.

[7-9장은 생략됨]

9장에서는 비드는 38세의 나이에, 곧 주후 642년 8월 5일, 슈로프셔(Shropshire)의 마서펠트(Maserfelth) 전투에서 전사한 일에 대해 상세하게 서술하고 있다.

10.

그 당시에, 브리튼 지방에서 또 다른 사람이 거기에 왔었습니다. 그는 위에서 언급한 마서펠트 전투가 있었던 곳 근방으로 여행을 하고 있었습니다. 그는 다른 지역의 들판보다 더 푸르고 아름다운 한 지점을 발견했습니다. 그의 지성은 이 지역을 바라보고 번뜩이기 시작했습니다. 이 평범치 않은 푸르른 곳이 바로 오스왈드의 군대가 전멸한 곳으로서 그보다 더 거룩한 장소는 없나는 것이 그의 지성적 추론의 결괴였습니다. 그는 그곳의 흙을 담아 아마로 된 천으로 싸서 묶었습니다. 그런데 그 흙은 이후에 병사들을 치유하는 데 효험이 있다고 판명됐습니다. 계속 여행을 하면서, 저녁이 되자 어떤 한 마을에 당도했습니다. 그는 잔치를 벌이고 있는 어떤 집에 들어가 집

---

50. 베바는 베반부르(Bebbanburh), 베부르(Bebburgh), 바반부쉬(Babbanbusch), 바반부르흐(Babbanburch), 밤부르트(Bamburth), 밤브루트(Bambrught) 등으로 불렸고, 지금은 밤보로프(Bamborough)로 칭해지고 있는데, 이는 아이다(Ida)에 의해 세워졌다. 그러나 베바라는 왕후가 누구인지 아직 확실히 알려진 바가 없다.

51. 혹은 데이리(Deiri).

52. Edwin(주후 585-633)은 데이라(Deira)의 엘라(Ella)의 아들로서 노섬브리아(Northumbria) 왕이었다. 그는 북 웨일즈의 캐드왈론(Cadwallon)과 펜다(Penda of Mercia)에 의해 돈캐스터(Doncaster) 근방의 하트필드(Hatfield)에서 살해됐다.

주인의 대접을 받게 되었습니다. 그는 그 마을 사람들과 함께 연회 자리에 앉았습니다. 그는 자신의 짐 보따리에 달려 있는 흙을 싼 아마 보자기를 그 집 벽의 기둥 옆에 두었습니다. 잔치에 모인 사람들이 한참 먹고 마시며 즐기기에 여념이 없는 동안 그 잔치가 벌어진 집에 화재가 발생했습니다. 갑자기 불꽃이 발생해 짚으로 만들어진 지붕을 태우기 시작했습니다. 삽시간에 온 집안은 화염으로 가득하게 되었습니다. 연회에 참여한 마을 사람들이 이 모습을 목격했을 때, 그들은 즉시 공포감에 휩싸이게 되었고, 밖으로 뛰쳐나갔지만, 잿더미가 돼가고 있는 불타는 집을 망연자실하게 바라보면서 전혀 손쓸 방도가 없었습니다. 그런데 대단히 놀라운 일이 벌어졌습니다. 그 잔칫집이 완전히 불타서 잿더미가 됐음에도 이 손님이 기둥에 걸어두었던 보자기는 전혀 타지 않고 말짱하게 남아 있었습니다. 마을 사람들은 이러한 기적을 바라보면서 대단히 크게 놀랐습니다. 그리고 그 손님에게 어떻게 된 영문인지를 물었습니다. 그들은 그 손님의 입을 통해 그 흙이 오스왈드 왕의 피가 뿌려졌던 곳에 있던 것이었음을 알게 됐습니다. 이러한 기적적인 사건이 알려져서 먼 바다 건너까지 멀리멀리 입에서 입을 통해 퍼져나갔습니다. 그 이후로 수많은 사람들이 매일 그 곳을 방문했습니다. 또한 그들 자신과 가족들이 그 흙을 통해서 치유의 은혜를 입게 되었던 것입니다.

<h1>색인INDEXES</h1>

일반 색인

620

성경 색인